讀史方輿紀要

（五）

〔清〕顾祖禹 撰

團結出版社

目　录

读史方舆纪要卷五十三

陕西二　西安府上

〇西安府，东至河南陕州四百五十里，东南至河南南阳府九百九十里，南至汉中府兴安州六百八十里，西至凤翔府三百四十里，西北至平凉府六百五十里，北至延安府七百四十里，东北至山西蒲州黄河界三百五十里。自府治至京师二千六百五十里。

《禹贡》雍州地，周为王畿，东迁后属秦。始皇置内史郡。汉初为渭南郡，寻复为内史。景帝二年，分置左右内史，此为右内史。武帝太初元年，改京兆尹，与左冯翊、右扶风为三辅。后汉因之。三国魏改尹为守。后为秦国，又为京兆国。晋为京兆郡，兼置雍州治此，愍帝时都焉。后没于前赵刘曜，及苻健、姚苌相继都之。赫连夏时，号曰南台。后魏亦曰京兆郡，仍置雍州治焉。西魏亦都于此。后周复为京兆尹。隋初置雍州。大业三年，改为京兆郡。唐初复曰雍州。天授初，亦曰京兆郡，是年复故。开元三年，改曰京兆府，时亦谓之西京。至德二载，改为中京。上元二年，复曰西京。广德初，亦曰上郡。详见州城形势。天祐初，废为佑国军。五代梁改为大安府，又改军为永平军。后唐复为京兆府。晋曰晋昌军。汉曰永兴军。宋复为京兆府，亦曰永兴军。初置陕西路，后析为永兴军路，皆治此。金亦曰京兆府。兼置京兆府路。元曰安西路。皇庆初，又改为奉元路。明初改为西安府，领州六，县三十三。今仍曰西安府。

府名山耸峙，大川环流，凭高据深，雄于天下。战国时，苏秦说秦惠王曰：秦四塞之国，被山带渭。东有关河，南有巴蜀，西有汉中，北有代马。楚汉间，韩生说项羽曰：关中阻山带河，四塞之地，地肥饶，可都以霸。汉初，娄敬说高祖曰：秦地被山带河，四塞为固。卒然有警，百万之众可立具。入关而都之，此扼天下之亢而抚其背也。张良曰：关中左崤函，右陇蜀，沃野千里。南有巴蜀之饶，北有胡苑之利。此所谓金城千里，天府之国。贾谊亦言践华为城、因河为池者也。又东方朔曰：汉兴，去三河之地，止灞、浐以西，都泾、渭之南，此所谓天下陆海之地。东汉初，寇恂曰：长安道里居中，应接近便，从容一处，可制四方。杜笃《论都赋》亦备言长安之险固，谓进攻则百克，退守则有余也。详见前。又班固曰：昔后稷封斄，公刘处豳，太王徙邠，文王作丰，武王治镐。其民有先王遗风，好稼穑，务本业，故豳《诗》言农桑衣食之本甚备，有鄠、杜竹林、南山檀柘，号称陆海。其《西都赋》云：汉之西都，在于雍州，实曰长安。左据函谷、二崤之阻，表以太华、终南之山；右界褒斜、陇首之险，带以洪河、泾、渭之川。众流之隈，汧涌其西。华实之毛，则九州之上腴焉；防御之阻，则天地之奥区焉。赋有云：晞秦岭，睋北阜，挟沣、灞，据龙首。此专言都城之形胜也。又云：前乘秦岭，后越

九嵕, 东薄河华, 西涉岐雍。此概言西都之形胜也。张衡《西京赋》亦
云: 左有崤函重险, 桃林之塞, 右有陇坻之隘, 隔碍华戎。晋
潘岳《西征赋》云: 邪界褒斜, 右滨汧陇。面终南而背云阳, 跨
平原而连嶓冢。九嵕巀嶭, 太乙巃嵸。南有玄灞、素浐、汤井温
谷, 北有清渭、浊泾、兰池周曲。浸决郑、白之渠, 漕引淮、海之
粟。盖山川形胜, 莫若西京也。且原隰沃衍, 则资储易足, 地势
便利, 则战守有余。有事于中原者, 未尝不属意于此焉。北魏孝
武初, 高欢破尔朱兆于邺西, 入洛阳, 召贺拔岳于关中。薛孝通
说岳曰: 今以华山为城, 黄河为堑, 进可以兼山东, 退可以封函
谷, 奈何束手受制于人? 隋末, 李密为杨玄感谋曰: 关中四塞,
天府之国。宜直取长安, 据险而守之。及密攻东都, 柴孝和亦
说密曰: 秦地山川险固, 秦汉所凭以成王业。不若西入长安,
然后东向以清河洛。唐自太原举义, 先入长安, 根本既固, 遂
以削平群雄也。宋初, 太祖西巡, 至洛, 欲留都之, 议者以为不
可。帝曰: 迁河南未已, 终当居长安耳。盖贵形胜也。建炎中,
张浚以五路之师败于富平, 而关中遂不可复。岂非永兴一路,
尤为五路之襟要欤? 论者曰: 雍州之险, 在华岳与黄河, 交会
在于潼关。然必东南有宛、洛, 东北有晋、绛, 而后可以为固。
无宛、洛, 则武关、崤函之险可入; 无晋、绛, 则临晋之阻可入。
昔人言: 临晋以限东诸侯, 武关以限南诸侯, 而函谷以限河北。
此三关者, 诚长安之重地欤! 又建都议云: 都关中者, 以漕运
为重, 而尤以耕屯为主。张良云: 河渭漕挽天下, 西给京师。东
方朔曰: 酆、镐之间, 号为土膏, 其价亩一金。司马相如《上林

赋》曰：终始灞、浐，出入泾、渭，酆、镐、潦、潏，纡馀逶迤。经营乎其内，荡荡乎八川分流。释之者曰：长安之地，潏、镐经其南，泾、渭绕其后，灞、浐界其左，沣、涝合其右。此八川者，盖灌输所资也。又虞诩曰：雍州厥田惟上，水舂河漕。晋潘岳曰：黄壤千里，沃野弥望。唐杜佑曰：雍州之地，厥田上上，鄠、杜之饶，号称陆海。《唐志》：长安有兴成、见咸阳县。五门、或云在醴泉县。六门、见武功县。龙首、见咸宁县。泾堰、即白渠。滋堤，即霸水。凡六堰，皆有丞，贞观六年废。贞元四年，京兆尹郑叔则言泾阳有三白渠限口，其六县分水之处，六县，泾阳、云阳、三原、富平、高陵、栎阳。实为利害。请准诸堰例，置监掌之。十三年，诏昆明池俯近都城，蒲鱼所产，令韩皋充使修堰。十六年，以东渭桥纳给使，兼白渠、漕渠、昇原、见凤翔府宝鸡县。成国，见武功县。等渠堰使。自是岁常修治。盖自秦汉以来，皆因八川之流，环绕畿辅，用以便漕利屯。隋建新都，八川之流，渐移其旧。唐人踵之，而渠堰之制益备，然灌溉之利，去秦汉时远甚。宋以西夏之扰，关中多故，屯田足食之计，乍修乍辍。见前大川泾水。今且陵谷迁改，川原非故矣。夫关中形胜，自古建都极选也。其便漕利屯之策，不班班可考欤？

今府城，隋开皇二年所营大兴城也。汉都城，在今城西北十三里，本秦离宫。汉高帝七年，始都于此。城狭小，惠帝三年，更城长安。周围六十五里，六年始成之。《纪年》：惠帝元年，始作长安城西北方，至五年，乃毕。盖前此未有城云。城南为南斗形，北为北斗形，人呼为斗城。亦名阳甲城。甲，始也，取一阳初生之义。北负渭水，南直南山子午谷。有十二门。东面三门：东出南头第一门，曰霸城门，亦曰青城门。霸城门色青，民间因以名也，或曰青门。广陵人邵平为秦东陵侯。秦破，为布衣，种瓜青门外。《庙记》亦曰青绮门。又《洞冥记》：武帝时，有雀群翔于霸城门，因改为青雀门。莽天凤二年，霸城门灾，莽因更为仁寿门无疆亭。东出中门，曰清明门，亦曰籍田门。门内有籍田仓也，或曰凯门。《汉宫殿疏》：第二门名城东门，莽更为宣德门布恩亭。东出北头第一门，曰宣平门，亦曰东都门。庾子山云：望宣平之贵里，言贵戚所居也。民间谓之东都门，或曰东城门，其郭门亦曰东都门。景帝三年，以七国反，军东都门外。又东城门至外郭亭十三里。有广明亭，在郭门外。又东即广明苑也。霍光之广明，都肄郎羽林，昌邑王贺入承大位，至广明东都门，龚遂曰：此长安东郭门也。又逢萌挂冠于东都门，即此矣。王莽改宣平门曰春王门正月亭。更始初，汉兵诛莽，从宣平门入。三年，赤眉自高陵进攻东都门。城门校尉李况开门纳之。初平三年，董卓部曲李傕等作乱，屯南宫掖门。王允扶帝上宣平门避兵。兴平二年，傕等复作乱。车驾东幸，出宣平门。南面三门：南出东头第一门，曰覆盎门，亦曰下杜门。《庙记》曰：覆盎门与洛门相去十三里二百十步，有鲁班输所造桥。征和二年，戾太子战败于长乐阙下，南奔覆盎城门，是也。其南有下杜城。应劭曰：杜陵之下聚落也。或云即杜城矣。故亦曰杜门，又曰端门。北对长乐宫，莽更名曰永清门长茂亭。南出中门，曰安门，亦曰鼎路门。北对武库，莽更为光礼门显乐亭。南出西头第一门，曰平门，亦曰西安门。北对未央宫，即便门也。古平、便同字。建元三年初，作便门桥，渡渭水，趣茂陵。永光元年，酹祭宗庙，出便门，欲御楼船，薛广德当车谏止，是也。莽更为信平门诚正亭。西面三门：西出南头第一门，曰章城门，亦曰章门。一为光毕门，莽更为万秋门亿年亭。胡氏曰：章门或谓之白门。北魏孝昌末，萧宝寅据关中以叛，屡为魏所败。其将侯终德因还军袭宝寅，至白门，宝寅始觉，即是门也。**西出中门曰直城门，亦曰直门。**《官殿疏》：亦名龙楼门。张晏曰：门楼有铜龙也，又赵倢伃所居钩弋官，在直城门外。莽天凤初，大风发直城门屋瓦，莽更为直道门端路亭。**西出北头第一门，曰西城门，亦曰雍门。**水北有函里，民名曰函里门，或曰突门，莽更为章义门著谊亭。**北面三门：北出东头第一门，曰洛城门，亦曰高门。**《官殿疏》：又名鹤雀台门，门外有台，汉武承露盘在台上。其外又有客舍，名曰客舍门，亦曰洛门，或谓之利城门。莽更为进和门临水亭，门外有石桥。**北出中门曰厨城门，亦曰朝门。**长安城北面之中门也。内有长安厨官，因名。赤眉入长安，更始单骑走，从厨城门出是也。或曰广门，莽时更为建子门广世亭。**北出西头第一门，曰横门，亦曰横城门。**横，读曰光。元凤四年，更立楼兰王弟尉屠耆为王，改其国号曰鄯善，丞相率百官送至横门外。蜀汉建兴六年，魏延请出子午谷，袭长安横门邸阁，盖魏置邸阁于横门以积粟云。门外有桥，曰横桥，莽时更为朔都门左幽亭。又横门外郭有都门，又有棘门。《黄图》：棘门在横门外。汉徐厉军于此，以备匈奴。又有通门、亥门也。《艺文类聚》载：长安十二门，其宣平、覆盎、横门、东都、青绮诸门，则汉名也；万秋、宣成、章义、仁寿等门，则莽名也；又有元成、碟石，不知其名何据。《汉旧仪》：长安城方三十里，经纬各长十五里。周回则六十五里。《唐志》：长安故城东西十三里，南北十二里。潘岳《关中记》：长安城皆黑壤赤城。今尚赤如火，坚如石。父老相传凿龙首山土为之。汉之盛时，宫殿台观，高下罗列，千有余区。及王莽更坏，赤眉残破，西京宫阙，半为禾黍。又变乱迭乘，氐羌窃据，以及西魏后周之际，虽数有增饰，而前规未逮。隋开皇二年，以故都制度狭小，历年既久，宫宇朽蠹，乃议迁都于故城之东南十三里，南直子午谷，《吕氏图》云：南直石鳖谷。北枕龙首原，《长安志》云：西北据渭水。左临灞浐，右抵沣水，《长安志》云：西枕龙首原。《西京记》：隋唐都城，在龙首原。是原在城北也，曰大兴城隋文帝初封大兴公也，或曰其地本名大兴村。遂定都焉。大业九年，发丁男十万，城大兴。唐初因之。永徽四年，又复增筑，名长安城。后亦曰京师城。《实录》：唐永徽五年，筑京师罗郭。开元十八年，筑外郭。贞元四年，又筑夹城。《六典》：长安左河华，右陇坻，前终南，后九嵏。京城即外城也。南北十五里一百七十五步，东西十八里一百十五步，周六十余里。此因隋旧。皇城即内城，俗名子城。南北三里一百四十步，东西五里一百十五步，周二十五里。宫城有三，所谓三内也。一曰西内，在皇城内西北隅，正门曰承天。即隋大兴宫城正南门也。初曰广阳门，开皇二年造。九年平陈，献俘于广阳门，既又御广阳门宴将士。仁寿初，改曰昭阳门。唐武德初，改曰顺天门。神龙初，始曰承天门。《六典》：长安宫城，亦曰太极宫城。南面三门：中承天，东长乐，西永安。又大兴宫城正北门曰玄武，东北门曰至德。一曰东内，在皇城内东北隅，即西内之东北也。正门曰丹凤。即大明宫也。高宗龙朔二年置，自是天子常居东内。建中四年，泾原军作乱，陈丹凤门外。《宫苑薄》：大明宫南面五门：西来第一门曰兴安，第二门曰建福。又至德三载，改丹凤门曰明凤。一曰南内，在皇城内东南隅。《唐志》：在东内之南，所谓兴庆宫也。自东内达南内，有夹城复道，经京城之通化门，人主往来两宫，人莫知之。宣宗时，于夹城南头开便门，俗号新开门。三内皆有宫城。《志》云：唐西内有三城：外一重曰京城，外郭城也。南近樊川，北连禁中。内一重曰宫城，惟列府寺，不使杂人居之。又内一重曰内宫城，太极宫在其内，即隋之大兴宫也。今省城正直宫城之地。**其皇城之门凡七。南面三门：中曰朱雀**，亦曰端门，其北对承天门，门外西街有都亭驿。**东曰安上**，至德三载，以安禄山叛，改安上曰先天，寻复旧。胡氏曰：安喜门楼当在其上。大顺初，遣张濬讨李克用，御安喜门楼饯之。明年，杨复恭作乱，御安喜门。刘恭望谓禁军，天子亲在街东督战，是也。**西曰含光。东面二门：南曰景风，北曰延喜**；大中三年，河陇老幼诣阙，帝御延喜门楼见之。**西面二门：南曰顺义，北曰安福**。《六典》：安福门西直京城之开远门。乾宁二年，李茂贞等再犯阙，上御安福门待之，即此。**京城之门凡十。南面三门：正中曰明德门**，北当皇城之朱雀门，南出抵终南山。《五行志》：元和八年，京师大水，城南深丈余，入明德门，犹渐车辐。是也。**东曰启夏门**，门外即杜曲也。其西南二里有圆丘、先农、籍田三坛。乾宁二年，邠岐兵犯阙，驾出启夏门，趣南山。**西曰安化门**。至德三载，改曰达礼门。**东面三门：正中曰春明门**，隋名也。唐公李渊义师至长安，营于春明门西北，既又迁馆于安兴坊。坊在安兴门外，自都城东行者，多出是门。故唐人诗云：春明门外即天涯也。**南曰延兴门**。隋之安兴门也，唐改。**北曰通化门**。建中四年，泾原军作乱，自长乐坡入通化门。兴元初，李晟收京城，耀兵通化门外。**西面三门：正中曰金光门**。隋名也。唐初举义师，刘弘基次长安城，振队金光门。广明初，黄巢入关，田令孜以帝自金光门出，趣骆谷，是也。《唐志》：自此西出趣昆明池。**南曰延平门，北曰安远门**。隋曰开远门，唐改。《唐书》：天宝十二载，时中国强盛，自安远门西尽唐境万二千里。又安远门揭侯署曰：西极道九千九百里，示戍人无万里行也。至德三载，改安远曰开远。光启初，王重荣、李克用逼京师，帝自开远门出幸凤翔。**北面一门，曰光化门**。宋氏曰：唐京城诸门，大抵皆因隋旧。永徽四年，筑长安故城，三旬而毕。开元十八年，又筑西京外郭，九旬而毕。《旧唐书》：京城内有东西两市，南北十四街，东西十一街，街分一百八坊，坊广长皆三百余步。皇城南大街曰朱雀街，街东五十四坊，万年县领之。街西五十四坊，长安县领之，京兆尹总其事。《长安志》：朱雀街南北尽郭有六条坡，象乾卦六爻，横亘城中，亦谓之六冈。隋宇文恺营都城，于九二爻置宫殿，以当皇居；九三列百司，以象君子之数，九五贵位，不欲常人居之，故置玄都观、兴善寺镇其地。宝历初，裴度宅在朱雀街东永乐坊，略与街西安善坊玄都观东西相对。忌度者以为宅近冈原，盖近第五冈也。**又有苑城，本隋大兴苑也。**亦开皇二年置。**唐曰禁苑，亦曰三苑。**以三大内皆有苑也。**苑城东西二十七里，南北三十二里，周回一百二十里。东接霸水，西接长安故城，南连京城，北枕渭水，**《西京记》：苑西即太仓，仓北距中渭桥、与长安故城接。故城亦隶苑中。又苑有四面监及总监，以掌种植。其南面监亦曰长乐监，中有离宫亭馆凡二十四所。**凡十门。南面三门：中曰景耀，**《六典》：禁苑南门直宫城玄武门。**东曰芳林，**《唐纪》：元和十二年，筑夹城，自东内云韶门，过芳林门、西至修德里，通兴福佛寺。**西曰光化。东面二门：南曰光泰。**程大昌曰：在京城通化门北，小城之东门，门东七里即长乐坡。吕大防《长安图》，光泰门在大明宫东苑之东。兴元初，李晟收京城，与贼战光泰门外米仓村，乘胜入光泰门，明日复陈于光泰门外。又中和三年，李克用等数败黄巢于渭南，自光泰门入，贼遂从蓝田逸去。**北曰昭应。西面二门：南曰延秋，**天宝末，安禄山陷潼关。上密与贵妃、皇子等黎明出延秋门西幸。中和初，黄巢据长安，诸道会兵进讨。凤翔行军司马唐弘夫等进薄长安，巢东走，别将程宗楚等自延秋门入，贼近在霸上，詗知官军不整，引军袭败之，复据长安。**北曰玄武。北面三门：中曰启运，东曰饮马，西曰永泰。**苑中又有白华门，殿门名也。李晟败贼于光泰门，贼众走入白华门。既而晟军入苑城，进至白华门。又望仙门，亦苑中门名也。李晟收长安时，亦屯兵于此。**三苑地广，故唐世用兵，多在苑中**。景龙末，临淄王隆基讨韦氏之乱，集兵苑中。天宝末，安禄山陷西京，使安思顺将兵屯苑中，以镇关中。又兴元初，朱泚据长安，自含元殿徙居苑中之白华殿。元《图经》：今奉元路城，唐天祐元年，匡国节度使韩建所筑新城也。朱全忠迁昭宗于洛，毁长安宫室百司及民庐舍，长安遂墟。建去宫城外郭城，重修子城，即皇城。南闭朱雀，东闭延喜，西闭安福三门，北开玄武门，是为新城。城之制，内外二重，四门，门各三重。今门惟二重，内重基址尚存。东西又有小城二，以为长安、咸宁县治。程大昌有言，昆明凿而镐都为池，隋城立而汉京为苑。夫陵谷变常，玄黄易位，所当慨者，岂惟城郭沦亡云尔。《城邑考》：府城，即唐末新城之址，明洪武初，增修。城周四十里，门四，东长乐、南永宁、西安定、北安远。嘉靖五年，隆庆二年，皆尝葺治。

〇**长安县**。附郭，在府治西。本秦杜县之长安乡。始皇封其弟成蟜为长安君。楚怀王亦封项羽为长安候。汉初，以封卢绾。高帝五年，置长安县，定都于此。惠帝始筑城，在今县西北。王莽更曰常安。后汉复旧。魏晋以后因之。隋迁县于今治。唐仍曰长安县。《唐志》：县治长寿坊，乾封初，分置乾封县，治怀直坊。长安三年，复并入焉。五代梁改曰大安。后唐复旧。今编户五十五里。

〇**咸宁县**，附郭，在府治东。本杜县地。后周始置万年县于长安城中，此为万年县地。隋迁都后，改曰大兴。唐复曰万年。《唐志》：县治宣阳坊，乾封初，分置明堂县，治永乐坊。长安三年，复并入。天宝七载，改为咸宁。乾元初，复故。五代梁改曰大年，后唐复旧。宋曰樊川。金复改曰咸宁。

今编户八十二里。

长安故城，府西北十三里。本长安乡。汉初卢绾封长安侯。班固曰：长安，故咸阳也。盖与咸阳界壤相接耳。高祖七年都此。自是置城邑。其后营缮益广。王莽之乱，光武徙都雒阳。初平中，献帝复都此。《后汉纪》：初平三年，董卓部曲李傕等作乱，围长安。长安城峻，不可攻。守之八日，会内有叛者，傕等乃引兵入城。兴平三年，傕等再作乱，驾复东徙。又长安有小城及外城。晋建兴四年，刘曜陷长安外城，麹允等退保小城以自固，城中饥困，乃降于曜。永和十年，桓温伐秦，进至灞上。苻健帅老弱固守长安小城，是也。后毁。宋元嘉十一年，魏人发秦雍兵筑小城于长安城内。西魏大统四年，宇文泰自北邙遁还恒农，东魏降卒赵青雀等遂反，据长安子城。旋讨平之。贾耽《县道记》：长安故城在今苑中渭水南，隔渭水北对秦咸阳宫。西晋时，尝置安夷护军于城内，其后更迭为官邑。隋建新都，始移于今所。大业十三年，唐公渊义师渡河，军冯翊，遣刘弘基等南渡渭，军长安故城。既而世民亦自阿城进屯焉。《三辅故事》：长安城中有八街、九陌。汉京兆尹张敞走马章台街。丞相刘屈氂妻枭首华阳街。陈汤斩郅支单于，悬首藁街。又有香室街。亦曰香街。魏主攸初，元或言，汉高立太上皇庙于香街。《黄图》云：太上皇庙在长安香室街。是也。又有尚冠前街，亦曰尚冠里。贾耽云：汉京兆府在故城内尚冠里。其相次者，为夕阴街、太常街、炽盛街，凡八街。九陌，一作九市，市各方二百六十八步。六市在道西，三市在道东，四里为一市，以致九州之人，在突门夹横桥大道。《元和志》：汉长安大侠万子夏居柳市，太学诸生朔望集槐市，司马季主卜于东市。又有西市在醴泉坊，隋曰利人市。此皆汉市之可考者。

霸陵城，府东三十里。春秋时，秦缪公筑霸宫于此。昭襄王时，谓之芷阳宫。《秦纪》：悼太子死魏，归葬芷阳。又宣太后亦葬焉。《三秦记》云：秦襄王葬芷阳，谓之霸上。其后汉文帝起陵邑于此，因更名霸陵，并置县治焉。文帝二年，从霸陵上欲西驰下峻阪，袁盎谏止处也。后汉仍为霸陵县。兴平二年,李傕等作乱,奉车驾夜至霸陵。曹魏景初元年,徙长安铜人于洛阳,重不可致,留之霸城。晋曰霸城县,属京兆郡。永康初,封赵王伦子诩为霸城侯。明年伦篡位,立为霸城王。永和九年,呼延毒起兵霸城。符秦将符法等讨灭之。后魏亦曰霸城县。后周废。唐武德二年,析万年置芷阳县,七年废。《三秦记》:白鹿原东有霸川,川之西阪,故芷阳也。汉曰霸陵。沛公去鸿门,从骊山下道芷阳,间行趣霸上,谓张良曰:从此道至吾军不过二十里。孔氏曰:鸿门至霸上四十里,间行不过二十里云。

南陵城,在府东南二十五里。汉文帝七年置南陵城,薄太后葬焉。《庙记》云:在霸陵南十里,因曰南陵。太后尝言:东望吾子,西望吾夫。俗因名其陵为见子陵。《括地志》:陵在长安浐水东原上,霸陵之西。元始四年,县为王莽所废。唐建中四年,朱泚据长安,刘德信将兵自汝州入援,破泚众于见子陵,即此。或曰:见子陵,秦庄襄王陵也,在临潼故新丰县南三十五里,始皇陵在其北,故名,非即南陵也。

杜陵城,府东南十五里,周杜伯国也。秦武公十一年,初置杜县。汉宣帝元康元年,葬于杜东原上,曰杜陵,更县曰杜陵县。时亦谓之下杜,对陵而言也,属京兆尹。后汉建武二年,延岑屯杜陵。赤眉将逢安击岑,岑大破之。晋曰杜城县。后魏曰杜县。后周省入万年县。○奉明城,在故长安城东,汉宣帝置县,属京兆尹,后汉省。《水经注》:奉明县广成乡有广明苑,史皇孙及王夫人葬于郭北,宣帝移于苑北,以为悼园,因置县以奉园陵。又山北城,在今府东南五十里,后魏分长安、蓝田二县地置县,属京兆郡,后周废。

阿城,在府西三十四里,即秦所作阿房宫也。《黄图》:秦作宫阿基旁,天下谓之阿房。孔颖达曰:宫在今上林苑中,雍州郭城西南面,即阿房宫城东南面也。始皇三十六年,作朝宫渭南上林苑中,先作前殿阿房,周驰为阁道,自殿下直抵南山,表南山之巅以为阙,为复道,自阿房渡渭,属之咸阳,即此。颜师古曰:阿房墙壁崇广,故俗呼为阿城。汉武帝欲籍阿城以南,盩屋以东,宜春以西,除为上林苑,属之南山。晋建兴初,刘聪将赵染袭长安,将军麴鉴自阿城驰救,染引却。大兴三年,刘曜以巴酋句徐库彭等相结为乱,囚于阿房,杀之。于是四山氐、羌、巴、羯尽反,众至三十余万,关中大乱。太元九年,慕容冲败秦兵于灞上,遂据阿房以逼长安。隋末,李世民入关,自泾阳引兵趣司竹,还顿于阿城,即此。《一统志》:阿房宫在今咸阳县东二十五里。

龙首山,府北十里。长六十里,首入渭水,尾达樊川,头高二十丈,尾渐下,高五六丈,土赤不毛。隋以长安城狭小,改作新都于此,亦曰龙首原。

终南山,府南五十里,都城之巨镇也。又太一山,《志》云:在府西南八十里。《一统志》云:在终南山南二十里。盖即终南之异名矣。详见名山终南。

子午谷,府西南百里。南达汉中,或谓之蚀中。汉王之国,从杜南入蚀中。元始五年,王莽始通子午道,从杜陵南直绝南山,经汉中,置子午关于谷内。魏延谓诸葛武侯当子午而北,即此。详见汉中府子午道。

石鳖谷,府南六十里。谷口有大石如鳖,因名。吕大防曰:隋筑都城,南直南山石鳖谷,是也。今咸宁长安以此分界,或谓之太乙谷。

锡谷,府东南六十里。有路达归安镇,合义谷路通汉中府。《志》曰:义谷近蓝田县。元至正二十一年,张良弼引兵出南山义谷,屯蓝田,受察罕帖木儿节制,良弼阴贰于察罕,即此。

细柳原,府西南三十里。有细柳观,又汉之柳市亦在其地。张楫以为周亚夫屯兵处。《汉·郡国志》:长安有细柳聚。《元和志》:万年县东北三十里有细柳营,而细柳原在故昆明池南,非戌守要地。说者以为周亚夫屯兵处,非也。或曰:文帝时,昆明未凿,徐厉军渭北,而刘礼、亚夫军渭南,内外联络以防卫京城,安知其非是?杜佑亦曰:细柳原,盖亚夫屯于此。

乐游原,府南八里。其地最高,四望宽敞,本秦时宜春苑地。汉宣帝神爵三年,起乐游苑于此。《关中记》:汉宣帝立庙于曲池北,号乐游庙。盖初为苑,后因为庙,唐曰乐游园,其南即曲江池。〇少陵原,在府西南四十里,汉宣帝葬许后于此。唐贞观七年,校猎于少陵原。《志》云:汉时名鸿固原,又神禾原,在府南三十里,下临樊川。其相近者又有凤栖原。《志》云:在少陵原北。

长乐坡,府东北十里浐水西岸。本名浐陂,隋文帝恶其名,改为长乐阪,亦曰长乐坡。有长乐驿,唐时为迎饯之所。建中四年,发泾原军救襄城,过京师,至浐水而作乱。泾原帅姚令言自禁中出,驰至长乐坡,遇乱兵拥之,西入通化门,车驾仓卒幸奉天,或谓之三陵坡。明洪武二年,徐达取奉元,渡泾渭,军于三陵坡,父老出迎,是也。襄城,今河南许州属县。〇狗脊岭,《唐志》:在京城东市,盖龙首山之支陇,唐为行刑之地。又子城西南有独柳树,亦为行刑处。

渭水,府北三十里。自咸阳县流入境,合沣、镐二水东流,经府北,又东合霸、浐诸川,入临潼县界。详见前大川渭水。

霸水,在府东二十里,源出蓝田县南山谷中。《汉志》注:霸水出蓝田谷,亦名蓝谷水也。自南山北流,经县西,历白鹿原东,又北经府东霸陵故城西,又北入于渭水。本名滋水,秦穆公更名以章霸功。始皇二十二年,命王翦伐楚,送至霸上。《通释》云:霸水经白鹿原,谓之霸上。或曰,即霸陵城西也。沛公破秦军于蓝田,至霸上,既入咸阳,复还军霸上。汉十一年,上自将讨黥布,太子监关中兵,军霸上。文帝后六年,备匈奴,使刘礼屯霸上。景帝三年,七国反,周亚夫击之,将会兵荥阳,发至霸上。又昭帝崩,昌邑王征至霸上,大鸿胪郊迎。晋永安初,河间王颙将张方劫迁车驾趋长安,颙迎于霸上。永兴三年,东海王越等发兵谋讨颙,颙遣张方屯霸上。既而越等遣兵入关，败顒将马瞻等于霸水。建兴四年，刘曜寇长安，华辑监京兆、冯翊、弘农、上洛四郡兵，屯霸上，畏曜兵强，不敢进。永和十一年，桓温败符秦军于蓝田，顿兵霸水上。王猛来谒，温问：三秦豪杰何以不至？猛曰：今去长安咫尺，而不渡霸水，百姓未知公心，所以不至也。温寻与秦军战于白鹿原，败还。太和五年，符坚使王猛伐燕，送之霸上。太元九年，慕容冲自华阴进向长安，符坚遣将姜宇等拒之于霸上，败死。十年，符秦将窦冲据兹川，有众数万，拒姚苌。兹川，即霸水也。义熙十三年，刘裕伐姚秦，至潼关。秦主泓军霸上。其将姚讚自定城退屯郑城，晋军逼之，又退屯霸东。未几，王镇恶入长安，刘裕自郑城引军西，镇恶迎于霸上。十四年，赫连勃勃陷长安，筑坛于霸上，称皇帝。西魏大统初，东魏将司马子如等军潼关。宇文泰军霸上以拒之。隋开皇四年，后梁主岿入朝于隋，辞还，隋主饯之霸上。胡氏曰：府东二十余里有霸桥，霸水经其下。又东十里为霸城，又东五十里即新丰古城也。旧时霸水为畿南大川，奔流入渭。唐贞元四年，尝暴溢，杀百余人。盖下流渐壅、山水骤决所致也。自唐以后，迁绝不可复问矣。《纪胜》：霸水出秦岭，合蓝谷、倾谷诸水入浐水，而北注于渭。

浐水，旧《志》云：在府东十五里，源亦出南山谷中。《汉志》注：与霸同源而异流，经蓝田县白鹿原西，又北至霸陵城南，合于霸水。《西京道里记》：浐水在长乐坡西。隋开皇三年，引浐水北流入苑，谓之浐渠，亦曰龙首渠。唐太极初，幸浐水东，耕藉田。开元二十六年，迎气于浐水之东。至德二载，收西京。仆固怀恩与回纥兵自城南过，营于浐水东。广德初，吐蕃逼西京，度便桥，车驾出苑门，度浐水。胡氏曰：出光泰门度浐水也。既而郭子仪自商州遣军出蓝田，径度浐水。吐蕃疑惧，引去。子仪因自商州至浐水，西入长安。车驾寻自陕还，子仪率百官迎于浐水。兴元初，李晟收复京城，华州帅骆元光败朱泚众于浐西。《六典》：禁苑包大明宫北，东距浐水。《长安志》：浐渠在长安县东北五里。自故霸陵城界龙首乡马头，控堰浐水入渠，西流过万年城东，而入长安县界，又北流注渭。盖浐水本入霸水。自隋迁都后，堰浐水为渠，而霸、浐之流渐乱。王氏曰：唐时以渠导入城者有三：一曰龙首渠，自城东南导浐水至长乐坡，酾为二渠，一北流入苑，一经通化门兴庆宫，自皇城入太极宫，以渠近龙首原而名；二曰永安渠，自城南导交水，从大安坊西街入城，北流入苑注渭；三曰清明渠，亦导交水，自大安坊东街入城，由皇城入太极宫。宋大中祥符七年，陈尧咨知府事，以城内井泉大半咸苦，乃相度城东二里之龙首渠。其水清冷甘洌，可五六十丈，开渠引注入城，散流廛闬，民咸赖之。明天顺初，守臣余子俊以宋渠湮塞，乃相城外西南有交、潏二水，源流未竭，因地势高下，导之灌注城市。其水清甘，民皆取给焉，亦谓之通济渠。《志》以为成化中开，误也。又城东今有景龙池，引水入城，注秦王府中，即龙首渠旧迹矣。旧《志》：浐水出蓝田县，合荆谷诸水，北流入霸水。

沣水，府西三十里，出鄠县南山谷中。《汉志》注云：源出秦岭西北，经子午谷，又得丰谷口水，故名焉。张楫曰：沣水出鄠南山丰谷也，东北流，经故长安城西，又北至咸阳县境入渭。《禹贡》：沣水攸同。《诗》：丰水东注。《老子》：丰水出，深十仞而不受尘垢。金铁在中，形见于外，是也。成帝鸿嘉中，王商穿长安城，引内沣水注第中。晋大兴中，刘曜尝立圃于水上，曰沣水圃，寻省圃以与贫民。义熙十三年，后秦姚恢以安定叛，南据郿城。秦主泓遣姚裕等屯沣西以备之。唐至德二载，广平王俶败安庆绪将安守忠等于丰水，遂复京师。《地说》：丰水出丰谷，北流，经汉龙台观，东南与渭水合于短阴山。旧《志》：沣水出南山，合太平高观谷水，东至咸阳入渭。一云：沣水今名贺兰渠，东北流，注交水。

镐水，府西北十八里，源亦出南山谷中。旧《志》云：出太白山西谷中。误也。北流经故长安城，西南注昆明池。又北为镐池，又北经阿城西，达咸阳县境，入于渭。《十道志》：镐池在长安城西、昆明池北，即周故都。《诗》：考卜惟王，宅是镐京。《书传》云：文王作丰，武王理镐。郑康成曰：镐在丰东，丰、镐相去盖二十五里。秦始皇时，镐京故址毁。汉武帝穿昆明池，而故址益无可究。《庙记》云：镐池周二十一里。晋大兴三年，刘曜起凌霄台于镐池。唐贞观中，以镐池并入昆明池。《括地志》：镐水今不入渭，有漕渠西自长安入，注于渭，汉武元光六年所开也。自唐贞观间，堰丰、镐二水入昆明池，二水于是断流。今则昆明池亦涸为民田，而丰、镐之流不可复问矣。《地志》：镐池在咸阳县西南二十五里。

滮水，府西北二十里。亦曰滮池水。《水经注》：镐水上承镐池，西北流，与滮池合。滮池水本出镐池西，而北流入镐。《诗》：滮池北流。是也。晋太元十一年，苻秦将邓景帅众据滮池以击后秦。时窦冲据兹川，与景相首尾，是也。《图经》：滮池，一名圣女泉。

潏水，在府南十里。出南山石鳖谷，亦谓之沉水。《水经注》：沉水上承樊川皇子陂，北径长安城西，与昆明池水合。吕忱曰：潏水出杜陵之樊川。潏，音决，亦曰沉。北流合昆明池，又东北流入渭，或谓之高都水。西汉末，五侯王氏大治池沼，引潏水入长安城。百姓歌之曰：坏决高都，竟连五杜。唐至德二载，郭子仪败贼于白渠，遂自西渭桥进屯潏西，是也。白渠，今见三原县留运桥。

涝水，府南五十里。源出鄠县南山涝谷，亦曰潦水。经县西南秦萯阳宫西，又北合渼陂水，又北流至长安县界，入于渭。《一统志》：涝水下流，合于潏水入渭。

交水，府南三十里。一名福水。上承樊川，西至石碣，遂分为二，一注沣水，一入昆明池。《志》云：长安南有梗梓谷水，出南山中，北流合润国渠。又西北流至长安县东南三十里，入交水。又有豹林谷水，亦出南山中，北流，有竹谷水自南来会焉。子午谷水自东来会焉，并流入于交水。

樊川，在府南三十里。其地本杜县之樊乡。一云周仲山甫所封。或曰：非也。汉初，樊哙赐食邑于此，川因以名。潏水所经也，本名后宽川，汉初，始曰樊川。程大昌以为即御宿川。唐贞观十四年，大猎于此。

御宿川，在府西南四十里。宿，亦作羞。如淳曰：御羞，地名，在蓝田。其地肥沃，出御物，扬雄谓之御宿。《黄图》云：川在长安城南，汉武帝为离宫，别馆禁御，人不得往来游观，常宿其中，因名。师古曰：川在樊川之西，是也。唐广德初，吐蕃入长安，郭子仪自御宿川循山而东，将趣商州，即此。一名华严川。

牛首池，《括地志》：在长安县西北三十八里汉上林苑中。《史记》：秦上林苑旁有牛首池。是也。池中有自生之韭，亦名韭泽。一云在咸阳县境渭水南。《黄图》：上林中有十池，曰初池、糜池、牛首池、蒯池、积草池、东陂池、西陂池、当路池、大台池、郎池。《初学记》：上林有十七池，曰承灵池、昆灵池、天泉池、龙池、鱼池、蒯池、囷池、鹤池、西陂池、当路池、东陂池、太一池、牛首池、积草池、糜池、舍利池、百子池。师古曰：蒯，草名也，可以织席，因名。又《图经》：长安西有冰池，西北又有盘池。今并废。

太液池，在汉建章故宫西，未央宫北，周回十顷，亦谓之仓池。《水经注》：沉水枝渠至章门西，飞渠引水入池，东为仓池，中有渐台，起三山，为蓬莱、方丈、瀛洲，以象海中神山。亦曰清渊海，池边多雕菰紫箨，凫雁充满。西魏大统初，宇文泰与公卿如昆明池观鱼，行至汉故仓池，即此。后渐湮废。〇唐中池，在太液池南，周回十二里。唐，庭也。又有影娥池，在建章故宫中，汉武所凿，使宫人乘舟玩月处。

昆明池，在府西南三十里。地名鹳鹊庄。《汉书》：元狩三年，减陇西、北地、上郡戍卒之半，发谪使穿昆明池。臣瓒曰：西南夷昆明国有滇池，方三百里。汉欲伐之，故作池以习水战。周回四十里，凡三百二十顷。《三秦记》：池中有灵沼，名神池。尧时治水，尝停船于此。陆机曰：尧时已有沔池，汉因而深广之。《水经注》：交水西至石碣，武帝开昆明池所造，有石闼堰，在长安县西南三十三里。后汉建武二年，赤眉大掠长安，引而西。邓禹乃南至长安，军昆明池，谒祠高庙，大飨士卒。唐武德九年，幸昆明池。贞观

五年，猎于昆明池。《括地志》：贞观中，修昆明池，丰、镐二水皆悉堰入，无
复流派。《括地志》：昆明池深六寻，袤十里。贞元十三年，命京兆尹韩皋浚
之，追汉制，引交河及丰水合流于池。又修石炭、贺兰两堰，并造大堰以汇
众流。太和九年，复浚之。《雍胜录》云：池在长安故城西十八里，池中有
豫章台及刻石为鲸鱼。旁有二石人，象牵牛、织女，立于河东西。池中养鱼以
给诸陵祭祀。自宋以后，不加浚治，遂湮为民田。胡氏曰：武帝作石阌堰，堰
交水为池。昆明基高，故其下流尚可壅激，以为都城之用。于是并城疏列三
派，城内外皆赖之。唐大和以后，石阌堰废而昆明涸矣。旧《志》云：上林苑
中有波、郎二水，武帝因凿为昆明池。

　　定昆池，府西南十五里。唐景龙二年，安乐公主恃宠，请昆明池为私
沼，帝不许。自凿定昆池，袤数里，即此也。今亦废。《朝野佥载》：定昆池方
四十九里，直抵南山云。

　　隆庆池，在府城东。《六典》：隆庆坊南有井。武后时，忽涌为小池，
袤数十丈，常有云气，或黄龙出其中，至景云间，潜复出水。其沼浸广，里人
悉移居，遂鸿洞为龙池。《实录》云：则天时，长安城东隅民王统家井溢，浸
成大池数十顷，号隆庆池。相王子五王立第于其北。望气者言，郁郁有帝王
气。中宗景龙三年，幸隆庆池以厌之。开元二年，作兴庆宫于此，谓之南内。
《长安志》：龙池在跃龙池南，本是平地。自垂拱初载后，因雨水流潦为小
池，后又引龙首渠水分溉之，日以滋广。至景龙中，弥亘数顷，深至数丈，常
有云龙之祥，后因谓之龙池。程大昌曰：《志》云隋城外东南角有龙首堰，
自此堰分浐水北流，至长乐坡，分为二渠。其西渠自永嘉坊西南流，经兴庆
宫，则是龙池之成，引浐水之力也。

　　曲江池，在今府城东南。汉武帝时凿。其水曲折似嘉陵江，因名。
《唐志》：朱雀街东第五街，皇城东第三街，其街有曲江池，周六七里，亦
名芙蓉池，本秦隑洲。司马相如赋：临曲江之隑州。颜师古云：曲岸之洲，

谓曲江也。汉武帝因秦宜春苑故址，凿而广之，为曲江池。宣帝时，起乐游苑，以为校文之所。唐开元中，更疏凿之。南有紫云楼、芙蓉苑，西为杏园、慈恩寺。江侧菰蒲葱翠，柳阴四合。都人游赏，中和节三月三日最盛。玄宗尝锡臣僚宴饮于此。后秀士登第者，亦赐宴焉。本汉时校文之义也。文宗大和九年，从郑注言，浚曲江及昆明池。《雍录》：曲江基地最高，隋营京城，宇文恺以其在城东南隅，地高不便，故缺此地，不为居人坊巷，而凿池以厌胜之。又会黄渠水自城外南来，遂从城外包之入城，为芙蓉池，且为芙蓉园。唐作紫云楼于江上。其后颓圮，大和六年复作之。胡氏曰：曲江池，汉时周六里余，唐时周七里，占地三十顷，今且堙为平陆矣。《一统志》云：池在今府东南十里。

蓬莱池，在唐东内禁苑中。宪宗尝畋游于此。《志》云：池在蓬莱殿北，亦名太液池。池中有蓬莱山，自蓬莱池西出玄武门，入重元门，即苑中也。重元盖苑之南门，对宫门玄武门。又有鱼藻池，亦在东苑内。唐穆宗时，尝发神策军浚之。其相近者又有凝碧池。○龙首池，在唐东内苑中。《志》云：苑中有龙首殿、龙首池，引龙首渠之水，自城南注此。元和十三年，浚龙首池。又西内有海池三。《太极宫图》云：东海池在玄武门内之东，近凝云阁。北海池在玄武门内之西。又南有南海池，近咸池殿。武德九年，上方泛舟海池，世民杀太子建成等于玄武门，是也。今皆湮废。

广运潭，在府东九里望春宫之望春楼下。天宝三载，韦坚所凿。《志》云：初，浐水御苑左有望春楼。坚于其下凿为潭，以聚江淮运船，赐潭名广运。未几，潭不可漕。又天宝二载，京兆尹韩朝宗引渭水入含光门，置潭西街以贮材木。《宫殿图》望春楼在霸水西，临广运潭，潭在京师苑城东。

河池陂，在昆明池东。池水流经陂北，东合沉水，一名女观陂。○雁鹜陂，在镐池北，亦承昆明之下流，方六顷。沈约诗：东出千金堰，西临雁鹜陂。是也。

　　皇子陂，在府西南二十五里，周七里。《十道志》：秦葬皇子，起冢陂北原上，因名。隋文帝改曰永安陂。〇塔坡，在府南二十里韦曲之西，地有浮图，产稻极美，土人谓之塔坡米。

　　王渠，在府西。其上流曰昆明故渠，自昆明池东径河池陂北，又东合沈水，亦曰漕渠。径故长安城南，至汉青门外，有沉水枝渠流入焉。枝渠自章门西入城，为仓池。又径未央宫北、桂宫南，谓之明渠。又东径武库北及长乐宫北，而东出城，合昆明故渠。又分为二，谓之王渠。东北注渭水，今涸。苏林曰：王渠，宫渠也，犹今御沟。汉哀帝为董贤治大第，开门乡北阙，引王渠灌园池。崔豹《古今注》：长安御沟，谓之杨沟，植杨于沟上。又戴延之《西征记》：御沟引金谷从阊阖门入。《雍州图经》：金谷水出蓝田西终南山，西入霸水。〇七里渠，在故长安城宣平门外，上有饮马桥，亦曰七里沟。唐长庆中，王播浚之以便漕。

　　灵轵渠，在府西南汉上林苑中。武帝所穿，起鳌屋县东十五里平地，北流入苑，用以溉田。《河渠书》：关内则辅渠、灵轵。是也。一名蒙笼渠。

　　清渠，在府南。程大昌曰：唐京城西北有漕渠，南出丰水，径延平、金光二门，至京城西北角，屈而东流，径汉故长安城南，至芳林园西，又屈而北流入渭。清渠在漕渠东，直秦故杜南城，稍东即香积寺北。至德二载，郭子仪图复西京，自滻西击贼安守忠等于清渠，败绩。

　　运木渠，在府南。唐大历元年，京兆尹黎幹请开漕渠，自南山谷口引涧水，直抵景风、延喜二门入苑，以漕薪炭，谓之运木渠。久之不就。又盐渠在故长安城南。唐武德七年，长安古城盐渠水生盐，色红白，谓之瑞盐。今皆湮废。

　　长乐宫，在府西十四里长安故城东隅，周二十里。本秦兴乐宫也，始皇时建。汉高帝五年，都长安。九月，治长乐宫。七年，宫成，诸侯皆朝。既而未央宫成，乃以未央宫为朝会之所。其后，长乐宫每为太后所居，亦谓之东宫，又谓之东朝。元康四年，神雀集长乐宫。五凤三年，鸾凤集长乐宫东阙树上。宫西有长信、长秋、永宁诸殿，正殿内又有温室。更始入长安，居长乐宫，三年，徙居长信宫。《黄图》：从洛门至周庙门，中有长信宫。盖即长信殿矣。赤眉入长安，刘盆子复居长乐宫。后废。西魏以后，复修治之。隋大业十三年，唐公渊军冯翊，进趣长安，命世子建成等自永丰西趣新丰，进至长乐宫。既而渊入长安，还屯长乐宫，与民约法十二条。天宝以后，废。〇章台宫，在长安故城中，秦宫也。中有章台，因名。或曰：章台，战国时诸侯宫室之通称。苏秦说秦曰：诸侯莫不西面而朝于章台之下。说楚亦曰：南面而朝章台，是也。《秦纪》：楚怀王西至咸阳，朝章台。孔氏曰：台在渭南。汉有章台街，街盖在台下。又明光宫在长乐宫后，汉太初三年所作。《黄图》：明光宫南联长安，北通桂宫。

未央宫，在府西南十八里，长安故城西南隅。汉高祖七年，萧何起未央宫，斩龙首山而营之，高出长安城。北阙曰玄武，东阙曰苍龙，东南立武库，西为太仓，自此常为朝会之所。王莽时，改曰王路堂。地皇初，大风毁王路堂。更始初，义兵入城诛莽，莽将王邑等距击北阙下，未央宫被焚。后汉初平元年，董卓劫迁车驾入长安，复辑未央殿居之。《西京杂记》：未央宫周回二十二里九十五步五尺，街道周回七十里。台殿四十三，其三十二在外，其十一在后宫。池十三，山六，门闼凡九十五，而昭阳殿在宫中尤为巨丽。《汉宫殿疏》：未央宫有金马门、青琐门、朱鸟堂、画堂、甲观非常室，又有延年、合欢、承明、昆德、白虎、麒趾、玉堂、金华、宣室诸殿，天禄、石渠、麒麟三阁。又有钩盾、弄田。钩盾，官寺名。弄田，天子燕游之田也。又有曲台，为天子习射处。《水经注》：未央宫苍龙阙内有阊阖、止车诸门。刘曜据长安，复营治焉。西魏以后，亦增修之。大统四年，置纸笔于扬武门外，以求得失。扬武门，或以为即汉止车门。又有露门，或以为即故阊阖门也。宇文周仿古制，外朝曰路门，讹曰露。程大昌曰：汉未央宫在唐禁苑中，改为通光殿。贞观七年，从上皇置酒故汉未央宫。会昌中，诏重修未央宫。盖自隋至唐，屡经修治。《元和志》：未央宫东距长乐宫一里，中隔武库。〇桂宫，在未央宫北，汉武帝建，周十余里。中有明光殿。从宫中复道上城，西至建章宫。《关中记》：桂宫，一名甘泉宫，武帝作迎风台以避暑，或谓之北宫，亦谓之紫宫。《水经注》：宫内有走狗台、柏梁台，又有寿宫，亦武帝所作，以奉神君者。元狩五年，置酒寿宫是也。《黄图》：汉有犬台宫，在长安西二十八里。

建章宫，在府西南二十里故未央宫西南上林苑中。周回二十里。汉武帝太初元年，以柏梁台灾，更作宫，度为千门万户。其东别起凤阙，乘高望远，一名别风阙，又谓之圜阙。上立铜凤凰，故曰凤阙。时又于其南立神明台、井幹楼。颜师古曰：上林苑中有宫十二，建章宫其一也。又西有蒲萄宫。哀帝元寿二年，单于来朝，以太岁厌胜所在舍之，因起此宫。赤眉入长安，坏建章宫。今俗呼贞女楼，即建章故阙云。〇明堂，在长安故城外。《水经注》云：在鼎路门东南七里。其制上圆下方，有九宫十二室。又汉圆丘亦在故长安城南。成帝建始二年，罢雍五畤，始祀昊天上帝于南郊是也。《志》云：汉圜丘，在昆明池南。唐武德初，于明德门外道东二里立圜丘，高十二丈。东北去启夏门外亦二里有奇。

宜春宫，在今府东南，近曲江池。《黄图》：在杜县南，秦离宫也。赵高葬二世杜南宜春苑中，即此。汉亦为宜春宫。武帝尝东游宜春，又于宫东置苑，亦曰宜春下苑。初元二年，罢宜春下苑，是也。其在鄠县者，又有宜春观云。〇长门宫，在府东北。《括地志》：汉长门故亭，在万年县东北苑中。文帝十六年，于长门道北立五帝坛。景帝时，窦太主献长门园，武帝改为宫。如淳曰：长门者，因长水为名。

宣曲宫，在府西南昆明池西。汉置宫于此，又邑名也。高祖封功臣丁义为宣曲侯，亦为胡骑所屯。汉制长水校尉，掌长水、宣曲胡骑。又武帝微行，私置更衣，从宣曲以南十二所，夜投宿长阳、五柞诸宫，是也。长水，见蓝田县。〇望春宫，在府治东十里，浐水西岸。隋开皇中建，大业初，改为长乐宫。《唐志》：万年县有南望春宫，临浐水西岸。有北望春宫，下临广运潭。朱泚之乱，援军游骑时至望春楼下，是也。

长安宫，在长安故城东。戴延之《西征记》：苻秦筑宫于长安东城，中有太极殿。西魏以后，皆谓之长安宫，有肃章门。宇文周建德二年，周主弟直作乱，袭攻肃章门，盖宫西南门也。宫中有大德、永安、正武等殿。建德六年，毁路寝、会义、崇信、含仁、云和、思齐等殿，以其壮丽也。又有天兴宫，后周主尝所居。其东为正阳宫，周主阐所居也。杨坚辅政，以正阳宫为丞相府，亦谓之东宫。天兴宫东门曰崇阳宫，坚每由此如东宫。又临光殿亦在天兴宫，杨坚受禅处也。唐废。

太极宫，在今府治西北。即隋大兴宫。隋开皇三年营新都，名其城曰大兴，宫殿亦皆以大兴为名。其北苑亦曰大兴苑，唐人谓之西内。正殿曰太极殿，即隋大兴殿也。一云后改为翠微殿。殿东曰武德殿。又东曰延恩殿。隋开皇二十年，陈兵武德殿，废太子勇。又大业十三年，以武德殿为丞相府，唐公渊居之。太极殿西曰承庆殿，又西有承乾殿。唐武德三年，元吉居武德殿，世民居承乾殿。宫之北有临湖殿。武德九年，建成、元吉入玄武门，至临湖殿觉变，是也。《西京记》：太极宫城西有弘义宫，武德五年，以秦王有克定天下之功，别建此宫居之，亦谓之西宫，承乾殿在焉。秦王既诛建成等，遂居东宫。宫在太极宫东，内为武德等殿，有左右长林门。太宗寻即位于东宫之显德殿。而西宫有山林胜景。贞观二年，高祖徙居之，改曰大安宫。宫中又有丹霄、垂拱等殿。其东宫又有万春、立政等殿，而两仪、甘露、神龙、天成、披香、千秋等殿，亦俱在太极殿以北。又相思殿，则在玄武门内也。《六典》：太极殿次北曰朱明门，门之左曰虔化门。高祖初为丞相，视事虔化门。朱明门之右曰肃章门。肃章之西曰挥政门。贞观十年，葬长孙皇后，将军段志玄、宇文士及分统士众出肃章门，是也。自太极殿以北，曰两仪殿，古之内朝也。其东曰献春门，内为万春殿。又东曰立政门，内即立政殿。

其西为宜秋门，又西为百福门，内为百福殿。又太极殿门之东为恭礼门，自虔化门南出之门也。又南即宫城之长乐门。太极门西曰安仁门，自肃章门南出之门也。又南即宫城之永安门。《太极宫图》宫西有左藏库，库西曰通明门。天宝十一载改曰凤集门。而玄武门之西有青霄门，或谓之凌霄门，亦曰凌云门，与嘉德等门俱为宫门。宫中又有通内诸门，曰九仙、睿武、显道、金液、玄德、白兽、凌烟阁及东西上阁，左右银台门。刘昫曰：西内中别殿台阁，凡三十四所。

大明宫，府治东北五里。唐为东内，贞观八年建，初名永安宫，旋改曰大明宫。《六典》：大明宫在禁苑东南，西接宫城之东北隅。程大昌曰：太极宫之后苑也，在龙首山上。龙朔二年改作，谓之蓬莱宫，取殿后蓬莱池为名。正殿曰含元殿，殿成，遂移仗居之，更命故宫曰西内。咸亨初，又改曰含元宫。武后长安初，复曰大明宫。其含元殿，据龙首山之东趾，阶上高于平地四十余尺。南为丹凤门，殿东曰翔鸾阁，西曰栖凤阁，二阁之下为东西朝堂，后殿则宣政殿也。殿之东西，有东西廊，与西内太极殿之东西厢，皆有日华月华门。其西上阁之西，则为延英门。门左曰延英殿。自宣政殿而北，则紫宸门。门左曰崇明门，右曰光顺门。光顺门外为昭庆门，门南直光范门。而紫宸门内之紫宸殿，即内衙正殿也。又西曰金銮殿，殿当龙首山。坡陇之北有金銮坡，即龙首山之支陇，隐起平地，坡陀逶迤，殿在坡东，因以为名。宫内又有长乐门、长乐殿，又有芳兰殿，或曰紫兰殿也。贞观二十年，宴回纥诸酋长于芳兰殿。《大明宫图》玄武门右有玄武殿，后有紫兰殿。又紫宸东西为左右银台门，左银台门北为太和殿，殿西为清思殿。又南为宣徽殿，北为珠镜殿，而右银台门内有麟德殿。殿有三面，亦谓之三殿。又紫宸之北为温室、浴堂等殿。温室殿西南，浴堂殿东，则少阳院也。其观德殿在宜春门北，射殿也。贞观十四年，侯君集献高昌俘于此。或曰，亦在大明宫内。刘昫云：东内别殿台馆，亦三十余所。

兴庆宫，在今府治东南五里。初曰隆庆坊，玄宗在藩时宅也。开元初避讳，改曰兴庆坊，宋王成器等居之。二年，成器等献兴庆坊宅为离宫，许之，始建兴庆宫。后谓之南内。宫中有文泰、南薰、大同诸殿，宫南临大道，有长庆楼。其西南隅，又有二楼，西曰花萼相辉，南曰勤政务本。至德中，上皇自蜀还居此。上元二年，李辅国逼迁上皇于西内，而南内渐废。《雍录》：南内在皇城中，直东内之南。是也。又仙都宫，在今府西。《隋志》：长安县有仙都、福阳、太平等宫。唐废。

太和宫，府南五十里。终南山有太和谷，唐武德八年，置宫于此。贞观十年废。二十一年复置，敕名翠微宫。宫中有含风等殿，笼山为苑，列台观其中。二十一年，以翠微宫险隘，不能容百官，乃改营玉华宫于宜君县之凤凰谷。永徽中，废为翠微寺。

上林苑，在旧长安城西十里，本秦苑。《史记》：秦都咸阳，诸庙及章台、上林皆在渭南，是也。汉建元三年开广之，延袤三百里。李吉甫云：汉上林苑在长安西北十四里，周匝二百四十里。苑中有昭台宫，又有平乐观。《括地志》：观在未央宫北，周十五里。宣帝地节中，霍禹等驰逐平乐观。王莽居摄二年，以三辅兵起，使其党王恽屯平乐观。是也。后汉建武三年，冯异屯军上林苑中。时群盗延岑等分据蓝田、长安及诸城邑，合兵击异，异大破之。于是招徕降附，抚慰百姓，三岁上林成都云。○博望苑，《黄图》云：在长安城南杜门外五里。《元和志》：在今长安城北五里。汉武为太子，立博望苑，使通宾客之处也。

禁苑，今府城北。《唐志》：皇城北为禁苑。《雍录》：唐太极宫北有内苑，有禁苑。太极宫居都城北，内苑又居宫北，禁苑又居内苑之北。禁苑广矣，南面全包汉之都城，东抵霸水。其西南两面，挽出太极宫之前，与承天门相齐。承天门西，排列景耀等三门，皆禁苑门也。《六典》：禁苑北临渭水，东距浐川，西尽都城，周百二十里。兴元初，李晟收京城，议兵所从入。诸将请先取外城，据坊市，然后北收宫阙。晟曰：坊市狭隘，贼若伏兵格斗，居人惊乱，非吾利也。今贼重兵皆聚苑中，不若自苑北攻之，溃其腹心，贼必奔亡。如此则宫阙不残，坊市无扰，策之上也。诸将从之，遂定京邑。《志》云：禁苑中有漕渠，首受沣水，北流矩折入于禁苑而东流，又矩折北流入于渭。苑地自漕渠之东，大安宫垣之西，南出与宫城齐。详见前苑城。

逍遥园，在今府城西。亦汉时旧苑也。《水经注》：沉水合昆明池。其枝津东北流，径邓艾祠南，又东分为二，一水东入逍遥园。晋建兴初，刘聪使刘曜、赵染寇关中。染袭长安，入外城，既而退屯逍遥园。义熙十二年，王镇恶自河入渭，趣长安。姚泓屯于逍遥园。后魏孝昌二年，萧宝寅为秦贼败于泾州，收散卒屯逍遥园，即此。

韭园，在长安故城西。《志》云：牛首池亦名韭泽。韭园盖在其旁。晋太元九年，苻坚将李辨等召集西州人，屯于韭园，即此。又栗园，在今府城南。隋文帝尝幸此。

芙蓉园，在府东南，近曲江池。《西京记》：芙蓉园本隋离宫，周十七里。刘餗《小说》，园本古曲江，隋文帝恶其名曲，改曰芙蓉，以水盛而芙蓉多也。唐贞观七年，幸芙蓉园。二十年，又幸焉。《雍录》：开元二十年，筑夹城，通芙蓉园，自大明宫夹东罗城，复道由通化门、安兴门入兴庆宫，次经春明门、延喜门，则至芙蓉园云。

杏园，《志》云：在曲江池西。唐制，进士放榜后，于此宴集。又园内有慈恩寺塔，本隋无漏寺地，唐初废。贞观十二年，高宗在青宫，为文德皇后请立寺，因名。寺南临黄渠，竹松森邃，浮图七层，崇三百尺。唐进士赐宴后，率题名于此，所谓雁塔题名也。又梨园，在禁苑光化门北。唐景龙四年，御梨园球场。开元初，教法曲于梨园。即此。又有梨园在泾阳县甘泉山下。《志》云：禁苑中芳林门内又有芳林园。〇奉成园，《唐志》：在丹凤门南，出第六坊之安道坊。德宗初立，命马璘子献其园，隶官司，谓之奉成园。

灵台，在府西四十里，汉灵台也。高二十丈，周回四百二十步。《三辅故事》：周灵台在鄠县丰水东，汉灵台在长安故城西北八里，本秦之清台，汉曰灵台。郭缘生《述征记》：长安宫中有灵台，高十五仞。《水经注》：汉灵台在秦阿房宫南，南去明堂三百步，镐水经其西，汉平帝元始四年立。晋愍帝末，刘曜逼长安，南阳王保遣将胡崧破曜于灵台。义熙十三年，后秦姚恢自安定叛，南攻郿城，进逼长安。秦主泓使姚绍等拒之，与恢相持于灵台，恢败死，即此台也。《黄图》：长安西有周灵台，误。

渐台，在未央宫西南太液池中。高二十余丈，以池水所渐而名。汉兵斩王莽于此。又神明台，在建章宫中，高五十丈，上有九室。又有昆明台，在昆明池西。《水经注》云：汉故台也。○鸿台，《黄图》云：在长安宫中，秦始皇二十七年筑，高四十丈，上起观宇，尝射鸿于上，因名。汉惠帝四年，长乐宫鸿台灾即此。

子午关，在子午谷内。即汉元始中王莽所置关也。见上子午谷。

曲牢堡，在府东。晋太元十六年，苻登自雍攻后秦将金荣于范氏堡，克之，遂渡渭水，攻后秦京兆太守韦范于段氏堡，不克。进据曲牢，复自曲牢向繁川，军于马头原，为姚苌所败，退屯于郿。胡氏曰：曲牢在杜县东北，范氏堡在渭北，段氏堡又在曲牢堡东北繁川，即樊川也。马头原，盖在龙首山之南麓。○莎城镇，在府东南。唐乾宁二年，邠、岐二镇兵作乱，上出启夏门，趣南山，宿莎城镇。胡氏曰：镇在长安城南近郊。

中渭桥，在府西北二十五里，故长安城北。本名横桥。秦始皇都咸阳，诸庙及章台、上林，皆在渭南，架桥渭上以通南北。《黄图》：渭水贯都，以象天汉，横桥南渡，以法牵牛。是也。《三辅旧事》：横桥在长安北二里横门外，秦始皇造。汉承秦制，广六尺，长三百八十步，六十八间，七百五十柱，一百二十梁，号石柱桥。《关中记》：石柱以北属扶风，以南属京兆。其北首垒石水中，故曰石柱，亦曰渭桥。汉吕后之乱，大臣迎立代王。王至高陵，使宋昌驰之长安观变。昌至渭桥，丞相以下皆迎。昌还报，王乃驰至渭桥。始元初，大雨，渭桥绝。甘露二年，呼韩邪单于来朝甘泉，就邸长安。上自甘泉还，诸蛮裔君长王侯数万咸迎渭桥下，夹道陈。上登渭桥，咸称万岁。更始初，汉兵讨莽，长安旁兵四会城下。莽出兵击之，度渭桥，皆散走。后汉末，桥坏。魏武尝更修之。《雍录》：中渭桥在今咸阳东南二十二里，渭水南有长乐宫，北有咸阳宫，此桥通二宫之间。汉末，董卓毁之。魏文帝更造。其后复毁。晋永和十一年，秦苻生发三辅民治渭桥。义熙十三年，刘裕入关，又毁之。后魏时更造。贞观十年，移于今所。宋敏求曰：汉之渭桥，约其地望，即唐太极宫西，而太仓北也。亦曰中渭桥。汉文帝二年，行出中渭桥，即此。唐至德二载，安庆绪之党据长安，别将王伯伦等攻中渭桥，破之，乘胜至苑门，败死。广德初，吐蕃入长安。寻引却，命筑城于鄠县及中渭桥，屯兵以备之。建中四年，朱泚据长安，马燧遣河东兵入援，屯中渭桥。元和十一年，渭水溢，毁中桥。寻复修治。中和三年，李克用讨黄巢，进军渭桥，骑军军于渭北。乾宁二年，邠、岐、华三镇兵犯阙，李克用帅河东兵讨之，军中渭桥，是也。《志》云：中渭桥与东西渭并为三桥。兴元初，李晟复京师，车驾自兴元还长安，晟等谒见于三桥。景福二年，凤翔帅李茂贞、静难帅王行瑜犯阙，军于盩厔，进逼官军于兴平。官军溃，乘胜进攻三桥。乾宁三年，邠岐兵邀劫车驾，上幸石门。李克用入援，营于渭桥。既又命克用遣骑三千，驻三桥为备御。克用寻还镇。上遣诸王戒丕募兵屯三桥。岐帅李茂贞托言讨己，复犯阙。盖三桥并立于渭上，京师北面之险也。石门，见蓝田县。

东渭桥，在府东北五十里。汉高祖造此以通栎阳之道。或曰，景帝时所作也。《史记》：景五年三月，作阳陵渭桥。《索隐》云：渭桥有三，通咸阳路者曰西渭桥；通高陵路者曰东渭桥；在长安城北者曰中渭桥。阳陵，即今高陵县境。程大昌曰：灞水合渭之地，有东渭桥。刘裕伐秦，王镇恶自河入渭，姚泓使姚丕守渭桥。既而镇恶至渭桥，大破丕军，遂入长安平朔门，即东渭桥也。唐咸亨三年，王思顺运晋绛之粟于河渭，增置渭桥仓。自是岁运每由河阴、太原、转递至东渭桥仓。永泰初，吐蕃、回纥入寇，命李忠臣以淮西兵屯东渭桥，马璘、郝廷玉以镇西、河南兵屯便桥。建中四年，朱泚据长安，汝、郑应援使郑德信破贼兵于见子陵，以东渭桥有积粟，因进屯之。既而李晟等自蒲津济，军于东渭桥。兴元初，晟奉诏与李怀光合军咸阳，寻复移军东渭桥。桥旧有营垒，晟益修治之。广明初，黄巢入长安，使其将朱温屯东渭桥。既而义武帅王处存入援，引兵屯渭桥。中和初，鄜延帅李孝昌、夏州帅拓跋思恭讨黄巢，屯东渭桥，与朱温相拒。孝昌等寻败却。三年，宰相王铎都统诸道军讨黄巢，使定难、保大二军屯渭桥，共逼西京。四年，邠夏援兵皆屯东渭桥，以讨黄巢。天复二年，朱全忠自河中引军趣凤翔，至东渭横桥，遇霖雨，留旬日，乃复进，是也。《元和志》：东渭桥在万年县东四十里。

西渭桥，在府西北五十里。本名便桥。汉武建元三年，作此以通茂陵之道。长安西门曰便门，此桥与门相对，因名。亦曰便门桥。唐时亦曰咸阳桥。《元和志》：西渭桥在长安西四十里，东去故长安城二十里，跨渭水上。汉宣帝受单于朝，登渭桥。即此西渭桥也。唐武德末，突厥寇泾州，进至渭水便桥之北。太宗出玄武门，径临渭水，呼颉利隔水与语，与盟于便桥之上。至德二载，郭子仪收西京，自西渭桥进屯渭西。广德初，吐蕃败唐兵于鏊屋，遂渡便桥入长安。永泰初，吐蕃复入寇，诏诸将屯东渭桥、便桥拒之。建中四年，朱泚作乱，诏韩游瑰拒朱泚于便桥。三桥盖形援相及矣。唐末，桥废。宋乾德四年，重修，后为暴水所圮。淳化三年，徙孙家滩。至道二年，复旧。

霸桥，在府东二十五里，旧跨霸水上。王莽地皇三年，霸桥水灾，更名为长存桥。隋时更造以石。唐人以饯别者多于此，因名为销魂桥。桥凡十五虹，长八十余步。元季修筑。明成化六年，布政使余子俊增修。今霸水迁徙，桥在平陆矣。《志》云：唐有霸桥驿，在长乐驿东二十里。今为霸桥递运所。

羌桥，在故长安城东，以苻姚诸羌而名。周主邕建德初如羌桥，颁赐长安以东诸军，是也。后毁。○王桥，或云在故长安城东王渠上。唐中和初，拓跋思恭以夏绥兵及鄜延帅李孝昌讨黄巢。时巢据长安，官军与战于王桥，不利。

马祇栅，在府西南。后魏孝昌三年，萧宝寅据长安以叛。其长史毛遐等起兵于马祇栅以拒之。又九曲寨，在府东。唐兴元初，朱泚将张光晟屯此。时李晟屯东渭桥，相拒十余里，光晟密送款于晟，是也。

棘门，在府西北。汉文帝后六年，以匈奴入上郡，使徐厉为将军，次棘门。孟康曰：棘门在长安北，秦宫门也。如淳曰：在横门外。《括地志》：棘门在渭北十余里。《志》云：今咸阳县东北十八里有棘门。

嘉禾仓，《三辅故事》：在长安城东。汉置。其细柳仓在长安西北，今入咸阳县界。又常满仓，在故长安西北六里。《黄图》：汉太学在长安西北七里。其东为常满仓。仓之北为槐市。

霸昌厩，府东北三十八里，汉所置马厩也。景帝中二年，使田叔等按梁事，还至霸昌厩，悉烧梁狱辞，即此。又交道厩，在府西北六十里，近咸阳县之废延陵，亦汉所置马厩云。

轵道亭，在府东。《汉宫殿疏》：亭东去霸城观五里，观东去灞水百步。沛公入关，秦王子婴降轵道旁。又吕后七年，被还过轵道。《水经注》：轵道在长安县东十三里。《括地志》：在万年县东北十六里苑中。又徐广曰：杜县有毫亭，即汤所起处。似误。

临皋驿，府西十里。唐元和初，刘辟以西川叛，高崇文平之，槛送京师。诏神策军领辟等自临皋驿至阙下，御兴安门楼受俘。又景福二年，李茂贞犯阙，陈于临皋驿。胡氏曰：驿与长乐坡为京城东西出入要地。《志》云：今府治东南有京兆驿。

米仓村，在苑城东光泰门外。又有神麚村，在苑东。唐兴元初，李晟收长安，自东渭桥移军于光泰门外米仓村。朱泚军来战，晟破之。既又分命诸将，直抵苑墙神麓村。夜开苑墙二百余步，贼旋树栅塞之。晟军拔栅而入，贼大溃。神麓村，亦作神麀仓。《新唐书》：神麓村在苑北。

章敬寺，在府城东。《唐志》：寺在通化门外。大历二年，宦者鱼朝恩以所赐庄为帝母章敬吴后造寺，以资冥福，因名。兴元初，李晟讨朱泚，败之于神麀仓东，遂入苑城。贼溃，进败之于白华门。泚西走，晟因屯含元殿前，舍于右金吾仗，使兵马使孟涉屯白华门，尚可孤屯望仙门，骆元光屯章敬寺，晟以牙前二千屯安国寺，以镇京城。白华等门，见前苑城。○安国寺，在城南。《雍录》：在朱雀街东第四街长乐坊。开元中建，其南又有兴唐寺。《会要》云：兴唐寺在大宁坊。神龙初，太平公主为武后立罔极寺，开元三年改为兴唐寺。永泰初，吐蕃遣使请和，诏元载等与盟于兴唐寺。

安业寺，《唐志》：在宫城南安业坊。贞观二十三年，太宗崩，以安业坊济度尼寺为灵宝寺，尽遣太宗嫔御为尼，武氏与焉。又资圣寺，在皇城南崇仁坊，长孙无忌宅也。龙朔三年，立为寺。又西明寺，在延康坊，本杨素宅。贞观初，赐魏王泰。泰卒，立为寺。○荐福寺，在今府城南。《志》云：本隋炀帝潜藩，后为萧瑀宅。唐天授初，改为寺。中有浮图，俗呼为小雁塔。又兴善寺，在今城南六里。旧为朱雀街东，隋开皇中建。唐大和二年，建天王阁，雄胜甲于海内。

香积寺。在府西南。唐至德二载，郭子仪自扶风进兵收西京，至长安西，陈于香积寺北、沣水之东。《吕氏图》：寺在子午谷正北微西，子仪陈于寺北，距丰水，临大川。所谓大川者，沉水、交水及唐永安渠也。盖寺在丰水之东、交水之西。子仪先败于清渠，至此则循南山，出都城后，据地势以待之也。

○**咸阳县**，府西北五十里。东北至泾阳县五十里，西北至醴泉县七十里。秦置县，孝公徙都于此。山南水北曰阳。县在九嵕诸山之南，渭水之北,山水皆阳,故曰咸阳。汉初改为新城县。元鼎二年,曰渭城县,属右扶风郡。后汉省。晋咸和中,石勒置石安县。符秦兼置咸阳郡。后魏因之。隋郡县俱废。唐武德二年,复置咸阳县,属京兆郡。宋因之。元省入兴平,寻复置。今城周八里有奇,编户十二里。

咸阳城,《志》云:咸阳有三故城:其一在今县东三十里,秦所都也;其一在今县东北二十里,符秦咸阳郡城也;其一在今县东二十里,唐县城也。元时置县于今治。《秦本纪》:孝公十一年,卫鞅筑冀阙于咸阳,徙都之。其后并都于此。秦初并六国,收天下兵聚之咸阳,又徙天下豪富十有二万户居焉。每破诸侯,辄写放其官室,作之咸阳北阪上。南临渭水,殿台复道,周阁相属。北至九嵕、甘泉,南至长杨、五柞,东至河、西至汧、渭之交。东西八百里,南北四百里,离宫别馆,相望于道,穷年忘归,犹不能遍及。项羽屠咸阳,烧秦宫室,火三月不灭。既而汉王还定三秦,曹参东取咸阳,改为新城县。其后改曰渭城,又为石安。西魏仍为咸阳郡治。大统四年,雍州民于伏德等叛保咸阳,宇文导讨平之。十六年,宇文泰讨齐高洋,以宇文导屯咸阳,镇关中。隋郡县俱废。唐复置咸阳县。贞观十年,畋于咸阳。刘昫曰:县初治鲍桥,旋移治于杜邮。鲍桥,或以为即石安县旧治云。《志》云:今县治明初洪武四年所迁,景泰三年始筑城,周四里有奇。嘉靖二十六年,以城南临渭水,其险足恃,乃拓东西北三隅,四里有奇,合于旧城。

渭城故城,在县东北十七里。《志》云:秦孝公所居也。汉元鼎三年,渭城县置于此。后汉县废而城如故。晋永安初,河间王颙镇关中,遣军犯洛阳。颙顷军于郑,为之声援。雍州刺史刘沈起兵新平,进讨颙,颙因还屯渭城。大宁三年,刘曜以其子胤为大单于,置单于台于渭城是也。

零武城,在县东。本零武乡。晋建兴初,刘曜、赵染逼长安。将军麴鉴自阿城进救,追曜等,大败于零武。三年,刘曜等自冯翊转寇上郡,麴允去黄白城,军于灵武,即零武也。符秦置零武县,属咸阳郡。后魏因之,亦曰灵武。后周废。〇景陵城，在县东北。汉初，曹参将兵守景陵。三秦将章平等攻参，参大破之。《正义》曰，景陵，县名也。

长陵城，在县东三十五里。汉高帝陵也。亦曰长山。吕后六年置陵邑。太初以后属左冯翊。后汉县废。《志》云：县北有萧城，世传萧何所筑，以守长陵，因名。《汉·百官》注：长陵有南北西三面，而东面无城，一名原陵。

安陵城，在县东二十一里。本秦之旧邑。汉惠帝葬此，置安陵县。太初以后，属右扶风。魏废。《雍胜录》：安陵有程地。《周书》：王季宅于程。《孟子》：文王卒于毕郢。郢即程也。周有程伯休父，盖得姓于此。汉惠帝七年崩葬安陵，徙关东倡优乐人五千户，以为陵邑，善于啁讥，俗号安啁陵。又渭陵，在县东北十三里，汉元帝陵也。《汉书》：王莽使坏渭陵园门，曰：勿使民思汉氏。又延陵，成帝陵也，在县西北十五里。义陵，哀帝陵也，在县西八里。康陵，平帝陵也，在县西二十五里，亦曰康陵坂。自渭陵以下，始不复置邑云。

毕原，在县北五里。亦谓之咸阳原。《诗》注：毕，终南山之道名也。《书》注：周公葬于毕原。南北数十里，东西二三百里，亦谓之毕陌。《通典》曰：文王葬毕。初王季都之，后毕公高封焉。又武王及成、康亦皆葬此。《县志》云：渭水经城南九嵏、甘泉诸山，控城北毕原，即九嵏诸山，之麓也，亦谓之咸阳北阪。汉武又更名为渭城北阪。王氏曰：毕原无山川陂湖，井深五十丈。秦谓之池阳原。汉曰长平陂。石勒建县于此，又名石安原。《志》云：今长安县西南二十八里有毕原。又云：毕原，在泾阳县南十里。

浊谷，在县北。后魏太和十七年，北地民支酉聚众附于齐，进至咸阳北浊谷。魏将穆亮与战，为酉所败。或曰，谷盖近九嵏山麓。

陈涛斜，在今县东。其路斜出，故曰斜。宋敏求《退朝录》引唐人文集曰：唐宫人墓，谓之官人斜。四仲遣使者祭之，此或内人所葬地欤？唐至德初，房琯将兵复西京，至便桥，遇贼将安守忠于咸阳之陈涛斜，琯军大败。又德宗兴元初,李晟屯东渭桥,讨朱泚,与李怀光会军于咸阳西陈涛斜。或云,斜者,山泽之称,亦曰陈涛泽。杜甫有《悲陈陶》诗,为房琯作也。亦谓之咸阳斜,盖近长安城西北。

渭水,在县南一里。自兴平县流经此,又东与长安县接界。《志》云:县东三十五里有安刘渡,县西七里有安阳渡,又西八里有两寺渡,皆渭水南北渡处也。○泾水,在县东北四十里,自醴泉县流入境,与泾阳县分界。汉建始四年,安陵岸崩,壅泾水逆流是也。

沣水,县东南三里。自长安县西北流入境,注于渭。又涝水,在县西南二十里,亦自长安县西流入境,下流入渭。

周氏陂,在县东三十里。汉赐周勃田宅于此,陂因以名。亦谓之周氏曲。又东入高陵县界,唐高祖数幸周氏陂,过故墅是也。《长安图》陂南一里即故兰池宫,故墅在高陵县界。又同州南有故市。○兴成堰,在县西十八里。秦汉时,堰渭水为漕渠处也。唐太和元年,咸阳令韩辽请疏之,东达永丰仓,罢车挽之劳云。

兰池,在县东。亦曰兰池陂。《黄图》:始皇三十一年,微行咸阳,逢盗兰池。《史记》:景帝六年,伐驰道树填兰池。又武汉责杨朴受诏不至澜池。《元和志》:兰池陂,在县东二十五里。始皇引渭水为池,东西二百里,南北二十里,筑为蓬莱山,刻石为鲸鱼,长二百丈,置兰池宫。唐武德七年,太宗出豳州御突厥,高祖饯之于兰池宫是也。《县志》:县南八里有牛首池、野韭泽,盖皆与长安县接境。

德阳宫,《括地志》:在咸阳县东北二十九里,汉景帝庙也。帝所自作,讳庙,故言宫。《一统志》:县境渭水南有长信宫。秦始皇初居长信宫、祁年宫,即此。

望贤宫,县东五里。唐开元中建。天宝末,西幸至咸阳望贤宫。至德二载,自凤翔还西京,至望贤宫。又上皇幸蜀还,肃宗备法驾奉迎于此。其后懿宗数幸焉。《志》云:自便桥涉渭宫,其必由之道。

细柳仓,在今县西。《元和志》:县西南二十里有细柳仓,汉旧仓也。汉文帝后六年,匈奴入上郡,使周亚夫为将军,次细柳,即此。《史记·匈奴传》:亚夫军长安西细柳北。服虔曰:细柳在长安西北。如淳曰:在渭北石徼西。《三辅故事》:细柳在直城门外阿房宫西北维。皆指此也。亦谓之柳中。汉初,樊哙从入关,攻下柳中,即细柳云。

杜邮亭,县东二十里。即唐咸阳县治也。秦白起伏剑于此。《秦记》:武安君出咸阳西门十里,至杜邮,遂自杀。《水经注》:安陵南渭渠侧有杜邮亭。孔颖达曰:今咸阳城本秦杜邮。《一统志》:唐咸阳城在渭水北杜邮馆西。今其地亦名孝里亭。○成贰壁,在县境。成贰,人姓名也。晋太元十年,慕容冲将高盖攻渭北诸垒,秦太子苻宏与战于成贰壁,大破之。胡氏曰:壁在渭北。

便桥。在今县城东南,即长安之西渭桥。《雍录》云:西渭桥在咸阳县西二十里。盖县移今治也。又中渭桥,《志》云:在今县东二十五里。亦详见长安县。渭水驿,在今县治东。

○**泾阳县**,府北七十里。西北至醴泉县九十里,北至邠州淳化县九十里,东北至三原县三十里。本秦邑。昭王弟悝封此,号泾阳君。汉为池阳县地。后魏置泾阳县,属咸阳郡。后周县废。隋复置,属雍州。唐初因之。武德九年,突厥入寇,自泾州进至高陵,尉迟敬德败之于泾阳。天授二年,隶鼎州。大足初,还属雍州。宋属京兆府。元省入高陵,寻复置。今城周五里有奇,编户五十里。

云阳城,县西北三十里。秦县。始皇二十五年,使蒙恬通直道,自九原至云阳。既而徙五万家于云阳。汉亦为云阳县,属左冯翊。后汉建武二年,赤眉自陇坻大略而东。邓禹拒之,不克,遂弃长安走云阳。又汉中王嘉败赤眉于谷口,就谷云阳,遂诣禹降。永康元年,东羌先零掠云阳。晋省。后复置。后魏属北地郡。后周置云阳郡。隋开皇初，郡废，县属雍州。唐贞观元年，改为池阳县。八年，复曰云阳。天授二年，置鼎州于此。大足初，州废，县仍属雍州。会昌四年，幸云阳校猎。乾宁二年，李克用败邠宁叛帅王行瑜，还军云阳是也。五代时，县属耀州。宋因之。金属京兆府。元至元初，并入泾阳。

石门城，在县北。本云阳县地。唐武德元年，分置石门县。三年，兼置泉州，领石门、温秀二县。贞观元年，废泉州，改石门曰云阳，而改云阳曰池阳。八年废。温秀城，见永寿县。

宜秋城，在县西北。《水经注》：郑渠自中山西瓠口东流，径宜秋城北，又东径中山南。晋永和八年，故赵将张琚据宜秋，称秦王。苻健击斩之。

嵯峨山，县北四十里。一名㠌嶭山，东西二十五里，南北二十里，又名慈娥山。顶有三峰，其西又有二峰，亚于三峰。或云：此为《禹贡》之荆山，特出云表，登其巅，则泾、渭、黄河举在目前，视秦中如指诸掌。《长安志》：嵯峨，读曰㠌嶭。慈娥山又在其东。《括地志》：山在云阳县北十五里，或谓之北山。唐建中四年，朱泚攻奉天。李怀光自河中驰援，军于蒲城。寻引兵循泾阳并北山而西，败泚兵于醴泉。泚惧，引还长安。广明中，宦者曹知悫以黄巢陷长安，集壮士据嵯峨山南，为堡自固。贼不敢逼。田令孜忌之。中和四年，令孜遣邠岐帅王行瑜，潜师自嵯峨山北，乘高袭攻，合营尽殪。又天祐末，华原贼帅温韬聚众嵯峨山，暴掠畿内，发掘陵寝。《城冢记》：嵯峨山，唐德宗崇陵在其上。

中山，《志》云：在县西北七十里。《图经》：中山北接嵯峨，西拒冶谷，南并九嵕，泾河自中而出，故名中山。或云以山在冶水西，泾水东也。汉元鼎初，获宝鼎于汾阴，荐之甘泉。鼎至中山，氤氲有黄气盖焉。俗讹为仲山，云汉高祖兄仲居此。山多竹箭，郑国渠经其下。《水经注》：郑渠首承泾水于仲山西瓠口，所谓瓠中也。《尔雅》以为周之焦获。《河渠书》：凿泾水自中山。是矣。后周主赟尝祈雨于仲山。唐武德四年，猎于仲山。贞观初，置折冲府，一曰仲山府，盖以山名。又有泉曰小师泉，冬夏不溢不涸。《括地志》：仲山在云阳西十五里。《城冢记》：唐宣宗葬此，谓之贞陵。

甘泉山，县西北百二十里，周回六十里。一名石鼓原，一名磨石原，亦曰磨盘岭，又名车盘岭。甘泉出焉。旧《志》云：山在云阳县西北八十里，登者必自车箱阪而上。阪在云阳县西北三十八里，萦纡曲折，单轨财通。上阪即平原宏敞，楼观相属。范睢说秦王，北有甘泉、谷口之固，即甘泉山也。汉七年，帝幸甘泉，以备匈奴。文帝三年，匈奴入北地，居河南为害，帝初幸甘泉。十四年匈奴入萧关，至彭阳，侯骑至雍甘泉。后六年，匈奴入上郡、云中，烽火通于甘泉、长安《舆地志》：甘泉山有宫，秦始皇所作林光宫，周匝十余里。汉武帝元封二年，于林光宫旁更作甘泉宫，自是屡幸焉。宫周十九里，宫殿台观，略与建章相比。百官皆有邸舍，常以五月避暑，八月始归。其地最高，去长安三百里，望见长安城堞。又于宫城筑通天台，去地百余丈，云雨悉在其下。元朔五年，复立泰畤于甘泉，时亦谓之云阳宫。《汉纪》：太初元年，朝诸侯，受计于甘泉，作诸侯邸。是也。后往往朝会于此。宣帝亦数幸焉。甘露三年幸甘泉，匈奴呼韩邪来朝。黄龙初，匈奴复朝甘泉，元帝亦数幸甘泉。后汉时渐废。西魏时复修治。后周主邕数如云阳宫。唐贞观二十年，幸汉故甘泉宫，是也。《汉书音义》：匈奴祭天处，在云阳甘泉山下。秦夺其地，徙休屠王于右地，故云阳有休屠金人。屠，音除。又车箱阪，《水经注》谓之长箱阪。《志》云：即冶谷口往甘泉之道。

冶谷，在县西北五十余里。亦谓之谷口。《云阳宫纪》：冶谷去云阳八十里，山出铁，有冶铸之利，因名。入谷便洪潦沸腾，飞泉激射，两岸皆峭壁对峙，凛然凝深。又曰：入冶谷二十里，有百里槐树。树北有泉，名金泉。谷中有毛原监，或谓之云阳谷。后魏孝昌初，稽胡刘蠡升居云阳谷，称天子。自离石以西，安定以东，方七八百里，常被其患，谓之胡荒。东魏天平二年，高欢袭败之于离石西境，寻为欢所灭。离石，见山西永宁州。

石安原，县西南七里。高二十丈，东西三十八里，南入咸阳县界为咸阳原。十六国秦苻健尝登此，叹曰：美哉斯原！因怃然有终焉之志。又丰稔原，在县北二里，亦谓之北原。唐永泰初，回纥、吐蕃合兵围泾阳，郭子仪拒之，退屯北原，即此。《志》云：县西北近冶谷口，有覆车原。抵洪门监，曰西域原。冶谷水东岸，曰百顷原，西岸曰丰乐原，东南岸曰清凉原。其势蜿蜒不绝，或阔或狭，随在殊称。洪门，县西北白渠堰口也。旧设监于此。接醴泉县界，去县治七十里。

长平坂，县西南五十里，亦南接咸阳县北。东方朔谓秦时置狱处也。汉武帝上甘泉经此。宣帝自甘泉还，登长平阪。又有长平馆在其上。元后登长平馆，临泾水，是也。后汉章帝建初七年，幸长平馆。又兴平元年，马腾等谋袭长安，诛李傕等，勒兵屯长平观。观与馆通也。颜师古曰：泾水之南原，今谓之睢城阪，东南去长安五十里。

泾水，县南七里。经仲山、九嵕山间，出冶谷口，东南流，入高陵县界。王莽天凤三年，长平馆西岸崩，壅泾水不流，毁而北行，是也。有花池渡，在县南十里，通长安。又东曰宋村渡，在县东南十五里，通临潼。县西五十里为狄道渡。西南三十里为临泾渡。又有睢城渡，在县西南二十里。相传襄十四年，诸侯伐秦时，济此。汉唐之通津也。津口有桥曰泾桥。

郑国渠，在县西北六十里洪口。《唐志》云阳县有古郑国渠。又六辅渠，在县西北。汉元鼎六年，左内史倪宽所穿，亦谓之辅渠，亦谓之六渠。师古曰：在云阳三原两县界。

白渠，亦在县西北六十里。引泾水南行，至县北五里，立三限闸以分水，北曰大白渠，中曰中白渠，南曰南白渠。《元志》：三限闸，在洪口堰下七十里。又有彭城闸，在三限下二十里。余详大川泾水。〇仇班渠，旧在县西。或云白渠之支渠也。晋太元十年，苻坚与慕容冲战于仇班渠，大破之，又破之于雀桑。既而战于白渠，秦兵大败。雀桑，或云堡聚名也，亦在县西北。又《唐志》泾阳县有茂农渠。盖亦白渠之支渠矣。今皆湮废。

丰利渠，在县西北。宋熙宁七年，殿中丞侯可议自仲山旁凿石渠，引泾水东南与小师泉会，下流合白渠，不果。大观四年，渠成。疏泾水入渠，民赖其利，因赐名曰丰利。《志》云：丰利渠口在白渠之上，即洪堰也。明成化中，抚臣项忠等复自旧渠上并石山凿渠口，引泾入渠，易名广惠渠。而白渠之利，得以不废。

冶谷水，县西北五十里。出冶谷中，流泾县之嵯峨、武康、青龙等乡，溉灌民田凡数百顷，下流入渭。《志》云：冶谷水分渠十二，曰上王公渠、下王公渠、磨渠、上北泗渠、下北泗渠、仙里渠、天津渠、高门渠、广利渠、海西渠、海河渠、畅公渠。又有清谷水，在县北六十里，即清水也。自三原县流入境，合冶谷水。分渠凡六，曰原成渠、公进渠、下五渠、木丈渠、广惠渠、广济渠。○五龙水，《水经注》：出云阳宫西南。今谓之五龙谷泉，流绕长箱阪下。

焦获泽，在县西北仲山西。《诗》：猃狁匪茹，整居焦获。《史记》：犬戎杀幽王，取周之焦获。《尔雅》：焦获，十薮之一也。后谓之瓠口。《水经注》：泾水东南流经瓠口，郑、白二渠出焉。○龙泉陂，在县南三里，周回六里，多蒲鱼之利。

望夷宫，在县东南八里。秦始皇建。临泾水，望北夷，因名。赵高使其婿阎乐弑二世于此。

池阳宫，在县西北十里。汉建，在长平坂北。甘露二年，呼韩邪单于来朝，就邸长安，宿长平阪。上自甘泉宿池阳宫，登长平阪，诏单于毋谒。后汉建初七年，幸长平，御池阳宫，东至高陵，造舟于泾而还，是也。

梨园寨。在县西北。王褒《云阳宫记》：车箱阪下有梨园，汉武帝所筑。大一顷，树木数百株，青翠繁密，望之如车盖，因以为镇名。唐乾宁二年，李克用讨邠宁王行瑜，进攻梨园寨，屡败其兵。梨园闭壁不敢出，既而食尽，弃城走。别将李罕之邀击之，杀获无算，克梨园等三寨。克用因进屯梨园，是也。

麻隧。在县西南。《史记·晋世家》：厉公三年，与诸侯伐秦，至泾，败秦人于麻隧。又悼公十四年，使六卿率诸侯伐秦，度泾，大败秦军，至棫林而去。《世本》：郑桓公居棫林。棫林，一作咸林，今华州也。

○**兴平县**，府西百里。北至醴泉县四十里，西至武功县五十里。汉槐里县地，属右扶风。始元中，为平陵县地。三国魏黄初中，改为始平县，以县北始平原名。晋置始平郡，治槐里，始平县属焉。后魏仍为始平县，属扶风郡。西魏移扶风郡治焉。隋废郡，县属雍州。唐天授二年，改隶稷州。大足初，还隶雍州。景龙二年，改为金城县。至德二载，始改今名。贞元中，常以神策军屯此，曰兴平镇。宋仍属京兆府。今城周七里有奇，编户十七里。

槐里城，县东南十一里。周曰犬丘，懿王所都，后更曰废丘。《志》云：以其地久废于戎也。项羽封章邯为秦王，都废丘。汉元年，章邯迎击汉军于陈仓，兵败还走，止战好畤，复败走废丘。汉王引水灌之，废丘降，章邯自杀。汉三年，始置槐里县。后汉建初七年，幸槐里。晋初为始平郡治。建兴四年，南阳王保镇上邽，遣其将胡崧救长安。崧破刘曜于灵台，引还槐里，长安遂陷。太元十九年，姚兴败符登，乃即帝位于槐里。后魏废始平郡，以县属扶风郡。后周废入始平县。其西城曰小槐里。魏武以杨阜为武都太守，徙其郡于小槐里，即此城矣。又县东十五里有文学、武学二城，各高一丈五尺。相传秦章邯所筑。其相近又有舒丘城。汉桓帝封皇甫嵩为舒丘侯，邑于此。

平陵城，县东北二十里。汉昭帝陵邑也，属右扶风。陵南有肥牛亭。元延初，张禹请平陵肥牛亭地，即此。后汉仍为平陵县。曹魏改曰始平。后魏时，迁于今治。唐贞观十二年，畋于始平。景龙二年，送金城公主出降吐蕃至此，更名金城县。天宝末西幸，夜将半，乃至金城。至德二载，改曰兴平县。《志》以为兴平军置于此，误也。中和初，邠宁将朱玫讨黄巢，军兴平。巢遣兵围之。玫引却。西川帅陈敬瑄复遣将李铤等军兴平，屡败贼兵，即今县矣。《一统志》：平陵在咸阳县东北十三里。

茂陵城，县东北十七里。本槐里之茂乡。汉武建元二年，析置陵邑，属右扶风。后汉因之。三国魏废。《志》云：平陵县与茂陵城相去二里。又县南十五里有樊哙城。相传哙围章邯于废丘时筑。城南有武延台，亦哙所筑，以望废丘城者。

马嵬城，县西二十五里。旧《志》云：在咸阳西，去长安百余里。孙景安《征途记》：马嵬所筑，不知何代人。晋太元十一年，苻麟有众数千，保据马嵬，为姚苌所败，奔汉中。十九年，后秦将姚详据马嵬堡以拒苻登。元魏正光中，崔延伯军于此，以拒秦州贼莫折天生。唐置马嵬驿。景龙四年，中宗送金城公主入番，别于马嵬驿。城北有马嵬坡。天宝末，玄宗西幸，至马嵬驿。六军不发，因赐贵妃死，葬于马嵬坡。坡旁有马嵬泉，周数十步，深百尺，流入白渠。其泉久涸。洪武中，忽涌一泉于旧泉之旁，行役者资焉。

始平原，在县治北二里。亦曰北芒岩。原东西五十里，南北八里。或曰即咸阳北阪之别名也。北芒西原，或谓之黄山。《志》云：县北一里即黄麓山。

六陌，《志》云：在马嵬坡西。晋元康七年，周处攻叛氐齐万年于六陌，后军不继，力战而死。太元十九年，苻登击姚兴，自六陌趣废桥，是也。

渭水，在县城南二十五里。自武功县流入，经黄山宫南，扬雄《甘泉赋》所云北绕黄山是也。天宝末，西幸至马嵬，太子为父老所留，西至渭滨，择渭水浅处，乘马涉渡，自奉天北上趣新平，是也。渭水又东入鄠县境。《志》云：县南十五里有清水，东流入渭。

成国渠，县北一里。《志》云：魏司马懿所开。初自陈仓至槐里，达于临晋，引汧、洛溉舄卤之地三千余顷。故址渐埋，近时复浚之，上承汧水，合韦川、莫谷、香谷诸水，溉武功、兴平、咸阳、高陵等田万余顷。今渐废。《志》云：县南二里有清渠，十里有普济渠，十五里有昇原渠，县西十二里又有五泉渠。旧皆引水溉田，今并涸。

马牧泽，县东南二十里。南北广四里，东西二十一里，即《长安志》所称四马务也。一曰飞龙务，二曰大马务，三曰小马务，四曰羊泽务，凡三百七十顷。又有百顷泽，在县西二十五里渭水南，周回十六里，多蒲鱼之利。《志》云：县西二十里有宋泊，周四十里，西南十五里有曲泊，皆渭水所溢而成也。

黄山宫，在县西南三十里渭水北。《宫阙簿》云：汉惠帝二年建。《东方朔传》：武帝微行，西至黄山宫遇盗处也。《汉志》槐里有黄山宫。武帝建元三年，始为微行，北至池阳，西至黄山，南猎长杨，东游宜春，是也。又宣帝地节中，霍云多从宾客猎黄山苑中。莽天凤三年，民讹言黄龙坠死黄山宫中，奔走往视，莽恶之，即此。

刘回堡，在县东南。晋义熙十三年，刘裕入长安，以沈田子为始平太守。及裕还，赫连勃勃遣其子璝向长安，至渭阳。田子将兵拒之，畏其众盛，退屯刘回堡，即此。○娄馆，在县西。唐乾宁三年，李茂贞再犯阙。官军与战于娄馆，败绩。茂贞遂进逼京师。

废桥，在县西北。符登自六陌趣废桥。后秦将姚详据马嵬堡以拒之。姚兴遣尹纬驰救，纬趣废桥以待登。登兵争水不得，渴死者十二三，为纬所败。桥盖在马嵬之西。胡氏曰：废桥近栎阳。似误。

长宁驿。县西四十里。《舆程记》：自县治北白渠驿四十里至长宁驿，又四十里至邰城驿，即武功县也。又底张驿，在县东北三十里。驿东为底张村递运所。

○临潼县，府东七十里。西北至泾阳县七十里。周为骊戎国。秦为骊邑。汉置新丰县，属京兆尹。后汉移阴盘县寓此。晋仍曰新丰县，兼置阴盘县，属京兆郡。后魏因之。隋初并阴盘入新丰县，属雍州。大业初，属京兆郡。唐仍属雍州。垂拱二年改为庆山县。神龙初复故。天宝三载，分新丰、万年置会昌县。七载，省新丰县，改会昌曰昭应。宋大中祥符间，以县临潼水，改曰临潼，属京兆府。今城周四里，编户五十二里。

新丰城，县东十五里。汉高祖以太上皇思东归，因置此以象丰邑，兼徙丰人及枌榆旧社于此，故曰新丰。自长安东出关者，必由此。汉文帝指新丰示慎夫人曰：此走邯郸路也。更始初，李松等至华阴，分遣偏将军韩臣等西至新丰，败莽军，追奔至长门宫。兴平二年，李傕等作乱，驾幸新丰。晋永嘉五年，刘聪遣子粲等寇长安，粲军于新丰。雍州刺史麹特等击破之。粲走还平阳。建兴二年，刘聪遣刘曜、赵染等寇长安，染屯新丰。索綝与战于城西，败之，皆此城也。唐武后改曰庆山，又改属鸿州。大足初，还属雍州。天宝七载，省入昭应。

栎阳城，在县北三十里渭水北。或曰，本晋之栎邑。晋悼公十一年，秦取我栎，是也。杜氏《释例》云：栎，盖在河北。《史记》：秦献公二年，自雍徙都栎阳，因城之。项羽入秦，封司马欣为塞王，都栎阳。颜氏曰：国以塞名者，取河华之固为厄塞也。汉高祖初都此，二年，令太子守栎阳。诸侯子在关中者，皆集栎阳为卫。既而葬太上皇于城北原，谓之万年陵。因分置万年县于城中，为陵邑。武帝以后，属左冯翊。后汉建武二年，封景丹为栎阳侯，寻废栎阳入万年县。晋属京兆郡。后魏属冯翊郡。后周徙万年县于长安。隋又改万年曰大兴县，寻分置万年县于此。唐初，又改大兴曰万年，而改隋之万年曰栎阳。天授初，改隶鸿州。大足初，还隶雍州。宋属京兆府。元省栎阳县入临潼。今亦曰万年镇。

广阳城，在县北。又东北有彰县城。后魏太和二十一年，分万年置彰县。景明初，又分彰县置广阳县，俱属冯翊郡。后周移万年县入长安，而移广阳入旧万年城。隋废彰县，复改广阳曰万年。《通典》：汉栎阳城，在今栎阳东北二十五里。唐栎阳，即魏广阳县也。西魏大统三年，高欢侵魏，军蒲阪。宇文泰军于广阳以御之，即此城云。

阴盘城，在县东。郦道元曰：汉灵帝建宁三年，改新丰为都乡，封段颖为侯邑，后立为阴盘城。魏收曰：阴盘县本属安定。晋属京兆。魏真君七年，并入新丰。太和十一年，复置阴盘县于县东二十里司马村。鸿门、戏水正属县界。宋白曰：京兆昭应县东十三里有故城。后汉灵帝末，移安定郡阴盘县寄理于此。今亦谓之阴盘城。后魏太和九年，复移而东。今昭应县东三十二里零水西、戏水东司马村，有阴盘故城，是也。后周废。《晋纪》：永宁二年，河间王颙镇长安，谋东击齐王冏，遣其将李含屯阴盘。又有阴盘驿。后魏孝昌三年，萧宝寅谋据关中，攻杀关右大使郦道元于阴盘驿，即此。

骊戎城，县东二十四里，故骊戎国。春秋，晋献公伐骊戎，灭骊子，即此地也。《秦纪》：始皇十六年置丽邑，三十五年徙三万家于丽邑。即骊戎故城也。《里道记》云：城高一丈五尺，周四里。

骊山，县东南二里，因骊戎所居而名。《周纪》：幽王无道，申侯与犬戎共攻王，杀王骊山之下。潘岳《西征赋》所云，军败戏水之上，身死骊山之北者也。秦始皇二十七年，作甬道，自咸阳至骊山八十里。又营葬于骊山，役徒七十万人，是也。山顶旧有露台乡，极高显，汉文帝欲作露台处。晋太元九年，慕容冲进攻长安，符坚使符方戍骊山。明年，冲攻杀之。秦将苟池等复与冲战于骊山，败死。山西北麓有温泉，后周至唐，数临幸焉。唐先天二年，幸新丰，讲武于骊山下。开元初，复讲武于骊山。山左右皆峻岭，如云霞绣错，因有绣岭之名。天宝初，改曰会昌山。七载，复改曰昭应山。俗仍谓之骊山。长庆二年，幸华清宫，畋于骊山，是也。其东支麓曰肺浮山，泠水出焉。又东南曰金斧山，石罅中有石如斧而名。亦谓之金谷。谷中常温。卫宏《古文奇字序》云：秦既改古文为篆隶，恐天下不从，乃密令冬月种瓜于骊山谷中温处。皆熟，诏博士诸生说之，前后七百人，人人各异，则皆使往视，因伏机陷之。后人号其处为坑儒谷，又为愍儒乡。唐天宝中，改为旌儒乡。一云，坑儒谷在县西南五里。又《城冢记》：始皇陵在县东八里骊山下。骊山水泉本北流，皆陂障使东注，北径陵下，水积成池，谓之鱼池。又山无石，取于渭北，故靡费工力最多。《志》云：鱼池在始皇陵东北五里。

庆山，县东南三十五里。唐武后时，因风雷涌出，初高六尺余，渐高至二百余尺，诏以为庆山。荆州人俞文俊上书曰：地气不和而堆阜出。今陛下以女主处阳位，山变为灾，以为庆山，臣以为非庆也。

鸿门坂，县东十七里。《水经注》：新丰古城东有阪，长二里余。堑原通道，南北洞开如门，谓之鸿门。项羽兵四十万在新丰鸿门，沛公兵十万在霸上，此即沛公会项羽处也，有鸿门亭。汉神爵元年，从方士言，祠天封苑火井于鸿门。或谓之蒉城。赵悼襄王四年，庞煖将赵、楚、魏、燕之锐师入函谷，攻秦蒉。徐广曰：新丰有蒉乡也，亦谓之㸬城。更始以赤眉将入关，使王匡等军新丰，李松军㸬以拒之。后城废。《里道记》：自新丰古城西至霸城五十里。又西十里则霸水。《史记》云：鸿门去霸上四十里。盖约言之也。

鹦鹉谷，县东北十里。层崖叠壑，飞淙瀑水。《唐史》：武德元年，鹦鹉谷水清。世传此水清天下平也。又韦嗣立营别庐于此。中宗临幸，赐名幽栖谷。谷傍又有凤凰原。《后汉书》：延光二年，凤凰集新丰原，因以名。

渭水，在城北三十里。自咸宁县东流入县境，与高陵县分界。又东入渭南县境。唐先天二年，猎于新丰之渭川，即此处也。又县西北四十里有交口渡，以近泾、渭交流处而名。〇潼水，在县西半里，源出骊山，西北流入于渭水。

戏水，县东三十里。源出骊山鸿谷，东经戏亭，北入渭。宋元嘉二十三年，魏主焘讨叛胡盖吴等，自汾阴济河，至洛水桥，闻盖吴在长安北，以渭北乏谷草，欲渡渭南，循渭而西。崔浩以为今去盖吴营六十里，轻骑趣至，可以必克。克吴，南向长安，不过一日。一日之乏，未至有伤。若从南道，吴徐入北山，猝未可平。不从。自渭南向长安，至戏水。吴众闻之，悉散入北山，军无所获。洛水桥，今见朝邑县。

冷水，在县东。亦谓之零水。《水经注》：冷水出肺浮山，径阴盘、新丰两原之间。汉灵帝立阴盘城，冷水际城北出，亦谓之阴盘水。又北流绝漕盘沟，注于渭。其入渭处，谓之零口。唐圣历二年，鸿州水漂千余家，盖即冷水云。

清水陂，县西南十里。多水族之利。《志》云：县南十五里有煮盐泽，多盐卤。苻秦于此煮盐。周回二十里。

华清宫，在县东南。《志》云：骊山西北有温泉，在今临潼县南百五十步。秦始皇初砌石起宇。汉武更加修饰焉。《十道志》：温泉有三所。其一处即皇堂石井，后周天和四年，宇文护所造。大象初，天元如温汤。隋文帝时，更修屋宇，并植松柏千余株。开皇十五年，幸温汤。唐武德六年，亦幸骊山温汤。贞观四年，复幸焉。自是岁常临幸。十八年，诏阎立本营建宫殿，赐名温汤宫。咸亨二年，改温泉宫。开元二年以后，临幸益数。十一年，又改作新宫。天宝初，更骊山曰会昌山。三载，以新丰去宫远，析新丰、万年二县地，置会昌县，治温泉宫西北。六载，发冯翊、华阴民，筑会昌罗城。益治汤井为池，环山列宫室，中有朝元、重明等阁，九龙、长生、明珠等殿。又置百司及十宅，王公亦各置茅舍。自是每十月临幸，岁尽乃还宫。七载，改县曰昭应。山名亦改焉，而华清宫如故。制作宏丽，雕饰侈靡，不可名状。汤有供奉及太子、宜春、少阳、玉女诸名。天宝末，为贼毁。惟太子、少阳二汤存焉。元和以后，复加修治。十五年，穆宗幸华清宫。宝历初，幸温汤。咸通中，亦幸焉。广明以后，鞠为茂草矣。杨大年曰：隋置太和宫，在骊山绝顶。唐武德中，改置于终南山。又有白鹿观，在县西南十五里。本名骊山观。唐武德中，幸温泉经此，改今名。

零口镇，在县东三十六里。即零水入渭处，为往来之通道。唐贞观十八年，幸零口。永徽元年，零口山水暴出，漂庐舍。即此。宋白曰：天授二年，于零口置鸿州。又于郭下置鸿门县，县寻废。大足二年，又废鸿州镇，盖古鸿门地也。中和三年，李克用等败黄巢兵于零口，进军渭桥。天复初，朱全忠入关，次于赤水，进至零口。闻车驾西幸，复还赤水。后唐应顺初，潞王从珂举兵凤翔，所至迎下，寻自昭应至零口，是也。赤水，见华州。

戏亭，在县东。《鲁语》：幽王灭于戏。是也。苏林曰：戏在新丰东南三十里，周幽王举烽燧征诸侯以悦褒姒处。秦二世二年，陈涉遣周文收兵入关，至戏，军焉。二世使章邯击却之。既而项羽破函谷关，进至戏西。汉元年，诸侯罢戏下，各就国，是也。颜师古曰：今有戏水驿，盖唐置驿于此。

畦畤，在废栎阳县东北二十五里故栎阳城中。晋灼曰：形如种韭一畦，畦中各一土封也。秦献公二年，栎阳雨金，因以为得金瑞，作畦畤以祀白帝，即此。

曲邮聚，在县南二里。俗谓之邮头。《汉仪》：五里一邮。邮。今之候也。汉高伐黥布，张良送至曲邮。亦曰曲亭。汉成帝乐霸陵曲亭南，更营昌陵，即此。〇千户固，在县西。晋太元十五年，苻登与姚苌相持。登趣长安，据新丰之千户固，去长安五十里。

昌亭驿。在县东南三十里。汉成帝鸿嘉元年，于新丰戏乡置昌陵县以奉初陵。永始元年罢。《关中记》：昌陵在霸陵城东二十里。成帝作初陵，或言不便，乃于步昌亭起昌陵。取土成山，与粟同价，靡费巨万，积年无成，乃复还延陵。其后置驿于此。延陵，见咸阳县。今县治西为新丰驿。又有安幕坳，在县东二十里。相传汉高祖幸新丰，安营幕于此。因名。

〇渭南县，府东百四十里。东至华州五十里，东北至同州百四十里。汉新丰县地。苻秦析置渭南县，属京兆郡。后魏孝昌三年，改置南新丰县及渭南郡。西魏复为渭南县。后周属雍州。隋因之。唐初属华州。武德五年，复隶雍州。天授二年，改属鸿州。大足初，州废，还隶雍州。五代周复属华州。宋因之。熙宁六年，省入郑县，为渭南镇。元丰初复故。金元因之。明嘉靖三十八年，始改今属。今城周七里有奇，编户八十六里。

　　莲勺城，在县北七十里。汉县，属左冯翊。师古曰：莲勺，读曰辇酌。后汉因之。晋亦属冯翊郡。后魏仍为莲勺县。隋属雍州，大业初县废。如淳曰：城南有咸池，纵广十余里，乡人名为卤中。汉宣帝微时，尝困于莲勺、卤中，是也。或曰卤池，在今蒲城县界。

　　下邽城，在县北五十里。秦武公伐邽戎，取其人置县。陇西有上邽，故此为下。汉亦曰下邽县，属京兆尹。后汉省入郑县，桓帝复置。晋属冯翊郡。永嘉末，南阳王模将赵染降刘聪，帅骑兵攻模于长安，败模兵于潼关，长驱至下邽。后魏置延寿郡于此。隋废郡，以县属同州。唐垂拱初，改属华州。《四裔县道记》：下邽故城，在唐下邽县东南二十五里，渭水之北。《九域志》：富平县至下邽三十五里，下邽至华州六十五里。唐乾宁三年，李茂贞犯阙，上出至渭北，如富平。华州节度使韩建请幸华州，乃自下邽趣华州。又朱梁贞明六年，晋将李存审救同州，败刘鄩兵，略地至下邽，谒唐帝陵而还。宋仍属华州。金因之。元省。又《城冢记》：下邽城东南有物定仓城。《西京杂记》：物定仓近渭河岸，收贮五谷，先定其物性，则不浥坏。俗讹为无底仓。

　　灵源城，在县境。西魏分渭南置灵源县。又析置中源县。后周省。《一统志》：县东北九十里有甘泉城，俗传赫连勃勃所筑。又县南十里有休屠王城。汉时休屠王部落来降者，筑城居此，因名。

　　玄象山，县东南三十七里。一名倒兽山，或谓之倒虎山。苻秦末，陇西处士王嘉隐居倒虎山，有异术，是也。又有石楼山，在县西南五十里，一名石鼓山。

明光原，在县东四里。亦曰新丰原。后魏置南新丰县于原西偏。隋开皇中，以原上令水，移县于今治。又东旸谷，在县东十三里。

渭水，在县城北。四里自临潼县流入境，又东入华州界。西魏大统三年，高欢寇冯翊，军于许原西。宇文泰至渭南，造浮桥于渭，令军士轻骑渡渭，辎重自渭南夹渭而西，是也。《志》云：县北有上涨、下涨二渡，即渭水津济处。

酒水，在县城西。《水经注》谓之首水，源出石楼山，东北流，历新丰原东，合东旸谷水注于渭。又县东二十里有赤水，盖与华州接界处也。

金氏陂，在旧下邽城东南二十里。汉车骑将军金日磾有功，赐田宅于此，陂因以名。《水经注》：白渠经莲勺城南，又东注金氏陂。是也。唐武德二年，又引白渠灌之，置监屯于此。

步高宫。在县西南。《水经注》：首水径秦步高宫，世名立市城。《三辅黄图》谓之市丘城。或曰，即步寿宫也。隋《图经》：秦步寿宫在县西南三十里。○游龙宫，在县西十里。《唐志》：开元二十五年更置。又县东十五里有隋所置崇业宫。《志》云：县治东南，今有丰原驿。

○蓝田县，府东南九十里，南至商州二百四十里。秦县。玉之次美者曰蓝。县之山出玉，因名。汉亦曰蓝田县，属京兆尹。晋仍属京兆郡。后魏太平真君七年，省入霸城县。十一年，复置。后周兼置蓝田郡，寻废郡，县仍属京兆。今城周五里，编户十九里。

蓝田故城，《志》云：在县治西十一里。《竹书》：梁惠成王三年，秦子向命为蓝君。盖向之故邑，后置县。周赧王三年，楚怀王因丹阳之败，悉国兵复袭秦，战于蓝田，大败。又沛公与秦军战于蓝田南，败之。汉建安十七年，马超余众屯蓝田，夏侯渊击平之，即此处也。后周时县移今治。

峣柳城，今县治也。晋永和十年，桓温伐秦，破青泥。秦主健遣太子苌帅众军峣柳以拒之。又义熙十三年，刘裕伐姚秦，沈田子、傅弘之等入武关，进屯青泥。秦主泓使姚和都屯峣柳拒战，即此城也。或谓之柳峣城。○青泥城，在县南七里。晋永和十年，桓温伐苻秦，入武关。别将薛珍攻上洛，进击青泥城，破之。义熙十三年，沈田子等屯青泥。秦主泓自将击之，败走。既而夏王勃勃图取关中，从王买德言，使将兵屯青泥。十四年，义真自长安引而东，夏赫连璝遏之，至青泥，晋兵大败，义真仅免。唐时置青泥驿。《志》云：县东南三十里有思乡城。相传宋武帝入关，筑城于此。南人思乡，因以名之。傍多柳，一名柳城。

白鹿城，在县西十五里。亦后周置。隋废。唐武德二年复置。三年改为宁人县。贞观初，废。又玉山废县，在县南，亦后周置。隋初废。唐武德三年复置，贞观初废。

七盘山，县南十里。旁有绛坡。杜佑曰：七盘十二绛，蓝田之险路也。王莽命王级曰：绕霤之固，南当荆楚。绕霤者，言四面塞厄屈曲、水回绕如屋霤然。唐广德初，吐蕃入长安，上幸陕州。郭子仪将诣商州发兵，恐吐蕃逼乘舆，留军七盘，三日不行。建中四年，朱泚据长安。李晟讨之。尚可孤以神策兵保七盘，受晟节制。既而败泚将仇敬，遂取蓝田。贞元七年，刺史李西华患此路之险，自蓝田至内乡，开新道七百余里，回山取途，人不病涉，谓之偏路，行旅便之。明初，元主诏李思齐由七盘、金、商图复汴洛，是也。

峣山，县南二十里。亦谓之峣岭，秦因以名关。又东南五里有蒉山。汉高入武关，引兵绕峣关，逾蒉山击秦军，至蓝田，遂西入咸阳，是也。

蓝田山，县东南三十里。《周礼》：玉之美者曰球，其次曰蓝。山出玉英，因名。亦曰玉山。又形如覆车，亦名覆车山。李广屏居蓝田山下，见草中石，以为虎而射之处也。《寰宇记》：山有古华胥氏陵。覆车山北有山曰倒震山，一名□□山。

秦岭，在县东南，即南山别出之岭。凡入商洛、汉中者，必越岭而后达。班固《西都赋》：前乘秦岭，是也。由此东出，即蓝田关矣。刘裕伐秦，以沈田子等入武关，恐众少不敌，遣沈林子将兵自秦岭往助之。盖自华阳循山西南至秦岭也。时裕军于今河南阌乡县界。

横岭，县北三十五里，自蓝田西达骊山之道。岭北为韩公堆。唐广德初，吐蕃入长安，郭子仪走商州，发武关防兵，使长孙全绪将之，北出蓝田，至韩公堆。吐蕃疑惧，遂引却。即此。《志》云：县南二十五里有桓公堆。盖桓温伐秦时驻此，因名。

石门谷，县西南五十里。唐时有石门镇。乾宁二年，邠岐兵犯阙，上出长安启夏门，驻华严寺。晡晚，出幸南山莎城，寻徙石门镇，驻于佛寺。既而李克用入援，遣将史俨将兵诣石门侍卫，是也。又大峪谷，亦在县西南。近时群贼为官军所迫，傍终南山，入商洛，更深入大峪。官军逐之，东走辋谷川，复入大山远窜。《志》云：县东南接商洛诸山，有大峪谷、弘乡沟诸险，路通潼关。莎城镇，见咸宁县。○倒回谷，在县东南五十里。《志》云：霸水源出于此。或谓谷在七盘山北，误。

白鹿原，县西五里。相传周平王时，有白鹿游此，因名。晋桓温伐秦，败秦兵于蓝田。别将桓冲又败苻雄于白鹿原。《水经注》：枸枷川，经白鹿原西。原上有枸枷堡，秦襄公时堡也。又云原在霸川西。《三秦记》：骊山西有白鹿原。《通释》云：白鹿原在咸宁县东二十里。《志》云：咸宁县东有神谷，在浐水东白鹿原。原盖跨咸宁、临潼境内矣。《雍胜录》：白鹿原者，南山之麓坡陀为原也。东西十五里，南北二十里，霸水行于原上，至于霸陵，皆此原云。

凉风原，县西南四十五里。南接石门谷，北入故万年县界。《遁甲开山图》：骊山西有凉风原，亦雍州之福地也。一名风凉原。

霸水，在县西。《水经注》：源出县之蓝田谷，亦曰蓝田谷水，经蓝关，历白鹿原东下，流入渭。汉建昭四年，蓝田山崩，壅霸水，即此。○浐水，在县南，北流经白鹿原西，又北合于霸水。《志》云：县有荆谷水，出县东南秦岭之荆谷。又有石门谷水，出石门谷，北流合广谷、采谷、库谷诸水，经白鹿原东，又北会于浐水。

长水，在县西北。《水经注》：长水出白鹿原，亦谓之荆溪。溪之西北有枸枏川流合焉。川水有二源，俱出南山谷中。西川东北流，径凉风原西。东川西北流，历凉风原东。二川会流，径白鹿原西。又北径杜陵废县东，注于荆溪。又北入于霸水。《胜览》：枸枏川出南山，合围谷、岐孟谷、崔谷诸水为一川，西北流入咸宁县界。胡氏曰：汉有长水校尉，即此长水也。颜师古曰：今鄠县东有长水乡，故胡骑所屯。以姚苌讳，改曰荆溪。

辋谷水，在县南八里。谷口乃骊山、蓝田山相接处。山峡险隘，凿石为涂，约三里许。商岭水自蓝桥伏流至此，有千圣洞、细水洞、锡水洞诸水会焉。如车辋环辕，自南而北，圆转二十里。过此则豁然开朗，林野相望。其水又西北注于霸水，亦谓之辋川。

万泉宫，在县东南四十里。唐永淳初建，亦曰万全宫。《会要》：仪凤三年，于蓝田作凉宫，名曰万全。弘道初，废。

蓝田关，县东南九十八里。《志》曰：蓝田关，即秦之峣关。子婴遣将拒峣关。沛公引兵攻峣关，未下。逾蒉山击秦军，大破之。又汉王使周勃守峣关，转击项籍。杜笃《论都赋》所云关函守峣，山东道穷者也。晋太安二年，以义阳贼张昌扰乱江沔，诏雍州刺史刘沈将兵出蓝田关以讨昌，不果。亦名青泥关。王买德谓赫连勃勃：青泥、上洛，南北之险。是矣。西魏大统三年，东魏高敖曹拔上洛，欲入蓝田关，不克。唐天宝末，安禄山陷河南，遣兵围南阳，诏以虢王巨为河南节度。巨自蓝田出南阳，贼解围去。或谓之蓝田道。唐中和三年，黄巢据长安，兵数败，阴为遁计，发兵扼蓝田道。既而李克用等破贼于渭南，入长安。贼自蓝田入商山逸去。《魏土地记》：蓝田县有峣关，亦名曰峣柳，道通荆州。

大昌关，在石门谷南。《唐史》：天宝中，崔湜言：山南可引舟水通漕至商州，自商铲山出石门，北抵蓝田，可通挽道。以湜充使，开大昌关，役徒数万，竟不能通，即此。

蓝桥。在蓝田关南。唐中和初，忠武监军杨复光克邓州，逐黄巢将朱温，至蓝桥而还，即此。《志》云：桥在县东南五十里，似误。

○**鄠县**，府西南七十里。西北至乾州武功县百里。夏为扈国地。殷为崇国地。周为丰邑地。秦为鄠甘亭。扈、鄠一也。汉置鄠县，属右扶风。晋属始平郡。后魏属京兆郡。隋因之。今城周六里有奇，编户二十三里。

鄠城，在县北二里。古扈国也。《左氏传》：夏有观扈。杜预曰：鄠县有扈乡，秦改为鄠。汉县治此。又县西南五里有甘亭，以在甘水之东而名。夏启伐有扈，誓师于甘，即此。○钟官城，在县东北二十五里。相传秦始皇销兵铸簴于此。一云在长安上林苑中，汉钟官也。唐时故城犹存。贞观十八年，驾幸钟官城。

酆城，在县东五里。殷为崇侯虎国，文王伐之。故《诗》云既伐于崇，作邑于酆也。酆宫在焉。周武王虽迁镐，而酆宫不改。《书》云：步自宗周，至于丰。《左传》昭四年，楚椒举曰：康有酆宫之朝。杜预曰：酆宫东有灵台，康王于是朝诸侯。孔颖达曰：丰去长安西镐池二十五里。《括地志》：鄠县东三十五里，有文王丰宫。

牛首山，县南二十五里。张衡《西京赋》所云绕黄山而款牛首者也。涝水出焉。《志》云：牛首山东有白云山，与县相值。又东有圭峰。

鸡头山，县东南三十里。《十六国春秋》：秦苻生弃长安，欲西上陇，士卒散尽，遂入鸡头山，为追兵所害。又县南有五床山，与牛首、鸡头诸山皆为鄠之南山，盖终南支阜也。唐武德七年，校猎于鄠南山。又紫阁峰，亦在县东南三十里。

库谷，在县南南山。唐置库谷关。《六典》：库谷在鄠县，就谷在盩屋，百工监在陈仓，太阴监在陆浑，伊阳监在伊阳，兼置将作监，掌采伐材木处也。又甘谷，亦在县南山。唐武德八年，幸鄠县，校猎于甘谷。

渭水，县北九十里，自兴平县流入境，与咸阳县分界。○沣水，在县南，出南山丰谷，北流入长安县境。《志》云：在县东三十里

涝水，在县西三里。出南山涝谷，北流经故黄阳宫西。成化中，涝水泛溢，抚臣项忠导广济渠流入城壕。又北入长安县界。又甘水，在县西南。《水经注》：甘水出南山甘谷，亦北流经秦黄阳宫西，又北径甘亭西，合于涝水。又有扈水，在县南，出南山扈阳谷。一名马腹陂，流合于甘水。

高观谷水，县东南三十里。西北流，入于沣水。又有太平谷水、檀谷水，俱出终南山，注于沣水。

渼陂，在县西五里。《唐十道志》：陂周十四里，产鱼甚美。宝历间，尝敕尚食禁采捕，水则任民溉田及碾硙。大和中，复敕还府。其水西北流入涝。《志》云：县东南十八里有八部泽，周五十里。

甘泉宫，在县西南十二里。程大昌曰：古以甘泉名宫者三：秦甘泉宫在渭南；汉甘泉宫在云阳磨石岭上；隋甘泉宫在鄠县，对甘泉谷。或曰甘泉为秦之南宫，隋宫疑即秦旧址也。秦宣太后诱义渠戎王，杀诸甘泉。又始皇十年，迎太后于雍，入咸阳，复居甘泉宫。二十七年，作甘泉前殿，筑甬道自咸阳属之。此皆渭南之甘泉。隋复置宫于此。又有隋太平宫，在县东南三十里，以对太平谷而名。

黄阳宫，县西南二十三里。秦惠文王时建。始皇九年，迁太后于黄阳宫。汉甘露二年，幸黄阳宫属玉观，是也。黄，读曰倍。又县北有宜春观，汉武帝建。《水经注》：涝水经汉宜春观，合渼陂入渭。

灵台，在县东北。周灵台也。《志》云：鄠宫又东二十五里，即灵囿之地。中有灵台，《诗》所称经始灵台者。《春秋》僖十五年，秦、晋战于韩，秦获晋侯以归，舍诸灵台。是也。又有龙台，在县东北三十五里，一名龙台观。

《三辅故事》：龙台高六丈，去丰水五里。汉时龙见陂中，故作此台。张楫曰：龙台在丰水西北，有龙台泽，亦名观水，《上林赋》所云登龙台者也。泽中又有马祖台。

田家砲。在县西。旧为碾砲之所。唐天复初，宦官韩全诲等，以朱全忠将至长安，劫上幸凤翔。上至鄠县，李茂贞迎车驾于田家砲，明日，至盩厔，是也。

○盩厔县，府西南百六十里。西北至凤翔府二百里，北至乾州武功县四十里。汉县，属右扶风。山曲曰盩，水曲曰厔，故以名县。后汉省。晋末复置，仍属扶风郡。后魏因之。后周保定中，徙县于鄠县西北，而于此置恒州及周南郡。寻州郡俱废，移县治此，属京兆郡。隋仍旧。唐天宝元年改曰宜寿县。至德初，复故。天复初，改属凤翔府。宋因之。金贞祐四年，又置恒州于此。元州废，县属安西路。今城周五里有奇，编户四十里。

宜寿城，县西一里。唐天宝中，县治于此。至德初，房琯将兵收西京，分军一自宜寿入，一自奉天入，一自武功入。既而皆为贼所败。中和初，凤翔帅郑畋讨黄巢，军盩厔，即此。

终南城，在县东三十里。西魏时置县，属雍州。后周属恒州，寻废。唐武德二年，复分盩厔置终南县。贞观八年省。宋为盩厔县之清平镇。大观初，置清平军。后置终南县，以清平军使兼领。金废军，仍置终南县。元废。《隋志》：后周时，分盩厔置仓城、温汤二县，寻并废。

五福山，在县东南。县北去终南山三十里。山其支峰也。《志》云：县东南四十里有太微峰，形势嵯峨，直接太虚。其地又有五峰耸峙，俗呼五福山。又东南十里为玉女洞，旁有飞泉甚甘。《水经注》：甘水出玉女峰。是也。又有芒谷，亦在县东南。芒水出此。相传马融曾读书谷中，石室存焉。

沉岭，县南五十里。蜀汉景曜初，姜维率众出骆谷，经沉岭，向长安，即此。今亦名姜维岭。又有关家洞，近骆谷。明初，大兵下西安。元将桑麻失里守关家洞，徐达破走之。

老子陵，县东三十里。一名石楼山，又名楼观山。旧有尹先生草楼，即关令尹故宅。秦始皇于楼南立老子庙。晋元康中，重葺，莳木万株，连亘七里。《水经注》：就水东北经大陵，世谓之老子陵。是也。唐武德七年，幸楼观山，谒老子祠。既又改为宗圣观。开元末，得玄元像于楼观山间，即此。

渭水，在县北五里。自武功县流入界，与兴平县接境。《水经注》：县有就水，出南山就谷，北流与黑水及三泉合，又北注于渭。又有田谿水，出南山田谷，北流径长杨宫西，又东北注于渭。又东有涌水，出南山东谷，东北流，经长杨宫东，又北径望仙宫，又东北耿谷水注之。水发南山耿谷，北流与柳泉合，东北径五柞宫，合涌水注于渭。

黑水，在县西南。水出南山黑谷，北流合于就水。后魏正光末，秦州贼莫折念生遣其弟天生东侵岐雍，军于黑水。魏将崔延伯军于马嵬以拒之。既而选精兵西度黑水，向天生营。盖自马嵬越渭水而南，又度黑水而西也。

芒水，在县东南。出南山芒谷。《水经注》：芒水，经盩厔县竹园中，分流注渭。蜀汉延熙二十年，姜维出骆谷，至沉岭，为邓艾所拒，壁于芒水。是也。○甘水，在县东十里。县东六十五里有甘河镇，以此名。《志》云：县东北五里又有沣水。下流俱入渭水。

骆谷水，在县西南。出骆谷，北流径长城戍西，又北注于渭。《水经注》：骆谷水，出郿坞东南山骆谷北。是也。○韦谷渠，在县西南三十五里。自南山流经清化店北入渭，一名广济渠。又县有夹水沟，近时官军败贼于此。

望仙泽，县东南三十里。周十里。又东南五里有仙游潭，亦曰五龙潭。唐时岁降中使投金龙于此。

长杨宫，《黄图》云：在县东南三十里。秦宫也。又有五柞宫，在县东南三十八里。亦秦故宫。汉武南猎长杨，即此。《汉书》：武帝后元二年，幸长杨宫，崩于五柞。《水经注》：二宫相去八里。长杨有长杨数亩。杨雄作《长杨宫赋》，谓此宫门有射熊馆。元帝永元五年，幸长杨射熊馆。成帝元延三年，校猎长杨射熊馆。五柞宫门外有柞树五。又南有清梧观，观前有梧桐三，因名。〇宜寿宫，在县南三十里，周隋时建。又《隋志》县有宜寿、文山、仙游、凤凰等宫。

司竹园，《元和志》云：在县东十五里。《隋图经》云十二里。《史记》：渭川千亩竹。《汉书·王莽传》：霍鸿负倚芒竹。即此地也。师古注：芒竹在盩厔南，芒水之曲而多竹林也。《穆天子传》：天子西征至玄池，奏《广乐》三日，是曰乐池，乃植之竹。汉时谓之鄠、杜竹林，有竹丞。魏置司守之。晋永和六年，苻健至长安，故赵将杜洪、张琚屯司竹。九年，秦胡阳赤起兵司竹，苻雄等击灭之。后魏有司竹都尉管领，岁终以竹功之多少为考课。隋末，西域商胡何潘仁入司竹园为盗，与李神通攻下鄠县，以应李渊。唐广德初，吐蕃入寇，入奉天、武功。郭子仪奉诏镇咸阳。方至，吐蕃已自司竹园渡渭，循山而东。渭北行营将吕月将破之于盩厔西，既而败没。《寰宇记》：园周围百里，以供国用。宋有司竹监。苏轼云：盩厔官竹园，临水数十里不绝。盖北跨武功，西连郿县，东接鄠、杜，皆古司竹地矣。明设司竹局大使典之。

骆谷关，县西南百二十里。《通释》：骆谷在长安西南二百里。唐武德七年，开骆谷道通梁州，因置骆谷关，在今关外九里。贞观初，移于此。至德二载，安庆绪之兵据长安。崔光远破贼于骆谷。兴元以后，关中多故，每由骆谷幸兴元。又天祐初，邠岐以车驾迁洛，传檄合兵讨朱全忠。全忠自河中西入关，引兵北屯永寿，南至骆谷。邠岐兵竟不出。详见汉中府党骆道。

○柴家关，在县南百七十里，有巡司。又县西南百里有十八盘巡司。

长城戍。在县西南三十里。蜀汉延熙二十年，姜维出骆谷，至沉岭。时长城积谷甚多，而守兵少。魏司马望、邓艾进兵据之以拒维。晋永和五年，石赵乱。梁州刺史司马勋谋取雍州，出骆谷，破赵长城戍，壁于悬钩，去长安二百里。王氏曰：悬钩，在长城戍东，地险固，内控骆谷之口，外通雍、豫之境。既而勋释悬钩，东出武关，遂拔宛城。宛城，今河南南阳府也。○贺城戍，在县西。晋永和中，司马勋破赵长城戍，又拔贺城。三辅豪杰，多杀守长以应勋，凡三百余壁，即此。又女娲堡，亦在县西南。晋永和十年，桓温伐秦，梁州刺史司马勋军出子午谷，为苻雄所败，退屯女娲堡。

○高陵县，府北八十里。西至泾阳县五十里，东至三原县三十五里。本秦县，为左辅都尉治所。汉属左冯翊。三国魏改为高陆县，属京兆郡。晋因之，寻复旧。后魏熙平中，复改为高陆县，冯翊郡治焉。隋初郡废，县属雍州。大业初，复曰高陵县，属京兆郡。今城周四里有奇，编户十四里。

左冯翊城，县西南二里。《括地志》：即高陵故城也。秦昭王封同母弟显为高陵君。又吕氏之变，代王乘传诣长安，至高陵休止。更始末，赤眉至高陵，王匡等迎降。潘岳《关中记》：三辅旧治长安城中，长吏各在其县治民。光武东都之后，扶风出治槐里，冯翊出治高陵，即此城也。

阳陵城，县西南三十里。《索隐》云：在长安东北四十二里。是也。本秦弋阳县。景帝五年营陵邑，改焉。太初以后属左冯翊。后汉改属京兆。曹魏时废。《帝王世纪》：阳陵山方百二十步，高四十丈，西去咸阳县十五里。○鹿苑城，在县南二十五里。唐武德二年析高陵地置，贞观初废。

鹿苑原，县西南三十里。唐贞观四年，猎于鹿苑，是也。原上有鹿台祠。元至正二十一年，张良弼贰于察罕，营于鹿台。二十六年，扩廓总诸道兵，良弼复不应命。扩廓遣关保等攻之于鹿台。既而明师平山西，渡河趣奉元，良弼由野口北遁。徐达等渡渭，驻三陵陂，遂入奉元。野口，或云即醴泉县冶谷口。又有奉政原,在县南十里。

渭水,县西南二十里,与临潼县接境,合于泾水,又东入渭南县界。○泾水,亦在县西南二十里,自泾阳县东南流,合于渭水,又东经废栎阳县界。晋义熙十三年,刘裕伐秦,王镇恶自河入渭,趣长安。姚弘使姚疆等合兵泾上以拒之,盖在县界。

南白渠,在县北。白渠自泾阳县来,分三限。中白渠首受太白渠,入县界。南白渠首受中白渠,东南流,亦入县界。《水经注》:白渠又东,支渠出焉。东南流,经高陵故城北。是也。唐宝历初,县令刘仁师更浚古白渠水道。渠成,名曰刘公渠,堰曰彭城堰。《白氏六帖》:高陵有清、白二渠。交口置斗门,堰清水三分入白渠,二分入清渠。

龙跃宫,县西四十里。地名十里店。亦谓之故墅,唐高祖龙潜处也。武德六年置宫,七年临幸焉。德宗改为修真观。《志》云:龙跃宫西接咸阳周氏陂,唐高祖屡幸周氏陂,过故墅,即此。○雍门,徐广曰:在高陵县。秦都咸阳,自雍门以东至泾渭,殿屋复道,周阁相属。是也。

东渭桥。在县南十里。详见长安县。桥西二里有新开渡,县西南二十里有黄家渡,又西南十里有孙张渡,俱渭水津济处。

○**富平县**,府北九十里。西北至耀州七十五里,西至三原县五十里。汉县,本治宁夏之废回乐县界。后汉徙治今庆阳府之废彭原县界。晋徙怀德城,属北地郡。后魏移于怀德城东北。后周置中华郡,旋废郡,以县属冯翊郡。隋改属京兆郡。唐属雍州,徙治义亭城,天祐中属耀州。五代以后因之。明万历三十八年,改今属。城周三里,编户四十四里。

义亭城,即今治。古乡亭也。唐初,富平县治怀德故城东北。武德五年,校猎于富平。开元中,始移于义亭城。宋因之。建炎中,张浚以五路之师次于富平。吴玠曰:兵以利动,今地势不利,未见其可。诸将不听,及战,为敌所败。○怀德城,在县西南十五里,汉县也。《志》云:县旧治在今朝邑县界。此城乃后汉建安中，因旧名移置于此。晋为富平县治。

频阳城，在县东北六十里。秦厉公二十一年，初县频阳，以在频水南而名。始皇二十一年，王翦谢病归频阳，即此。汉亦为频阳县，属左冯翊。更始初，邓晔遣其属王宪为校尉，将数百人北渡渭，入左冯翊界，北至频阳，所至迎降。晋仍属冯翊郡。后魏因之。后周废。魏收《志》频阳有广武城。《一统志》在今县南十五里。又县南三十里有秦穆公城，西南两面有墙，各高一丈五尺，相传秦穆公筑。

美原城。在故频阳北三里。故土门县。符秦以频山有二土门，因置土门护军。后魏景明元年，改为县，属北地郡。隋大业初，废入华原县。唐咸亨初，析富平、华原、同州之蒲城县地，置美原县，治故土门城，属京兆府。上元初，党项寇美原、同官，大掠而去。天祐三年，静难帅李继徽合关中诸邑兵，攻夏州，军于美原。朱全忠遣同州帅刘知俊等击败之。五代梁开平末，李茂贞置鼎州于此。朱友瑱改曰裕州。后唐废州，县仍属京兆。宋属耀州。金因之。元废入富平县。

○**荆山，**县西南十里，怀德故城北。《禹贡》：荆、岐既旅。又曰：导岍及岐，至于荆山。所谓北条之荆山也。《帝王世纪》：黄帝采首山铜，铸鼎荆山下。又云：禹铸鼎于荆山下，有荆渠。《汉书》注：怀德县南有荆山。盖主朝邑县之怀德城而言。○迤山，在县西南二十五里。孔氏谓之靡迤。昔周东迁，以岐丰之地赐秦襄，遂有周畿内八百里，东至迤山是也。

频山，县东北七十里。秦时于山南置频阳县，频水出焉。应劭云：秦置县于频水之阳也。今为大石、小石二涧。○中山，在县西北四十五里。

龙泉山，县西北十五里。唐中宗定陵在焉。代宗永泰初，吐蕃寇富平，焚定陵殿，即此。又檀山，在县西二十五里。代宗元陵在其上。县西北二十里为天乳山，有两峰相对。唐文宗葬此，谓之章陵。○金瓮山，在县东北三十里。唐顺宗丰陵在焉。县西北四十里为紫金山。其上有懿宗简陵。又万斛山，在县东北九十里。

八公堆追，在县东南二十五里。其堆两畔各有小谷，象公字，中心有堆，故曰八公堆，亦曰八公原。金人由扶风东还，将犯永兴。宋将贺师范与战于此，败死。今垒壁尚存。

漆沮水，在县西北。自耀州南流经此，入白水县界。其支流经怀德城南，而为石川等堰。○石川堰，在县南五里。亦曰石川河。《寰宇记》：漆沮水一名石川河。又县南十五里有常平堰，又南五里为龙门堰，皆漆沮之支流也。郑、白二渠，旧自泾阳东入注焉。《志》云：县境南有富平堰。《后周书》：西魏大统十六年，泾州刺史贺兰祥修富平堰，开渠引水，东注于洛，人获其利。

泽多泉，县西十三里，东流入漆沮河，有灌溉之利。《志》云：县西南二十里有直城渠。又西南八里有杨九渠。县西二十五里有永济渠。又有文昌渠，在县西北十七里，又西北八里为高望渠。又长泽渠，在县西北三十里，又西北五里为石水渠。又白马渠，在县西北四十里，又西北三里为偃武渠。以上九渠，俱引漆沮之水，互相灌注，溉田甚广。

雨金堡，县东南三十里。周八百步。中有一泊，每天雨，水色如金，因名。《史记》：秦献公十八年，栎阳雨金。县本古栎阳县界，堡因以名。又直市，在县南十五里，秦文公所置，以物价无二而名。

灵感寺。在今县治西。唐中和二年，王铎将两川、兴元之众讨黄巢，屯于灵感寺，即此。

○**三原县**，府北九十里。西至耀州九十里，西南至醴泉县百十里。汉池阳县地。苻秦置三原护军，以其地在清郫原、孟侯原、白鹿原间，故名。后魏废。西魏置三原县，属北地郡。后周置建中郡。建德初，郡废，县属冯翊郡。隋属京兆郡。唐武德二年，改为池阳县。六年，改曰华池，复分置三原县，属北泉州。贞观初，废三原县，而改华池为三原，属雍州。天授初，改隶鼎州。大足初，仍隶京兆府。五代唐属耀州。宋以后因之。明弘治四年，改今属。城周九里有奇，编户三十四里。

池阳城，县西北二十里。汉县。应劭曰：在池水之阳也。惠帝三年置。武帝时，属左冯翊。后汉因之。晋为扶风郡治。永和九年，苻秦孔持起兵池阳，苻雄击灭之。义熙十二年，赫连勃勃遣兄子提南侵池阳，秦将姚裕击却之。十四年，傅弘之大破赫连璝于池阳。后魏亦曰池阳县，属咸阳郡。后周县废，移三原县治焉。唐武德四年，移三原县治清水南，改为池阳县。五年，校猎华池，即池阳也。六年，复还旧治，改曰华池县。贞观初，改为三原县。元至元十二年，始移县于龙桥镇，即今治也。《长安志》：池阳旧城，俗名迎冬城，南去泾阳县二十八里。唐会昌中，泾原帅史宪诚筑三原城，疏泾于隍，积钱储粟，以便戍守。五代梁开平四年，岐王李茂贞合邠、泾兵，攻夏州帅李仁福。全忠救之，遣军屯三原。即故池阳矣。

三原故城，在今县北。《通典》：苻秦置三原护军于嶻嶭山北。后魏罢护军，置三原县。后周移治汉池阳城。唐武德四年，幸三原。是年移县治于清水南，改曰池阳。六年，又分置三原县。贞观初，以华池为三原，而此城遂废。

永安城，县北五十里。或云即毛鸿宾堡也。宋白曰：三原县有鸿宾栅。后魏孝昌二年，萧宝寅作乱，关右刺史毛鸿宾立义栅以捍贼，因名。唐太子建成将诣仁智宫，未至六十里，悉留其官属于毛鸿宾堡，是也。《寰宇记》：后魏永安元年，于此置北雍州，因名为永安城。唐肃宗尝敕改为建京郡，旋废。贞元中，又以神策军分屯永安城。是也。仁智宫，见宜君县。

黄白城，在县西南二十里。《水经注》：秦曲梁宫也。后为黄白城。东汉兴平二年，李傕等作乱，欲劫车驾幸池阳黄白城。晋愍帝初，刘曜等寇长安，诏麹允屯黄白城以拒之。永和六年，苻健入关中，羌酋白犊屯黄白，迎降于健，即此。

尧门山，县西北三十里。其山两合如门。《括地志》：山亦名石门山，两崖峻险，途出其中。相传尧凿山为门，因名。周显王五年，秦献公败三晋之师于石门，盖即此。又有浮山，在县北二十里。○巀嶭山，在县西北四十里，与泾阳县接界。

齐天原，县西北二十里。《志》云：原长七里，南连白鹿，北连巀嶭，有青谷水出焉。一名鬼谷，相传苏秦、张仪师事鬼谷先生处。《史记索隐》：扶风之池阳，颍川之阳城，俱有鬼谷。盖因其人所居为号。○孟侯原，在县西北。《志》云：其相近者，又有白鹿、清酆二原。清酆，一作清风原。

青谷，在县北。或曰，即清谷也。五代梁开平二年，岐王李茂贞遣梁降将刘知俊攻灵州，梁遣康怀贞攻静难军。知俊释灵州而还。梁急召怀贞等旋师，遣兵迎援于三原青谷，即此。

漆沮水，在县东北。自耀州流入境，与郑渠合，又东流入富平县界。《志》云：县北有郑渠。《水经注》：郑渠东经巀嶭山南，又经池阳故城北，又东南与沮水合。是也。

清水，在县西。自耀州而南，入县境。径黄白城西南，绝白渠，屈而东流，为曲梁水。又东南绝白渠渎，至万年镇，为五丈渠。又经藕原东南流，注于渭水。《志》云：清水今自县西南流，入泾阳县，合于冶谷水，亦谓之清谷水。万年镇，见临潼县。

太白渠，在县南十里。清谷水合焉，东南流入渭。《水经注》：渭水又东，得白渠支口，又东与五丈渠合。是也。○长孙堰，在县北三十里。又县东北二十里，有马牌堰。又东北五里，有木王堰。皆自耀州境引浊谷水，为灌溉之利。《志》云：县西又有邢堰。白渠北限地高，水势微，不能及。遂堰清、冶二谷水，经县之龙桥镇，东至邢村，截河为堰。其水与泾合流，以溉三原、栎阳并渭南屯所之田。堰下水分二渠，中有深沟，即古白渠故道。恐水流轶入，堰之以分溉高田。今名其沟曰乾沟。

寡妇渡，在县西北。晋义熙末，赫连勃勃遣其子璝向长安。傅弘之破之于池阳，又破之于寡妇渡。宋白曰：庆州北十五里有寡妇山。是水发源于其山，下流乃为寡妇渡，是也。

留运桥，在县东南白渠上。唐至德二载，郭子仪奉诏自河东赴凤翔。贼将李归仁自长安邀之于三原北。子仪使将仆固怀恩等伏兵击之于白渠留运桥，杀伤殆尽，是也。

黄洛堡，在县东北。晋升平初，姚襄自杏城进据黄洛。秦王苻生遣苻黄眉等击之，伴败走。襄追至三原，黄眉等前后夹击，襄败死。杏城，见中部县。○和宁堡，在县北。姚秦初，秦冯翊太守兰椟，率众自频阳入和宁，谋攻姚苌于长安，是也。或云和宁在岭北杏城之东南，似误。

荡社。在县西南。《史记》：秦宁公三年，遣兵伐荡社。司马贞曰：西戎之君，号曰亳里。盖成汤之胤，其邑曰荡社。《括地志》：三原县有汤陵。又有荡台，在始平县西北。荡社，盖在三原、始平之界。建忠驿，在县治北。明初，置于此。

○醴泉县，府西北百二十里。西北至乾州四十里，东南至泾阳县九十里，西南至武功县九十里。汉谷口县地，属左冯翊。后汉及晋为池阳县地。后魏为宁夷县，属咸阳郡。西魏置宁夷郡。后周改为秦郡，寻废。隋开皇十八年，改县曰醴泉。大业中，属京兆郡。唐贞观初废。明年复置。宋仍属京兆府。金属乾州。元因之。明嘉靖三十八年，改今属。县有内城，土城也，元末筑，周里许。成化四年，增筑东西南三面外城，周六里有奇。编户二十一里。

谷口城，县东北七十里。本汉县。文帝六年，淮南王长遣其党谋以辇车四十乘反谷口。后汉建武二年，汉中王嘉大破赤眉于谷口，即此。县寻废。西魏武帝修于谷口，置宁夷、温夷二护军。其地即古之寒门也。亦曰冶谷。当九嵕山东、仲山之西、泾水出山之处，故谓之谷口。仲山之北寒凉，故又谓之寒门。西北去甘泉山八十里，燕鞫武所称秦北有甘泉、谷口之固者。又

《封禅书》公孙卿曰：明廷者，甘泉也。所谓寒门者，谷口也，即古城矣。

仲桥城，县东三十里。晋咸和四年，长安入于石赵。刘曜子胤复自上邽趣长安，军于仲桥，是也。隋为醴泉县治。唐永泰初，吐蕃入寇，移兵攻醴泉。建中末，李怀光败朱泚兵于醴泉。《志》云：唐末移县而西。今县东北十里泔北镇，即其故址。元末，又移今治。胡氏曰：郑国渠经仲山下，渠上有桥，谓之仲桥，在九嵕山东。《金志》：县有仲桥镇。○新畤废县，在县东。又有甘泉废县，近甘泉山。皆后魏置。后周废。

九嵕山，县东北六十里。有九峰，俱峻。山之南麓，即咸阳北阪也。《志》云：山高六百余丈，周十五里，与甘泉相埒。《西征赋》云：九嵕巀嶭，太乙巃崒。《西都赋》：寇以九嵕，陪以甘泉。《西京赋》：九嵕、甘泉，固阴、沍寒。是也。山之北谓之岭北。晋以后，新平、北地、安定诸郡，皆为岭北地。太元九年，姚苌规取关中。时慕容冲方攻长安。苌因议移屯岭北，广收军资，以待秦亡燕去，拱手取之。义熙三年，赫连勃勃图关中，侵掠岭北诸城戍。曰：使彼疲于奔命，我游食自若，不及十年，岭北河东皆为我有，长安在我计中矣。唐武德四年，猎于九嵕。贞观末，太宗葬此，谓之昭陵。《六典》：九嵕，关内道之名山也。

武将山，县西北二十里。一名冯山，或谓之五将山。唐肃宗建陵在焉。又西北三十里，曰承阳山，左右有水，合流入甘河，《黄图》所谓浪水也。○覆甑山，在县东北四十五里，又东北五里为青峰山。《志》云：县东北三十五里有凤凰山，魏徵墓在焉。又石泉谷，在县北四十里，又北四十里为白水谷。

泾水，县东北三十里。自永寿县南流，经谷口而南，有甘水来汇焉。《志》云：甘水源出永寿县，经乾州，至县西北，又东会泾水，谓之泾甘渡。今渡在县东五十里。

洪口堰，在县东北六十里，即谷口。《方言》：石阻河流为洪也。堰接泾阳县界。泾水会甘水，流经此。元英宗至治初，陕西屯田府言，自秦、汉至唐、宋，每年例于八月，差使水户，自泾阳西仲山下，截河筑洪堰，改泾水入白渠，溉田七万余顷。诏从之。又十里，即白渠故迹矣。

醴泉宫。在县东南三十里。《寰宇记》：汉宣帝置宫于此。旁有泉涌出，味如醴，因以名宫。后周主邕天和三年，如醴泉宫，其后数如醴泉。唐贞观中，泉复涌出，因重修故宫云。

附见：

西安左卫。在府城内。又有西安前后二卫。俱洪武初置。又西安右护卫，洪武中为秦府置。

读史方舆纪要卷五十四

陕西三　西安府下

　　○华州，府东二百里。东至河南陕州三百十里，南至商州二百里，北至同州七十里。

　　周畿内地，郑始封邑也。地名咸林。《毛诗谱》：宣王封其弟于咸林之地，是为郑。《周语》：郑桓公为周司徒，采地咸林。后属于晋。《左传》晋侯赂秦以河外列城五，南及华山。战国为秦、魏二国之境。秦属内史。汉属京兆。后汉为京兆、弘农二郡地。魏晋因之。后魏为华山郡。《地志》：东晋太元十二年，分弘农之华阴、京兆之郑、冯翊之夏阳、郃阳等县，置华山郡。后魏盖因晋旧。太和十一年，别置华州。后于此置东雍州。西魏改曰华州。隋初郡废。大业初，州废，属京兆、冯翊二郡。义宁初，置华阴郡。唐复曰华州。垂拱初，改泰州，寻复故。天宝初，亦曰华阴郡。乾元初，复曰华州。建中四年，升为镇国军。《唐志》：至德以后，有潼关防御镇国军使，州刺史领之。乾宁三年，又升为兴德府。天祐三年，仍曰华州。五代梁曰感化军。一作威化，误。后唐复曰镇国军。周显德初，军废，仍曰华州。宋初复曰镇国军。皇祐五年，改镇潼军。仍曰华州，亦曰华阴郡。金因之。贞祐三年，又改为金安军。元仍曰华州，寻以州治郑县省入。明初因之，属西安府，编户四十九里。领县二。今仍曰华州。

州前据华岳，后临泾、渭，左控桃林之塞，右阻蓝田之关，自昔为关中喉舌、用兵制胜者必出之地也。《地志》：华州内扼秦雍之口，外拊河洛之背。战国秦惠王六年，魏纳阴晋，而三晋之亡自此始。争衡河洛间者，可勿加之意哉？

郑城，在州城北，即郑桓公所封邑。战国时属魏。魏文侯十七年，西攻秦，至郑而还。后入于秦。武公十一年，初置郑县。汉属京兆。后汉初，赤眉入关，立刘盆子于郑北。晋亦属京兆郡。太安二年，河间王颙起兵长安，东逼京师，顿军于郑。太元九年，慕容冲自华阴进向长安。苻坚使苻晖拒之，战于郑西，晖大败。义熙十三年，刘裕攻潼关，姚赞自定城退屯郑城。裕进军逼之，赞屯霸东。后魏置华山郡于华阴县，郑县属焉。后置东雍州，亦曰华山郡，移治于此。《通志》：古郑城在州东北二十五里，郑始封邑也。后周时，移于州西南九里。隋开皇中，移入州城内。大业初，县属京兆郡。唐以后皆为州治。五代梁贞明四年，晋将李存审等救朱友谦于同州，分兵攻梁华州，克其外城，即此。元省。今城周七里有奇，有门四。

武城，《括地志》：故城在郑县东北十三里。《左传》文八年，秦伐晋，取武城。《史记》：秦康公二年伐晋，取武城，以报令狐之役。又秦厉公二十一年，晋取武城。魏文侯三十八年伐秦，败我武下。即武城下也。汉置武城县，属左冯翊。后汉废。或谓之武平城，亦谓之光武城。相传光武征隗嚣，曾驻于此。〇彤城，在州西南。周彤伯国。战国时，秦魏遇于彤。《史记》：商君反，死彤地。即此。胡氏曰：在京兆郑县界。

沈阳城，州东南十五里。沈，亦作沇。汉置县，属左冯翊。旧在沈水北，因名。《志》云：县旧治渭北。汉安帝时，移治于此。寻废。

赤城，在州西。亦曰峦城。《水经注》：渭水又东经峦都城北。故潘邑，殷契所居也。《世本》曰：契居蕃。阚骃曰：蕃在郑西，即峦城也，俗名为赤城。苻健入秦，据赤城以抗杜洪，即此。○古长城，在州北三里，战国秦魏分界处。《寰宇记》：古城连接今州城，官路经其中。宋白曰：华州东南有魏长城。又有长涧水，南出太华山侧长城东，而北流注渭。

少华山，州南十里。以次于太华而名。山之西有石堤峪，在州西南十二里。唐乾宁末，昭宗幸华州，韩建擅杀诸王于此。山之东又有敷水峪，在州东南十四里独秀峰下，敷水出焉。又东南六里曰小敷峪，旁有宁山。宋元祐间，小敷峪崩。天禧五年，近峪口阜头峰崩。其崩处名半截山，亦曰复成山。又东为方山，接华阴县界。《志》云：阜头山在州东南十五里。余附见名山太华。

龙耳山，州西南四十里。山后有符颙山，符颙水出焉。○马岭山，在州西南百里。其相接者为石积山。《水经注》：石桥水南出马岭山，积石据其东，骊山距其西。是也。或曰积石山亦名石积山。刘裕伐秦，王镇恶自河入渭，趣长安。姚弘使其将胡翼度分兵屯石积，疑即此。又竹山，在州西南百四十里，竹水出焉。

广乡原，在州西。晋太元十五年，冯翊人郭质起兵广乡，移檄讨姚苌。胡氏曰：郑县之广乡原也。

渭水，在州北十二里。自渭南县流入界，东经沈阳城北，入华阴县境。或曰渭水南岸有葫芦滩。明初大兵下河南，元臣李思齐自潼关退屯葫芦滩，即此。

赤水，州西三十里。《水经注》：大赤水即竹水也，一名箭谷水。又有小赤水，亦名灌水，出州西南石脆山，亦名高谷水。俱流经州北，注于渭。后魏永安三年，尔朱荣使尔朱天光等讨关中贼万俟丑奴。时赤水蜀贼断路，贺拔岳击破之于渭北。《九域志》：华州郑县有赤水镇。唐天复初，朱全忠自同州故市南渡渭，西趣赤水，即此。

　　石桥水，在州西十里。源出马岭山，北流入渭。旧有石桥跨其上，水因以名。亦曰小石桥水。又有东石桥水，在州东十四里。《水经注》曰：故沈水也。亦出马岭山，北流，经郑城东，有故石梁。又北经沈阳故城北，入于渭。刘裕伐秦，王镇恶自河入渭。秦将姚难自香城引兵而西，镇恶追之。秦主泓自霸上还屯石桥，以为之援。此西石桥也。唐中和初，昭义帅高浔合河中兵讨黄巢，收华州。寻败于石桥，浔奔河中。华州复为巢所陷。此东石桥也。或以为长安故城洛门外之石桥，误矣。香城，见朝邑县。

　　五港河，在州西。《志》云：石堤峪之水，北流为五港河，合赤堤峪水，入沙涧石桥河，以达于渭。近西一带诸水，曰西溪。亦有小曲江之名。○敷水，在州东十四里，出大敷峪，流入华阴县界。

　　利俗渠，《唐志》：在郑县西南二十三里。引乔谷水为渠。又罗文渠，在县东南十五里。引小敷谷水为之，支分溉田。开元四年，诏陕州刺史姜师度开故渠，又立堤以捍水害。《志》云：今州东十里有罗纹桥。白石峪水流其下。递运所置于此。

　　神台宫，《唐志》：在郑县东北三里。隋置普德宫于此。咸亨二年，改曰神台宫，为巡幸驻顿之所。

　　罗文寨，在州东罗文渠上。五代梁贞明六年，同州降晋。梁遣刘鄩围之。晋兵驰救。鄩败，退保罗文寨。寻复为晋将李存审所败。华山驿，在州治北，又西达临潼县境之东阳驿。

　　东阳驿。在州西。《水经注》：渭水过新丰而东，合西阳水，又东合东阳水。二水并出广乡原。魏主修入关中，宇文泰谒见于东乡驿，即此。今州治北有华山驿。

　　○**华阴县**，州东七十里。东至河南阌乡县一百十里。春秋时晋阴晋地。秦曰宁秦。汉初,曹参食邑宁秦,是也。寻置华阴县,以在华山之北而名,属京兆郡。后汉改属弘农郡。魏晋因之。后魏亦为华阴县,属华山郡。隋属华州。大业初,属京兆郡。唐复属华州。垂拱初,改曰仙掌县。神龙初,复故。宝历中,又改为太阴县,寻复曰华阴。今城周不及三里,编户三十四里。

阴晋城,县东南五里。春秋时故城也。初属晋,后属魏。《史记》:赵肃侯二年,与魏惠王遇于阴晋。又魏文侯三十六年,秦侵我阴晋。秦惠文王五年,魏纳阴晋于秦,更名曰宁秦。汉改曰华阴。建武二年,冯异败赤眉于华阴。初平二年,关东诸将讨董卓,卓还长安,使其党段煨屯华阴。兴平二年,李傕等作乱。帝幸华阴,露次道旁。晋咸和九年,后赵将郭权据上邽。石虎遣将郭敖击之,军于华阴。上邽豪族杀权以降。即故阴晋城也。后迁于今治。唐武德六年,幸华阴,既又校猎于华阴,是也。

船司空城,县东北五十里。汉置县,属京兆,本主船之官也。王莽时曰船利,为渭水入河处。后汉省入华阴。《水经注》:河水历船司空,与渭水合,即春秋时之渭汭。《左传》闵二年,虢公败犬戎于渭汭。晋建兴二年,刘聪遣刘曜等寇长安,曜屯渭汭。咸和八年,后赵石生举兵长安,讨石虎,军于蒲阪。其将郭权拒虎于潼关。生遁还长安。权亦收余众退屯渭汭,即此。○平舒城,在县西南十里,即秦时平舒道。始皇三十六年,使者夜过平舒,有人持璧遮使者,即此。《图经》:华阴有平舒城。

定城,在县东十里。郭缘生《述征记》:定城去潼关三十里。汉末,镇远将军段煨所造。夹道各一城,渭水经其北。刘裕将檀道济等攻潼关,秦将姚绍出战而败,退屯定城,据险拒守,即此。后魏永熙三年,置定城县,寻废。隋主伐陈,亲饯将士,至定城,陈师誓众,是也。今为定城驿。

潼津城,在县东。唐天授初,分华阴置潼津县。长安二年,废为潼津驿。有石桥,亦名潼津桥,潼关水所经也。《一统志》:今关城内有潼津桥,疑唐时即关城置县。○敷西城,在县西二十五里,以在敷水之西而名。郭缘生《述征记》：苻姚时所置。魏收《志》：太和十一年，分夏阳县置敷西县。隋废。唐为敷水驿。元和四年，内侍破驿门，以马鞭击元稹处也。《九域志》：华阴有敷水镇。

长城，在县西二里。《史记》：魏筑长城，自郑滨洛以北。此即其故址。后魏永熙末，高欢追魏主修，攻潼关，克之，进屯华阴长城，是也。宋白曰：华阴有长城，战国时分秦晋之境。边晋之西，谓之阴晋。边秦之东，谓之宁秦。恐误。

华山，县南十里。亦曰大华，亦曰西岳。宋大中祥符四年，车驾祀汾阴，遣近臣祀西岳，是也。山之东有牛心谷，南通商洛，为险厄处。又有车箱谷，在县西南三十里华山麓，谷方而长，如车箱然。又西有雾谷，后汉张超居此。能布五里雾，谷口有泉，亦曰雾泉。余详名山太华。

松果山，县东南二十七里。《山海经》：华山之首曰钱来山，与松果山相连。又有凤居山，在县西二十里，通途所经。相传唐开元间，有凤瘗于此。

风陵堆，在潼关卫城东三里黄河北岸。北至蒲关六十里。《帝王世纪》以为女娲陵也。唐天宝初，风雨晦冥，忽失所在。乾元中，复故。《唐志》：风陵属河中，有风陵关。高欢遣窦泰攻潼关，宇文泰潜军袭之。窦泰自风陵渡，为宇文泰所败，即此。

黄河，在县东北五十里。自延安府宜川县界南流，出龙门而下，历韩城、郃阳、朝邑县东。其东岸为山西河津、荣河县界。又南经县境，渭水入焉。《禹贡》所云会于渭汭者也。折而东流，入蒲州界。又东为芮城县界。南岸则河南阌乡县界。柳宗元云：冲奔太华，运肘东指。是矣。

渭河，在县北。其北岸接朝邑县界。《志》云：渭水自华山北径入于河。其入河之处，即故船司空城北也，渭口在焉。亦曰渭汭。汉尝置仓于此。更始初，王莽将郭钦等为汉兵所败，收散卒，保渭口京师仓。汉将李松等进攻之。又渭口之东，即潼关也。建安十六年，曹操自蒲阪渡西河，循河为甬道而南。马超等自潼关退屯渭口。晋义熙十三年，刘裕伐秦，至潼关。王镇恶请率水军自河入渭，即渭口也。又县有漕渠。唐天宝初，韦坚自禁苑西引渭水，因石渠，会灞、浐，经广运潭，至县入渭。今湮废。

敷水县，西二十四里。出华州东南敷水谷，东北流，经县境入渭水。一名敷水渠。唐开元二年，姜师度凿之以泄水害。五年，刺史樊忱复凿之，使通渭漕。○潼谷水，在县东南四十里，流经松果山下，又东北入于黄河，即潼关水也。《志》云：潼水在关西一里，关因以名。

泉店渠，在县东二十里。又东五里有公庄、定成二渠。○醴泉渠，在县东南十里。又县南十里有黄神渠，县西二十五里有兴洛渠，皆有灌溉之利。

华泽，在县西。胡氏曰：华阴之泽也。晋太元九年，慕容泓起兵屯华阴。苻坚使苻叡击之，战于华泽，叡败死。○野狐泉，在县西南。唐广明初，张承范守潼关以拒黄巢，潼关陷败，奔野狐泉、遇援兵处也。或云，蓝田县西北十五里有咽瓠泉，讹为野狐泉。又镐泉，在县东二十九里。其泉或涌或止，俗传以为河眼。

集灵宫，在华山北麓。《志》云：山麓有集灵宫、存神、存仙等殿，又有集仙宫、望仙观，皆汉晋时置。《黄图》：望仙观，晋武帝建。○琼岳宫，在县西十八里。隋大业四年建。本名敷水宫。唐显庆中，改曰琼岳。又金城宫，在县东十三里。亦隋置。唐武德三年废。显庆三年复置。又《图经》云：县南八里有云台观，以华山险峻难登，先置下宫于山麓。天宝初，敕于熊宇岭置中方，号曰太清宫，在县南六里。

潼关，县东四十里。有关城，周十二里。洪武三年，置潼关卫直隶中军都督府。五年，修筑旧城。九年，增修，依山势曲折为固，门六，又水门三。《志》云：古潼亭也。后汉延光四年，诏改葬故太尉杨震于华阴潼亭。今关西大道旁，即震墓也。建安中，移函谷关于此，因改名潼关。自是常为天下之襟要。宋大中祥符四年，车驾亲祀汾阴，出潼关，渡渭河，盖繇潼关渡蒲津也。今关北六十里为大庆关巡司，即山西之蒲津矣。余详见重险潼关。

永丰仓，在县东北。或曰：即渭口仓也。本汉置仓之地，后废。隋开皇三年，于华州置广通仓。大业初，改曰永丰仓。《通释》：隋于卫州置黎阳仓，洛州置河阴仓，陕州置常平仓，而于华州则置广通仓，转相灌注，漕关东、汾、晋之粟，以给京师。大业九年，杨玄感围东都，不克。其党李子雄劝玄感直入关中，开永丰仓以赈贫乏，三辅可指挥而定。十三年，李渊起义师，薛大鼎、任瓌谓渊曰：今济河，直据永丰仓积粟，虽未得京师，关中已定。既而渊引军而西，华阴令李孝常以永丰仓降。渊使世子建成等屯于此。渊寻引兵还如蒲津，自临晋济渭，至永丰劳军。至德中，郭子仪讨安庆绪，据永丰，关陕之路始通。《志》云：仓在渭水入河处，即汉之船司空也。又有临渭仓，亦在县境，唐置。

杨氏壁。在县东北。后魏主修永熙末，自洛阳西奔关中，高欢将薛修义渡河据杨氏壁，魏将薛端击却之。宇文泰乃侨置南汾州，镇杨氏壁。胡氏曰：壁在龙门西岸华阴、夏阳之间，盖华阴诸杨遇乱筑壁自守处。○忠武镇，在县东。《唐史》：武德六年，秦王世民自并州还，上自华阴劳之于忠武镇。又敷水镇，在县西敷水上。唐置敷水驿于此，为往来孔道。《九域志》县有敷水镇。今县治东有潼津驿。又潼关卫有潼关驿及潼关递运所。

○**蒲城县**，州北百二十里。西至富平县四十里。汉重泉县地，属左冯翊。后魏太和十一年，置南白水县，属白水郡。西魏改为蒲城县，白水郡治焉。隋初郡废，县属同州。唐初因之。开元四年，改为奉先县，属京兆府。天祐中，复属同州。五代时，属京兆。宋初，仍属同州。开宝四年，复为蒲城县，改属华州。今城周八里有奇，编户六十七里。

重泉城，县东南五十里。《史记》：秦简公堑洛城重泉。即此。汉置县，属左冯翊。后汉因之。晋仍属冯翊郡。后魏废。《寰宇记》：唐奉先城，距今县治三十里，即故蒲城县也。其地有晋城，相传晋公子重耳所筑，俱在县东南。贾城，在县西南十八里，古贾国也。《左传》桓九年，芮伯、梁伯、贾伯伐曲沃。此即贾伯城矣。又西南二十二里，有鲁王宫城。《大统记》以为鲁哀王城，板筑之迹犹存。或曰，鲁当作卤，王当作潢，盖昔煮盐之处。

沙城，在县东沮水侧。《英雄记》：曹操与马超隔渭水而阵，渡渭，辄为超骑所冲突。娄子伯说操以今时天寒，可起沙为城，以水灌之，一夕而成。即此处。○长城，在县东五十里。洛水所经。阚骃以为即沮水也。战国时为秦魏之疆，筑长城于此，名曰堑洛。稍南有木屐堆四，在沮水岸侧。相传禹治水弃屐于此。泥积成堆，各周二里，崇百尺。

尧山，县北二十里。一名浮山。相传尧时洪水为灾，此山独浮也。唐穆宗葬此，曰光陵。其前又有一山，与尧山叠峙，名为重山。

丰山，县西北三十里。县之名山也。一名苏愚山。唐睿宗葬此，曰桥陵。县因有奉先之名。又金粟山，在县东北三十里。山有碎石，若金粟然。唐玄宗葬此，曰泰陵。又金帜山，在县西北二十里。唐宪宗葬此，曰景陵。○蟠龙山在县西三十里。《志》云：唐明皇尝游此，于山下得石如蟠龙，因名。其地为龙东乡。

白堂山，县东北三十五里。旧《图经》：白起尝立寨于此，因名。其南为不群山。亦曰孤山，以诸峰相接，唯此独峙而名。又有马冢山，在县西北五十里。《志》云：县西北四十里有白马谷。

洛水，县东五十里。与同州接界。又东南流，入朝邑县界，亦谓之沮水。今县东南有晋城邓、蔡二渡，盖即洛水津济处。《志》云：县南有南河水。其上流，即同官县之乌泥川，东流入洛。

西卤池，县西四十里。《长安志》：白卤盐池东入沮水，阔五十丈，深二丈。盖卤水泛涨流注，故曰卤渠。又有东卤池，在县南二十里。《汉书》：宣帝微时，困于莲勺卤中。谓此池也。唐至德后，盐不复生。

梁田陂，在县西三十里。唐中和二年，李克用自沙苑进军乾坑，与诸道兵合。黄巢将尚让等将十五万众，屯于梁田陂。合战，贼众大败。梁田陂，刘昫作良天陂。

乾坑，在县西北六十里。东北接澄城县界。汉武帝时，临晋人庄熊罴言，临晋民愿穿洛，以水溉重泉以东万余顷故恶地。诚得水，可令亩十石。于是发卒穿渠，自徵引洛水至商颜下。盖即龙首渠之尾也。唐中和三年，李克用由河中济，讨黄巢，自沙苑进屯乾坑，即此。胡氏曰：乾坑在沙苑西南。又西南即梁田坡。

穆公砦，县东北三十里。《志》云：秦穆公屯兵处。其相近有秦白起砦。又县东四十里沮水西岸，旧有晋太子虚粮砦。○温汤府，在县东南六十里。唐折冲府也。有温汤，源出沮水岸，西流二里，仍入于沮水。《长安志》：县有唐折冲府五，曰相原、曰孝德、曰温汤、曰宣化、曰怀仁。

野人堡。在县西北。晋太元十八年，苻登将窦冲叛登，称秦王。登攻冲于野人堡。即此。

附见：

潼关卫。在华阴县东潼关城中。洪武三年置，辖右千户、中千户二所。余见前潼关。

○商州，府东南二百二十里。东至河南南阳府七百四十里，北至河南陕州四百里，西南至汉中府兴安州六百二十里，东南至湖广郧阳府七百三十里。

《禹贡》梁州地，古商国也。春秋时属晋，所谓阴地是也。以在洛水之上源，亦曰上雒。战国初属魏。《国策》：楚、魏战于陉山，魏许秦以上雒。战国属秦，卫鞅封于此，为商君。始皇并天下，属内史。汉属弘农郡。后汉属京兆尹。晋初为京兆南部。泰始二年，改置上洛郡。后魏太延五年，置荆州于此。太和十一年，改洛州。后周改为商州。隋初废郡，炀帝又改州为上洛郡。唐复为商州。天宝初，亦曰上洛郡，乾元初复故。宋因之。元以州治上洛县省入。明初，改州为县。成化十二年，复升为州。编户二十八里。领县四。今仍曰商州。

　　州扼秦楚之交，据山川之险，道南阳而东方动，入蓝田而关右危。武关巨防，一举足而轻重分焉矣。《周礼·职方氏》分九州为商、密之地。孔氏曰：商，商邑，即今州。密，密乡，今河南内乡县境之废丹水县。其地相连，皆古所称厄塞也。《史记》：秦孝公十一年，城商塞，曰峣关，见蓝田县，去今州百六十里。曰武关，曰白羽城，今河南内乡县。曰苍野聚，在州南。州为秦东南险塞也。晋义熙十三年，赫连勃勃谋取关中。王买德曰：青泥上洛，南北险要。唐建中四年，朱泚据长安，侍御史万俟著开金、商运路，奉天围解，诸道贡赋俱至。孔颖达曰：四渎以江河为大，商州乃江河之交也。秦岭西水入于河，东水入于江；熊耳山北水入于河，南水入于江；清池山东水入于河，南水入于江。而州境之水，其大者曰楚水、洛水、丹水云。

　　上洛废县，即州治。春秋时晋地。《左传》哀四年，楚司马起丰、析以临上雒。《竹书》：晋烈公三年，楚人伐南鄙，至于上洛。即此。汉元鼎四年，置上洛县。东汉末，以县在武关、峣关之间，置上洛都尉。建安十一年，高幹举兵并州，不克，欲南奔荆州，上洛都尉王琰捕斩之。晋为上洛郡治。《通记》曰：郡在洛上，故名。后魏为荆州治，又为洛州治。周为商州治。隋以后因之。元废。今州城周五里，有门四。

商洛废县，州东九十里。古商邑，契所封也。战国时为商於地。盖近南阳之界，秦商君封此，张仪以给楚怀王也。汉置商县，属弘农郡。后汉属京兆尹。晋属上洛郡。后魏皇兴四年，置东上洛郡。永平四年，改属上庸郡。后周改县为商洛县，属上洛郡。隋属商州，后因之。金贞元二年，废为商洛镇。盛弘之《荆州记》：武关西北百二十里有商城。谓此也。孔氏曰：县南一里即商洛山。

高车山，州南二里。相传汉高后使张良高车驷马以迎四皓处。又州北二里有高车岭。又有戴云峰，在州北三里。其山欲雨先云，崒嵂律高出，望之如旗，俗谓之搿刀山。盖州主山也。一名智亭山，以四皓隐此、智能避世而名。

熊耳山，州西五十里。山东西各一峰，状如熊耳，因名。《山海经》：熊耳山上多漆，下多棕，浮濠之水出焉。今山产棕漆。唐《六典》以为伊水所出，误也。《志》云：自州西三十里逾丹水，有马兰峪。又西十里为野人峪，林谷深僻。又十里为麻涧。涧在熊耳峰下，山涧环抱，厥地宜麻，因名。自麻涧行六十里而至秦岭。

商洛山，州东南九十里。皇甫谧云：南山曰商山，又名地肺山，亦称楚山。盖即终南之支阜矣。《六典》：山南道名山曰商山。汉初四皓隐于此，亦谓之商阪。苏秦曰：韩西有宜阳、商阪之塞。司马贞曰：商阪在商洛间，适秦楚之险塞也。西魏大统三年，高欢使高敖曹分军趣上洛。敖曹自商山转斗而进，攻上洛，克之。即此。州西南九十里为良余山，亦名秦望山，乳水所出。此又商洛之支陇矣。班固《西都赋》：商洛缘其隈。《汉书》：高祖发巴蜀之民，定三秦，迁其渠帅于商洛之地。即今州境也。盖商洛为山之统名。王维诗商山包楚邓是也。〇清池山，在州北六十里。清池水出焉。或曰：即丹水也。《一统志》：州东南二百里有竹山，丹水所出。

丹崖山，在州南山。皆赤壁，亦曰红崖山。宋庆历初，知商州皮仲容议采洛南红崖山，虢州青水冶青铜，置阜民、朱阳二监。《志》云：州东十五里东原上有红崖冶。其地产铜，旧有钱官。又三十五里有洛原监，亦宋时钱官也。朱阳监，今见河南陕州。

秦岭，在州西八十里。其地有洞，曰息邪洞，丹水所出也。今有秦岭巡司，在州西百二十里。余详名山终南。

刘岭，州南五十里。甚危峻，有万木森罗其上。宋高宗割商、秦之半畀金人，以刘岭为界。即此。又黄沙岭，在州北二十五里。上有马跑泉，流合于普济渠。

老君峪，州东百里。北有路，通函谷关。又州西百里有黑龙峪。○椎平原，在州西三里。《志》云：汉名也。又西一里为金鸡原。又西十一里为仙娥峰。唐时于此置仙娥驿。

楚水，在州东南一里。源出商洛山，北流会于丹水。《志》云：楚水有两源，其东源出商山，西源出良余山。即乳水矣。

丹水，在州城南。源出州西秦岭，东流入河南内乡县界。《吕氏春秋》：尧有丹水之战，以服南蛮。《史记》：汉高入秦，王陵起丹水以应之。《汉志》注：丹水出上雒冢岭山，东至析入钧。《水经注》：丹水出上洛县西北冢岭山，东南流与清池水合。水源东北经清池山西南入于丹水，东南过其县南，楚水注之。丹水自苍野又东历菟和山，又东南过商县南，又东南至丹水县。唐天宝中，崔湜建言山南可引丹水通漕至商州，自商镵山出石门，北抵蓝田。使湜通之，不就。《州志》：丹水即州河，亦名丹江，源出秦岭昌黎祠下息邪洞，旧名竹山。按：冢岭山盘据广远，今之秦岭当即冢岭之南麓，而甲水所出之秦岭，则当在县之东南。乃《志》谓秦岭旧名竹山。夫竹山所出之丹水在洛水之北，南入洛水。《志》误也。

普济渠，在州北。《志》云：戴云峰之麓有二泉：东曰少谷泉，西曰西平泉。合为普济渠，通入城市，以供日汲。又南注于丹水。又州东有商颜渠，旧引洛水至商山下，因名。

武关，在州东百八十里。有巡司戍守。《舆程记》：自武关西北，行五十里至桃花铺，又八十里至白羊店子，又八十里至麻涧，又百里至新店子，又百里而至蓝田县。皆行山中，至蓝田始出险就平云。今详见重险武关。

苍野聚，州南百四十里。《左传》哀四年，楚人谋北方，司马起丰析以临上洛，左师军于菟和，右师军于苍野。杜预曰：上洛东有菟和山。

安山驿。在州北五十三里。其地有安山。山下有紫榆涧，清池水经焉。又商於驿在州西五里，皆唐置。

○**商南县**，州西北八十里。明初为商县地。成化十二年，改县为州，析置今县。今城周不及二里，编户十五里。

汉王城，县东三十一里。相传沛公入关时所筑。今为富水堡，有富水巡司。本唐之富水驿也。又今县治即唐之层峰驿云。

商洛山，县南一里。盖州境之山，多以商洛名。

分水岭，在县西十里。其水分东西流。又县南二十五里有双庙岭。又南十五里有吐雾山。峰岭最高，天将雨则雾起，因名。又十里为大小岭关，南望荆楚，数百里如在目中。

两河。在县南。西入雷家湾，东出金斗沟，斜流百余里。自雷家湾以下，名上两河，自徐家店以下，名下两河。又有扶川，在县南百里，分上中下三川，流合于两河。其下流皆注于商州洛水。《志》云：两河，在县南四十里。城东有冰河，西三十五里有清油河，俱为灌溉之利。

○**洛南县**，州东北七十里。东南至河南淅川县四百十里。汉上洛县地。晋置拒阳县，属上洛郡。后魏因之。西魏复置拒阳郡。隋废郡，县改今名。唐、宋因之。金元仍属商州，后废为洛南镇。明成化十二年，复置。今城周三里有奇，编户二十里。

拒阳城，在县东南。东晋时置县于此。《旧唐书》：隋改拒阳为洛南，旧治拒阳川。显庆三年移理清川。即今治矣。

玄扈山，县西北百里。相传黄帝受图处。玄扈水出于此，亦谓之阳虚山。《水经》：讙举山、玄扈山、阳虚山、获舆山、龙余山、蛊尾山、鹿蹄山、冢岭山、竹山，皆一山而异名也。○阳华山，在县东北。《水经注》：洛水自上洛县东北流，经拒阳城西北，分为二水。枝渠东北出为门水。门水又东北历阳华之山，即华阳也。武王归马之处。秦魏冉同父弟芈戎封华阳君，亦此地。

鱼难山，县东北八十里。《志》云：县东八十里有大谷龙山。其山北接秦岭，多出麸金。又北为鱼难山。鱼难水出焉。崖高五十余丈，谓之扑水崖。鱼不能过，故曰鱼难。又南经石门入洛，两石相夹，中通行路，崖高万仞，极为险阻，俗谓之鬼门也。《通志》：商南县东八十里有鱼难山。○书堂山，在县东。山高耸，北望太华，南俯商、邓。

洛水，县北七里。其上流曰玄扈水，今名黑潭子。《志》云：县西百里有洛水泉，出秦岭，下流入于洛水。

洪门堰，在县东北。《水经注》：洛水历阳华之山，又东北历峡，谓之鸿关水。是也。其支流东北至河南灵宝县而注于河。宋为洪门堰。绍兴十年，金人陷商州，州守邵隆破金人于洪门，复商州，即此。

石家坡砦。县东四十里，有巡司戍守。又南有三要巡司，在县东南九十里。

○**山阳县**，州东南百十里。东至湖广郧西县界二百四十里。汉商县地。唐以后为丰阳县地。元仍为商县地。明初因之。成化十二年，商山盗王彪作乱。事平，督臣原杰析置今县。城周二里有奇，编户十二里。

阳亭城。在县西南。古有阳亭聚。后魏太延五年，侨置魏兴郡于此。太和五年，置阳亭县，为郡治。隋废。

天柱山，在县南八十里。壁立万仞，形如天柱，其上平坦，有清池，冬夏不竭。又孤山，在县东六十里。四面平坦，山独挺峙。

任岭，县东南百三十里，与湖广上津县接壤。《志》云：县东二百余里，有光照山，与湖广郧西县界壤相错。

甲河，县南百二十里。以方向而名。俗讹为夹河。下流入于汉水。《水经注》：甲水出秦岭，东南流，与关衬付水合。〇两河，在县南百五十里。发源秦岭，至县界竹林关，有银花河流合焉，因称两河。《志》云：银花河，在县东八十里。

丰乡水，在县东。《水经注》：丰乡川水出弘农丰乡东山，西南流，径丰乡故城南，又西南合关衬水。

关衬水，在县南。《水经注》：关衬水出阳亭北青泥山，南径阳亭聚西，俗谓之平阳水，南合丰乡川水。又南入上津注甲水，以达汉江。

竹林关，县东百三十里，有巡司戍守。又县东南百五十里有丰阳巡司，以故丰阳县地而名。

〇镇安县，州西南百五十里。北至府城二百五十里，南至汉中府兴安州洵阳县三百二十里。汉商县地。后魏丰阳县地。周、隋因之。唐万岁通天初，析置安业县，属商州。景龙三年，属雍州。景云初，还属商州。乾元初，改为乾元县，属京兆府。五代汉乾祐三年，改为乾祐县。宋仍属京兆府。金废。明景泰二年，改置今县。城周五里有奇，编户十八里。

乾祐废县，县北七十里。唐置安业县于此，后为乾元县治。五代汉曰乾祐县。元至元中废。今为乾祐巡司。

丰阳废县，在县东南。宋白曰：汉商县地。晋泰始三年，析置丰阳县，治丰阳川。永和九年，苻秦置荆州于丰阳川，即此地也。魏收《志》：魏太安二年，置丰阳县，为上庸郡治。后周，县属商州。隋、唐因之。刘昫曰：旧治吉川城。麟德初，移理丰阳川。宋仍属商州。金贞元二年，废为丰阳镇。胡氏曰：丰阳与湖广上津县接界。地当秦、楚之交，旧为冲要。宋绍兴中，割秦商之半畀金人，以刘岭为界，止存上津、丰阳二县，是也。

车轮山，县南二十五里。其水流为镇安河，绕县治南下流入于柞水。○长陵山，在县北二十里。以崖岫绵延而名。又北六十里有天书山。

梦谷山，县东北二十里。其山危峻。又五十里为重崖山，崖谷重叠，望之无穷。

柞水，在县东五里。出秦岭，流入洵阳县界，合旬水入于汉江。又蕴水，出旧乾祐县西南七里考山，下流入于柞水。

旬水，出县南百里之旬山。亦曰洵水。东南流，入洵阳县境。

乾祐渠，在县东南。亦谓之丰水，亦曰丰阳川。《志》云：县北九十里有乾祐渠。至县东三里为乾祐河，即丰阳川矣。下流入洵阳县界，合旬水。又秋林川，在县东南八十里，亦流合于丰阳川。按：丰阳川非丰乡川也。旧《志》或讹为一水。今丰乡川，见山阳县。

五谷关。在县西。唐置关于此。《志》云：县西三百五十里有五郎坝巡司，接汉中紫阳县界。又有旧县巡司，在县东北百二十里。○洵水府，在县南。唐之折冲府也。《志》云：商州有洵水、玉京二府。

○**同州**，府东北二百八十里。东至山西蒲州八十一里，南至华州华阴县七十八里，西北至延安府鄜州四百五十里。

春秋时秦、晋之疆，战国为秦、魏二国地。《汉书》：自高陵以东，皆魏分也。始皇并天下，为内史地。项羽分为塞国。汉初，为河上郡，寻复为内史。景帝二年，分为左内史。武帝太初元年，改为左冯翊。后汉因之。三国魏为冯翊郡。晋因之。后魏兼置华州。一作西华州。误。西魏改曰同州，《禹贡》：漆沮既从，沣水攸同。言二水至斯，同流入渭也。州因以名。而冯翊郡如故。隋初废郡，炀帝复改州为冯翊郡。唐亦曰同州。治冯翊县。天宝初，曰冯翊郡。乾元初，复为同州，《志》云：至德后，置同州防御长春宫使，州刺史领之。又升为匡国军。兴元初，改为奉诚军。寻并入河中节度，后复曰匡国军。五代梁曰忠武军。后唐复为匡国军。五代周显德五年，废匡国军。宋仍曰同州，亦曰定国军。金曰安国军。元亦为同州，以州治冯翊县省入。明初因之，编户三十九里。领县五。今仍曰同州。

　　州前临沙苑，后枕浒冈，左接平原，右带沮水，又密迩河中，常为孔道。春秋之季，秦晋每角逐于河西。战国时，秦与魏人争河西地，既得河西，三晋之患日迫矣。《史记》：梁哀王五年，予秦河西地。《正义》：自华州北至同州，魏河西地也。汉初，自临晋东渡河以争中原。东汉初，邓禹亦由此入关中。西魏时，高欢自蒲津济河，至冯翊。华州刺史王罴坚守，曰此城是王罴冢，不可得也。欢力攻不克，遂不能得志于西魏。《北史》：宇文泰辅政，多居同州，以地控关河之会，齐人来侵，便于应接也。唐至德二载，郭子仪自洛交引兵趣河东，分兵先取冯翊，河东遂翻城迎官军。兴元初，李怀光以河中叛。官军扼其同州，怀光遂不振。李晟曰：河中去长安三百里，同州当其冲。宋李永奇曰：同州入南山，乃金人往来驿路。盖关中襟要，莫如同州矣。

　　冯翊废县，在州城南。春秋时芮国也，后为秦所并。汉为临晋县地。后魏始于此置华阴县。西魏改为武乡县，兼置武乡郡。开皇初，郡废。大业初，复改县为冯翊。自是常为郡治。《郡国志》：州所理城，后魏永平三年，刺史安定王元燮筑。其东城，正光五年，刺史穆弼筑。西城与大城通。其外城，西魏大统元年，刺史王罴所筑也。今州城正方，盖唐时改筑。周九里有奇，有门四。

元里城，在州东北。本魏邑也。《史记·魏世家》：文侯十六年，伐秦，筑临晋、元里。魏惠王十七年，与秦战元里。《大事记》：周显王五十五年，秦败魏师于元里，取少梁。孔氏曰：元里，在澄城县界。《志》云：州境有三曲城，亦名三业城。或云宇文周所置。〇雒阴城，在州西北，战国时魏文侯所筑。《史记·魏世家》：文侯十七年，攻秦，至郑而还，筑雒阴、合阳城。城在雒水北也。《括地志》：雒阴在同州西。

黄堆山，在州西。唐广德元年，党项羌寇同州，郭子仪败之于黄堆山，是也。〇铁镰山，《志》云：在州北二十五里沮水岸。土具黄、白、赤三色，其形如镰，因名。

商原，州北三十五里。《水经注》：洛水南经商原西，俗亦谓之浒原。原下有泉，水味咸苦，羊饮之，肥而肉美。谚曰：苦泉羊，洛水浆。即此。《通典》曰：商原亦谓之商颜。

许原，州西北五十里。《志》云：沮水之浒也。《汉志》注：许原在洛水南。或曰非也，原盖在洛水之西。西魏大统三年，高欢自蒲津渡河，攻冯翊，不克。乃涉洛，军于许原。即此。

洛水，在州西五里。自澄城县流入境。唐开元十五年，洛水坏同州城市及冯翊县，漂居民二千余家，是也。又东南经蒲城县东境，流入朝邑县界。州东有龙首渠，宇文周保定初所凿。盖导洛河以资灌溉处也。

赤岸泽，在州西南。《志》云：泽在长安北、同州南，道里适中之地。周主飨如同州，自应门至于赤岸泽，数十里间，旗幡相蔽。又隋大业三年，自洛阳北巡，顿赤岸泽。唐玄宗时，王毛仲掌群牧，初才得三千四于赤岸泽，是也。《元和志》：贞观中，自京师东赤岸泽移马牧于秦渭。应门，后周时宫门名。

九龙泉，州东南十五里。出沙阜中。泉有九穴，会于一池。俗亦名鹅鸭池。孙恒曰：九泉同流，故曰同州。又州西北二十五里，有龙泉洞，称佳胜云。

红善泉，州西南四十里。又十里为苏村泉。俱自平地涌出，流入渭河，州人资以灌溉。

兴德宫，《唐志》：在冯翊县南三十二里。本名忠武园。亦曰忠武寺。宇文泰与高欢战于沙苑，时泰兵少，隐伏沙阜，以奇取胜。后于战处建忠武寺，令骑士种柳各一株，数及七千，因呼为忠武园。唐初举义旗，将趣京师，军次于此。武德初，因建为宫，属家令宫寺。又同州宫，亦后周所置。宇文泰相魏，恒居同州。后因置别宫于此。建德七年废。大象初，复置。二年，复改为天成宫。后废。

沙苑，在州南十二里。一名沙阜。《水经注》：洛水东经沙阜北。其阜东西八十里，南北三十里，俗名之曰沙苑。苑南则渭水经焉。西魏大统四年，东魏高欢自蒲津济河涉洛，军于许原西。宇文泰自渭南造浮桥，轻骑渡渭，至沙苑，距东魏军六十里。欢引军来会。李弼谓泰曰：彼众我寡，不可平地置阵。此东十里有渭曲，可先据以待之。泰从之。因背水东西为阵，命将士偃戈苇中。欢至，其将斛律羌举曰：渭曲苇深土泞，无所用力，不如缓与相持，密分精锐，径掩长安。欢不从。欲纵火焚苇，又不果。及战，欢大败。又大统六年，柔然渡河南侵，宇文泰召诸军屯沙苑以备之。八年，魏主狩于华阴，宇文泰帅诸将朝之，起万寿殿于沙苑北。时冯翊县曰华阴也。后周保定四年，宇文护会突厥伐齐，周主邕亲劳军于沙苑。唐至德二载，回纥叶护助唐复两京，请留其兵于沙苑，自归取马，扫除范阳余孽。上赐而遣之。兴元元年，李怀光自河中遣其将阎晏寇同州。官军败之于沙苑。中和初，河中帅王重荣讨黄巢，屯于沙苑。三年，李克用将李存贞败黄巢兵于沙苑，克用遂进屯焉。光启初，田令孜召鄜延帅朱玫、凤翔帅李昌符，共屯沙苑，讨河中王重荣。重荣济河，败同州兵。又邀李克用兵至，俱壁沙苑，大破凤翔、鄜延之兵。进逼京师，天子出走。朱梁贞明六年，晋将李存审救同州，败梁将刘鄩兵。鄩退保华州罗文寨。存审攻之，未克。乃谋曰：兽穷则搏，不如开其走路，然后击之。因遣兵牧马于沙苑。鄩等宵遁。追击至渭水，又破之。《元和郡国图》：沙苑宜六畜，唐置沙苑监。余靖曰：唐沙苑监，即今之同州。宋亦置监于此。庆历五年，群牧言沙苑监地万一千四百六十余顷，是也。俗谓之马坊头云。

　　车度镇，在州西南。近长安北境。朱梁开平末，李茂贞遣温韬帅邠岐兵寇长安。朱温使同华等镇兵击韬，败之于车度，是也。

　　李润镇，在州东北。《北魏书》：李闰堡，少梁旧地。晋芮锡壤，华州刺史尝治焉。后徙州治冯翊古城。其地在冯翊东也。晋太元十五年，故秦将魏揭飞攻后秦杏城，降将雷恶地亦攻李润以应之。苌曰：恶地智略非常。若南引揭飞，东结董成，得杏城李润而据之，长安东北，非我有也。乃击杀揭飞。恶地降。其南又有邢望镇。义熙十一年，后秦姚泓初立，时姚宣镇李润，参军韦宗说宣曰：邢望险要，宜徙据之，此霸王之资也。宣遂弃李润，南保邢望。于是，诸羌据李润以叛，姚绍讨破之，并杀宣。宋元嘉二十三年，魏主焘击叛胡，至长安。既而还至洛水，分军诛李润叛羌是也。董成，屠各帅，时据北地。邢望镇，《括地志》：在李润南四十里。

　　故市。在州南。唐天复元年，朱全忠引兵自河中渡河，下同州。旋自故市南渡渭，西趣赤水。此州境之故市也。赤水，见华州。

　　○**朝邑县**，州东三十里。东至山西蒲州五十里。古大荔戎国。汉为临晋县地。后魏太和十一年，于此置南五泉县，属澄城郡。西魏改为朝邑县，属同州。隋因之。唐乾元三年，改为河西县，属河中府。大历初，复故，仍属同州。今城周四里，编户八十二里。

　　临晋城，在县西南二里。本大荔国。或曰本晋邑，后属魏。《史记》：

魏文侯十六年，伐秦，筑临晋，后复入于秦。《秦纪》：惠文王十二年，与梁王会临晋。武王元年，复与魏惠王会临晋。三年，与韩襄王会临晋。亦曰应亭。昭襄王五年，魏王来朝应亭，即临晋也。秦取其地，尝筑高垒以临晋国，因名。汉王初定三秦，自临晋渡河而东，后复置县，属左冯翊。后汉因之。灵帝时，封杨赐为侯邑。晋以冯翊郡治临晋，寻废。后魏改置南五泉县。西魏为朝邑县。隋、唐因之。《唐史》：乾宁三年，邠、岐、华三帅犯阙，李克用自河中而西，败同州帅王行约于朝邑。行约弃同州走京师。朱梁贞明六年，河中帅朱友谦袭取同州，归晋，梁军围之。晋将李存审等赴救，自河中渡河，军于朝邑。即今县也。

辅氏城，在县西北十二里。春秋时晋邑。宣十五年，秦伐晋，次于辅氏。晋魏颗败秦师于辅氏，获杜回，吕相绝秦，所谓我有辅氏之聚者。又襄十一年，秦伐晋，济自辅氏，战于栎，晋师败绩。或曰栎在蒲州之北。又王城，在县东三十步。《左传》僖十五年，晋阴饴生与秦伯盟于王城。二十四年，晋侯潜会秦伯于王城。成十一年，秦晋为成，将盟于令狐。秦伯不肯涉河，次于王城，使史颗盟晋侯于河东。《史记》：秦厉公十六年，堑河旁，以兵二万伐大荔，取其王城。杜预曰：王城，今名武乡。《括地志》：王城即大荔戎城矣。又芮乡，亦在县东。《后汉志》注：文王时，虞、芮争田。此即芮国云。《括地志》：县南三十里有南芮乡、北芮乡。

怀德城，县西南三十里。本秦邑。汉王还定三秦，赐周勃食邑怀德，是也。寻置县，属左冯翊。晋废。《水经注》：城在渭水之北、沙苑之南。世谓之高阳城，非也。

河西城，在县东。《旧唐书》：朝邑县故属同州。乾元初，置河中府，割朝邑属之。寻改为河西县，以盐坊为理所。宋白云：河西县，本唐朝邑县地。上元初，置河西县。大历三年，复置朝邑县，仍析朝邑五乡，并割河东三乡，依旧为河西县。县境东西十四里。贞元初，马燧进军至河西，平李怀光，是也。后复并入朝邑县。杜佑曰：河西县有长城，魏惠王所筑，以备秦者。即此地矣。

香城，在县东。姚秦时置。刘裕伐秦，王镇恶帅水军自河入渭，趣长安。秦将姚难自香城引兵而西，镇恶追之，是也。胡氏曰：香城在渭水之北、蒲津之口。○沙苑城，在县南十七里。《志》云：唐沙苑监城也，主牧养陇右牛羊诸畜，以供尚方之用。盖地近沙苑，因置城于此。宋亦为沙苑监，掌牧马。金废。

华原山，在县西门外。《志》云：统城西而北，以绝于河。又西南三里有紫阳山。盖九嵕、荆山之脉，曼衍而东，山其冈阜错列处也。

强梁原，在县治南。俗谓之朝坂。西魏以此名县。《郡国志》：长春宫在强梁原上。盖原本广衍县治，与故宫皆据其上。《汉志》：怀德县南有荆山，山下有强梁原。原即荆山北麓矣。

黄河，县东三十五里。自郃阳县流入境，又南入华阴县界。河之东岸，即山西蒲州境也。亦曰蒲津。世谓之三河口。

洛水，在县城南。渭水自华州东北流会焉，同流入于黄河。《左传》宣十五年，晋侯御秦兵于辅氏及雒。《史记》：秦孝公十二年，东地度洛。谓此。

通灵陂，县北四十里。唐开元七年，同州刺史姜师度派洛水以灌朝邑、河西二县，又阚黄河以灌通灵陂，收弃地二千余顷为上田，置十余屯，是也。

苦泉，县西北四十五里。水咸苦。羊饮之而肥美。唐因置丰羊牧于泉侧。《唐书》：永徽二年，以同州苦泉牧地赐民。即此。又县有太白池，在县西南四十里。

长春宫，在县治西北。后周保定五年，宇文护所筑。初名晋城。建德二年，置长春宫。七年，废。后复置。隋开皇中，增构殿宇。十六年，幸长春宫。大业十三年，唐公渊自河东济河，至朝邑，舍于长春宫。唐武德二年，使世民镇焉。冬十月，讨刘武周，高祖至长春宫送之。贞观十二年，幸长春宫。开元八年，幸长春宫，明日畋于下邽。是年，以同州刺史姜师度兼营田长春宫使。九年，敕同、绛、蒲、河东西沙苑田，并收入长春宫。二十九年，敕新丰、朝邑屯田，令长春宫使检校。兴元初，李怀光将徐庭光军于长春宫。浑瑊等自同州进攻，数为所败。贞元初，马燧、浑瑊破怀光兵于宫南，遂掘堑围宫城。庭光犹复固守。既而马燧与诸将谋曰：长春宫不下，怀光不可得也。乃轻骑径造城下，招降之。宝历二年，置内庄宅使，掌长春宫。五代初，废。

临晋关，在县东北黄河岸。亦曰蒲津城。渡河即蒲州也。春秋时，谓之蒲关。隋末，李渊自河东渡河，朝邑法曹靳孝谟，以蒲津、中潬二城降。胡氏曰：朝邑地当浦津桥西，故有蒲津城；梁大河为桥，故有中潬城。今详见山西重险蒲津。

罂浮渡，在县东北六十里黄河岸侧。汉初，韩信击魏，魏王豹盛兵蒲阪以塞临晋。信伏兵从夏阳以木罂渡军，袭安邑。道盖出于此。或谓之临晋渡。

洛水桥。在县西洛水上。宋元嘉二十三年，北魏主焘讨叛胡盖吴等，自东雍州南如汾阴，济河至洛水桥，是也。东雍州，即今山西绛州。

〇**郃阳县**，州东北百二十里。东北至韩城县九十里。古莘国地。洽，水名也。故《诗》曰：在洽之阳。其后流绝，故去水加邑。战国时，魏文侯筑合阳城。汉七年，代王喜弃国自归，赦为郃阳侯。后复置郃阳县，属左冯翊，以在郃水之阳也。郃，音合。魏、晋因之。后魏仍为郃阳县。太和中，属华山郡。后周属澄城郡。隋属冯翊郡。唐初，属西韩州。贞观八年，州废，县属同州。贞元以后，常以神策军分屯于此，翊卫近畿也。五代梁属河中府。后唐复旧。宋因之。金贞祐三年，改属祯州，寻复旧。元亦常属祯州，后复属同州。

今城周八里有奇，编户七十里。

莘城，在县南二十里。古莘国。伊尹耕于有莘之野。又周散宜生为文王求有莘氏美女以献纣。应劭曰：莘国在洽之阳。即此城也。武王母太姒为莘国女。《诗》曰：缵女惟莘。是矣。《县道记》：郃阳城，魏文侯筑，古莘国地。○刘仲城，在县东北。《水经注》：徐水自梁山东南流，径刘仲城北，又东南入河。是也。汉高帝时，匈奴攻代。代王刘仲弃国走，还洛阳，废为郃阳侯，筑城居此。杜佑曰：河西县有刘仲城。

河西城，县东四十里。唐武德三年，分郃阳县置，并置西韩州治此。八年，州移治韩城，以县属焉。贞观八年，改属同州。乾元三年，改为夏阳县，属河中府，寻还属同州。中和二年，李克用讨黄巢，自夏阳济河，军于同州，是也。宋熙宁四年，省为夏阳镇，仍属郃阳县。

梁山，县西北四十里，与韩城县接界。今详见韩城县。又乳罗山，在县南三十里。

黄河，在县东南四十里。自韩城流入，又南入朝邑县境。其地有飞浮山，与黄河相为浮没，因名。

瀵水，在县南。东流注于河。《尔雅》：瀵水出尾下。郭璞注云：在河东汾阴县。冯翊、郃阳亦如之，相去数里，夹河中渚上又有之，源皆潜通。今县有鲤瀵、东里瀵、王村瀵、勃地瀵、夏阳瀵，皆滨河平地涌出，其大如轮，后没入河。惟县东南四十里夏阳村有白泉、温泉、灰泉以资灌溉，或以为即瀵水也。《一统志》：瀵水有三：一在临晋，一在同州，一在郃阳，源皆潜通。又县西北三十里，旧有郃水，源出梁山，东南流，入于河。郃，一作洽。

刳首水，在县东南。《水经注》：瀵水在郃阳城南，与刳首水相近。《左传》文七年，晋败秦师于令狐，至于刳首。杜预曰：令狐在河东，刳首坑在郃阳也。

姚武壁，在县东北。《水经注》河水东南径刘仲城北，又径姚武壁南。《十六国春秋》：苻坚司马姚苌为慕容泓所败，惧罪奔渭北。西州豪杰率众归之。苌乃僭号于此，筑城曰姚武壁。是也。《通典》：河西县西北有姚武壁、伏鹿壁，并险固。

焦离堡，在县东二十五里。唐德宗贞元初，马燧等既招降长春宫之军，因进逼李怀光于河中。至焦离堡，其将尉珪帅众降，遂进军河西。盖堡近废河西城也。

荼峪渡，在县东河西故城南。南去罍浮渡里许，通山西荣河县界。《志》云：县东五十里有廉庄渡，亦黄河津济处。

○**韩城县**，州东北二百二十里。西北至延安府宜川县二百三十里，西南至澄城县百里。古韩国。晋为少梁邑。秦更名夏阳。汉为夏阳县，属左冯翊。后汉因之。晋属冯翊郡。后魏属华山郡。东魏天平四年，尝置河西郡治此。隋为韩城县，属同州。唐武德七年，改属西韩州。八年，移西韩州治此。贞观八年，州废，县仍属同州。五代梁改属河中府。后唐复旧。宋因之。金贞祐三年，升为祯州。元至元初，州罢，复曰韩城县，寻复置祯州。八年，复罢。今城周四里有奇，编户五十里。

古韩城，县南十八里。周韩侯国也，后入于晋。《春秋》：韩武子事晋献公，封于韩原。盖邑于此。宋白曰：韩城县西南三里有夏阳城，即韩国故城。恐误。

少梁城，县南二十二里，周梁国也。《左传》僖十九年，梁伯好土功，民罢而弗堪，秦穆公取之。即此。文十年，晋伐秦，取少梁。《魏世家》：文侯六年，城少梁。梁惠王九年，与秦战少梁，虏我将公孙痤。《秦纪》：秦取魏少梁。是也。惠文王十七年，更名曰夏阳。汉因置夏阳县。后汉初，邓禹平河东，自汾阳渡河，入夏阳。永和五年，以南匈奴寇乱，徙上郡治夏阳。汉夏阳盖治于此。后汉永元二年封窦瓌为夏阳侯。《一统志》以为夏阳在郃阳，误也。宋白曰：少梁城，隋开皇中，分郃阳置韩城县，后迁今治。

繁庞城，在县东南。本秦邑。《史记》：魏文侯十三年，使子击围繁庞。梁惠王九年，秦败我于少梁，取庞。即繁庞矣。又籍姑城，《括地志》：在韩城县北三十五里。《史记》：秦灵公六年，晋城少梁，秦击之。十二年，城籍姑，即此。

梁山，县南十九里，与郃阳县接界。或以此为吕梁山。《禹贡》：治梁及岐。《诗》：奕奕梁山。《春秋》成五年，梁山崩，壅河三日不流，晋侯以传问伯宗。《尔雅》：梁山，晋之望。《吕氏春秋》：吕梁未凿，河出孟门之上。《水经注》：河水又南经梁山原。是也。《唐十道志》：关内道名山曰梁山。

龙门山，县东北八十里，与山西河津县分界。《北魏志》：梁山北有龙门山。故龙门亦兼梁山之称。隋大业十三年，李渊遣王长谐等自梁山济，营于河西，以待大军。即龙门也。详见名山龙门。

韩原，县东南二十里。《左传》僖十五年，晋侯与秦战于韩原，秦获晋侯以归处也。或曰，故韩原当在河东。今山西芮城县河北故城有韩亭，即秦晋战处。高门原，在县南二十里。《水经注》：河水经高门原，层阜相承，秀出云表，俗谓之马门原。又曰三周山，即《尔雅》三成为昆仑丘也。山下水际有二石室云。

黄河，县东五十里。自延安府宜川县流入境。历龙门口而下，有禹门渡，通山西河津县。《寰宇记》：龙门山北有河口，略似龙门而不能通。相传鲧治水时所凿，绩用弗成。今名错开河。

濛水，在县南十里。亦名崌谷水。东南流，入于黄河。又有芝川，在县南二十三里，亦东流入河。其地有芝川镇。司马迁墓在焉。

华池，在县东南。《水经注》：在夏阳城西北四里。池方三百六十步。河水又东南径于华池也。

龙门关。在县东北龙门山。后周时所立，最为险厄。或云，关之下，即禹门渡。

　　○**澄城县**，州北百二十里。北至鄜州洛川县二百五十三里，西南至华州蒲城县百十里。春秋时晋北徵地，后属秦。汉置徵县，属左冯翊。徵，读惩，后误为澄。后汉省。后魏太平真君七年，置澄城郡，治澄城县。隋罢郡，以县属同州。唐因之。五代梁属河中府，后唐复旧。今城周三里，编户六十四里。

　　北徵城，县南二十二里。《左传》文十年，秦伐晋，取北徵。即此。汉因置徵县。后魏改置澄城县，迁于今治。《唐史》：广德二年，党项寇同州，郭子仪遣其将李国臣，大破之于澄城北。永泰初，吐蕃寇同州，引还，同华帅周智光邀败之于澄城北，是也。

　　新城，在县东北二十里。亦曰新里。《左传》：僖十八年，梁伯益其国而不能实也。名曰新里。秦人取之。文四年，晋侯伐秦，围邧、新城。即此矣。《志》云：县有杜平乡。秦孝公五年与魏惠王会于杜平。又汉昌平侯灌婴食邑于杜平乡，是也。○长宁城，在县南。唐初置。贞观八年，省入澄城县。

　　壶梯山，县北五十里。阶级层峻，有似悬梯。一名石楼山。又十里为将军山，秦封白起武安君于此，因名。又十里为武帝山。相传汉武幸梁山时经此。

　　云门谷，县西北七十里。谷口似门，水气云蒸，因名。又西北十里为风谷山，有洞穴出风。又北为界头山，与延安府洛川县接界。

　　临高原，县南五十里。宋李显忠初仕金，知同州，密图南归，由汉村经临高原，是也。原有龙泉，味甘如醴。

　　洛河，在县西二十里。自白水县流入，又南入同州境。《志》云：县西南有洛河渡，路通蒲城县境。

　　甘泉水，在县西三里。《志》云：出县西匮谷中。其水澄洁，或谓之澄水，俗呼为官泉。《水经注》：县有温泉三，皆西注于洛。

乾坑，在县西南三十里。又西南接蒲城县界。今详见蒲城县。

亲邻寨。《通志》云：在县北二十里。元末，李思齐命将筑寨为戍守处。又伏龙府，在县南五十里。唐置府兵于此。

〇**白水县**，州西北百二十里。东至澄城县五十里，西至同官县五十里。春秋时为彭衙地。秦文公时，置白水县，即此。汉为衙县地，亦为粟邑县地。晋省衙县入粟邑。后魏省粟邑县入澄城。太和二年，又分置白水郡及县。隋废郡，以县属同州。唐永徽初，党项掠白水，东侵蒲津，是也。宋仍属同州。今县有旧城，周四里。嘉靖三十二年，增筑新城于东北隅，共环五里。编户二十八里。

彭衙城，县东北六十里。《左传》文二年，秦、晋战于彭衙，秦师败绩。《史记》：秦武公元年，伐彭戏氏。《正义》曰：彭戏，戎号也，即彭衙。汉置衙县，属左冯翊。东汉初，邓禹破更始将公乘歃于衙，即此。永初五年，以上郡羌乱，寄理衙县。永建四年复旧。晋省。戏，许宜反。或曰县有汪城。《春秋》文二年，晋伐秦，取汪及彭衙者。一云汪在澄城县境。

粟邑城，县西北二十八里。汉置县，属左冯翊。后汉永元中，封耿夒为侯邑，后省。永元九年，复置。晋因之。大兴初，刘曜讨靳准于平阳，既而西屯粟邑，即此。后魏废。〇姚谷城，在县东，本澄城县地。后魏太和二年，析置姚谷县，属白水郡。隋省。

秦山，县西北五十里。连亘绵远，道通鄜、延、环、庆。其断处为暗门，最险隘。又有太神山，在县西七十里。

黄龙山，在县东北五十里。其相近者有阳武山，上有仓颉冢。《地形志》：姚谷县有黄崖山。白水县有五龙山。盖二山俱在县界，峰峦相接，因讹为黄龙山。

洛水，在县东三十里。自富平县流入，又南入澄城县境。今县东北三十里有马家渡，即洛水津济处。又县东南有石川河渡，亦谓之粟邑渡，即洛水下流也。

白水，县西三十里。源出同官县，合诸水东流，入洛。《志》云：县南临白水，故秦以名县。又柳谷水，在县东北，一名彭衙水，下流注于洛水。又有铁牛水，在县北三十里，亦东入洛水。

马莲滩镇，县北五十里。或曰，其地有马兰山麓，因名。后讹为马莲也。今有马莲滩巡司，为戍守处。

阳武村。白水县有阳武村。村西有利乡亭，土人呼为史官村。旧《志》：苍颉生阳武而葬利乡。盖在此。今县有苍颉墓。

○耀州，府北百八十里。东至同州二百里，西至乾州一百八十里，北至延安府鄜州三百九十里。

秦为内史地，汉为左冯翊地。魏晋时，属北地郡。魏收曰：魏文帝分冯翊之祋祤置北地郡。晋北地郡治泥阳，即故祋祤也。后魏置北雍州。西魏改宜州，又置北地郡，寻改为通川郡。开皇初，郡废。大业初，州废，以其地属京兆郡。唐武德初，复置宜州。八年，幸宜州，即此。贞观十七年，省入雍州。天授二年，复置宜州于云阳。大足初，罢。天祐初，李茂贞僭置耀州及义胜军。《五代史》：梁开平五年置。胡氏曰：初置茂州，又改耀州。五代梁贞明初，改曰崇州静胜军。后唐复曰耀州，而改军为顺义军。宋初因之。开宝五年，曰感义军。太平兴国初，又改为感德军。金仍为耀州。元因之，以州治华原县省入。明亦曰耀州。编户十八里。领县一。今仍曰耀州。

州面凭大阜，北负高原，漆水东经，沮流西绕，控鄜、坊之道，联同、华之援，所以厚长安之肩背，为邠、岐之指臂者也。

役祤废县，在州治东北一里。汉景帝二年置县，属左冯翊。颜师古曰：役，音丁活反，又丁外反。祤，音诩，盖兵祷之名。后汉初，县废。永元九年，复置。永康初，东羌先零围役祤，即此。魏以泥阳县寄治役祤，因置北地郡，而改县曰泥阳。建兴三年，刘曜围北地太守麹昌于泥阳，寻为所陷。元魏亦曰泥阳县，仍属北地郡。隋开皇六年，又改为华原县。唐初为宜州治。贞元十七年，州废，县属京兆。二十二年，畋于华原，遂幸玉华宫，是也。天祐初，为耀州治，后因之。元省。今州城周六里有奇，门四。

土门山，州东南四里。积土两崖，中豁如门，行者经其中。《志》云：富平县东北七十里有土门山。盖与州接境。磬玉山，在州东五里。出青石，可为磬。唐天宝中，采为乐器，而泗滨之石遂废。山阳有石洞。其顶五峰对峙，亦曰五台山。又东五里曰鉴山。年丰则山有光可鉴，耀州之名以此。

牛耳山，州西北十八里。以两山东西分，若牛耳也。州西北六十里又有木门山。山阪相去各三里许，有上中下之称。今阪存而门堙。

沮水，在州西门外。自延安府鄜州宜君县流入境，至城南三里之鹳鹊谷，与漆水会流，入三原、富平县境。亦谓之石川河。

漆水，在州东门外。自同官县流入境，又南合于沮水。《志》云：州北有通城渠、烟雾渠、甘家渠、越城渠、水磨渠，皆引沮水为之。又有漆渠、退滩渠，则漆水所置也。宋熙宁七年，知耀州阎光国募民治漆水堤，即此。

清水，州西三十五里。自邠州淳化县流入州界，又南流入三原县界。宋建炎中，金人犯延安，侵丹州。又渡清水河，破潼关。或曰：金人所渡者，同州之沮河也。又州西北有浊谷河、洞谷河，下流俱注于清水。

强公渠，在州西南。《唐书》：华原无水，雍州司士参军强循教民凿渠以浸田。一方利之，号曰强公渠。

步寿宫，在州城北步寿原上。《志》云：汉神雀二年，建步寿宫。在今城东三里。唐武德五年，猎于步寿原，是也。又唐长安二年，建永安宫。在今城南五里。

玉女堡。在州西北。其地有玉女山，因名。又北十里为桃儿堡。州西北七十里为天活堡，皆险阻。相传后周时置。《志》云：今州治南有顺义驿。

○同官县，州北七十五里。北至鄜州宜君县九十里，东南至同州二百里。汉祋祤县地。晋为频阳县地。苻秦置铜官护军，以川为名。后魏太平真君七年，改为县，属北地郡。后周改曰同官县，属宜州。隋属京兆郡。唐初，亦属宜州。贞观十七年，州废，改属京兆府。五代梁属同州。后唐属耀州。今县城周四里，编户二十二里。

铜官城，在县东北一里。苻秦置同官护军，在今县西南一里。晋太元九年，姚苌攻新平，使其将姚穆守同官川，是也。后魏改置县。后周建德四年，移县于此。《志》云：县西南旧城，今为济阳寨。有土城，高数丈，与县相为犄角。元末，张良弼遣其将所筑。又《长安志》：同官县城周一里，无城壁。西北倚虎踞山，本名金山。有汉弩台二，一在山北，一在西南，各去城一里。又有亭子泉、柏榆泉，流绕其下。

女华山，县北三十里。高峰秀出。又有女回山，在县北四十里，高耸亦甲于群山。

马兰山，县东北五十里。晋元康六年，马兰羌、卢水胡反，攻杀北地太守张埙。郡尉张光戍马兰山，以百余人力战得全。又咸和九年，后赵将郭敖等击北羌王、薄句大等于北地、冯翊，破之。句大奔马兰山，敖乘胜追击，为羌所败。《志》云：北地有马兰山，羌居其中，谓之马兰羌。《邑志》云：山在县北二十里。其山连延绵亘，接司州白水县界。

石盘山，在县北。魏收《志》：铜官县有石盘山。晋建兴三年，刘曜攻北地太守麹昌。麹允来救，溃还。曜追败之于磻石谷。允奔还灵武。磻石谷，或即石盘山也。又北魏孝文时，北地民支酋聚众起兵于石山，进至浊谷，向长安。石山，即石盘山矣。浊谷水，见耀州。

神水峡，县东北六十里。石崖峻削，道从石峡中行，至为险阻。旧设金锁关巡司。宋建炎三年，金人循渭东还，其支军入鄜延，攻康定。王庶急遣兵断河桥，又令刘延亮屯神水峡，扼其归路。金人遂去。明嘉靖三十年，抚臣张珩议以鄜州南下省城，金锁关至为冲要，宜筑城戍守，以防套寇突犯。从之。康定，即今延安府鄜州。

同官川，在县东北五十里。县东有雄川、乌泥川，县西有霍平川。又有盘川水，出马兰山，流入于乌泥川。俱汇于同官川而为漆水，南入耀州界。唐神龙元年，同官县水溢，漂居民五百余家。太和三年，同官暴水，漂没二百余家。即同官诸川矣。

安公谷水，在县南。流入耀州境，下流合于沮水。晋太元九年，符坚击姚苌于赵氏坞。苌军中无井。秦人塞安公谷，堰同官川水以困之。苌军中恟惧，会大雨，军复振，即此。

金锁关，在神水峡内，道里险阻，旧为戍守要地。今有巡司。

赵氏坞。在县北，近安公谷同官水。姚苌屯北地，符坚击之于赵氏坞。义熙十一年，姚秦北地太守毛雍据赵氏坞以叛，姚绍讨擒之。即此。○黄堡镇，在县南三十里，一名黄堡寨。又县北三十里有西梁堡，东北十五里有南古寨，皆前代据险守御处。《志》云：县治东北有漆水驿。

○**乾州**，府西北百八十里。西至凤翔府二百里，东至耀州百八十里，北至邠州百五十里。

秦内史地，汉属左冯翊。晋属扶风郡。后魏属咸阳郡。隋属京兆郡。唐初属雍州。天宝初，属京兆郡。乾符初，增置乾州以地在长安之乾隅也。乾宁初，置威胜节度。五代梁因之。后唐亦曰乾州，属凤翔府。宋熙宁五年，州废。政和七年，复置，明年，改为醴州。金复故。元因之。明亦曰乾州，以州治奉天县省入。编户二十七里。领县二。今仍曰乾州。

州九嵕诸山，列峙西北；泾、渭二水，萦带东南；控长安之近郊，当凤翔之孔道。唐德宗保奉天，卒却朱泚之逼。盖北通邠、泾之甲骑，南集梁、洋之转输，奉天守，而贼之锋锐不能越京城数百里间矣。用兵所以贵于势险而节短也。

奉天废县，在州治东。汉为池阳县地。后魏为宁夷县地。隋为醴泉县地。唐初因之。高宗葬梁山，谓之乾陵。文明元年，因析醴泉、好畤等地，置县曰奉天，以奉陵寝。宝应初，党项寇奉天，即此。建中初，从术士桑道茂言，增筑奉天城。及朱泚之乱，果幸焉。贞元中，命神策军分屯近城，此为奉天镇。乾符初，始为州治。宋元因之。明初省。今州城周九里有奇，门四。

好畤废县，在州东南四十里。自古以雍州为神明之奥，故立畤以郊上帝，诸神祠皆聚焉。好畤盖秦文公时作，所谓雍东有好畤者也。汉王定三秦，败雍王章邯于好畤。后因置县，属右扶风。后汉初，封耿弇为侯邑，后废。晋永安初，雍州刺史刘沈自新平讨河间王颙，败颙将虞夔于好畤，即此。后魏太和十一年，改置莫西县，属武功郡。隋开皇十八年，又改为好畤县。大业三年，废入上宜县。唐武德二年，复分醴泉县置好畤县，属雍州。四年，猎于好畤。贞观二十年，改置上宜县，旋复曰好畤。上元三年，党项寇好畤。兴元初，李怀光叛，屯好畤，掠泾阳、三原、富平。贞元中，以神策军分屯近畿，此为好畤镇。五代周县废。杜佑曰：汉好畤城，在唐城南十三里，有隋太子庄陵城。《志》云：好畤废县，在州东七里。似误。〇上宜废县，在州西，隋开皇十七年置。唐贞观八年，废入岐阳县。二十一年，省好畤、岐阳，而置上宜于好畤，寻复故。岐阳，见凤翔府岐山县。

梁山，州西北五里。山势纡回，接扶风、岐山二县之境。周太王去邠迁岐，逾梁山，是也。秦置梁山宫，始皇三十五年幸梁山宫，从山上见丞相车骑，即此。晋元康七年，氐帅齐万年作乱，屯梁山，有众七万。唐高宗葬其上，名曰乾陵。广德初，吐蕃自奉天犯长安。明年，仆固怀恩以吐蕃逼奉天，郭子仪陈于乾陵之南，敌引却。陵有柏树成行，遮护陵寝，谓之柏城。建中四年，朱泚攻奉天，将军高重捷与战于梁山之隅，破之。《寰宇记》：乾陵，周八十一里。又有僖宗靖陵在州东北十五里，与乾陵相接，中隔豹谷。盖山环峙于州北境也。〇五峰山，在州东北五十里。有五峰并峙，《志》以为梁山之别阜。

莫谷，在州北三里。亦曰漠谷。逾梁山而南，多取道于此。朱泚围奉天，灵武、盐夏及渭北兵入援，诏议道所从出。浑瑊曰：漠谷道险狭，不若自乾陵北过附柏城而行，营于城东北鸡子堆，与城中犄角，且分贼势。不听。诏援兵自漠谷进，为贼所邀，皆败还。又天复二年，汴将康怀贞击败凤翔将李继昭于此。五代梁开平二年，岐兵攻雍州，梁将刘知俊破之于幕谷，即漠谷也。

莫水，在州西南三十里。亦曰漠谷水。源出永寿县界高泉山，流入州西北境，又西南流入武功县界。亦名武水，下流入于渭水。

甘谷水，州东北二十里。源自永寿县温秀岭流入州境，又流入醴泉县界，合于泾水。又有武亭水，西北自凤翔府麟游县界流入，经州西四十里，入武功县界。

鲁店，在州东南，当咸阳陈涛斜之西北。唐建中四年，李怀光败朱泚于鲁店，解奉天之围。诏引军屯便桥，刻期取长安。怀光怏怏，留鲁店二日乃行，即此。

赤沙烽。在州境。唐永泰元年，吐蕃、回纥入犯，至奉天，逼泾阳。郭子仪命浑瑊出奉天，大战赤沙烽，斩获甚众。

○**武功县**，州西南六十里。东至兴平县五十里，西北至凤翔府扶风县五十里。古邰国也，后稷封此。秦孝公始置武功县。汉因之，属右扶风。后汉初，废入郿县。永元八年，复置。晋属始平郡。后魏并入美阳县。太和十一年，置武功郡。后周天和初，筑武功城以置军士。建德中，郡省，寻复置武功县，属雍州。隋大业初，属京兆郡。义宁元年，置稷州，旋废。武德三年，复置稷州。贞观七年，废。天授二年，复置。大足元年，又废，以县属雍州。后唐改属凤翔府，寻还属京兆。宋政和八年，割属醴州。金大定二十九年，改为武亭县，仍属乾州。元复为武功县。今县城周三里有奇，编户十六里。

漦城，县西南二十二里。漦，读曰邰，即后稷所封。秦孝公置漦县。汉初，曹参攻漦，是也。后亦曰漦县，属右扶风。后汉省。《志》云：武功旧治渭川南郿县境。后汉移治古漦城。今亦曰武功城。后周建德三年，始移武功县于今治。唐中和初，黄巢入长安。夏绥帅拓跋思恭讨之，军于武功。又天复初，李茂贞等劫迁车驾于凤翔，朱全忠自长安而西。茂贞遣将符道昭屯武功以拒之，为全忠将康怀贞所败，即今县也。《邑志》：古漦城，在今县南八里。

美阳城，在县西北二十五里。秦孝公所置县。汉属右扶风。后汉永元中，改封耿秉为侯邑。或谓之美阳关，以其地当控扼之要也。永初二年，羌寇三辅，梁瑾击之，转战于武功之美阳关。五年，以羌乱，移安定郡寄理美阳。中平二年，张温屯美阳，与群盗边章等相持。章寻败走。晋仍属扶风郡。后魏属武功郡。后周建德三年，县废。《括地志》：美阳城，亦曰太王城，亦曰周城，太王避狄时所居也。杜佑曰：美阳治中水乡，城西即中亭川。《一统志》：城在县西七里。似误。

太白山，县西南九十里。亦谓之太一山。《五经要义》：武功有太乙山，一名终南，盖终南、南山之总名也。张衡《西京赋》云：终南、太一。是则非一山矣。山接郿县及盩厔县界，北去长安三百里。故俗云：武功、太白，去天三百。《六典》：关内道名山曰太白。柳宗元云：其地寒，冰雪积之未尝已。又南十里为武功山。杜彦达曰：太白南连武功，最为秀桀。冬夏积雪，望之皓然，故云太白也。军行山下，不得鸣鼓角，鸣则风雨暴至。上有洞，《道书》以为第十一洞天。又山半有横云如瀑布，则澍雨。谚云：南山瀑布，非朝即暮。是也。晋永兴三年，东海王越等遣兵西迎车驾于关中，败河间王颙，军于霸水。颙单马走入太白山，即此。

惇物山，县东南二百里。《禹贡》云：终南、惇物。即此山也。《汉志》注：县东有垂山，古文以为敦物。孔氏曰：敦物，即太华山。似误。〇分水岭，在县南，界盩厔、郿县之境。胡氏曰：分水岭与沉岭、衙岭为三岭。蜀汉延熙五年，费祎据三岭，以截曹爽军后，即此三岭云。

雍原，在故美阳城旁。或谓之周原，太王所居也。又谓之西原。唐至德二载，驾幸凤翔，使王思礼军武功，别将郭英乂分军屯武功东原，王难得屯西原，为贼将安守忠所败。又兴元初，浑瑊自兴元至斜谷，拔武功。既而泚将韩旻来攻，武功复降于旻。瑊战不利，收兵登西原。胡氏曰：东原在武功县东，西原在县西，地高平，可屯兵。或以为诸葛武侯驻师处。误也。《志》云：今县城半附雍原之麓，循原又列十二城。洪武九年，长兴矦从弟都督忠奉诏屯戍于此，以控制关内。因增筑诸城，至今犹存。长兴侯，耿炳文也。又雍原之北有冈，曰凤冈。〇三畤原，在县西南二十里，西接凤翔府扶风县界。隋文帝葬此，谓之泰陵。

渭水，在县西南二十里。自郿县流入，又东入盩厔县境。《水经注》：渭水又东径武功故城北。是也。〇漆水，在县城东，自凤翔府扶风县流入境，南合沣水以入于渭。《诗》云：自土沮、漆。谓此漆水也。又浴水，在县北。出乾州梁山，南流入境。康海曰：关西人读浴若于，于、沮相近。盖沮水之讹也。漆水经县，盖北受沮水、南受沣水而入渭。

武水，在县西二十里。即莫谷水。自乾州流入界，合县境群川而入于渭。○高望川水，在县西二十二里，流合武水。《志》云：高望川有高望亭，唐武后行宫在焉。或云，中宗筑，以望乾陵。

沣水，在县西南十二里。一名白水，亦曰围川水。源出凤翔府岐山县沣谷，经扶风县界，东流合武水。又南经美阳废县，合中亭川水。又东合漆水以入于渭。唐武德七年，猎于沣川，是也。○中亭川，在美阳故城西。武水、围川水流合焉。东南流，经县南，又东合于武亭川。晋元康九年，孟观大破氏众于中亭，获齐万年。即此地也。

武亭川，在县东十一里。自乾州流入境，合于武水。唐兴元元年，浑瑊与朱泚将韩旻争武功。瑊战不利，登西原，会邠宁将曹子达以吐蕃兵至，因击旻于武亭川。瑊进屯奉天。

六门堰，在县西。《水经注》：五泉渠，西自扶风县流入。经三畤原，又有六门堰。西魏大统十三年，置六斗门以节水。《唐史》：武功县有六门堰，久废。懿宗时，李频为邑令，按故道，浚渠溉田，谷以大熟。又《宋史》：熙宁五年，提举沈披乞复武功故迹六门堰于石渠南二百步，傍为土洞，以木为门，回改河流，溉田三百四十顷。盖妄为大言也。

成国渠，在县南。自凤翔府郿县流入，东会六门堰。《志》云：魏尚书仆射卫臻侵蜀时所开。又永丰渠，在县境。《唐志》：武功县有永丰渠，又有普济渠。

清沟，在县东五十里。唐至德初，郭子仪进复西京，与贼战于清沟，败绩，退保武功。时肃宗驻凤翔。武功，凤翔之蔽也。○良沟泉，在县北十五里。永乐初，泉涌于此，引以溉田，大为民利。

庆善宫，在县南十八里。南临渭水。唐高祖旧第，太宗降诞之所。武德元年，置武功宫。四年，幸稷州及武功旧墅。六年，改为庆善宫。贞观六年，临幸，宴群臣，赋诗。十六年，校猎武功，幸庆善宫。自是数临幸焉。后废为慈德寺。今没于渭。○高泉宫，在美阳故城中，秦宣太后宫也。

长宁驿，县东三十五里。俗曰东扶风镇，军站也。成化中，移置于县东北。又有邰城驿，在今县城东南，明初置。

壤乡。在县东南二十里。《史记》：樊哙从击秦军骑壤东。又《曹参传》：参围好畤，取壤乡，击三秦军壤东及高栎，破之。《正义》：今武功县东南有高壤坊，故壤乡也。高栎与壤乡近，俱村邑名。

○永寿县，州北九十里。西北至邠州七十里。东南至醴泉县一百十里。汉漆县地。后魏置广寿县。后周曰永寿县。隋省入豳州新平县。唐武德三年，于永寿原复置永寿县，属邠州。神龙初，改属雍州。景龙初，还属邠州。广德二年，仆固怀恩以吐蕃、回纥自朔方南犯，军于永寿。又乾宁二年，邠宁兵犯阙，李克用入援，进军渭桥，遣其将李存贞为前锋，拔永寿，是也。宋改属乾州。金属邠州。元复属乾州。今县城周五里，编户十一里。

温秀城，在县东南，接醴泉县界。其地有温宿岭。汉温宿国人内附，田牧于此，因名。西魏时，置温秀护军。唐武德初，分醴泉县置温秀县。四年，县属泉州。贞观初，州废，还属雍州。八年，复省入醴泉。○右扶风城，在县东南四十里。或云，东汉时右扶风尝治此。《通典》：姚兴将齐难故城在县西，其南西北三面陡峻。又有南豳故城，后魏所置，四面皆险绝。

高泉山，县北三十里。莫谷水发源于此。本名安阳泉。南流经莫谷，故曰莫谷水。

峨山，县西南九十里。山特高峭。《汉志》：好畤县有峨山。即此也。师古曰：峨，丘毁反。又有明月山，在县西南八十里。上有种金坪，相传汉娄敬所居。○温秀岭，在县南。亦曰温宿。甘谷水出于此，流入乾州界。

泾水，县东五十里。自邠州境流入，又南流入醴泉县界。○锦川河，在县西南。川出石如锦，因名。源自凤翔府麟游县来，经县境，高泉山水流合焉。又南流为莫谷水。

吕公渠，在县北五里。邑无井泉，难于远汲。宋吕大防为令，行近境，得泉二。欲导之入城，而地势高下有差，乃用考工置水法准之。旬日间，疏为渠，至今赖焉。

梁山宫，在县南八十里，秦始皇建。宫城皆文石，亦名织锦城。始皇游梁山宫，即此。《括地志》：宫西去好畤县十二里，北至梁山九里，俗因名为望山宫。

莫营关，在县西南，后魏所置，为扼险之所。又穆陵关，在县南四里，宋建。○蒿店，在县南十五里，为往来之要道。又县北三十里有底窖铺，路达邠州。

麻亭。在县北。唐广德二年，郭子仪拒回纥、吐蕃，军于乾陵南。敌退，使李怀光追至麻亭而还，是也。《通志》：今县治即故麻亭镇。元至正四年，徙县于此。

○邠州，府西北三百五十里。西北至平凉府泾州百五十里，西南至凤翔府百六十里，北至庆阳府宁州百四十三里。

古西戎地，后公刘居此，为豳国。秦属内史。汉为右扶风、安定、北地三郡地。后汉因之。兴平元年，分安定、扶风置新平郡，治漆县。魏、晋因之。后魏亦曰新平郡。西魏置南豳州，今庆阳府宁州为北豳州。寻曰豳州。北豳州废，故止曰豳州。后周及隋因之。炀帝初，州废，改属北地郡。义宁二年，复置新平郡。唐复曰豳州。开元十三年，改豳曰邠。以豳与幽相类也。天宝初，曰新平郡。乾元初，复为邠州。中和中，为静难军治。宋仍曰邠州。亦曰新平郡静难军。金、元因之。明初，改属西安府，以州治新平县省入。编户十七里。领县三。今仍曰邠州。

州泾水北绕，邠岩南峙，依山为城，地势雄壮。《志》云：州城东西皆有河，北注于泾。而城西南为紫微山，险固可恃。唐太宗初立，突厥自泾州入寇，南至便桥，既盟而退。太宗曰：若命诸军伏于豳州以邀其前，而大军蹑其后，覆之如反掌耳。天宝后，以邠宁为重镇，常屯重兵于此，以遏虏冲。盖厚泾原之形援，固畿辅之藩卫，州实南北衿要也。

新平废县，在州治西。汉漆县也，属右扶风。后汉建武六年，遣耿弇等由陇道伐蜀，为隗嚣将王元所败。诸将下陇，帝令耿弇军漆。八年，帝征隗嚣军至漆，马援聚米为山谷处也。建安中，置新平郡治此。晋以后因之。太元九年，姚苌攻秦新平，久之乃克，悉坑其民。既而苻登取之，置兖州于此。寻复降于姚苌。后魏改置白土县，亦为新平郡治。西魏为豳州治。隋开皇四年，改为新平县。唐、宋因之。明初废。今州城周五里，有门四。

白土废县，在州西南。宋白曰：姚苌之乱，新平屠废，后魏于县西南置白土县。隋开皇中，移入州治云。○豳州旧城，在州城南。又州东北有豳亭，州东五十里有豳谷。《一统志》：邠州有古公城。今为古公乡。

邠山，在州治南，城垣所依也。又紫微山，在城西南隅，连跨外郭。上有宋金时屯兵寨。或谓之邠岩。一名安定岩。或曰，山麓有五龙阪。唐初，太宗御突厥于豳州。突厥奄至城西，陈于五龙阪，太宗却之，是也。○寿山，在州城南。四面举犖，其顶平旷，有茂林修竹之胜。

白土原，在州东北。后魏因以名县。其北又有东阳原。

泾水，在州西北二十里。有高渠渡。其上流自长武县会汭水流入境。又东南流，经州东五里，有北渡。又东南流，经淳化县西南而南入永寿县界。《志》云：州东三十里有大峪河、南河，西十里有水帘河、洪龙河，皆引水灌田，流注于泾。

白土川，在州西南九里。东北流，经白土原及东阳原之西，又东北注于泾水。或谓之漆水。又狼乳沟,在州南二里。相传后稷弃于此,有狼乳之,因名。

清溪,在州西南三十五里。接凤翔府麟游县界,下流合麟游水。又东南流,入于渭水。溪流甚彻,故名。今堙。宋绍兴中,金人自凤翔转犯邠州。宋将田晟帅兵拒之于清溪,金人引却,即此。

通塞镇,在州北,唐置。中和元年,镇将朱玫起兵讨黄巢,诛巢邠宁帅王玫于通塞镇。即此。永定垒,在州北,有二。《志》云:唐太宗讨薛举时置。

胡空堡。在州西南。空,符秦将也。其西又有徐嵩堡。秦败,二人皆筑垒自守,堡因以名。晋太元九年,姚苌杀符坚,葬于二垒之间。既而符登改葬坚,二垒皆降于登。十二年,登据胡空堡,戎夏归之者十余万。后秦将姚方成寻拔徐嵩垒,嵩死之。后魏主焘延和二年,平凉休屠金崖等与安定镇将延普相攻。崖等攻普不克,退屯胡空谷。魏主遣将陆俟击擒之,是也。○桃奴堡,在胡空堡东。又有帛蒲堡。桃奴、帛蒲,皆屠各姓名,筑堡于此。晋太元十九年,符登自雍攻二堡,拔之。《志》云:今州治西,有新平驿。又州境有宜禄驿,皆往来所经也。

○淳化县,在州东百里。东北至邠州中部县百三十里。汉冯翊郡之云阳县地。宋淳化四年,始析县之黎园镇,置淳化县,属耀州。金改属邠州。今县城周四里有奇,编户三十三里。

云陵城,县北二十里。汉昭帝母钩弋夫人葬此。始元中,置为陵邑,属左冯翊。元始四年,为王莽所废。旧《志》云:陵在甘泉山。又云云陵在茂陵东,盖县本云阳县地也。

甘泉山,在县东南九十里,与泾阳县接界。又东南二十五里,即仲山也。详见泾阳县。

黄嶔山,县东南五十里。唐初,稽胡犯宜君,窦轨败之于黄嶔山。又山下有地名黄丘。晋永嘉末，贾疋败刘曜于黄丘。即此。

泾水，县西南六十五里。自邠州流入境，南入乾州永寿县界。又县西北四十里有姜源水，南流入于泾水。○清水，在县东。源出三水县石门山。又东南经黄嵚山，西南流，入于耀州界。

黄嵚水，在县东南。《志》曰：源出石门山黄嵚谷，东南注宜君水。宜君水，即沮水，以径鄜州宜君县而名。

金源堡。《通志》：在县西四十里。堡立泾水中，四面斗绝。上有洞窟数十，盖昔人避乱之所。

○三水县，州东北七十里。南至乾州永寿县百里。本汉县，属安定郡。晋废。后魏移置县于此，属新平郡。西魏时，又置恒州，州寻废。隋仍曰三水县，属豳州。大业初，州废，县属北地郡。唐仍属邠州。宋因之。元并入淳化县。明成化十四年，复置。县城周五里有奇，编户十一里。

枸邑城，县东北二十五里。本秦邑。汉初，郦商破雍将周类军于枸邑。即此。汉置县，属右扶风。建武二年，邓禹入关，引兵北至枸邑。六年，隗嚣反，败诸将于陇坻。光武使耿弇军漆，祭遵军汧，冯异军枸邑。异军未至，嚣乘胜发兵下陇，遣其将行巡取枸邑。异急引军据之，曰：贼若得枸邑，三辅动摇矣。即此城也。晋仍为枸邑县，属新平郡，后废。○古豳城，县西三十里。相传公刘始都于此。《后汉志》：枸邑有豳乡，有刘邑，皆以公刘得名。

翠屏山，在县治南。亦谓之豳山。今城据其上。又鸡阜山，在县东北二里。又县东七里旧有肖塔山。县西北十五里，又有白虎山，以峭拔得名。

马岭山，在县西。一名箭筈岭。或曰，即长城岭也。朱梁开平三年，岐王李茂贞遣降将刘知俊围灵州，梁遣将康怀贞等克庆州，游兵至泾州之境。知俊释灵州之围，引兵还，梁亦急召怀贞等还。至三水，知俊遣兵据险邀之，怀贞等力战仅免。《薛史》曰：知俊邀击怀贞等于邠州之长城岭。是也。

又县有罗川谷。宋白曰:以三泉并流而名。

石门山,县东南六十里。南入淳化县界。冈峦纠纷,干霄秀出,顶上石岩容数百人。《甘泉赋》:封峦石开,施靡延属。谓此也。或云唐石门县,盖以山名。今两山壁立,其状如门。《史记》:秦献公二十二年,与晋战于石门。疑即此地云。今有石门巡司。

官家洞,县东三十里。峭壁三百尺,下临汃水,高下各数十窟,可容数百人。中有二井,盖避兵之险绝者。沿川上下数十里,处处有之,惟官家洞为最著。

三水河,在县城东南。一名汃水。源出宜君县,西流入县界,又西南入于泾水。《志》云:县境有罗川水,以三泉并流而名。三泉者,县东二里有玉泉,县南三里为稍泉,自高山涌出,县北为白马泉。合流为一河,故曰三水河。亦曰罗川水云。

梁渠川,在县北二十里。又北十里有支唐川,有灌溉之利。又万寿湫,亦在县北二十里。唐大历八年,因风雷而成,民资以灌溉。

龙泉镇。在县东北。唐乾宁二年,李克用攻王行瑜于梨园寨。行瑜求救于凤翔帅李茂贞。茂贞遣兵屯龙泉镇,而自将三万人屯咸阳之旁。既而行瑜复以精甲五千守龙泉寨。克用攻拔之,行瑜走入邠州。《金志》县有清泉镇,当即龙泉矣。○半川府,在县北十五里,唐府兵之一也。

○**长武县**,州西北八十里。西北至平凉府泾州七十里。汉北地郡鹑觚县地。后汉属安定郡。魏晋因之。后魏熙平二年,分置东阴盘县。废帝初,改为宜禄县,以南临宜禄川而名。后周废入鹑觚县。唐贞观二年,析醴之新平、泾之保定、灵台,复置宜禄县,属邠州。宋、金因之。元废。明万历十一年,于旧宜禄城置县,曰长武。县城周五里,编户十二里。

宜禄城,在县东南。旧县治此。唐广德二年,仆固怀恩以吐蕃、回纥逼邠州,前军至宜禄,邠宁节度白孝德败吐蕃于宜禄,是也。后徙今治。元省入邠州，为宜禄镇。《九域志》：宜禄在邠州西六十里。

长武城，在县西北。唐大历初，郭子仪命李怀光筑长武城，据原首，临泾水，俯瞰通道，扼吐蕃南寇之路。七年，吐蕃入犯，浑瑊破之于此。自是常屯兵以防秋。十二年，吐蕃寇长武，郭子仪遣将拒却之。贞元三年，吐蕃入长武城，又城故原州而屯之，因出神策军分屯近畿。此为长武镇。元和初，高崇文为长武城使，以城控扼要害，练卒五千，常如寇至。是也。五代时，为长武镇。宋初因之。咸平四年升为县，属泾州。五年，省为寨。景祐中，范仲淹奏遣宋良领蕃汉军马，往泾州长武寨把隘。大观二年，复置长武县。金因之。元并入泾州，仍为长武砦。宋白曰：长武镇近凤翔府麟游县界，西去泾洲四十里。《一统志》泾州东七十里有长武寨。今为县境。

高蹠城，在县北五里。或曰，即后魏之废浅水县也。唐初，薛举寇泾州，进逼高蹠，游兵至于邠岐。刘文静等陈于高蹠西南，举潜师掩其后，战于浅水原。文静大败。举遂拔高蹠。继而世民破薛仁杲于高蹠，遂追败之泾州，是也。《新唐志》宁州定平县有高蹠城。盖本属宁州境内。

静山，县南十五里。又南五里为宜山、峻山，前后皆有川河绕之。○黑虎山，在县东四十里。黑水河绕其下，流入泾水。

鹑觚原，县北五里。因鹑觚县而名。宋元嘉七年，北魏将古弼败夏主定于安定。定走鹑觚原，为方陈以自固。魏主焘就围之，断其水草，人马饥渴。数日，定溃围西走上邽。魏兵因乘胜取安定。亦曰浅水原。原东为高蹠城。唐初，薛仁杲寇泾州，世民拒之，至高蹠。仁杲使其将宗罗睺迎战，世民坚壁不出。相拒六十余日，世民乃使梁实营于浅水原以诱之。罗睺力攻，实据险不下。数日，又遣庞玉陈于原南，出贼右。战方酣，世民自原北出贼不意。贼溃走，追至圻蹠城，据泾水临之。仁杲惧，遂降。圻蹠城，即泾州东北十四里之薛举城也。

黄䓟原，县北百里，接平凉府泾州界。䓟，音倍。黄䓟，草名也，以草名原。唐大历八年，吐蕃寇泾、邠二州，郭子仪遣浑瑊战于宜禄。瑊登黄黉原望虏，命据险布拒马以备之。诸将不用命，败绩。

　　泾水，县北二十里。自泾州流入，合汭水，又东南流入邠州界。○黑水河，在县东四十里。其上源出庆阳府太白山。自宁州东南流入县境，至黑虎山下，入于泾水。

　　芮水，在县北。《水经注》：汭水经宜禄川。亦名宜禄水。过浅水源，又东合于泾水。唐初，陇州刺史韦达击薛仁杲于宜禄川，败之。即此。

　　窑店。在县西三十里。与泾州分界，有巡司戍守。《志》云：本名宜禄巡司，万历十一年改。又亭口镇，在县东四十里。《金志》宜禄县有亭口镇。是也。

读史方舆纪要卷五十五

陕西四　凤翔府

〇凤翔府，东至西安府乾州二百里，南至汉中府六百三十里，西至巩昌府秦州五百里，西北至平凉府二百六十里，东北至庆阳府三百五十里。自府治至京师三千二百里，至南京四千八百里，至布政司三百四十里。

《禹贡》雍州地，周曰岐周。春秋时为秦地。秦德公元年，初居雍。雍盖秦都也，至献公始移居栎阳。始皇并天下，为内史地。汉初为雍国。二年，更名中地郡。九年，复为内史。景帝二年，分为主爵中尉。六年，更名都尉。武帝太初元年，改为右扶风。后汉因之。《献帝起居注》：中平六年，省扶风都尉，置汉安郡，领雍、瑜麋、杜阳、陈仓、汧五县。三国魏为扶风郡。晋因之。《志》云：汉右扶风治槐里，在今西安府兴平县界。晋郡治池阳，在今西安府三原县界。惠帝初，改曰秦国。晋太康十年，封子柬为秦王，因置国于此。后魏置平秦郡，寻又置岐州。魏收《志》：太延二年，置平秦郡。太和十一年，置岐州，治雍城镇。镇盖在郡城东。西魏改郡曰岐阳，而州如故。隋开皇三年，郡废。大业初，改州为扶风郡。唐仍曰岐州。天宝初，亦曰扶风郡。至德初，改为凤翔郡。明年，又升为府，时改置西京于此，为五都之一。寻复为凤翔节度使。五代因之。唐末，为李茂贞所据。五代唐同光初，始内附，仍为凤翔军。汉乾祐初，镇帅王景崇附蜀，蜀改为岐阳军。既而汉复取之。宋仍曰凤翔府。亦曰扶风郡凤翔军节度。金皇统二年，改军名曰天兴，寻复故。《金志》：大定十九年，改天兴军曰凤翔。二十七年，兼置凤翔路总管府于此。元曰凤翔路。明初，复为凤翔府，领州一，县七。今仍曰凤翔府。

府居四山之中，《志》云：府境四围皆有高山，而中实坦平。春秋时谓之故雍。四面积高为雍也，五水之会五水，汧、渭、漆、岐、雍也。《志》云：府境自大散关以北，达于岐、雍，夹渭川南北岸，沃野千里，所谓秦川也。陇关西阻，益门南扼，当关中之心膂，为长安之右辅。周太王迁岐而肇基王迹。秦德公居雍而寝以盛强。汉高自汉中出陈仓，定三秦，而帝业以成。光武略定扶风，遂以削平陇、蜀也。在曹魏时，扶风尤为重镇，往往缮兵储粟以阻巴蜀之口。虽诸葛武侯之用兵，不能越陈仓及郿而与魏争。自晋以后，梁、雍多事，得失轻重，恒在扶风。迄南北朝之季，要未有岐州被祸而关陇诸镇得以晏然者。唐天宝之祸，凤翔克全，卒为收复两京之本。肃宗因建西都，与太原、江陵，并为陪辅。又其时吐蕃恣横，荐食河陇，保固西陲，亦惟恃凤翔。历朱泚、黄巢之乱，凤翔皆能首撄贼锋，东收京邑，南固蜀口。唐之末也，李茂贞实擅有岐州，纠合叛帅，肆其披猖。朱温乘之，遂易唐祚。然计关中诸镇，其后亡者，亦惟茂贞耳。王建以全蜀之力，屡争凤翔而不能得也。后唐庄宗既并凤翔，命将南下，蜀遂以亡。终五代之世，凡两川有事，必先凤翔，岂非制驭梁益、凤翔为绾殽之口欤？南宋富平之败，凤翔不保。女真列屯置戍于此，宋虽数战，卒不能越散关而北。及蒙古入凤翔，东取京兆，而女真危迫，又南窥汉中，而宋亦岌岌矣。元末，李思齐守凤翔以拒蜀。明师入关，即西向凤翔，思齐北走。于是南收汉沔，蜀人遂不能固其藩篱也。说者曰：由陇坂而东至凤翔，则控京兆之咽喉；由大散而北出凤翔，则绝秦川之要膂。若其西上秦、陇，守险阻以攻瑕捣虚，南下梁、洋，席富饶以出奇制胜，可耕可屯，宜战宜守。规关中者，此其先资也，宋祁曰：岐州地形险阻，原田肥美，物产富饶，自昔兴王之地。而可置得失于度外欤？

凤翔县，附郭。本召穆公采邑，春秋时之故雍也。秦置雍县。汉初，曹参攻雍。即此。后汉亦曰雍县，属右扶风。魏晋时，属扶风郡。后魏太延二年，为平秦郡治。隋为扶风郡治。唐至德二载，改今名，仍析置天兴县。宝应元年，省凤翔入天兴。宋因之。金大定十九年，复为凤翔县。今编户四十里。

雍城，在府城南。《括地志》：雍县南七里，有故雍城。秦德公元年，初居雍城大郑宫，是也。汉改置雍县于今治。唐曰凤翔县，又析置天兴县，而省凤翔入焉。金又改天兴为凤翔。旧凤翔县治在府治东偏，今在府治西。《志》云：郡城，旧有东西二关城。后唐应顺初，潞王从珂举兵凤翔。陕西诸道兵讨之，大集城下，克其东西关城。既而军乱，相率归从珂。后汉乾祐初，王景崇以凤翔附蜀。赵晖击之，败景崇兵，取其西关城，是也。今郡城周十二里有奇，门四，非复唐宋故城矣。

杜阳城，府北九十里。汉县，属右扶风。师古曰：《绵》之诗：自土沮、漆。《齐诗》作自杜。言公刘避狄而来，居杜与漆沮之地。汉因置杜阳县。后汉初省。永和二年，复置。晋废。《诗谱》云：周原在岐山阳，属杜阳界，地形险阻，而原田肥美。是也。《胜览》：今陇州吴山县东四十五里，有文王故城，盖即汉之杜阳城。又岐山县东二十里，亦有杜阳城云。

虢城，《九域志》：在府南三十五里。亦曰虢国城。周文王弟虢仲初封此，是为西虢。平王东迁，始徙于上阳，为北虢。或曰：非也。盖虢仲之采邑，支子所封。汉置虢县，属右扶风。后汉初，并入雍县。后魏太延中，置武都郡治此。西魏又置洛邑县于武都城西。后周复置朔州，寻废州。隋初，又废郡。大业三年，改洛邑为虢县。贞观八年，省入岐山县。天授二年复置。天复二年，李茂贞劫车驾幸凤翔。朱全忠讨之，军于虢县。茂贞出击，大败。全忠遂进军凤翔城下。是也。宋亦为虢县。金因之。元省入宝鸡。《一统志》云：虢县城，在宝鸡东六十里。

召城，杜预曰：在雍县东南。亦曰召亭。《水经注》：雍水又东经召亭南。孔颖达曰：西周时，召公采邑也。春秋时，周、召二公，别于东都受采。京相璠云：召亭在周城南五十里。魏收《志》雍县有故周城。盖召城亦在境内也。又《括地志》：周公城在岐山县北九里，邵公城在岐山县西南十里。《一统志》：召亭在岐山县西八里，今名邵公邨。盖昔为雍县境内云。○乾归城，在府西四十二里。《志》以为乞伏乾归所筑也。又有横水城，在府东南三十里。后魏太平真君六年，置横水县，属平秦郡。西魏时废。

杜阳山，府东北二十五里。山北有杜阳谷。唐武德七年，岐州刺史柴绍，破突厥于杜阳谷，即此。又有老君坡，杜水所出。○雍山，在府西北三十里，雍水所出。秦因以名县。又西北五里有灵山。又有鸡寇山，在府北三十里。

五里坡，在府西。宋建炎三年，熙河将张严追击金兵，及凤翔境上，至五里坡。金将娄室伏兵坡下。严遇伏，败死。

石鼓原，府南二十里。旧有石鼓十，纪周宣王田猎之事。唐凤翔守郑馀庆迁置孔庙中。宋大观中致之辟雍，后入保和殿。元移置燕之太学。今原旁亦名石鼓镇。《一统志》：宝鸡县南二十里有石鼓山。

五畤原，《括地志》：在雍县南。《汉·郊祀志》：秦襄公自以为主少昊之神，初作西畤，祠白帝。后十四年，当秦文公十一年，又作鄜畤，郊祭白帝。自未作鄜畤，而雍旁故有吴阳武畤，雍东有好畤，皆废，无祀。秦宣公四年，作密畤于渭南，祭青帝。后二百五十年，当秦灵公四年，于吴阳作上畤畤，祭黄帝；作下畤，祭炎帝。秦献公作畦畤于栎阳，而祀白帝。汉高二年，又立黑帝祠，名曰北畤。所谓五畤者，鄜、密、吴阳上、下、北也。一云五畤原，在吴山之阳。又《志》云：县南二十里有西畤，五十里有五文原。

雍水，在府北。源出雍山，东流经扶风县界。又东合漆水，入渭水。

横水，府东南三十里，亦谓之横渠。东南流，至郿县界，入于渭。俗呼为夜叉河。唐天复二年，朱全忠引兵赴凤翔。其前军自郿县趣宝鸡，至石鼻。又前至横渠，军于凤翔城南十里，是也。又有邓水，出府北二十里之黄花谷，下流合于横水。

东湖，在府城东。雍、渭二水所溢，称城东之胜。

高泉渠，在废虢县东北十里。《唐志》：如意元年，开引渭水入县城。又西北为升原渠，入宝鸡县界。

玉泉，在府治西北五里，引以溉田。又有灵泉，在府东北十里。《志》云：府东二里有塔寺泉，府东北二十里有虎跑泉，俱南流入渭，有灌溉之利。

橐泉宫，在府城内东南隅。本名蕲年宫，秦惠公所居。孝公更名橐泉。《汉志》注：橐泉，孝公所起；祈年，惠公所起。是有二宫也。又始皇时，亦曰祈年宫。九年，嫪毐将攻祈年宫为乱。刘向曰：秦穆公葬雍橐泉宫祈年观下。郦道元曰：祈年宫即橐泉宫，亦名胡城也。《郡志》：秦穆公葬其地，后人因于此建祁年观云。○岐阳宫，在府城内。或曰后周时置，周主邕屡如岐阳，是也。《志》云：隋开皇六年建。今县治东北有岐阳驿。

太和关，在府东五十里。唐至德二载，肃宗驻凤翔，遣诸将屯武功，败绩。贼游兵至太和关，凤翔大震。今废。

东安镇。在府西。五代唐清泰初，蜀人出大散关，收阶成之地。诏凤翔益兵守东安镇以备之。或曰，镇在宝鸡县西南。〇野人坞，在府东南十余里。相传即秦穆公失马岐下，野人得而食之处。

〇**岐山县**，府东五十里。东北至西安府邠州百二十里。古岐周地。汉为雍县地。后周置三龙县，属岐州。隋移县治岐山南，改为岐山县。今城周五里有奇，编户二十九里。

岐山旧县，在今县东北。后周割泾州鹑觚原地，置三龙县。其地近邠州长武县界。隋开皇十六年，移县于岐山南，因改今名。大业九年，又移治于今治东北八里岐山麓。唐武德初，复移岐阳县界之张堡垒。七年，又移于龙尾驿城。贞观八年，移治于石猪驿南。即今治也。今县治东北有岐周驿。

岐阳废县，在县东北五十里。唐贞观七年，析扶风、岐山二县置，以其地在岐山南。周太王居岐之阳，即此处也。二十二年，县废。永徽五年，复置。元和二年，又废。宋为岐阳镇。

岐山，在县东北十里。山有两岐，故名。《禹贡》：导岍及岐。又周太王去邠迁岐。《诗》所谓率西水浒，至于岐下。又云彼阻矣岐，有夷之行者也。《传》云：周之兴也，鸑鷟鸣于岐山。又成王有岐阳之蒐。宣王亦大猎岐阳。幽王三年，三川竭，岐山崩。《吕氏春秋》：岐山，九山之一也。后汉建初七年，幸岐山。西魏大统十三年，宇文泰从魏主狩于岐阳。魏主廓三年，以岐阳之地封宇文觉为周公，周主邕数如岐阳。盖皆主岐山而言也。唐贞观十六年，校猎于岐阳，后亦数临幸焉。《河图》云：岐山在昆仑东南，为地乳。《地志》：岐山亦曰天柱山。其峰高峻，状若柱然。《六典》：关内道名山曰岐山，俗名凤凰堆。山之南，周原在焉，即太王所居，《诗》所云周原朊朊者也。《志》云：原东西横亘，肥美宽平。在今县东北四十里。

五将山，在县北三十里，亘扶风、醴泉县界。晋太元十年，慕容冲围逼长安，城中饥困。符坚以谶文有云：帝出五将久长得。乃曰：吾出陇收兵，运粮以给长安。遂奔五将山。姚苌遣将吴忠执之以归，幽于新平，是也。一名武将山。

石桥山，县南五十里，渭水所径。其东连五丈原，与郿县接界。又南二十里，即南山也。东亘蓝田，西抵大散。苏轼云：南山连大散。是矣。

梁山，县东北五十里。又东连西安府乾州界。其最高处为箭筈岭。岭巅有缺，因名。《志》云：箭筈岭在县东北六十里。是也。六年，蜀将陈彦威出箭筈岭，即此。又三龙山，在梁山西。宇文周置三龙县，盖以山名。

龙尾坡，县东二十里。旧有龙尾堡。晋义熙十一年，夏赫连建入后秦之新平。姚弼与战于龙尾堡，擒之。唐武德七年，移岐山县治于龙尾驿城。中和元年，凤翔节度使郑畋败黄巢兵于龙尾坡。又邠宁将朱玫屯兴平，黄巢遣将王播围之。玫退屯奉天及龙尾坡，是也。

渭水，在县南三十五里。自宝鸡县东流入县界，又东南入扶风县境。○岐水，在县西北四十五里。自麟游县西南流，经县界，一名峦水。东南至扶风县界，入于漆水。

沣水，在县东北六里。《志》云：其地有沣谷，沣水出焉。一名白水，南流入扶风县界。县东北三十里又有鳌川水，亦流合于沣水。

城南河，县南三里。自宝鸡县流入，亦谓之璜河。《志》以为磻溪下流也，即太公垂钓处。东南流十里，有滩河汇流，名曰河交。又东南流入渭。○斜谷水，在县南。《志》云：县南百五十里有桃川，出大山中。东西四十里，南北三里，流为斜谷水，经太白山斜谷关而北注于渭。一名石头河。

金牙关。《通志》云：在县西南百里，亦南山隘道也。又云：县南七十里有斜谷关。今见郿县。

○**宝鸡县**，府西南九十里。东至郿县百里，西北至陇州百七十里。秦置陈仓县。汉因之，属右扶风。三国魏亦曰陈仓县，以为重镇。晋属扶风郡，后县废。符秦置苑川县。后魏移置苑川县于故陈仓城中。西魏复曰陈仓县。后周置显州，寻州县俱废。隋开皇十八年，复置陈仓县，属岐州。唐初因之。至德二载，改为凤翔县，旋改曰宝鸡。今县城周二里有奇，编户四十四里。

陈仓城，在县东北二十里。有二城相连。上城，秦文公筑，城内有羽阳宫，《志》以为秦武王所起。汉初，韩信劝王东出陈仓，还定三秦。王从之，遂败雍王章邯兵于陈仓，引军北出。后汉中平五年，皇甫嵩败凉州群贼王国等于陈仓。又兴平二年，樊稠败韩遂，追至陈仓。此上城也。下城，曹魏将郝昭所筑。《三国志》：魏太和二年，曹真以诸葛亮惩于祁山，后必出陈仓。乃使将军郝昭守陈仓，治其城。既而亮果引兵出散关，围陈仓。昭拒守。亮攻围二十余日，不能克。又正元二年，汉将姜维出陇西。陈泰军陈仓，进败维于狄道。此下城也。晋大兴二年，晋王保使其将杨蔓等据陈仓。刘曜攻拔之。永和十年，桓温伐符秦，至蓝田。凉将王擢自上邽攻陈仓以应温。义熙十二年，仇池杨盛遣兵击秦至陈仓。秦将敛曼嵬击却之。此兼上下两城言之也。隋移县于今治。雍、梁有事，县辄当其冲要。

苑川城，在县东十五里。其城本在今靖远卫界。晋咸和初，陇西鲜卑乞伏述延据苑川，是也。符坚尝侨置苑川县于此。后魏移置于陈仓故城。正光末，萧宝寅击秦州贼莫折天生，破苑川。即故陈仓城也。或以此为西秦所都之苑川。误。

桃虢城，在县东五十里。古虢君之支属也。《史记》：秦昭公十一年，灭小虢。即此地矣。今有桃、虢二城，相拒十余里，俗亦谓之桃虢川。唐广德二年，李抱玉讨南山群盗，遣别将李崇客自洋州入，大破贼帅高玉于桃虢川，贼走城固，是也。城固，今汉中属县。○三交城，在县西三十里。《志》

云：魏司马懿与武侯相持于此，因筑是城。晋建元二年，凉州将张瓘攻后赵将王擢于三交城。或以为即此城也。符秦尝置武都郡于此。

石鼻城，在县东北三十里。诸葛武侯所筑。《水经注》：沔水对城，诸葛武侯与郝昭相御处也。唐光启二年，李克用等入长安，上幸凤翔。宦官田令孜劫上幸宝鸡。又劫上发宝鸡，留禁兵守石鼻为后拒。邠宁叛将朱玫引兵追乘舆，围宝鸡。石鼻军溃，玫遂长驱攻散关。天复二年，李茂贞劫驾驻凤翔。朱全忠引兵赴援。其前军自郿县趣宝鸡，至石鼻，又前至横渠，军于凤翔城南十里。苏氏曰：宝鸡县沔水北有武城镇，即武侯所筑石鼻城。俗谓之石鼻寨，亦曰灵壁，又为石壁。宋绍兴十年，金人犯石壁寨。吴璘遣将姚仲破走之。时金人于扶风筑城。仲又攻拔之，复败撒离喝于百通坊。由是金人不敢度陇。祝穆曰：石鼻寨，行人自北入蜀者，至此渐入山；自蜀趣洛者，至此渐出山。故苏轼诗云：北客初来试新险，蜀人从此送残山也。

益门城，县西南十五里。元末，李思齐筑，以备川蜀。城西据益门山，因名。明初，徐达收汉中，自长安引兵屯益门，遣傅友德南出褒斜，是也。今为益门镇，向设巡司戍守。○姜水城，在县南七里。城南有姜水，相传神农氏妃有乔氏所居。

益门山，在益门城西。山岩险阻。有事梁益者，必取道于此，故曰益门。元末，设城屯军，为据守要地。

陈仓山，县东南四十里。一名鸡峰山。上有石，类山鸡。《汉·郊祀志》：秦文公获若石于陈坂，祀之。其神来，声殷殷如野鸡夜雊，因命曰陈宝祠。唐易县名为宝鸡，以此。○青峰山，在县东北八十里。峰峦苍翠，因名。又石楼山，在县东南百二十里，以岗峦层嶂名也。

大散岭，县西南五十二里。唐光启二年，上自宝鸡幸兴元，使王建负传国玺，从登大散岭，是也。大散关置于此。胡氏曰：岭在梁泉县松陵堡南，盖旧为汉中府凤县地。○大虫岭，在县东。宋绍兴十年，吴璘、杨政与金将撒离喝夹渭而军。璘置军大虫岭。撒离喝觇之曰：善战者，立于不败之地，此难与争。遂引去。《志》云：县东北十里有西平原。原旁即大虫岭。

和尚原，县西南三十五里，当大散关之东。宋绍兴元年，吴玠自富平之败，收散卒，保和尚原，积粟、缮兵、立栅为死守计。或劝玠退屯汉中，以扼蜀口。玠曰：吾保此，敌决不敢越我而进，是乃所以保蜀也。既而金将没立自凤翔，乌鲁折合自阶、成出散关，约曰：会和尚原。阶、成兵先至，陈北山。山路狭多石，敌舍马步斗，遂败去。凤翔兵方攻箭笿关。玠复遣将击败之，两军终不得合。兀术会诸帅兵造浮梁跨渭，自宝鸡结连珠营，垒石为城，夹涧相拒，进薄和尚原。玠与弟璘复出奇击之，度其困且走，设伏于神垄以待之。兀术仅以身免。神垄，在县南三十余里，亦险隘处也。又八角原，在县西二十里。其形八角，因名。又城东南三十里有八鱼原。

箕谷，在县东南四十里。蜀汉建兴六年，诸葛武侯以大兵出祁山。扬声由斜谷道取郿，使赵云、邓芝为疑兵，据箕谷，是也。有箕谷水出焉。又温水谷，亦在县东南四十里。温水出焉，北流入渭。

渭河，在县南一里。渭河桥跨其上。自陇州流入境。又东北入岐山县界。旧有桥头寨。宋绍兴中，吴璘遣将彭青败金人于此。

汧河，县东三十里。自汧阳县流入境，经城北至此，合于渭。《志》曰：县居汧渭之间。是也。后魏永安三年，尔朱天光击万俟丑奴至岐州，停军牧马于汧渭间，宣言俟秋凉进师。即此处。

箕谷水，在县东南。出箕谷中，北流入渭。又有洛谷水，在县东南二十里。出南山，亦北入于渭。又有清涧水，出县西南六十里煎茶平山。东北流，入于渭。

绥阳溪，在县东南五十里。《通释》云：溪上承斜水、北界东仓入渭。诸葛武侯与兄瑾书曰：有绥阳小谷，虽山崖绝重、溪水纵横、难用行军者，昔逻侯往来要道通入。今使前军斫治此道以向陈仓，足以扳连贼势，使不得分兵东行。是也。

磻溪，在县东南八十里。有磻溪谷，岩谷深邃。磻溪石及石室在焉。太公垂钓处也。北流入岐山县南，为璜河，入于渭水。《吕氏春秋》：太公钓于兹泉。郦道元曰：磻溪中有石泉，曰滋泉，积水为潭，即太公钓处。今谓之丸谷云。

昇原渠，在县东。《唐志》：县有昇原渠，引汧水注之，东至咸阳。垂拱初开，运岐陇木入京城。又咸通三年，复开昇原渠，引渭水注焉，通长安故城，是也。

玉女潭，县西南二十五里。五代汉乾祐初，蜀将安思谦败汉兵于此，进屯模壁。潭盖当往来之道。

大散关，在县西南大散岭上。自古南北之险要也。向设巡司戍守。详重险散关。〇二里关，在县西南四十里高岭上。酋峯盘折，长亘二里，因名。亦有巡司戍守。又金牙关，在县东南百二十里。路入大散关。

模壁寨，在县西南七里。汉乾祐初，凤翔帅王景崇以凤翔附蜀。蜀遣山南西道节度使安思谦救之。思谦屯右界，汉兵屯宝鸡。思谦遣别将趣模壁，设伏于竹林，乃压宝鸡而陈，诱汉兵败之，遂破宝鸡。既而蜀兵退，汉兵复入宝鸡。思谦进屯渭水。汉益兵戍宝鸡。思谦畏之，退屯凤州，复屯散关，破汉兵于玉女潭。汉兵寻食尽引还。思谦因进屯模壁，是也。石界，胡氏曰：即宝鸡西界，为蜀汉分疆之处。

潘氏堡，在县东北四十余里。唐光启三年，田令孜劫上自凤翔幸宝鸡。邠宁帅朱玫、凤翔帅李昌符叛附于河中帅王重荣等，共引兵追乘舆，败神策将杨晟于潘氏，鉦鼓闻于行宫，即此。

遵涂驿，旧置于石鼻城中，亦名石鼻驿。唐光启二年，嗣襄王熅从上南幸，有疾，留遵涂驿，为邠宁叛帅朱玫所得，与俱还凤翔。寻奉熅叔监军国事，盟百官于石鼻驿。

东河桥驿。在今县南六十里。又六十里为汉中府凤县之草凉楼驿，南去凤县六十里。〇虢川镇，在县东南百二十里，向有巡司戍守。《志》云：今县治东有陈仓驿。

〇**扶风县**，府东百十里。东至乾州武功县五十里，北至泾州灵台县二百里。周之岐阳也。汉为美阳县地。晋及后魏因之。后周县废。唐武德三年，分岐山县置围川县，取沛川为名，俗讹为围也。四年，县隶稷州。贞观初，改曰扶风，属岐州。今县城周四里，编户三十三里。

飞凤山，在县南一里。以形势骞翥而名。又茂陵山，在县东北三十里，林壑秀美。《志》云：汉末，马超尝居于此。

三畤原，在县南三十里。原高五十丈，东连武功县界。《志》云：秦文公作鄜畤，宣公作密畤，灵公作吴阳上畤，皆近此原，因名。

渭河，县西南二十里。自宝鸡、岐山县境东流经此，又东南入郿县境。〇漆河，在城东一里。自普润废县东南之漆溪，流入县界，雍水自凤翔县境东流合焉。又东流经此，有漆水桥跨其上。下流入武功县界，南合沛水以入于渭。郭璞云：漆水源出岐山。此盖太王迁岐所渡之漆也。

沛河，在城南。亦曰围川。自岐山县沛谷流经此。又东入武功县界。一名白水。《汉·沟洫志》：沛渠引诸川溉田万余顷。是也。

棫阳宫，在县东北三十里。《汉志》注：秦始皇所起。或曰秦穆公时建。汉文帝后二年，幸棫阳宫，即此。棫，音域。

百通坊。在县西南。宋绍兴十年，姚仲与金将撒离喝战于百通坊，败之。敌还走凤翔。〇杏林镇，在县西二十里。其地多杏，亦曰杏林。古驿旁有万杨池，以池旁有杨柳万株而名。《志》云：万杨池，亦在县西二十里。又凤泉驿，在今县治东。

〇**郿县**，府东南百四十里。东北至乾州武功县七十里。本秦县。汉属右扶风，右辅都尉治此。后汉因之。晋仍属扶风郡。后魏改置平阳县，属武都郡。西魏改曰郿城。后周废入周城县。隋开皇十八年，改邿城为渭滨县，属岐州。大业二年，改为郿县。义宁二年，置郿城郡。唐初，改为郇州。武德三年，州废，以县属稷州。七年，改属岐州。宋属凤翔府。金初因之。贞祐四年，改属恒州。元升县为郿州，至元初复为郿县，属京兆府。明初，改今属。县城周二里有奇，编户十八里。

郿城，在县东北十五里渭水之北。《通典》曰：秦文公所菅邑也。汉郿县治此。后汉初平中，董卓封郿侯，因据城之北卓筑坞，高厚皆七丈，积谷徙金宝于其中，谓之万岁坞。卓败，坞寻毁。蜀汉建兴六年，诸葛武侯伐魏，杨声縣斜谷道取郿县。魏主遣曹真军郿以拒之。晋义熙十三年，夏主勃勃据雍，进掠郿城。秦姚绍击却之。后魏废，以其地为平阳县。《志》云：郿坞在今县东北十六里，故址犹存。

平阳城，在县西四十六里。《括地志》：岐山县有平阳乡，乡内有平阳聚。秦武公居平阳封宫，是也。《秦记》：宁公二年，徙居平阳。又《帝王世纪》曰：秦出公徙平阳。汉为郿县地。后魏太平真君六年，改置平阳县，属武都郡，以郿县并入焉。西魏复改曰郿城县。《金志》虢县有平阳镇，即此。又周城废县，即今县治也。后魏太平真君六年，置周城县，属平秦郡，本在今岐山县境。后周省，寻复改置于今冶，而以郿城县省入。隋因置郿县于此。

凤泉城，在县东南三十里。隋义宁二年，析郿县地置，属郿城郡。唐武德元年，属郇州。三年，改属稷州。贞观八年，县废。旧有凤泉宫在城内，亦隋开皇中置。又有温泉，在太白山下，所谓凤泉汤也。唐永徽五年，幸凤泉汤。开元中，亦数临幸焉。〇斜城，在县西渭水南，以南当斜谷而名。城北去渭水里许，宇文周保定中筑，置云州于此。建德中，废。

武功故城，在县东四十里。《水经注》：渭水东经武功故城北，南对太白山。是也。汉县治此。武侯与吴步骘书云：五丈原在武功西十里。又云：马冢，在武功东十余里。指此武功也。

衙岭山，县西南三十里。褒水出其南，斜水出其北，雍、梁之间，称为阻隘。俗谓之马鞍山。《志》云：县东十里有秦王岭，县西十里有响珰坡，左右映带，为县之胜。

太白山，县东南四十里。东连武功县界，有金星洞。天宝八年，改为嘉祥洞。距洞五里有温泉，即凤泉汤也。太白山，详见乾州武功县。

五丈原，在县西三十里渭水南。原西接岐山界，东连武功界。诸葛武侯与步骘书：原在武功西十里。是也。蜀汉建兴十二年，武侯伐魏，由斜谷至郿，军于渭水南。司马懿曰：亮若出武功，依山而东，诚为可忧；若西上五丈原，诸将无事矣。亮果屯于五丈原。晋永和七年，司马勋自南郑引兵出五丈原，符健拒却之。吕氏曰：原高平旷远，实行军者必争之地也。

积石原，在县西渭水北。亦曰北原。南距五丈原二十五里。武侯伐魏，至郿，屯于五丈原。魏将郭淮曰：亮必争北原，宜先据之。议者不以为然。淮曰：亮若跨渭登原，连兵北山，隔绝陇道，摇荡民彝，非国之利也。司马懿遂使淮屯北原。武侯争之，不得上。《一统志》：积石原在县西南五里。又县有东原。《唐志》：郿县东原，先有兴平军。至德二载，因置为节镇。或云即武功之东原。

斜谷，在县西南三十里。南入汉中之道。后周建德初，周主如斜谷，集长安以西，都督以上，颁赐有差，是也。今有斜谷关，详见汉中府。

渭水，在县北三里。自扶风县东南流，入县境。又东入武功县界。蜀汉建兴中，武侯至郿，军渭南。司马懿引军渡渭，背水为垒以拒之。《汉志》注：斜水出衙岭山，至郿入渭。渭水又东径马冢北。武侯与步骘书：马冢在武功东十余里，有高势，攻之不便，是以留耳。又后魏永安三年，高平贼万俟丑奴将尉迟菩萨自武功南渡渭，拔围趣栅，复还渭北。贺拔岳以轻骑挑战，自渭南隔水与贼语。稍引而东,至水浅可涉处,即驰马东出。贼以为走,渡渭追之。岳倚横冈设伏。贼半度冈东,岳还兵邀击,悉破降之。所谓横冈,疑即马冢云。

斜水,在县西南三十里。出衙岭山,经斜谷北,过五丈原,东北流入渭。其入渭处,近武功故城,亦曰武功水。武侯《表》云:臣遣虎步监孟琰据武功水东。司马懿因水长,攻琰营。臣作竹桥越水射之。桥成,驰去,是也。又有褒水,亦出衙岭山,东流入沔。○清湫水,在县东二十五里,出太白山,北流入渭。又有清水,出斜谷中,北入于渭。

成国渠,在县东。《三国志》:魏青龙元年,司马懿开成国渠,自陈仓至槐里,筑临晋陂,引沔水溉舄卤之地三千余顷。《元和志》:在郿县东北九里,首受渭水溉田,经武功县东北至上林,入蒙笼渠云。《通志》:县西南三十里有孔公渠。金明昌八年,郿令孔天监导斜谷口水,经县城东,以资一邑汲溉。年久渠淤,景泰二年,典史高瑄复开,至今通利。

横渠,在县西北。即横水下流也。自凤翔县流入县界,东南流,合于渭水。○青远泉,在县东北十里。又有柿林、红崖诸泉,俱为灌溉之利。

安仁宫,在县治东。隋开皇十五年,置行宫十二所,自京师以达于仁寿宫。此其一也。唐贞观十八年,自九成宫还,至安仁宫,即此。后废。

斜谷关,在县西南斜谷口。详见汉中褒斜道。○围趣栅,在县东南。南北朝时置栅于此。后魏永安中,高平贼万俟丑奴围岐州,分遣将尉迟菩萨等,自武功南渡渭,攻围趣栅,拔之。即此。

新罗堡。在县东南。晋太元十五年,姚苌攻秦扶风太守齐益男于新罗堡,克之。时扶风郡盖寄治于此。○清湫镇,在县东二十里。元置镇于此。以近清湫水而名。又横渠镇,在县东北五十里。以横水所经而名。宋儒张子所居。

○**汧阳县**,府西七十里。西至陇州九十里。汉隃麋县地。晋省。后周置汧阳郡及县，以在汧水之阳而名。郡寻废，县属陇州。隋因之。大业属扶风郡。唐仍属陇州。宋元因之。明嘉靖四十年，改属府。县城周三里有奇，编户一十三里。

汧阳故城，在县西十八里。本西魏马牢城。后周置县于此。唐因之。五代梁贞明六年，蜀将王宗俦等攻陇州。李茂贞自将屯汧阳以拒之。汉乾祐初，王景崇以凤翔降蜀。汉遣赵晖等救之。蜀遣秦州帅韩保贞出汧阳以分汉兵势。即此。宋徙县于今县西五里。明嘉靖二十六年，以水患又移今治。又临汧城，在故城西北隅，唐太和元年筑。《志》云：凤翔右亥泾原，地平少岩险。吐蕃数入为患。王承元帅凤翔，据胜地为障，置兵戍守。诏号临汧城，是也。旋废。

陯䃶城，县东三十里。汉县，属右扶风。后汉初，封耿况为侯邑。晋废。永嘉六年，南安赤亭羌姚弋仲东徙陯䃶，即故城也。太和三年，秦苻双、苻武以上邽、安定叛，引兵进至陯䃶。元魏时，县废。

卧虎山，县治东二里。以山岩蹲峙而名。又东十三里有龙泉山，泉出其下。又马鞍山，在县东北三十里。

箭括岭，在县南十里。旧有箭括关。括，亦作筈。五代梁贞明六年，蜀大举攻岐，分遣王宗俦等攻陇州，别将陈彦威出散关，败岐兵于箭筈岭。汉乾祐初，王景崇以凤翔叛附蜀，蜀将安思谦自散关应援，遣军击汉箭筈等寨，破之。宋绍兴初，金将没立郎君自凤翔攻箭筈关，吴玠遣将击退之。盖其地与散关互相形援，亦陇蜀襟要处也。

汧水，在县南一里。自陇州流入，又东南入宝鸡县界。〇晖川，在县西。流经县城南，又东南注于汧水。

陯䃶泽，在县东八里。汉以此名县。又天池沟，在县东五十里，水流不涸，因名。其下流俱入于汧水。

安化镇。在县西。《九域志》：汧阳有安化镇。唐广德以后置，以御吐蕃。又安都寨，在县南，近箭筈岭。五代汉乾祐初，蜀将安思谦出散关，应援凤翔，遣军击破汉之箭筈、安都寨，是也。

〇**麟游县**，府东北百二十里。南至扶风县百里，东南至乾州武功县百二十里。汉杜阳县地。隋义宁元年，于仁寿宫置凤栖郡及麟游县。二年，更曰麟游郡。唐武德初，改为麟州。贞观初，州废，以县属岐州。今县城周九里，编户十七里。

普润城，县西百二十里。汉漆县地，有铁官。今城西有小城，盖置铁官处。隋大业初置县，属扶风郡。唐初，属麟州。贞观初，改属岐州。乾元以后，尝置陇右军于此。贞元中，又以神策军屯守，谓之普润镇。元和初，改军名曰保义。宋仍为普润县，属凤翔府。金因之。元省。宋白曰：隋于细川谷置普润县。盖以杜、漆、岐三水灌溉民田，为利甚普，因为县名也。唐因之。上元初，凤翔节度崔光远破党项于普润。大历九年，吐蕃寇陇州普润、凤翔节度李抱玉御却之。贞元十年，秦州刺史尝寄治于此。

天台山，在县西五里，唐九成宫之西。其西相连者，曰鸣凤山。又有谷曰冷泉谷。贞观三年，白鹿见于此。又石臼山，在县南十五里，上有清泉，渟泓不竭。〇吴双山，在县南十里。有四峰双峙，俗呼为吴重山。《志》云：山南去扶风县五十里。

麟游水，在县治南。源出县西，为招贤川，东南流，入于渭。〇漆溪，在县南。流出废普润县东，下流为漆水。

杜水，在县西南。源出凤翔县杜阳山，东北流入县境，亦曰杜阳川。又东流会于漆水。《志》云：杜水出普润废县东南。盖杜水流经县境，川流始盛也。又岐水，《志》云：亦出普润县东南，一名峦水。东南流入岐山县境，下流亦合于漆水。

仁寿宫，在县西五里。隋开皇十三年作，十五年成，最为弘丽，屡临幸焉。义宁元年，宫废，置凤栖郡于此。二年，于宫中获白麟，因曰麟游郡。

唐贞观五年，修仁寿宫，更名九成。自是屡临幸。永徽二年，改名万年宫。五年，幸万年宫。时山水冲溢入宫，至寝殿，卫士有溺死者。自后亦数幸焉。乾封二年，复曰九成，有醴泉在宫中。唐太宗避暑时，是泉涌出，味如醴云。《唐志》：开成元年暴雨，水毁九成宫。是也。○永安宫，在县西三十里。唐贞观八年，置宫于此。乾封以后，废。

甘露坊。唐马坊也。先置于九成苑外。又有保乐坊，本隋石白马坊。唐麟德间，改为保乐。寻又徙保乐于甘露坊。○石窑镇，县西一百五十里。今有石窑巡司，为戍守处。

附见：

凤翔守御千户所。在府城内。洪武二年建卫，四年改为所。

○陇州，府西一百八十里。南至汉中府凤县二百五十里，西至巩昌府秦州二百五十里，北至平凉府二百八十里。

周岐陇地，秦为内史地。汉属右扶风。魏晋属扶风郡。后魏属武都郡。太延中所增置郡也。孝昌初，置东秦州。时秦州陷于莫折天生。西魏因之，兼置陇东郡，寻改东秦州曰陇州。废帝三年改，因山为名。后周省入岐州，寻复置。隋开皇三年，郡废。炀帝初，州废，属扶风郡。义宁二年，仍置陇东郡。唐复改为陇州。天宝初，曰汧阳郡。乾元初，复故。宋亦曰陇州。金元因之。明初仍为陇州，以州治汧源县省入，编户十八里。领县一。今仍曰陇州。

州扼陇底之险，控秦凤之冲，为关中重镇。隗嚣凭此以窥三辅，曹魏据此以保秦陇。刘曜窥长安，引兵争陇上；石虎规氐羌，分兵屯汧陇。唐至德以后，藉以扼吐蕃。宋建炎以后，西南诸将与女真角逐之道也。

汧源废县，在州治东南。秦置汧县。汉因之，属右扶风。《括地志》：故汧城，在今州南三里。《世纪》：秦襄公二年，徙居于汧。汉因置汧县。后汉建武六年，伐隗嚣，使祭遵军汧。遵破嚣将王元于此。七年，嚣复令别将下陇，攻祭遵于汧。遵拒却之。十年，复讨隗嚣，幸汧，是也。晋仍属扶风郡。永昌初，陈安复据上邽，拒刘曜，遣兵袭汧，拔之。太元十九年，苻秦故将窦冲复叛姚秦，败奔汧川，即汧县也。后魏曰汧城县。孝昌三年，东秦州刺史潘义渊以汧城降贼。西魏曰汧阴县，为陇东郡治。后又改曰杜阳。后周复曰汧阴。隋开皇三年，郡废。五年改县曰汧源，属陇州。大业三年，州废，仍属扶风郡。唐为陇州治。贞元二年，李晟帅凤翔遣将王佖伏兵于汧城，以败吐蕃，是也。宋仍为陇州治。明初省。今州城周五里有奇、门四。

郁夷城，在州西五十里。汉县，属右扶风。颜师古曰：《诗》周道倭迟。《韩诗》以为郁夷，即此城也。后汉建武二年，赤眉自陇底大掠而东。时邓禹屯长安，遣兵击之于郁夷，为所败，县寻废。《志》云：郁夷当汧之源，大宁关之口。晋尝于此置陇关县。

南由城，州东南百二十里。本汉汧县地。后魏置县，属武都郡。西魏废为南由镇。后周复置县。隋因之，属陇州。唐武德初，于此置含州。四年，州废，县复属陇州。大中六年，陇州防御使薛逵请改筑安戎关，铃辖往来。又云，当界有南由路，亦是要冲。旧有水关，请准前把捉。从之。唐末，县并入吴山县。

吴山城，州东南百三十里。汉汧俞糜县地。有长蛇水，北魏主濬和平四年，命长安镇将陆真城长蛇镇，是也。西魏改为长蛇县。隋开皇末，废。唐贞观初，复置为吴山县，治槐衙堡。上元初，移治龙盘城，属陇州。宋因之。金省为吴山镇。又州有龙黎城。晋永和九年，凉张重华遣兵伐秦，苻雄大败之于龙黎。胡氏曰：《新唐书·志》：吴山县有龙盘府、龙盘城。龙黎，疑即龙盘也。又秦城，在州东南二十五里。或以为即非子始封之邑。

陇安城，州南百二十里，本唐汧阳县地。宋开宝三年，析汧阳县地置陇安县。金初，废为陇安寨。泰和八年，复为县。元省入汧源县。今为陇安巡司。又永信城，在州西。《唐志》：贞元十三年，凤翔节度使邢君牙筑永信城于陇州汧源县之平戎川。即此。回城，在州西北四十里。《后汉志》注：汧县有回城，亦名回中，即来歙开道处云。

陇山，州西北六十里，即陇坂也。又小陇山，在州西八十里。一名关山，以近陇关而名也。山长八十里，路通临巩，为秦、凤要害。其顶，即分水岭。今详见名山陇底。

岍山，在州西四十里。《汉志》注：吴山，古文以为岍山。孔颖达曰：岍山东连岐岫，西接陇冈，汧水出焉。《禹贡》导岍及岐，谓此山也。亦谓之吴岳山。盖山有三名矣。《唐六典》：陇右名山曰秦岭。晁氏以为秦岭即岍山。宋《九域志》：陇安县西南有秦岭。今陇安废县北二十里有西秦山，或亦以为秦岭。

岳山，州南八十里。《周礼·职方》：雍州，山曰岳。《史记·封禅书》：华西名山有岳山、吴岳。《水经注》：吴山五峰霞举，叠秀云天，崩峦倾倒，危巅相捍。俗语谓之虞山。《唐六典》：关内道名山曰吴山，亦谓之西镇山。有五峰，曰镇西、曰大贤、曰灵应、曰会仙、曰望辇，于诸山中最为秀异，顶有龙湫。盖吴山与岳山冈陇相接，或谓之一山矣。其实吴山在州西，而岳山在州南也。又天井山，在州南百里。山巅有井，虽旱不涸，因名。

龙盘山，在吴山废县东南七里。山蜿蜒曲折，为一州之胜。又金门山，在州南百四十里。其山如门，渭水经焉。○景福山，在州西北百五十里。一名龙门山，有凤爪、朝元、定心三峰。又有龙门洞，称为奇胜。

白环谷，在州西南，白环水出焉。宋绍兴中，置白环堡于此。嘉定十年，金将完颜赟规川蜀，破白环堡，进迫黄牛堡。宋将刘雄遂弃大散关遁。黄牛堡，见汉中府凤县。

方山原，在州西南二百里。东西长四十里。晋隆安初，武都氐屠飞、啖铁等叛。杀陇东太守姚回，屯据方山。姚兴遣姚绍讨斩之。即此原也。宋绍兴中，吴玠与金人战于此。又杨政尝知方山原军，储刍粟于其口。《宋会要》：绍兴十一年，割地界金。金人求商州及和尚、方山二原。许之。于是遂以大散关为界。

渭水，在州南百四十里。自秦州清水县东南流，绕陇坂南麓而经州境。又东入宝鸡县界。○汧水，在州治西南。源出岍山。东流经汧阳县界，又东南入宝鸡县境，注于渭水。

汭水，在城西北。源出弦蒲薮，东北流，入平凉府华亭县界。《周礼·职方》：其川泾、汭。《诗》：芮鞫之即。《韩诗》以为汭阮。颜师古曰：阮、鞫同，即汭水也。○弦蒲薮，在州西四十里。《周礼·职方》：雍州，其泽薮曰弦蒲。《汉志》注：汧县有蒲谷乡，即古之弦蒲薮。今有蒲谷镇，是其地也。

鱼龙川，在州西。源出小陇山，下流合于汧水。唐贞观四年，大猎于鱼龙川，是也。宋绍兴中，金人栅鱼龙川口，杨政率精兵却破之。

长蛇川，在吴山废县。川流委曲，如长蛇然。后魏因以名县。《水经注》：渭水东与楚水合，世谓之长蛇水。○五节堰，在州境。《唐志》：陇州汧源县有五节堰，引陇州水通漕。武德八年，水部郎中姜行本开。后废。又金泉，在州西四十一里，一名白龙泉。其水东北注于汧。

回中宫，州西北百二十里，秦建。始皇二十七年，巡陇西，过回中。汉文帝十四年，匈奴入萧关，使奇兵烧回中宫。武帝元封四年，幸雍，通回中道，遂北出萧关。自是数幸焉。天汉二年，行幸东海，还幸回中。后汉建武七年，来歙将二千余人伐山开道，从番须、回中径袭略阳，是也。又三良宫与回中宫相近。《志》云：亦秦时所建。

大震关，在州西七十里。亦曰陇关，亦曰故关。故关大寨巡司置于此。又有安戎关，在州西四十里。亦曰安夷关，亦曰新关。详附见名山陇底。

  石嘴关，在州西八十里。成化中，马文升言：陇州至秦州清水县二百五十里，别无驿站可宿次。石嘴关地多盗，请移西安府兴平县西四十里之长宁驿及咸义巡司于此，以便行旅。从之。又西四十里为清水县之盘龙铺，乃逾陇之通道也。《通志》：长宁驿在州西二百二十里。

  番须口，在州西北。旧为陇山之口。东汉初，赤眉上陇，为隗嚣所败。至阳城，入番须中，逢大雪，多冻死。既而汉将来歙伐隗嚣，从番须、回中径袭略阳，是也。阳城，见平凉府华亭县。

  咸宜镇，在州西北八十里。朱梁贞明六年，蜀主衍遣将王宗俦等伐岐，出故关，壁于咸宜，遂入良原。胡氏曰：咸宜，在汧源县界。良原，今见泾州灵台县。〇金兜堡，在州西北四十里。《志》云：宋置。

  马颊社。在废陇安县之孝感乡。社内有铸钱监旧址。又香泉巡司，在州南百五十里。《通志》作陇安巡司。

读史方舆纪要卷五十六

陕西五　汉中府

　　〇汉中府，东至湖广郧阳府一千一百六十里，南至四川巴州四百六十里，西南至四川广元县朝天岭四百九十五里，北至凤翔府六百三十里。自府治至京师三千五百三十里，至南京三千五百四十里，至布政司九百六十里。

　　《禹贡》梁州之地，春秋时为蜀地。战国初属秦，后为楚地。楚衰，又属于秦。秦置汉中郡。汉因之。汉高祖初为汉王，都南郑。即此。后汉初，入于公孙述，更始二年，封宗室嘉为汉中王。既而公孙述有其地。寻讨平之，仍为汉中郡。后汉末，张鲁据其地，改汉中曰汉宁。魏武征汉中，走张鲁，复为汉中郡。旋入于蜀汉，分置梁州治焉。魏末平蜀，亦曰汉中郡，仍置梁州。晋因之。后没于李蜀。桓温平蜀，复置梁州。旋陷于苻秦，其后复得之。晋义熙初，氐王杨盛据汉中，梁州寄治魏兴。九年，乃治苟中，亦谓之南城。宋元嘉十一年，复治南郑。历宋、齐至梁，皆为重镇。梁天监三年，没于后魏。大同初，复得其地。梁置南梁州于普安，今四川剑州也。亦谓南郑曰北梁州。及元帝末，又陷于西魏，亦置梁州及汉中郡。后周改曰汉川郡。隋初郡废，而州如故。炀帝废州，复为汉川郡。唐初亦曰梁州，武德初，置梁州总管府。七年，改为都督府。自是督府恒置于此。开元十三年，改为褒州。二十年，复故。开元二十一年，分置山南西道，治梁州。上元以后，山南西道节度亦治于此。天宝初，亦曰汉中郡。乾元初，复为梁州。兴元初，德宗以朱泚之乱，狩于梁、洋，升为兴元府。唐末，没于王建。建改山南西道曰天义军。寻复故。后唐同光中收复。清泰初，没于孟知祥。宋平蜀，升为兴元府。亦曰汉中郡及山南西道节度。元为兴元路。元末为明玉珍所据。明朝洪武三年，定梁、益，为汉中府，领州二，县十四。今仍曰汉中府，升兴安州直隶，领县六。

　　府北瞰关中，南蔽巴蜀，东达襄、邓，西控秦、陇，形势最重。春秋以来属楚，《秦纪》：孝公元年，楚自汉中，南有巴黔中。故楚为最强，秦不能难也。秦惠文君十三年，攻汉中，取地六百里，置汉中郡，而楚始见陵于秦矣。苏代曰：汉中之甲，乘船出于巴，乘夏水下汉。此言秦之能为楚祸也。齐湣王遗楚怀王书曰：王欺于张仪，亡地汉中。李斯曰：惠王用张仪之计，南取汉中。汉中诚重地矣。苏秦亦言：秦西有巴蜀、汉中之利。沛公自武关入秦，郦商别将攻郇关见洵阳县，西定汉中。及项羽分王诸侯，以沛公王巴蜀，都南郑，分关中地王秦三降将，以距塞汉。汉王怒。萧何曰：汉中，语曰天汉。其称甚美。愿王汉中，收用巴蜀，还定三秦，天下可图也。及韩信劝王东出陈仓，定三秦，而帝业遂基于此。公孙述之据蜀也，亦北有汉中，窥伺秦陇。其下荆邯说述曰：宜令延岑出汉中，定三辅，天水、陇西拱手自服。其后张鲁据此，凭险自雄。阎圃曰：汉川财富土沃，四面险固。是也。

曹操之取汉中也，司马懿曰：今克汉中，益州震动，进兵临之，势必瓦解。操不听。师还。法正言于刘备曰：操定汉中，不因此时以图巴蜀，乃留军屯守。今举众往讨，必可克之。克之之日，广农积谷，观衅伺隙，上可以倾覆寇敌，尊奖王室；中可以蚕食雍、凉，广拓境土；下可以固守要害，为持久之计，不可失也。备即引兵争汉中，斩其守将夏侯渊。操闻之，从长安出斜谷，军遮要以临汉中。遮要，胡氏曰：操以斜谷道险，恐为备所要截，先以军遮要害处也。或以为地名。备敛众拒险以待之。曰：曹公虽来，无能为也。我必有汉川矣。于是，以汉中为重镇。终汉之世，魏延、蒋琬及姜维相继屯守。又汉建兴五年，丞相亮率诸军，北驻汉中。孔璋曰：汉中地形险固，四岳三涂，皆不及也。黄权曰：若失汉中，则三巴不振。杨洪曰：汉中，益州咽喉，若无汉中，是无蜀也。是故，巴蜀有难，汉中辄没。《三国志》：初，昭烈留魏延镇汉中，皆实兵诸围以御外敌。敌若来攻，使不得入。后皆承此制。姜维以为诸围适可御敌，不获大利，不若敛兵聚谷，退就汉、乐二城，听敌入平，重关头镇守以捍之。敌攻关不克，野无散谷，千里运粮，自然疲乏。引退之日，然后诸城并出搏之。此殄敌之术也。后主从之。及钟会来侵，遂平行至汉中，由维自弃其险也。李雄据蜀，亦兼汉中。苻坚之强也，亦南取汉中，入成都。自宋、齐及梁，皆以汉中邻接氐戎，常为重镇。及西魏乘梁之弊，宇文泰使达奚武入南郑，尽收剑北地，而剑南亦旋入于魏。隋李延寿曰：南郑要险，为成都之喉嗌。唐定长安，遂遣兵入散关，取汉中，而巴蜀风靡矣。及兴元初，以朱泚、李怀光

相继煽乱，驾幸梁州。时山南地薄民贫，粮用颇窘，议西幸成
都。山南西道节度使严震言于上曰：山南地接京畿，李晟方图
收复，籍大军以为声援。若幸西川，则晟未有收复之期也。李
晟亦表言：陛下驻跸汉中，所以系亿兆之心，成灭贼之势。若
规小舍大，迁都岷峨，则士庶失望，虽有猛将谋臣，无所施矣。
上乃止。欧阳詹曰：汉中居秦之坤，为蜀之艮，连高夹深，九州
之险也。李吉甫曰：汉中者，巴蜀之捍蔽。自开元以后，山南西
道尝治此，用以北援关中，南通蜀口。盖自天宝南巡，以迄广明
西狩，汉中皆为中顿。王建窃据益州，尽并山南之地，与关陇为
敌。五代梁乾化元年，李茂贞遣刘知俊等侵蜀，败蜀兵，围蜀
将王宗侃于安远。见沔县。唐道袭保兴元，众欲弃城遁。道袭
曰：无兴元则无安远，利州遂为敌境矣。吾必以死守之。既而
岐兵败退。及郭崇韬自汉中南下，席卷两川。孟知祥乘李从珂
之乱，并有山南，后又浸淫及于秦、凤。五代周显德二年，取其
秦、凤、阶、成四州，宋遂因为平蜀之本。乾德二年，王全斌自
凤州而进，先平汉中，蜀不可保矣。宋之南也，张浚请治兵于
兴元，以图中原。上疏言汉中形胜之地，前控六路之师，后据
两川之粟，左通荆襄之财，右出秦陇之马，号令中原，必基于
此。谨积粟理财，以待巡幸。赵开曰：汉中之地，后可据而安，
前可恃而进。牟子才曰：汉中前瞰米仓，后蔽石穴，左接华阳
黑水之壤，右通阴平秦陇之墟。黄权以为蜀之根本、杨洪以为
蜀之咽喉者，此也。绍定三年，蒙古攻金，取凤翔。降人李昌国
言于蒙古曰：金人迁汴，所恃者潼关、黄河耳。若出宝鸡，侵汉

中，不一月，可达唐、邓。如此则大事集矣。蒙古从之。遂入大
散，破凤州，陷梁洋，出饶风见西乡县，浮汉而东，金因以亡。继
又略沔、利诸州，以重兵屯戍，宋遂亡川蜀之半。明初，大军定
关中，徐达下秦州，遂南出略阳，入沔州，而分遣将由凤翔入连
云栈，合攻兴元，克之，盖所以制蜀之肩背也。近者山南群盗，
纵横其间，而雍、豫、荆、梁，交受其病。《志》曰：汉中入关之
道有三，而入蜀中之道有二。所谓入关中之道三者，一曰褒斜
道，二曰傥骆道，三曰子午道也。所谓入蜀中之道二者，一曰
金牛道，二曰米仓关道也。今由关中以趣汉中，由汉中以趣蜀中
者，谓之栈道。其北道即古之褒斜，南道即古之金牛。而子午、
傥骆以及米仓之道，用之者或鲜矣。

　　褒斜道。今之北栈南口曰褒，在褒城县北十里；北口曰
斜，在凤翔府郿县西南三十里。总计川，陕相通之道。旧《志》：
大散关南至梁州五百里而近，由梁州出褒斜至长安九百三十三里，驿路
千二百二十三里。谷长四百七十里，昔秦惠王取蜀之道也。《十三州
志》：昔蜀王从车数千余，猎于褒谷。秦惠王怪而问之，遗蜀王金一筐。蜀
实筐以土，以报秦王。秦王怒，因以灭蜀。汉王就封南郑，张良送至
褒中。后汉初平二年，刘焉牧益州，以张鲁为督义司马，使掩杀
汉中太守，断绝斜谷阁道。建安二十二年，先主争汉中。曹操出
斜谷以临汉中，不克。既还，数言南郑为天狱，中斜谷道为五百
里石穴耳，言其深险也。蜀汉建兴五年，武侯将伐魏，使诸军
运米，集于斜谷口，治斜谷邸阁。魏延曰：愿假延奇兵五千，直
从褒中出，循秦岭而东，当子午谷而北，不出十日可到长安。魏

人闻延奄至,必弃城走。比东方合聚,尚二十余日,而公从斜谷来,亦足以达。如此,则一举而咸阳以西可定矣。武侯不用,乃扬声由斜谷道取郿。魏使曹真屯郿谷以拒之。八年,魏曹真欲由斜谷侵汉。陈群曰:斜谷阻险,转运有钞袭之虞。是也。十二年,武侯作木牛流马,复运米集斜谷口,治邸阁,率大众出斜谷,至郿,军于渭水南。既而武侯卒,杨仪等整军而还,入谷然后发丧。魏延不受命,引兵先据南谷口,逆击仪等,兵败走死。景曜六年,魏钟会分从斜谷、骆谷、子午谷趣汉中。魏景元五年,司马昭以槛车征邓艾,命钟会进军成都,又遣贾充将兵入斜谷。时钟会谋以蜀叛,欲使姜维将五万人,出斜谷为前驱,不果。晋太元七年,桓冲遣杨亮等攻蜀。亮乘胜进攻涪城。苻坚遣张蚝等驰救,蚝出斜谷,亮遂引还。齐建武二年,魏元英攻梁州,还入斜谷,会天大雨,士卒截竹贮米,执炬火于马上炊之。是时,齐梁州刺史萧懿遣人诱说仇池诸氐,使起兵断英运道及归路。英转战而前,乃还仇池。后魏正始四年,开斜谷旧道,以达梁州。胡氏曰:汉高祖为汉王,从杜南入斜谷,杜南,见长安县。张良送至褒中。意此即斜谷旧道。诸葛亮声言由斜谷取郿,非杜南旧道也。以事势言之,承平时,自长安入蜀,其取道就平易;南北分争,塞故道而开新路,以依险阻。今魏欲就平易以通梁、益,故复开旧道也。据北魏太原王远《石门铭序》,谓此门汉永平中所穿,湮塞久之。至此复开,则所开者即今褒谷中道也。石门,见褒城县。西魏末,宇文泰使崔猷开梁汉旧路。猷因开通车路,凿山湮谷五百余里,至于梁州,亦即褒斜道矣。唐兴元初,以朱泚、

李怀光之乱，车驾幸梁州。时李楚琳帅凤翔，帝颇疑之。楚琳先
是贼，杀主帅，叛附朱泚。陆贽曰：今勤王之师，悉在畿内，急宣速
告，晷刻是争。商岭则道迂且遥，骆谷复为盗所扼，仅通王命，
惟在褒斜。若又阻艰南北，遂将复绝，愿厚加抚循。从之。既
而浑瑊率诸军自斜谷出，拔武功，屯奉天。时李楚琳遣军从瑊拔武
功。元和初，刘辟据西川叛，诏高崇文等讨之。崇文出斜谷，李
元奕出骆谷，共趣梓州。五代梁乾化初，岐王李茂贞遣将刘知
俊等侵蜀，围安远军。蜀将王宗弼救安远，及知俊战于斜谷，
败之。此斜谷，当即褒谷。斜谷去安远甚远，史以褒斜相通，互言之耳。或
曰：盖在斜谷道中也。既而蜀败岐兵于安远，引兵还。蜀将唐道袭
先伏兵于斜谷邀击，又败之。自此以后，斜谷道废，多以散关
为南北之冲。又《禹贡》梁州贡道曰：逾于沔，入于渭。释之者
曰：沔渭之间，有褒、斜二水。褒南通沔，斜北通渭。其间绝水
百余里，故言逾言入也。《地志》：褒、斜二水，并出衙岭山。见
凤翔府郿县。斜水北至郿入渭，褒水南至南郑入沔。祝氏云：褒
水出太白山，大约褒之流长而斜之流短。《河渠书》：武帝时，
人有上书欲通褒斜道及漕事，下御史大夫张汤，汤问之，言抵蜀
从故道。颜师古曰：故道即今凤县。故道多阪，回远。今穿褒斜道，
少阪，近四百里。而褒水通沔，斜水通渭，皆可以行船漕。漕从
南阳上沔入褒，褒绝水至斜，间百余里，以车转，从斜下渭。如
此，汉中谷可致。而山东从沔无限，便于底柱之漕，且褒斜材
木竹箭之饶，拟于巴蜀。天子以为然。拜汤子印为汉中守，发数
万人作褒斜道五百余里。道果近便，而水湍石不可漕。然则褒

斜之道，《禹贡》发之，而汉始成之，大约宜于陆，不宜于水。
今南褒、北斜，两谷高峻，中间褒水所经，曹操所言五百里石
穴也。《水经注》：褒水历故栈道下谷，俗谓之千梁无柱。张良
送高祖至褒中，说之以烧绝栈道备盗兵，且示项羽无东意。盖
栈道秦时已有之。所谓范雎相秦，栈道千里，通于蜀汉者也。
汉高烧绝栈道，因别开西路，从故道北出以袭陈仓，而栈道遂
废。武帝时复治之。后汉顺帝延光四年即位，按延光，安帝年号。
顺帝盖即位于延光之四年也。诏益州刺史罢子午道，通褒斜路。盖
修栈道也。诸葛武侯与兄瑾书：前赵子龙退军，烧坏赤崖以北
阁道，缘谷一百余里。其阁梁一头入山腹，其一头立柱于水中。
即褒水中。今水大而急，不得安柱。此其穷极，不可强也。武侯出
师，屡修斜谷邸阁。及卒于五丈原，魏延先退而焚之。其后按
旧修路，悉无复水中柱。径涉之人，浮梁震动，无不摇心而眩目
矣。季文子曰：自褒城县北褒谷至凤州界，一百五十里，始通斜
谷。谷中褒水所经，皆穴山架木而行。《汉中志》：褒斜谷中，宋
时有栈阁二千九百八十九间，元时有板阁二千八百九十二间。历
代制作，增损不定。明因故址修造，约为栈阁二千二百七十五
间，统名之曰连云栈。陆贽所云缘侧径于岭岩，缀危栈于绝壁
者也。《褒中志》：洪武二十五年，命普定侯监督军夫，增损历代旧路，开
通修建，起自褒城县。计鸡头栈八十五间，有巡司戍守。一名鸡头关。关旁有
大小石洞，北桥栈三间，石嘴七盘栈九十二间，今亦曰七盘栈阁。河底七盘
下桥栈一十五间。独架桥栈一百四十二间。倚云栈五十一间，今亦曰响林滩
栈阁。石佛湾栈八十五间，今亦曰盘云坞栈阁。堡子铺栈六十间。飞石崖栈

二百八十间，今曰老君崖桥阁。关王碥栈二百二十间。东云栈九十二间。石碑口栈十间。十二眼栈八十间，今亦曰白石崖栈阁。青桥铺栈三间，今亦曰古碑桥。曲槛桥六十间，今亦曰黄草山栈阁。马桥铺栈十间，今亦曰青桥栈。顺平栈三十四间，今亦曰马道关栈阁。逍遥栈五间，今曰青桥。登空栈八十六间，今曰老君崖阁。三岔铺桥三间，今曰马道南桥。河底栈二十六间，今曰浴马泽栈阁。长亭铺栈三十八间，今曰甜竹碥栈阁。半坡栈五十八间，今曰上天桥。燕子碥栈六十一间，今曰燕子栈。滴水桥百二十一间，今曰火烧碥栈阁。武曲铺栈二间，今曰南桥。鸣玉栈二十六间，今曰簸箕碥栈阁。虎头关栈三十八间。盘虎栈一百一十五间。青云栈三十六间，今曰腊鱼栈。碧霄栈四十五间。焦崖铺桥四间。黑龙湾栈七十一间，今曰武曲湾栈阁。飞仙关二十三间，今曰武曲关北栈阁。黑龙栈十间，今曰石沟桥。小湾栈二十三间，今曰八里关栈阁。云门栈十二间，今曰武关北桥。登坡栈五十间，今曰新开岭栈。转湾边山崖子栈八十五间，今曰安山湾栈阁。青阳栈十五间，今曰青水栈。共二千二百七十五间也。又《舆程记》：陕西栈道长四百二十里。自凤县北草凉楼驿，为入栈道之始。六十里至凤县，有梁山驿。又六十里至三岔驿。又七十里至松林驿。又南六十里至褒城县之安山驿。又六十里为马道驿。又五十二里至鸡头关。关南八里即褒城县，有开山驿。自县而东五十里为汉中府，自县而南五十里为黄沙驿。至此路始平，又为出栈道之始矣。又四十里而至沔县，有顺政驿。自县而西，又金牛道之始也。自凤县至褒城，皆大山。缘坡岭行，有缺处，以木续之成道，如桥然，所谓栈道也。其间乔木夹道，行者遇夜或宿于岩穴间。出褒城，地始平。

　　傥骆道。南口曰傥，在洋县北三十里；北口曰骆，在西安府盩厔县西南百二十里。有骆谷关。《九域志》：骆谷关至洋州五百余里。《通典》：汉中至长安，取骆谷路，凡六百五十二里。谷长四百二十里，其中路屈曲八十里，凡八十四盘。汉延熙七年，魏曹爽来侵，诸军入骆谷三百余里，不得前，牛马转运死略尽，引还。费祎进据三岭以截爽，三岭：一曰沉岭，在盩厔县；一曰衙岭，见郿县；一曰分水岭，见武功县。胡氏曰：自骆谷出扶风，间以中南山，其间有三岭也。一云骆谷有三岭关。爽失亡甚众。二十年，姜维引兵出骆谷，至沉岭，魏邓艾拒却之。景曜六年，魏钟会分兵从骆谷趣汉中。晋永和五年，梁洲刺史司马勋出骆谷，破赵长城戍，壁于悬钩。俱见盩厔县。义熙六年，桓玄余党桓石绥等，因卢循入寇，起兵洛口，亦作骆口。袭据西城。见兴安州。唐武德七年，开骆谷道，通梁州。兴元初，德宗由骆谷幸兴元，李怀光遣将孟保等据南山，邀车驾。保等不欲行，至盩厔，复帅众而东，纵兵散掠。由是百官从行者，皆得入骆谷。自是关中多故，朝廷每由骆谷而南，以其道近且便也。元和初，高崇文讨刘辟于西川，分遣李元奕出骆谷。广明初，黄巢入关，僖宗亦趣骆谷，幸兴元。宋白曰：自兴元东北至长安，取骆谷路，不过六百五十二里。是往来之道，莫便于骆谷也。而五季以来，骆谷渐成荒塞，何欤？《水经注》：汉水经倘城南，与洛谷水合，水北出洛谷，谷北通长安，其水南流注于汉水。

　　子午道，今新开。南口曰午，在洋县东百六十里；北口曰子，在西安府南百里。有子午关，见长安县。《通典》：汉中入长安，取子午谷路，凡八百四十一里。谷长六百六十里。或曰即古蚀中也。蚀，音力。项羽封沛公为汉王，都南郑。汉王之国，从杜南入蚀中，去辄烧绝栈道。盖即此。汉元始五年，王莽通子午道，从杜陵

直绝南山，径汉中。后汉顺帝初，诏罢子午道，通褒斜路。蜀汉
建兴六年，魏延愿假奇兵五千，当子午而北。八年，魏曹真请由
斜谷伐汉。诸将或由子午谷，或由武都入，皆不能达。景曜六
年，魏钟会分兵由子午谷入汉中。晋永和十年，桓温伐秦，遣梁
州刺史司马勋出子午谷，向长安。齐永明十一年，后魏主宏南
寇，遣其将拓跋幹分道出子午谷。颜师古曰：旧子午道在金州
安康县界。子，北方也。午，南方也。道通南北，因名子午。安康与长安地
界，南北相对，故颜氏谓旧道出于此。萧梁时，将军王神念以缘山避
水桥梁百数，多有毁坏，乃别开乾路，即今道也。西魏大统末，
宇文泰遣达奚武将兵取汉中，别将王雄出子午谷攻上津。上津，
今湖广属县。或以为据此则仍是旧道。盖从洋县分道而东，安康今之汉阴，
与洋县本相近也。唐天宝中，涪州贡生荔枝，取西乡驿入子午谷，
不三日至长安。五代汉初，晋昌帅晋昌，即今西安府。赵匡赞附于
蜀。蜀遣将李廷珪出子午谷应援。匡赞旋变计归朝。廷珪将至
长安，欲归，汉将王景崇邀败之于子午谷。宋嘉定十三年，四川
宣抚司安丙遣诸将分道出师，兴元将陈立出大散关，统制田冒
出子午谷，寻引却。《志》云：子午水出子午谷中，亦南流，注于
汉。《华阳记》：子午、骆谷、褒谷并为汉中北道之险，而骆谷
尤近。故唐世长安有事，每从此幸兴元。至于从来用兵，其三
道并出者，钟会而外，不多见也。《洋州志》：州之要地有三，置
关有八。要地者，褒谷、骆谷、子午谷也；八关者，白椒、水桐、
碓水、蓊岭、三岭、重阳、华阳并青锉寨为八也。三岭关在骆谷
中，即蜀费祎邀击曹爽处。宋又于谷口置石佛堡，子午谷口置阳

岭寨，西城县置渭门、分水等寨，皆称备御要地。而近时所重，惟在褒斜。

金牛道，今之南栈。自沔县而西南至四川剑州，属保宁府。之大剑关口，皆谓之金牛道，即秦惠王入蜀之路也。《华阳国志》：秦惠王欲伐蜀，患山道险厄，乃作五石牛，言能粪金以给蜀。蜀王负力而贪，令五丁开道引之。秦因使张仪、司马错随而灭之，因谓之金牛道，亦曰石牛道。考《十三州志》《水经注》《舆地广记》，皆祖是说。夫金牛之名，传讹已久。薛瑄有云：梁州旧禹迹，谬以五丁传。谅矣。自秦以后，由汉中至蜀者，必取途于此，所谓蜀之喉嗌也。钟会下关城，趣剑阁，即是道也。历南北战争，以迄金、元角逐，蜀中有难，则金牛数百里间皆为战场。明初，太祖命傅友德伐明昇，谕之曰：蜀人闻我西伐，必北阻金牛。宜出其意外，直捣阶、文。盖金牛入蜀之正道，阴平入蜀之间道，间道必自阶、文，而正道则在汉中也。今自褒城县至朝天岭，共四百四十里。《舆程记》：自褒城西南九十里而至沔县。又六十里为青阳驿。又四十里为金牛驿。其相近者有五丁峡，亦曰金牛峡。又七十里为宁羌州。州北十里有柏林驿，州南四十里为黄霸驿。驿南有七盘关，为川陕分界处。又六十里为神宣驿。又七十里至朝天岭，岭有朝天驿，计程共四百四十里也。又南至广元县六十里。由金牛而南至朝天岭，岭地最高。由岭而西，则自剑阁趣绵汉以达于成都。由岭而南，则自保宁趣潼川以达于成都。记云，自朝天岭西南至剑门一百六十五里，自剑阁至成都六百三十里，自朝天岭至保宁三百六十里，自保宁至成都六百九十里。保宁迂而剑阁捷，故剑阁最为冲要。

米仓道，自南郑而南，循山领达于四川保宁府之巴州，为米仓道。后汉建安二十年，曹操击张鲁。鲁闻阳平已陷，乃奔南山，入巴中。贾耽曰：兴元之南，有道通于巴州，路皆险峻，中间有米仓山。在南郑西南百四十里。又有孤云山，行者必三日始达于岭，所谓孤云两角，去天一握也。孤云两角，或谓二山名，或云孤云山有两峰对峙耳。米仓南临中巴，巴州在三巴之中，谓之中巴。北瞰兴元，实为孔道。是时张郃守汉中，亦由此入巴中，进军宕渠之蒙荡石，见四川渠县之八濛山。为张飞所败而还。自是由汉中入三巴者，恒取道于此。五代梁乾化元年，岐王李茂贞遣刘知俊侵蜀，围王宗侃于安远。遣使求救于蜀主，自中巴间行至泥溪。泥溪，见四川昭化县。宋开禧二年，吴曦叛，引金人入凤州。兴元帅程松亟趣米仓山，由中巴遁入阆州，复顺流趣重庆。绍定四年，蒙古入洋州，分遣其将莫哥自洋州趣米仓。盖自兴元达巴州，不过五百里。达巴州，则垫江以北，垫江，见四川合州。尽皆震动，而阆中危难，在肘腋间矣。《通典》：自洋州东南至通州七百三十九里。通州，今四川夔州府之达州。盖入蜀非一路也。夫汉中，关川陕之安危，立国于南北者所必争也，而地利可不知哉！

　　〇南郑县，附郭。周时为褒国地。及周衰，郑桓公殁于犬戎，其民南奔居此，因曰南郑。秦厉共公二十六年，城南郑。躁公二年，南郑反。惠公二年伐蜀，取南郑，秦厉公城之。沛公封汉中，初都此，后为南郑县。东汉始为郡治，后州郡皆治焉。今编户五里。

　　汉中城，在府城东北二里。相传即秦厉公所筑。《秦纪》：厉共公二年，蜀人来赂。躁公二年，南郑反。盖本蜀地，厉公时属秦，后复叛入于蜀也。《水经注》：南郑故褒之附庸。周显王世，蜀有褒汉之地。至六国，楚人兼之。怀王衰弱,秦略取焉。周赧王二年,秦惠王置汉中郡,因水而名。汉王都南郑,其大城周四十里。城内有小城,南凭、北结、环雉、金墉、漆井,皆汉所修筑,地沃川险。晋咸康中,梁州刺史司马勋断小城东面三分之一,以为南郑县治。自宋、齐、魏,咸相仍焉。又南有汉阴城,相传吕后所居。《胜览》:隋大业中,徙郡于故城西南,临汉水。即今郡治也。一云,今城宋嘉定十二年所置。明正德五年,甃以砖石,万历以后增修。天启元年,拓城东北角百余丈。今城周九里有奇,门四。

白云城,在府东北。西魏时置县,隋大业初废。唐武德三年,复置白云县。九年,废入成固县。《寰宇记》云:南郑城,西魏改为光义县,隋复旧。未知所据。○曹操城,在府北十七里。《志》云:蜀先主取汉中,操驰救,军遮要以临汉中。即此城也。

下桃城,在府东。南北朝时戍守处。宋元嘉十一年,氐王杨难当据汉中。梁州刺史萧思话遣将萧承之等拔黄金戍。难当将赵温弃梁州城,退保小城。其党薛健等亦退保下桃城。继而复攻围黄金戍,不能拔,因烧营走,据大桃。承之等追击之,至南城。《志》云:南郑有下桃城。又有大桃城,近褒中。黄金戍,见洋县。

汉山,在府南二十里。四峰八面,北距汉水,南接巴山。山顶有池,冬夏不竭,名曰天池。池水流入于沔。又龙冈山,在府西十里。《华阳国志》:龙冈北临汉水,南带廉津。是也。

立石山,府西南三十里。其山东连青锉,西接金华。《志》云:青锉山,在府西南五十里。山多杉桧,顶有一石如锉。金华山,在府南七十里,巍峰环绕,旁有数泉,合为一池。○黄牛山,在府西南五十里。山下为黄牛川。《十道记》:此川有再熟之稻,土人重之。又旱山,在府西南六十五里。山高耸,云起即雨,旱岁人以为望,因名。一名岣山。其南又有一峰特出,为玉京山。

七峰山，府北五十里。峰峦峭拔，其数有七，因名。又天台山，在府西北七十里，顶平如台，郡治坐其冈脉。有飞泉数百尺，汇为深洲，号佛子潭。

巴岭山，在府西南一百九里，亦曰大巴山。其山延绵深广，中包孤云、两角、米仓诸山，南接四川巴州之小巴山。亦见四川巴州。〇笼盖山，在府西南八十里。《志》云：山之南麓与巴山相接，老渚河源出于此。

米仓山，在府西南百四十里。牟子才云：汉中前瞰米仓。是也。又孤云山，在米仓西。《志》云：山在褒城县南百二十里，亦曰两角山，皆南达巴中之道也。见前米仓道。

梁州山，府东南百八十里。其西与孤云、两角山相接。大山四围，中三十里甚平旷。相传为古梁州治。〇仙台山，在府南百九十里。上有古城三面。其山高耸不可登。一名玉女山。

赤崖，在府城西北。亦曰赤岸。武侯屯汉中，置赤岸库以储军资。又与兄瑾书曰：前赵子龙退军，烧坏赤崖以北阁道。又云：顷大水暴出，赤崖以南，桥阁悉坏。时赵子龙与邓伯苗，一戍赤崖屯田，一戍赤崖口，但得缘崖与伯苗相闻而已。即此也。建兴十二年，武侯卒于五丈原。杨仪等整军入谷。司马懿追至赤岸，不及而还。〇武乡谷，在城北门内。《志》云：蜀汉封丞相亮为武乡侯，盖邑于此。《梁州记》：武乡谷，在南郑县东北三十里。《十道志》云在县南。

汉江，在府城南三里。《志》云：汉水出沔县嶓冢山。亦曰漾水，东南流，合沔水。其沔水出略阳县东狼谷中，即嶓冢之别源也。亦曰沮水，以初出沮洳然，故名。南流经褒城县南，又东南至南郑而合漾水。详大川汉水及川渎异同。

廉水，在府城西南四里。《梁州记》：水出大巴山北密谷中，流经南郑县西龙冈山下，又北至褒城县境，入于汉。今府南十五里，有杨村堰，又南五里为鹿头堰，又南五里为石梯堰，俱引廉水以溉田。〇老渚河，在府城南，源出笼盖山，东北流，注于汉。

褒水， 在府西北三十七里。自凤县历褒城县流入界，入于汉水。今府西十里有沙堰，西北十五里有羊头堰，又西北十里有广通堰，皆引褒水以溉田。

浐水， 在府南。《水经注》：源出旱山，东北流，至城固县境，入于汉水。亦谓之黄水。今城南二十里，有老溪堰，又南十里有红花堰，俱引浐水而成。

青石关， 在府南九十里。宋置。今有巡司戍守。

厄水戍， 在府境。晋建兴初，梁州贼杨虎击刺史张光，屯于厄水。盖其地临水为险云。

〇褒城县， 府西北四十五里。北至凤县三百十里。古褒国，周幽王得褒姒于此。秦为褒县。汉曰褒中，以地在褒谷中也。魏、晋因之。晋义熙中，改为苞中县。宋省。后魏永平初，于此置褒中郡及县。梁大同初，郡废。隋初，曰褒内县。开皇九年，改为褒城。义宁三年，复曰褒中。唐贞观三年，又改为褒城县。今县城周三里，编户二里。

苞中城， 在今县南。汉曰褒中。后汉永昌四年，滇零羌寇褒中，汉中太守郑勤移屯于褒中，是也。晋义熙中，改曰苞中。沈约曰：谯纵灭梁，州还治汉中之苞中县。县在南郑西南，亦谓之南城。宋初因之。元嘉十年，仇池氐杨难当南寇，刺史甄法护所攻，南城失守。明年，刺史萧思话遣萧承之追击难当将赵温，至南城。寻又遣行参军王灵济出洋川，攻难当将赵英于南城，拔之。以南城焚毁，不可复固，乃移治南郑，是也。后魏永平初，复置褒中县于此。隋、唐为褒城县治。《志》云：旧褒城治县南十里打钟村。宋嘉泰中，徙治于山河堰东南五里，后又移今治。又有古褒国城，在今县东三里骆驼坪，中有褒姒井。

万石城， 在县东南。《水经注》：汉水东径万石城下。城在高原上。

原高十余丈,四面临卑,形若覆瓮。城南遏水为阻,西北并带汉水。其城宿是流杂聚居,故世亦谓之流杂城,盖晋宋间筑。又三交城,在县东北。《水经注》:褒水东南径三交城。城在三水之会,一水北出长安,一水西北出仇池,一水东北出太白山,是城取名焉。

武乡城,在县西十七里。后魏延昌初,置武乡县,属褒中郡。后周废。又县西南有廉水城,亦后魏延昌中置,县属褒中郡。梁大同中,废。宋绍兴四年,亦置廉水县,属兴元府。嘉定中,废。《一统志》:宋置廉水县,在今府南五十里。

连城山,县北六里。山有十二堡相连属,因名。中有池,广二亩。相传汉王所凿,亦名汉王山。又东北五里为同鼎山,以汉王、鸡翁与此山鼎峙而名。○鸡翁山,在县东北二十里。《志》云:山有石峰临黑龙江,突起如鸡冠状。

箕山,县北十五里。山有秦王猎池及丙穴。道人谷,或云箕山之谷,亦谓之箕谷。谷口有石如门,曰石门,广二步,深八步,高一丈,相传蜀五丁所凿。汉高通之,以避子午之厄,为汉中入蜀之险蔽。左思《蜀都赋》云阻以石门者也。《水经注》:褒水又东南得丙水,水上承丙穴,出嘉鱼。左思称嘉鱼出于丙穴,良木攒于褒谷者也。褒水又东历小石门,门穿山通道,六丈有余。汉永平中,司隶校尉犍为杨厥所开也。○牛头山,在县西北二十五里,以形似名。其上云覆如笠,即雨。亦名戴笠山。下有灵液泉。

中梁山,在县南三十里。以其镇梁州之中,故名。山有泉,注鹤腾崖下,曰鹤腾泉。《南郑志》:鹤腾山,在南郑县西南四十里。盖与此山相接也。鹤腾崖之水,北注于沔水。

黄草山,县北四十里,有黄草坪,即连云栈诸山也。青桥驿设焉。又马道山,在县北九十里。马道水出焉,注于褒水。又有马道驿。旧有桥曰樊桥,相传樊哙所创云。详见前褒斜道。○四州山,在县北百三十里。山高耸,登其顶，望见古褒、沔、洋、凤四州，因名。

褒谷，县东北十里。出连云栈，直抵斜谷之道也。亦谓之南谷，所谓南口曰褒也。蜀汉建兴十二年，魏延先据南谷口，杨仪等奉武侯之丧还。延逆击仪，延军皆散，遂走死。〇七盘岭，在县北十三里。自北南上，盘回七转，由此入连云栈。详见前褒斜道。

沔水，在县南四里。自宁羌州流入境，又东南入南郑县界。〇华阳水，在县西二十五里。源出牛头山，南流入沔水。今县西南七十里有铁炉堰，引华阳水溉田处也。又有章溪水，出南郑县境仙台山，亦北流入汉水。今县西南九十里有龙河堰，即章溪引流处。

褒水，在县城东。自凤县流入境，一名黑龙江，又名紫金水。《水经注》：褒水西北出衙岭山，东南径大石门，历故栈道下谷，又东南径三交城，又东南得丙穴水，又东南历小石门，又南经褒县故城，东南流入汉。《胜览》云：褒水出太白山，流经凤县南，出褒谷，入汉江。按《水经注》所云，大石门者，当即斜谷之口，而小石门在箕山，近褒谷口，所谓褒水历大小石门者也。又马道河，在县北九十里。南入褒水，源出马道山，因名。

廉水，在县南三十里。自南郑县流入境，经中梁山下，入于汉水。《志》云：县南八十里有流珠堰，引水六十四里，分水门七，导余波入之，以溉境内之田。又县西南百二十里有龙潭堰，引流而东，分为马湖堰、野鸡堰、马岭堰，以溉田。皆廉水所注也。

让水，在县西南百三十里。一名逊水。《志》云：逊水承廉水下流，溉田之余，东南流至古廉水城侧。范柏年谓宋明帝：臣乡有廉泉、让水。是也。朱梁乾化元年，李茂贞围蜀安远军，蜀将王宗铻等驰救，壁于廉、让之间。即此。安远军，见沔县。

沙水，在县北。源出县西北七十里之云雾山，东北流，入于褒水。又青桥水，在青桥驿北，亦西南流，入于褒水。〇石沟水，在县北百五十里，历武曲栈阁旁，至武冈驿栈而东注于褒水。又腊鱼潭，在县北百十里。今有腊鱼栈阁，下流亦入褒水。

山河堰，在今县南二里。横截黑龙江，起自汉相国萧何，而曹参成之。宋绍兴二十二年，利州东路帅臣杨庚奏称，褒斜谷口，旧有六堰，灌溉民田。靖康之乱，民力不能修葺。夏月，暴水冲坏堰身，请设法修治。乾道四年，宣抚使王炎言，山河堰，世传汉萧曹所作。嘉祐中，提举史照上堰法，获降敕书，刻石堰上。中兴以来，堰事荒废。今委知兴元府吴拱修复，尽修六堰，浚大小渠六十有五，凡溉南郑、褒城田二十三万三千亩有奇，赐诏奖谕，是也。今城东南六里曰金华堰，金华上游曰高堰，下流曰舞珠堰、大小斜堰，县南五里为第三堰，皆引褒水之流。即六堰旧址矣。

鸡头关，县北八里。关口有大石，状如鸡头。自此入连云栈，最为险峻。近代贼犯汉中，官军断栈道，守鸡头关，贼不得前。《志》云：县北十里有鸡头关巡司。○汉阳关，在县西北二十里。刘昭曰：褒谷西北有阳平关，诸家因之。杜佑曰：汉置阳平关于此。又县西有甘泉关，杜佑云：在牛头山北，隋置。

虎头关，县北二百里。今为虎头关栈。其北为飞仙关。今为武曲关栈。皆自褒谷达凤县之路。详见前。

黄沙戍，县南五十里。《水经注》：汉水南有五丈溪，溪水侧有黄沙屯。蜀汉建兴九年，丞相亮围祁山。十年，劝农于黄沙，作木牛流马，即此地也。今为黄沙驿。栈道至此，始出险就平。

马盘寨。在县西北。唐天复二年，王建将王宗播攻兴元，取金牛、黑水、西县、褒城四寨。又攻马盘寨，克之。即此。○青桥驿，在县北五十里。又北四十里为马道驿。《志》云：县南二十五里小柏乡有褒城驿故址。

○**城固县**，府东七十里。东南至洋县六十里。汉县，属汉中郡。后皆因之。唐初曰唐固。贞观二年，复曰城固。宝应初，奴剌党项寇城固，即此。

今县城周七里,编户十里。

城固旧城,《志》云:在县东八里。旧有南北二城:北城,汉县治也;南城,蜀汉将刘封所筑。又建兴七年,武侯筑乐城于城固。景曜二年,姜维议令诸围皆敛兵退就汉、乐二城。从之。命监军王含守乐城。六年,魏钟会来伐,分兵围二城。会径过,西趣阳安关。魏景元二年,司马昭西至长安,遣贾充将兵径入斜谷,屯乐城,虑钟会为变也。《志》云:乐城在今县西十八里。或曰,即故南城。《华阳国记》:蜀以城固为乐城县。是也。晋时县治北城。永嘉初,秦州流民邓定等据城固,寇掠汉中。蜀李雄遣军应之,梁州将吏皆弃城走。后魏移县于婿乡,始为今治。

汉阳城,在县西北三十里。后魏延昌初,析南郑、城固二县地置,属汉中郡。后周废。魏收《志》:汉阳有胡城。汉张骞使西域还,与胡妻居此,因名。今城在县西四十里。○扁鹊城,县西南四十里。相传扁鹊曾居此。又《城冢记》:县东十里有汉王城,高十余丈,南北二百步,东西三百步。其东五里有韩信台。

斗山,县西北二十里。《道书》:山有五穴,通昆仑、长安、武当、青城、陇山云。明初下汉中,明昇遣将来攻。徐达驰援,屯益门镇。遣傅友德径趣黑龙江,夜袭木槽关,攻斗山砦,燃炬山上。蜀兵夜遁。益门镇,见凤翔府宝鸡县。○天池山,在县南三十里。上有大池,四时不涸。

三嵎山,在县西北四十里。有三峰高耸,如覆鼎足。又县北五十里有九真山,道家以为太白山。长六百里,与三嵎山相接。王日休云:黑水出兴元城固县西北太白山,南流入汉。是也。○马盘山,在县北百二十里。有上清、中清、下清三溪,俱流入于婿水。

通关山,县北百三十里。《水经注》谓之通关势山。山高百余丈,旧有城,方五里,浚堑三重。高祖北定三秦,萧何守汉中,欲修北道以通关中,故名为通关势。《志》云:今县北三十里有赤土坂。或以此为赤崖。

汉水，在县南。自南郑而东，经胡城南，又东注南北二城之间，入洋县界。

壻水，县东北六里。《水经注》：城固城，北临壻水。是也。一名左谷水，一名智水。壻，古作聟，讹为智也。源出府西北二十八里之听山，东流入洋县界，下流入于汉水。今县西北二十五里有五门堰，又西北五里有百丈堰、高堰，皆引壻水溉田。

黑水，在县西北百里。《水经注》：黑水出北山，南流入汉。北山，王曰休以为即县北太白山也。或云，褒水一名黑龙江，县西北接褒城界，此即黑龙江矣。武侯笺云：朝发南郑，暮宿黑水。北魏元英曰：据襄阳之城，断黑水之路。皆谓此也。唐置黑水砦。光启二年，田令孜劫上幸兴元，遣神策使王建帅兵戍三泉，晋晖等屯黑水，修栈道以通往来。天复二年，西川将王宗播攻兴元，破黑水褒城等寨。是黑水即褒水矣。

南沙河，在县西南三十五里。今县西南四十里有盘龙堰，引南沙河之水。又县西北四十里有北沙河，引流为邹公堰。又县西三十五里有横渠堰，亦引北沙河以溉田。其下流皆入于汉水。又小沙河，在县南十里，引流为承河堰，流合于南沙河。

樊哙台。在县北五里。《水经注》：壻水径樊哙台南。台高五六丈，上容百许人。又东南径城固城北。水北有韩信台，高十余丈，上亦容百许人，即高祖置坛拜信处。《志》误以樊哙台为樊哙城。又县西北二十五里有木槽关，建置未详。

〇洋县　府东南百二十里。北至西安府盩厔县五百七十里，南至四川达州四百三十里。汉城固县地。后魏延昌三年，分置兴势县，属晋昌郡。西魏又置傥城郡。隋初郡废，以县属洋州。大业初，州废，县属汉川郡。唐初属洋州。贞观二十三年，改为兴道县。其后移洋州治此。光启三年，升为武定军节度。宋亦曰洋州。景祐四年，改军名曰武康。元仍为洋州，以附郭兴道县省入。明初改为洋县。今城周七里，编户十里。

兴道废县，在县治东。晋置县，属汉中郡，后废。后魏改置兴势县，在今县东北八里，后移今治。唐复曰兴道。天宝十五载，移洋州治此。孟蜀改洋州曰源州。宋仍曰洋州。胡氏曰：源州，蜀所置，旋废。《五代史》：后蜀潘仁嗣为武定节度使，源、壁等州观察营田处置等使。又周显德二年，攻秦、凤。后蜀将孟贻业驻军平利，为褒、源之援。褒谓兴元也。褒、源盖相近矣。《旧洋州记》：州东连襄汉，南蔽巴蜀，要地有三，置关有八。三要、八关，见前子午道。

真符废县，县东六十里。唐开元十八年，析兴道县置华阳县，属洋州。天宝七载，改属京兆。八载，以凿山得玉册，改曰真符。十一载，改属洋川郡。其治旧为桑平店，北去鳌屋四百四十里。宋末兵废。元复置，寻并入洋州。○龙亭废县，在县东十八里，本汉亭名。后汉元光二年，蔡伦封龙亭侯，是也。后魏时，置龙亭县，又置晋昌郡治焉。后周郡县俱废。以近龙亭山而名。

黄金废县，在县东南百六十里。西魏时置。隋属汉川郡。唐属洋州。宋乾德四年，并入真符县。《一统志》在县东八十五里黄金谷，误。○白公城，在县境。相传白起守汉中，筑此以控制蛮獠云。

兴势山，县北二十里。亦曰兴势阪。山形如盆，外甚险，中有大谷。汉建安二十四年，先主于兴势作营。其后，武侯尝屯戍于此，为蜀汉之重镇。延熙五年，魏曹爽侵汉中。王平使刘敏多张旗帜，弥亘百余里。爽不得进。司马懿贻书曰：兴势至险，蜀已先据。若进不得战，退见邀绝，覆军必矣。爽惧，引还。后魏置兴势县，以此山为名。杜佑曰：后魏置傥城郡于此，因自然陇势，为盘道以上，数里始及门，最为险固。○鸡子山，县南五里，下瞰汉江。

龙亭山，在县东二十里。《志》云：龙亭山，乃入子午谷之口。其山坂赭色，亦名赤阪。蜀汉建兴八年，魏曹真由子午谷，司马懿由西城汉水侵汉。武侯次于城固赤阪以待之。盖两道并进，此为总会之地也。

石锉山，县北六十里。山最高，顶石如锉。或云青锉寨盖设于此。又百亩山，在故黄金县西。《志》云：山有黄金谷。黄金水出焉，南流，入汉水。

太白山，县东北五百里。太白即终南之别名也。盖汉中与凤翔西安，皆倚山为险，关中谓之南山，汉中谓之北山。《通志》云：太白在县北四十五里。误。又酆都山，《志》云：在县西北二十五里，为秦岭之脉。

黄金谷，在县东八十五里。古谚云：山川险阻，黄金、子午。亦谓之黄金山，有黄金峭。汉置戍于此。张鲁筑城守之。南接汉川，北枕右道，险固之极，曰张鲁城，亦曰关城。蜀汉延熙五年，曹爽侵汉，自骆谷入汉中，诸将以兵少不敌。时蒋琬屯涪，欲待涪兵至，共击之。王平曰：汉中去涪垂千里，贼若得关，便为深祸。今先遣军据兴势，平为后拒。若贼分向黄金，平帅千人下自临之，比尔间，涪军亦至，此计之得也。即率兵据之，爽果败却。后姜维议撤黄金、兴势诸围屯戍，钟会因得长驱入汉中也。又有铁城戍，在黄金戍东。城在山上，极险峻。刘宋元嘉十一年，氐王杨难当寇汉川，令其党薛健据黄金山，姜宝据铁城戍。宋梁州刺史萧思话遣萧承之攻拔铁城戍。承之等进拔黄金戍而据之。难当遣其子和等悉力攻围，败走。《水经注》：黄金戍，傍山依峭，崄折七里，与铁城相对。铁城在山上，黄金在山下，山皆险峻，故以金铁为名。杜佑曰：黄金戍，在黄金县西北八十里。

子午谷，胡氏云：在县东百六十里。《寰宇记》：县东龙亭山，由此入子午道。是也。又傥谷，在县北三十里，即骆谷之南口也。俱详见前子午、傥骆道。

青谷，在县东北。晋宁康初，秦苻坚使将王统等出汉川。梁州刺史杨亮拒战于青谷，败绩，汉中陷于秦。亦谓之清水谷。唐开元中，置华阳县。天宝中，开青水谷路，得玉册，即故青谷矣。又箕笃谷在县西北五里。谷多竹，因名。

汉水，在县南一里。自城固县流入，又东经西乡县境。唐至德初，帝军于彭原。第五琦请以江淮租庸市轻货，溯江汉而上，至洋川。令汉中王瑀陆运至抚风以助军。盖汉水自洋川而西，滩碛多阻也。《志》云：县东里许汉江中有饮马滩，每子午时，潮响如雷。又十里为上涛、下涛，俱作雷声。又五里为鸳鸯滩，以江滨乱石错起相对而名。又三里为石门滩。

酉水，在县东五十里。《水经注》：汉水东径石门滩，东会酉水。水北出秦岭酉谷，南历重山。有寒泉水，出县东北寒泉山，西流合焉，又南注于汉水。或误为西水。宋元嘉十一年，氐王杨难当将赵温等，攻宋将萧坦于铁城戍。坦击破之，温退保西水，即酉水也。今县东三十里有高原堰，引酉水溉田。○金水河，《一统志》云：在县东百里。源出秦岭，流经黄金谷，又南流入于汉水。

壻水，在县西北。自城固县流经此，东回南转而入于汉。今县西六十里有杨坝堰，县西北七里有苎溪堰，县西十五里有五郎堰，又西五里曰二郎堰，皆引壻水溉田。又有益水，亦在县西。《志》云：水源出北山益谷，南流入汉。

浕水，在县西。亦曰骆谷水。《水经注》：洛谷水出骆谷中，南流合于浕水，西南注于汉江。洛与骆通。《一统志》：浕水出县北之石锉山。今县北五里有斜堰，又西北五里有土门堰，又北五里有党滨堰，皆引浕水而成。

明月池，在县西北，接城固县界。《水经注》：壻水东经七女冢。冢夹水罗布如七星然。水北有七女池，池东有明月池，状如偃月，皆相通注，谓之张良渠，盖良所开。又百顺池，在县西二十二里，溉田五百余顷。

罄险戍，在县西境。东晋宁康元年，梁州刺史杨亮遣其子广袭仇池，为苻秦梁州刺史杨安所败。亮惧，退守罄险。即此。○洛口戍，在县东。晋义熙六年，桓玄余党桓石绥因卢循入寇，起兵洛口，自称荆州刺史。胡氏曰：洛谷水南流注汉，所谓洛口也。

堰水驿。在县西北。唐广明元年，僖宗避黄巢之乱，自骆谷幸兴元，至堰水。《九域志》：洋州兴道县有堰水镇。

○**西乡县**，府东南二百二十里。东至石泉县二百十里。汉城固县地，蜀汉置南乡县。晋改西乡县，属汉中郡。宋、齐因之。西魏改丰宁县，寻又置洋州及洋川郡。隋开皇初，郡废。大业初，州废，县复曰西乡，属汉川郡。唐初复置洋州。天宝初，亦曰洋川郡。乾元初，复故，寻移治兴道县，而以西乡为属邑。宋因之。端平中，县废。元复置，仍属兴元路。今县城周三里有奇，编户五里。

洋源城，在县南二十里。唐武德七年，析西乡县置，属洋州。宝历初废。又定远城，《志》云在县治南，后汉班超封邑也。亦曰平西城。《晋志》：西乡县治平西城。宋元嘉十年，仇池杨难当寇汉中，梁州刺史甄法护弃城奔洋州之西城，盖即西乡城也。

木马城，在县南。宋白曰：梁大同间，于巴岭侧立东巴州，治木马县。盖在此。又县西有怀昌城。《隋志》：西魏置怀昌郡，后周废为怀昌县。大业初省。

皂军山，县南十五里。相传张飞曾屯军于此。又县北十里为清凉山，山南五里有清凉川。唐德宗兴元初，以朱泚之乱，幸梁、洋。山南节度使严震，具军容迎谒于清凉川，是也。

巴山，县南六十里。西接四川巴州界，即南郑之大巴岭也。今有大巴山巡司在县东南三百里。○金竹山，县南三百五十里。山多金竹，因名。

饶风岭，在县东北百六十里汉江北。饶风关在焉。宋绍兴三年，金撒离喝欲窥蜀，以吴璘扼和尚原，不得逞，乃自商於捣上津，陷金州，长驱趣洋汉。刘子羽时镇兴元，亟命将田晟守饶风关，又召吴玠入援。玠自河池日夜驱三百里至饶风，以黄柑遗敌。敌大惊，遂攻关，不能克。乃更募死士，由间道自祖溪关入，绕出阶后，乘高以瞰饶风。诸军不支，遂溃。敌入洋州，陷兴元。绍定四年，蒙古拖雷入大散，破凤州，陷梁洋，出饶风，浮汉而东，攻金人于汴。饶风者，梁州东面之险也。

阳都坂，在县西北。《水经注》：葐水南经阳都坂东。坂自上及下，盘折一十九曲，西连寒泉岭。《汉中记》：自西城涉黄金峭、寒泉岭、阳都坂，皆峻崿百重、绝壁万寻者也。

汉水，在县北。自洋县流经县界，又东入石泉县界。《水经注》：汉水又东会洋水。川流漫阔，广几里许。

洋水，在县东二十里。出县东南三百五十里之星子山，西北流，合木马河。木马河在县南，一名马源水，源出巴山，东北流，合于洋水，注于汉江。《志》云：县西南三十里有金厢堰，分渠二十五。又有空渠堰，分渠二。又五渠堰，在县南三里，分渠五。官庄堰，在县南二里，分渠二。皆洋水之支流也。县南十五里，又有西龙溪堰。又南十里为东龙溪堰。县西又有平地堰，地名西峡。又西南有惊军坝、洋溪河、高川河、高头坝、长岭冈、黄池塘、罗家坪、阿罗关塘等堰，凡八处。皆陆续开修，引水溉田处也。

七十二渡河，在县南五十里。源出金竹山。其流萦回，可渡者凡七十二处，亦流入于洋水。

葐水，在县西北。《水经注》：汉水过黄金谷南，又东得蘧葐溪口，溪出长安西南之就谷，南流经巴溪戍西，又南径阳都坂东而南注于汉，谓之葐水口。胡氏谓即后魏除口戍。误也。

子午水，县东百二十里。出子午谷，南流入汉水。今有子午镇巡司，在县东北百八十里。

饶风关。见前饶风岭。关北四十里又有祖溪关，即金人攻饶风之间道也。〇盐场关，在县东南二百里，有巡司戍守。

○**凤县**，府西北三百八十里。北至凤翔府二百六十里，西至巩昌府成县二百七十里。汉武都郡之故道县。东晋时，为仇池氏所据。后魏置梁泉县及固道郡于此，又置南岐州。西魏改郡曰归真。后周废郡，改州为凤州。隋大业初，改为河池郡。唐复为凤州。天宝初，亦曰河池郡。乾元初，复为凤州。唐末，置感义军，寻废。朱梁贞明初，王建置武兴军。后唐长兴三年，军废。五代周显德二年，后蜀置威武军。宋复曰凤州。元以附郭梁泉县省入。明初，改州为县。今城周四里有奇，编户六里。

故道城，即今县治。《志》云：邑有蛮夷曰道。汉王从故道出陈仓，定三秦。又曹参攻故道，是也。后汉亦属武都郡。魏晋因之。后为仇池氏所据。后魏初，置凉泉县，寻改曰梁泉。历代皆为州郡治。后唐同光三年，郭崇韬等伐蜀，入散关，议先取凤州，因其粮以图蜀。乃倍道而进，会凤州来降，喜曰：平蜀必矣。宋仍曰梁泉县。元省。《志》云：凤州北连大散，南出褒斜，秦、楚之要瞀也。

黄花城，在县北六十里。汉故道县地。唐武德四年，分梁泉县置，以黄花川为名。宝历中废。有黄花谷，五代周显德二年，王景败蜀兵于此。

威武城，在县东北六十里。五代梁贞明初，蜀王建置城于此，为戍守之地。五年，蜀将王宗播伐岐，入大散关而还，分兵戍威武城。六年，蜀将王宗俦等分道出散关故关伐岐，寻还，王宗晏等分屯威武城。后唐同光三年，伐蜀，前锋李绍琛攻威武城，城降。周显德二年，遣王景等伐蜀，入散关，攻秦凤诸州镇，战于威武城，不利。即此。○龙安城，在县西。《隋志》：西魏有龙安、商乐二县。后周废。又汉王城，《志》云在县南四十里。汉高尝屯兵于此，城因以名。

九峰山，县东北五里。有九峰攒聚。又御爱山，在县东北三十里。韦庄载《入蜀记》：僖宗西幸，尝爱其雄秀，因名。○凤凰山，在县东五里。县以此名。又县南十里有南岐山，洞壑颇胜。

武都山，在县南六十里。山有谷，产雄黄。又紫柏山，在县东南七十里。山有七十二洞，称为幽胜。○板闸谷，在县北百里。宋开禧二年，金人窥大散关，由板闸谷绕出关后，是也。

嘉陵江，在县北一里。自凤翔府宝鸡县界流入境，又西流入徽州两当县界。有羊乳滩，湍激可畏。详见四川大川嘉陵。○褒水，在县东南。出城固县之北山，曲折流，入县境，经褒谷中，入褒城县界，亦谓之紫金水。

红崖河，县西四十五里。出县西北山谷中，历两当县界，流入嘉陵江。又野羊河在县南七十里，出紫柏山，亦流入于嘉陵江。

大散水，在县东五里。出大散关，流经县西南，入于嘉陵江，亦谓之故道水。又有黄花川，亦在县东。《水经注》：大散关水流入黄华川，是为黄华水也。《志》云：县东之水，为斜谷河、紫金水；县西之水，为小峪河、红崖河；县南之水，为东沟河、野羊河。其流俱注于嘉陵。

利民堤，在县西。又有砲子堰，《志》云：宋祥符二年置。○凉泉，在县西二十里，西流与嘉陵江合。后魏以此名县，寻改梁泉。凉与梁古通用也。

大散关，在县东北百二十五里，与凤翔府宝鸡县分界。关傍旧有松陵堡，属县境。置戍于此，与关城为唇齿。今松陵堡已废，惟县南百二十里有松林驿，为往来通道。详见前重险散关。○清风关，在县东百五十里，有巡司戍守。又县南百二十里有留坝巡司。

仙人关，在县南百二十里，近略阳县界。宋绍兴三年，金人入兴元。吴玠守仙人关，自西县间道会刘子羽于三泉，子羽留玠共守。玠曰：关外蜀之门户，不可轻弃。复往守仙人关。绍兴四年，玠与弟璘破金人于此。端平二年，曹友闻却蒙古将汪世显于大安，遂引兵扼仙人关。《一统志》：仙人关，路分左右。自成州经天水出皂郊堡，直抵秦州，此左出之路；自两当趣凤县，直出凤翔大散关，至和尚原，此右出之路也。

武休关，在县西南百余里。宋绍兴三年，金将撒离喝自金、洋入兴元，刘子羽拒之于三泉，乃由斜谷北去。子羽谋邀之于武休，不及。嘉定十二年，金人败宋将吴政于黄牛堡，乘胜攻武休关。守将遁去，金人遂破兴元。又破大安军，连破洋州。绍定四年，蒙古拖雷入大散关，破凤州。一军径趣华阳，屠洋州。一军攻武休关生山，截焦崖，出武休东南，遂围兴元军，民散走死于沙窝者数十万。焦崖，今栈道名。

马岭关，县西三十五里。亦曰马岭寨。五代周显德二年，遣将王景等入散关，攻蜀秦州。蜀将李廷珪遣别将据马岭寨，即此。又县西有画眉关。《志》云：县境大散、仙人、武休、马岭、画眉等关，皆当秦蜀之交，为褒斜要路。○横山寨，在县西北。吴玠败金人于仙人关。贼宵遁。玠遣将张彦劫横山砦，王俊伏河池，扼其归路，又败之。

黄牛堡，县西北百五十里，近巩昌徽州及凤翔陇州界。五代周显德二年，王景攻蜀，入散关，拔黄牛等寨。宋绍兴三十年，金人大举入寇，徒单合喜扼大散关，游骑攻黄牛堡。守将李彦告急。吴璘驰至杀金坪，驻青野原，援黄牛。又遣别将彭青至宝鸡渭河，夜劫桥头寨，破之。金人引却。嘉定十一年，金人入西和阶成州，复犯大散关。守将刘雄遁去。又犯黄牛堡，兴元都统吴政拒却之，进军大散关。十二年，吴政及金人战于黄牛堡，死之。金人乘胜攻武休关，是也。桥头寨，见凤翔宝鸡县。

回车戍，县南百六十里。梁太清中，西魏将杨宽由陈仓取回车戍，入斜谷关。即此。○置口戍，在县西南。宋开禧二年，兴州将毋思以重兵守大散关。时吴曦叛降金，闻金兵至，因撤蟇关之戍。金人由板闸谷绕出关后，思孤军不能支，遂陷。曦退屯置口，旋还兴州。或曰：置口在略阳北。亦作沮口。

唐仓镇，在县北三十里。周显德二年，王景等伐蜀，进至威武城。蜀将李廷珪遣别将据马岭寨。又遣兵出斜谷，屯白涧。又分兵出凤州北唐仓镇及黄华谷，绝周粮道。景遣兵抵黄花，又分兵趣唐仓，扼蜀归路，旋败蜀兵于黄花。蜀兵奔唐仓，周兵又败之，于是马岭、白涧兵皆溃。廷珪等退保青泥岭，蜀人以秦州降。其斜谷援兵亦溃，成阶二州皆降。《志》云：白涧镇在县东北，即是时蜀将李廷珪分兵屯戍处。

固镇，县西百二十里。当略阳青泥岭之东北，亦近巩昌府徽州东界。《九域志》：河池县有固镇。是也。五代梁乾化四年，蜀兴州将王宗铎攻李茂贞阶州及固镇，破细沙等十一寨，又破长城关等四寨。贞明元年，王宗翰侵岐，出青泥岭，克固镇，与李茂贞秦州兵战于宜阳川。石晋开运末，时契丹入汴。蜀将李继勋等乘间攻固镇，拔之。进攻凤州，不克，退保固镇。李昊曰：贼若复据固镇，则兴州道绝，不复能救秦州矣。请遣兵急攻凤州。既而蜀将汉韶复攻凤州，军固镇，分兵拒散关以绝北军援路。凤州寻降于蜀。周显德二年，王景围凤州，别将韩通分兵城固镇，以绝蜀之援兵，遂克之。薛居正《五代史》：凤州固镇之地，周显德六年升为雄远军。盖是时初定，秦、凤、阶、成四州，置军以扼蜀人之冲也。泥阳川，见巩昌府成县。

土门隘，在县西南。《一统志》：自青冈平墕过武休山砦，甚险峻。元汪世显取蜀，道经此。又《汉中野录》云：斜谷、榆林、窦家、石楼、西谷、梁州山、土地垭、羊城，凡八隘，皆称险厄。○桑平铺，《舆程记》曰：在县南百里。此为古陈仓道。

长桥。在县东北。宋开禧三年，杨巨源引兵复大散关，与金人战于凤州之长桥，是也。○草凉楼驿，在县东北六十里。唐玄宗西幸，尝驻跸于此。又东北六十里为东河桥驿，入宝鸡县界。又三岔驿，在县南七十里。又南六十里，即松林驿也。余见前褒斜道。

附见：

汉中卫。在府城内，洪武四年建，领千户所五。

○**宁羌州**，府西三百里。西至巩昌府成县二百五十里，西南至四川广元县二百里，东北至凤县六百里。

古白马氐羌之地，汉为武都郡沮县地。晋亦为武都郡地。后为杨茂搜所据，刘宋讨平之。后魏时属东益州盘头郡，寻废。后周为长举县地，属华阳郡。刘宋时，郡寄理州下，未有实土。今见下洒县及略阳县。隋大业初，属顺政郡。唐亦为兴州长举县地。宋因之。明初为洒县地，置宁羌卫于此。成化二十二年，改置宁羌州，编户四里。领县二。今仍曰宁羌州。

州北控褒斜，南卫蜀口。自秦楚相争，州境已为孔道。历汉、魏至今，未有梁、益有事而金牛得免于驿骚者也。苏氏曰：大散以南，剑门以北，中间几及千里。山谷纷纠，险厄相错，自古惟汉高出陈仓，邓艾走阴平，深得用兵之意。若角材衡力，争胜于尺寸间，未为良策矣。

金牛废县，州东北七十里。汉葭萌县地，属广汉郡。唐初为绵谷县地。武德二年，析置金牛县，属褒州。八年，州废，属梁州。宝历初，废为金牛镇。天复二年，西川将王宗播攻兴元，破金牛、黑水、西县、褒城四寨。又朱梁乾化初，岐兵围安远。蜀将王宗弼等赴救，败岐兵于金牛。宋亦为金牛镇。绍兴三年，撒离喝入洋州，陷兴元，至金牛镇，四川大震。薛居正曰：三泉县东六十里有金牛镇。《一统志》：金牛废县在褒城县西百八十里。今为金牛驿。州城，明洪武十三年所筑卫城也。成化中，改为州治。嘉靖二十五年增修。万历二十三年重葺。城周四里有奇，有门四。

白水城，在州西南。汉县，属广汉郡。后汉因之。蜀汉炎兴初，魏钟会入阳平关。姜维自阴平退趣白水，遇廖化、张翼等，合兵守剑阁，是也。晋仍曰白水县，属梓潼郡。安帝时立白水郡。刘宋因之。元嘉十二年，为仇池杨难当所据。十九年，裴方明讨之，克其白水城，遂平仇池。泰始中，以白水郡授仇池杨元和。其后杨氏尝为郡守。西魏郡废，又以白水县并入平兴县。平兴，今见四川昭化县。

嶓冢山，在州东北四十里。即《禹贡》之嶓冢也。汉水出焉。见前名山嶓冢。○冠山，在州城南。旧《志》：州西有白马山。山下为羊鹿坪，州治凭焉。今州城亦曰白马城也。又有月山，在州东一里。

鱼鳌山，在州东南。宋绍定四年，蒙古拖雷入汉中，分两军。东军屯于兴元、洋州之间，以趣饶风关。西军由别路入沔州，取大安军路，开鱼鳌山，撤屋为筏，度嘉陵江，入关堡，并江趣葭萌，略地至西水县，破城寨百四十而还。西水城，今见四川阆中县。《志》云：州东南二十五里有龙首山，本名马面山。弘治十一年，以山巅崔岸如龙首，敕改今名。州东南七十里有天池山，上有池，或以为即鱼鳌山也。又有龙洞山，在州西南四十里。

五丁山，州北三十里。其峡曰五丁峡，亦曰金牛峡。相传即秦作五石牛绐蜀，蜀令开道引之处也。《一统志》：金牛峡，在沔县西百七十里。

天台岭，《志》云：在州东五十里。其山高而顶平，因名。岭下有铁锁桥。

漾水，即汉水也。出嶓冢山下，东流入襃城县境。先主斩夏侯渊，欲度汉水攻阳平关。魏人议依水为陈，郭淮曰：不如远水为陈，引而致之，渡而后击之。备疑不敢渡，即此处也。又沮水，亦在州东，自略阳县流入境，合于漾水。

西汉水，在州东。源出秦州嶓冢山，历西和、成县至略阳县西南，又南经州东，而合于嘉陵江。详附见大川汉水。○嘉陵江，亦在州东。自略阳县南流经州界，合西汉水，又南入四川广元县境。

白水，在州西。自略阳县流入，又西南入巩昌府阶州境。《志》云：白水源出洮州卫西倾山，下流至四川昭化县北，合于嘉陵江。其在州境者，亦曰葭萌水。水有津关，即所谓白水关也。宋元嘉十一年，梁州刺史萧思话击败氐王杨难当之众，悉收汉中故城，置戍于葭萌水，即白水矣。今州西三十里，有涧萦绕城下。或以为即白水之支流云。

泸水，在州东北七十里。《水经注》：源发武都氐中，南流绕张鲁城东，又南过阳平关西而南入沔，谓之泸口云。

阳平关，州东北九十里。亦曰阳安关，或谓之关城。西北隔泸水，对张鲁城。《水经注》：张鲁城因即崤岭。周回五里，东临濬水谷，杳然百寻。西北二面，连峰接崖，莫究其极。从南为盘道，登陟二里有余。庾仲雍以山为白马塞，东对白马城，名阳平关，是也。关城西带泸水，南面沔川。城侧二水之交，亦曰泸口。建安二十年，曹操征张鲁。鲁使弟卫拒关坚守，横山筑城十里余。操初闻阳平城下，南北山相远，不可守。及至阳平，不如所闻。攻山上诸屯，皆峻绝难登。既不时拔，士卒伤损者多，军食又尽，意欲拔军截山而还。会前军夜迷，误入张卫别营。卫军惊溃，乃拔之。晋孙资所云，魏武阳平之役，危而后济者也。二十二年，先主取汉中，屯阳平，与夏侯渊相拒。法正曰：鱼复与关头，实为益州祸福之门。建兴五年，武侯讨魏，至汉中，屯于沔北阳平、石马。后主时，谓之阳安关。景曜五年，钟会谋蜀。姜维表请护阳安关口。后主不听。既而闻魏兵且至，乃遣张翼等诣阳安关口，为诸围外助。未及至关，会径自洛口入，分兵围汉、乐二城，径趣阳安关口，下其城，是也。自晋以后，谓之泸口城。义熙二年，仇池氐王杨盛，遣其将符宣等入汉中。秦梁州别驾吕莹起兵应宣。刺史王敏攻莹，莹求援于盛。盛遣军临泸口，敏退屯武兴。宋白曰：刘宋时，尝侨立华阳郡于泸口城，其后皆谓之白马城。齐建元元年，李乌奴叛入白水氐，依氐王杨文弘，引氐兵寇梁州，陷白马戍。梁州刺史王玄邈击却之。二年，李乌奴复寇梁州。梁、南秦二州刺史崔慧景发梁州兵屯白马，与益州兵覆背击之。乌奴败保武兴。永明十年，武兴氐王杨集始寇汉中，至白马。梁州刺史阴智伯，遣军主桓卢奴等击破之。梁天监四年，梁州长史夏侯道迁以汉中叛降魏。白马戍主尹天宝引兵击之，围南郑，败死。五年，武兴氐杨集义围魏关城。魏将傅竖眼击破之，进克武兴。杜佑曰：关城在西县西四十里。《一统志》：关在褒城县西百八十里。今为阳平驿。驿后又有鸡鸣山，相传昔人屯兵于此。敌兵潜至，鸡鸣乃觉。又傍有击鼓山，亦因敌至、击鼓拒敌而名。近代贼营宁羌，官军讨之，至沔县。贼由阳平关过河趣巩昌，陷两当凤县。即此。

白水关，在州西南九十里，接四川昭化县界。章怀太子贤曰：关在金牛县西。杜佑以为在县南也。东北去关城一百八十里。胡氏曰：汉阳西县有白水关。广汉郡白水县亦有白水关。自源徂流，同一白水也，故皆以白水为名。后汉建武六年，诏隗嚣从天水伐蜀。嚣上言：白水险阻，栈阁败绝。即此。建安十六年，刘璋使杨怀、高沛戍白水关。先主屯葭萌，令督白水军。既而先主绐斩怀、沛，勒兵至关头，并其兵，遂进据涪城。魏景元四年，诸葛绪追姜维于阴平桥头，不及，还向白水，与钟会合。晋太宁初，成李雄遣其将李玚等出白水，李寿等出阴平，击仇池杨难敌，玚等败没。梁天监十四年，任大洪破魏东洛、除口二戍，进围白水关城。魏益州刺史傅竖眼，遣将姜喜击走之。十五年，魏傅竖眼去益州，晋寿降于梁。巴西、梓潼二郡太守张齐败魏兵于葭萌，进围武兴。魏复使傅竖眼还益州，入武兴。张齐退还白水，数侵魏之葭萌。傅竖眼复遣将击取之。既而齐袭攻白水。魏梓潼太守苟金龙时领关城戍主，会疾，其妻刘氏帅民拒守。并在城外，为梁兵所据。会天大雨，救亦至，梁兵引却。王氏曰：白水，蜀口要地也。吴贺邵尝言，刘氏据三关之险，守重山之固。张萱《汉南纪》：蜀有阳平关、白水关、江关，是为三关。《宋史》：理宗宝庆元年，蒙古破关外诸隘，至武、阶。四川制置使郑损弃沔州，遁。于是三关不守。宋将曹友闻救却之。此三关，谓仙人、阳平、白水也。汉中西面之险，以三关为最。近代贼渡利州河，犯阳平、白水关，土人拒之。贼东走奉节。白水之固，于今为烈矣。涪城，见四川绵州。江关、奉节，见四川夔州府。

百牢关，在州西南。隋开皇中置，以蜀路险，号曰百牢也。或曰其地有百牢谷，因名。又州东有猪屋关，州西有牢固关、七盘关，州北有略阳关。

《志》云: 皆秦蜀要冲之地。

除口戍。在州东。梁天监十四年, 任大洪破魏东洛、除口二戍, 进围关城。魏将傅竖眼遣兵败之, 乃还。《水经注》: 汉水西南径关城北有除水, 出西北除溪, 东南流, 入于汉。除口戍, 当置于此。汉水, 西汉水也。东洛, 见四川昭化县。○黄坝驿, 在州西五十里。《通志》: 阳平驿, 在州西北八十里。似误。

○沔县, 州东北百九十里。东南至府城百二十里。汉为汉中府之沔阳县。后汉因之。曹魏末, 尝为梁州治。晋仍为沔阳县, 属汉中郡。后没于杨茂搜。刘宋取其地, 复为沔阳县。齐因之。后魏时县属华阳郡。西魏属兴州。隋废沔阳入西县, 属梁州。唐、宋因之。元至元二十年, 置铎水县, 迁沔州治焉, 寻省县入州。明初, 又改州为县, 属汉中府。成化中, 改今属。城周一里有奇, 编户五里。

沔阳城, 县西南三十里。旧《志》云: 在西县东南十六里。汉县治此。隋省。《水经注》: 沔水东经沔阳故城, 相传萧何所筑。后汉建安二十四年, 先主北定汉中, 始立坛即汉王位于此。其城南临汉水, 北带通逵, 南面崩水三分之一。是汉时故城又在今县南汉水滨矣。是城盖宋齐间所置也。《郡国县道记》: 先主置武兴督于沔阳城。○华阳城, 在县东南四十里。后魏析沔阳县地置, 华阳郡亦治焉。《隋志》: 梁尝置华州于此。西魏俱废入沔阳县。

西县城, 在县西四十里。本沔阳县地。亦曰白马城, 以旁有白马山, 山石如马, 望之逼真也。《郡国县道记》: 西县本名白马城, 亦谓之沔口城。盖误为白马关城矣。晋永和二年, 桓温平蜀, 以蜀汉流人立晋昌郡。说者谓治于白马城。宋元嘉十一年, 氐王杨难当袭梁州, 破白马, 获晋昌太守张范, 是也。后魏置嶓冢县, 属华阳郡, 俗仍名白马城。西魏废帝钦元年, 达奚武攻汉中。梁武陵王纪遣将杨乾运援之, 至剑北。奚武大破之于白马。隋大业三年，改为西县，属汉川郡。唐武德二年，于县置褒州。八年州废，县属梁州。天复二年，王建攻兴元，其将王宗播克西县寨，寻取兴元。使王宗绾城西县，号曰安远军。朱梁乾化初，岐兵围蜀将王宗侃于安远，不克而还。贞明六年，蜀主衍北巡，次安远城。遣军伐岐，寻自安远引还。后唐平蜀，仍曰西县。宋因之，仍属兴元府。绍兴三年，金人入洋州，吴玠保西县，是也。元初，改属沔州，寻省。《九域志》：西县东至兴元府百里，西南至利州三百九里。

西乐城，在今县西南。《水经注》：沔水东径沔阳故城南，又东径西乐城北。城在沔阳东山上，周三十里，甚险固。城侧有谷，谓之容裘谷。道通益州，山多群獠。武侯筑此以为防遏，即汉、乐二城之一也。《三国志》：建兴七年，丞相亮徙府营于南山下原上，筑汉城于沔阳，乐城于城固。此即汉城也。对乐城而言，故曰西乐。景曜二年，护军蒋斌守汉城。六年，魏钟会来伐，分兵围之，引兵径进，遂入阳安关。又晋宁康初，梁州刺史杨亮守西乐城，为苻坚所败。杜佑曰：西乐城，在西县西南。《水经注》以为在沔阳东山上，似误。又蜀汉延熙中，姜维请建西安、建威、武卫、石门、武城、建昌、临远诸围戍。其城皆在今阶、成、凤、沔间云。〇石马城，在县东二十里。蜀汉建兴五年，武侯伐魏至汉中，屯于沔北阳平、石马。此即石马城。或以为诸葛垒，亦曰诸葛城。隋置白马镇于此。

三泉城，在县西南七十里。唐置。《旧唐书》：武德四年，分利州绵谷县置南安州，领三泉、嘉平二县。八年，废南安州及嘉平县，以三泉属利州。天宝元年，改属梁州，移治沙溪之东，即今城也。《续通典》：三泉县，在兴元府西南二百十里。本后魏正始中分葭萌县置，以界内三泉山为名。唐光启二年，幸兴元，邠宁、凤翔等军逼车驾。遣神策军使王建帅步兵戍三泉。天复二年，昭宗幸凤翔，王建引兵趣凤翔。山南西道节度使李继密遣兵戍三泉以拒之，为西川将王宗播所败。后唐同光三年，伐蜀。前锋李绍琛大败蜀兵于三泉，遂兼行趣利州。宋乾德三年，王全斌伐蜀。别将史进德败蜀兵于三泉寨。蜀既平,以三泉为蜀道之口,命直隶京师。至道二年,建为大安军,旋废。绍兴三年,复置大安军。是年,金人入洋州。刘子羽焚兴元,退保三泉。嘉定十二年,金人破大安军及洋州。都统张威遣石宣邀击金人于大安军,大破之。端平二年,蒙古术汪世显捣大安。曹友闻击却之。三年,蒙古陷兴元。曹友闻方扼仙人关,四川制置使赵彦呐檄友闻控制大安以保蜀口。及战,败,蒙古遂长驱入蜀。一月之间,利州、潼川、成都三路悉见倾陷。元初为大安州。至元二十年,降为县,属沔州。明初废。今为大安关。宋《九域志》:兴州东南至三泉县一百四十五里,自三泉西至利州一百八十九里,又三泉西至阳平关二十里。《寰宇记》:城东门外濒江石上有三泉品列,县因以名。

嶓冢山,县西百二十里,与宁羌州接界。又县西九十里有普明山,东接金堆,西连嶓冢,大安水出焉。

烽燧山,在县治西。昔尝置烽燧于山上。又县治北一里有卧龙山。○铁山,在县北五里。山出铁。《志》云:宋姚仲置寨于此,以拒金人。又刘子羽曰:川口有铁山栈道之险。谓此也。按兀术攻仙人关,自铁山凿崖开道。又吴曦以阶、成、和、凤四州降金,表铁山为界。似山当在略阳境内,非此铁山也。

定军山,县东南十里。有两峰对峙。汉建安二十三年,先主取汉中,与夏侯渊相拒于阳平关。久之,先主自阳平南度沔水,缘山稍前,营于定军山。渊引军来争,先主使黄忠乘高下击,遂斩渊。诸葛武侯葬于此山下,有武侯督军坛。又有八阵图在山之东麓,所谓高平旧垒也,遗址仅存。宋绍兴三年,金人陷洋州,逼兴元。刘子羽邀吴玠同守定军山,即此。《华阳国志》云:定军山,北临沔水。○武兴山,在县东北十五里。蜀汉置武兴督,盖以山名。《一统志》:山南临汉江,古武兴郡盖治此。恐误。《名胜志》:武兴山,在略阳城西一里。峰峦秀出,竹柏蔚然。

龙门山,在县西南六十里。旧《志》:山南去废大安军城十里。悬崖环合，溪壑交流，有鸡冠隘、龙尾坡诸险。宋端平三年，蒙古陷兴元，四川制置使赵彦呐檄曹友闻守大安军。友闻遣弟万等上鸡冠隘，多张旗帜，示敌坚守。友闻选精骑夜渡江，往流溪设伏，约内外夹击。蒙古兵至，万出战。友闻帅所部兵驰至隘下，入龙尾头。万亦出隘口，与友闻会。会大风雨，敌以铁骑冲突，两军悉没，敌遂长驱入蜀矣。江，即汉江，在大安城东。流溪，汉江东之小溪也。○潭毒山，在县西八十五里。或以为即宋绍兴二年刘子羽所守之潭毒山也。今见四川昭化县。

白崖，在县西北。旧《志》云：在大安军东北八十里。宋元嘉十九年，魏取仇池。既而仇池杨文德复叛，据白崖。即此处。又石顶原，在县南三十里。宋时置关于此，最为险要。○百丈坡，在县东北二十里。《舆程记》：由凤县南百里桑平铺而入，至此而出，路长二百里，为古陈仓道。汉高祖出故道袭陈仓，盖繇此。今荒塞。

汉水，在县南十里。自宁羌州境流入县界，又东流入褒城县境，亦曰漾水。其别源曰沮水，自略阳县流经县西三十里，又东南流，合于汉水。

大安水，在县西九十里。源出普明山，又东南流，经废大安城西而入于汉江。又容裘水，在县西南。《水经注》：源自巴岭，西北流，径西乐城东而注于汉水。

黄沙水，在县东四十里。有天分堰，引水溉田。《志》云：黄沙水源出县东北四十里之云濛山，下流入于汉。又有养家河，在县南二十里，或曰漾水之支流也。今县南三十里为白崖堰。又南五里为马家堰。县东南三十里又有石燕子堰。俱引以溉田。又旧州河，在县北二十五里，引为石剌塔堰。又罗村河，在县西南百九十里，引为罗村堰。俱有灌溉之利。

黄牛川，在县西。朱梁乾化初，岐兵围安远。蜀将王宗弼等赴救，败岐兵于金牛，又败之于黄牛川，进至城下，与城中兵夹击之。岐兵解围遁去。又龙尾滩，在县西南。《志》云：大安军龙尾滩，由凤州入阆州之道也。

宋开禧中，四川帅安丙杀杨巨源于此。盖即龙尾坡矣。

明珠曲，在县西。或曰，西县城旁有白马河。其上流为龙门沟，南流入于汉水。水所折旋处，有明珠曲、凫口之名。朱梁乾化元年，岐兵围蜀安远军。蜀将王宗锷等救之，壁于廉、让之间，与兴元军合击岐兵，大破之于明珠曲，又破之于凫口，是也。廉、让二水，见褒城县。

大安关，即故三泉县也，以宋兼置大安军而名。又石顶关，置于石顶原。二关皆为控扼要地。《志》云：县西百里为金牛驿。盖即州境之金牛废县矣。又顺政驿，在今县治西。

广石戍，在县西。先主谋取汉中，屯阳平关。魏将张郃屯广石。先主攻之，不克。既而夏侯渊败没，郃自广石引兵还阳平。广石盖与阳平关相近也。又石团寨，在县西北。孟蜀时，置寨以守剑北。宋乾德二年，王全斌伐蜀，下兴州，乘胜拔石团、鱼关、白水等二十余寨，别将败蜀兵于三泉，是也。○鱼关寨，或曰近兴州。宋绍兴中，贮钱帛于此，以给军。

鱼孔隘。在县西。宋淳祐三年，蒙古破大安军。宋将杨世安守鱼孔隘，孤垒不降。诏即以世安知大安军，是也。又德胜堡，亦在故大安城西南。宋嘉熙元年，广西恩州土酋田兴龙败蒙古兵于此。

○**略阳县**，州东北三百十里。东南至府城二百十里，西至巩昌府成县二百十五里。汉武都郡沮县地。三国汉置武兴督于此。晋仍为沮县地。晋惠帝时，尝为杨茂搜所据。后魏太和中，置南梁州于此。寻改为东益州，治武兴郡，又侨置略阳县。梁大同十二年，得其地，置武兴蕃王国。西魏改为兴州，兼置顺政郡，而改县为汉曲县。隋初，郡废。开皇十八年，改为顺政县。大业初，又改兴州为顺政郡。唐复曰兴州。天宝初，亦曰顺政郡。乾元初，又为兴州。宋因之。绍兴十四年，为利州西路治所。绍熙五年罢。开禧三年，吴曦叛，伪改兴德府。曦诛，改曰沔州。庆元二年，复为利州西路治。嘉定三年，又罢。十一年，复置。端平三年，兵乱，废。元移州治铎水县，而改州治顺政县为略阳县,仍属沔州。明初,改属府。成化二十二年,改今属。县城周四里,编户四里。

武兴城,即今县。《元和志》云:先主以地当冲要,置武兴督守此。筑城甚固,周围五百许步,惟开西北一门,外有仓垒,三面周匝。自晋以后,皆谓之武兴城。义熙二年,仇池杨盛略汉中。后秦梁州刺史王敏退屯武兴。宋元嘉三年,仇池氏杨兴平内附,梁、南秦二州刺史吉翰遣始平太守庞灾据武兴。氏王杨玄遣弟难当来争,诏击走之。昇明元年,以杨文弘为北秦州刺史,退治武兴。齐建元二年,晋寿民李乌奴叛,数寇梁州,为州兵所败,走保武兴。既而梁、南秦二州刺史崔慧景遣长史裴叔保攻乌奴于武兴,为氏王杨文弘所拔。是年,以杨难当之孙后起为北秦州刺史、武都王,镇武兴。永明十年,氏王杨集始以武兴降魏。建武四年,复来降。永元二年,又叛降魏。魏仍使归守武兴。梁天监二年,氏王杨绍先等始贰于魏,寻称帝。五年,魏克武兴,执绍先,置武兴镇。寻改为东益州,领武兴等郡。十四年,叛氏围武兴,魏南秦州刺史崔暹击破之。大同初,绍先因魏乱,自洛阳逃还,复据武兴。时梁克汉中,绍先子智慧表求归国。诏即以为东益州刺史。十二年,仍附于梁,梁因置武兴蕃王国授之。大宝二年,西魏将达奚武取武兴,灭杨氏,因改置兴州及顺政郡。隋唐以来,因之。柳宗元《兴州江运记》所谓崖谷峻绝,十里百折者也。宋建炎四年,张浚以富平之败,退保兴州。或请移治夔州。刘子羽曰:四川全盛,敌欲入寇久矣,直以川口有铁山栈道之险,未敢遽窥耳。今不坚守,纵使深入,而吾假处夔峡,遂与关中声援不相闻,进退失计,悔将何及?今留驻兴州,外系关中之望,内安全蜀之心,呼召诸将,收集散亡,分布险隘,坚壁固垒,庶几有济。浚从之。于是蜀始可守。及开禧三年,吴曦引金人入凤州,以阶、成、和、凤四州界之,表铁山为界。曦即兴州为行宫,改州为兴德府,称蜀王。安丙等讨平之。于是始改为沔州。端平二年,蒙古入犯,自凤州至西县,捣西池谷,距沔九十里。既而自白水关入六股渠,距沔六十里。沔无城郭,依山为阻,知州高稼力战不能支,遂陷。蒙古将汪德臣因筑城屯守，既又取利州城之。而蜀口之险，尽入于敌矣。

长举城，县西百里。本汉沮县地。后魏为梁州华阳郡地，寻析置长举县及盘头郡于此。正光五年，秦州贼莫折念生遣其党窦双攻盘头郡。东益州刺史魏子建遣将窦念祖击破之。后周郡废，县属顺政郡。隋属兴州。唐因之。后唐同光二年，伐蜀，前锋将李绍琛等至长举，其兴州将以所部兵降，是也。宋仍属兴州。元废。

鸣水城，县西南百十里。汉沮县地。后魏置落丛郡。魏收《志》：落从郡领武都、明水二县。明水，即鸣水矣。西魏改置落丛县。隋开皇初，郡废。六年，改县曰厨谷，属兴州。八年，又改曰鸣水。唐因之。宝历初，县废。

仇池城，在县西北百六十里。《隋志》：西魏置仇池县，后改曰灵道。隋属兴州。大业初，省入顺政县。又有修城废县，在县西境。后魏太和中置郡，治平洛县。西魏改县曰广长。后周郡废，又以所属下阪县省入。隋仁寿初，改为修城县。隋末废。又柏树废县，亦后魏置，属修城郡。后周废入广长县。

玉女山，在县治东南。山高千仞，多云霞覆之，不见其巅。山多白石，修洁如人形，因名。县西二里有堡子山，或以为武兴山也。又有八渡山，在县北十五里。山下水流环绕，可渡凡八处，因名。

盘龙山，县西五里。下有泉水，湾环如盘龙，上有砖浮图。或以此为龙门山。后魏太和中，以氐帅杨灵珍为南梁州刺史。灵珍举郡降齐，魏主诏李崇讨之。崇自武、阶槎山分道而东，表里袭之。灵珍遣从弟建屯龙门，自帅精勇万人屯鹫峡，龙门之北数十里中，伐树塞路，鹫峡口聚擂石，临崖下之，以拒魏兵。崇命统军慕容炬帅众从他路入，夜袭龙门，破之。崇自攻鹫峡，灵珍败走，遂克武兴。胡氏曰：鹫峡在龙门之西南。今亦见巩昌府成县。

大丙山，县南三十里。山有丙穴。其相连者曰小丙山。《志》云：山在沔县西北八十里。盖与县接界也。亦名大景、小景山，唐讳丙，改曰景。又寒山，在县南百里。山高耸，尝有积雪覆其巅。○厨谷山，在县南三百里。崖穴间尝兴云霞，如厨爨之状。

飞仙岭，在县东南四十里。上有阁道百余间，即入蜀大路也。又分水岭，在县东南八十里。岭下水流分东西，因名。或曰，即《水经注》所云狼谷也，沮水出焉。

杀金岭，县西北百二十里。其旁地曰杀金坪，与凤县仙人关相近。宋绍兴四年，金兀术攻和尚原。时吴玠守仙人关，以其弟璘守和尚原。馈饷不继，虑金人必复深入，且其地去蜀远，命璘别营垒于仙人关右之地，名杀金坪，移兵守之。继而兀术以步骑十万破和尚原，进攻仙人关，自铁山凿崖开道，循岭东下。玠以万人守杀金坪，以当其冲。璘自武阶路入援，先以书抵玠，谓杀金坪之地阔远，前阵散漫，后阵阻隘，宜益修第二隘，示必死战，然后可以必胜。玠从之，急修第二隘。璘转战七昼夜，始与玠会于仙人关。敌败却。

青泥岭，在县西北百五十里。悬崖万仞，上多云雨，行者每逢泥淖。亦名泥公山。后魏太和中南梁州刺史杨灵珍据泥公山，归款于齐，即此。五代梁乾化初，岐王李茂贞遣刘知俊等侵蜀。蜀将王宗侃等与战于青泥岭。蜀兵大败，退保安远。又贞明初，蜀将王宗播攻岐，引兵出青泥岭，克固镇。周显德二年，王景伐蜀。蜀将李廷珪战败，自唐仓退保青泥岭。宋乾德二年，王全斌等伐蜀，会师于凤州，取青泥关路入蜀界。盖五代时蜀人置关于此，以为控扼也。固镇、唐仓，俱见前凤县。

大唐峰，在县东南。唐光启二年，邠宁叛帅朱玫遣将王行瑜逼车驾于兴元，攻大散关。兴凤帅杨昇败走。行瑜进屯凤州，攻兴州。昇复弃城遁。诏都将李鋋等屯大唐峰以拒之，邠军败，复取兴州，进屯万仞寨。○角弩谷，在县东北。萧齐建武二年，魏将拓跋英等攻梁州。梁州刺史萧懿遣将据角弩谷及白马，沮水，立五栅以拒之，为英所败。今阶州亦有角弩谷。

青野原，在县北百四十里。宋绍兴三年，金人扼大散关，游骑攻黄牛堡。吴璘自河池驰至杀金坪，驻青野原，分兵援黄牛堡，却之。绍定四年，蒙古遣使速不罕来假道淮东，以趣河南，至沔州青野原，为统制张宣所杀。端平二年，蒙古陷沔州。四川制置使赵彦呐自蜀口进屯青野原，蒙古围之。利州帅曹友闻曰：青野为蜀咽喉，不可失也。因驰救，敌引却。黄牛堡，见凤县。

沮水，在县东。《水经注》：沮水出沮县东狼谷中，又东南流，经沮水戍西，而东南流注汉。亦曰沮口。晋宁康初，梁州刺史杨亮遣其子广袭仇池，为秦将杨安所败。沮水诸戍，皆委城奔溃。盖是时阻沮水列戍，以备秦也。后魏延昌末，梁州刺史薛怀吉破叛氐于沮水，亦在县境。今沮水流经县南，入沔县境而合于汉水。

嘉陵江，在县南一里。自徽州流入，又南入宁羌州境，合于西汉水。唐元和中，山南节度使严砺，自长举县西，疏嘉陵江二百里，焚巨石、沃醯以灌之，通漕，馈成州戍卒，是也。○犀牛江，在县西北百二十里。即西汉水也。自巩昌府成县流入，下流合于嘉陵江。《志》云：县东有黄坂水，又有南街水，其下流俱流注于嘉陵江。

白水江，在县西百二十里。其上源自洮岷卫境东流，经西和、成县之境而入县界。又南经宁羌州西，折而西南，入阶州界，历文县及四川龙安府之境，复折而东，至昭化县，入于嘉陵江。亦谓之葭萌水。盖白水盘束山谷间，源流最为纡远云。今有白水巡司，置于县西北百十里。

一百八渡河，在县城东。自巩昌府徽州界流入境，下流合嘉陵江。明初，徐达下秦州，遂南出一百八渡河，由略阳入沔州，是也。

乾渠，在县北。《旧五代史》：后唐长兴中，冯晖为兴州刺史，以乾渠为理所。清泰初，雄武帅张延朗围蜀文州。蜀将李延厚将兵屯兴州，遣别将救文州。延朗引还秦州，冯晖亦自乾渠归凤翔，是也。宋乾德二年，王全斌伐蜀,前锋收复乾渠渡,进克万仞、燕子二寨。乾渠,盖往来要地也。

白玉关,在县北八十里。一名九股树。今有九股树巡司置于此。又兴城关,在县西。《唐志》:兴州有兴城关。是也。

万仞砦,在县北。唐光启二年,邠宁帅朱玫遣将王行瑜攻兴州,陷之。都将李鋋击败行瑜军,复兴州,进屯万仞砦。宋乾德二年,王全斌伐蜀,自凤州从乾渠渡,克万仞、燕子二寨,遂下兴州。

桑林戍。在县南。《志》云:五代唐末,兴州所领有三泉、西县、金牛、桑林等戍。清泰初,兴州刺史刘遂请悉集戍兵还洛。于是,散关以南城镇,无复守御,悉为蜀人所有。〇合江仓,在县治东。宋开禧中,杨巨源监合江仓,起兵讨叛帅吴曦,杀之。

附见:

宁羌卫。在州城内。《通志》:洪武二十九年置,辖千户所五。又沔县守御右千户所,在县治东,洪武中置,旧属汉中卫,今属宁羌卫。

〇兴安州,府东南六百四十里。东至湖广均州七百里,东南至湖广郧阳府五百二十里,南至四川夔州府九百五十四里,西南至夔州府达州一千一百里,北至西安府六百八十里,东北至商州六百二十里。

春秋时庸国地,《帝王世纪》云:昔虞帝尝居此,谓之姚墟,亦曰妫汭。《通典》谓之妫墟,在州治西北。**战国时属楚。秦属汉中郡。汉因之。东汉末,置西城郡。曹魏改为魏兴郡。晋、宋、齐因之。**宋、齐时,有南上洛郡,皆寄治魏兴。萧子显曰:晋永嘉初,蜀贼没汉中,刺史张光治魏兴。自是每失汉中,刺史辄镇魏兴也。**梁天监四年,侨置梁州于此,亦谓之北梁州。**时汉中没于后魏也。**寻复没于后魏,曰东梁州。大同初,复得汉中,改为南梁州。西魏又为东梁州,兼置金城郡。**永熙二年,东梁州民夷作乱,讨平之。**寻改为金州。**以其地出金也。隋郡废州存。大业初，又改为西城郡。唐复为金州。天宝初，曰安康郡。至德初，曰汉南郡。乾元初，复曰金州。大顺二年，置昭信军。五代时，入于蜀，改为雄武军。天祐二年，王建得其地，旋失之。既而复取其地，置雄武军。孟蜀亦尝置威胜军于此。宋仍曰金州。亦曰安康郡昭化军。元因之，属兴元路，以州治西城县省入。明仍为金州，属汉中府。万历十一年，改曰兴安州，编户四里。领县六。今为直隶兴安州。

　　州东接襄、沔，南通巴、达，西连梁、洋，北控商、虢。战国时，苏代言汉中之甲，乘船出于巴，乘夏水下汉。今州北汉水，东下郧襄是也。汉高入关，使郦商分军出此，先定汉中。魏曹真欲由斜谷侵汉，魏主诏司马懿溯汉水由西城与真会汉中。汉蒋琬屯汉中，多作舟船，欲乘汉沔东下，袭魏兴、上庸，以规中原。议者谓事若不捷，还路甚难，遂不果。唐李吉甫曰：金州，秦头楚尾，为一都会。宋初伐蜀，刘光进遣将由此袭夔州。建炎四年，襄阳盗桑仲陷均房，乘势直捣金州。镇抚使王彦曰：张公方有事关、陕，若仲越金州而至梁、洋，则腹背受敌，大事去矣，急勒兵击却之。绍兴三年，金人谋窥蜀，以吴璘驻兵和尚原。不得逞，乃以降将李彦驻秦州，睨仙人关，以缀吴玠河池之师。复遣游骑出熙河，以缀关师古。撒离喝遂自商於直捣上津，见湖广郧阳府。拔金州而西。蒙古之攻汴梁也，陷梁、洋，出饶风，见西乡县。由金州浮汉而东，战于唐、邓间。夫金州襟带汉江南北，其所系顾不重欤？

　　西城废县，在州西南三里。汉置县，为汉中郡治。东汉移郡治南郑。

建安中，置西城郡于此。魏为魏兴郡治。晋以后因之。宇文周省西城县。隋初复置。开皇十八年，改为吉安县。大业三年，又改为金川县。十二年废。义宁二年，复置西城县，为金州治。唐宋因之。元初废。《志》云：州初治汉水北，去水不过百步，后移水南。明万历十一年，大水，城坏。参议刘致中疏请移治于故城之南原三里许。因易州名曰兴安。今城周四里有奇，门四。

广城废县，在州西。东晋时置，属魏兴郡。宋、齐因之。后周时废。○晋兴废县，在州东。沈约曰：魏置平阳县，属魏兴郡。晋太康中，改曰晋兴，为郡治。宋仍属魏兴郡。齐因之。后周废。

魏山，州西南六里。东西南三面皆险绝，一面略通人行。晋太元三年，吉挹为魏兴太守，苻坚将韦钟攻之。挹控山为垒，二年不下。其垒因名吉挹城，是也。今州西五里为西城山，汉江经其下。○赵台山，在州南二里。梁时汉水溢，人避于此。山嵯峨高耸，若楼台然，因名。州北五里又有牛山，高耸为群山之冠。

天柱山，州西五十里。悬崖壁立，秀出群岭，下有碧钿、青碌诸洞二十余处。唐宋俱采取入贡，明始停闭。又有香溪洞，香溪水出焉，流至州南二十里，下流入于汉水。○凤凰山，在州西七十里。跨石泉、汉阴、紫阳三县之境，绵亘三百余里。《志》云：州北四十里有将军山，亦以山势雄桀而名。

汉水，在州北四里。自紫阳县东北流入州境。又东流经洵阳、白河两县，而入湖广郧阳府界。今城东一里有长春堰，筑以御汉水之泛溢。又有石梯渡，在州东三十里江滨。石崖连亘，过渡处凿为磴，如梯，因名。

衡河，州西七十里。流合汉阴县东之月川水，入于汉水，亦谓之恒河。今有千工堰，在州西北七十里。引恒河灌田三十里。又有傅家河，在州北五十里。引流为大积堰，居民资以灌溉。其下流亦南入汉江。

任河，在州西。《志》云：旧时有关戍守，曰任河关。又越河在州西北十里。又州东八里有黄羊河。州西二十里有吉河，又有岚河、洞河，与越河、任河俱流注于汉水。

归安镇。在州北。五代周显德五年，李玉自长安袭蜀归安镇。蜀兵据险邀之，败没。胡氏曰：在金州界。○水寨，旧在州城南。《志》云：汉水去州城百步。五代唐置水寨于此，以备蜀。清泰初，蜀将全师郁寇金州，拔水寨。防御使马全节拒却之。

○**平利县**，州东南九十里。南至四川大宁县六百里。本汉长利县地，属汉中郡。晋分立上廉县，属上庸郡。宋置吉阳县，属新兴郡。齐、梁因之。西魏改为吉安县，兼置吉安郡。隋郡县俱废入西城。唐置平利县，属金州。宋初废为镇，寻复置县。元省。明初复置。县城旧周六里，今四里有奇。编户八里。

上廉城，在县治东。晋太康初置。刘宋析置吉阳县。齐复分置上廉县，仍属上庸郡。梁因之。西魏并入吉安。刘昫云：县本治于平利川，唐因以名县。五代周显德二年伐蜀，攻秦、凤二州。蜀将孟赟业驻军平利，为褒源之援，即此。

丰利城，在县东北百七十里。本汉长利县地。晋为锡县地。刘宋析置丰阳县，属南上洛郡。齐因之，增置北上洛郡及北丰阳等县。后魏时为丰利县。大同中，置南上洛郡于此。西魏改为丰利郡。后周废郡，以县属上津郡。隋属金州。唐初属上州。贞观十年，改属均州。宋省。○熊川废县，在县东。又有阳川废县，俱西魏时置。后周省入丰利县。

女娲山，县东三十里。崇峦罗列，形势逶迤。旧有女娲祠，因名。下有灌溪河，西流入于汉水。○锡义山，在县西六十里。又县南三百里有化龙山，南接四川大宁县界。

界溪河，在县东。自湖广竹山县流入境。今县东百二十里有石嘴、黄沙二堰，俱引界溪水以溉田。又秋河，在县东南百五十里有秋河堰，源自四川大宁县流入。县西南又有岚河，自四川达州界流入，引流为线口堰，在县南九十里，其下流俱注于汉江。

镇坪。《志》云: 在县东南二百里, 有巡司戍守。《通志》: 县东百三十里有九龙寨。寨后三里有九龙洞, 因名。又东三十里有连线寨, 途盘十五里至顶, 三面壁立, 下有连线洞。又东五十里有金鸡寨。平地突起一山, 周环有水。正德中, 官兵讨贼, 尝屯于此。

〇石泉县, 州西二百八十里。西至西乡县二百十里。本汉西城县地。萧齐置安乐县, 又置晋昌郡于此。梁改曰永乐县。西魏改郡曰魏昌, 又改县为石泉县。后周废郡, 以县属西城郡。隋属金州。唐因之。圣历初, 改为武安县。神龙初, 复故。大历初, 省入汉阴。永贞二年, 复置。宋仍属金州。元废。明初复置。今县城周三里, 编户八里。

魏宁废县, 在县西南。魏析石泉县置, 属魏昌郡。后周仍省入石泉县。

十八盘山, 在县南五里。高出云表, 曲盘十八始达于巅, 因名。又太平山, 在县东九十里汉江南岸。山高峻, 绝顶平旷。〇池山, 在县北五十里。山顶有池, 不溢不涸, 谓之天池。

堰头岭, 在县东五里汉江南岸。下有滩, 曰堰滩。又东三十五里有马岭, 亦高崄, 亘二十余里。

汉江, 在县城南五十步。自西乡县流入, 经城南, 稍折而东北, 复折而东南, 流入汉阴县界。县城陡临汉滨, 境内诸水悉流入焉。今县东五里有长安堰, 引汉江溉田处也。又东二里有熨斗坝。旧于此堰汉水溉田, 以形似名。今废。

红河, 在县北一里。源出县北二十里之五攒岭。两岸沙石皆红, 因名。又有珍珠河, 在县西二里, 亦出五攒岭, 流合红水, 南入汉江。今县西七里有七里堰, 引珍珠水以溉田。〇大坝河, 在县西北十里。源出秦岭。由大坝峰南流, 因名。今县西十里有兴仁堰, 相近者又有高田堰, 俱引大坝河以溉田。又县西有饶风河, 自洋县饶风岭流入境, 至县西八里, 合于大坝河, 并流注汉江。《通志》：县有饶峰岭巡司。似误。

迟河。县东五十里。《志》云：河名迟者，以此河易涨而难消也。其流入汉水之处，有巨石如莲花，名莲花石。旧设迟河巡司于此。○石泉，在县治南。其水清冽，四时不竭，流入汉水，县因以名。

○洵阳县，州东北百二十里。北至商州镇安县三百二十里。汉置旬阳县，属汉中郡。后汉省。晋太康四年，复置，属魏兴郡。宋、齐因之。西魏始置洵阳郡，改旬为洵。隋初，郡废，属金州。唐武德初，置洵州。七年，州废，仍属金州。宋因之。元废。明初复置。今县城周三里有奇，编户十七里。

淯阳城，在县东三十里。本洵阳县地。晋于此置淯口戍。西魏大统中，置淯阳郡兼置淯阳县。后周改为长冈县，既又改置黄土县。隋初，郡废，县属金州。唐初，仍为黄土县。天宝初，复为淯阳县。宝历中，废。○赤石废县，在县北。西魏置。《隋志》：开皇初，并赤石、甲、临江三县入黄土县。又洵城废县，在县西北。唐武德初，分洵阳置洵城、驴川二县。贞观二年，省驴川县。八年，省洵城县。

伎陵城，县西五十里。庾仲雍《汉水记》谓即木兰塞，蜀军救孟达之所也。曹魏太和元年，孟达谋以新城归蜀。司马懿潜军击之，八日到其城下。吴、汉各遣将向西城安桥、木兰塞以救达。《水经注》：汉水东径西城县故城南，又东径木兰塞南。右岸有城，名陵城，周围数里。左岸垒石数十行，重叠数十里。中为木兰塞。盖吴军向安桥，而蜀军向木兰也。安桥，应在县东南。胡氏引《水经注》云：安阳西北有高桥溪口，旬水入汉之口也，安桥当在其下。恐误。

留停山，在县治西。峭拔殊甚，行者登之辄为留停，因名。《志》云：县治凭高据阜，四面俱下，不便筑凿。惟县治仓库则缭以石墙，建六门，以孔道所经也。又《梁州记》：洵阳县治有南山。其北山为悬书崖，高五十丈。其东为临崖山，峰峦隐隐，环于县治，东瞰汉江，北连鹘岭。

紫荆山，县东南五十里。其南有深洞及石池，池旁有石莲。又青山，在县西南五十里，亦有洞，产碧钿石。○羊山，《志》云：在县北四十里。其山连络千里，与终南、商颜冈脉相接。

当门山，县东百五十里。有两峰如门，因名。亦谓之穿崖，高可千仞。又东十里为浮云山。山高耸，远望若浮云。○水银山，在县东北二百四十里。山有洞，产水银、硃砂。

汉江，在县城南。自州境流入，又东入白河县界。境内冷水、乾溪、乾祐诸水，悉流入焉。

旬水，在县治东。出商州镇安县南之洵山，有直水枝流会焉。东流至县东南入于汉水，谓之旬口。魏西城太守申仪以孟达之叛，引军屯旬口是也。又县西二十五里为间水，一名间谷水，自平利县北流入境，平顶水流注焉，北入汉水。又有绪水，源出县东清阳废县城西，下流亦入于汉水。

乾祐河，县北百里，即镇安县之丰阳川也。下流合旬水，达于汉江。《志》云：县北百三十里有水田堰，县北七十里有麻饼河堰，皆乾祐河之支渠也。又金河，在县北百七十里，合山谷诸水，北流入汉江。今县南五十里有神河堰，又南二十里有金河堰，县南百五十里为七里关堰，皆引此水以溉田。○西岔河，在县西北百五十里，今有西岔河堰，去县百里。又有蜀河，在县东北百十三里有堰，下流俱入汉水。

旬关，在县东。或曰，即楚郇阳也。苏秦谓楚北有郇阳，谓旬关矣。颜师古云：旬关，汉中旬水上之关也。沛公入关，郦商别将攻旬关，西定汉中，即此。○清风关，在县北乾祐河之上，南宋时为戍守之所。又有鹘岭关，在县东北，亦宋金分界处也。《志》云：今县东百四十里有间关，置巡司戍守。又县北百二十里有三岔巡司。

申口镇。在县界。旧为戍守处。宋《九域志》：洵阳县东有申口镇。唐宝应初，襄邓防御使裴戎与山南节度来瑱相攻，为瑱所败，追擒之于申口，即此。

○**汉阴县**，州西百五十里。汉置安阳县，属汉中郡。后汉因之。建安六年，分汉中之安阳置汉宁郡，以张鲁为汉宁太守。郡寻废。晋改县曰安康县，属魏兴郡。宋末，置安康郡于此。萧齐因之。梁天监二年，入于后魏，置东梁州治焉。后复入梁。大宝末，没于西魏，置直州，又改安康为宁都县。隋初，废安康郡。大业初，废直州，复改宁都曰安康，属西城郡。唐武德初，置西安州，寻亦改为直州。贞观中，州废，以县属金州。至德初，改今名。宋因之。绍兴初，徙治新店。元省。明初，复置。县城周四里，编户七里。

安康废县，旧治在今县北二十里。《志》云：县西二十里有安阳故城，汉县治也。晋移治于此。后魏为东梁州治。西魏主钦初，宇文泰遣军入南郑，命王雄分军取上津、魏兴。东梁州刺史李迁哲以州降。未几，安康人黄众宝叛魏，攻魏兴，执太守柳桧，进围东梁州。王雄击平之。东梁州治安康也。南宋始移县于今治。又直城废县，在故县城东。本东晋初戍守处。后魏置直城县，为金城郡治。梁普通六年，北梁州刺史锡休儒等，自魏兴侵魏梁州，攻直城，不克而退。魏收《志》：东梁州金城郡，领直城县。盖郡县寄治于安康郭下也。萧詧置直州，盖因直城而名。

宁都废县，在县东七十里。晋元帝以蜀汉流民置宁都县，属晋昌郡。宋末，改属安康郡。齐因之。后魏亦曰宁都县，属魏明郡。西魏废，寻改安康曰宁都。唐武德初，复分安康置宁都、广德二县，属西安州，寻属直州。贞观中，省。○汉阳城，在县东三十五里。后魏置魏明郡，治汉阳城，是也。后周废。俗讹为汉王城。

凤凰山，县南二十五里。俗称龙子山。叠嶂十有二层。又双乳山在县东五里，以两峰并峙而名。○横山，在县西北五十里。又箭簳山，在县东北百八十里。山产箭竹。

汉水，在县西。自石泉县南流经县境，又南流入紫阳县境。《志》云：

汉水在县南八十里。盖自紫阳县东北流,复经县境,又东流入州界也。

直水,在故县治西。《志》云:自商州镇安县西南境流入县界。《水经注》:直水北出子午谷岩下。其支流东注旬水,其正流东南径直城西注于汉。旧直城、直州,以此水名。

恒河,在县东北二里,即州西北境之衡水也。西南流入县界。县东又有青泥水,自北流合焉,并合于月河。○月河,在县城西。源出县东六十里之月岭山,流经此,南注于汉水。今城西有月河堰,即引月河溉田处也。又县境以堰名者,凡数十计,皆分引汉水及直河、恒河之流以溉田。

方山关,县西三十二里。唐贞观二年,置关于此。北阻方山,南临汉水,当东西驿路之冲。

激头戍。在旧县治西。《水经注》:汉水径黄金南,东历敫头,旧立仓储之所也。傍山通道,水陆险凑,置戍于此,统领流杂。宋元嘉十一年,氐王杨难当陷汉中。宋将萧承之自襄阳缘道收兵,进据激头。难当焚掠汉中,引众西还,是也。

○**白河县**,州东三百七十里。东南至湖广郧阳府百二十里。本洵阳县地。成化十二年析置,隶郧阳府,寻改今属。县城周不及一里,编户八里。

凤岭,在县城北。环绕西南,如凤翥然,因名。

长沙平,在县东。宋建炎四年,襄阳盗桑仲陷均房,直捣金州白土关。王彦遣将击之,为仲所败。或劝彦避其锋。彦不可,勒兵趣长沙平,阻水据山,设伏以待。仲败走,追奔至白碛,遂复房州。白碛,在湖广房县界。

汉江,在县北二里。自洵阳县流入境,又东入湖广郧县境。今城北有汉江渡,又有临江桥跨江上。又县东一里有白石河渡,又东十里有大黄滩渡,县西六十里有月潭渡,又三十里有吴家渡,俱汉江津济处也。

白石河,在县南。有二源:一出县东南九十里之漫营岭,西北流;一出县西南百二十里之棕溪岭,流为马床河。与大、小冷水河俱东北合于白石河，共注于汉江。

白土关。在县东。旧为州境之要隘。《舆程记》：县西四十里有夹河关。

〇**紫阳县**，州西南二百十五里。本汉阴县地。正德七年置紫阳堡，明年升为县。城周四里，编户五里。

天马山，在县治南。以形似名。《志》云：县治北有神峰岭，木石巉岩，状若屏风。又天城山，在县西。团螺山，在县西北。亦皆以形似名。〇目连山，在县东十里。又东十里曰三台山。又有鸡鸣坡，在县西六十里，高出云霄。

汉江，在县西五里。自汉阴县南流入境，又东北流入汉阴县界。《志》云：县西一里有双水渡，县东十五里有中沙渡，皆汉江津济处也。

五郎水。县南五十里。北流入于汉水。又县南一里，有任河。《志》云：源出四川大宁县，亦北流入汉。又县东南有汝河，县西北有灌河、松河、小石河，俱流入于汉江。

附见：

兴安守御千户所。在州城内。本金州守御千户所。洪武中建。万历中改今名。

读史方舆纪要卷五十七

陕西六　延安府

　　○延安府，东至山西黄河界二百五十里，东南至山西吉州二百九十里，南至西安府耀州六百六十里，西至庆阳府四百五十里，北至榆林卫六百三十里。自府治至京师二千二百里，至南京四千八百四十里，至布政司七百四十里。

　　《禹贡》雍州地，春秋时白翟所居。秦属上郡，汉初属翟国，寻属上郡。后汉亦为上郡地。晋为雍州塞外地。后魏延昌二年，置东夏州。西魏改为延州。取延水为名。隋初因之。大业初，改为延安郡。唐复为延州。天宝初，亦曰延安郡。乾元初，复为延州。中和三年，置保塞军节度。光化初，改曰宁塞军。朱梁改为忠义军。后唐曰彰武军。宋仍曰延州，亦曰延安郡彰武军。元祐四年，升为延安府。金因之。亦曰彰武军。元改延安路。明初复曰延安府，领州三，县十六。今仍曰延安府。

　　府东带黄河，北控灵、夏，为形胜之地。战国时，魏人入上郡于秦，而秦益强。《史记》：梁襄王七年，魏尽入上郡于秦。《正义》：丹、坊、鄜、延北至圁阴，魏上郡地也。秦惠文君六年，魏纳阴晋，八年纳河西地,十年又纳上郡十五县,而河西滨河之地尽矣。汉逐匈奴,开朔方,恒自上郡而北。盖其地外控疆索,内藩畿辅。上郡惊,则关中之患已在肩背间矣。晋失其驭,并、雍之间,遂成戎薮,历数百年而患未息。唐自贞观以后,开拓益广,延州之患绝少。及党项蠢动于前,回鹘、吐蕃猖蹶于后,延、绥尝岌岌多事矣。广明召变,四方幅裂,藩镇交讧,延及五季,延、绥尝为争遂之地。《五代史》:梁开平四年,李茂贞合邠、泾二镇兵,攻夏州帅李仁福,请兵于晋。晋遣周德威自振武将兵会之。朱全忠西援仁福,闻晋兵在绥、银碛中,遣将李遇等自鄜、延趣银、夏,邀其归路。宋以西夏凭陵,置重镇于延州,往往选将屯兵,与诸路相声援。王庶曰:延安,五路襟喉也。金人之窥关、陕也,恒自山西渡河,亟犯延安,延安陷则南侵三辅,如建瓴而下矣。呜呼!涓涓不绝,将成江河。以延、绥之境,密迩雄边,控临秦、晋,一旦有事,此正救焚拯溺之时,乃犹以泄泄处之,安得不为滔天之祸哉!

　　〇肤施县,附郭。战国时为赵地。赵惠文王二年,主父灭中山,迁其王于肤施,即此。秦置县,属上郡。汉为上郡治。曹魏时废。后魏复置,属襄乐郡。西魏时废。隋大业三年,复置县,为延安郡治。唐、宋时,州郡皆治此。今编户二十七里。

　　延安城,在府东五里。《宋志》:延安有东西二城,其中限以深渊。五代汉天福十二年,彰武军乱,攻其帅周密。密保东城,众推州将高允权为留后,据西城,是也。宋嘉定十四年,蒙古将木华黎攻金延安。延安将合达军于城东,木华黎潜令军士伏于城东两谷中,诱金兵来追,伏发,大败之。合达入城固守。木华黎以城池坚深,猝不可拔,乃南攻鄜、坊,留军围之。沈括曰:延安有五城。说者谓旧有东西二城,夹河对立,高万典郡,始展南北东三关城。按杜甫诗：五城何迢迢，迢迢隔河水。是天宝中已有五城也。今旧址已废。城周九里有奇，有东南北三门，即故城改筑。

金明城，府西北百里。杜佑曰：古高奴也。项羽封董翳为翟王，都高奴。汉为县，属上郡。文帝三年，匈奴入居河南地，侵盗上郡。遣丞相灌婴发车骑诣高奴，击之。匈奴走出塞，上自甘泉之高奴，因幸太原。后汉亦为高奴县。晋废。后魏太平真君十年，置广洛县于此。十二年，置金明郡治焉。隋初，郡废，改县曰金明，属延州。隋末废。唐武德二年，置北武州，领开远、金义、崇德、永定、安义凡五县。旋复析肤施地置金明县。贞观二年，废北武州，以开远等五县俱省入，仍属延州。宋初因之。熙宁五年，废为金明寨。又永丰废县，在府西。后魏太平真君十三年，置永丰、启明二县，属金明郡。隋俱废入金明县。

丰林城，在府东三十五里。亦汉肤施县地。后魏侨置广武县于此。太和初，兼置遍城郡。西魏末，柔然寇广武，李弼击却之。隋初郡废。开皇十八年，改为丰林县，属延州。唐武德四年，侨置云州，又析置云中、榆林、龙泉三县。八年，废州，以龙泉县并入临真，以云中、榆林并入丰林，仍属延州。宋初因之。熙宁五年，省为丰林镇，属肤施县。杜佑曰：丰林，汉朔方临河县地。似误。

延水城，府东北百十里。西魏置安人县，属安宁郡。隋开皇初，郡废，改安人为吉万县，属绥州。大业初，废。唐武德二年，分延川县地置西和州，领安人、修文、桑原三县。贞观二年，废州及修文、桑原二县，入安人县，属北基州。八年，又废北基州入延川县。二十三年，改安人县为弘风县。神龙元年，又改为延水县，属延州。宋初因之。熙宁八年，省入延川县，为延水镇。

门山城，府东南百八十里。《志》云：宇文周时，分云岩、汾川二县地，置门山县。隋大业初，省入汾川县，属延州。唐武德三年，复置门山县，治宋斯保，属丹州。总章二年，移治库利川。宋仍属延州。金因之。元废入宜川县。旧《志》：门山废县在宜川县西七十里。云岩、汾川，今俱见宜川县。

三城，在府东南。《志》云：魏晋间所置，为戍守处。晋咸和九年，北羌王薄勾大等侵扰北地、冯翊。石虎使其将郭敖、石斌等击破之。勾大奔马兰山，郭敖乘胜逐北，为羌所败。斌收军保三城。又元兴中，姚兴欲以三城朔方杂裔配赫连勃勃守高平，不果。义熙三年，时勃勃以朔方叛秦，攻秦三城以北诸戍，悉拔之。既而勃勃取关中，置朔州牧，镇三城，即此。魏收《志》：偏城郡广武县有三城。是也。马兰山，见耀州同官县。

嘉岭山，在府城东南，形势高峻。又城东北有清凉山。上有尸毗岩及万佛、石仙等洞，又有鹫峰、定甲等泉。《寰宇记》：郡城据山，四面甚险。谓此也。元木华黎伏兵于城东两谷，即此二山云。

伏龙山，府北五里。《郡国志》：上郡之名山也。又五龙山，在府北十里，山下有帝原水。《汉志》：宣帝从方士言，祠五龙山帝原水。即此。山北又有一峰，高数百丈，峭如碧簪，名碧簪山，一名虎头山。

重覆山，在县东南，近废门山县，以山形重叠而名。杜佑曰：门山县有门山。《名胜志》云：山形如门，略容车马，东至宜川县仅十里。○牡丹山，在府南四十里，多产牡丹，名曰花原头。

延水，在府城东门外。源出安塞县西北芦关岭，东南流经此，又流经延长县，入黄河，一名濯筋水。《志》云：府南门外有南河，流入濯筋水。

清化水，府东四十里。地有嘉泉，水源出焉，东流入延水。又清水，在府西北废金明县境，流经老人谷，俗呼老人水，下流亦合于延水。○乌耶水，《志》云：出府东北乌耶谷。又龙尾水，出府北之龙尾溪，下流俱入于延水。

延利渠，在府城南。旧时灌注城市，复穿城而出，溢为柳湖，入于延水。○五龙泉，在府城东北，从石罅中涌出，汇而为池。《水经注》：五龙山有牧龙川，多产骏马。即此池也。

金明砦。在府西北。本金明县地。宋天圣中，置寨于此，以御西夏。庆历初，赵元昊寇金明砦，转破宁夏砦，进陷丰州。宁夏砦，盖在夏州境内。《宋志》：金明县有金明砦。《通志》云：今府治西有金明驿，又有榆林、鱼河二驿。

〇安塞县，府西北四十里。东至青涧县二百四十里。本汉高奴县地。后魏为广洛县地。唐为金明县地。宋置安塞堡。元升为县，属延安府。明因之。今县城周三里有奇，编户二十里。

敷政城，县西南百二十里。后魏置因城县，属上郡。后周废，寻复置，属延州。隋因之。《旧唐书》：武德二年，移因城县，治金城镇，改为金城县。又于界内置永州，领金城、洛盘、新昌、推四县。贞观四年，移永州于洛源县。八年，废洛盘等三县入金城，属延州。天宝元年，改金城为敷政县。宋因之。元废。今为敷政巡司。〇石门城，在县西。后魏置，属上郡。魏收《志》：上郡领石门、因城二县，后周废入因城。

天泽山，在县东五里。上有天泽泉。又龙安山，在县西一里。状如卧龙，因名。〇灵台山，在县北五里。巨石高险，旧建云台观于其上。又三推山，在废敷政县北一里。土石相杂，上有三冢，遥望如推，因名。

洛水，在县西七十里。上流自庆阳府流入府境，经保安县西南，流入县界。至城下又南流入甘泉县境。详大川洛水。〇延水，在县北百里，东南流，入肤施县界。

西川水，在县东南。自保安县境流入界，至县东南二十里，会小平川，入肤施县境，合于延水。又县西北九十里有洧水及背水，皆东流注于延水。〇金明川，在县北五十里。《寰宇记》：自蕃界来入县境，西过而南流，至肤施县界，合于延水。

芦关，在县北百七十里。有东西二城基址，亦曰芦子关。唐杜甫诗：

延州秦北户,关防犹可倚;焉得一万人,疾驱塞芦子。谓此也。蔡梦弼云:去延州百八十里有土门山,两崖峙立如门,形若葫芦,故谓之芦子。后唐长兴四年,李彝超以夏州拒命。诏乐彦稠等讨之,进屯芦关。彝超遣党项抄掠粮运及攻具,官军自芦关退保金明。赵珣《聚米图经》曰:芦关在延州砦门寨北十五里,自芦关南入寨门,谓之金明路。旧有芦关砦,宋至道中,废。元丰四年,复为戍守之所。

塞门砦, 在县北百五十里。本蕃部旧寨。宋至道中,废。元丰四年,复置。其东五十里为殄羌寨。北九十里为乌延口寨。陈执中曰:塞门至金明二百里。宋时与安远、承明等寨,屡为夏人所陷。熙宁二年,夏人请纳安远、塞门二寨以易绥州。二寨之北,旧有三十六堡,以长城岭为界。时诏边臣定二寨地界,夏人不从,遂不果易。元丰二年,收复塞门砦,始为内地。《宋志》云:塞门砦,南至安塞堡四十里。似谬。○招安寨,县西北五十里。宋庞籍知延州,命部将狄青筑招安寨于桥子谷旁,以断夏寇出入之路,即此。后为招安驿。

万安寨。 在县北。亦谓之万安镇。又东有三川口,《旧志》以为宜川、延川、洛川之口也。宋康定初,赵元昊寇延州之保安军,破金明砦。又破安远、塞门、永平诸砦,乘胜至延州城下。诸将刘平、石元孙等自庆州趣土门,复倍道而前,至万安镇。又进至三川口西十里止营,与延州相闻。复东行五里,与贼遇。贼涉水为陈,击却之,转战三日,贼退还水东。平保西南山,立七栅自固。贼自山四出合击,平等败没。即此处也。土门,即芦子关矣。○平羌寨,县东三十五里。宋置。本名克胡山寨。绍圣四年,更名。金废。

○**甘泉县,** 府西南九十里。北至安塞县百二十里,南至鄜州九十五里。汉上郡雕阴县地。隋为洛交县地。唐武德初,析置伏陆县。天宝初,改为甘泉县,属鄜州。宋改属延安府。今县城周三里有奇,编户二十三里。

雕阴城, 县南四十里。战国时魏地。周显王三十六年,秦犀首伐魏,取雕阴。《史记》：梁襄王五年，秦败我龙贾军四万五千于雕阴。是也。汉置县。三国魏时县废。旧《志》云：雕阴城在鄜州北三十里。《括地志》：雕阴故城在洛交县北三十里。

临真城，在县东北百七十里。汉高奴县地。或云即汉上郡之定阳县。后汉因之。晋省。后魏太安中，置临真县，属定阳郡。西魏又置神水郡及真川县。后周废郡。隋大业初，又以真川县并入临真。唐初，属东夏州。贞观二年，改属延州。宋因之。元废。其南又有龙泉废县，唐武德四年析置，八年并入临真县。

黑城，县东百七十里，当库利川口。相传赫连勃勃所置。缘山坡为城，崎岖不正，俗名黑城。后魏孝昌二年，源子邕奉诏讨贼，自东夏州进平黑城，遂率众南出。贼帅康维摩守锯谷，断甄棠桥。子邕击破之。又破契官斤于杨氏堡，复破贼于赤沃堡，遂解白水之围。锯谷及杨氏等堡，应在今洛川、宜川等境。

伏陆山，在县治东北。唐以此山名县。又雕阴山，在县南二十里。山多土穴，雕鹰所居。汉以此名县。○劳山，在县北二十里。有大小二山。相传宋狄青与夏人相拒，士卒疲困，尝憩于此，因名。

野猪峡，在县北四十五里。山峡险窄，为戍守重地。《志》云：甘泉当鄜、延二州之中，为咽喉之所，而野猪峡尤当其要。嘉靖三十年，抚臣张珩议筑堡于此，以遏虏南入之冲。

洛河，在县治西。自安塞县流经此，又南入鄜州境。○伏陆水，在县南二十里。亦名阿伏斤水。阿伏斤，夷名也。《志》云：以水源隐伏川陆，故兼有伏陆之名。下流入于洛河。

库利川，在县东北。川侧土田沃衍，五谷丰饶，羌人称贮旧谷为库利，因以名川。○甘泉，在县南五里。出岩谷中，飞流激射，厥味甘美。隋炀帝尝经此，饮而甘之，唐因以名县。

抚安驿。《通志》云：在县治西北，明初置。

○安定县，府北百九十里。南至安塞县百六十里。本唐延川县地。宋康定五年，于延州城马蹄川筑安定堡。金因之。元改置县。今县城周五里有奇，编户九里。

丹头城，在县东南。宋置丹头寨于此。金因之。元至元初，改置丹头县，属延安府。四年，仍并入安定。○御谋城，在县西北百里。宋崇宁三年，赐名御谋。金废。又县北有制戎城，宋崇宁中置。本名天降山新城。政和八年，赐名制戎。《通志》：县西北八十里白有洛城，洪武中所筑。

二郎山，在县南一里。双峰并立，因名。又鸦鸽山，在县南四十里，林木蔚然。又南二十里曰神木山。山中有古树千株，樵采不敢入。○滴溜山，在县北百里。泉出岩石间，因名。黑水出于此。

潘陵川，县南八十里。源出鸦鸽山，南流入于延水。○黑水，在县北百里。旧置黑水堡，因水以名。宋元丰五年，种谔遣曲珍攻黑水安定堡，与夏人遇，败之。又金人以李显忠为苏尾九族都巡司使，驻兵黑水堡，是也。又白水亦在县北，源出分水岭。宋置白水堡于此。下流合于黑水。又东至延川县境，合于吐延川。

威羌寨。在县北七十里。宋元符初筑。又北七十里曰芦移堡。《宋志》：芦移堡西南至御谋城三十五里，元丰中置。○龙安寨，在县西南八十里。宋庆历初，庞籍知延州，命狄青筑招安寨，周美取承平寨，王信筑龙安寨，悉复所亡地，筑十一城，是也。宣和二年，改龙安曰德安寨。

○保安县，府西北百八十里。本名栲栳城，以旁有栲栳谷而名。唐咸亨间，尝置禁军于此。贞元中，改为永康镇。宋升为保安军。金改军为县，复置州治焉。元州废，以县属延安府。县城周九里有奇，今八里有奇，编户八里。

金汤城，在县西北百里。宋置金汤砦。元丰五年，鄜延将曲珍败夏人于金汤，是也。元符二年，改为金汤城，为控御夏人之所。明成化中，套贼入犯，此亦为戍守要地。其西四十里曰白豹城，入庆阳府境。○通庆城，在县西北百六十里。亦宋置，为鄜延戍守要地。其西三十里，即庆阳府境之镇安城也。又铁鞭城，在县西北百余里。《志》云：宋时所筑，为榆林之次险。又北有锁地、五谷等城，亦宋置。

九吾山，县西五十里。上有湫，岁旱不竭。《志》云：县西一里有候雨山。旁有石室。天将雨，则此山烟雾四塞，人以为候。○唐毛山，在县西北，近榆林之宁塞营。近代官军败贼于此。又石楼台山，在县南七十里。以山岩层叠而名。

艾蒿岭，在县东六十里。即子午岭之异名也。绵亘于延、庆两郡间，几数百里云。

洛河，在县西南。自庆阳府废洛源县流经此，又东南入安塞县境。○吃莫河，源出蕃部吃莫川。东南流，至城西十六里，又南入于洛河。其水浅隘，不胜船筏。

三岔沟，县北九十里。又县西南四十里有紫马沟，涸溢不时，水涨则注于吃莫河，通于洛河。

石堡塞，在县北。本蕃寨。宋初置城于此。至道中废。《宋志》：寨旁有洑流，一名臧底河。夏人近河筑城，为要害必争之所。政和五年，知庆州姚古克其城，建威德军，寻复为寨。金废。

顺宁寨，县北四十里。西至金汤城九十里。宋为戍守要地。绍兴四年，夏赵乾顺入寇鄜延，西自顺宁、招安寨，东自黑水、安定，中自塞门、龙安、金明以南，二百里间相继不绝。至延州北五里，陷金明砦而去。盖诸寨皆延州要冲也。《通志》：洪武中，尝设顺宁巡司于此。○德靖寨，在县西八十里。亦宋置。宝元初，赵元昊入寇，与诸酋约，先攻鄜延，欲自德靖、塞门寨、赤城路三道并入，是也。赤城，见平凉府崇信县。

园林堡，县东四十里。宋置。今县东九十里有园林驿，因旧堡以名也。又县东北有平戎堡。《宋志》云：堡南去园林堡五十里。本名杏子河东山。绍圣四年，赐名平戎。亦曰平戎砦。金废。○镰刀砦，在县南。宋庆历四年，赵元昊请以栲栳、镰刀、南安、承平故地，及他边境蕃汉所居，乞画中为界处也。栲栳，即今县城矣。

石门镇。在县西。嘉靖三十年，抚臣张珩言：保安县西河川有石门镇及石门子，北接榆林、宁塞、静边诸营堡，为戎羌阑入之路，宜各筑一城，增兵戍守，是也。○圣人道，在县东七里。《志》云：从番界末都家族来，经县境一百五里，入废敷政县界。即赫连勃勃起自夏台入长安，芟平山谷所开道也。俗讹为圣人道。

○宜川县，府东南二百八十里。西至鄜州百七十五里，东至山西吉州百六十五里。古孟门河西之地。符秦时为三堡镇。西魏置义川县，又置汾州及义川郡，寻改州为丹州。后周改县为丹阳郡。开皇初，郡废，复改县曰义川。大业初，州废，县属延安郡。义宁初，复置丹阳郡。唐武德元年，改为丹城。天宝初，改为咸宁郡。乾元初，复为丹州。宋太平兴国初，改县曰宜川，而丹州如故。元废州，以县属延安路。今县城周四里有奇，编户二十三里。

丹阳城，在县东北二十九里。亦曰丹州城。《志》云：符秦时三堡镇也。西魏大统三年，割鄜、延二州地置汾州，理三堡镇。废帝改为丹州，因丹阳川为名。唐永徽中，移县于赤石川口，其城遂废。

汾川城，在县东七十里。西魏置安平县。后周改曰汾川。隋蜀延州。唐属丹州。刘昫曰：隋县治土壁堡，唐开元二十二年移今治云。宋熙宁三年，省入宜川。○咸宁城，在县东百里。后魏置永宁县。西魏改为太平县。隋开皇中，改曰咸宁，属延州。唐属丹州。刘昫《志》：隋县治白水川，唐景龙二年移治长松川云。宋太平兴国中，废入宜川。

云岩城，在县西北七十里。西魏置，兼置乐川郡治焉。隋初，郡废，县属丹州。大业初，县废。唐武德初，复置云岩县，属丹州，理回城堡。咸亨四年，复移治于此。宋熙宁七年，又废为云岩镇。

安乐山，在县南十里。《志》云：昔人尝屯军于此。又晋师山，在县西南百里，与鄜州分界。○云岩山，在县北八十里。山形重叠如云，旧云岩县以此名。又库利山，在县西百里，与甘泉县之废临真县接界。

孟门山，在县东南二十里。山势绵延，与吉州孟门山参差相接。《志》云：山当黄河中流，有石扼束，俗谓之石槽。相传即《禹贡》凿石导流处也。○盘古山，在县东南百二十里。山势纡回，翼带河滨。

黄河，在县东八十里。其上流自榆林卫而南流，经葭州、绥德二州之境，又南历青涧、延川及延长县而入县境，与山西平阳府吉州分界，又南流入同州韩城县界，府境东面之险也。详见大川黄河及川渎异同。

银川水，在县西南十里。流绕县城，又东注于黄河。又汾川水，在县北八十里，自甘泉县流入境。又泽径河，在县北百里。俱流入于黄河。

丹阳川，在县西南。蒲川水自鄜州洛川县来，流入丹阳川。川口有赤石，因曰赤石川。又库碢川，在县西北二十里。川南为汉，北为蕃。蕃、汉人于此缔香火。蕃人谓香火为库砣也。其下流，俱注于黄河。○玉莲池，在县北。《志》云：池广数千顷，为一方之胜。今湮。

乌仁关。在县东八十里。下临黄河岸，与山西吉州对境。《唐志》：丹州有乌仁关。《一统志》云：金置，元废。误也。

○延川县，府东北二百里。东至山西永和县百里，北至青涧县五十里。亦汉肤施县地。西魏置文安县，兼置文安郡。隋开皇初，郡废，改县为延川，取界内吐延川为名，属延州。唐因之。今县城周四里，编户九里。

义门城，在县西。唐武德二年，置义门县，兼置南平州治焉。四年，州县俱并入延川。

青眉山，在县西北六十里。后魏时，有土蕃青眉族居此，因名。又西北二十里，有玉皇山。《志》云：县西一里有西山，旧为烽火之所。

禅梯岭，在县西南。嘉靖三十年，抚臣张珩言，保安县石门镇、甘泉县野猪峡与延川县禅梯岭，俱为套寇深入之路，比他镇为独重，可各筑一城守之。是也。

黄河，在县东四十五里。自清涧县流入境，又南入延长县界。《志》云：县东北六十里有漩窝渡。又有延水关渡，在县东南七十里。清水渡，在县东南八十里。皆黄河津济处。

吐延川，在城北。一名哥基川。胡语亦谓之濯筋水。《寰宇记》：吐延川与骨胡川，俱自绥德来，流入于黄河。

青涧水，在县东城下。自清涧县流入，又东北流入于吐延川。《志》云：县东北有栢岔沟、五龙川，县西有王家沟、唐家垄沟，县南有王林沟、沙泉沟，县北有土谷垄沟、滔水川，县西北有紫沟及社树平沟，俱流入于延川。○石油井，在县北九十里。井出石油，六月取之，涂疮疾，即愈。旧《志》：高奴县出脂水。是也。或谓之石液云。

永和关。县东北四十里。宋置关于此。路通绥德，前据山险，下临黄河，西戎尝盘踞其间，为戍守要地。县北又有顺安、白草等寨，俱宋景祐中置。元符二年，废。○文安驿，在县西五十里，为延、绥往来之通道。

○延长县，府东百五十里。东至山西大宁县百里，西北至延川县五十里。本肤施县地。西魏置广安县。隋改延安县，属延州。唐初，置北连州于此。贞观二年，州废，县仍属延州。广德二年，改为延长县。今县城周四里有奇，编户十里。

义乡城，在县西南。西魏置义乡县。隋大业中，废入延安县。唐初，复置，又析置齐明县，俱属北连州。贞观二年，俱废入延安县。

屏山，在县治南。以形似名。下有翟水，水面出油，可以燃灯。又漱玉岩，在县治东，轩豁可容百人。泉出如练，流入城东鸳鸯渚，谓之城东河。

九连山，在县西十五里。山有九峰，相连不断。又高奴山，在县北二十里。上有古寨。○独战山，在县东北六十里。其山险峻，一人拒守，可以当千。有交口川绕其下。又髑髅山，在县东六十里。相传古战斗之所。下有川，经独战山东，入黄河。

黄河，在县东三十五里。自延川县流入，与山西永和县接界，又南入宜川县界。县境之水，俱流入焉。○延水，在县南。自肤施县东流经县界，又南入于河。

甘谷驿。在县西七十里。东至府城，此为中道。《通志》作干谷驿。

○**青涧县**，府东北二百三十五里。北至绥德州百二十里。本名宽州垒。宋康定初，种世衡以垒当寇冲，右可固延安之势，左可致河东之粟，北可图银夏之旧，请即废垒筑之。城成，赐名青涧。金大定二十二年，升为县，属绥德州。元因之。明嘉靖四十一年，改今属。县城周三里，编户十里。

绥平废县，县西百里。本宋之绥平寨。宣和末置。李显忠初仕金，破红巾寇乞即罗义于绥平，是也。金末置为县。元省入怀宁。○怀宁废县，县北七十里，本宋之怀宁寨。金初因之，寻置为县。元以绥平县省入，寻又省入青涧县。

草坞山，在县城北。又城西有笔架山，县凭以为固。○官山，在县北五十里。万山旋绕，二川萦流，通往来官道。又吐谷岭，在县北二十里，高险为县之望。

黄河，在县东百里。自绥德州流经此，有郭宗渡为津济处。又南入延川县境。

无定河，县东北八十里。自绥德州流入境，又东南流入黄河。○青涧河，在县城西。自安定县流入境，又东南流入延川县，流合吐延川入于黄河。

东河，在县城东。发源县北官山苜蓿岭。又县西有西河，发源烽台川，俱流注于青涧河。宋种世衡城青涧，开营田二千顷，资东西二河为灌溉云。

石井，在县治西。宋种世衡所凿。世衡城青涧，处险无泉，凿地十五丈，遇石。世衡命屑石一畚，酬百金，卒得泉。明正德间，边患告急。县令赵辂恐石井不足用，更凿一井，引东河水，自城下穿入。今谓之新井。

永平砦。县西七十里。宋置。《宋志》：县东七十里为永宁关。○石嘴岔驿，县北七十里。路通绥德。《通志》：县东南有奢延驿。

附见：

延安卫。在府城内。洪武二年建，辖千户所五。又塞门守御百户所，在安塞县北百五十里，洪武十二年建。安定守御百户所，在安定县治北，洪武二年建。保安守御百户所，在保安县治南，洪武十二年建。俱属延安卫。

○鄜州，府南百八十里。南至西安府耀州三百九十里，西至庆阳府宁州二百十里，西北至庆阳府三百三十里。

春秋时白翟地，秦属上郡。汉为上郡及左冯翊地。后汉亦属上郡。三国魏虚其地，晋因之。后魏置东秦州，后为北华州。西魏改为敷州。隋初因之。大业三年，改为鄜城郡。寻又改上郡。唐初改为鄜州。贞观二年，置都督府，寻又改为大都督府。天宝初，曰洛交郡。乾元初，复为鄜州。建中初，鄜坊节度治于此，亦曰渭北节度。中和三年，改为保大军。宋仍曰鄜州。亦曰洛交郡保大军。庆历初，置康定军于此。金亦曰鄜州，复改置保大军。元仍旧以州治洛交县省入，属延安路。明因之，仍曰鄜州，编户五十一里。领县三。今仍曰鄜州。

州接壤延、绥，藩屏三辅，为渭北之襟要。唐乾元以后，尝置重兵于此，与邠、宁、泾、原诸镇相为唇齿。宋范仲淹曰：鄜延密迩灵夏，为西羌必由之地。因请建鄜州城，为康定军，增筑堡寨，备御始密。南宋初，金人尝自山西乘冰渡河，陷鄜延，然后南破潼关，残毁三辅。州当南北之冲，亦关中之重地也。

洛交废县，今州治。本汉雕阴县地。西魏为三川县地。隋开皇三年，析置洛交县为敷州治。唐、宋皆因之。元废。今州有内城，周二里余，外城周十里余。皆因故址修筑。

三川城，州南六十里。苻秦置长城县。西魏改为三川县。唐因之。宋废为三川镇。今为三川驿。又利仁废县，亦在州南。后魏置。西魏省入三川县。○直罗城，在州西百二十里。《志》云：以城枕罗水而名。后魏筑城于此。唐武德三年，分三川、洛交置直罗县，属鄜州。宋因之。元废。又有直罗关，路通环庆，唐太宗征突厥所开也。今设直罗巡司。

长城，州西南四里。战国时，秦魏分界处。《寰宇记》云秦蒙恬所筑，误也。又高奴城，今延安府之金明城也。孔颖达云：高奴在鄜州境。《寰宇记》云在州东五里，似未可据。

龟山，在州城西。城南四里又有樱桃山，上多樱桃树。又有梅柯岭，在州西北三里。旧时岭有古梅。又大回岭，在州南十里。登之可以回望州城，因名。○寿峰山，在州南百二十里，南接耀州同官县境。

马尾崖，州南百二十里。高数十丈，岩畔水流，遥望如马尾，因名。或云，即马翅谷也。宋绍兴中，李永奇谋南归。金人贼杀之于此。

苇谷，在州南三十里。谷中多葭苇。其水东南流，合于三川水。一名圣佛谷。又州西北百里有破罗谷。其水为罗水，东合于苇谷水。

洛水，在城东。自甘泉县流入境，至城下，水流冲激，州城数被其患。唐麟德二年，鄜州大水，坏居人庐舍，即洛水也。又南为三川水，流入洛川县界。○三川水，在州南六十里。庆阳府之华池水、黑水流经此，会于洛水，因名。西魏时，置三川县以此，亦谓之洛交水。

江家川，在州西百三十里。又有馀乐川，俱经废直罗县界，东南流入于洛水。

龙益镇。州西百四十里。今置驿于此。自镇而东，为州西七十里之张村驿，自镇而南六十里，为庆阳府合水县境之邵庄驿。《通志》：今州治西南有鄜城驿。

○**洛川县**，州东六十里。东至宜川县百二十里。汉鄜县地，属左冯翊。后魏为敷城县地。后周置洛川县，属敷州。隋因之。今县城二里有奇，编户六十里。

鄜城废县，在县东南七十里。本汉鄜县。后汉废。东晋时，苻秦置敷城县。姚襄遣其从兄兰略地敷城，是也。亦谓之敷陆。太元十二年，秦苻纂与后秦相持，自泾阳退屯敷陆。即此。后魏仍为敷城县。魏主焘神䴥三年，夏主赫连定攻魏敷城，后又兼置敷城郡。隋初，郡废。大业初，改曰鄜城。唐属坊州。唐末，李茂贞置翟州于此。朱梁开平三年，翟州降于朱全忠，改为禧州。宋废州，以县属鄜州。金因之。元省入洛川县。今县南百二十里，有鄜城巡司。县亦有鄜城驿。

定阳城，在县北。汉为定阳县，属上郡。应劭曰：在定水之阳，因名。后汉仍为上郡属县。魏废。苻秦时，复置定阳县。晋义熙六年，夏王勃勃遣兵拔后秦之定阳，是也。后魏敷城郡领定阳县。胡氏曰：废县在鄜城县界。

雄儿山，县东五十里。又东二十里为圣公山，皆昔时据险拒贼处。又有黄龙山，在县南百三十里。

烂柯山，县东北七十里。山有黄梁水出焉，西南流入洛。○界头山，县东南百五十里。与同州澄城县分界，因名。

洛水，县西南五十里。自州境流入。唐开元十五年，洛水溢入鄜城，平地丈余，死者无算，是也。又南入中部县境。

仙宫河。在县南。下流入洛。《志》云：县东北有开抚川河，西北有厢西河，俱由宜川县界来，注于洛。又县南百二十里有聿津河，自同州韩城县界来，西流入洛。

○中部县，州南百四十里。西至邠州三百二十里，东南至同州二百七十里。汉左冯翊翟道县地。姚秦置中部县、后魏置中部郡于此。隋初，改为内部郡。开皇三年，郡废，改县为内部县，属敷州。唐武德二年，置坊州，治中部县。《志》云：后周天和七年，唐世祖作牧鄜州，于州界内置马坊。武德二年，因置坊州于此，复改为中部县。天宝初，改为中部郡。乾元初，复故。又鄜坊节度初治此。宋亦曰坊州。金因之。元废州，以县属鄜州。今城周四里，编户二十四里。

翟道城，县西北四十里，汉县治此。后汉省。后魏置翟道县，属中部郡。后周废。又直路城，在县西北二百里。汉县，属北地郡。后汉废。

杏城，在县东南百十里。相传汉将韩胡尝于此伐杏木为栅，以拒北狄。晋因之，置杏城镇。升平初，姚襄将图关中，自北屈进屯杏城。又兴宁三年，匈奴右贤王曹毂寇秦杏城。秦主坚自将击破之，因北巡朔方，抚诸胡。苻生之弟幼，遂帅杏城之众，乘虚袭长安。守将李威击斩之。太元十一年，苻丕战败于襄陵，苻纂等帅其众走保杏城。十二年，为姚苌所克。十五年，故秦将魏揭飞攻后秦将姚方成于杏城，苌击杀之。义熙七年，秦姚详屯杏城，为赫连勃勃所逼，南奔大苏。勃勃遣将追斩之。秦王兴遣姚显迎详弗及，遂屯杏城。十一年，勃勃攻杏城，拔之。后魏太平真君六年，卢水胡盖吴聚众反于杏城。明年，魏将乙拔等讨斩之。太和十五年，置东秦州于杏城。寻改为北华州，领中部、敷城二郡。西魏亦为敷州治。隋徙州治于洛交。宋白曰：隋自杏城移州治五交城。魏收《志》澄城县有杏城，盖与澄城接境也。北屈,见山西吉州。襄陵,今山西平阳府属县。〇和宁城,在故杏城东南。晋太元十二年,秦苻纂屯敷陆。秦冯翊太守兰楸帅众自频阳入和宁,与纂谋攻长安,即此城也。

贰城,在县西北。苻秦时贰县城也。晋兴宁三年,苻坚以匈奴曹毂死,分其部落。自贰城以西,以其子玺为辂川侯,贰城以东,以其子寅为力川侯。隆安初,鲜卑薛勃据贰城以叛,姚兴自将击平之。义熙五年,姚兴击夏王勃勃至贰城,为勃勃所败。六年,勃勃南略安定,徙其民于贰城,既而秦复取之。十年,妖贼李弘等屯于贰城,兴自将击平之。宋元嘉四年,魏将娥清等攻夏,拔其贰城,是也。胡氏曰:贰县城,当在杏城西北、平凉东南。又县有石保、长城二废县,皆后魏置,属中部郡。后周废。

桥山,在县治北。亦曰子午山,亦曰子午岭。自庆阳府境,绵亘于延安西境,其南麓跨于县界。《志》云:沮水至县北,穿山而过,因以桥名。相传黄帝葬衣冠于此。汉武巡行朔方,还祭黄帝于桥山。王莽更名上陵畤也。详见前名山桥山。〇凤凰山,在县西一里。亦即桥山之支阜矣。

石堂山,在县西北。一名翟道山。《周穆王传》:天子命驾八骏之驷,造父为御,南征朔野,径绝翟道,升于太行。即此。《水经注》:浅石川出翟道山,与泥谷水及南北二香水合流,入沮水。

洛水,县东北三十五里。自鄜州界来,又南合于沮水,流入宜君县境。《志》云:县东十里有古川口,即沮、洛交会处也。亦曰龙首川。〇沮水,在县西。《志》云:子午岭,在县西二百里。沮水出其下,东南流,入于洛。《水经注》:沮水自直路县东南,径燋石山,又东南流历檀台山,俗谓之檀台水;屈而夹山西流,又西南径宜君川,世谓之宜君水也。又县西北七里,有谷河水及子午水,流至葛家川,与沮水合,亦谓之三河。

上善泉,县东北七里。《唐志》:坊州州郭无水。开成二年,刺史张怡架水入城,以纾远汲。四年,刺史崔骈复修之,民获其利。

彭沛穀堡。在县西北。彭沛穀，符秦时卢水胡也，立堡于贰县，附于符登。晋太元十二年，为姚苌所败，奔杏城。此其故堡云。〇大苏堡，在县南，姚秦时戍守处也。晋义熙七年，赫连勃勃逼秦将姚详于杏城，详南奔大苏。即此。《通志》：今县治北有翟道驿。

〇宜君县。州南二百十里。东南至同官县九十里。本汉左冯翊祋祤县地，有宜君川。符秦时，因置宜君护军。后魏太平真君七年，改置宜君县，属北地郡。寻置宜君郡。隋初废郡，以县属京兆。义宁二年，置宜州。唐武德五年，临幸焉。贞观十七年，州县俱废。二十五年，复置县，属雍州。永徽二年，复废入华原县。龙朔三年，又置，属坊州。中和二年，黄巢据长安。其党尚让攻官军于宜君寨，不克。宋亦曰宜君县。元废坊州，以县属鄜州。今城周五里有奇，编户三十八里。

〇昇平废县。县西北三十五里。唐天宝十二载，分宜君县置，属中部郡。朱梁开平三年，岐王李茂贞遣梁降将刘知俊攻灵州，梁遣唐怀贞攻静难军。知俊还救，怀贞引还，至昇平。知俊伏兵山口，怀贞至，大败于此。宋初，仍属坊州。熙宁初，省为镇。地产矾，旧尝置矾场。

玉华山，县西南四十里。唐太宗建玉华宫，以此山名。宋雍熙初，于此山获一角兽，时以为麟。金于此置玉华镇。〇香山，在县西北十里。又县治西有龟山。《志》云：县无城，因龟山之势，筑削为城，周五里余。是也。

太子山，县东南四十里。世传秦扶苏筑长城时所憩。又东南五十里曰秦山。相传秦王世民畋猎处。又县西有驻銮崖，亦唐太宗驻跸处也。玉华川水出于此。

凤凰谷，县西南五十里。尝有五色雀现于此。谷中有地九顷。贞观二十一年，以翠微宫险隘，不能容百官，乃更筑玉华宫于宜君之凤凰谷。二十二年，幸玉华宫。永徽二年，废为玉华寺。〇兰芝谷，在县西五十里。又县东有大石盘谷。又清水谷，在县南，近同官县界。《隋志》宜君县有清水谷，是也。唐武德四年，校猎于此。

洛水，县东北八十里。自中部县流入，又南流，入同州白水县界，亦谓之宜君水。《水经注》：宜君水又得黄嵚水口，东南流，径役翎故城西。盖洛水自白水县西北境流入耀州境也。黄嵚水，见邠州淳化县。

慈乌水，县西四十里。源出子午岭，流经兰芝谷。又石盘水，在县东五十里，流经大石盘谷。又县东北有雷声沟水，西南有姚曲川水，俱流注于洛水。

玉华宫。在凤凰谷。《唐志》：县有仁智宫，武德七年，尝避暑于此。盖玉华宫因仁智宫而增筑也。《通志》：县治东北有云阳驿。

○**绥德州**，府东北三百六十里。北至榆林镇三百里，东至山西永宁州二百五十里，西至宁夏后卫五百七十里。

春秋时白翟地。战国时，属魏，后属秦，置上郡于此。亦谓之上地。汉初，属翟国，后亦为上郡。后汉因之。晋废。后魏亦曰上郡。西魏置绥州，兼置安宁郡。隋初，郡废。炀帝初，改为上州，寻废州，置雕阴郡。取汉雕阴县地为名。唐复为绥州。天宝初，亦曰上郡。乾元初，复故。宋初，仍曰绥州，寻没于西夏。太平兴国七年，李继捧以绥州来降，其弟继迁复叛。至道初，据有夏、绥、银、宥、静五州。熙宁二年收复，废州为城，隶延州。元符二年，改为绥德军。金曰绥德州。元因之。明亦曰绥德州，编户十里。领县一。今仍为绥德州。

州控扼高深，形势雄胜，为鄜延之门户。自秦置上郡，而边陲之患始远。汉因其制，以斥逐匈奴，关辅日以完固。后汉虞诩所云，安定、北地、上郡，山川险隘，沃野千里，土宜蓄牧者也。隋、唐以来，皆为藩卫重地。宋种谔复绥州，渐规横山以西, 功虽不成, 而寇患益少。盖横山, 朔方大碛也。今延绥边有山崖高峻, 连延千里, 即横山也。余子俊铲山为墙, 即横山故址。或以为桥山北麓云。**沈括言:** 尽城横山, 瞰平夏, 则彼不得绝碛为寇。种谔亦言: 横山延袤千里, 多马宜稼, 人物劲悍, 善战, 且有监铁之利, 夏人恃以为生。其城垒皆控险, 足以守御。今兴功当自银州始, 其次迁宥州, 其次修夏州。三郡鼎峙, 则横山之地已囊括其中。又其次修盐州, 则横山强兵战马山泽之利, 尽归中国。其势居高, 俯视兴、灵, 可以直覆其巢穴。会徐禧上言: 城银州不如城永乐。从之。而禧为夏人所败。明自孛来入套, 州遂为极冲。成化中, 余子俊改筑榆林卫, 与州相为唇齿。嘉靖间, 抚臣张子立言: 绥德为石隰噤喉、延绥门户, 崇墉巨障, 雄列其间, 实山陕险厄之地。自榆林之备增, 而绥德之防撤, 近时边患, 数自米脂乘虚入犯绥德, 宜急为防维之计。从之, 于是边患稍息。

　　龙泉废县, 即州治。本汉肤施县地。西魏置上县, 为安宁郡治。隋大业初, 为雕阴郡治。《唐志》: 隋郡治上县。武德三年, 于延州丰林县置绥州。六年, 又移州治延川县。七年, 移魏平县。贞观二年, 平梁师都, 移州治上县。天宝元年, 改为龙泉县。《通典》: 贞观初, 筑州城, 周四里有奇, 四面皆因石崖, 甚险固。是也。宋为夏人所据, 县遂废。咸平四年, 复筑绥州城。既而没于夏。治平四年, 种谔复袭取之, 遂城其地。熙宁二年, 赐名绥德城。元丰七年, 范纯粹言, 绥德城当寇冲, 请立为军。从之。金元时皆为州治。今城周八里有奇, 门四。

　　安宁城, 在县东南。西魏置安宁县, 属安宁郡。又有安人县, 亦西魏置, 属安宁郡。隋初, 郡废, 改安人县曰吉万。大业初, 与安宁县俱废入上县。又良乡城, 在州东。后周置, 隋废。○绥德废县, 在州南。西魏大统十二年，以上郡南界丘尼谷置县，属绥州。隋因之。义宁初，废。唐武德二年，复置。六年，又分置云州，领信义、淳义二县，兼置龙州，领凤乡、义梁二县。贞观二年，二州及县俱废入绥德。唐末，县废。金亦置绥德县。元省入州。

延福城，在州东北。西魏置延陵县。隋开皇中，改曰延福。《通典》：县城三面因崖，甚险。《唐志》：武德六年，置北吉州，领归义、洛阳二县。又置罗州，领石罗、开善、万福三县。又置匡州，领安定、源泉二县。是年，梁师都以突厥寇匡州，即其地也。贞观二年，三州及县俱废入延福。宋初县废。

魏平城，在州西南百五十里。后魏置魏平县，又侨置朔方郡于此。后周废郡。县属延州。隋因之。唐初，梁师都有其地，置魏州。武德二年，师都引突厥寇延州，为总管段德操所败，逐北二百里，破其魏州，是也。唐亦置魏州，领安故、安泉二县。贞观二年，州县俱省入城平县。○城平城，在州西南百七十里。后魏神龟初，置城中县。西魏属绥州。隋避讳，改曰城平。唐武德二年，置南平州于此。又析县地，侨置魏平县属焉。七年，于魏平城中置绥州。贞观二年，废南平州及魏平等县，以城平县属绥州。唐末，县废。又大斌废县，亦在州西南。西魏置，又立安政郡治焉。隋初，郡废。大业末，复省县入魏平。唐武德七年，侨置于魏平城中。贞观二年，复还旧治，仍属绥州。永淳二年，稽胡白铁余叛，据城平，进攻绥德、大斌二县。发兵讨平之，是也。唐末废。又朔方、和政二县，俱在州西南。后魏置，属朔方郡。后周并入魏平县。

开光城，在州西北三十里。西魏置开光县，兼置开光郡。隋开皇初，郡废，以县属绥州。唐贞观八年，改属拓州。十三年，拓州废，改属银州。唐末废。宋绍圣四年，收复。元符初，赐名开光堡。○开疆废县，在州西。西魏置县，为抚宁郡治。隋郡废，县属绥州。唐初，县废。

抚宁城，在州西。西魏置抚宁郡及抚宁县。隋郡废，以县属绥州。唐

属银州。宋为抚宁寨。雍熙二年，李继迁自三族寨进攻抚宁，时田仁朗奉命
讨继迁。喜曰：抚宁小而固，非浃旬所能破也。俟其困，以大军临之耳。又熙
宁五年，种谔遣将筑抚宁故城。既而夏人来攻顺宁寨，遂围抚宁。折继昌等
拥兵细浮图，去抚宁咫尺，不能救，遂陷。于是新筑诸堡，次第皆没于敌。
沈括曰：淳化中，李继隆讨李继捧，驰入抚宁，遂袭夏州，擒继捧。抚宁旧
治无定河川中，数为寇所危。继隆乃迁县于滴水崖，在旧县北十余里，皆石
崖，峭拔十余丈，下临无定水。今谓之啰兀城。熙宁中所治抚宁旧城耳。近
《志》：抚宁城，在米脂西百四十里。

义合城，州东六十里。《宋志》：西去绥德军四十里，本夏人所置。
宋元丰四年收复。六年，知延州刘昌祚以鄜延边面东，自义合西至德静，绵
亘七百里，堡寨疏密不齐，烽燧不相应，乃立为定式，耕垦训练，战守屯戍，
皆度强弱，分地望，图山川形势上之。即此义合城也。金为义合砦，后升为
县，属绥德州。元省。今为义合驿。德静即保安县德靖寨。

克戎城，在州西六十里。本夏之细浮图寨。宋元丰中，收复。绍圣
中，赐今名。嘉定十四年，蒙古木华黎攻绥德破马、克戎两寨。即此城
也。又《宋志》：克戎城南接抚宁寨云。金人亦谓之克戎寨。又临夏城，
在州西九十里。本名罗岩谷岭。宋元符初，筑城，赐名临夏。金亦为临夏
寨。元废。

威戎城，州西百三十里。本名昇平塔。宋绍圣四年，章楶于环庆筑平
夏城。吕惠卿在鄜延，亦复宥州，筑威戎、威羌二城。于是夏人不复振。此
即威戎城。平夏，见庆阳府。威羌，见前安定县。

上郡城，《括地志》：上郡故城，在上县东南五十里，战国魏及秦上
郡治也。秦太子扶苏监蒙恬军于上郡，即此。今州东一里无定河东岸有朔方
台。相传扶苏所筑。又古长城，在州西十五里，亦秦、魏时分界处。《志》
云：州北又有长城，隋置。《隋书》：开皇三年，遣崔仲方于朔方灵武筑长

城，东距河，西至绥州，绵历七百里。此其故址云。

嵯峨山，在州城西南。其山层累迭出，状如鹊雕。《通典》雕山在郡西南，即此山也。又西南二里有疏属山，即《山海经》所称梏贰负之臣危于此者。

凤凰岭，在州东三十里。又州东南有勃出岭。《唐书》：武德初，崔仲方奉命于朔方郡筑长城，东至黄河，西距绥州，南抵勃出岭，绵历七百余里以备边。又开渠溉田，民获其利甚溥云。

黄河，在州东百二十里。自吴堡县流入境，与山西永宁州接界，有黄河渡，又南流入青涧县境。

无定河，在州城东。一名奢延水，一名圁水，亦曰银水。圁，音同银也。三苍作圁。《地理志》：圁水出白土县西，东流入河。今上流自神木、米脂县界，东南流入州境。又南流入青涧县，注于黄河。《史记》：晋文攘戎狄，居于河西圁、洛之间。圁，即无定河，洛，即洛川也。以溃沙急流，深浅不定，因名无定河。沈括云：尝过无定河，活沙履之，百步皆动，如行幕上。或陷，则人马车驼以百数无孑遗者。或以为即古之流沙。

大理水，在州西北。亦自米脂县来，下流入于无定河。宋治平四年，种谔复绥州，夜渡大理水，军于州西。既而赵卨请规大理河川建堡，画稼穑之地三十里，以处降者。即此。○大力川，在州北二十五里。州东南又有怀宁河，俱流注于无定河。

魏平关，在州西南，以近魏平废县而名。《唐志》绥州有魏平关，是也。○李广寨，在州城东门外。《志》云：汉李广为上郡守，尝屯兵于此，因名。

柳树寨，在州东北。又州东北有东村寨。《志》云：州东北境有柏林、柳树、高家、东村等寨。今柏林、高家，俱改属榆林卫。○伯颜寨，在州北。又北有拜堂寨，《志》云：州北有孤山、伯颜、双山、拜堂、鱼儿河等寨。今孤山、双山、鱼儿河寨，俱改属榆林卫。

土门寨，在州西北。又西有麻河寨。又大兔鹘寨，在麻河寨西。《志》云：州西有土门、响水、麻河、大兔鹘、波罗寺五寨。今响水、波罗寺寨，俱改属榆林卫。

静难镇。在州西境。唐武德九年，梁师都寇陷静难镇，即其地也。又州境有海末、窟儿、临川、定远、马栏、中山等一十六堡，俱宋置。今州境堡寨，盖大抵皆仍宋址云。《通志》：今州东百四十里有官菜园渡口巡司。又州城内有青阳、义合二驿。

〇**米脂县**，州北八十里。东北至葭州百四十里。汉西河郡圁阴县地。唐为米脂川。宋宝元中，置米脂寨。元丰中，改为城，属绥德军。金仍为米脂寨，寻置县。元因之。今县城周五里有奇，编户十三里。

银州城，县西北百八十里。赵珣《聚米图经》：银州南至绥州百六十里，西至夏州二百里。秦上郡地。汉为圁阴县地，后没于戎。宇文周保定二年，于县置银城防。三年，改置银州。相传其旁有谷，尝牧骢马于此。土语谓骢马为乞银，州因以名。州治儒林县。杜佑曰：苻秦置骢马城，即今银州城。隋大业初，州废，县属绥州。唐贞观二年，梁师都复置银州，治儒林县。天宝初，曰银川郡。乾元初，复曰银州。贞元二年，吐蕃取盐、夏州，又寇银州。州素无城，吏民皆溃，转陷麟州。元和十一年，度支盐铁使言：银川水甘草丰，请置银川监。开成二年，银州刺史刘源言：银川水草乏，恒徙牧绥州境。今绥南二百里，四隅险绝，四路不能通，以数千人守要，畜牧无足患，乃以隶银川监。宋至道二年，割其地畀赵保吉。熙宁三年收复，寻弃不守。元丰四年，种谔议规横山以西，谓兴功当自银州始。因复取其地。旋为夏人所陷。崇宁四年，复得之，仍置银州。五年，废为银川城。金为银川寨，寻废。

永乐城，县西百五十里，北距故银州二十五里。其地接宥州、附横山，宋时为夏人必争之处。城东西皆重冈复岭，路仅可通车马。宋元丰五年，种谔议城银州。徐禧上言：银州虽据明堂、无定川之会，而故城东南，已为河水所吞。其西北又阻天堑，不如永乐形势险扼。诏从其请，于永乐川筑银州新城，赐名银川砦城。虽据险，然中无井泉，惟城连无定河，浸灌之余，可以给食。夏人度河来攻，据其水寨，城中大困，遂为所陷。

嗣武城，县西北五十里。本名啰兀城。宋熙宁五年，韩绛使种谔取横山，谔自青涧出师取啰兀，城之，赐名嗣武城。既而夏人陷抚宁诸城，啰兀兵势尚完，谔不能御，啰兀复为敌所陷。金人亦为嗣武城，寻升为县。元省入米脂。

圜阴城，在县西北。汉县，属西河郡。颜师古曰：圜，本作圁，以在圁水阴也。又有圁阳县，亦属西河郡，以在圁水之阳而名。

静边城，在废银州西南。唐贞观以后，吐蕃浸盛，党项、拓跋诸部畏逼，请内徙。诏庆州置静边军州处之。《五代志》：静边州都督，盖置于银州界。至德后，废。五代时，改置静州。汉乾祐初，以静州隶定难军。即此城也。

峰子山，在县西十里。县西南二十里，又有高梁山。又相连山，在县西八十里。县东七十里，又有石佛山。

无定河，在县西。东南流，入绥德州界。《舆地广记》：唐立银州，东北有无定河，即圁水也。宋元丰四年，种谔出绥德城以攻米脂，败夏人于无定川，遂克之。即此。又米脂水，在县治东南。《志》云：地沃宜粟，米汁如脂，因名。西流入无定河。

大理水，县西百里。又有小理水，俱流入绥德州。下流入无定河。《志》云：县西又有马胡谷水、饮马河、抚宁谷水、磨石沟、背干川，俱流入于无定河。〇明堂川，在县西北。宋元丰五年，鄜延将曲珍败夏人于此。其水亦入于无定河。又流金堰，在县南。正德中筑，引山水灌田，民获其利。

银州关，县西九十里。上有古城，亦曰银城关。成化七年，余子俊言：延绥西路旧守土门、大兔鹘等堡，并未守铁鞭、锁地、五谷、黑城子、银城关等城，俱宋时防守夏人所筑，山势险，水泉便近。今所守怀远、威武等堡，既无险可守，又取水太远。宜以渐修补铁鞭等城，且于银州关隔河总要处，添筑一堡，移内地鱼河堡官军守之；又于米脂以北，直抵榆林、顺川、大路，量其远近，添筑小堡以备警急。从之。铁鞭城，见保安县。怀远、威武二堡，俱见榆林卫响水堡下。鱼河堡，亦见榆林卫。

三族寨，在县西。宋雍熙二年，李继迁叛，诱杀绥州团练使曹光实，袭据银州，围三族砦。寨将折遇乜附之，乘胜进攻抚宁，是也。○暖泉砦，在县东四十里。宋置，地有温泉，因名。《志》云：暖泉水，在县东七十里，东流入葭州境。

悉利砦，在废银州北。宋雍熙二年，王侁等讨李继迁，出银州北，破悉利诸寨。入浊轮川，又败之。浊轮川，见神木县。○赏逋岭砦，在县境。宋熙宁五年，种谔进筑永乐川、赏逋岭二寨，分遣将筑抚宁故城。又分荒堆三泉、吐浑川、开光岭、葭芦川四寨与河东路修筑，各相去四十余里。未几，夏人围抚宁，新筑诸寨复入于敌。葭芦川，即今葭州。

清边塞。在嗣武城东二十里。城西二十里为镇边砦。又龙泉寨，在嗣武城北二十里。亦谓之通泉塞。又北八里有中山堡。俱宋置戍守处也。○碎金镇，在县东北四十里，为自县达榆林之道。《通志》：今县西有银川驿。

附见：

绥德卫。在州城内。洪武六年建，辖千户所五。

○**葭州**，府东北五百八十里。东北至山西保德州二百二十里，西北至榆林镇一百八十里，南至绥德州一百七十里。

秦属上郡，汉属西河郡。西魏属开光郡。后周属中乡郡。隋废郡，属绥州。唐属银州。宋为葭芦川寨，初没于西夏，元丰五年收复。属石州。元符二年，升晋宁军。金初，属汾州。大定二十二年，升军为晋宁州。明年，改为葭州。兴定二年，改隶延安府。元因之。明亦曰葭州，编户八里。领县三。今仍曰葭州。

州襟带黄河，翼蔽延、庆。夹河而战，或左或右，皆可以得志。宋人议由此以捣西夏。金人尝用此以困关中。盖出奇制胜，州其犄角之资也。

真乡废县，今州治。本汉圁阴县地。后周中乡县，属中乡郡。隋改曰真乡，属绥州。唐武德二年，置真州于此。六年，梁师都寇真州，即真乡矣。州寻废，县属银州。宋县废。元丰中，置葭芦川砦，寻为晋宁军治。金为葭州治。金末，又增置葭芦县于郭内。元省。今州城周二里有奇，惟南北二门。

白云山，在州南五里。又南五里曰横岭，以岭横若屏风也。又南四十里为檀家坪。其地滨河，有檀姓者居此，因名。又南十里为艾蒿坪，即子午岭之北垂矣。《志》云：山多艾蒿、蒙茸，因名。

西岭，在州西五里葭芦河傍，山势逶迤。宋将韩义败夏人于葭芦西岭，即此。又州北五里有峰特出，曰第一峰。

双湖峪，在州西北。其间有窑寨六十余所。近代皆为贼薮。官军讨之，处处垛截。贼遁走至关山岭，官军追而歼之。关山岭，或云亦在州境。

箭筈坞，州西三十里。地多竹箭，因名。其相接者，又有桃园子坞，以地多桃树而名。又鞦鞴坞，在州东北百里。两山之顶，大树架其中为路，行者若鞦鞴下过云。

黄河，州东一里。自神木县流入，又南入吴堡县界。河之东岸，即山西兴县境也。《宋志》：州东五里有克狐砦，在河东岸。建炎二年，金人渡河犯晋宁，南侵丹州。即其处也。

葭芦河，州西五里。中多葭芦，因名。宋人傍河立寨，曰葭芦川砦。或谓之西川。近时官军败贼于此。

真乡川，在州东城下。由沙漠界来，下流合葭芦河。城下有渡，曰桃花渡。○白草洼，在州西四十里。洼多蓄水，亦曰天池。

神泉砦，在州西二十五里。地名榆林川。宋元符初置寨。又西南二十五里为乌龙砦，亦元符二年所置也。《志》云：乌龙砦西南至米脂县暖泉砦三十里。

通秦砦，州西北二十里。本名昇罗岭。东至黄河二十九里。宋元符二年置寨。又北二十七里有通秦堡，亦宋元符中置。《元志》：金末，尝置通秦县，至元二年废入葭州。○宁河砦，在州西北八十五里，地名窟薛岭。其相近者，有宁河堡，地名哥崖岭。俱宋元符二年筑。又有靖川堡，在宁河砦北十四里。

三交堡，在州西。地名三交川岭，与神泉寨相接。宋元符初筑。

西板桥。在州西五里。跨葭芦河，上眺危峰，下瞰深沟，亦险隘处也。《通志》：州西北五十里通秦堡下有旧税课司，乃前代蕃、汉互市处。

○吴堡县，州南八十里。西南至绥德州百六十里。本唐石州定胡县地。宋置吴堡寨。金升为县。元省，寻复置，属葭州。今县城周一里有奇，编户三里。

寨西山，在县西一里。又县南十里有龙凤山，以山势回翔而名。

黄河，在县东一里。自葭州流入，又南入绥德州境。县南二十里为菜园渡，东过黄河，即山西兴县界也。

清河沟，县西二十里。黄河水浑，而此水独清，因名。有清河沟桥跨其上，东流入黄河

河西驿。在县南十里。山、陕往来，多取途于此。

○神木县，州东北百二十里。西至榆林镇二百三十五里。旧为胜州

地。唐天宝初，割连谷、银城二县地，置新秦县，为麟州治。是年，改州为新秦郡。乾元初，复为麟州。宋乾德初，移治吴儿堡。五年，升建宁军。端拱初，改镇西军。金为神木寨。元初，于此置云州。至元六年，改为神木县，属葭州。今县城周四里有奇，编户五里。

麟州城，县北四十里。唐天宝初，置新秦县于此，为麟州治。今县本名吴儿堡。相传赫连勃勃陷长安，以所获吴人置城于此，因名。宋移麟州治焉。《通典》：汉武徙贫人于关以西及朔方以南，谓之新秦中。县名盖本此。《五代史》：河东兵趣夏州者，必自麟府至河西。《九域志》：麟州西至夏州三百五十里，西南至银州一百八十里。绥州西至夏州四百里，皆翰海及无定河川之地，所谓银、夏碛中者也。

连谷废县，县北五十里。隋为连谷镇，属胜州。唐贞观八年，升为县。开元九年，并州长史张说出合河关，掩击叛人于银城、连谷，大破之。即此。天宝初，改属麟州。宋因之。政和四年，废入新秦县。合河关，今见山西兴县。

银城废县，县南四十里。后魏时置石城县，属上郡。后周曰银城防，旋置银城县。隋属绥州。唐贞观四年，县属银州。八年，属胜州。天宝初，又改属麟州。宋亦为银城县。政和四年，废。《志》云：县东三里有云州故城。元初，置州治于此。

龙眼山，在县治东。上有二穴，穿透如眼，因名。又东五里有香炉山，以形如鼎峙也。

黄河，在县南十里。自府谷县西南流入界，又南流入葭州境。《志》云：山西自河曲至蒲津，千五百里。俱邻陕西，河最狭，而于神木渡河为尤易。

浊轮川，在县西北。宋雍熙二年，王侁出银州，破李继迁，悉利诸寨，入浊轮川，斩贼首五千级。继迁遁去。即此。或曰，即曲源川也。今其水自河套来，东南流入于黄河。又屈野川，在县西南百五十里。宋尝置堡于此，曰屈野川堡。其下流，亦入于大河。

柴沟，在县西。天顺中，延、绥被寇，神木官军败之于此。又县有紫陌沟。成化中，寇入神木堡，乘胜犯紫陌沟，是也。

骆驼堰，在县西北百里。《唐志》：开元九年，叛胡及党项攻银城、连谷。张说出合河关掩击破之，追至骆驼堰。寇走入铁建山。说安集党项，置麟州以镇抚之。即今县也。或曰，堰盖近榆林之奢延水。铁建山，见榆林之铁山。

太和砦，在县西五十五里。地名太和谷，宋元符二年置寨。《元志》：金末，尝升太和砦为县。至元六年，废入神木县。南至弥川砦三十里。寨北三十里为清水谷。又北二十里为太和堡，亦是时所置也。

弥川砦，县西南八十里。本名弥勒川。宋元符二年筑。东至河四十里。又西十五里为弥川堡，地名小红崖，亦是时所筑。其南十五里，即葭州宁河砦矣。《元志》：金末尝置弥川县于此。至元六年，省入葭州。

神堂砦。在县北。宋元丰五年，夏人寇麟州神堂砦，知州訾虎击却之。即此。又北有静羌砦。○镇川砦，在县西南。《宋志》：嘉祐四年，诏废麟州诸寨，惟镇川砦不废。是也。又大宁堡，在县西。其相近者又有镇川、肃定、通津、兰干等堡，俱宋置。

○**府谷县**，州东北三百四十里。东南渡河至山西保德州不及一里，西至神木县一百二十里。隋胜州榆林县地。唐为岚州之府谷镇。五代晋王存勖天祐七年，升为府谷县。八年，建为府州，以控蕃界。晋初，没于契丹。开运初，府州刺史折从远举州内附。后汉初，升为永安军，兼领胜州及沿河五镇。乾祐三年，仍为府州，还属河东节度。周显德初，复置永安军。宋因之，兼置麟府路军马司于此。崇宁初，改为靖康军。政和五年，赐郡名曰荣河。元仍曰府州，寻改为府谷县，属葭州。今县城周五里有奇，编户四里。

宁丰城，在县西北萝泊川。《宋志》云：庆历初，赵元昊攻陷丰州。嘉祐七年，于府州萝泊川地置丰州。政和五年，赐郡名曰宁丰，领永安、保宁二寨。金废。〇震威城，在县北，地名铁炉川堆。宋宣和六年，置城于此。金废。又芭州城，在县东北九十里。元初置州，属山西太原路。至元初，省入保德州，盖在今县境。《通志》：县东北五十里有固城，与清水营相近。清水营，在县北六十里。今见榆林卫。

五龙山，在县城东。有五峰突起，如伏虎然，一名五虎山。〇水塞山，县北十五里。两川夹流，山屹峙川中，因名。又县北二十里有陶家山，县东五十里有梁家山，俱以二姓所居名。《通志》云：县东北百里有紫城岩，直接大漠。

黄河，在县东百步。自榆林镇南流入县境，又自城南折而西流，入神木县界。河之东南岸，即山西河曲县也。县境又有子河汊。宋至道元年，契丹将韩德威诱党项等族自振武入寇府州，刺史折御卿邀败之于此。

清水川，县北十五里。自沙漠界来，东流注于河。边方骑士，赖以给饮。明成化中，王复请移府谷堡于芭州旧城。边臣卢祥言，芭州城水泉枯涸，清水川正当冲要，水草可资，可立城堡。即此。

宁远砦，在县西南。《宋史》：咸平六年，于府州西寒岭置寨，赐名宁远。又宁边寨，在县西。《宋志》：县境又有安丰、宁府等寨，宁川、宁疆、靖安、西安等堡。

东胜堡，在县东。《宋史》：庆历中，张亢为并、代都钤辖，管麟府军马，以府州东隺山有石岩穴，为筑东胜堡；下城傍有蔬畦，为筑金城堡；州北沙坑有水泉，为筑安定堡，置兵守之。战于兔毛川，贼大溃。不逾月，筑清塞、百胜、中侯、建宁、镇川五堡，麟州之路始通。又嘉祐四年，诏废府州诸堡寨，惟留中侯、百胜、清塞三堡云。

建宁堡。县西北七十里。宋康定中，赵元昊寇麟府，议者请弃河外，保合河津。仁宗不许。麟府将张亢败贼于琉璃堡、柏子寨、兔毛川诸处,筑建宁等五堡,河外始安。琉璃堡,或云亦在县境。《元志》:金置建宁县,属葭州。元并入府谷县。

附见:

镇羌守御千户所。在神木县治西。正德二年建,隶陕西都司。

〇庆阳府,东至延安府鄜州三百三十里,南至西安府邠州二百七十里,西南至凤翔府三百五十里,西至平凉府三百里,西北至宁夏卫七百七十里。自府治至布政司五百七十里,至江南江宁府三千六百里,至京师三千七百里。

《禹贡》雍州地,周之先不窋所居。亦曰北豳。春秋时,为义渠戎国。秦灭义渠,以其地属北地郡。汉初属雍国,后仍属北地郡。后汉因之。晋为雍州徼外地。西魏置朔州。后周废。隋开皇十六年,置庆州。宋白曰:隋初,置合川镇于此。大业初,改弘化郡。唐复为庆州。武德六年,置总管府。七年,改都督府。自是尝置都督府于此。天宝初,曰安化郡。至德初,曰顺化郡。乾元初,复为庆州。唐末,李茂贞升为安定军。五代梁,改武静军。宋仍曰庆州。亦曰安化郡。治平以后,环庆路治此。政和七年,升庆阳军节度。宣和七年,又改为庆阳府。金、元因之。金初,改军名曰安国。后又改曰定安。又皇统二年,置庆原路总管治于此。元仍为庆阳府。明亦曰庆阳府,领州一、县四。今仍曰庆阳府。

府南卫关辅,北御羌戎,秦置北地郡以隔阂匈奴,汉人所谓缘边诸郡也。其地山川险阻,风俗劲勇。汉武拓境开边,北地良家子奏功尝最。晋弃其地,关辅日以多事。及氐羌运终，赫连奋臂，冯陵之祸，多在斯土。岂非以岭塞高印，下临三辅，有建瓴之势欤？贾耽曰：庆州以北，地形曼衍，直抵沙漠，寇入最易。唐时以邠宁为重镇。宋亦以环庆为极冲。每西北发难，控扼之备未尝不在庆州也。宋太宗时，何亮尝言，环庆至灵武几千里，居绝域之外，请于其间筑溥乐、耀德二城，以通河西粮运。不果。继而夏人发难，郡首被其祸。明自河套有事，花马池尝为重地。敌入灵、韦，掠环、庆，犯平、固，皆以花马池为捷径。故恒以重兵驻守。又西为小盐池，则庆阳至宁夏之要道也。《舆程记》：府北百六十五里为木钵递运所，又四十五里为环县。环县北行二百二十里而至小盐池，又一百七十里至灵州。自灵州渡河，又百里而至宁夏。由庆阳环县而北，无居民，亦无树木，水草皆绝少，至灵州始有之。中间地势荒瘠，屯戍者每患无所资以为固。此庆阳之患，比他郡为倍亟也。夫庆阳有警，而邠宁以南，祸切剥肤矣。形援可或缓哉？

　　〇安化县，附郭。汉北地郡郁郅县地。后汉废。隋为合水县。唐武德六年，移弘化县与合水并为州治。是年，改合水为合川。贞观元年，省合川入弘化。神龙元年，改曰安化。宋因之。元省。明初，复置。今编户三十二里。

　　郁郅城，在府城东，当白马岭两川交口。汉置县于此，《水经注》谓之尉李城，音讹也。《通典》曰：即古不窋城。《续通典》：不窋城在郡城东南三里。郡城今名尉李城，亦曰不窋城，城周七里有奇。又合川城，在今府城西南。隋开皇十六年，置合水县于此，为庆州治。唐武德六年，改为合川县。贞观元年，省入弘化。今府城，即唐庆州城也。明屡经修筑。周七里有奇，门四：东安远，南永春，西平定，北德胜。负山阻水，屹然险固。

延庆城，府东北三十里。本汉郁郅县地。后魏尝置延庆县，旋废。刘昫曰：唐武德六年，分合水县置白马县。天宝元年，改为延庆县。宝历初，废。〇归德城，在府东北百里，汉县，属北地郡。后汉更始初，封岑彭为归德侯，是也。寻废。后魏复置归德县。西魏置恒州于此。后周废州。隋开皇初，县属庆州。唐初，废。

洛源城，府东北二百七十里。本汉归德县地。隋大业初，置洛源县。十二年，为胡贼所破，遂废。唐贞观二年，复置。四年，于延州金城县，移北永州治此。八年，州废，县仍属庆州。宋废为洛源堡。金城，见延安府安塞县废敷政城。〇怀安城，在府东北百八十里。《通典》：本隋柳谷城。武德六年，置县。《唐志》：开元十年，括逃户连党项蕃落置。又有芳池州都督府，寄理怀安县界，管小州十，曰静、獯、王、濮、林、尹、位、长、宝、宁并党项野利氏种落。至德以后，芳池州废。宋并废县为怀安镇，属安化县。《金志》：合水县有怀安镇。今为怀安巡司。

彭原城，府西南八十里。本汉彭阳县地，属安定郡。后汉灵帝时，以北地郡富平县寄治此。后魏亦为富平县，属西北地郡。后周县废。隋为彭原县地。唐武德元年，于宁州彭原置彭州，州旋废。宋改彭原为彭阳，属原州，又分置彭原县，属宁州。熙宁二年，又改隶庆州。金亦属庆阳府。元废。〇同川城，在府西八十里。《唐志》：隋义宁二年，分宁州彭原县地置三泉县，治故三泉城。武德三年，移治同川城，改为同川县，属庆州。宝历初，废。

参䜌城，在府西北。汉安定郡属县。䜌读廉。《汉志》注：主骑都尉治此。后汉属北地郡。顺帝安汉中，烧何种羌据参䜌，护羌校尉赵冲等击破之。是也。魏晋间，县废。〇周槃城，在府南百二十里。后魏置东槃县，属赵平郡。后周改曰周槃，寻废。隋开皇二年，遣虞庆则屯弘化以备突厥，行军总管达奚长孺别道出击，与突厥遇于周槃，力战得脱。即此城也。

白豹城，府西北百九十里。宋时为西夏地。范仲淹建议取之。《宋史》：康定元年，韩琦使任福攻白豹城，部分诸将，王怀政攻其西，断神树岘来路。范全攻其东，断金汤之路。谈嘉振攻其北，断叶市之路。王庆、石全攻其南，武英入城门斗敌。福以大将驻于城下策应，遂克之。是也。城东四十里接金汤城，今见延安府保安县。《通志》白豹城在府东七十里，似误。

大顺城，府西北百五十里。《宋史》：城本名马铺砦，当后桥川口，在夏人腹中。庆历元年，范仲淹知庆州，谓延安西庆阳东、中有金汤、白豹、后桥三寨，取可攻之地，其在于此。因以计城后桥川，赐名大顺，大顺成而白豹、金汤皆不敢犯，自是寇患益少。又治平三年，夏人寇大顺城，为宋军所败，徒寇柔远，又退屯金汤。《金志》安化有白豹、大顺二城。元废。

定边城，府北二百六十里。宋元苻二年置。寻建定边军，领定边一县。金皇统六年，以其地赐夏人。寻废为定边寨，属环州。元因之。今有官军及巡司戍守。○镇安城，在府东北三百里。宋置。《志》云：城东三十里接鄜延路之通庆城。金废。又府境有安定废州。《唐志》：安定州都督府寄在庆州界。管小州七，曰党州、桥州、乌州、西戎州、野利州、米州、还州。又有安化州都督府，亦寄在庆州界。管小州七，曰永利州、威州、旭州、莫州、西沧州、儒州、琮州，俱党项部落也。赵珣《聚米图经》：党项在庆州者，号东山部；在夏州者，号平夏部；在灵、盐以南山谷中者，号南山部。至德以后，羁属诸州俱废。

景山，府西百里。山绵延深远，中多奇木怪石及獐鹿猿猱之属。又太白山，在府北百五十里。黑水河发源于此。又有斩断山，在府城南三里。

寡妇山，在府北。《五代旧史》：庆州北十五里有寡妇山，蕃部野鸡族居焉。周广顺二年反，命环、庆二州及府州帅折从阮讨平之。或云寡妇山，即射姑山也。《续汉书》：射姑山在北地郡。顺帝时，且冻羌叛，征西将军马贤与战于射姑山，败没。

包山，在府北。五代周广顺三年，党项为庆州将所扰，野鸡等族因拒命，诏邠、宁二州兵击之。宁州刺史张建武败野鸡族，乘胜栽虐。别部杀牛等族诱建武军过包山，度险共击之，建武大败。

马岭，在府北二十五里。一名箭筈岭。左右有川，相传汉畜牧地也。旧多居民，有果实猿鸟，岩洞幽邃，莫穷所止。唐置马岭县，盖以山名。

乌岭，在府西北。或云即青山也。一云乌岭西北有青山。后汉建武二十一年，安定属国胡叛，屯聚青山。遣将兵长史陈䜣讨平之。又晋泰始七年，鲜卑树机能、北地胡共围凉州刺史牵弘于青山，弘败没。《续汉志》：北地参䜌属国都尉治有青山。谢沉《书》：属国降羌胡数千人居山田蓄。岭盖郡境之大山也。

节义峰，在府西北。宋景祐元年，庆州柔远砦番将攻夏人后桥诸堡，破之。夏人旋寇庆州，以报后桥之役，伏兵节义峰，擒宋将齐宗矩。即此。

大昌原，在府南。宋绍定元年，蒙古入大昌原，金将完颜陈和尚大败之。二年，蒙古入大昌原，金将移剌蒲阿败之，庆阳围解。《金志》宁州平定县有大昌镇。原盖接宁州东南也。

洛河，在府东北二百五十里。源出合水县白於山，东北流，经废洛源县，又东入延安府保安县境。一云洛川南经尉李城，东北合马领水，号白马水。似误。今详见大川洛水。

东河，在府城东。来自沙漠。至城北，合怀安川及灵沟水，南流至合水县界，为马莲河。又西河，在府城西。来自环县。流经城下，合杨集涧水、谷沟、下马汀诸水，由西转南而会于东河。《志》云：府北三十里有下马汀。水滨地平，经行者多憩于此，因名。盖即东西两河之滨也。

黑水河，府西百二十里。源出太白山。西南流，入环县境，复折而南，经府西，又东南流，入宁州境。会于九龙川，复分流而东南，入邠州长武县界，下流合于泾河。《志》云：府南有蒲川水，流合于黑水河。

北岔河，在府东七十里。来自白豹寨。南流至合水县，会于建水。又三合水，在府西南百三十里，亦东流至合水县，入马莲河。又府东北二百里有白塔水，亦南流入合水县界，会于建水。

白马川，府西百二十里。南流注于东河。又府北五十里有灵沟水，下流亦入于东河。○白豹川，在府北二百里，与境内西阳川、洪水川合，东南流，入延安府保安县之洛河。

大乐涧，在府南五十里。东流入宁州界，会于九龙川。又西澳，在府西。近代官军败贼于此。府境又有桑落坝，亦官军败贼处。

牛圈，府西北三百余里。四旁皆石碛，中有圈潴水，人马给饮。宋时夏人入寇，章楶置毒于此，夏人饮者辄毙。又鹅池，在府治东，暗通西河。宋庆历中，经略使王沿所凿。《一统志》云：经略使施昌言所浚也。

驿马关，府西南九十里。唐置。与镇原县接界。兴元初，朱泚败走，自泾州北趣驿马关。宁州刺史夏侯英拒之，是也。明初，张良臣据庆阳未下，徐达攻之。元将王保保遣兵陷原州，为庆阳声援。徐达等议以关当原州之冲，今先据关以扼之，贼计无复施矣。于是遣冯宗异等守关，又分兵备灵州、邠州、彭原以遏其奔突。庆阳旋下。今有驿马关驿，兼设巡司戍守。

横山寨，府北二百三十里。宋元符初筑。其东六十里接东谷砦，其西七十里为宁羌砦，其南三十里为通塞堡，北三十里则定边军也。金废。○绥远寨，在横山砦北十五里。本名骆驼巷。其北三十里有神堂砦，南十四里有鸡嘴堡，其东二十里接定边军。宋元符初所置。又观化堡，在鸡嘴堡西二十里。又南二十里为通化堡。以上俱宋置。金废。又威边砦，在横山砦东三十五里，亦宋置。金废。

柔远砦，府西北百四十里。北距白豹城五十里，东北至大顺城四十里。宋仁宗时，夏人入寇，巡简杨承吉拒战于此。又范仲淹城大顺，引兵至柔远，版筑皆具。是也。金亦为柔远砦。元废。〇怀威寨，府东北二百七十里。其西四十里为矜戎堡，其南二十里为威宁寨，其东十五里即鄜延路之通庆城也。《宋志》：威宁砦，在定边军东十五里。本名衡家堡。政和六年展筑，改名威宁。金时俱废。

东谷寨，在白豹城西三十里。又安疆砦，在白豹城东南四十里。胜羌砦，在白豹城北五十里。宋时与金汤、柔远诸寨，并为控扼要地。金仍置安疆砦。元废。

天固堡，在彭原废县南。隋开皇中所置。以天然险固而名。〇闹讹堡，在府北三百里。宋熙宁中，夏人筑闹讹堡。庆州兵击之，败还。

荔原堡。府东北二百五十里。宋治平四年，蔡挺所筑。熙宁三年，夏人来攻，不能陷而去。金仍为荔原堡。元废。《金志》：荔原堡西，白豹城南，七十五里有第二将营。《一统志》：府东百二十里有第二将城，宋置。谬甚。〇九阳堡，在镇安城西二十里。又有麦川堡，在镇安南十里。又南二十里为威远堡。府境又有金村、定戎等堡，俱宋置。金废。《通志》：今府治北有弘化驿。

〇**合水县**，府东七十里。东至延安府甘泉县二百六十里，东南至鄜州中部县二百五十里。汉北地郡归德县地。西魏为华池县地。隋末为合水县地。唐武德六年，分合水置蟠交县。天宝初，改蟠交曰合水。五代周省入乐蟠县。宋熙宁四年，复置，属庆州。今县城周三里有奇，编户十八里。

乐蟠城，县西南七十里。后魏时为彭阳县之落蟠城。西魏置蔚州于此。后周废。隋义宁初，分合水县置乐蟠县。唐因之，属庆州。宋熙宁四年，省为镇。《通典》：汉北地郡略畔道故城，在乐蟠县东北五里。又安定郡月氏道故城，在乐蟠县北。

华池城，在县东北百二十里。汉归德县地。西魏置华池县。后周废。隋仁寿初，置华池县，属庆州。大业末，属于梁师都。武德三年，梁师都将刘旻以城来降，因置林州。五年，梁师都将辛獠引突厥寇林州，是也。贞观元年，州废，县仍属庆州。宋初因之。熙宁中，废为华池镇。七年，改为华池寨。其相近者，又有东西二华池寨。金因之。元废。今设华池巡司于此。〇库多汗城，宋白曰：在华池城东北二里。隋置华池县，盖治于此。

弘化城，在县西南。后周时，置长城镇。隋初为弘化县。开皇二年，遣虞敬则屯弘化，以备突厥，是也。十八年，置弘州。大业初，州废。唐初复置弘州，武德九年，移县入庆州城，为附郭县。又弘德废县，在州北。隋大业初置。唐废。

子午山，县东五十里。亦曰子午岭，即桥山也。沮水源出于此。亦谓之桥门，又名翟道山。一名鸡山，有乌鸡水出焉，北注于洛。详见名山桥山。

白於山，《寰宇记》：在县北二十里。一名女郎山。洛水出焉。《山海经》：白於山，洛水出其阳，东流以注于渭。是也。又有南山，在县治南一里，皆子午山之支阜矣。〇长厚原，在县西南七十里。又县西九十里有汉城原。

建水，在县治东。源出子午山，西南流。府东境之九坌河流合焉，谓之合水。西南流入马莲河。《地理志》：华池县有二渊。二川合流，因名。即此水也。〇马莲河，在县西南四十里。自安化县流入境，合冉家河，南流入直宁县界，又南会于九龙川。

华池水，县东北七十里。自延安府保安县流入境。合豹子川、平戎川、苗泽沟诸水，流入延安府鄜州界。华池县因以名。〇玉梅川，在县东，与延鸠川俱出子午山，东流入华池水。又凤川，在县东北，源出子午山，亦东流入华池水。

平戎川，在县东北。源出延安府保安县界，南流入华池水。唐贞元二年，吐蕃尚结赞入寇岐陇，寻自宁庆北去，军于合水之北。邠宁帅韩游瓌遣将夜击其营，败之。吐蕃来追，游瓌陈于平川，潜使人鼓于西山，寇惊遁。

即平戎川也。○清水沟,在县治南。源出县西田家里,南流入合水。

凤川砦,县东北五十里。亦曰凤川镇。宋范仲淹所置。又平戎砦,在县东北八十里,近平戎川。亦范仲淹所置。○崇冈镇,在县西北。唐武德八年,突厥寇原州,入大震关。将还,弘州总管宇文歆邀击之于崇冈镇,大破之。

宋庄驿。县东六十里。又东南七十里为邠庄驿,东达鄜州之通道也。《通志》:邠庄驿在县东百里。又县西六十里为华池驿。又宋庄驿亦在县西。似误。

○环县,府西北二百里。北至宁夏卫灵州所五百里。汉北地郡富平县地。后魏为灵武郡地。后周为怀远郡怀远县地。隋开皇三年,郡废,县属灵州。唐置方渠县,属庆州。此为方渠县地。五代晋天福四年,移置威州于方渠县。周广顺二年,改曰环州。显德四年,降为通远军。宋淳化五年,复置环州,治通远县,亦曰通远军。金因之。元以通远县省入州。明改州为县。今城周五里有奇,编户四里。

通远废县,即今治。本方渠县地。五代晋置通远县。宋为环州附郭县。元省。

方渠城,在县南七十里。本汉县,属北地郡。后汉废。隋为庆州马岭县地。唐景龙元年,分置方渠县。贞元十三年,以方渠当吐蕃要路,命邠宁帅杨朝晟城之。元和十四年,吐蕃寇庆州,营于方渠。即此。五代晋徙威州治此。宋省为方渠寨,属通远县。

马岭城,县南一百三十里。汉置马领县,为北地郡治。师古曰:有川形似马领,因名。杜佑曰:汉旧牧地也。后汉县废。隋大业初,置马领县,治天家堡。唐初因之。贞观八年,移理新城。或云:县西有马岭坂,县因以名。后废。贞元十三年,杨朝晟筑方渠三城。引还,吐蕃追之至马领。朝晟拒却之,遂城其地。五代晋末,废为马岭镇。金人《疆域图》通远县有马岭镇,是也。

乌仑城，县北三十里。宋置乌仑寨，以乌仑山而名，为戍守要地。金亦为乌仑寨。元因之。今亦设兵防卫于此。其城东面圮于环河。○需源城，在县北四十里。宋置。其城北面圮于环河。又洪德城，在县北六十里。宋置。咸平六年，赵保吉入寇洪德寨，是也。熙宁中，章楶遣折可适破夏人于洪德城。即此。

木波城，县南四十五里。唐为木波堡。贞元九年，杨朝晟为宁州刺史，诏城盐州。朝晟分统士马屯木波堡。十三年，城其地。亦谓之木波镇。后又升为县。《五代史》：石晋置威州于方渠县，割庆州马领、木波二县隶之。是也。县旋废。《金志》通远县有木波镇。

安边城，县西北百二十里。本名徐丁台。宋崇宁初，筑城于此，赐名安边。金亦曰安边砦。元废。○细腰城，在县西。《宋史》：种世衡知环州。环、原之间，明珠、灭臧、康奴三族最大。其北有二川，交通西界。庆历五年，范仲淹议筑细腰城断其路，命世衡董其事。城成，自环州改隶原州。即此城也。

兴平城，县东北八十里。地名灰家嘴。灰，一作炭。宋元符初，筑城于此，赐名兴平。金亦为兴平堡。又县北有清远城。宋元丰四年，高遵裕伐夏，出环、庆，复清远军，是也。

曲子城，县南九十里。今为曲子驿。又县南百五十里有灵祐城，今为灵祐驿。二城俱永乐初征西将军何福所筑。《通志》：县北九十里有红城儿，成化八年所修也。《一统志》：今县北三里有秦长城，秦蒙恬所筑。宋白曰：方渠县北一里有长城。

乌仑山，县北三十里。山甚高峻，顶阔根狭，难于登陟，为险要之地。又县北境有木盘山。唐开元九年，方渠降支康愿子反，掠牧马，西涉河出塞。张说击擒之于木盘山。或曰，山盖在榆林西境。○尖山，在县东百里。其山高耸，因名。又县南九十里有天池原。

青冈峡，在县北。亦曰青冈岭。唐开元四年，单于副都护张知运，击突厥叛户于青冈岭，兵败，为所擒。又后唐天成四年，朔方节度使唐福赴镇，至方渠。羌人出兵邀福。福击走之。至青冈峡，遇吐蕃野利、大虫二族，大破之，遂至灵州。宋至道二年，李继隆等讨李继迁于平夏，分道并进，期抵乌白池。时继隆应出环州，违命由青冈峡，与庆州路将范廷召合兵趣平夏，行十日，无所见而还。胡氏曰：自方渠橐驼路出青冈峡，过旱海至灵州。赵珣《聚米图经》：环州弘德砦有归德、青刚两川。归德川在弘德东，透入盐州。青刚川在洪德西北，本灵州大路。自此过美利寨，入浦乐河，至耀德清边镇入灵州。自过美利寨后，渐入平夏，经旱海中难得水泉，是也。乌白池，即宁夏后卫之盐池。浦乐河，在宁夏灵州所。

板谷，在县南。唐大历十二年，吐蕃入寇，军于原州北长泽涧，进破方渠，入板谷。郭子仪遣将李怀光救却之。又石台谷，在方渠废县界。唐贞元十三年，杨朝晟筑方渠三城，发军次石台谷。盖庆州之要道也。

环河，县北七十里。源出青冈峡。亦曰环江。流经县城西，委曲环抱，石桥交跨，小港分流，南入安化县界，而为西河。

黑水河，县南百里。自府境西南流经此，复折而南，入府西界。《通志》：黑水出县西百五十里牛家山，流经县南，入漯水。

咸河，在方渠废县境。《唐志》：咸河从土桥、归德川、同家谷三处发源，咸苦不可食。又有甜河，在城西三里。从蕃部鼻家族北界来，供人饮食，亦曰甜水沟。流注环河。又石泉河，在县南五里，亦流注环河。

合道川，县西八十里。东流注于环河。〇七里沟，在县东七里。鸳鸯沟，在县西十八里。水波沟，在县南四十里。又佛堂沟，在县西九十五里。俱流入环河。

葫芦泉，《志》云：在环县西。镇戎之东北，旧有蕃部居此。范仲淹曰：葫芦泉一带蕃部与明灭臧相接，一处城寨平定，更图一处，实为据守之策。是也。又应圣泉，在方渠废县。唐贞元十三年，杨朝晟请城方渠三城。从之。师次方渠，乏水，有青蛇降岩下走，视其迹，水从而流，筑防环之，遂为停渊。诏名其泉曰应圣。

清平关，在县西北百十里。其地旧名之字平。宋元符初，筑为关。今有清平驿，在县西北六十五里。《舆程记》：县北六十里曰清平驿，又北六十里为山城驿，驿皆有仓。又九十里接宁夏界之萌城驿，为往来通道，套寇入犯之冲也。《宋志》：县有龙平关，元符二年置。

安化砦，县东七十里。又县东北有安塞砦。又定边、平远、安边等寨，俱在县境，皆宋置。○罗沟堡，在县东北百四十里。其南二十里即绥远寨也。又堡南四十里为阿原堡，四十五里为朱台堡，皆宋政和三年置。金废。

木瓜堡，县东北百十里。宋置。金因之。《志》云：旁有木瓜山，因名。明正德四年，寇入花马池，总兵马昂与亦孛来战于木瓜山诸处，颇有斩获。即此。其西五十里为归德堡，亦宋置。金因之。元废。○通归堡，在县东北七十里。西至兴平城三十余里。又流井堡，在兴平城西北四十里。定戎堡，在清平关南十里，东至归德堡三十里。俱宋置，金废。

惠丁堡，县东北九十里。其西三十里为麝香堡。其南三十五里即安塞砦也。俱宋置。金废。《宋志》：惠丁堡东南至宁羌寨四十里。

百家堡。在县南废马岭县旁。唐武德七年，庆州都督杨文幹反，进陷宁州，驱掠吏民，出据百家堡，即此。后废。又县西有肃远砦。宋咸平六年，赐环州本名乾川新砦曰肃远砦，是也。元符以后，改属镇戎军。盖其地与镇原县接界。○灵武台，在县东北三里。《志》云：旧属灵武境内，相传唐肃宗即立于此。恐误。《通志》：今县北六十里有红德城仓。又县治南有灵武驿。

附见：

庆阳卫。在府城内。洪武四年建。又守御环县千户所，在环县城内。

本庆阳卫前千户所守御于此，与卫同置。

　　〇宁州，府南百五十里。南至西安府邠州百四十三里，东北至延安府鄜州二百十里，西至平凉府泾州百七十里。

　　古公刘邑。春秋为义渠戎国。秦属北地郡。汉为北地郡及上郡地。后汉兼属安定郡。晋亦为北地郡。后魏初，亦属北地郡。皇兴二年，置华州。太和十一年，改班州。十四年，改邠州。二十年，又改豳州，兼置赵兴等郡。西魏始曰宁州。后周亦置赵兴郡。隋开皇初，郡废。大业初，改宁州为豳州，旋又改北地郡。唐复曰宁州。天宝初，亦曰彭原郡。乾元初，复故。宋仍曰宁州。亦为彭原郡。宣和初，赐军号曰兴宁。金因之。《金志》：皇统二年，降为兴宁军。又为西宁州。天德二年，复曰宁州。元仍曰宁州，以州治安定县省入。明初，改属庆阳府，亦曰宁州。编户四十八里。领县一。今仍曰宁州。

　　州连络关陇，襟带邠岐，川谷高深，地形险固。岭北有事，州每当其冲。秦并义渠，渐启榆中之塞；唐保豳宁，卒挫吐蕃之锋。《志》所称易守而难犯者欤？

　　定安废县，今州治。秦义渠县地。汉为北地郡泥阳县地。后汉因之。晋亦为泥阳县地。后魏太平真君二年，始置定安县，属赵兴郡。西魏为宁州治。隋以后，州郡皆治焉。金大定七年，更为安定县。元初因之，至元七年，废。今城周三里有奇，门四。

　　义渠城，在州西北。春秋时为义渠国。秦厉共公十六年，伐义渠，虏其王。惠文君十一年，县义渠。汉置义渠道，属北地郡。后汉建武六年，冯异进军义渠，击破卢芳将贾览及匈奴于此。县寻废。晋咸和四年，刘胤攻长安，石虎驰救，大破胤于义渠。即此城也。《一统志》：州治西为公刘邑，秦时为义渠国云。

泥阳城，在州东南五十里。本秦邑。汉初，郦商破雍将苏驵军于泥阳。即此。汉亦曰泥阳县，属北地郡。后汉因之。晋为郡治。后魏仍属北地郡，后废。杜佑曰：即今之定平城。是也。

襄乐城，州东六十里。汉曰襄洛县，属上郡。后汉废。后魏置县曰襄乐，兼置襄乐郡。西魏又置燕州于此。后周州郡俱废，以县属宁州。隋唐因之。宋亦属宁州。建炎二年，金人陷延安，曲端以泾原军驻淳化，而遣其将吴玠复华州，寻自邠之三水与邠会于襄乐。即此。金亦属宁州。元至元七年，废。淳化、三水皆今邠州属县。《通志》：今州东北六十里有襄乐巡司。

定平城，州南六十里。本定安县地。唐武德二年，析置定平县，属邠州，寻属宁州。贞元中，以神策军分屯京畿，定平其一也，谓之定平镇。大中间，置衍州于此。五代梁开平三年，遣康怀贞等侵李茂贞，克宁州及衍州，降庆州，游兵侵掠至泾州境内，是也。后周显德五年，废衍州为定平镇，隶邠州。宋初，为定平县，属宁州。政和七年，改属邠州。金属宁州。元省。又有废归义县，唐武德二年析定安县置。贞观十七年，废入定平县。

大曼城，在州城东。曼，读曰要。汉县，属北地郡。东汉初，邓禹别攻上郡诸县，征兵引谷，归至大要，是也。县寻废。《金志》真宁县有要关镇。或以为即古大要城。○弋居城，在州南。汉县，属北地郡。后汉因之。晋废，寻复置。后魏因之，仍属北地郡。后周废。

横岭，州东百里，即子午山之别阜。岭北即真宁。《汉志》注所云桥山在阳周南也。又安定岩，在州西五十里。岩壑如黛，石可镂砚。○彭池原，在州北。《唐书》：宁州有彭池。《金志》彭原县有彭池原。原盖因地而名。晋太元十一年，符丕遣邓景据彭池，击姚苌于长安。胡氏曰：此彭池当作澎池，非宁州之彭池也。

九龙川，州东百二十里。一名九陵川，以川中有堆阜凡九似陵也。自横岭流至州西南,合奢延川,又南流入泾河。其水清莹,即真宁河矣。亦曰宁江,又曰宁河。

奢延川,州东百里。一名大延川。自横岭流至襄乐故城,又西流,绕至城南,合九龙川。《唐志》:长安三年,宁州大雨,水漂二千余家,溺死千余人。盖即诸川溢流也。〇珊瑚川,在州西十五里,下流亦会九龙川。一云珊瑚谷水,东南至栒邑入洛。栒邑,今见邠州三水县。

黑水河,在州西北。自府境流入,至州南,会于九龙川。复分流而东南出,入邠州长武县界,合于泾水。〇白羊水,在州东百里。一名白谷川。源出白羊溪,流经横岭西北,入奢延川。

政平驿。州东南六十里。邠、宁往来之通道也。又彭原驿,《通志》云在州南。州东又有交城镇,金天德二年置。

〇真宁县,州东百里。西北至府城二百里。汉上郡阳周县地。后魏置泥阳、护涉二护军,后为阳周县。隋改为罗川县,属宁州。唐天宝初,获玉真人像于此,因改为真宁。今县城周二里有奇,编户二十一里。

阳周城,县北三十五里。本秦县,属上郡。始皇死,胡亥矫诏赐蒙恬死。恬不肯死,使者以属吏,系之阳周。《史记》:陈馀与章邯书:蒙恬为秦将,北逐匈奴,开榆中地数千里,竟斩阳周。是也。汉亦为阳周县。后汉废。后魏复置阳周县。太平真君二年,置赵兴郡治焉。西魏又置显州于此。后周州郡俱废。隋开皇中,并入罗川县。《唐史》:会昌以后,回鹘败散。乾符二年,其余众始还至罗川,遣使贡献。此罗川,盖塞外回鹘旧地。胡氏以为即阳周,误也。

泥源城,在县东北。《汉志》注:泥阳有泥水,出郁郅北蛮中。城盖近泥水上流而名也。魏收曰:阳周有泥阳城。即此矣。晋太元十二年,姚苌攻苻师奴于敷陆,军于泥源。是也。敷陆,见鄜州洛川县。

抚琴山,在县治南。山畔有洞,风来作声,仿佛若琴韵,因名。又县东二十里有罗山。《寰宇记》：罗川水出罗山下，隋以此名县。其西南为旧宁阳城，有大陵、小陵二水，至城南合流。《诗》：夹其皇涧。注云：即陵水矣。

雕岭，县东五十里。绵延高耸，亦即子午山之别阜矣。上有秦时驰道，今有雕岭巡司，在县东百里。

马莲河，在县西。自合水县流入，下流会于九龙川。又县南有大陵、小陵二水，即九龙川之上源矣。《通志》：县南十里有真宁河，源出横岭，西流入宁州界。

於庄沟。在县东二十里。其水南流，入邠州淳化县，会于清水。又要册湫，在县东六十里桥山之尾。周围九亩，上有龙祠。

读史方舆纪要卷五十八

陕西七 平凉府

〇平凉府，东至西安府邠州三百里，南至凤翔府陇州二百八十里，西南至巩昌府秦州三百四十五里，西北至宁夏中卫四百六十里，东北至庆阳府三百里，自府治至布政司六百五十里，至江南江宁府三千二百八十里，至京师三千四百里。

《禹贡》雍州地，春秋时属秦，秦并天下，属北地郡。汉置安定郡，后汉因之。汉郡治高平，后汉移治临泾。永初五年，羌乱，郡寄治美阳，永建四年，复旧。美阳，今见乾州武功县。晋亦曰安定郡，仍治临泾。后魏为安定、高平诸郡地。后周分属泾、原二州。隋初因之，炀帝时属平凉、安定二郡。唐初亦属泾州，天宝初属平凉、安定二郡，元和四年，始置行渭州治此，渭州，今巩昌也，时陷于吐蕃，既而行渭州复为吐蕃所陷。中和四年，复置渭州。五代因之。宋亦曰渭州，亦曰陇西郡。庆历初，为泾原路经略安抚使治所。政和五年，升为平凉军节度。金为平凉府，元因之，明亦曰平凉府。领州三、县七。今仍曰平凉府。

府山川险阻，控扼边陲，屹为要会。汉以安定名郡，说者曰: 郡外阻河朔, 内当陇口, 襟带秦、凉, 拥卫畿辅, 关中安定, 系于此也。元魏主修永熙中, 时贺拔岳为雍州刺史, 宇文泰说岳曰: 今灵夏、河西, 各拥部众, 未知所属。公引军近陇, 扼其要害, 收其士马, 以资吾军, 西辑氐、羌, 北抚沙漠, 还军长安, 匡辅魏室, 此桓文之策也。岳因引兵西屯平凉, 诸州镇多附于岳, 同会平凉受节度。今府西南平凉故城是也。既而岳至高平, 为秦州刺史侯莫陈悦所贼杀。悦还屯水洛, 岳众散还平凉, 共迎宇文泰于夏州。泰集宾佐议所向, 皆以为水洛去平凉不远, 宜且留以观变。泰曰: 悦既害元帅, 自应乘势直据平凉, 而退还水洛, 吾知其无能为也。即驰赴平凉, 引兵上陇, 为岳报仇, 抚定关右。盖宇文霸业, 集于平凉也。唐自广德以后, 西陲尽为异域, 而泾原之备日棘。贞元七年, 诏以平凉当要会之冲, 居北地之要, 命泾原节度刘昌筑平凉故城, 扼弹筝峡口, 浃旬而毕, 廓地二百里, 即今郡城。此平凉置州列郡之权舆也。说者曰: 陇口之要在平凉, 而平凉之要尤在原州。今镇原县。《唐史》: 大历八年, 吐蕃数入寇。元载尝为西州刺史, 知河西、陇右山川形势, 因言于上曰: 四镇、北庭既理泾州, 时马璘为四镇、北庭节度使, 治泾州。无险要可守。陇山高峻, 南连秦岭, 北抵大河。今国家西境尽潘原, 而吐蕃戍摧沙堡, 原州居其中间, 当陇山之口。其西皆监牧故地, 草肥水美, 平凉在其东, 独耕一县, 可给军食。故垒尚存, 吐蕃弃而不居。每岁盛夏, 吐蕃蓄牧青海, 去塞甚远。若乘间筑之, 二旬可毕。移京西军戍原州, 移子仪军戍泾州, 为之根本。分守石门、木峡, 渐开陇右, 稍置鸣沙戍、见宁夏中卫。

丰安军见灵州所。为羽翼。北带灵武五城为形势，进达安西，据吐蕃腹心，则朝廷可安枕矣。议格不用。时载并图地形以献，会载罢相，不果。建中初，杨炎为相，复议城之，亦不果。贞元三年，吐蕃城故原州而屯之，陇右沦于异域者殆五十年。宋咸平四年，陕西漕臣刘综言：镇戎军为古原州，地沃衍，岁输刍粮四十五万石，请置屯田务。因开田五百余顷。王氏曰：原州当陇道之要，汉光武取陇右，先降高峻而后可以蹙隗嚣。赫连勃勃据高平，乘间以窥陇东、岭北，得以病。姚兴、宇文泰军于高平，因而规定关、陇。诚要害之地也。

○平凉县，附郭。汉朝那、泾阳二县地，属安定郡。后汉省泾阳入朝那，晋因之。后魏废为长城县地。后周复置朝那县，又析置平凉县。唐省朝那入平凉，属原州。宋为渭州治，金为平凉府治。今编户二十三里。

平凉故城，在府西南四十里。符秦时所置，兼置平凉郡治焉。晋太元十七年，符登与姚苌相攻，登保据平凉。十八年，姚兴袭平凉，大获而还。十九年，符登为姚兴所败，平凉入于后秦。义熙六年，赫连勃勃遣兵攻秦平凉，姚兴击却之。明年，复寇平凉，寻没于勃勃。后魏主焘神麚元年，夏主昌自上邽屯平凉，与魏争安定，昌败，赫连定复称帝于平凉。三年，魏主焘围平凉，克之。其后置泾州于此。熙平二年，城泾州所，治平凉。即此。正光五年，秦州贼莫折天生陷岐州，使其党卜胡寇泾州，败薛峦于平凉东。永安三年，尔朱天光败高平贼万俟丑奴于安定，丑奴欲趋高平，天光遣贺拔岳等追及于平凉，擒之。永熙三年，侯莫陈悦杀贺拔岳于河曲，岳众散还平凉，众共推夏州刺史宇文泰统岳众，泰因驰入平凉。西魏末，置平凉县，属原州。隋因之，大业初属平凉郡。唐亦为平凉县。《唐书》：县旧治阳音川。开元五年，移治古塞城，广德以后，没于吐蕃，贞元七年，泾原节度刘昌筑平凉城，移治于此。十九年，以原州移治平凉。元和四年，改置行渭州治焉。自是常为州郡治。《五代史》：后唐清泰三年，以故平凉县之安国、耀武两镇置平凉县，属泾州。似误。今府城周六里，有东西二城。《通志》：元末，李思齐将袁亨分筑南北二城，明洪武六年，修复如故。门四，东和阳，南万安，西来远，北定北。周九里有奇。

鹑阴城，在府西南九十里。本汉安定郡属县，在今靖远卫境，后魏移置于此，为平凉郡治。魏收《志》：鹑阴有故平凉城，即苻秦所置故城也。魏因置平凉郡于此。后周并入平凉县。

朝那城，在府东南。春秋时地名也，为秦之北境。汉置县，属安定郡。《史记》：汉初，匈奴强，复收蒙恬所夺匈奴故地，南至朝那、肤施。文帝十四年。匈奴入犯朝那萧关，杀北地都尉，遂至彭阳，使奇兵入烧回中宫，侯骑至雍、甘泉。孔氏曰：朝那故城，在今百泉县西七十里。曰朝那萧关者，萧关属朝那也。胡氏曰：朝那故城，在原州花石川。后汉仍为安定郡属县，晋因之。后魏亦属安定郡。后周改置于故城东南二百余里，属泾州。隋因之，大业初属安定郡。义宁初废。雍，见前凤翔县。甘泉，见泾阳县。时侯骑或至雍，或至甘泉，故曰雍、甘泉。

泾阳城，在府西南。周宣王时，猃狁内侵，至于泾阳。谓此地也。汉置县，属安定郡。后汉建武二年，隗嚣自陇坻追败赤眉于此，县寻废。灵帝初，段颎破叛羌于泾阳。晋元康六年，秦、雍氐、羌悉反，立氐帅齐万年为帝，围泾阳，即此城也。咸和四年，石赵取长安，分安定郡置陇东郡，治泾阳县。太元十二年，后秦将姚硕德为苻秦故将杨定所逼，自上邽退守泾阳，即此。又姚苌尝侨置天水郡于泾阳。太元十五年，苻登攻故秦天水太守张业生于陇东，不克是也。后魏亦为陇东郡治，又析汉之咸阳县地置泾阳县，后周陇东郡及泾阳县俱废，而泾阳遂移于渭北。

潘原城，在府东四十里。本汉阴盘县，属安定郡，后汉因之。建武七年，隗嚣将步骑侵安定，至阴盘，冯异等拒却之。晋时县移治新丰，因属京兆郡。宋元嘉六年，夏赫连定保平凉，畋于阴盘，即此。后魏置平原郡，治阴盘，后周因之。隋初，郡废，县属泾州。唐初因之，天宝初，改曰潘原。大历八年，马璘自泾州袭吐蕃辎重于潘原，败之。贞元二年，吐蕃将劫盟，骆元光先奉诏屯潘原，以潘原距盟所七十里，缓急不相知，因进兵距盟所三十里而屯。《会要》：大历后，以潘原省入良原县，改故县为彰信堡。贞元四年，陇右节度李元谅复筑潘原城。十一年，节度刘昌奏请于临泾界保定城置阴盘县，敕改为潘原，复置于彰信堡，寻又省入良原县。元和中，节度朱忠亮复筑潘原城，王潜又筑归化、潘原二垒，请复城原州，不果。中和四年，武州侨治于潘原，复立为县。五代周显德中，州废，县属渭州。宋因之。金亦曰潘原县，仍属渭州。元省入平凉县。

百泉城，府西北八十里。本姚秦时之黄石固。赫连夏置长城护军于此。后魏因置长城郡，治黄石县。西魏改黄石为长城县。隋初，郡废，县属原州。大业初，又改长城县为百泉。唐因之，仍属原州。贞元二年，吐蕃诈浑瑊盟于平凉川，韩游瑰奉诏军洛口，遣五百骑伏瑊营侧，令曰：若有变，汝曹西趋百泉，以分其势。是也。五代初，县废。

安丘城，在府东。魏收《志》：阴盘有安丘城。晋太元十四年，姚苌遣将姚崇袭符登辎重于大界，登邀败崇于安。是也。胡氏曰：大界在新平、安定间。又有安武城，在府东北。本汉县，属安定郡。后汉废。晋太元十三年，符登与姚苌相拒，登军朝那，苌军武都。武都盖因安武而名。后魏亦为安武县，属西北地郡，西魏又置安武郡治此。隋开皇三年，俱废入朝那。魏收《志》：阴盘有安武城。

可蓝山，府西南二十里。一名都卢山，亦曰苛蓝山。刘宋元嘉六年，夏主赫连定保平凉，畋于阴盘，登苛蓝山，望统万城，泣曰：先帝若以朕承大业者，岂复有今日之事！盖是时为魏所败也。其相接者曰大统山，亦高峻。

又西接于崆峒山。○天坛山，在府北五里。一名卧虎山，上有朝天宫。山之西为会盟坛，唐贞元二年，吐蕃诈请盟，因筑坛于此，使浑瑊与吐蕃会盟处也。《志》云：坛在今城西北五里。

崆峒山，府西三十里。《唐十道志》：陇右名山之一也。相传即广成子所居，黄帝尝学道于此。山之东岩有广成子洞、皋鹤洞。西岩有西岩泉及琉璃泉，味俱甘冽。峰之最高者曰翠屏峰，顶有圆石累累若珠。一名垂珠峰，俗名屏风山。峰顶又有青龙洞，雨后将晴，云辄归洞中，亦谓之归云洞。其相对者为香炉峰，亦名香炉台。两峰间有巨石横亘谓之石桥。山下有撒宝寨。秦始皇游崆峒至此。又汉武帝逾陇西登崆峒，山下有问道宫，亦以黄帝问道广成子而名，历代皆修葺焉。山之西北为望家山，亦峻耸。《志》云：崆峒西连笄头，东连大统，西北接望家山是也。

开头山，在府西四十里崆峒山西。亦曰笄头山，以形似名。《史记》：黄帝西至于崆峒，登笄头之山。郦道元曰：开头山，大陇之异名也。或谓之鸡头山。秦始皇二十七年，巡陇西、北地，至鸡头山。后汉建武七年，隗嚣攻来歙于略阳，使其将王孟塞鸡头道。晋咸和七年，后赵石生起兵长安讨石虎，不克，匿于鸡头山。隋开皇二年，突厥入寇，韩增寿破之于鸡头山是也。亦谓之牵屯山。北魏永安三年，尔知天光讨万俟丑奴于高平，其党万俟道洛帅其众西入牵屯山，据险自守，为天光所败，走入陇，归略阳贼帅王庆云。西魏末，宇文泰北巡，度北河，还至牵屯是也。班固曰：开头山在泾阳县西。孔颖达曰：笄头山一名空峒山，在高平西北百里。有泾谷，泾水所出。杜佑曰：笄头山亦讹为牵屯山。开又讹为牵也。盖山界于泾阳、高平两县间，特为险阻。

雕窠峡，府南三十里。两山深险，群雕出入其中，因名。○金佛峡，在府西六十里。峡长二十里，峭壁层嶂，不见天日。嘉靖十九年，于峡口筑城，复建清水、红沙二石墩于山上，以增戍守。

弹筝峡，府西百里。《九域志》：渭州都卢峡，即弹筝峡。《水经注》云：都卢山峡之内，常有弹筝声，一名弦歌之山。峡口水流、风吹，榷响如音韵也。宋元嘉五年，魏主焘遣将奚斤击夏。赫连定设伏陇山弹筝谷以邀之，即此。后魏永熙三年，宇文泰在夏州，闻贺拔岳为侯莫陈悦所害，遂驰赴平凉，令杜朔周先据弹筝峡。唐武德八年，突厥入犯，诏李艺屯华亭县及弹筝峡以备之。建中三年，凤翔、陇右节度与吐蕃盟，以泾州西至弹筝峡西为唐界。贞元三年，吐蕃入寇华亭及连云堡，陷之，掠人畜万计，置之弹筝峡西。七年，刘昌城平凉，开地三百里，扼弹筝峡口是也。

孙丘谷，在府东南。晋太元十一年，苻秦平凉太守金熙，安定都尉没奕干等，与姚秦将姚方成战于孙丘谷，败之，即此。又苟头原，在县东。晋太元十四年，苻登攻后秦平凉城，克之。进据苟头原，逼姚苌于安定，不克是也。

泾河，在府北一里。源出笄头山，经华亭县境，至府西五里，有泾河桥。又东经城北，至府东五里，为利民渠，又东入泾州界。《志》云：利民渠引泾水，连亘二百里，至泾州东，分渠六十里，灌田三千余顷。今多堙废。《图经》：泾河自府西南白岩发源，下流入于泾州。详见大川泾水。

横河，府西三十里。自华亭县流入境，下流注于泾河。又府东三里有湫峪河，又东十里有大垒河，又府南二里有南峪河，俱流入于泾河。

依力川，在府西。晋义熙五年，赫连勃勃掠后秦平凉，进屯依力川。王氏曰：依力川在平凉故城东南。又东流入于泾河。今涸。〇柳湖，在府北三十里，旧时湖畔栽柳数千株，因名。

通梢关，在府东五里，有平凉卫军戍守。关盖明初所置。

群牧监，旧在府西。《唐书》：天宝末，太子自奉天至平凉，阅牧马，得数万匹。盖府境宜畜马也。明洪武三十年，于府治东建陕西行大仆寺。永乐四年，又于府治东建陕西苑马寺，领长乐、灵武、威远、同川、熙春、顺宁六监,开城、安定、弼隆、广宁、清平、万安、庆阳、定边、武安、陇阳、保川、泰和、天兴、永康、嘉靖、安胜、康乐、凤林、香泉、会宁、云骥、升平、延宁、永昌二十四苑,俱在府境及庆阳、巩昌境内。正统三年,又并甘肃苑马寺入焉。

密造堡,在府西南。晋太元十四年,符登攻安定羌密造堡,克之,即此。〇敕奇堡,在府西北。晋义熙五年,赫连勃勃攻秦敕奇堡、黄石固、我罗城,皆拔之。黄石固即百泉废县也。我罗城又在黄石之东。

朝谷堡,在府西。《唐志》:在平凉故城西三十五里。贞元七年,泾原节度使刘昌筑平凉故城,又筑朝谷堡,诏更为彰信堡。《实录》:朝谷作胡谷,彰信作彰义。按潘原已为彰信堡,则此当作彰义。〇归化堡,亦在府西。唐贞元十四年,归化堡军乱,泾原节度使刘昌讨定之。后堡废,元和中,节度王潜复筑归化垒于此。

硖石镇。在府西北。唐元和中,泾原节度王潜自原州逾硖石,败吐蕃,筑归化、潘原二垒是也。时原州治今镇原县之废临泾县。〇安国镇,在府西四十里。宋置。今为递运所。又府东九十里有花家庄递运所。《通志》:府东二里为平凉递运所,五十里为上郦现递运所。又有高平驿,在府东南。

〇崇信县,府东南八十里。东北至泾州七十里。本平凉县地。唐贞元间,陇右节度使李元谅始筑城屯军,名曰崇信,亦为神策军分屯之所。宋初始置县,属凤翔府。淳化初,改属仪州。熙宁中,州废,以县属渭州。金属平凉府。今县城周三里有奇,编户五里。

赤城,县西南五十里。宋置。赵元昊谋攻鄜延,约诸番自德靖、塞门、赤城三道并进。所谓赤城即此城也。金为西赤城镇。德靖、塞门,见延安府保安、安塞二县。〇铜城,在县西四十里。其西有铜城山,宋因置铜城军。《宋志》:庆历四年,陕西漕臣张奎采仪州黄铜,置博济监。盖在此。

花山，在城南。又城北五里为殿子坡，襟带近郊，恃为形胜。○五马山，在县西南四十里，状如五马。又有迎驾坡，在县西南三十里。《通志》：县西四十里有断万山，险绝难登。相近又有文笔山，亦秀削。

湫峪，在县西北二里。湫峪水发源于此。北流入平凉县境注于泾水。《志》云：县西十五里有左峪，又西二十五里为石佛峪，又十里为黄花峪，皆昔时防守之地。

汭水，在城北。源出陇州弦蒲薮。历华亭县，又东北流经此，复东入泾州界。《志》云：县西北四十里有峡石，汭水自华亭县境分南北二流，复会于此，盖出峡中而绕流达于城下云。今源流附见大川泾水。

赤城川。在县西南六十里。流经灵台县东北会白石川，入邠州长武县境。至县东四十里亭口镇入于泾水。○白石川，在县南六十里。东流入灵台县境合于赤城川。

○华亭县，府南百二十里。南至凤翔府陇州百六十里。汉右扶风汧县地，后魏普泰二年，立华亭镇，以扼蕃、戎。隋大业初，置县，属安定郡。义宁二年，分置陇州于此。唐改属陇州。垂拱二年，改为亭川县，神龙初，复故。大历八年，置义宁军于此。九年，吐蕃入寇，凤翔节度李抱玉破之于义宁是也。元和三年，省县入汧源。贞元三年，吐蕃大掠汧阳、吴山、华亭，即故城也。五代唐又改置义州，后周显德中，复置华亭县为州治。宋改为仪州。熙宁五年，州废，以县属渭州。金属平凉府。今县城周五里有奇，编户八里。

化平城，在县西北百里。宋初置安化县，属渭州，在今县西。熙宁五年，废原州制胜关，移县于关地，以旧县为安化镇，县仍属渭州。金初因之。大定七年，改为化平县，属平凉府。元省。○永信城，在县北。唐贞元十三年，筑永信城于平戎川，置军以备御吐蕃。《志》以为即此城也。

阳城，在县西南。后汉初，隗嚣败赤眉于乌氏、泾阳间。赤眉复进至阳城，入番须，中逢大雪，士多冻死。道元曰：阳城在安民县。汉成帝永始二年，罢安定呼他苑为安民县，后汉废。安民应在县界，今《汉志》不载。乌氏，见泾州。番须，见陇州。

陇山，县西三十里。即陇山之东麓也，崇隆绵亘，界于平凉、巩昌、凤翔诸郡间，为关中之屏障。其在县境者，亦曰小陇山。今详见名山陇坻。○瓦亭山，在县西北百六十里。瓦亭关在其西麓。又有朝那山，在县西七十里。汉朝那县以此名。县境诸山，皆陇山之别阜矣。

义山，在县东二里。唐以此名军。又县西北二里有铧尖山，以形似名也。又有飞凤山，在县西北百里。○桦岭山，在县东五十里，山多桦树。又有湫头山，在县北六十里。

支磨原，在县东北。郭汾阳《家传》：大历十年，吐蕃略潘原，西至小石门、白草川，又下朝那川至百里城、支磨原而入华亭。子仪遣浑瑊破走之于故平凉县小石门。或曰在平凉县西。百里城，今见灵台县。

泾河，县西北八十里。自开头山发源流经此，与平凉县分界。《志》云：县北十里有武村水，又北二十里为策底水，下流俱入于泾河。又有燕脂川，在县西北百里，亦东流入于泾河。

汭水，在城东南三里。自陇州流入境，又东北流入崇信县。《志》云：汭水绕流城下，有惠民渠引汭水经城中而西北出，以溉高卬之田。

瓦亭关。县西北百八十里。魏收《志》：鹑阴有凡亭。后汉灵帝时，段颎破东羌于此，即瓦亭之讹矣。亦谓之东瓦亭，唐贞观二十年，逾陇山至西瓦亭观牧马，此巩昌秦州秦安县之瓦亭山也。至德元载肃宗幸灵武，牧马于瓦亭，此东瓦亭也。宋建炎四年，金人陷泾原，经略使刘锜退屯瓦亭，金人遂取渭州镇戎军，亦此瓦亭。胡氏曰：瓦亭川出陇山东北，西南流，关在瓦亭川之首，故名。金为瓦亭寨。今有巡司戍守。《通志》：有瓦亭驿及递运所，而瓦亭巡司则在县北百八十里。○三乡镇，在县西八十里。有三乡川，置巡司于此。《志》云：县又有马铺岭巡司，今革。

○**镇原县**，府北百三十里。西南至巩昌府秦州四百六十里，西北至宁夏镇灵州所五百四十里，东北至庆阳府四百三十里。汉临泾县地，属安定郡。隋大业初，置秋谷县于此，寻改曰临泾，属安定郡。唐初，仍属泾州及原州，陷吐蕃。元和三年，徙原州治临泾。大中三年，州还治高平。广明后，又侨治临泾。宋、金皆因之。元初，改今州曰镇原州，属巩昌路。至元七年，省州治临泾县入。明初，改州为县，又改今属。今城周不及二里，编户二十里。

高平城，在县西二里。汉置县于此。后汉建武初，冯愔以恂邑叛，引兵西向天水，隗嚣逆击，败之于高平。其东有城曰第一城。建武八年，光武讨隗嚣，进至高平第一城，嚣将高峻拥兵据高平第一城，耿弇等围之，一岁不拔。寇恂奉命往降之，至第一城。峻遣其军帅皇甫文出谒，恂诛之，峻降。其城险固，故曰第一城也。晋省。《括地志》：晋省高平，刘曜复置为朔州治所。苻秦又置牧官都尉于其地。姚秦时，为鲜卑别部帅没奕干所据。晋元兴初，拓跋圭袭高平，没奕干走上邽，寻复还高平。义熙三年，赫连勃勃以朔方叛秦，伪畋于高平川，因袭杀没奕干而并其众。诸将皆谓高平山川险固，土田饶沃，可以定都，勃勃不从。后魏初，谓之高平川。太延二年，置高平镇。正光五年，镇民赫连恩等反，推敕勒酋长胡琛为高平王，攻高平镇，以应破六韩拔陵。魏遣将卢祖迁击走之，改置原州。既而秦州贼莫折大提遣其党卜胡袭高平，陷之。寻复为胡琛、万俟丑奴等所据。永安三年，尔朱天光击平之。西魏大统十四年，宇文泰奉太子钦巡西境，登陇至原州，历北长城。盖由高平而北至秦所筑长城也。自隋以后，为原州治。唐广德后，陷于吐蕃。自是邠、泾之间，御寇不给。大中三年，原州复治高平，广明中，又弃不守。宋至道中，改置镇戎军于今治，咸平六年，筑军城为重镇。明初，始改为县。今城虽周不及二里，而险固有余。

临泾城，在县东六十里。《括地志》：临泾南去泾州八十里。汉置县，属安定郡。更始末，方望等立前定安公婴为天子，居临泾，更始遣李松等击灭之。后汉移安定郡治此。建安十六年,曹操自长安围安定,杨秋以城降。晋仍为郡治。后魏因之,又为泾州治。后周改置州郡于安定,县寻废。隋大业初,改置湫谷县,属安定郡,旋改为临泾。唐属泾州。大历九年,吐蕃寇临泾,即此。《唐志》:广德初,原州陷于吐蕃。节度马璘表置行原州于灵台县之百里城。贞元十九年,刘昌城平凉,原州徙治焉。元和三年,始徙治临泾。《郝玼传》:玼为临泾镇将,以临泾地险要,水草肥美,吐蕃将入寇必屯其地,因言于节度马璘曰:临泾扼洛口,川原饶衍,利畜牧;西走戎道,旷数百里,皆流沙,无水草,愿城之为休养便地。璘不听。及段祐代为节度,玼复请,从之。因置行原州,以玼为刺史。自是吐蕃不敢过临泾,泾、原获安。大中三年,原州还旧治,广明中,复治临泾。宋原州亦治焉,金因之,元至元七年,省入镇原州。

彭阳城,县东八十三里。《括地志》:城西去临泾二十里。汉置县,属安定郡。文帝十二年,匈奴入犯,至彭阳。后汉灵帝初,段颎讨叛羌,自彭阳直指高平是也。晋废。后魏破赫连定于此,复置彭阳县,又置西北地郡治焉。隋开皇初,郡废,十八年,改县曰彭原,属宁州,大业中,属北地郡。唐武德元年,置彭州治此,八年,突厥寇彭州,是也。贞观元年,州废,以县属宁州。宋复为彭阳县,属原州。庆历中,元昊入寇,种世衡将景泰遇于彭阳城,依山为阵处也。金仍为彭阳县。元至元七年,省入镇原州。

丰义城,在县东彭阳废县界。旧有丰城,西魏时置云州于此。后周保定二年,废州为防,隋开皇中,废防为丰义城。唐武德三年,分彭原县置丰义县,属彭州,以故丰城为名。贞观初,改属宁州。贞元三年,吐蕃寇丰义城,前锋至大回原,邠宁节度韩游瑰击却之。四年,游瑰请筑丰义城,二版而溃,遂不果城。五代时,县废。大回原,或云近泾州境。

三水城,在县东北百里。汉置三水县,属安定郡,属国都尉治焉。后汉仍属安定郡。刘昭曰:县有左谷,即卢芳所居。晋废。《水经注》:肥水出

牵屯山，东北流注高平川。川东有三水县故城。后汉初，三水人卢芳据城
叛，即此。〇廉城，在县东北。汉置廉县，属北地郡，后汉因之，晋废。《水
经注》：高平川东北流径廉城东，又东北径三水县西，是也。

他楼城，县北百里，本高平县地。晋太元十六年，乞伏乾归击鲜卑
部帅没奕干，没奕干奔他楼城，即此。唐贞观六年，置他楼城，又以突厥降
户置缘州治焉。神龙初，州县俱废。〇侯尼城，在县东北百五里。宋元嘉六
年，赫连定保平凉，欲复取统万，引兵东至侯尼城，不敢进而还。

萧关城，县西北百四十里。即汉之萧关也。《旧唐书》：高宗时，于萧
关置地犍县，属原州。神龙元年，废，改置萧关县。广德后，没于吐蕃，大中
五年，复置武州治此。中和四年，武州侨治潘原，萧关县属焉。五代周显德
中，废武州，并废萧关县是也。又有白草军城，在萧关北、蔚茹水西。唐开
元中，置军于此，属朔方节度。

平夏城，县西八十里。本唐石门关之地，亦曰石门城。宋绍圣四年，
夏人入寇，知渭州章楶请城葫芦河川，据形势以逼夏人。诏从之。遂出葫
芦河川，筑二寨于石门峡江口、好水河之阴。夏人来争，击却之。赐名曰平
夏城、灵平寨，寻升平夏城为怀德军。《宋志》：怀德城初亦名威德军，其
东十五里为结沟堡，西十八里为石门堡，南十二里为灵平寨，北十八里为通
峡寨，是也。又明景泰中，知平凉府张镛请修葫芦峡口古城，议者谓不系要
害，罢之。马文升曰：葫芦峡为宁夏韦州南出静宁之要路。盖即平夏城故址
也。

保定城，在县东。唐贞元七年，泾原节度使刘昌筑保定城，捍青石
岭。十年，又请于临泾界保定城置阴盘县是也。〇靖夏城，或云在县东北。
宋置。政和六年，夏人大举攻泾原靖夏城，城陷，屠之而去。

陇山，在县西七十里，即陇山北麓也。对华亭小陇山而言，亦曰大陇
山。有若水谷，高平川出焉。《水经注》：汉建武八年，世祖征隗嚣，从高平

第一城若水谷入，即此谷也。按若水当作苦水。

笄头山，县西三十里。又西二十里为鸡头山，本一山而异名耳。《通典》：笄头山在高平县，一名崆峒山。盖山陇绵延，接于县西也。《志》云：县东二里有东山，极高峻。又东八里有玉山，多白石。

逢义山，在县北。后汉建安初，段颎讨先零叛羌，自彭阳直指高平，战于逢义山，大破之。杜佑曰：高平县有逢义山。是也。〇三观山，或云在县北。唐武德五年，突厥寇原州，陷大震关。既而交州刺史权士通、弘州总管宇文歆、灵州总管杨师道击突厥于三观山，破之。

高平川，在县治南。源出大陇山。一名苦水，下流合于胡卢河。汉段颎为护羌校尉，于安定高平若水讨先零羌，斩首八千级于是水之上。若水即苦水之讹矣。晋隆安五年，后魏拓跋遵等袭破没奕干于高平，亦即是川也。《水经注》：高平川，北入于河西南去安定三百四十里。

胡卢河，在萧关东十五里。《志》云：县西南有颓沙山，河流出焉，曲折流，经县西北，亦名蔚茹水，北注于黄河。支流折而东南入平凉县界，注于泾河。《唐志》：萧关县有蔚茹水，水西即白草军。太和五年，牛僧孺主议以维州还吐蕃，曰：吐蕃若养马蔚茹川，上平凉阪犯回中，不三日至咸阳桥，何有西南数千里外之维州哉？盖蔚茹川多水草，宜畜牧也。宋治平中，蔡挺知渭州，夏人集胡卢河。挺出奇兵迎击，夏人奔溃。《金志》谓之大胡河。又屈野河，亦在县北，下流合于胡卢河。或曰即胡卢河之异名也。宋咸平四年，陕西漕臣刘琮言：镇戎军本古原州，请于军前后置堡寨，且耕且战。祥符二年，始置横阳、神堂、缘城三寨，皆在屈野河东，天圣以后没于西夏。

三川，县西北三十里。《水经》谓之次水。其源本一，流而为三，入高平川。又有三水，在县东北六十里。水流三派，会归一川，流入泾州界入于泾水。汉三水县以此名。〇阳晋水，在县西。自西蕃界流入，又东南流经平凉县北，至泾州境合于泾水。

石门水，县西八十里。其地有石门口，亦曰石门关。《水经注》：其水五源俱导，东北乱流，左会三川，参差相得，同为一川，又东北注于高平川。○肥水，在县西北四十里。又西北有自延水；又蒲水，在县北五十里，出县北境之南蒲谷，《金志》谓之蒲川河；下流俱入于高平川。

长泽川，在县西北。南流合于高平川。唐大历十一年，吐蕃寇原州石门，入长泽川。十二年，复入寇，军于原州北长泽监，进破方渠。时盖置马监于此。又寿渠川，在县北。晋义熙六年，赫连勃勃寇略阳，徙其民于大城。姚兴自安定追之，至寿渠川，不及而还。胡氏曰：寿渠川在安定西北。安定，今泾州也。大城，见榆林卫。○六泉，在县西北。晋太元十二年，乞伏国仁袭鲜卑三部大人于六泉，三部皆降于国仁。胡氏曰：六泉在高平境内。

萧关，在县西北百四十里。自秦、汉以来，为华戎之大限。唐置萧关县于此。《宋志》：萧关西三十里有绥戎堡。关北十八里有临川堡。又有通关、山西二堡，与临川堡俱隶于萧关。金亦为萧关镇。今详见重险。

木峡关，在县西南，亦陇山之口也。元魏永熙三年，宇文泰讨侯莫陈悦于水洛城。至原州，众军毕集，遂引兵上陇出木峡关是也。隋开皇二年，突厥纵兵出木峡、石门两道入寇，武威、天水、金城、上郡、弘化、延安六畜咸尽。唐为原州七关之一。

石门关，在县西九十八里，亦曰石门峡。隋开皇二年，突厥自石门分道入寇。唐为原州七关之一。元和三年，沙陀朱邪执宜自甘州谋归唐，循乌德犍山而东，吐蕃追之，沙陀自洮水转战至石门，诣灵州降。宋绍圣二年，以其地置平夏城。元符初，又筑石门堡于此。又石峡关，在县西七十里，当陇山之口。其南又有驿藏、木崝二关。唐时原州七关在县境者凡五。或以木峡为七关之一，而萧关不与焉。

定川寨，县西北二十五里。宋置。庆历二年，赵元昊寇镇戎军，渭州将葛怀敏御之于此。贼毁桥断其归路，四面围之，怀敏突围走至长城，濠路已断，死焉。元昊遂乘胜直抵渭州。《宋志》：定川与高平寨相接。又荡羌寨，在县西北六十里，宋元符初置。其东十八里曰通峡寨，又东八里曰东河湾堡。《宋志》：镇戎军北八十里有胜羌寨，西北五十里有通远寨，西南百二十里又有九羊寨，其地名九羊谷也。金人多因宋旧。○灵平寨，在县西南百十里。宋置。本名好水寨，绍圣四年，改名灵平。其南二十八里有熙宁寨，以宋熙宁中所置而名。又县境有乾兴、飞泉等寨，亦宋置。金因之，元废。

高平寨，在县北二十五里。宋庆历二年，置寨于此。旁有故寨堡，宋元符四年置，金废。○龙泉堡，在县西北。《宋志》：通远寨东三十里为龙泉堡。

摧沙堡，在县西北。唐置。广德二年，仆固怀恩合回纥、吐蕃自朔方南犯，河西节度使杨志烈遣监军柏文达攻灵武以救京师。文达击摧沙堡、灵武县，皆下之，进攻灵州，怀恩闻之，引还朔方。大历中，元载言：吐蕃戍摧沙堡，盖原州要地也。贞元二年，李晟遣将野诗良辅自凤翔袭破吐蕃于此。

土梨树堡，在县东。唐贞元二年，吐蕃将劫盟，先请盟于土梨树。神策将马有麟奏：土梨树多险阻，恐吐蕃设伏兵，不如平凉川坦夷。因定盟所于平凉川是也。

善和镇。在县西南。唐武德六年，突厥陷原州善和镇，遂侵渭州。又新城镇，在县西五十里；柳泉镇，在县西北七十里；俱宋置。金人疆域图：原州有新城、柳泉二镇。○西城屯，在县东南九十里。唐兴元初，李晟复西京，朱泚自泾州北走，至彭原西城屯，其将梁庭芬等杀之，趣泾州降。《通志》：县南九十里有白水驿，又县北有安平寨巡司。

附见：

平凉卫，在府城内。洪武三年建，初置于府治东。永乐六年，移于府治东南,辖千户所五。又安东中护卫,在府治东。洪熙元年,为韩府置。

〇泾州,府东百五十里。东南至邠州百五十里,东北至庆阳府百二十里,东至宁州百七十里,南至凤翔府二百六十里。

春秋时秦地,始皇时,属北地郡,汉属安定郡,后汉因之。魏、晋亦曰安定郡,苻秦初,置雍州于此。其后姚秦亦置焉,恃为重镇。后魏改置泾州,取泾水为名。魏收《志》:州治临泾县,领安定、平凉、北地、新平、陇东诸城镇。所谓岭北五郡也。隋初,亦曰泾州,大业初,又改为安定郡。治安定县。唐复为泾州。天宝初,亦曰安定郡至德初,改曰保定郡。乾元初,复曰泾州,寻置泾宁节度于此,大顺初,改曰彰义军。宋仍曰泾州,亦曰安定郡,太平兴国初,复曰彰化军节度。金改属平凉府,元因之,元至元中,改属巩昌府,寻复旧。后又以州直隶行省。明亦曰泾州,属平凉府,以州治泾川县省入。编户十七里。领县一。今仍曰泾州。

州山川环带,水陆流通,岭北有事,州实为之孔道。晋太元中,姚苌起于岭北,以安定为根本,其后遂为重镇。梁喜谓:若无安定,戎马必至于郿。是也。赫连勃勃因刘裕灭秦,先据安定,尽收岭北郡县,及裕东还,南下长安,势若建瓴矣。夏人之衰,安定亦降于魏。赫连定复举安定,遂长驱而入长安,魏人力与之争,然后关中复定。唐自至德以后,吐蕃内侵,恒以泾州为节镇,遮蔽邠、岐。宋以夏人跳梁,泾州亦为重地。庆历中,范仲淹请驻泾州,渐复横山以断贼臂。横山即桥山之北麓。寻命韩琦、范仲淹开府泾州,总四路之事,为攻讨声援。盖泾州连络中外,翼带东西,诚关中襟要也。

泾川废县，即州治。汉置安定县，属安定郡，后汉省。晋末复置，苻秦为雍州治，姚氏因之。宋元嘉五年，魏将奚斤等军安定，夏主昌自平凉进攻，为魏将安颉所擒。既而魏将丘堆弃安定南走，赫连定复取之。后魏为安定郡治，正光末，高平贼胡琛遣其党万俟丑奴等寇泾州，萧宝寅等军于安定，丑奴军于安定西北七里，别将崔延伯自安定缘原北上，贼覆背来击，延伯败绩。后周时，为泾州治，隋初因之，大业初，为安定郡治。唐亦为泾州治。天宝末，改县为保定县。宋因之。金大定七年，改县曰泾川，明初省。《志》云：泾川城旧在州北五里，泾州治焉。洪武三年，县废，州移今治。今城周六里有奇，惟南北二门。

乌氏城，《括地志》：在安定县东三十三里。周之故地也，后入于戎。秦惠王取之，置乌氏县。氏读支。汉因之，属安定郡。后汉建武初，隗嚣追破赤眉于乌氏、泾阳间是也。《后汉志》亦作乌枝。晋仍为乌氏县。后魏皆因之，西魏时废，后为乌氏驿。唐武德九年，突厥屯河南，入塞围乌城，即乌氏也。肃宗初，自马嵬北行至乌氏。亦即此。○奚得城，在州东南。汉置县，属安定郡。后汉废。后魏复置，属新平郡。后周废。

圻墌城，州东北十四里。亦曰薛举城。唐初薛举尝据此，因名。举卒，子仁杲立于圻墌城，寻为世民所败，降于唐。杜佑作析墌城。析，思历反。墌，章恕反。○故县城，在州南。汉安定县初治此，后汉省，因名故县。晋太元十年，后秦姚苌自故县如新平是也。

抚夷城，在州东北。汉置县，属安定郡，后汉省。魏收《志》乌氏县有抚夷故城，是也。后魏复置抚夷县，属陇东郡。后周废。或曰后魏盖徙治于平凉西。

回中山，在州西五里。上有王母宫。《一统志》以为汉武通回中道盖在此，似误。○笔峰山，在州南五里。山峰耸秀。又东有三峰峭拔，俗名为米面山。

青石岭，州西北七十里。宋白曰：泾州西北九十里有临泾城，其界有青石岭，亦曰青石原。后汉元初四年，马贤讨羌，败于安定青石岸，即此。晋义熙三年，赫连勃勃败姚秦将张佛生于青石原。六年，勃勃又南攻安定，破姚秦将杨佛生于青石北原，进攻东乡，下之。东乡盖在青石岭东也。唐大历七年，吐蕃下青石岭，军于那城，郭子仪谕却之。又十二年，吐蕃下青石岭，逼泾州，子仪复击却之。那城，盖朝那城之误也。

青溪岭，在州西南。宋建炎二年，金娄宿犯泾原，经略使曲端遣将吴玠逆击于青溪岭，败之。绍兴中，撒离喝自凤翔趋邠州，泾州将田盛遣兵击之于此，寇引去。

马鞍阪，州西百里。晋义熙十二年，后秦姚绍自安定击赫连勃勃于马鞍阪，破之，追至朝那，不及而还是也。又州西北有彭坑谷。《后魏书》：孝昌元年，万俟丑奴置营泾州城北七十里当原城。崔延伯缘原北上，战败保泾州。又从泾州西进，去贼彭坑谷七里，战没。当原城盖近朝那。○安仁谷，《志》云：在州东南四十里，中有长城寨。宋范仲淹尝遣宋良等控守于此。

泾河，在州北。自平凉县流入境，又东南流入邠州长武县界。○汭水，在州北二里。上有汭桥。自崇信县流入境，又东南流入邠州长武县界合于泾水。

阁川河，州西南三里。州西山谷诸水会流成河，下流入于泾河。

百泉，州西三十五里。泉眼极多，四时不涸，州人引以溉田。其下流入于泾河。又共池，在州北五里。《诗》：侵阮徂共。郑氏曰：阮，国名，今之共池是也。

盐仓，在州西。唐大历八年，泾原节度马璘与吐蕃战于盐仓，败绩。盖是时运盐储此以供军，故有盐仓之名。

平亭，在州北。元魏永安三年，高平贼万俟丑奴为贺拔岳所败，弃岐州北走安定，置栅于平亭。既而尔朱天光进下安定，丑奴弃平亭北遁。又彭坑，在州西北。元魏正光末，高平贼帅万俟丑奴等屯安定西彭坑。崔延伯击之，自安定西进，去贼七里结营，直前袭贼，败死。

连云堡，在州西界。宋祁曰：泾西要地也，三垂峭绝，北据高岸，敌兵进退，烽火易通。唐贞元三年，吐蕃陷连云堡，泾州恃堡为斥候，连云既陷，西门不开，门外皆为敌境矣。四年，戍将刘昌始复筑之。

路承堡，在州东南。晋太元十六年，姚苌败苻登于安定东，登退据路承堡。路承，人姓名。丧乱时创筑此堡，因以为名。

马家凹。州东四十里。今有递运所。又东有金家凹，置巡司戍守。○瓦亭驿，在州东六十里，邠、泾之通道也。《通志》：州治西北有安定驿。

○**灵台县**，州南九十里。南至凤翔府麟游县七十里，东南至邠州六十里。古密须国。汉为鹑觚县，属北地郡。后汉属安定郡，晋因之。后魏置赵平郡治此。后周郡废，县属泾州。隋初因之，大业初，析置灵台县，取文王伐密作灵台之义，明年，废入鹑觚。唐天宝元年，改鹑觚为灵台县，仍属泾州。宋因之。元省入泾川，寻复置。今城周二里有奇，编户二十里。

鹑觚城，即今县。或曰汉县治在今县东南，接邠州长武县之鹑觚原。秦蒙恬筑长城，以觚爵奠祭，有鹑集觚上，县因以名。今城本隋所置灵台县，后以县并入鹑觚，遂移鹑觚县治此。

阴密城，县西五十里。《志》云：古密国也，周文王伐密，《诗》所称密人不恭，此矣。《左传》：密须之鼓与其大辂，文所以大蒐也。《国语》：周共王游泾上，密康公从。盖即密国之后矣。秦始名阴密。昭王五十年，武安君白起有罪，为士伍，迁阴密。汉为阴密县，属安定郡。后汉废。晋复置。大兴二年，晋王保使其将张显等据阴密，为刘曜所陷。三年，巴酋勾渠知举兵拒刘曜，保于阴密，曜将游子远击灭之。太元十二年，苻登将杨定等攻后秦姚硕德于泾阳，姚苌自阴密赴救。义熙十二年，赫连勃勃攻拔后秦阴密，置雍州镇焉，寻复为秦所取。后魏主焘延和三年，休屠金当川围魏阴密，魏将拓跋嘉击斩之，即此城也。后魏仍为阴密县，属平凉郡。后周废。

良原城，县西北九十里。《九域志》：在泾州西南六十里，本鹑觚县地，隋大业初，析置良原县，以县西南有良原而名。唐属泾州，贞元二年，为吐蕃所破。四年，陇右节度使李元谅筑良原故城而镇之。开美田数千里，劝士垦辟，岁入菽粟数十万斛，自是常以神策军分屯于此，谓之良原镇。朱梁贞明六年，蜀将王宗俦等攻岐，出故关，壁于咸宜，入良原是也。宋仍属泾州，元省入灵台县。咸宜镇，今见陇州。

百里城，在县东。《元和志》：灵台县有百里城，亦曰百城。唐大历八年，吐蕃入寇，郭子仪使浑瑊将兵趣朝那，吐蕃至百城而还。瑊邀之于隘，尽得其所掠。十年，马璘复破吐蕃于此。又璘以原州陷于吐蕃，表置行原州治焉。贞元三年，吐蕃入寇，诏唐朝臣戍百里城是也。《九域志》灵台县有百里镇。

苍山，县南二里。以林木苍翠而名。又隐形山，在县东北二里。以地形深奥而名也。〇台山，在县东北十里。山多奇木异禽，甘泉秀石，顶平如台，因名。一作书台山。

保岩山，县东三十里。山势峭拔，回旋百折，巅有经台，登之望见百里外。其下常有云雾，又有温、冷二泉出焉。〇兼山，在县西九十里。其山两重，因名。《一统志》云：泾州之主山也。

白石原，在县西北。《志》云：白石原首起废良原县西南三十里。东下三十里分为两原：一更名良原，一更名杜原。或曰，即灵台西原也。唐永泰初，回纥、吐蕃入寇，郭子仪以回纥兵破吐蕃于灵台西原。刘昫曰：破吐蕃处在灵台县西五十里，地名赤山岭。〇望儿原，在废良原县东三十里。今县东十里又有卧龙原。

三香水，在县东北五里。源出凤翔府麟游县东，亦名三交川，下流入邠州界合泾水。《志》云：在县东十五里。〇达溪川，在县南二里，流达于泾河。《志》云：源出陇州五马山，至邠州梁山下入于泾水。旧《志》：县西七十里有妲己川。相传妲己产于此。盖即达溪之讹矣。

细川水，在县东北。源出麟游废普润县之细川谷，东北流入县境，又东北合于三交川。北魏永安三年，高平贼万俟丑奴屯安定，闻魏军未进，乃散众耕于细川。唐初，泾州镇将刘感自高墌引还泾州，薛仁杲自南原驰下与感战于百里、细川，感为所擒。百里、细川地盖相近，胡氏曰：灵台百里镇，即古细川地。

草壁戍。胡氏曰：在阴密东。晋大兴二年，屠各路松多起兵附晋王保，据草壁，刘曜攻拔之，松多奔陇城。《水经注》：陇山西南故陇城北有松多川，盖因松多据此为名。〇栖凤桥，在县西五十五里，细川水经其下，南接麟游县境。

〇静宁州，府西二百三十里。南至巩昌府秦州二百五十里，东北至固原州百六十里，西北至靖远卫四百二十里。

汉安定郡地，唐属原州。宋为渭州之陇干城，庆历中，置德顺军，属秦凤路。金皇统二年，改为德顺州。贞祐四年，又升为陇安节度。元初因之，寻改为静宁州，以州治陇干县省入，属巩昌路。明初改今属，仍曰静宁州。编户十一里。领县二。今因之。

州陇坂环峙，河、渭萦流。宋天禧中，曹玮筑陇干城，曰：异时泾、渭有警，此必争之地。隆兴中，吴璘复秦、陇诸州，朝议弃还。金人虞允文言：恢复莫先陕西，陕西新复州郡系德顺之存亡，一旦弃之，则窥蜀之路愈多。西和、阶、成，利害至重不可不审。盖静宁为陇口要地，自陇以西，保据所当先也。

陇干废县，今州治。宋元祐八年，以外底堡置陇干县，为德顺军治。

金因之，元省。今州城周七里有奇。登高台置于城最高处，为瞭望之所。

水洛城，州西南百里。《水经注》：水洛亭在陇西之西，近略阳县界。是也。晋义熙七年，西秦乞伏乾归攻姚秦南平太守王憬于水洛城，克之。北魏永安末，贼帅万俟道洛为尔朱天光所败，自高平走降略阳贼帅王庆云，庆云遂称帝于水洛城。天光追击之，帅诸军入陇，至水洛城，庆云、道洛出战而败，拔其东城。贼并兵趋西城，西城无水，为天光所擒。是水洛有二城也。永熙三年，贺拔岳自平凉召秦州刺史侯莫陈悦会于高平，共讨曹泥于灵州，为悦所害。悦还入陇，屯水洛城。既而宇文泰讨之，引兵上陇，悦留兵守水洛，退保略阳，泰至，水洛即降。隋为陇城县地，唐因之。宋咸平中，曹玮尝经营此。范仲淹曰：朝那之西，秦亭之东为水洛城。郑戬曰：水洛城西占陇坻，通秦州往来路。陇之二水，环城西流，绕带渭河。川平土沃，广数百里，又有水轮银铜之利。庆历三年，刘沪密使城主铎斯那内附，戬即遣沪筑之以捍西夏。金升为县。元并入陇干。

治平城，州南八十里。宋治平四年所置寨，因名。吴璘尝遣王中正败金人于此。金升为治平县，属德顺州。元废。○威戎城，在州西南四十里。宋为堡，属德顺军。金升为县，元省。城下有威戎川。

陇山，州南百五十里，即故陇坻之隘也。或谓之石门山，亦曰石门峡。崖石如门，山路斩截，当陇山北垂。宋刘沪尝破羌人于此。《志》云：陇山亘南北数州，石门出入径道也。镇原之石门、石峡，皆因此而名矣。余详见名山陇坻。

横山，州北十里。山连绵横亘，旧为蕃部所居。又翠屏山，在州南五里。下为白土坌。又东七里有马迹岔，州西南六十里有牡丹坌，皆陇山之支麓也。

旗鼓山，在水洛故城南一里。又州南七十里有武山，西南八十里有宋家山，又有孙家山、主山，俱在州南百五十里，与陇山冈脉相接。

水洛川，在州南。《水经注》：川导源陇山，西得奴棷川口。奴棷川亦出陇山，流合水洛川；又西经水洛亭，又西南径石门峡亦谓之石门水；又西南入秦州界注略阳川。《元和志》：瓦亭川东北有水洛口，亦谓之洛口。唐贞元二年，吐蕃将劫盟，韩游瑰奉诏屯洛口。即水洛口矣。《志》云：唐人亦以平凉川、蔚茹川、洛门川为三川。大中十一年，吐蕃降将尚延心谓秦成防御使李承勋曰：唐人多内徙三川，吐蕃皆远遁于叠岩之西。所谓洛门川，即水洛川也。

苦水河，在州西五里。水味苦，因名。即高平川之上源也。出陇山中，曲折流入庄浪县境，又东北达于镇原县界。《志》云：州东百五十里又有通遍川，以道路四通而名。

靖边寨，州西七十里。《志》云：寨西南去略阳二百里。宋天禧中，置寨于此，戍守要地，属德顺军。金人尝改为静边县，寻复为寨，属隆德县。元省。

得胜寨。州东南五十里。《宋志》：寨东去怀远城三十里，曹玮所置，领开边等堡。赵元昊寇渭州，薄怀远城。韩琦使任福将兵自怀远趋得胜寨，至羊牧隆城出敌后是也。又高家堡，在州西四十里，旧为戍守处。

〇庄浪县，州东南九十里。东北至府城百七十里。本华亭县地，元置庄浪路，大德八年，改为州。明洪武八年，又改为县，属静宁州。今城周一里有奇。编户七里。

莲花城，在县东北百里。宋天圣中置。郑戬为经略使，率军士按边至此，天寒，与将佐置酒会饮。日暮尘起，有报敌骑至者，戬曰：此必三川将按边回，非敌骑也。已而果然。亦谓之莲花堡。

盘龙山，在县南四十里。山势回伏，状如盘龙。又樱桃原，在县西三十里。

苦水川，县西二十里。自静宁州流入境，又北流入镇原县界为高平川。县北三十里又有曹务川。川旁旧有姓曹名务者居之，因名。又县西南七十里有阳三川，《志》云：山阳有川三道合流，因名。

达舍堡。《通志》云：在县东二十里，县西三十里有张川堡。俱戍守之处。

○隆德县，州东九十里。东北至固原州五十里。本平凉县地。宋天禧初，置羊牧隆城寨。庆历中，改曰隆德寨，金改为县，属德顺州。今城周九里有奇。编户五里。

怀远城，在县东南四十里。《宋志》：明道三年，镇戎军新修赤藁城，赐名怀远。是也。庆历初，赵元昊寇渭州，趋怀远城。金为怀远寨。元省。《宋志》：怀远寨北去镇羌寨二十七里。

隆德城，县西北九十里。《一统志》云：县旧治于此，后迁今治。又有红土城，在县北四十里，亦宋、金时戍守处。

襟山，县南十里。山势延远，状似衣襟，因名。又美高山，在县东南二十里。山形耸秀，底堡水出于此。

六盘山，在县东二十里，与固原州接界。今详见固原境内。又莺架山，在县西南三十里。

好水，县东二里。源出固原州界六盘山，西南流合于庄浪县之苦水。宋庆历初，任福败夏人于张家堡南，轻进屯好水川，其别将屯笼络川，相距五里，贼兵屯川口。福等循好水西行出六盘山，距羊牧隆城五里。贼伏发，皆败没，即此也。○底堡水，在县西二里。源出美高山，下流合于好水。

武延川，县西北七十里。昔有武延者居此川旁，因名。宋曹玮知渭州，与陈兴、秦翰破党项章悝族于武延川是也。又有孤树川，在县北三十里；马兰川，在县西北六十里；其下流俱合于好水。

捺龙川，在县东南，下流入苦水川。宋庆历元年，任福趋怀远捺龙川，与贼战于张家堡南，贼佯北，福恃胜轻进处也。

六盘关。在县东二十五里。唐置。今与固原州分界。又神林堡，在县西四十里，亦旧时戍守处也。今有神林堡递运所。又隆城驿，在今县治西。

○固原州，府西北百十里。东至庆阳府三百五十里，西北至宁夏中卫三百六十里，西至靖远卫四百五十里。

秦北地郡地，汉属安定郡。晋为雍州徼外地，后魏为高平郡地。隋属平凉郡，唐属原州，宋属镇戎军，金属镇戎州。元置开成路于此，至治中降为州。明初，复废为县。弘治十五年，改置固原州，固本作故。时以此城为故原州城，讳故为固，后遂以名州。是时套寇侵逼，因建为州，又增置固原卫，且以靖、兰、甘三卫隶焉。后又以洮、河、岷三卫隶焉。寻建为重镇，州编户九里。属平凉府。今仍曰固原州。

州据八郡之肩背，绾三镇之要膂。元《开成志》云：左控五原，右带兰、会，黄流绕北，崆峒阻南，称为形胜。今自州以东则翼庆、延，自州以西则卫临、巩，自州而南则瞰三辅矣。乃其边境则东接榆林，西连甘肃，北负宁夏，延袤盖千有余里。三镇者，其固原之门墙；固原者，其三镇之堂奥欤？成化八年，抚臣马文升言：平巩、为关、陕藩篱，而固原为平、巩屏蔽。平、巩有警，则关陕、震惊，而固原一带尤不可无备。弘治十五年，制臣秦纮言：御戎之道，以守备为本。平凉北四百余里旧有豫望城，固、靖北靖，当作静，谓静宁州三百余里旧有石峡口及双峰、台城三处，皆蒙古入寇总路，修完戍守，东接环、庆，北接韦州，此第一隘也。稍南有西安州、镇戎所、海剌都、打剌赤，见靖边卫。黑水口、乾盐池、亦见靖边卫。撒都城，城一作川。犬牙参错，此第二隘也。又南有固原卫、靖虏卫、平滩堡、见靖边卫。一条城、同上。东山城、白杨城，或曰即阳武城。分布守御，此第三隘也；又进而益南则有火龙沟、虎山沟、二沟当在平凉县西北。金佛峡、见平凉县。麻张沟、海子口，此二沟当在庆阳府环县西南。乃贼深入腹里之路，缘山傍溪，筑墙立营，分兵防护，一夫守险，百人莫过，此第四隘也。贼路虽多，如此处置，曲折艰远，贼劳我逸，贼难我易，庶几得守备之策云。嘉靖十五年，制臣刘天和言：固原为套部深入之冲，前尚书秦纮修筑边墙，延袤千里，然彼大举入寇，尚不能支。及杨一清筑白马城堡，而后东路之寇不至。王琼筑下马房关，而后中路之患得免。惟西路自徐斌水至黄河岸六百余里，地势辽远，终难保障。今红寺堡东南起徐斌水，至鸣沙州河岸可二百二十里。总兵任杰议于此地修筑新边一道，迁红寺堡于边内，撤旧墩军士使守新边。舍六百里平漫之地，守二百二十里易据之险，又占水泉数十处，断朔马饮牧之区，而召军佃种，可省馈饷，计无便于此。议者以旧边不可弃，遂格不行。许论等亦尝言：固原旧边由徐斌水西南至靖远卫黄河岸凡六百五十里。其间有青沙岘者凡八十里，随风流走，不可筑墙。寇若窃发，必假途于此。由青沙岘以北，红寺堡以南，周环旷阻，有地数百里，水泉四十五处，草木繁茂，寇至每驻牧焉，呼为小河套。红寺堡虽当其冲，而堡势孤悬，且外高内下，四面受敌，又去水甚远，取汲必于堡西之梁家泉。彼若据水头驻守，则立毙矣。诚筑新边于徐斌水东北，直接鸣沙州黄河岸，所筑不满三百里，土坚易守，内包梁家泉等水泉数十处，又有林木之饶，耕屯可数百顷。惟至河冻则复守旧边。此为固原西路计利至厚也，而议者以弃地扰民沮之，误矣。又花马池一带，固原与宁夏分险处也。往者套内充斥，尝为固原门户之祸，故防维戍守于此急焉。要以固原一镇，控扼要领，联属指臂，张皇诘毖，有由来矣，岂区区为一隅计哉？

开成废县，州西南四十里。汉安定郡高平县地，唐亦为高平县地，属原州。宋置开远堡，属镇戎军。元置开成路及开成县于此，寻降为州。明初，改为县。景泰中，议者言开成东北四十里有固原州城，修筑置戍，足以固边折寇，乃命修筑。成化三年，寇破开成，因徙县于固原。弘治中，改置固原州，而以开成县省入焉。今州城周十三里有奇，有门四。

广安城，州东南四十里。旧《志》云：在开成县东四十五里。宋咸平中，置东山寨。金升为县，隶镇戎州。元至元七年，并入镇原州。寻改置广安县，又升为州，隶开成路。明初，仍废为东山寨。又阳武城，在旧县东南百里。或曰西魏时尝置阳武县于此，后周废。

三川城，州东南百里。宋天圣中，置三川寨。康定初，赵元昊寇三川寨，连陷乾沟、乾福、赵福等三堡。时韩琦帅环庆，遣将任福夜趋七十里，至白豹城败其兵，夏人引却是也。金置三川县于此，属镇戎川。元至元七年，省入镇原州。

豫望城，在州东二百里。宋时与西夏分界处也。明弘治十七年，总制秦纮言：固原迤北地名豫望城、骡子川、狮子川、石峡口及宁夏之韦州，延袤千里，可垦田土无虑数十万顷，请筑屯堡，议耕种。又固原北三百余里旧有石峡口及双峰台城，宜以次修筑。石峡口城，盖即平夏故城矣。今有豫望新仓。

石城，州西北百五十里。在乱山中，甚峭险。其西山顶平，可容数千人。城中有石池可汲，四围有石墙高二丈余，盖昔人避兵之所。明天顺中，土达满四据此作乱，成化四年，抚臣项忠讨平之。今为石城堡。其旁有青山洞、彗帚山，皆贼巢也。〇古长城，亦在州西北。相传即秦所筑。成化三年，套贼入犯，官军与战于西山长城，不克。

六盘山，在州西南三十里。曲折险峻，盘旋有六。蒙古自和林有事陕、蜀，恒屯兵于此。《宋史》：绍定三年，蒙古主铁木真殂于六盘山。宝祐六年，蒙古主蒙哥侵宋，次于六盘。开庆元年，蒙哥入蜀，使浑都海守六盘。景定元年，忽必烈立浑都海以六盘军叛走甘州，廉希宪使汪良臣击平之。元元贞二年自六盘至黄河立屯田，置兵万人是也。上有清暑楼，元安西王所建。明初，徐达定关中，屡败敌兵于六盘，盖亦州境之要地矣。

马屯山，州西南四十里。本作马毛山。晋太元十九年，苻登为姚苌所败，奔平凉，收集遗众入马毛山。既而姚兴自安定如泾阳，与登战山南，执登杀之。宋元嘉五年，魏将奚斤军安定，追赫连定于平凉，别将娥清欲循水而往，斤不从，自北道邀其走路，至马髦岭为所擒。胡氏曰：马毛山为平凉之险要。

天都山，州西北百五十里。宋元丰四年，宦者李宪帅陕西、河东五路之师伐夏，宪自熙河趋兴、灵，复兰州，进营于天都山，焚夏人南牟内殿，次胡卢河，不至灵州而还。又元祐二年，夏人与西羌相结，聚兵天都山。即此也。《志》云：山在西安所东南三十六里。兴、灵，谓兴州、灵州也。胡卢河，见宁夏镇。〇砲架山，在州西北百二十里石城堡前，极险峻。州北九十里又有须弥山。又扫竹岭，在州西北百里。山陇纡回峻阻，亦州境之险也。

清水河，在州城东北。源出六盘山，东北流，镇原县之胡卢河，亦流会焉。又北入宁夏卫界，亦名胡卢河，又西北入于黄河。

大黑水，在州北五十里。北流经宁夏境入黄河。又州北百二十里有小黑水流入焉。宋游师雄判德顺军，鄜延将刘琯欲自延安入安定。师雄料贼有伏，请由他道。已而谍报黑水傍尽伏壮骑，始信其言，即此黑水也。〇海子河，在州西南三十里。《志》云：州西北又有撒都儿川，须灭都河、硝河，俱流入大黑水云。

南川，有二：一在州东六十里，曰大南川；一在州东南五十里，曰小南川。又有乾川在州东南百六十里。

朝那湫，有二：一在旧县东十五里，一在旧县东北三十里。俱出山间，土人谓之东海、西海。二水相合，方四十里，水停不流，冬夏不增减，两岸不生草木。《封禅书》：湫渊祠朝那，即此。《水经注》：湫水西北流，出长城北与次水会，径魏行宫故殿西，又东注若水云。若水亦作苦水。《通志》：今湫水一在州东南四十里，一在州西南四十里。似误。

六盘关，在六盘山上。关路险阻，唐为原州七关之一。今与隆德县接界。

制胜关，在州东南。亦唐原州七关之一，控带陇山以西之路，旧号大振门，管沿坡小寨二十五处。宋熙宁中，关废，改置安化县于其地。元初，废。今关与华亭县接界。

下马房关，州北二百四十里。南至平远千户所四十里。嘉靖初，总制王琼筑此，而后固原中路之患得免。

天圣寨，州东北百里。宋天圣中置，属镇戎军。金亦为天圣寨，元废。又临羌寨，在州北百里；又有定戎堡，在州西北二十里；俱宋元符初置。又天都寨，在州西北西安所东二十六里，南去天都山十里。亦宋元符初置寨，金废。

镇羌寨，在州东南。《宋志》：寨东至三川城二十一里，绍圣四年所置也。〇宁安寨，在州境西安所西南三十里。宋崇宁五年置，西至通安寨六十一里。今与靖远卫接界。

张义堡，在州西南六十里。《宋志》：张义堡本名安边堡。熙宁四年，废入开远堡。五年，改置张义堡，仍属镇戎军。今为张义寨。元省。

白马堡，在州东北百三十里。有城，置仓于此。《志》云：堡西去镇戎所百里，正德中，总制杨一清筑，自是固原东路之患渐少。又彭阳城堡，在州东百二十里。宋置，金因之。今亦为戍守处。

黑水苑堡，在州西北百里。亦谓之黑水口。有仓。《志》云：堡东去镇戎所四十里。嘉靖十九年，套寇至固原引还。边将周尚文邀败之于黑水苑堡，即此。

海剌都堡，州北二百十里。亦曰海剌都营，西去西安所四十里。成化中，敌犯固原，由此西入会宁、靖宁之道也。今有海剌都营仓。其相近者曰庙山堡，弘治间，常被侵扰。

红古城堡，在西安所北百里。今有兵戍守。其西南十里有印子山，亦高峻。《通志》：城西门外有甜水，味甘可饮。中有红古城堡仓。又通会堡，在西安所西五十五里。宋置。○啰没宁堡，在西安所北三十五里。其东又有横岭堡。俱宋置。今废。

徐斌水堡，在西安所北百余里。旧边在堡西南，新边在堡东北，为固原西路之要。其西北又有红寺堡，入灵州西界。○乾盐池堡，在西安所西北，与靖远卫界，为州境设险处。

甜水堡，在平远所东北八十里，属环县守备戍守。《舆程记》：堡北接宁夏中卫界。是也。嘉靖四十五年，寇入甜水等堡，总兵郭江等战死。○响石沟堡，在下马关东。其北为萌城驿，与宁夏境韦州盐池接界，乃固原东路之门户也。

李俊堡，在州西北百七十里。其地亦曰李俊沟，亦曰酸枣沟。天顺中，官军讨满四时，分道进兵处也。州西北又有莽金佛沟及木头沟，亦官军讨满四时，分道进兵处。

羊房堡。在州西北百七十里。其地亦名驴母川，官军讨满四时分道处也。○黑城子，在州西北。或谓之红城子，官军由此讨满四。弘治十四年，贼常犯此,官军败绩。《通志》:州东南有永宁驿,并置仓于此。又州西北有板井堡仓,又州东百二十里有彭阳城堡仓。

附见:

固原卫。在州城内。弘治十五年建,辖千户所五。

甘州群牧所,州西北二百里。明置监牧于此,属行太仆寺。成化三年,敌犯固原,官军拒之不克。敌遂屯牧所城外,进陷开城县,杀掠甚众。

西安千户所,州西北二百三十里。本夏人南牟会新城,宋元符元年,得其地,建西安州于此,仍属渭州。金皇统间,地入于夏,元省。明置今所,弘治中,改属固原卫。

镇戎千户所,州北百二十里。本镇原县地,弘治中,置所于此,属固原卫。

平远千户所,州北二百里。弘治中置,属固原卫。

甘州千户所。州西北三百余里。亦弘治中置,属甘州中护卫。

读史方舆纪要卷五十九

陕西八 巩昌府

〇巩昌府，东至凤翔府陇州六百六十里，南至汉中府宁羌州一千一百六十里，西南至岷州卫二百四十里，西至临洮府二百里，西北至临洮府兰州四百二十里，东北至平凉府固原州六百里，自府治至京师三千六百二十里，至南京二千六百三十里，至布政司一千六十里。

《禹贡》雍州地。春秋时，羌、戎所居。《括地志》：自陇以西为冀戎、獂戎、氐、羌之地。秦置陇西郡，以在陇坻之西也。汉因之。东汉灵帝时，分立南安郡。三国魏亦为陇西、南安郡，陇西，治襄武，南安治獂道。晋因之。后魏为陇西、南安、安阳三郡地，兼置渭州，后周并为南安郡。隋初，郡废，炀帝又废州，复置陇西郡。唐仍曰渭州。天宝初，亦曰陇西郡，乾元初，复故。宝应以后，陷于吐蕃，大中五年，收复景福初，属于李茂贞。五代时，为羁縻之地。宋初因之，皇祐中，置古渭寨，熙宁五年，升为通远军。崇宁三年，改为巩州。金因之。皇统三年，亦置通远军节度。元初始置巩昌府，寻为巩昌路。明洪武三年，改为府，领州三、县十四。今仍为巩昌府。

府翼蔽秦、陇，控扼羌、戎。后汉初，隗嚣据陇西，动摇三辅。诸葛武侯伐魏，欲先取陇右，结连羌夷以图关中。魏亦以为重镇。邓艾尝云：狄道、今临洮。陇西、南安、祁山，各当有守。盖其地山谷纠纷，川原回绕，其俗尚气力，修战备，好田猎，勤耕稼，自古用武之国也。诚于此且耕且屯，以守以战，东上秦、陇而雍、岐之肩背疏，南下阶、成而梁、益之咽喉坏，西指兰、会而河、湟之要领举。巩昌非无事之地矣。是故，唐初入长安即遣军安抚陇右，而秦、凉之藩篱秦谓薛举，凉谓李轨。以次摧坏。天宝以后，吐蕃窃有其地，窥伺畿辅，大为唐患。宋人议复河、湟，置通远军以经略之，而熙、河遂为内地。蒙古并有巩昌，南窥蜀口，而宋之西边遂不支矣。夫欲保关中，先固陇右，欲固陇右，巩昌岂非都会之所哉？

〇陇西县，附郭。汉獂道县地。后汉中平五年，析置中陶县，属南安郡。晋因之。后魏属南安阳郡。隋开皇初，郡废，改县曰内陶，寻又改曰武阳。十年，又改为陇西县，属渭州。唐因之。宝应以后，没于吐蕃。宋为古渭寨，属秦州，熙宁中，为通远军治。元祐三年，复置陇西县为巩州治。金因之。元为巩昌府治。今编户三十二里。

襄武城，府东南五里。汉置县，属陇西郡，后汉因之。魏亦为陇西郡治。蜀汉延熙十六年，姜维围魏襄武，不克。晋陇西郡亦治此。后魏因之，又于县置渭州，以水为名也。隋亦为渭州治，大业初，为陇西郡治。唐因之。宝应以后，没于吐蕃，县废。宋巩州移于今治。今郡城周九里有奇。门四：东永安，南武安，西静安，北靖安。环城有濠，称为险固。

獂道城，府东南二十五里。獂，音桓。应劭曰：戎邑也。《史记》：秦孝公元年，西斩戎之獂王。汉置县，属天水郡，骑都尉治此。后汉属汉阳郡，灵帝时，为南安郡治。魏因之。蜀汉延熙十六年，姜维围魏南安，不克。晋南安郡亦治此。西秦乞伏氏时，尝置东秦州治焉，亦曰南安郡。宋元嘉三年，夏赫连昌遣其叔韦代攻西秦南安，拔之。既而复为秦所据。八年，赫连定复遣韦代攻秦王暮末于南安，暮末穷蹙出降。后魏时，改郡曰南安阳郡，县亦曰桓道县。隋郡废。又省县入陇西。

新兴城，在府西南二十里。亦汉獂道县地。后汉中平五年，析置新兴县，属南安郡。魏、晋因之。后魏属獂广宁郡，后周郡废，隋并县入陇西。杜佑曰：汉灵帝析汉阳郡置南安郡，领獂道、中陶、新兴三县，皆今陇西县地。是也。

仁寿山，在府城南。逶迤百里。又南十五里为赤觜山，山下旧有赤觜镇。○马鹿山，在府南八十里。四围石崖甚险，戍守要区也。又莲峰山，亦在府南八十里。与马鹿山并峙，有五峰分列。《通志》以为即马鹿山。

赤亭山，在府西南五十里，以近赤亭川而名。府西四十里有首阳山。山当往来通道，有关在其上。又有三岩山，在县西北十里。其上宽平，可耕。《通志》作三品石山，谓山腹有三巨石，列如品字。○八角山，在县北八十里。以山三岩层峙而名。

武城山，在府东南。姜维攻祁山不克，自董亭趋南安，邓艾拒之于武城山，即此。《水经注》：渭水过獂道县南，又东径武城县西，武城川水入焉，盖以山名县也。武城县盖后魏置，旋废，故《志》不载。○桃花山，在府东三十里。

薄寒山，在府西南。唐会昌二年，吐蕃将论恐热举兵自洛门川至渭州，击其国相尚思罗于薄寒山，思罗西奔松州。四年，论恐热攻鄯州，为镇将尚婢婢所败，走保薄寒山。或曰山盖近岷州境。松州，今四川松潘卫也。

高田谷，在府东。宋元嘉七年，西秦暮末为河西王蒙逊所逼，请迎于魏，东如上邽。至高田谷为夏人所拒，留保南安，即此。或以为即城东三十之妙娥谷云。

渭水，在城西一里。自临洮府渭源县流入境，经城北，又东历通渭、宁远、伏羌县界而入秦州境。《志》云：渭水入城，分东西南北四池，前后浚引，以资汲取。又城西十五里有头渠，城西里许有二渠，城东有三渠，皆引渭分注，下流仍入渭。宋熙宁八年，秦、凤提点郑民宪自通远军熟羊寨导渭河至军溉田，是也。今详大川。

赤亭水，府东五里。源出府东十五里之东山赤谷，西流经府北，又南入于渭。亦谓之赤亭川。晋永嘉末，姚弋仲起于此，所谓赤亭羌也。太元十一年，姚硕德起兵应姚苌，分据翼城、陇城及南安之赤亭，亦谓之赤水。义熙十一年，西秦王炽盘遣兵击南羌弥沮康薄于赤水，降之，以王孟保为略阳太守，镇赤水。宋元嘉四年，炽盘置梁州于此。既而仇池杨玄遣其党符白作围秦梁州刺史，出连辅政于赤水，破之。

广阳水，出府西南九十里之西山，东北流注于渭。又有漓水，出府西南四十里之石门山，下流亦入于渭。又洛门水，章怀太子贤曰：在陇西县西南。东流入漳县，又东入伏羌县界，下流入于渭水。

南河，府南二十里。源出荆谷中，北流入渭。○六泉，在府东南五里。《地记》：东晋太元十一年，西秦乞伏国仁帅骑兵袭鲜卑三部大人密贵等于六泉，即此处也。胡氏曰：六泉当在高平境内。

首阳关，在府西首阳山上。又府南有赤水三关，又西南有后川、药铺二关。○锦布隘，在府北六十里。其地有锦布峪，因名。境内又有沙湾口、截道澜、安乌隆等隘。澜一作深。

董亭，在府西南。三国魏甘露元年，姜维出祁山，闻邓艾有备，乃回从董亭趋南安是也。又宋元嘉十二年，仇池杨难当使兄子保宗镇董亭。董或作童。

熟羊寨，府北四十里，又府北二十五里有三垒堡，俱宋置。

五溪聚，在府东。《后汉志》注：襄武有五溪聚。建武十年，来歙破羌于五溪是也。《陇西记》：襄武有五溪，杨盛分羌为五部，错居溪旁，每溪为五聚，于是有五溪之号。

山坌驿。府西南九十里。《舆程记》：自山坌驿而西南七十里为酒店子驿，又八十里即岷州卫矣。又旬子川递运所，在府北四十里。又二十里为锦布峪递运所。《通志》：府治东北有通远驿。城北二里为北关递运所。

○安定县，府北百八十里。西至兰州二百四十里，北至靖远卫三百里。本唐渭州西市贸马之所，宋元丰中，筑定西城，属通远军。金大定中，改为定西县，属巩州。贞祐中，升为定西州。元因之，后改为安定州。明初，改为县。今城周九里有奇。编户十九里。

定西城，在今县南。宋元丰四年，以兰州西使城为定西城，南去通远军百二十里。明年，并入通远军，复以汝遮堡为定西城。七年，夏人围定西城，熙河将秦贵败却之，即今县治。

安西城，在县北二十七里。宋绍圣三年，章楶进筑汝遮堡，地赐名安西城，为戍守处。金贞元中，升为安西县，属定西州。元省。○通西城，在县南四十八里。本宋之通西寨。金升为县，属定西州。元省。

兴原山，在州东二里。又东三里为照城山。其支曰兴云山，绕城东北，又东回一里曰凤凰山。○西岩山，在城西二里。城南一里有南安山，以地旧属南安郡而名，俗呼庙坡山。以上群山，皆相联接，蜿蜒甚远。

双峪岭，县南五十里。又南四十里为胡麻岭。相传张骞自西域还，种胡麻于此而名。《志》云：县北百里有北乱山。其山形势百出，稠叠万状，因名。

车道岘，在县北百余里。又有沉儿峪在其南。明初，徐达败王保保于此。○青岚峪，在县东三十里。又县西十里有锦鸡源。

西河，在县西二十里。县西北六十里有旬子川，西河源于此，流绕城西。又东河出县南四十里麻子川，流绕城东。东河味苦，亦曰苦水；西河味甘，亦曰甘水。二水交流，东西二十里，南北三十里，其间物产繁盛，实为民利。西河上有桥，曰西土桥。〇暖水，在县西五十里。隆冬不凝，俗呼横河。县西南二十里有得罗川，土脉肥饶，约有千顷。

巉口关，城北五十里。路通甘肃，今有巉口巡司。《志》云：县北八十里地名关川，西通兰州，北通靖远，实为要区。〇乌龙关，在县南东、西两河间。亦宋置，南接陇西县。今亦曰乌龙厄。《通志》：县境有岢岚峪口、大西口、双峪口、峡口，凡四隘。

平西寨，县北六十里。本名青石峡，宋绍圣四年，进筑，赐名。北至会宁关四十四里。金亦为平西寨，属会州，元因之。明初洪武二年，元故将扩廓袭兰、巩境内。三年，遣徐达等御之。达至平西，扩廓退屯车道岘，既而明军为所败。《宋志》：平西寨北四十里，即会宁关。今关见靖远卫。

渚水驿。县西北百二十里。《舆程记》：自县西北六十里至秤钩湾驿，又六十里至渚水驿，又七十里为定远驿，又西北五十里而至兰州。《通志》：县治北有延寿驿，东六十里有西巩驿，南七十里有通安驿。又好地掌递运所，在县南四十里。

〇会宁县，府北二百二十里。西南至安定县五十里，北至靖远卫二百七十里，本陇西县地。金人尝于此置西宁县，兼置西宁州。州旋废，以县属会州。元徙州治此，寻以县并入州。明初为会宁县。今城周五里。编户十二里。

西宁城，即今县。金人置县于此。《志》云：县东二十五里又有西宁城，城有三，俗呼为西宁连城。宋宣和中，尝置刺羌城于此。

桃花山，县东南五里。土石皆赤如桃花。又城南十里有白土峰，又南十里有青土峰。《物产志》：县产五色土，可资藻绘。《志》云：县东二里有鸦垒山。

铁木山，县西北百里，又县东北百里有屈胡山，皆高险，为县境之屏障。

响河，在县东百里。水出悬崖下，潨急触石，声闻数里，北流入于黄河。○南河，在县城南。本名床垒河。床，读麋；又城东三十里有松树垒河；皆东流合于响河。

什字河，在县东五十里。源出县东之隐山谷。又米峡河，出县南六十里之蒸饼山谷中。今同寺牧场也。《志》云：县境之水悉北流经靖远卫境，入于大河。

青家关。县东九十里。有巡司戍守，并置递运所及青家驿于此。又县东四十五里有翟家嘴递运所，为往来必由之道。《通志》：县治东有保家驿，县北九十里有乾沟驿，又北九十里为郭城驿。

○通渭县，府东北六十里。西北至安定县百五十里，东南至宁远县六十里。本唐陇西县地，宋元丰中，置通渭县，崇宁五年，废为寨。金复升为县，属巩州。今编户十六里。

甘谷城，在县东五十里。宋熙宁初，曹玮置城于此。为戍守处。金于此置甘谷县，属秦州，元废入通渭县。《元丰志》：城在秦州西百八十五里。

甘泉城，在县东北九十五里。宋元丰中，置城于此。为戍守要地。又有堡川城，在县东北八十里，东至甘泉城十八里。宋政和六年置，金废。

照城山，在县城北渭水上。城西南二里有发云山，其高俯瞰城中。《志》云：县南二里有屏风山，山阴有洞，深数百丈，可以保守。上有东岳庙，俗名庙山。又十八盘山，在县西南五十里。山路险阻，经十八盘乃得上云。○笔架山，在县东北二百里。《志》云：山连延甚远，几二三百里，有五峰崒嵂，县之主山也。又艾蒿山，在县东北五十里。又东四十里有斗底山，其形如斗。《志》云：县东南八十里有蔺家峡，水经其下，有二十四渡。

渭水，在城北。自陇西县流入境，又折而东南入宁远县界。

华川水，县西八十里。东流经城南入于渭。其间四围平坦，草茂水清。明置安定苑，为牧围之所，隶苑马寺。又有海子川，在城东三十里；中川，在城西十五里。俱合华川水入于渭。

甜水河，城西北七里。出甘谷，引流入城，籍以取汲；又西十三里为锦鸡峡水，其下流俱入于渭河。

华川关。在县南华川水上。又县境有石门关、闭门关。○兰峪隘，在县东南八十里。其地有兰家峡也。又县境有田家硖、砥石硖、谈家硖、石嘴硖、袁家硖、金带硖，凡七隘。

○漳县，府南七十里。西南至岷州卫一百八十里。汉襄武县地，后汉置障县，仍属陇西郡，永元初，封耿秉为侯邑。晋属南安郡。西秦暮末置广宁郡，后魏改为彰县，广宁郡治焉。西魏又改郡为广安郡，后周郡废。隋复为障县，属渭州。唐因之，天授二年，改为武阳县，神龙初，复故。广德后，陷于吐蕃。宋熙宁六年，置盐川寨于此，后改为镇。金亦为盐川镇，属巩州。元至元十七年，置漳县。今编户六里。

鄣县故城，县西南五里。后汉置鄣县，本治此。后魏亦为彰县治。唐没于吐蕃，元因改置漳县，讹彰为漳也。

盐川城，即今县治。宋熙宁六年，置盐川寨于此，开禧二年金人分道入寇，使石抹仲出盐川。又嘉定十三年，四川宣抚司安丙分遣王仕信等会夏人之兵伐金，仕信自宕昌进克盐川镇，会夏人于巩州是也。宕昌，见岷州卫。

西倾山，县西北八十里。山势绵延，西倾水出焉。或以为《禹贡》之西倾山，非也。○箭筈山，在县西南三十里。山有两峰，高险插天，因名。又县南三十五里有三岔山，县西北十里有马铺山。《志》云：马铺山在县西北十五里，四围石崖，居民避兵处。

漳水，县南三里。本曰鄣川，《水经注》谓之彰川，从后魏县名也。源出县西木寨坡。西倾山之西倾水自县西北注之。箭筈山之东匝谷水自县西南注之。并流而东北以入于渭。○洛门谷水，在县东北。自陇西县东南流经县境，又东北流而入伏羌县界。

盐井，在县城内。旧有井煮水成盐，宋因置盐川寨。

三岔驿。县西三十里。明初置。

○宁远县，府东九十里。唐陇西县地。宋元祐中，置宁远寨。崇宁三年，升为县。金仍废为寨，元至元中，复置宁远县。今城周不及二里。编户十七里。

广吴山，县西二十里。山下有广吴堡故城，宋所置也。又马宗城山，在县南五十里。山下旧有庙儿镇。○石门山，在县东北五十里。四围皆峡，仅容一门，曰石门山口，为要隘处。山下有洞，光映如月，名夜月洞。

箭筈山，县西南四十五里。以山峰挺峙而名。又西南二十里为爪牛山，高五百余丈，周回四里。上有日月寨，日月未出，其光先照云。又柏林山，亦在县西南六十里，与爪牛山相望。又西南十里曰水溪山。○太阳山，在县南百二十里。有隘可守，曰太阳山口。山出铁，旧置铁冶场于此。

桃花硖，县北五里。两山夹峙，渭水经其中。又有砚石峡，县东南四十里。有砚石峡口，亦为设险处。

渭水，在城北。自通渭县流入县境，又东南流入伏羌县界。《志》云：县东路有红峪等新旧十三渠，西路有乐善等新旧十四渠，皆引渭溉田，民资其利。又县北五里有桃花峡水，县城南有古流泉水，皆资民灌汲。

广吴水，在县西二十五里。《志》云：源自岷州，流绕广吴山下，因名。又有山丹水，亦来自岷州，流经县西十五里山丹铺，因名山丹河。二水并流，北注于渭。

来远镇，县西南三十里。宋置寨，隶秦州。熙宁五年，改属通远军。元丰七年，废为来远镇，属宁远县。开禧二年，金人以韩侂胄败盟，分道入寇，使其将完颜瞒出来远。又嘉定十三年，安丙遣将宋质俊出下城，克来远镇是也。元以来远镇省入宁远县。下城，今见岷州卫。

鲁班山口。在县北四十里。以在鲁班山下而名。县东北又有花崖山、木林峡二口。《志》云：县境鲁班山口而下有石门、太阳及砚石峡，凡六隘。又有大木树关、马务关、水关、文盈关，凡四。

○伏羌县，府东百八十里。东至秦州九十里，东南至西和县一百七十里，古冀戎地。秦武公十年，置冀县。汉属天水郡，东汉为汉阳郡治。晋亦属天水郡，乱废。后魏太平真君八年，改置当亭县，仍属天水郡，后周复曰冀城县，寻废。隋大业初，复置，亦属天水郡。唐武德三年，改为伏羌县，仍置伏州。八年，州废，县属秦州。广德以后，没于吐蕃，县废。宋建隆二年，置伏羌寨，祥符九年，知秦州曹玮败吐蕃于此，熙宁三年，升为伏羌城。金因之，元至元十三年，升为县。今城周三里。编户十二里。

冀城，在今县东。汉县治此。后汉初，隗嚣据冀，汉将来歙等共攻嚣。嚣卒，子纯复据冀。来歙破落门，纯降。永初二年，叛羌败邓骘军于冀西。又光和末，群盗边章等围凉州刺史左昌于冀，汉阳长史盖勋救却之。建安十七年，马超率羌兵击下陇上诸郡，惟冀城、奉州郡固守，久之乃下。既而郡将赵昂等共谋击超，超败走。晋仍为冀县。太宁初，凉州张茂将韩璞东略陇西南安之地，保冀城。刘曜遣将攻璞，璞拒却之。寻废。宋白曰：古冀城即唐之陇城县云。又当亭城，在县西南。旧《志》：在秦州西百三十里。今为县境。后魏太平真君八年，以故冀县地改置当亭县，后周废。《水经注》：籍水出上邽当亭西山，东历当亭川。是也。

黄瓜城，在县东南四十里。汉陇西郡上邽县地。后魏析置黄瓜县，属汉阳郡，后周因之。隋又以冀城县省入。大业初，复置冀城县，以黄瓜县省入焉。《水经注》：黄瓜水发源黄瓜谷西，东流径黄瓜县北，又东归于籍水，籍水又东径上邽城南是也。

　　平襄城，在县西南三十里。汉置天水郡治于此。阚骃曰：古襄戎邑也。王莽改天水曰镇戎，仍治平襄。更始初，成纪隗崔等起兵应汉，攻平襄，杀镇戎大尹李商。又隗嚣初据平襄，后据冀是矣。后汉属汉阳郡，永初二年，邓骘遣任尚等讨叛羌，大败于平襄。《献帝起居注》：初平四年，分上郡、汉阳置永阳郡，领平襄、清水、略阳等县。曹魏改曰广魏郡。晋属略阳郡。太元十三年，乞伏国仁破鲜卑越质赤利于平襄，获其子诘归；十五年，诘归据平襄，乞伏乾归击之，复降，皆是城也。后魏省。《志》云：伏羌西南有废城。或以为故平襄城也。唐武德九年，于废城置盐泉县，属秦州，贞观元年，改为仪宾县，二年废。○永宁城，在县西四十里。宋雍熙中，置永宁寨。崇宁三年，升为县，属巩州。金复为永宁寨，元省。

　　朱圉山，县西南三里，即《禹贡》所载之朱圉也。圉一作圄。俗名白崖山。又天门山，在县南三里。山有两穴如门，亦谓之天门山口，有事时置戍于此。○《志》云：县西南五里有大像山，颇高耸，缘阁道以登。上有隗嚣歇凉台。○锦缆山，在县西南三十里。渭水经其下。又有石鼓山，在县南五十里。《志》云：山有石鼓，不击自鸣，鸣则兵起。

　　狐槃谷，在县东。汉灵帝光和末，汉阳长史盖勋以叛羌围夏育于畜官，驰救至狐槃，为羌所败。又秦苻生葬姚弋仲于此。《载记》：狐槃在天水冀县。畜官，盖畜牧所在，在扶风郡界。

　　三都谷，在县西。《水经注》：渭水又东，洛门水与三府谷水注之。三府谷后讹为三都谷。宋祥符九年，西番宗哥族与唃厮啰等入寇伏羌寨，知秦州曹玮败之于三都谷，因城伏羌南市是也。又有吴谷口。天禧元年，宗哥番族来寇，玮复破走之于此。或云吴谷在宁远县广吴山下。

　　渭水，在县北三里。自宁远县流经县界，又东流入秦安县境。○永宁河，在县西南四十里。源出南山中；又有沙沟河，亦在县西南三十里，俱北流入渭。

散渡河，在县东北五里。源出通渭县之十八盘山，曲折流入县界，至此入渭。○洛门川，在县西二十里。自陇西县东南流经漳县境，又东北注于渭。汉落门聚以此名，或讹为木梅川。《志》云：县西有陆田、通济、广济、惠民四渠，溉田数十里。

落门聚，在县西十里。亦曰落门镇。后汉建武十年，隗嚣据冀。冯异攻其落门，未拔而卒。来歙复攻拔之，纯降。《郡国志》冀县有雒门聚，是也。三国汉延熙十三年，姜维攻狄道，陈泰自上邽驰救，进至雒门。维粮尽引还。雒门，即落门矣。唐广德以后，吐蕃得其地，置兵守之。会昌二年，吐蕃国乱，洛门川讨击使论恐热举兵入渭州，侵掠鄯、廓以西。大中五年入朝，遣还，恐热复归洛门川，聚众欲为边患。会久雨乏粮食，乃奔廓州。

定边寨。在县东北。宋建隆中置，属秦州。熙宁八年，废为镇，改属陇州。寻复为寨，仍属秦州。嘉定十二年，四川帅安丙遣将宋质俊克来远镇，进败金人于定边城，即定边寨矣。又相近有绥远寨，亦宋初置，熙宁八年，废为镇，属陇州，寻复故。《通志》县有槐树关。

○西和县，府东南四百里。北至秦州百二十里，东南至宁羌州略阳县三百五十里。汉为天水郡绵诸道地，后魏太平真君二年，置水南县，寻置天水郡治焉，亦曰南天水郡。西魏改郡曰汉阳，又析置长道县为郡治。后周郡废，改县曰汉阳，属成州。隋因之，开皇十八年，复改县曰长道，大业中，属汉阳郡。唐仍属成州，咸通中，改属秦州。宋熙宁七年，改属岷州。建炎五年，岷州徙治县之白石镇，改曰西和州，以长道县为附郭。元至元七年，县并入州，明初，改州为县。今城周四里。编户七里。

长道城，在县西北二十里。西魏置县治此，隋因之。唐天宝末，尝废，后复置。宋建炎中，五路之师败，吴玠以李永琪守岷州，移州治于白石镇。及金人请和,改岷州为西和州。以淮南有和州,故此为西也。《志》云:白石镇城在今县西三里,即汉时有星陨地成白石处。唐宣宗时,始筑镇城于此。宗绍兴三年,王彦败刘豫将郭振于白石镇,复秦州是也。县旧治此,洪武初始移今治。

绵诸城,在县东北五十里。《史记》:秦自陇以西,有绵诸之戎。《汉志》天水郡有绵诸道。惠帝三年,陨石于绵诸是也。后汉省。晋太兴初,南阳王保将陈安据绵诸,即故城矣。后魏复置绵诸县,属略阳郡,西魏省入长道县。《水经注》:绵诸水径绵诸城北,又东入于清水。

大潭城,县西南三百里。西魏置潭水郡,治潭水县,后周郡废,县属成州,隋因之,唐贞观初,改属岩州,广德后废。宋建隆三年,复置大潭县,属秦州,熙宁七年,改属岷州。建炎中,五路之师败,关师古聚熙、河兵守岷州大潭是也。宋末废。

水南城,在县西南二十里。后魏太平真君二年,置水南县于此,为天水郡治。后周郡废,并废县入长道县。○盐官城,在县东三十里。《志》云:有盐井,水与岸齐,味甘美。汉时尝置盐官于此,唐亦谓之盐官镇。又《城冢记》云:县南十八里有石堡城,高百丈,上有石城。城中有石井,深一丈,水色湛然。相传昔人避难于此,开水以饮,敌欲漏其水,左右穿凿不见水脉。

祁山,在县北七里。后汉末,置城山上,为戍守处。城极严固。建安十八年,马超据冀,郡将赵昂等据祁山以击超。超奔张鲁,引兵还围姜叙于祁山,夏侯渊驰救,超败走。其后诸葛武侯六出祁山,皆攻此城。魏明帝所云西固祁山,贼来辄破者也。城南三里有武侯垒,西汉水经其南。《开山图》:汉阳西南有祁山,蹊径逶迤,山高岩险,九州之名岨,天下之奇峻也。汉建兴五年,丞相亮率大军攻祁山。九年,复围于祁山,制木牛马以馈运。今武侯垒旁多丰草,犹是时所植。武侯《表》云:祁山去沮五百里,有人万户,瞻其丘墟,信为殷矣。今山西南有南北二岈,古语南岈、北岈,万有余家。武侯出祁山，祁山万户出租五百石供军是也。延熙十九年，姜维复出祁山，时邓艾已先为之备，维引却。景耀六年，魏将诸葛绪督军自祁山趋武街桥头，以截姜维自沓中还蜀之路，不果。晋大兴初，南阳王保称晋王于上邽，寻以饥困，退保祁山。义熙八年，仇池杨盛叛秦，侵扰祁山。十二年，盛拔后秦祁山，进逼秦州。宋元嘉十九年，平仇池，魏人来争，遣古弼督陇右诸军自祁山南入，复遣别将督关中军自散关西入，俱会仇池。祁山自昔为陇右襟要矣。县北四十里有屏风峡，宋郭中正以此为祁山之正峰也。

宝泉山，县北二十里。上有湫池。又鸡峰山，在县东北十五里。山形如圭，亦名圭峰。○通灵山，《志》云：在县西百四十里。四山环合，二水萦流，有清泉自岩窦飞落，如玉绳云。

黑谷山，县南百里，与秦州及成县接境。《志》云：黑谷大山乔木，雄跨数郡。上有黑谷关，宋绍兴中，郡守程俊置。开禧二年，吴曦叛，导金将蒲察贞破和尚原，犯西和州。曦将王喜等方力战，曦忽令退军黑谷，军遂溃，贞入成州。

独头岭，在县东南三百里。宋开禧三年，时叛帅吴曦以西和等州降金。兴州将李好义、杨巨源共讨诛曦，谓新帅安丙曰：关外西和、阶、成、凤四州为蜀要害，盍乘势攻取之？丙即遣好义复西和州。好义进兵独头岭，会忠义及民兵夹击金人，大败之。七日而至西和，金将完颜钦遁去，遂复其城。关外，谓仙人关外也。○塞峡，在县西北。宋元嘉十九年，裴方明败仇池杨难当，别将鲁尚期逐北至塞峡，即此。

西汉水，在县北一里。自秦州废天水县流入境。亦谓之盐官水，以县境旧置盐官也。西南流入成县境。《水经注》：汉水西南径祁山军南，西流与建安川水会。是也。

浊水，在县西南五十里，即白水江也。自岷州流入境，又南流入成县界，又东南入略阳县及宁羌州界，复折而西南入阶州境。旧《志》云：浊水从长道县穿大潭入阶州。误也。

　　盐井，在县东北八十里。煮水成盐，民资其利。○九龙泉，在县西八里。四时湛然，水旱如一，夏凉冬温，居民引以灌溉。

　　石营，在县西北二百里。三国汉延熙十六年，姜维自武都出石营围狄道。又十九年，姜维围祁山不克，出石营，经董亭趋南安，即此。○鄭公营，县西南三里。唐初鄭国公窦轨抚定陇右，尝营于此，因名。

　　柏关寨。在县城内。宋南渡时，置寨于此，以保蜀口。○屏风峡口，在县北九十里。又县有青阳峡、木桥厄，皆为设险处。

　　○**成县**，府东南六百里。东至汉中府凤县二百七十里，东南至略阳县二百十五里，西南至阶州四百六十里。古西戎地。战国时，白马氏居此。秦属陇西郡。汉为武都郡下辨道地，后汉为武都郡治，晋因之。后魏太平真君七年，改置仇池镇，太和十二年，兼置渠州。正始初，改为南秦州。西魏曰成州。隋初，郡废州存。大业初，改州为汉阳郡。唐亦曰成州。天宝初曰同谷郡，乾元初复故，皆治上禄县，大历后，没于吐蕃。咸通中，复置成州，治同谷县。五代梁初，改曰汶州，李茂贞为朱温父讳也。贞明初，地入于蜀。后唐复曰成州，宋因之，宝庆初，以尝为潜邸，升为同庆府。元仍曰成州，以州治同谷县省入。明初，改州为县。今城周五里有奇。编户四里。

　　同谷废县，即今县治。秦下辨邑也。汉初，曹参攻下辨，即此。寻曰下辨道。后汉移武都郡治焉。建安二十五年，先主进兵汉中，遣张飞、马超屯下辨。曹操遣曹洪拒之。既而先主有其地，亦谓之武街城。景曜末，魏司马昭使诸葛绪出武街以侵汉。《水经注》：武街，下辨县治也。晋太宁初，成李寿守将李稚攻仇池氏杨难敌于武街，败死。后魏亦为下辨县，属修城郡；又析下辨地置广业郡，领白石等县。西魏改县曰同谷。后周又置康州治焉。隋初，郡废。大业初，州废，县属河池郡。唐武德初，置西康州于此。贞观初，州废，县改属成州。咸通中，始为州治。宋因之，元省。杜佑曰：同谷城一名武街城，即古下辨也。后魏时，置下辨县，又改曰下阪，盖在今略阳县废修城县之境。王应麟曰：成州内保蜀口，外接秦、陇，山川险阻，尝为襟要。

上禄废县，县西百二十里。汉置县，属武都郡，后汉因之。晋县废，永嘉末，其地没于杨茂搜。后魏取其地，置仇池郡。魏收《志》：太和四年，置仓泉县，仇池郡治焉。正光末，秦州贼莫折念生遣其党杨鲆攻仇池郡，东益州刺史魏子建击败之，即此。《隋志》：后魏置仓泉县，又析置阶陵、丰川、建平、城阶四县。后周以阶陵四县悉并入仓泉县。隋初，废仇池郡，移成州治仓泉，大业初，改县曰上禄，为汉阳郡治。唐亦为成州治，大历后，没于吐蕃，太和中，寄治骆谷城，咸通末，州改治同谷，县废。

骆谷城，县西八十里。晋永嘉末，仇池氏杨茂搜所置。宋元嘉四年，仇池杨玄遣其将符白作围西秦梁州刺史出连辅政于赤水，城中粮尽，民执辅政以降。至骆谷，辅政逃还。十九年，魏取仇池，立杨玄之子保宗为武都王，使拓跋齐与保宗对镇骆谷，保宗谋叛魏，齐诱执之。魏收《志》：正始初，改置南秦州、治骆谷城，领天水等郡。是也。后废。唐太和初，以上禄没于吐蕃，诏修筑骆谷城为县治，咸通中，废。

仇池城，在县西北百里仇池山上。辛氏《三秦记》：山在仓、洛二谷间，常为水所冲激，故下石而上土，形如覆壶。上有池百顷，池左右悉白马氏。惟东西二门，盘道可七里。上则冈阜低昂，泉源交灌，煮土成盐，居人盖以万数。《水经注》：仇池山，一名瞿堆。汉水东南流径瞿堆西，又屈径瞿堆南。绝壁峭峙，孤险险云高，登其巅约二十余里，羊肠盘道三十六回。《开山图》谓之仇夷，所谓积石嵯峨，嶔岑隐阿者也。上有平田百顷，煮土成盐，因以百顷为号。山上丰水泉，所谓清泉涌沸，润气上流者也。汉武元鼎六年，开置武都郡，治武都县。说者谓天池、大泽在县之西，故谓之都。常璩、范晔云：郡居河池，一名仇池。献帝建安中，有天水氏杨腾者世居陇右，子驹勇健多计，徙居仇池。其孙千万附魏，魏封为百顷王。千万孙飞龙浸强盛，徙略阳。飞龙以其甥令狐茂搜为子。晋元康六年，茂搜复自略阳率部落四千家还保仇池，宫室囷仓，皆立板屋，自是益强。太宁初，刘曜遣将侵杨难敌，难敌南奔汉中，曜置益州刺史镇仇池。既而难敌复据武都，袭取仇池。永和三年，杨初称藩于晋，因置仇池郡，后又兼置北秦州授之。太和五年，杨纂与其叔统争立，苻秦因遣兵攻之。纂败降秦，置南秦州，改命统为刺史，以其先降于秦也。太元十年，杨定复据仇池称仇池公，称藩于晋，寻取天水、略阳地自称陇西王。苻丕以定为雍州牧，定寻徙历城，置储蓄于百顷。定故陇右氐也。既而定兼有上邽，自称秦州牧、陇西王，使其叔之子盛守仇池。十九年，定为乞伏乾归所败，死盛复称秦州刺史、仇池公，分氐、羌为二十部护军，各为镇戍，不置郡县。宋元嘉二年，盛卒，子玄继之，仍附于宋。宋以玄为北秦州刺史，镇武都。说者谓时武都移置仇池也。六年，玄卒，弟难当篡立，寻叛宋，侵扰梁、益二州。十九年，遣将裴方明讨之，仇池平。二十年，仇池没于魏，亦置仇池郡，寻又为仇池镇。升明初，氐帅杨文度遣其弟文弘袭陷魏仇池，魏将皮欢喜击却之。《地形志》：真君七年，置仇池镇，太和十二年，为梁州。正始初，改置南秦川，治洛谷城，仍领仇池郡。西魏郡废，后周并废州。《元和志》：仇池因山筑城，四面壁立，峭绝险固，石角外向，自然有楼橹却敌状。上有平地方二十余里，田百顷，泉九十九源。自晋杨茂搜据仇池百顷，其后浸盛，尽有汉武都地，北侵陇西、天水，南侵汉中，然亦称藩于南北间。后拓跋魏取其武都仇池之地。而杨氏始衰，仅据武兴。正始二年，杨集起等复叛魏，奉其兄子绍先为帝。时魏已尽有汉中，三年遂击杨氏而灭之。事在梁天监五年。盖仇池之兴，始终凡二百一十一年。

建安城，在县西。《水经注》云：城在西县界，去仇池百二十里。《通典》曰：在同谷郡西七里，去仇池九十里。《魏书》：太和元年，杨鼠窃据仇池，皮豹子讨平之。诏曰：仇池国之要藩，从前骆谷置镇，奸贼息心。近由徙就建安，致有往役。可速于骆谷置城。盖仇池与建安远，与骆谷近也。唐同谷郡治上禄，本名历城。又北有卤城，在故冀县西县之间。马超据冀，郡将姜叙自历城举兵击之，进入卤城。或云，卤城即西城之讹矣。又苻秦将杨定自陇右徙治历城，亦即是城也。其后改曰建安城。后魏置建平县于此，属仇池郡。后周废。

武都城，在县西北。或曰在故仇池城东南。汉武都郡、县俱治此。后汉曰武都道，属武都郡。晋仍曰武都县，后魏置落丛郡于此，西魏郡县俱废。〇白马城，在县西南。本白马氐、羌所居，因置城于此。晋太和二年，略阳羌敛岐叛秦，王猛击之，克略阳。敛岐奔白马，猛遣将追擒之。太元十年，西秦乞伏国仁得其地，置白马郡治焉。后魏废。

栗亭城，县东五十里。后魏置兰仓县，属汉阳郡，西魏废。唐为同谷县地。五代唐置栗亭县，属成州。宋因之。元初县直隶行省，寻废。〇钟提城，在县西北。三国汉延熙十八年，姜维围狄道不克，退驻钟提。明年，维屯钟提，进攻祁山。胡氏曰：钟提当在羌中，蜀凉州界也。又乐乡城，在县东北。宋元嘉二十年，魏人争仇池，遣其将皮豹子等自散关而西至乐乡。宋将王奂之御之，败没，遂入仇池。

宝井山，县东南十里。宋石洵直《城隍记》谓唐长庆初，迁郡治于宝井。《新唐志》：咸通七年，复置成州，徙治宝井堡。是也。又东南为太祖山。宋李宜《记》云：岩峦耸秀，林壑深邃，下瞰数州，历历可辨者也。

鸡头山，县西南十五里。或以为黄帝所登之鸡头，误也。旁有五兄弟山，以五峰特起而名。〇泥功山，在县西二十里，县境之名山也。《南齐书》：建武二年，氐寇汉中。杨元秀收合义兵断贼运道，贼亦遣其南梁州刺史仇池公杨灵珍据泥功山以相拒。四年，灵珍据泥功山归款。《新唐书》：成州没于吐蕃，贞元五年，于同谷西境泥功山权置行州是也。又有兑山，在废历亭县北。《尧典》：申命和仲，宅西曰昧谷，郑康成以西为陇西，或又以此山为仲所宅云。又秦州西五十里有崦嵫山，或谓之昧谷，亦谓之兑山。

鹿玉山，在县东十里。蹊洞幽绝。或谓之鹿台山。朱梁贞明元年，蜀将王宗翰克固镇，趋秦州，李茂贞将郭守谦与战于泥阳川，蜀兵大败，退保鹿台山是也。固镇，见汉中府凤县。

方山，在县东四十里。祝穆以为晋时武都氏尝据此。按屠飞啖铁据方山，盖陇州之方山原也。○固山，在县东南。先主取汉中，使张飞屯下辨，军于固山，即此矣。

仇池山，县西北百里。仇池城在其上。一名百顷山。山下有飞龙峡，以杨飞龙所据而名也。○黑谷山，在县北百里，与西和县接界处也。

鹫峡，在仇池山北，亦谓之塞峡。晋太和六年，符坚遣符雅等伐仇池，至鹫峡，与杨纂战于峡中，纂兵大败。又义熙六年，仇池杨盛叛姚秦，侵扰祁山，秦王兴遣将军姚恢出鹫峡，秦州刺史姚嵩出羊头峡，右卫将军胡翼度出汧城以击盛。又后魏太和二十一年，氐帅杨灵珍以武兴降齐，魏将李崇讨之。灵珍遣其从弟建屯龙门，自帅兵屯鹫峡以拒崇。崇遣别将由他路袭破龙门，自攻鹫峡，灵珍败走，遂进克武兴。或云灵珍在武兴，则鹫峡当是武兴之鹫峡。胡氏曰：《水经注》仇池东北有龙门戍，而鹫峡在龙门之西南，仇池之北，意灵珍已得仇池也。羊头峡，或云在仇池东。汧城，今陇州。武兴，见汉中略阳县。

龙峡，在县南十里。峡南半山有洞，曰雷洞。宋绍兴初，金人南侵，郭执中集乡豪守此以拒之。○鱼窍峡，在县西二十里。又县东北有观音洞，两山壁立，洞在山半，至为高险。

西汉水，在县东南百余里。自西和县西南流，经县西南接阶州界，复东南流，经县南入略阳县界。《后汉书·虞诩传》：诩为武都太守，按行川谷，自沮至下辨数十里中，皆烧石榴木，开漕船道，于是水运通利。沮，今汉中略阳县也。《续汉志》：下辨东三十余里有峡，中当水泉生大石，障塞流水，至春夏辄溢。诩使人烧石，以水渍之，石皆裂因镌去石，遂无泛溢之害。

浊水，在县西南，即白水也。自西和县西南流历县界，接阶州北境复折而东南流，经县西南又东入略阳县境。《水经注》：浊水经武街城南。今去城甚远。

东河，在县治东。源出秦州，南入龙峡，又东南至略阳县境入嘉陵江。即唐元和中山南节度使严砺通运道饷成州戍卒处也。又有南河，一名下辨水，出县西南青渠堡，会东河入于龙峡。

六汉水，在县西北六十里。源出西和县境，流经县之六汉堡，又西入西汉水。○建安川，在县西百里，自阶州流入境，又东合于西汉水。故建安城以此名。又洛谷川，亦出县西山谷中，经骆谷城下，下流亦入于西汉水。

泥阳川，在县东五十里。祝穆云：水自天水谷发源，东南流至泥阳镇与栗亭水合，东南入徽州界注嘉陵江。《隋志》：后魏置泥阳县，西魏废入同谷，即此处也。朱梁贞明初，蜀将王宗翰与李茂贞将郭守谦战于泥阳，蜀兵败，退保鹿台山。○万丈潭，在县东南七里。相传曾有黑龙自潭飞出。一名凤凰潭。县西二十里有黄龙潭，西八十里有白龙潭。○又裴公湖，在县治西南，唐刺史裴守真所创，旧为一郡之胜。有堤曰云锦堤。

黄渚关，在县北百里，有巡司戍守。《志》云：县东北二百二十里有白环堡，近陇州之白环谷，因名。又堡南十里有止店堡。

赤亭，在县西北。《续汉志》下辨有赤亭。后汉元初二年，虞诩为武都守，羌众攻围赤亭，诩击退之。宋元嘉十八年，遣裴方明伐仇池，破斩杨难当将符弘祖于浊水。难当弟和退走，方明追至赤亭又破之。

兰皋戍，在县南。萧子显曰：武兴西北有兰皋戍，去仇池二百里。宋元嘉十九年，遣裴方明等伐仇池，杨难当遣其将符弘祖守兰皋是也。《元丰九域志》阶州将利县有兰皋镇。

浊水戍，在县境。亦曰浊水城。《五代志》：城在上禄县东南武阶城西北。宋元嘉十九年，裴方明伐仇池，与杨难当将符弘祖战于浊水，破斩之。二十年，北秦州刺史胡崇之守仇池，与魏人战于浊水，为魏所擒。又是年，宋将姜道盛与仇池杨文德攻魏浊水戍，道盛败死。

龙门戍。《水经注》云：在仇池东北。后魏李崇讨叛氐杨灵珍。灵珍于龙门北数十里中伐树塞路，以拒魏兵，崇命别将慕容炬从他路袭破之。今县东有龙门镇，或曰即故龙门戍，苻秦所置。又有西安镇，在县西，宋置。

附见：

巩昌卫。在府城内。洪武三年建，辖左、右、中、前、后五千户所。又安边守御千户所，在成县城内。嘉靖初建。

○**秦州**，府东三百里。东至凤翔府陇州三百五十里，东南至汉中府凤县三百二十里，南至成县二百六十五里，东北至平凉府三百四十五里。

古西戎地，秦始封于此，周孝王封秦非子为附庸，今秦亭、秦谷是其处。**及并天下，置为陇西郡。汉析置天水郡**，武帝元鼎三年置，治平襄，王莽末，隗嚣据其地，建武中讨平之。**永平十七年，更为汉阳郡**。治冀。**三国魏增置秦州**，治上邽。**晋因之，又改汉阳为天水郡**，亦治上邽。**其后为氐、羌所据。后魏仍为天水郡，亦置秦州**。仍治上邽。**隋初，郡废。炀帝又改州为天水郡，隋末，薛举据其地。唐复曰秦州，天宝初，曰天水郡，乾元初，复故**。初治上邽，复移成纪。**大历初，没于吐蕃，大中三年，收复，咸通四年，置天雄节度治此，景福初，为李茂贞所据。五代初，没于蜀，亦置天雄军。后唐平蜀，改为雄武节度。汉初，又为后蜀所取，周显德二年，收复。宋仍曰秦州**，亦曰天水郡、雄武军节度。**金因之。又改军曰镇远军。元仍为秦州，寻以州治成纪县省入。明亦曰秦州**。

编户四十九里。领县三。今仍曰秦州。

州当关、陇之会，介雍、凉之间，屹为重镇。秦人始基于此，奄有丰、岐。东汉初，隗嚣据之，妄欲希踪西伯也。其后，武侯及姜维皆规此以连结羌、胡，震动关辅。蜀汉延熙十八年，姜维破魏雍州刺史王经于洮西，进围狄道。魏征西将军陈泰曰：维若以战克之威，进兵东向，据略阳积谷之实，略阳见秦安县。招纳羌、胡，东争关、陇，此我所恶也；而乃以乘胜之威，挫坚城之下，是我破敌之时矣。盖关中要会常在秦州，争秦州，则自陇以东皆震矣。晋元康以后，关中多事，秦州每为棋劫之势。唐初，薛举据秦州与唐争关中，举不速亡，则三辅未必能一日无事也。大历以后，秦州没于吐蕃，雍、岐之境，烽火相接矣。李茂贞兼有秦州，关中诸镇岐为最强。其后蜀人得此，数争岐、陇。周世宗克秦州，而孟蜀之亡兆已见于此矣。宋人南渡以后，以梁、益为东南上游，拮据蜀口，尝在秦、陇间。宋卒弃秦州，五路遂不可复。绍兴十年，吴玠复秦州，和议成，割以畀敌。三十一年，吴璘收复秦州，旋弃之以坚和议。虞允文曰：关中天下之上游，陇右关中之上游，而秦州其关、陇之喉舌欤？

成纪废县，今州治。《帝王世纪》：伏牺生于成纪。汉置县，属天水郡。后汉属汉阳郡。魏、晋仍属天水郡，后魏因之，寻废。后周复置县，属秦州，隋、唐仍旧。《唐志》：秦州本治上邽，开元二十二年地震，移州治于成纪县之显亲川，天宝初，复还旧治，大中初，又移于成纪。宋因之，南宋以后，始移天水军治天水县。金置秦州于成纪，元末，县省。又韩公城，即秦州东西关也。宋庆历二年，守臣韩琦以州东西居民军营，皆附城旁，因请筑外城，凡十一里，与内城联合为一。秦民德之，称为韩公城。今城周四里有奇，门四。

上邽城，在州西六十里。古邽戎邑，秦武公十年伐邽戎置县，即此。汉曰上邽县，属陇西郡。读圭。后汉建武八年，隗嚣别将保上邽，帝自将征嚣，幸上邽。既而东还，使耿弇、盖延围上邽。嚣平，改属汉阳郡。三国魏为秦州治。蜀汉建兴九年，武侯出祁山，魏司马懿御之，留兵守上邽，余众悉出，西救祁山。武侯自逆懿于上邽，败上邽守将郭淮等，与懿遇于上邽东。懿敛兵依险，兵不得交，武侯引还，懿等寻汉军后至卤城。卤城，即西城之讹也。又魏正元二年，陈泰屯于上邽以备姜维。晋亦为秦州治，永嘉末，南阳王保保上邽。太宁初，保故将陈安亦据此以拒刘曜，为曜所败。咸和三年，曜败于石勒，曜子熙及胤弃长安走上邽，寻为石虎所败。义熙十二年，赫连勃勃攻姚秦上邽，拔之，毁其城。明年，上邽为西秦所取。宋永初元年，夏人复取之。元嘉四年，夏主昌为魏所攻，自统万奔上邽。七年，夏主定败于平凉，亦走保上邽。八年，上邽为仇池杨难当所取。十三年，入于后魏，亦为秦州治。太平真君七年，金城边固等据上邽东城，攻略西城，秦、益二州刺史封敕文击平之。时上邽有东西二城也。《地形志》亦作上封县，避魏主珪嫌名耳。隋复曰上邽，仍为秦州治。唐因之，后没于吐蕃。大中三年收复，县仍属秦州。朱梁贞明六年，蜀将王宗俦等伐岐还，分屯上邽是也。宋省入成纪。

天水城，州西南七十里。汉上邽县地。唐初析置天水县，旋废。宋复置，属秦州。绍兴初，州没于金，分置南北二天水县。南天水县隶成州，北天水县亦羁附焉。嘉定初，并为天水军。九年，移于天水县旧治。《志》云：天水城南去成县二百二十里。是也。元废。

显亲城，在州东南十里。本成纪县地，后汉建武中，分置显亲侯国，以封窦融弟友，属汉阳郡。建安十九年，韩遂屯于此。曹操将夏侯渊袭攻遂，遂败走。晋为显亲县，属天水郡。太元十七年，休官权千成据显亲，自称秦州牧，降于乞伏乾归。休官，盖杂夷部落也。后魏仍为显亲县，亦属天水郡。孝昌二年，天水民吕伯度叛，其党莫折念生据显亲川以拒之，既而降魏。后周县废。刘昫曰：成纪县旧治小坑川，开元中移治敬亲川，即显亲川也。王氏曰：成纪城，在今县北三十里。今县即显亲故城云。

西县城，州西南百二十里。秦县。汉初，周勃、樊哙击破西丞是也。汉亦曰西县，属陇西郡。后汉建武八年，来歙攻隗嚣入略阳，嚣引军攻之。既而败奔西城。诏冯异、岑彭等围之。彭壅谷水灌西城。城未没丈余，嚣将王元将蜀兵赴救，乘高卒至，力战入城，迎嚣归冀是也。永平以后，县属汉阳郡。晋改为始昌县，属天水郡。后魏时，改置杨廉县，后周废。○戎丘城，在西城西。《水经注》：戎丘城在西城西北，戎溪水径其南。建武八年，吴汉围西城，隗嚣将王捷别在戎丘，登城呼汉军亟退，因自刭以明死守处也。蜀汉建兴六年，武侯使马谡与张郃战于街亭，亲引大军屯于戎丘，即此。

望垣城，在州西南。汉县，属天水郡，后汉属汉阳郡。中平二年，张温使董卓讨先零羌，羌兵围卓于望垣北，卓走还扶风，即此。陈寿曰：其地有望垣峡。晋废。○罕开城，在州南。汉县，属天水郡。开读羌肩反。罕开、本金城南二种羌也。师古曰：汉破罕开之羌，处其人于此，因以名县。后汉省。

嶓冢山，州西南九十里，此西汉水所出之嶓冢也。其旁有神马山，马池水出焉。《开山图》：陇西神马山有渊池，龙马所生。一名龙渊水，昔人尝于此得马，头骨长三尺，其旁地因名马头。晋义熙十二年，西秦乞伏炽磐遣将镇马头，以逼秦之上邽，即此。

麦积山，州东南九十里。状如麦积，为秦地林泉之冠。中又有豆积山。一名麦积崖。北魏正光末，陇右叛乱，东侵岍、岐，李苗请固守陇东，命偏将出麦积崖以袭其后。又西魏大统六年，乙弗后自杀于秦州，凿麦积崖而葬之，号曰寂陵。山之北有雕窠谷，相传隗嚣曾据此，有避暑宫。

黑谷山，在县西南百里。山盘纡数百里，接西和、成县之间，保秦、陇者以黑谷为要隘。今亦见西和及成县。○吴寨山，在县东八十五里。相传绍兴末，吴璘复秦、陇，尝置寨于此，山因以名。

孤山，在州西北。魏正始三年，秦州贼吕狗儿屯孤山，围逼秦州，元丽击破之。别将李韶复掩击孤山，覆其巢穴，狗儿遂降。胡氏曰：时秦州治上邽，山盖在上邽界。

大寒岭，在州西。晋太元二十年，西秦将乞伏益州击符秦故将姜乳于上邽，乳败之于大寒岭。胡氏曰：岭在上邽县西。○竹岭，在州西南二百里。《水经注》：竹岭水出南山竹岭，东北入籍水。晋元兴三年，西秦乞伏乾归与仇池杨盛战于竹岭，为盛所败。义熙十二年，杨盛逼后秦秦州，上邽守将姚嵩拒却之，追盛，战于竹岭，败死。竹岭之南盖近仇池。胡氏曰：上邽西南有南山竹岭。

射虎谷，在州西。东汉建宁二年，段颎讨叛羌于凡亭山，羌众溃奔。既而复聚于射虎谷，分兵守谷上下门。颎于西县结木为栅遮之，分兵夹东西山奋击，大破之。凡亭山，杜佑曰：瓦亭山之讹也。射虎谷，盖在西县之东北。

木门谷，在州西南九十里。蜀汉建兴九年，武侯围祁山，以粮尽退军。司马懿遣张郃追之。郃进至木门，蜀人乘高布伏，郃中飞矢而卒。《水经注》：木门谷水出南山，北流入籍水，以注于渭。胡氏曰：谷在天水县南十里。

金沙谷，在州东南。朱梁贞明元年，蜀将王宗绾败李茂贞秦州兵于金沙谷，乘胜趋秦州，至上染坊，秦州迎降。上染坊，旧《志》云：在州南三十二里。

赤谷，在州西南七里。有赤谷川。宋嘉定十一年，利州统制王逸复大散关及皂郊堡，进攻秦州，至赤谷口。沔州都统刘昌祖遽命退师，遂溃还。

胡奴阜，在上邽故城西。晋大元十一年，符登攻姚秦将姚硕德于上邽。芢驰救，登与战于狐奴阜，大败芢兵处也。○铁堂峡，在天水废县东五里。汉姜维世居此峡。有铁堂庄，四山环抱。

渭水，在州北二十五里。自秦安县东流入境，循陇山之麓折而东南，入凤翔府陇州境。今州东五十里有渭水渡。又秦水，在州东六十里。源出小陇山，西入渭。

西汉水，出嶓冢山西南流入西和县境。其下流合于宁羌州之嘉陵江。今附详大川汉水。○马池水，在州西南嶓冢山下。南流合于西汉水，即所谓龙渊水也。

西谷水，在废西县城北。《水经注》：水出西谷，众川汇合流成一川。东南流径故西城北，又东南流注西汉水。冯异攻西县，引此水以灌城。或谓之白水，下流入西和县境亦曰浊水。汉初，樊哙别击西丞于白水北，是也。又谓之杨廉川，隗嚣将杨广守西城，因以名水。广讹为廉也。

籍水，在州南。《志》云：源出州西南九十里刑马山，东流入于渭。《水经注》：籍水出当亭西山，东历当亭川，又东经上邽县南，下流入于渭。是也。杜佑曰：籍水一名洋水，又名峄水。

段谷水，在州西南。《水经注》：上邽南有段溪水，水出西南马门溪，东北流合籍水。杜佑曰：上邽有段谷泉。蜀汉延熙十九年，姜维与邓艾争武城山，不克，夜渡渭东行，缘山趋上邽，邓艾与战于段谷，姜维大败处也。

长离水，在州东。《水经注》：瓦亭水南经成纪县东，历长离川，谓之长离水。汉末，烧当羌据之，夏侯渊击长离诸羌，韩遂来救，渊击破之，即此。○三阳川，在州北二十里，东流入渭。宋三阳寨以此名。

天水湖，在州南七里。《秦州记》：郡前有湖，冬夏无增减，故有天水之名。○马跑泉，在州东南四十里。相传唐初尉迟敬德与番将金牙战于此，士卒罢渴，敬德马忽驰，泉遂涌出，因名。明初，徐达定关、陇，引兵向秦州，至马跑泉，其守将弃城遁去。

石榴关，州南九十里。又南十里有现子关，当陇川、吴山之大路。○白水关，在州西南。《公孙述传》：白水关在汉阳西县。盖州境亦有白水关。

定西寨在州西北，宋置，领宁西、牛鞍等堡。○三阳寨，在州北四十里。亦宋置。领渭滨、武安、蜗牛诸堡，皆与西夏拒守处也。

安远寨，在州西。宋嘉定十三年，四川帅安丙遣将会夏人攻巩州，不克。夏人自安远退师，宋将程信邀之共攻秦州，不从，信亦自伏羌引还。《宋志》：州境有安阳、保安诸寨。

皂郊堡，州西南三十里，宋置。有皂郊搏马务。嘉定十年，金人犯皂郊堡，破天水军。明年，又焚大散关，破皂郊堡。既而利州统制帅官军复之。未几金人合长安、凤翔之众复攻皂郊堡，遂趋西和州。宋守将弃城遁，金人复犯大散关，盖陇右之要区也。○刘沟堡，在州北。宋置。熙宁二年，夏人寇秦州，陷刘沟堡，即此。

刘家圈，在州东北。宋绍兴十一年，吴璘拔秦州。金将胡盏屯刘家圈，据险自固，前临峻岭，后控腊家城。璘进次刘家湾，遣姚仲、王彦衔枚渡河，涉峻岭截坡上。既至，万炬齐发，敌骇愕出战，大败，退保腊家城。攻围垂破，朝庭主和议，乃班师还。

樗泉营，在州西北。后汉永初五年，汉阳人杜琦等据上邽以叛。琦死，其党杜季贡等将其众据樗泉营，既而败降于滇零羌是也。○柔凶坞，在州西南。晋永嘉末，凉州刺史张轨遣其子寔等将兵诣长安，尊辅秦王业。秦州刺史裴苞据险拒之，为寔所败，奔柔凶坞。

诸葛垒，州东二里。俗谓之下募城。旁有司马懿垒，俗谓之上募城。汉建兴中，武侯攻天水，司马懿拒之，此其对垒处也。○地网，在州西南故天水及长道二县境。宋绍兴中，吴璘以地势平衍，敌骑入犯纵横无碍，乃建地网于平田间，纵横凿为渠。每渠阔八尺，深丈余，连绵不断如网。后金人来犯，骑兵始不得肆。

新店。在州西。宋建炎二年，金将娄宿陷秦州，犯熙、河，经略使刘维辅逆败之于新店，即此。○高桥，在县南一百二十里，接成县境，今有巡司戍守。

○秦安县，州西北九十里。东北至平凉府静宁州百八十里。汉陇县地，属天水郡。晋为新阳县地，后魏为略阳县地，隋为陇城县地，唐因之。宋为纳甲城。金正隆中，置秦安县，属秦州。元因之。今县城周三里有奇。编户十里。

陇城废县，在县东九十里。汉陇县，属天水郡。后汉属汉阳郡，为凉州刺史治。晋县废。太宁初，南阳王保故将陈安保陇州，刘曜攻拔之，即此。后魏置陇城县，为略阳郡治。后周以阿阳县并入，又改县曰略阳。隋开皇二年，郡废，改县曰阿阳，六年，复为陇城县，属秦州。唐武德二年，改属交州，八年，州废，仍属秦州。宋因之。元至元七年，省。颜师古曰：汉陇县即唐之陇城县。宋白曰：陇城，汉之冀县，魏黄初中，改曰陇城。谬矣。今有陇城巡司置于此。

略阳城，在县东北六十里。汉曰略阳道，属天水郡。其地当陇口之要。后汉建武八年，隗嚣据陇右，汉来歙从番须、回中径袭略阳，斩其守将，嚣惊曰：何其神也！帝闻得略阳，甚喜，曰：略阳，嚣所依阻，心腹已坏，则制其肢体易矣。嚣尽锐争之，斩山筑堤，激水灌城，不能下。汉军救略阳，嚣走西城。永平中，县属汉阳郡。晋属略阳郡，晋乱县废。后魏置陇城县，略阳并入焉。永安三年，尔朱天光击平略阳贼帅王庆云于水洛城，顿兵略阳。永熙三年，宇文泰击破侯莫陈悦于水洛，悦退保略阳。泰遣轻骑趋略阳，悦复退保上邽，即略阳故城也。或曰，时仍置略阳郡于故城中。章怀太子贤曰：略阳城，在陇城西北。是也。

临渭城，在县东南八十里。本陇县地，三国魏析置临渭县，置广魏郡治焉。晋泰始中，改郡为略阳郡，治临渭县，后魏并入陇城县。又安戎城，在今县东百二十里。魏收曰：汉天水郡之戎邑道也，后汉省。后魏置安戎县，属略阳郡。后周废。

阿阳城，《通典》曰：在陇城县西北。汉县，属天水郡。吕后六年，匈奴寇狄道，攻阿阳，即此。后汉属汉阳郡，汉安二年，赵冲等击破叛羌于阿阳。又光和七年，北地羌人与边章侵陇右，汉阳长史盖勋屯阿阳以拒贼，是也。晋省入略阳。后魏复置阿阳县，属略阳郡。后周省入陇城。

新阳城，在县西。汉略阳县地。三国魏析置新阳县，属汉阳郡。晋属天水郡，大兴初，凉州张寔救南阳王保于秦州，遣军至新阳是也。后废。《水经注》：渭水过冀县，又东出岑峡入新阳川。新阳县盖置于此。

兴国城，在县西北。后汉初平中，略阳氐筑城于此，号为兴国城。氐酋阿贵据其城，自称兴国氐王处也。建安十八年，马超据冀，氐王万应超，屯兴国。既而夏侯渊击超于祁山，超败走，渊因袭韩遂于显亲，遂亦走，追至略阳城，去遂三十里。或言当攻兴国氐，渊以遂兵精，兴国城固，乃转击长离诸羌以致遂。遂来救，渊破走之，进围兴国，氐王千万遁去。千万，盖清水氐种也。其后群氐恒保聚于此。晋太元中，乞伏乾归西徙羌众，以兄子阿柴为兴国太守，盖即故城置郡也。后魏废。

街泉城，在县东北。汉置县，属天水郡，后汉省入略阳县。刘昭曰：略阳县有街泉亭。故县也。三国汉建兴六年，武侯出祁山，使马谡与张郃战于街亭，败绩。杜佑曰：陇城县有街泉亭，即马谡败处。谡，所七反。时武侯军于西县，以街亭师败，进无所据，乃拔西县千余家还汉中。《郡县志》西县有街亭山。似误。

长川城，在县西北。后魏置安阳县，为安阳郡治，兼领乌水县。西魏兼置北秦州，寻改交州。隋开皇三年，郡废，十八年，改州曰纪州，又改安阳县曰长川县。大业初，州废，并废乌水入长川县，属陇西郡。唐武德二年，置交州于此。五年，交州刺史权士通分道击突厥是也。八年，州废。贞观三年，又并长川入陇城县。〇鸡川城，在县西北三十里。宋治平中，置鸡川寨金升置鸡川县，贞祐四年，改属西宁州，寻还属秦州。元省入秦安县。《志》云：其地有鸡川谷，鸡川水出焉。又有牛骆水注之，俗谓之水洛口也。

大陇山，在县东六十里，即陇坻之险也。其东二十里曰断山，当略阳南北之冲，截然中止，不与诸山联属，为县境之要口，曰断山隘。〇九龙山，在县东一里。九峰相拱，状若龙翔，磅礴百里。《志》云：县南二里有长山，延亘百里，即大陇之支阜。

瓦亭山，县东北二百里，所谓西瓦亭也。后汉建武七年，隗嚣攻围略阳，使牛邯军瓦亭以拒汉援军。建宁二年，段颎败东羌于瓦亭山，羌众溃走。晋太元十二年，苻登与姚苌相持，军于瓦亭。元兴初，魏主珪遣拓跋遵袭没奕干于高平，没奕干奔秦州，魏军追之，至瓦亭而还。唐贞观二十年，逾陇山至瓦亭，观马牧。宋绍兴末，吴璘遣将攻德顺军，使其子挺与敌战于瓦亭，大败之。敌悉趋德顺。璘自往督师，先壁于险，且治夹河战地。敌出战，复败走，遂克其城。盖瓦亭去德顺军道里至近，且据险以临之也。太子贤曰：安定乌氏县有瓦亭故关。杜佑曰：瓦亭在原州萧关。误矣。

八龙山，在县西六十里。山阜有八，回合如龙，其势如羁如御，亦谓之把龙山。又曜紫山，在县西北四十里。高峻甲于群山。

南安隘，在县南。胡氏曰：南安隘在陇城县界。晋太宁初，陈安保陇城，刘曜自将围之，安突围奔陕中，曜将平安追杀之。隆安四年，后秦将姚硕德伐西秦，入自南安峡，乞伏乾归拒之于陇西是也。〇小长安岭，在县西北百有五里。山势修长，亦曰长安山。宋时置长安寨于此。

渭水，在县城南。自伏羌县流入境，又东南入秦州界。

陇水，在县城西。源出陇山，西北流经瓦亭山南，又西南流合于瓦亭川,而西南注于渭水。又略阳川,在县东。亦出陇山谷中,西南流入陇水,经略阳城北。隗嚣闻略阳陷,悉众攻围,壅水灌城,即此水也。其下流同注于渭。杜氏曰:略阳水,在县东九十里,即陇水别名云。

瓦亭川,在县东北。源出陇坂,西流经瓦亭山北,又西南流合陇水而注于渭。《志》云:瓦亭川下流,即长离水也。《秦州记》曰:瓦亭水出陇山东北,斜趋西南流,经成纪、略阳、显亲界,又东南出新阳峡而入于渭。○莲花川,在县东七十里,亦东流入于陇水。

松多川,在县东。源出陇山,西南流经故陇城北,又南注于秦州东境之秦水。晋建兴末,南阳王保尝遣其将屠各路松多屯此,因名。北魏主焘太平真君七年,略阳人王元达聚众屯松多川,魏秦、益二州刺史封敕文击平之是也。

鸣蝉堡,在县北。《志》云:秦州废陇城县有安阳城,其相近有鸣蝉堡。晋太元十六年,苻秦鲜卑别部帅没奕干与乞伏乾归攻鲜卑大兜于鸣蝉堡,即此。《载记》:时大兜盖据安阳城。○长山堡,在县西南。宋置,以近长山而名。又有静戎、永固、平定等堡,皆在县境。

鹞子岭隘。在县西北四十里。《志》云:县境又有神仙岭、碓儿峡二隘,皆山谷峻险,恃为襟要,与断山口为四隘。《通志》:县有卧马、躔夷移、马颊三关。

○**清水县**,州东百五十里。东至凤翔府陇州二百里。汉县,属天水。公孙述初为清水令,是也。至后汉省。晋复置,属略阳郡,后魏因之。西魏于此置清水郡。隋初,郡废,县属秦州。唐武德四年,置邽州治此。六年,州废,县仍属秦州,大历后,陷于吐蕃。大中二年,收复。五代唐移治于上邽镇。今城周四里有奇。编户六里。

清水故城,在县西。《括地志》:县本秦城,非子始封。汉置县于此,后皆因之。五代唐移置今治。《九域志》:清水故县在秦州东九十里。县北又有冶坊废县,本宋冶坊寨,熙宁五年,改为镇。金升为县,属秦州。元省入清水县。

秦岭城, 在县西南百三十里。后魏置柏阳县,属天水郡,隋开皇中,改曰秦岭,唐贞观十七年,并入清水县。○绵诸城,《括地志》:在秦岭县北五十六里,即汉之绵诸道。今见西和县。

白石城, 在县西。《志》云:清水县西有白石城及白崖堡、白沙镇。晋义熙六年,赫连勃勃寇后秦陇右,破白崖堡,遂趋清水,略阳太守姚寿都弃城走。九年,西秦乞伏炽磐遣兵攻休官彝权小郎等于白石川,大破之,进据白石城。显亲休官权小成等据白阬,不服,复攻斩之。其地盖与秦州废显亲县相近。宋亦为白石堡,金废。

陇山, 在县东百里。《寰宇记》:大陇山在县境,亦曰邦山,亦曰关山,连绵凡百余里。又亭乐山,在县东三十里。又东二十里为盘龙山,山势回环,亦谓之南山。

小陇山, 在县西南三十五里。有小陇山口,为县境之要隘,俗名坂坡峡。又有牛头山,在县西十里,亦高险。○宝盖山,在县北百五十里。顶平如盖,因名。其地东连关山,北抵静宁。有川曰牛头河,自山之青崖洞发源,又西径牛头山下,注秦川,入于渭。

柏阳谷, 在县西南。《水经注》:伯阳水出伯阳谷,在董亭东。又东有伯阳城,城南谓之伯阳川,盖李耳尝经此也。后讹为柏阳。晋隆安四年,姚兴伐西秦乞伏乾归,使一军屯柏阳,一军屯侯辰谷。义熙七年,乾归攻姚秦略阳太守姚龙于柏阳堡,克之。胡氏曰:侯辰谷与柏阳相近,后魏柏阳县亦因以名。

安化峡, 在县东陇山峡口也。唐贞元三年,吐蕃入寇,掠汧阳、吴山。华亭丁壮,悉送安化峡西。或以为陇州汧阳县之安化镇,误也。

渭水, 在县西。自秦州流经此,又东南流入凤翔府陇州界。《舆程记》：县西九十里为涉水屏，又西五十里而至秦州。《秦州记》：州东五十里有东阿谷桥，盖跨渭水上，与清水县接界。

秦水，在县东北。《水经注》：秦水出陇山秦谷，西历秦亭，即秦仲所封也。过清水城西南流注于清水，又西入秦州共注于渭水，亦谓之秦川。○清水，在县南。源出小陇山，西流合秦水注于渭。

大震关，县东五十里，即陇关也。凭高据险，襟带华戎，自古为关中之襟要。今详见名山陇坻。

轩辕谷口，在县东南七十里。《志》云：县境有玉屏山、小陇山、坂坡峡、石牛峡，与轩辕谷为五隘。又有盘岭巡司，在县东七十里。

弓川寨，在县东。五代汉乾祐初，王景崇以凤翔降蜀，汉兵围之。蜀遣山南西道帅安思谦出散关赴救，复遣秦州帅韩保贞引军出汧阳以分汉兵之势。保贞寻出新关，屯陇州，会思谦以食尽引退，保贞亦退保弓川寨。《九域志》：弓川寨在秦州东一百六十五里。宋曰弓门寨。又有永安、威塞、西顾等堡，皆在县境，金废。

床穰寨，在县西北。宋置寨，兼领白石等堡。《宋志》：熙宁三年，改床穰为镇。是也。金亦为床穰镇，元废。

礼县，州西南二百二十里。东至西和县百六十里。本西和县地，元置礼店县，明初，改为千户所，成化九年，改置。今县城周三里有奇，编户十九里。

红土山，在县东三里，又东四里曰翠峰山，俱以土石采色而名。○雷王山，在县南四十里。又南十里为蔡华山。又西南十里曰金紫山。

四角山，在县东北十里。以山分四向，截然挺峙而名。又二十里有飞凤山，亦以形似名也。○圣湫山，在县北六十里。又有没遮拦山，在县西百六十里。山高广，与岷州卫接界。

平泉河，在县北二十里。县城东二里为捱城河，以近城而名也。○西江水，在县西二十里；又圣泉水，在县南五里；其下流俱入于白水江。

漩水镇。在县西百八十里。有漩水巡司。又县东百三十里有板桥山巡司。《通志》：县有洮平、牛脊、野麻、尖岔、木树等五关。

附见：

秦州卫。在州城内。洪武十五年建，辖千户所五。又礼县守御千户所，在礼县城内。洪武十五年建，隶秦州卫。

○阶州，府西南八百里。东至汉中略阳县五百八十里，东北至成县四百六十里，南至四川龙安府五百四十里，北至岷州卫六百三十里。

古白马氏之国，西戎别种也。汉武帝始置武都郡，治武都县。《括地志》：初为武都道，属陇西，后改为郡。后汉因之，治下辨道。三国时，属于蜀汉。晋亦为武都郡，后没于杨茂搜。后魏亦为武都郡，亦曰武都镇。西魏兼置武州。后周亦为武都郡，又改永都郡。隋初，废郡，而武州如故。炀帝又改为武都郡。唐复曰武州，皆治将利县。天宝初，曰武都郡，乾元初，复故。大历初，没于吐蕃。大中三年，收复，景福初，改曰阶州。宋因之，元以州治福津县省入。明仍曰阶州。编户二十一里。领县一。今因之。

州接壤羌、戎，通道陇、蜀，山川险阻，自古为用武之地。后汉虞诩为武都太守，占相地势，筑营垒百八十所，以制羌裔。诸葛武侯图兼关、陇，先取武都，为北伐之道。晋之衰也，仇池氏杨氏窃据武都，北侵陇西、天水，南扰汉中，纵横且百余年。盖虽僻在西陲，而控扼噤要，用之得其道，未始不可以有为也。若其制两川之命，为入蜀径路者，则曰阴平道。

阴平道，入蜀之间道也。汉武开西南夷置阴平道，《志》

云：邑有蛮夷曰道。非路也。属广汉郡，设北部都尉治焉。以其地隔碍雍梁，实为险塞也。即今之文县矣。诸葛武侯于建兴七年，平定阴平，北至武都，谓全蜀之防，当在阴平。其后钟会、邓艾入寇，姜维闻之，请亟护阴平桥头以防未然，后主不省。及维与会相拒于剑阁，邓艾密言于司马昭曰：请从阴平由邪径经汉德阳亭见四川龙安府趋涪，今四川绵州。出剑阁西百里，去成都三百余里，以奇兵冲其腹心，敌必不知所备。昭从之。艾遂自阴平步道，悬车束马，径江油，出绵竹，今四川有江油、绵竹二县，以灭蜀也。南北朝时，阴平之地恒互相窥伺。后唐时，孟知祥据蜀，唐兵克其剑州。知祥遣兵趋龙州守要害，龙州即龙安府。唐兵果出文州来袭，败还。明初，傅友德奉命征四川，阳言出金牛，见汉中府金牛道。而使人觇青川呆阳俱见龙安府皆空虚，阶、文虽有兵垒，而守备单寡。遂由陈仓攀援山谷，间行而进，克阶州，进拔文州，遂引兵出青川呆阳直趋绵州。此即邓艾阴平故道也。今自阶州经龙安至绵州几千余里，《舆程记》：自阶州至文县二百十里。由文县而南至四川龙安府三百三十里，又东至青川所百二十里，又东南至江油县百九十里，折而西南至成都府之绵州一百八十里。其间皆重岩复涧，阁道险仄，仅而得达。夫攻蜀者不可不知阴平。守蜀者，顾可不知阴平乎？

福津废县，在州东八十里。汉武都县地，后魏太平真君中置玩当县，为武阶郡治。魏收《志》：武阶郡治北部县，领赤方县。方，一作万。似北部寻改玩当也。太和四年，置赤万郡，寻又改为县，属武阶郡。西魏又于郡城东北三十里置覆津县，为赤万郡治。后周废赤万郡及玩当县，以武阶郡治覆津。隋初，又废武阶郡，以县属武州，大业初，属武都郡。唐仍属武州，景福元年，改为福津县。宋阶州治此。元移州治于柳树城，以福津县省入焉。即今州治也。《隋志》：西魏置万郡，统赤万、接难、五部三县。后周悉并入覆津县。今州城周二里有奇，门四。

将利城，在州北三百十里。后魏太平真君九年，置石门县，为武都郡治，西魏改曰安育，后周改曰将利，武都郡仍治此。隋亦为武州治，唐因之。宋属阶州，元至元七年省。又州北境有东平城，亦后魏真君七年置县，属武都郡，后周并入将利县。○羌道城，在州北。汉县，属陇西郡。后魏属武都郡，晋省。魏收《志》石门县有羌道故城，是也。

盘堤城，在州东北。后魏太和四年，置南五部郡，寻改为县，属武阶郡。西魏又改为盘堤县，隋因之，属武州。唐废。旧《志》云：在福津县旧治南一百三十五里。恐误。○赤土城，在州东。魏收《志》：武阶郡有赤土县。太和二十一年，氐帅杨灵珍以武兴降齐，魏主诏李崇讨之，崇槎山分道，出氐不意，表里袭之，进据赤土是也。武兴，今见略阳县。

葭芦城，旧《志》云：在将利故城东南七十里。三国时，姜维与邓艾相持于此，置葭芦戍，亦曰葭芦城，后为仇池氏所据。宋元嘉十九年，平仇池。明年，仇池为魏所取，仇池王杨玄之子文德寻叛魏，围仇池，不克，屯据葭芦城。二十五年，魏击取之。二十七年，宋取阴平郡地，以文德从祖兄头戍葭芦。孝建二年，雍州刺史王玄谟言：头守葭芦，能藩捍汉川，若葭芦不守，汉川亦无立理者也。泰始二年，武都王杨元和治白水，弃国奔魏。其从弟僧嗣复自立，屯葭芦。诏以僧嗣为北秦州刺史、武都王。元徽初，僧嗣弟文度代立为武兴王，遣使降魏，魏因以为武兴镇将。升明初，文度复叛魏，魏将皮欢喜拔葭芦，斩文度，以杨难当族子广香为阴平公、葭芦戍主。齐建元初，葭芦镇主杨广香请降。以为沙州刺史。葭芦自是没于魏，置葭芦县及武阳郡治焉。后周废郡。县并入盘堤。沙州，见四川昭化县。

建威城，在州东北三百六十里。后汉末所置戍守处也。蜀汉建兴七年，诸葛武侯遣兵攻武都、阴平。魏雍州刺史郭淮引兵救之。武侯自出至建威，淮退走，武侯遂取二郡。延熙中，姜维请置建威诸围戍，即此。炎兴初，张翼、董厥以钟会来侵汉中，将兵诣阳安关口，至阴平，闻魏将诸葛绪将向建威，留住月余待之。后为仇池氏所据。后魏太平真君九年，于此置白水郡，寻改为县，属武都郡。既而宋取其地。泰始二年，武都王杨元和治白水，弃国奔魏是也。西魏复置白水郡，又改为绥戎郡，后周郡废，后改县曰建威，属武州。隋因之，大业初，属武都郡，唐贞观初，省入将利。

孔提城，在州东北二百里。亦仇池所置城也。后魏太平真君九年，置孔提县，属武都郡。寻入于宋，属北阴平郡。大明四年，魏人入寇北阴平，至孔提，北阴平太守杨归子击破之是也。齐建元初，复没于魏，仍为孔提县。西魏兼置孔提郡，后周郡县俱废入建威县。又洪化废县，亦在州东。西魏置，属白水郡，后周废。

卧龙山，在州治北。一名北山。又州南三里有仙君山，本名仙陵。宋白曰：后魏平武都，筑城于仙陵山，置武都镇，即此。又州境有露骨、龙峡等山，俱高胜。

武都山，州西七十里。州西面之大山也。又盘堤山，在州东南七十三里。《寰宇记》：盘堤城与此山相近，因以名县。亦作盘池。

黄阶岭，在州东北。石晋天福九年，蜀兵攻阶州。秦州兵救之，出黄阶岭，败蜀兵于西平。○角弩谷，《志》云：在州西八十里。《郡国志》：武都沮水之西有角弩谷。蜀将姜维剿杀五部氏、羌于角弩。或以为即此谷云。又州境有留谷，后周主邕天和元年，筑武都留谷、津抗诸城，以置军士云。

峰贴峡，州西百二十里，与蕃、羌地相接。宋时为戍守要地。○龙帝峡，在州西南。宋雍熙三年，福津县有大山飞来，自龙帝峡壅白水江逆流，坏民田数百里，即此。又五仙洞，在州东二十里白水江南岸。溪涧幽阻，中有卧龙坪,宽广可容百十人。又有铁桥及黄卢木桥诸胜。

白水江,在州北三百二十里。自成县流入境,复东南流经略阳县及宁羌州界,复折而西南流经州南,去州二百余里,又南入文县境。一名白龙江,或云白水江,即洮州卫西倾山南所出之垫江,又即桓水之异名也。今见名山西倾小注。

犀牛江,在县东北二百四十里。即西汉水也。或谓之沮水。自成县西南流接州界,复折而东南入汉中略阳县境。

北峪河,在州西二里。自州北境流入,有赤沙水流合焉。又紫水河,在州东五十里。出紫泥,汉封玺书用武都紫泥是也。与北峪河俱南流注于白水江。○羌水,在州西北。《汉志》:羌道有羌水,出塞外,南至阴平入白水,过郡三,行六百里。郡三,陇西、武都、广汉也。《水经注》羌水出陇西羌道,东南流经宕昌城东,西北去仇池五百余里,又经葭芦城西,下流合白水。

建安川,在州东北。《水经注》:建安水导源建威西北山,东径建威城南,又东径西县之历城南,与西汉水合。历城,今成县之建安城也。

平定关,在州西北。宋置。《志》云:宋时于福津西界置峰贴峡寨及武平寨、沙滩寨,又置围城堡、平定关,以备御羌人。○望贼关,在州北百八十里。有阶州所兵戍守。《通志》:七盘关。在州东北三百五十里,有巡司。

杨家寨,在州北百里。其地有杨家崖,故仇池杨氏之苗裔保据为寨处也。临控白江,山路仅容一线,最为险厄。宋绍兴间,吴玠兄弟围保蜀口,择地为寨,因筑城守此,以犄角西入之寇。寨中素有积贮,丰于水泉,寇攻之不能陷,亦名家计寨。○尖石寨,亦在州北。后唐清泰元年,郭知琼攻蜀阶州,拔尖石寨是也。

青阁。在州东。祝穆云：福津有青阁、牛圈阁、赤阁、鹅鼻阁，旧为往来险道。《通志》：州西百里又有杀贼桥驿，州北三百四十里有平落驿。

○**文县**，州南二百十里。南至四川龙安府三百三十里，东至四川广元县四百九十里。古氐、羌地，汉武开西南夷置阴平道，属广汉郡，北部都尉治焉。更始三年，封陈牧为阴平王，国于此。后汉仍属广汉郡，安帝永初二年，改北部都尉为广汉属国。三国蜀建兴七年，克魏阴平郡。《华阳国志》：蜀克阴平，魏亦遥置其郡，属雍州。蜀亡，始合为一，属秦州。晋永嘉六年，阴平都尉董冲逐太守王鉴，叛降李雄。太宁元年，杨难敌克阴平。宋元徽中，魏以杨广香为阴平公、葭芦镇主，齐建元元年，拜为沙州刺史。永明元年，以杨炅为沙州刺史、阴平王。《魏纪》：太和十三年，阴平国朝贡，自后累至。西魏废帝元年，氐帅杨法琛据阴平，以为黎州刺史。二年，从平蜀回，与种人相攻。赵昶分其部落，更置州郡以处之。周明帝二年，以葭芦郡置文州，永嘉末，没于杨茂搜。其后复属于晋。宋初，分置南北二阴平郡，此为北阴平郡治。萧齐因之。寻没于后魏，改置西晋寿郡，治阴平县。兵乱后，郡县俱废。西魏改置曲水县，属卢北郡。隋初，郡废，县属文州，大业初，废州，改属武都郡，义宁二年，置阴平郡治焉。唐初，又改曰文州，天宝初，复曰阴平郡，乾元初，复为文州。宋因之。宋末，州废。元仍置文州，以州治曲水县省入。明洪武四年，改州为县，属阶州。二十三年，省入阶州，二十八年，改置文县守御军民千户所，隶陕西都司。成化六年，复置文县，属阶州。今县城周二里有奇。编户三里。

曲水废县，今县治，汉之阴平道也，西魏改置曲水县，隋末，为阴平郡治，唐为文州治。《广记》：德宗时，以州城在平地，遂移于故城东四里高原上，号曰文台，即今城也。宋仍为州治，元省。其地当南北二水之曲，因名。旧《志》云：文州东接汉中，西通陇右，左山右江，控据深险，若出景谷达江油，则又蜀地之嗓喉也。

长松城，县西百里。本阴平县地，西魏析置建昌县，为卢北郡治，兼置文州于此。隋开皇初，郡废，十八年，改县曰长松，仍为州治，大业初，州废，县属武都郡。唐文州治曲水，县属焉。贞元六年，省长松县入曲水。○正西废县，在县西南五十五里。西魏置，属卢北郡。隋属文州，唐因之，贞观初，省入曲水县。

安昌城，县东北三十二里。旧戍守处也，后魏尝置安昌郡于此。西魏废帝时，遣仪同宇文昶珍阴平、邓至二蕃，尝立宁州，修筑此城为州治云。又县西五十里有卢北城，亦昔时戍守处。《志》云：西魏有卢北郡，盖置于此。

同昌城，县西北百六十里。东北至阶州三百二十里。古西戎地，西魏逐吐谷浑，置邓州及邓宁郡，以平定邓至羌为名。隋开皇七年，改置扶州，治尚安县，大业初，曰同昌郡。唐移治同昌县，仍曰扶州。天宝初，亦曰同昌郡，乾元初，复曰扶州。广德后，没于吐蕃。大中三年，山南西道帅郑涯奏复扶州是也。后仍为羌戎所据。○尚安废县，在同昌故城西，隋扶州治也。刘昫曰：西魏于此置武进郡，又改曰上安郡。隋废为尚安县。唐亦属扶州，旧治为剌利村，长安二年，移治黑水堡。至德二载，改曰万全县，后没于吐蕃，县废。又帖夷城，在故同昌城南。西魏置帖夷县，又置昌宁郡治焉。隋开皇三年，郡废，县寻属扶州。唐因之，万岁通天二年，改为武进县，神龙初，复故，后废于吐蕃。又钳川城，在同昌故城西南百五十里。其地有钳川山，西魏因置钳川县，属邓宁郡，隋属扶州，唐因之，后废。

邓至城，在县西南。《五代志》：邓至者，羌之别种，国于宕昌南。李延寿曰：白水羌也，世为羌豪，自街亭以东，平武以西，汶岭以北，宕昌以南，皆是其地。齐永明元年，以邓至、王像舒为西凉州刺史，像舒亦入贡于魏。十一年，像舒传位于其子。旧西魏王廓初，邓至王檐桁失国奔魏，宇文泰使秦州刺史宇文导将兵纳之，既而遂并其地。按《齐书》：建元元年，西凉州刺史东羌王像舒彭进号。又《梁书》：天监元年，封西凉州刺史像舒彭为邓至王。象舒彭,即像舒矣。杜佑曰:今交川郡南,通化郡北,临翼、同昌等郡,皆邓至之地也。相传邓艾尝至此,故名。《城邑考》:今县南三里有邓至城,以县东二十二里之邓艾山而名。交川、通化、临翼,今四川松潘、茂州、叠溪所是也。

邓艾城,在县东白水北。或以为邓至城。《水经注》:白水径邓至城南,即邓艾所屯处。蜀汉延熙十二年,姜维引军救麹城,不克而还。魏将邓艾留屯白水北,维遣其将廖化自白水南向艾结营,而潜军东出袭洮城。洮城在水北,去艾屯六十里,艾觉之,即夜潜发,先据洮城,维引还。洮城,盖亦在县东北境,是时戍守要地也。《志》云:今县东七里麻关谷口有邓艾城,相传艾入蜀时所筑。旁有姜维城,为维与邓艾相守处。麹城,今见岷州卫。

南山,在县治南。清水江绕其下。又有天牢山,在县西北二里。相传为古羑里,文王囚于此。山上有羑里城。又龙女山,在县西南二里。横拥县城,即南山之支也。○龙头山,在县西七里。其山延袤甚远,与四川之松潘卫叠溪所接界。又金珠山,在县东。《寰宇记》:唐武德元年,移文州于阴平白马水,东接金珠山,即此。

素岭山,在县西。其山高耸,冬夏积雪,因名。黑水源于此。《元和志》:山在故扶州尚安县西北。○天魏山,在县西北百三十里。有天魏湫、合众山凹为大壑,环百五十里,积水其中,水平山颏,不见畔岸。亦谓之天池山,与阶州接界。○又太白山,在县南二百五十里。山谷高深,霜雪经春夏不消,因名。

青唐岭,在县东南。胡氏曰:由此入龙州为左担路,凡一百五十里,即邓艾入蜀之道。○滴水岩,在县北。乱山矗立,划开两峰,如鸦髻对峙。有飞泉七尺,居人置槽引以给用。又上清洞,在县北四十里,深邃不可穷。又县西有飞印洞,接天魏湫。

孔函谷,在县西北。蜀汉末,魏人来侵,姜维自沓中东还。闻诸葛绪已塞道屯桥头，乃从孔函谷入北道，欲出绪后。绪闻之，却还三十里。维还从桥头过，至阴平是也。

白水，在县城东。县城南有清水江流合焉，东南流入四川龙安府界。《水经注》：白水西北出临洮县东南西倾山，水色浊白，东南至阴平界。民居水上者为白水氏。宋元徽中，晋寿民李乌奴与白水氏杨成等寇梁州，刺史范柏年说降乌奴，击成破之是也。或曰：即《禹贡》之桓水。源出西倾，经西和、成县、略阳、宁羌之界，又经阶州南而入文县境，又南流经城东入四川龙安府界。又东流至昭化县北而合于嘉陵江。盖与西汉水并为嘉陵江之上源。晋寿，见四川广元县。

黑水，在县西。源出素岭山，下流合于白水。《水经注》：黑水出羌中，西南径黑水城西，又西南入于白水。宋元嘉二年，西秦乞伏炽磐遣将吉毗南击黑水羌酋丘檐，大破之，即此。○白马水，在县西南。出故长松县西南之白马溪，北流注于白水。

大白水，县北三十里。即羌水也。自阶州流入境。《汉志》注：羌水出塞外，南至阴平入白水。或以此为白龙江。明初，傅友德自阶州趋文州。州人断白龙江阻之，友德修桥以渡，破五里关，遂入文州是也。

玉垒关，县东百二十里。又县北有五里关，俱唐、宋以来所置戍守处也。○铁炉寨，在县南四十里，又县西八十里有阴平寨，又西为镇羌寨，又西南有哈南坝寨，俱宋置。又临江寨，在县北百二十里。其下为临江渡。《通志》：今为临江关驿。

黑水堡，在县西黑水旁，即废尚安县也。唐贞元八年，山南西道节度使严震奏败吐蕃于芳州及黑水堡，即此处也。芳州，见洮州卫。○临河镇，在废扶县境。唐置。仪凤二年，吐蕃寇扶州，陷临河镇，擒镇将杜孝升。既而得还，复帅余众拒守处也。

阴平桥，在县治东南。跨白水上，即所谓阴平桥头也。蜀景曜五年，

姜维在沓中,闻有魏师,请护阴平桥头以防未然,后主不省。司马昭遣诸葛
绪自祁山趋武街、桥头,绝维归路。维还,闻绪已塞桥头,乃佯出北道。绪
引却,维从桥头达阴平。《读书镜》云:史不言武街趋桥头,或以武街为同
谷,桥头亦在焉。误矣。盖昭使绪出径道由祁山至武街,即从武街西南走桥
头也。时钟会已入汉中,邓艾方战涌川,桥头为东西要会,维还必由阴平入
蜀,故司马昭遣绪军此。绪不知兵,邓艾追维东还至此,即定入蜀之谋矣。
《水经注》:白水东径阴平故城南,又东北径桥头,即诸葛绪邀姜维处,亦
不言武街、桥头也。

新开桥。县西八十里,又县有保安桥,皆白水所经,波流汹涌。○金
窟,在县东。《一统志》:金窟在县之麻仓谷,接四川昭化县界。窟如井,有
金出焉,取之甚难。

附见:

阶州守御千户所。在州城内。洪武四年建,隶秦州卫。

○**徽州**,府东四百八十里。西北至秦州百八十里,东至汉中府凤县
百五十里,南至宁羌州略阳县二百里。

秦陇西郡地,汉属武都郡,后汉因之。晋仍属武都郡,后
没于氐、羌。后魏置广化郡,隋初,郡废,以其地属凤州,大业
初,属河池郡。唐仍属凤州,五代因之。宋亦属凤州。元置南凤
州于此,寻改曰徽州,又以州治河池县省入。明亦曰徽州。编户
六里。领县一。今仍旧。

州接壤秦、陇,俯瞰梁、益,襟带东西,称为要地。陇、蜀
有事,河池其必争之所矣。公孙述之并汉中也,据河池以拒汉
军,来歙克之,而蜀人大震。五代梁贞明初,岐、蜀相攻,蜀人
出河池,遂兼秦、凤。宋保蜀口,亦置戍河池,以绝女真窥伺之

路。蒙古入蜀,河池降而凤州以南次第崩陷。河池介秦、凤间,其可以散地视之欤?

河池废县,今州治。汉置,属武都郡。后汉建武初,汉中王嘉与延岑相攻于武都,公孙述遣其将侯丹取南郑,嘉自武都南击丹,不利,还军河池、下辨。十一年,公孙述使王元等据河池拒汉,来歙攻破之,遂克下辨,乘胜而前,蜀人大惧。寻亦为河池县,晋因之。后魏得其地,置河池镇,寻置广化县,广化郡治焉。隋初,郡废,县属凤州,唐因之。五代梁贞明初,蜀遣将攻岐秦、凤二州,王宗绾克秦州,自河池、两当进兵会王宗瑶攻凤州,拔之。宋亦为河池县。元析凤州增置南凤州治焉,至元初,为徽州治,七年,县并入州。今城周五里有奇。

思安废县,在州东南。后魏置,属广化郡。隋大业初,省入河池。又永宁废县,本州东永宁乡也,元初,升为县,属南凤州,寻省。

铁山,在州东南四十里。悬崖万仞,石色如铁。宋刘子羽曰:蜀口有铁山、栈道之隘。盖谓此也。一名巾子山。又苍坪山,在川东三十里。《志》云:古黄沙驿仓也。

天池山,在州南三十里。山顶有池,流为河池水。○鸡冠山,在州西五十里。山势高耸,为州境之险。

木皮岭,在州西十里。山甚高险。唐黄巢之乱,王铎置关于此,以遮秦陇。又银桩崖,在州东北五十里。壁立万仞,石色如银。

嘉陵江,在州南七十里。自汉中府凤县西流,经两当县南,又西南径州境,折而南入略阳县界。又河池水,在州南五十里。出天池山,东流入两当县界合于嘉陵江,俗亦谓之白水江。○永宁水,在州东五十里,南流入嘉陵江。又有忠义水,在州南十五里,流合于河池水。

紫金水,在州北一里。《志》云:源出州北三十里之紫金山,东南流经嘉陵江入凤县之武休关,至褒城县而为山河堰。

太白池,州东二十里。周回数十亩,诸山环绕其旁。又州西南二十里有龙池,或以为即《汉志》所称武都天池云。

小河关,在州南。旧《志》云:小河关,昔时秦、蜀咽喉也。其下有泥阳水,流入嘉陵江。今州南五十里有虞关,置巡司戍守于此。

仇鸠戍。在州西。《水经注》:蜀水东南流与仇鸠水合,水发鸠溪,南径河池县故城西,又西南流注浊水。浊水又东南与河池水合。水出河池北谷,南径河池戍东,西南入浊水。北魏正光末,秦州贼莫折念生遣其都督杨柏年攻仇鸠、河池二戍,魏东益州刺史魏子建遣将击破之,即此。《通志》:州治北有徽山驿。

○**两当县**,州东八十里。东至汉中府凤县七十里。汉武都郡故道县地,西晋以后没于氐、羌。后魏置两当郡及县,因两当水为名。隋初,郡废,以县属凤州,唐因之。宋徙县治于广乡镇,元改属徽州。今县城周三里。编户二里。

尚婆城,在县西南。《水经注》:两当县有尚婆城,魏故道郡治也。盖元魏时尝置郡于此。○开宝废监,在县东。宋建隆二年,置银冶,开宝五年,升为监,治平元年,罢监官,以监隶两当县。元丰六年,废。

鸳鸯山,在县东十五里。山峰高秀,洞壑回环,下有分水溪。又申家山,在县东北九十里,与凤县接境。旧产银。

天门山,在县南五十里。以两崖高险而名。又故道山,在县南二十里。相传故道县以此山名。○董真峪,在县东南二十里,为县境之要隘。

嘉陵江,在县南十里。自凤县流入,又西南入徽州境。或谓之两当水。《水经注》:两当水出陈仓大散岭,西南流入故道川。或曰:故道川亦两当之异名也。祝穆曰:县之得名,以自此而东抵汴京,西抵益州,皆三十六程,故曰两当。或云县西界有两山相当也。《郡邑志》:大散、嘉陵,地势险隘相当，因名。又红崖河在县东。县北又有狮子川，俱流注于嘉陵江是也。

尚婆水，在县西南。水多盘石，本名盘石水，俗讹为尚婆川，下流亦入嘉陵江。○琵琶洲，在县南三十里。有渚迂回，谓之枉渚。其下流亦注于嘉陵江。

横山寨。在县界。宋绍兴中，吴玠败金人于仙人关，金人遁去。玠遣张彦劫横山寨，王俊伏河池扼其归路。金人至，又败之。《通志》：县治东有黄花驿。

读史方舆纪要卷六十

陕西九　临洮府　河洮岷三卫

〇**临洮府**，东至巩昌府二百里，南至洮州卫二百十里，西至河州卫百八十里，北至庄浪卫四百五十里，自府治至京师四千四百六十里，至南京三千八百四十里，至布政司一千二百六十里。

《禹贡》雍州地，春秋、战国时，为西羌所居。秦属陇西郡，汉属陇西、金城郡。晋初因之，惠帝时，分置狄道郡，前凉张骏又改置武始郡。其后西秦、南凉代有其地。后魏亦属武始郡，西魏又增置临洮郡。后周废临洮郡，隋初，并废武始郡，以县属兰州。炀帝时，属金城郡。唐初，亦属兰州，天宝初，属金城郡，三载，分金城郡置狄道郡，乾元初，改为临州，《新唐书》：久视元年，置临洮军于临州。宝应初，陷于吐蕃，号武胜军。宋熙宁五年收复，改为镇洮军，寻改熙州。治狄道县，亦曰临洮郡。《金志》云：宋又更镇洮军为德顺军。金改曰临洮府，元因之。明仍为临洮府，领州二，县三。今仍旧。

府襟带河、湟，控御边裔，为西陲之襟要。蜀汉末，姜维数出狄道以挠关、陇。魏人建为重镇，维不能以得志。晋之衰也，河西扰乱，大约据狄道则足以侵陇西，狄道失而河西有唇齿之虑矣。拓跋魏兼有秦、凉，以狄道为咽喉之地，列置郡县，恃为藩蔽。唐拒吐蕃，临州其控扼之道也。临州不守，而陇右遂成荒外矣。宋承五季之辙，王官所莅，不越秦、成。熙宁以后，边功渐启。议者谓欲图西夏，必先有事熙、河。及熙河路建，而湟、鄯之域以渐收举。虽于本计似疏，而武略未尽乖也。《志》曰：郡土田膏腴，引渠灌溉，为利甚溥。其民皆蕃、汉杂处，好勇喜猎，故徐达亦云：临洮西通蕃落，北界河、湟，得其地足以给军储，得其人足以资战斗也。

〇狄道县，附郭。汉置县，为陇西郡治，后汉因之。晋属陇西郡，惠帝改置狄道郡治此。又尝改县为降狄道，寻复旧。后魏属武始郡。隋属兰州，唐因之。天宝三载，置狄道郡治此，宝应以后，废于吐蕃。宋熙宁五年，收复。六年，仍置狄道县，为熙州治。九年省，元丰二年，复置。今编户二十五里。

狄道故城，在今府治西南。汉所置也。吕后六年，匈奴寇狄道，七年，复入寇。文帝十二年，匈奴寇狄道，即此城矣。蜀汉延熙十八年，姜维围魏王经于狄道，不克。寻又引军出狄道，不克而还。《水经注》亦谓之降狄道，盖县之别名也。隋、唐以来，州郡皆治此。宋改筑熙州城，即今治也。《志》云：今郡周九里有奇。门四，东大通，南建安，西永宁，北镇远。

武始城，在府北七十里。汉狄道县地，前凉张骏以狄道置武始郡，置城于此。西秦亦为武始郡治。宋元嘉四年，武始羌叛，炽磐遣其左丞相昙达招慰，羌执昙达，送于夏主昌。后魏太平真君八年，改置勇田郡，寻改勇田县，为武始郡治。时又析置阳素县，与狄道并属武始郡。隋开皇初，俱废入狄道县。

临洮城，府西南二百二十里。汉县，属陇西郡，南部都尉治此。后汉因之。建初二年，羌豪布桥等围南部都尉于临洮，马防讨破之。永初三年，钟羌破临洮县。永建初，校尉马贤大破钟羌于临洮，于是凉州复安。钟羌盖羌之别种，居临洮谷者。蜀汉延熙十七年，姜维自狄道进拔河关临洮，是也。晋亦为临、洮县属陇西郡，惠帝改属狄道郡。前凉属武始郡。后魏太平真君六年，改为临洮郡，置龙城县为郡治。后周郡县俱废。隋开皇二年，突厥寇兰州，总管叱列长之守临洮，为所败，即此城矣。又俱城，在临洮故城西南。晋太元十一年，前凉张天锡子大豫攻姑臧，不克，自西郡入临洮，掠民五千余户，保守俱城，为吕光所败灭，即此。

安故城，府西南百六十里。汉县，属陇西郡。元鼎五年，西羌反，攻安故，围枹罕。城盖与河州接境也。后汉仍属陇西郡。晋省。惠帝复置，属临洮郡。《晋志》：张茂分武兴、金城、西平、安故四郡，置定州。盖张氏分金城、西平二郡置安故郡，即治安故县。后魏废。《水经注》：洮水自临洮县东流，又屈而北流，径安故县故城西，又北径狄道县故城西。唐初，改置安固县，武后久视初，以吉顼为安固尉是也。寻废为镇。宋白曰：安固在兰州南。《一统志》在兰州西八十里。误。唐时为安固镇。五代周广顺中，自安固镇至凉州立三州以控扼诸羌。三州，临、河、兰是也。

安乐城，在州西三十六里。唐武德中，分狄道县置安乐县，属兰州。天宝中，属狄道郡，乾元中，改为长乐县，后废。宋熙宁六年，置康乐寨于此。金升为县，属临洮府，元废。

桑城，在废安故县西南。《水经注》：洮水东北径桑城东，又东径安故县西。大兴三年，刘曜攻拔陈苍诸城戍，晋王保惧，自秦州迁于桑城。胡氏曰：保欲自桑城奔河西也。亦谓之桑壁。晋永昌初，休屠王石武以桑壁降刘曜。石武亦匈奴别种也。时据桑壁，自称休屠王。太宁初，刘曜自陇上西击凉州，遣其将呼延晏攻凉宁羌护军阴鉴于桑壁，即此。

巩令城，在府西南二百五十里。吐蕃所置城也。宋熙宁六年，王韶图武胜，使德顺将景思立分兵制番酋于南路，自南甲趋巩令城。或云，南甲在府南三十里。又鸣鹤城，在府西南。唐至德后，吐谷浑所筑。又有三足城，亦吐谷浑所筑也。宋废。○安羌城，在府西。本名溢机堡，宋宣和中，赐名安羌城，金废。

长城，在府西北。《史记》：秦始皇遣蒙恬发兵三十万北筑长城，起自临洮。唐因置长城堡，开元二年，陇右节度使王晙等追破吐蕃于洮水，又败之于长城堡，杀获数万是也。

岳麓山，在府城东二里。上有超然台。又东八里有滴水岩，岩东二十里有玉井峰，以峰头有井而名。○夏牟山，在府西三十里。《志》云：山下牟麦特盛，因名。其相近者曰卧龙山，山势蜿蜒，如龙偃卧。又有朱翠山，在府西五十里。

抹邦山，府南二十五里。宋熙宁五年，王韶自通远军攻西羌，羌据险自保。韶曰：既入险地，当使险为吾有。径趋抹邦山，压敌军而陈。羌乘高下斗，韶击败之。其相近者有岚关坪，《志》云：坪在府南二十七里，关口险隘，坪上高敞，延袤可十余里。

常家山，府西南六十里。宋元祐二年，羌酋鬼章与西夏相结，谋复故土。夏人聚兵天都山，前锋绝通远境，鬼章驻常家山，大城洮州，以待师期，为宋将游师雄所破。《志》云：山与西倾相接。又有龙湫甚深，广衍为九曲十八湾。天都山，见前平凉府固原州。○西倾山，在府西南百五十里。或以为《禹贡》之西倾，非也。盖陇右诸山，多以西倾名。

十八盘山，在府东南百里。山高险，有石级一十八盘。又莲华山，在府南百五十里。山耸数峰，宛如莲华。

马寒山，在府北九十里。其山绵亘数百里，势极高峻，虽炎夏，冰雪不消。亦名马衔山。又太平原，在府北三十里。其地平原百顷，可以屯军。○摩云岭，在府北百五十里。雄峻参天，有摩云岭关，设巡司戍守。《志》云：

山北去兰州六十里。

竹牛岭，在府东。宋熙宁五年，王韶知通远军，图武胜，进筑乞神平堡，引兵度竹牛岭，破番酋抹耳等兵，洮西震动。继而韶破吐蕃于抹邦山，吐蕃帅木征度洮河来援，韶戒别将由竹牛岭路张军声，而潜师越武胜破其前军，遂城武胜是也。

锁林峡，府南六十里。洮水所经。诸峰耸削，两崖悬绝，林木森郁，宛似封固，因名。又石井峡，在府北百二十里。中有泉水，四时不竭。

通谷，府西六十里。其谷东西出入，中容千百人往来，不逾数十步。上有大窍，可见天日。宋熙宁中，置堡于谷口，曰通谷堡。又赞嘉谷，在府南六十七里，中有灵湫池。

洮河，在府西南二里。自岷州卫流入府境，经西倾山、常家山、锁林峡及莲华、夏牟等山，盘束千数百里，至府城南始豁然奔放，声如万雷，又北经石井峡而合湟水。唐会昌二年，吐蕃国乱，洛门川将论恐热举兵入渭州，吐蕃大将思罗发等合诸部兵保洮水，焚桥拒之，寻为恐热所并。又宋熙宁八年，提点秦、凤郑民宪，请于熙州南关以南开渠堰，引洮水并东山直北道下至北关是也。今详大川洮水。

东峪河，府东二里。源出渭源县西十五里之分水岭，流入境，至城东又西南流入于洮河。宋王韶自东峪径趋武胜，克之是也。○抹邦河，在府南三十里。源出莲华山，流经抹邦山下，因名。府北三十里有打壁河，源出石井峡，西南流，抹邦河西北流合焉，共入于洮河。

邦金川，府南六十里，西流合于洮河。宋元祐中，种谊等击鬼章，夜济邦金川，至铁城黎明，大破之，即此。铁城，即岷州卫之铁州城也。○三岔河，在府西北十里；又府北六十里有结河，为三带水交结处；俱流入于洮河。

南关，在府城南，城北又有北关，俱宋熙宁五年置以保障近郊。今有墙垣与府城壕相连,俗名藩城。又三岔关在府西三十里。又府北三十五里有打壁峪关,俱宋置。○结河关,在府北六十里。宋熙宁七年,于此置堡,后改为关。又摩云岭关,在府北摩云岭,最为高险。

下衬关,在府南百里。又府南百十里有八角关。又十八盘关,在府南百二十里。诸关皆宋置,今俱属临洮卫卒戍守。○临洮堡,在府北七十里。宋置,金废。

永宁桥。府西二里。宋熙宁中,熙州洮河浮梁成,赐名永通,明初,更名永宁,有关在焉。○和平驿,《舆程记》:在府西六十里。又六十里至河州卫。又沙泺驿,在府北九十里,又北百十里至兰州。又有柳树递运所,在府东九十里。《通志》:府治东北有洮阳驿。

○**渭源县**,府东百二十里。东至巩昌府九十里。汉为首阳县,属陇西郡,后汉因之,晋仍属陇西郡。后魏亦曰首阳县,西魏改渭源县,仍属陇西郡。隋属渭州,唐因之。开元二年,吐蕃将岔达延等寇临洮,军兰州,至于渭源。临洮,谓今洮州也。未几复寇渭源,至德后遂陷于吐蕃。宋熙宁中,置渭源堡,属熙州,金因之,元升为县。今城周二里。编户四里。

武街城,在县西。《水经注》:武阶城,在汉狄道县东白石山西北。或曰即武街也。晋惠帝置武街县,属狄道郡。前凉张骏因前赵之亡,收河南地,至于狄道,置武街、石门、侯和、漒川、甘松五屯护军,与后赵为界。晋永初三年,石虎将王棹击张重华,袭武街,即此。《唐志》:武街城为武街驿,属渭源县。开元二年,陇右防御使薛讷拒吐蕃于此。

鸟鼠山,县西二十里。俗呼为青雀山,渭水经其下。其地鸟与鼠同穴,亦曰鸟鼠同穴山。《禹贡》:导渭自鸟鼠同穴。《尔雅》:鸟鼠共穴,其鸟名鵌,其鼠名鼵。是也。

南谷山,在县西二十五里。上有高城岭。蜀汉延熙十八年,姜维败魏将王经于洮西,进围狄道。魏征西将军陈泰驰救,从陇西潜渡高城岭,至狄道东南高山上，举烽火，鸣鼓角，维遁去。唐大中三年，吐蕃叛将论恐热自落门遣兵略西鄙，鄯州将尚婢婢遣将拓跋怀光击破之于南谷，即此。旧《志》：岭上有城曰渭源城，渭水出焉，三川合注，东北径首阳县西，与别源合。郦道元云：渭水出南谷，在鸟鼠山西北，大禹只自鸟鼠同穴导之。是也。

七峰山，县东北五里。有七峰错峙，因名。又五竹山，在县西南三十里。山多细竹，峰峦奇秀。有岩曰秀峰岩，山下有谷曰银沟谷。○霍谷山，在县南五十里。山高峻，为南面之胜。又南百余里有白桦岭，路通岷州。岭上多白桦树，因名。

大来谷，在县西北。唐开元二年，吐蕃将岔达延等寇渭源，屯大来谷。陇右防御使薛讷军至武街，距大来谷二十里，与陇右节度使王晙军合击之，寇败走。追至洮水，复败之于长城堡是也。

渭河，在县北二里。源出南谷山，至鸟鼠转而东流，经县北入巩昌府界。又东经凤翔、西安府境东流入于黄河。详见大川渭水。

清源河，出县西南之五竹山，东流入渭。其水甚清，因名。○东峪河，在县西二十里。源出分水岭，西流入狄道县界，又西南入于洮河。

分水岭关，在县西十五里分水岭上。自岭以西之水悉入洮河，以东之水悉入渭河。置关于此，为县境之襟要。《志》云：今县西二百里有石井递运所。

乞神平堡。在县西南。《宋史》：熙宁五年，王韶知通远军，击降蕃部，得地二千余里，城渭源堡；又破蒙罗角，筑乞神平堡。是也。○庆平镇，在县南。宋置庆平堡，金改为镇。元因之，后废。《通志》：今县治东有庆平驿。

附见：

临洮卫。在府城内。洪武三年建，辖千户所五。

〇兰州，府北二百十里。东南至巩昌府四百二十里，东北至靖远卫三百五十里，西北至庄浪卫二百七十里，西南至河洲卫三百二十里。

古西羌地，秦陇西郡地，汉属金城郡。后汉、魏、晋因之。前凉张寔增置广武郡。又石虎时，于金城郡侨置凉州。后魏仍属金城郡，后周因之。隋初，置兰州，大业初，复曰金城郡。唐又为兰州，天宝初，亦曰金城郡。乾元初，复故，后没于吐蕃。宋元丰四年，复置兰州。金亦为兰州，以州治兰泉县省入。元因之。明初，改州为兰县。成化十四年，复升为州。编户七里。领县一。今仍曰兰州。

州控河为险，隔阂羌、戎。自汉以来，河西雄郡，金城为最。岂非以介戎、夏之间，居噤喉之地，河西、陇右安危之机，常以金城为消息哉？晋元康而降，河、陇多事，金城左右，求一日之安不可得也。隋、唐盛时，驰逐河、湟，未尝不以兰州为关要。及广德以后，兰州没于吐蕃，而西凉不复为王土。大中间，兰州亦尝顺命，而仅同羁属矣。宋元丰四年，李宪败夏人，始复城兰州。元祐初，夏人求复得之，朝议欲割以畀敌，孙路言：自通远至熙州才通一径，熙之北已接夏境。今自北关濒大河城兰州，然后可以捍蔽，若捐以与敌，则一道危矣。穆衍言：兰州弃，则熙州危，熙州危则关中震动。唐失河、湟，西边一有不顺，则警及京都。今若委兰州，悔将无及。遂不果弃。明时自州以北，常为寇冲，往往设重兵驻此，保障西垂，州诚自古捍围之地矣。

兰泉废县，今州治。本汉金城县，属金城郡，后汉及魏、晋因之。

后废。西魏置子城县，金城郡治焉。开皇初，郡废。大业初，复曰金城县，仍为郡治。义宁二年，改曰五泉县。唐咸通二年，复曰金城，天宝初，又为五泉县，后废于吐蕃。宋元丰中，收复，崇宁三年，置兰泉县，为兰州治，金废。《志》云：州城北黄河滨有石如龟，伏城垣下，今州城亦谓之石龟城。周六里有奇。

广武城，在州西百二十里。汉金城郡枝阳县地，西晋末，张寔分金城之令居、枝阳二县地立永登县，又合三县置广武郡，盖治于此。永和二年，石赵将麻秋等攻凉金城，张重华使将裴恒拒秋于广武。太元末，南凉秃发乌孤据广武，攻后凉之金城是也。后魏郡县俱废。隋因之。唐复置广武县，属兰州，宝应中，没于吐蕃。《水经注》：广武城在枝阳县西。今枝阳，见靖远卫。又杜佑、刘昫皆云：广武郡隋废为广武县，属兰州，今《隋志》不载。令居，见西宁镇。永登或曰亦在州西，前凉广武郡盖治永登县云。

允吾城，在州西北二百里。汉县，始元六年，置金城郡，治允吾，是也。应劭曰：允吾，读曰鈆牙。后汉亦为金城郡治。中元二年，谒者张鸿击羌烧当滇吾于允吾，败绩。晋徙郡治榆中，县废。前凉复置，属广武郡。太元十年，后凉吕光以主蒲尉祐为金城太守。祐至允吾，袭据其城以叛，光别将姜飞击破之。寻为乞伏乾归所得。隆安四年，乾归为姚兴所败，走保允吾，降于秃发利鹿孤是也。后魏亦曰允吾县，属武威郡。西魏改为广武县，又置广武郡。隋初，郡废，县属凉州，寻改曰邑次，后又改曰广武，大业初，复曰允吾县，属武威郡。唐废。《汉志》注：浩亹水东至允吾入湟，湟水亦东至允吾入河。汉允吾县盖在兰州西。杜佑曰：允吾在广武西南。一云在今州西南五十里。是也。其在州西北者，则隋时改广武郡所置之允吾县，在枝阳故县境，与庄浪卫接界，非汉允吾县故治也。

晋兴城，在州西南百七十里。《晋志》：永宁中，张轨表请分西平界置晋兴郡，领晋兴、枹罕等县。郡盖治浩亹。或曰此其故地也。张骏又分置兴晋等郡，其后屡为刘曜子虎所攻略。盖今之河州。阚骃云：城在允吾县西四十里，亦谓之小晋兴城。后亦讹兴晋曰晋兴。晋隆安中，乞伏乾归为姚秦所败，降于利鹿孤，利鹿孤置之于晋兴，即小晋兴城云。今见西宁卫废浩亹县及河州注。

河关城，在州西南。汉县，属金城郡。后汉属陇西郡。蜀汉延熙十七年，姜维自狄道攻拔河关，是也。晋废。惠帝时，复置，属狄道郡。后废。或曰后凉吕光三河郡，盖置于河关县。

榆中城，州西百里。汉县，属金城郡，后汉因之。中平二年，董卓破群盗边章等于美阳，章走榆中，盖即此。晋为金城郡治，后魏因之，寻又为建昌郡治，后周废。杜佑曰：榆中即故大、小榆谷。误也。《水经注》：河水过大、小榆谷北，又东径河关县北，又东径允吾县北，又东过榆中县北。似为得之。又太子贤曰：榆中在金城县东。杜佑亦曰：在五泉县东。俱误也。〇阿干城，在州南四十五里。宋元丰中，置阿干堡，金升为县，属兰州，元因之，寻省。今置关于此。

河会城，在州西。晋太元初，苻秦遣将梁熙等伐凉张天锡，济自青石津，攻河会城降之。《水经注》：湟河至允吾与大河会，河会城盖在二河之会也。〇西市新城，在州东南七十里。宋时夏人所置也。元丰四年，宦者李宪败夏人于此，又袭破之于女遮谷，遂复古兰州，城之。又大定城，在州北，亦夏人所置，元丰中，与宋分界处也。近代议边事者谓复大定城则可屯矿兵以守河北，盖其地常为寇冲云。

皋兰山，州南五里。州之主山也。山下地势平旷，可屯百万兵。《汉书》：霍去病为骠骑将军击匈奴，屯兵皋兰山下，即此。山峡有五眼泉，相传去病屯兵时士卒疲渴，以鞭卓地，泉涌者五。隋因以山名州，后又以五泉名县。山后又有蛾眉湾，《志》云：在今州东南三十里。又瓦埠山，在州南十里；又州西南十五里有第一原；俱皋兰之支阜矣。龙尾山，在州南三里。山形如龙，尾落黄河之壖。《志》云：即府北马寒山之支陇也。又九州台山，在黄河北五里。山形峭拔，直上如台，登之可以望远。

白石山，州东南八十里。《汉志》注：狄道有白石山，即此山也。宇文周将梁晖引军至此，为羌所围。山无水，晖祷于山，飞泉涌出，兵士取给，因呼为梁泉。其水北与湟水合注于河。○桦林山，在州南三十里。山高耸，与马寒、皋兰二山并峙。又天都山，亦在州南三十里。《一统志》：宋宦者李宪遣苗绥自兰州伐夏，尝逾此山。误也。今固原西安所有天都山。

琵琶山，州西百三十里。险峻曲折，如琵琶首，因名，杜佑云：广武县有琵琶山。是也。又石门山，在州西南。《水经注》：漓水东北经石门口，山高峻险绝，对岸如门。○青岩山，在州西北。《隋志》允吾县有青岩山。《五代志》亦云青岩山在允吾县。山盖近河滨。苻秦将梁熙等伐凉，自青石津攻河会城。胡氏曰：津当在青岩山下。

嵚崾，州南百七十里。晋义熙四年，西秦太子乞伏炽磐畏姚秦之逼，筑城于嵚崾山而据之。七年，乾归置武威郡，镇嵚崾城，以子木奕干为武威太守，镇之。八年，乞伏公府杀乾归，奔嵚崾南山，炽磐讨杀之。宋元嘉三年，夏主赫连昌遣其将呼卢古败西秦将昙达于嵚崾山，进攻枹罕是也。一名可狼山，俗呼为热薄汗山。

沃干岭，在州西南。晋建兴末，刘曜等逼长安，凉州张寔遣贾骞等逾岭入援，即此岭也。咸和二年，前凉张骏遣兵攻刘曜秦州诸郡，曜遣其子胤屯狄道。骏将韩璞赴救，度沃干岭而军。既而璞遣将辛岩督军于金城。刘胤袭败之于沃干岭，进至璞营，璞众大溃，胤乘胜追奔，济河至令居。旧《志》云：岭在晋兴郡大夏县东南，洮水西北，自凉州济河必度沃干岭乃至狄道。令居，见西宁镇。大夏，见河州。

扪天岭，《志》云：在允吾东南。晋隆安中，乞伏乾归败降秃发利鹿孤，居于晋兴。利鹿孤闻其谋遁去，遣其弟吐雷屯扪天岭以备之。宋元嘉六年，乞伏暮末遣将王伐送沮渠成都还北凉，蒙逊使沮渠奇珍伏兵于扪天岭，执伐以归，即此处也。

女遮谷，州东三十五里。宋李宪与苗缓城兰州，败夏人于此。又李麻谷，在州西四十里。《志》云：路通甘州。又有荔谷，在废允吾县界。后汉建初二年，烧当羌迷吾等反，败金城太守郝崇于荔谷，崇轻骑得脱，即此。○东冈坡，在州东二十五里。相传唐太宗为秦王时，获褚亮于此。又州南四十五里有硇沙洞，洞产硇沙。

葵园峡，在州西。后汉灵帝初平二年，张温遣周慎追叛羌边章等于榆中，围之。章分兵屯葵园峡，断慎运道。慎惧，弃车重而退。○石崄口峡，在州东二十五里。两崖悬立，黄河经其中，东流入金县界。

黄河，在州城北。自河州流入，经州城下洮、漓、湟三水入焉。夹河有滩，宜播五谷，引河灌溉，甚为民利。亦谓之金城河。胡氏曰：河流径金城郡界，自允吾以西通谓之金城河。汉武元狩初，浑邪王降，自金城河西并南山至盐泽，空无匈奴。神爵元年，赵充国击西羌，至金城，欲渡河，恐为敌所遮，夜遣三校衔枚先渡，渡辄营陈，会明毕渡，是也。后汉光和六年，金城河水溢出二十余里，亦即今州境矣。

洮水，在州南三十里。自狄道县界北流入于黄河。晋咸和二年，凉将韩璞与刘曜子胤夹洮相持七十余日是也。又漓水，在州西南十五里。源出塞外，流入州境合洮水，又流经皋兰山下东北入于河，即河州之大夏河矣。《志》云：皋兰水出皋兰山，在州西南三里，左右翼注漓水。

湟水，在州西一百八十里。自西宁卫大、小榆谷东流入境，与浩亹河合流而注于黄河。晋太元十九年，苻登败死，登子崇奔湟中，即帝位。盖谓湟水之西也。或谓之金城河。

阿干河，州西三里。源出马寒山，至分水岭分为二：南流入金县为阁门河，北流入兰州阿干峪为阿干河。自峡奔流至州城，灌溉之利甚溥。今州西五里曰溥惠渠，引阿干水灌田百顷。

笋萝河，州西南六里，东流入黄河。又西南里许有黄峪沟，亦流入于河。又柳沟，在州东三十里，北流入河。州东二十里又有曲柳泉，亦东流入于大河。〇莲塘池，在州西七里。其地有神泉，俗呼为狮跑泉。洪武二十三年，肃藩移驻此，潴神泉为池，周回数十里，为游赏之胜。

石城津，州西境。阚骃曰：石城津在金城西北。晋太元初，符秦伐凉，军于西河，梁熙等济自青石津，苟苌等济自石城津，会攻凉缠缩城是也。缠缩城见庄浪卫。一云石城津即河州之积石渡。〇马兰滩，廓州东大河南岸。明初，扩廓围兰州，别将于光自巩昌驰救，至马兰滩，为扩廓所袭，兵败被执处也。

金城关，州北二里当黄河西北山要隘处。本汉置。阚骃《十三州记》：金城郡有金城关，是也。后废。宋绍圣四年，复置关于此，据河、山间，筑城为固。崇宁二年，王厚请移关于北境之研龙谷，不果。今设巡司于河南岸。

京玉关，在州西北四十五里。本名把栌桥。宋元符三年置关，赐今名，金因之，元废。今有卫卒戍守。又关西四十里有通川堡，又西四十里为西宁卫境之废通湟堡，俱宋置，金废。〇阿干镇关，在州南四十五里，即故阿干县也。明初置关，有兰州卫卒戍守。

东关堡，州东十八里。宋元丰四年置，本名巩哥关，六年，改为东关堡。金因之，明景泰初，重筑。又西关堡，在州西，亦宋元丰五年置，寻废。金复置。《金志》云：关逼临黄河，与夏人接界。元废。

皋兰堡，州西南九十五里。宋元丰四年置，六年废，寻复置。又西古城堡在州西八十里，又西四十里为积滩堡，俱宋置，金废。〇质孤堡，在州东五十里。宋元丰五年置。元祐以后，废置不一。金亦为质孤堡，属兰州，元废。又盐场堡，在州北。又有把石堡，皆在黄河北岸，宋元丰中置，金废。《通志》州西北二十里有大岔堡，正统十四年置。

安宁堡，在金城关西四十里，又西三十里为沙井峡，北抵庄浪之道也。〇候马亭，《志》云：在州西北十五里。相传汉武遣李广利伐大宛，候龙马于此，因名。《通志》：州南一里有兰泉驿。州东五里又有兰州递运所。

镇远浮桥。旧在州西十里，明洪武十八年，移置城西北二里金城关下。用巨舟二十四，横亘黄河中，入甘肃通西域路皆出此，为咽喉重地。敌若据此桥，则河西隔绝，饷援难通矣。又西津桥，在州西二里，永乐中建。

〇**金县**，州东九十里。西南至府城百八十里。本宋兰州地。金为龛谷县地，属兰州，寻属会州，正大间，置金州，治龛谷县。元省县入州。明改州为县，又移今治，属临洮府，后又改属兰州。今县城周三里，编户十里。

龛谷城，县南二十里。本宋之龛谷寨，元丰四年置。元祐七年废。绍圣中，复修为堡。金升为县，寻置金州治此。元县废，明又改置今县。

定远城，在县西北四十里。唐置，宝应间，陷于吐蕃。宋熙宁中，种谊筑城，以屯戍兵，后废。元祐七年，复筑。政和四年，夏人攻拔之，迁其民筑臧底河城。五年，宋将王厚等攻之，大败而还。六年，渭州将种师道攻克之。金大定中，升为县，属兰州，后改属会州，正大间，属金州。元废为镇。今为定远驿。

一条城，县东七十里。亦谓之一条城堡，相传宋狄青巡边时所筑。又平地城，《志》云：在县北四十里，唐戍兵所筑。

马衔山，在县西南三十里。山雄秀，甲于郡境，即马寒山也。盘亘深远，与狄道县及兰州接界。

龛山，县南二十里。宋人置寨于此，因以为名。其下有小龛河。又有尖山，在县西南二十五里。〇猪觜山，在县西北四十里。金于此置猪觜镇。又县东南三十里有驼项山，县东四十里有鸡爪山，县南七十里又有马尾山，皆以形似名也。又县南二十里有白草原，平坦可以屯军。

乱山，在县东北八十里。其山绵延数百里，稠叠数百峰，参差远近，乱如列戟，黄河经其中，亦郡境之襟要也。

黄河，县北六十里。自兰州东北流越乱山中二百余里，入靖远卫界始泻落巨川，始瀑布然。土人沿山引水，灌田甚广。

浩亹河在县城南。源出马寒山峡中，东流入黄河。亦曰阁门河，有阁门河桥在县南门外。按《汉志》：浩亹水出塞外，东至允吾入湟水。盖名同而实非也。

小峗河，县南十五里。源出峗山，东流与浩亹河合。又有清水河，在县东三十五里；○连达沟，在县北十五里。皆由浩亹以达于黄河。

十字川堡。县北八十五里；又买子堡，在县西三十里；俱宋置。金废。《舆程记》：兰州东六十里为买子堡。又东百里为一条城，又东九十里为平滩堡，又九十里而至靖远卫。○清水驿，在县东三十里，亦东出靖远之道也。《通志》：县北四十里有把石沟仓，八十九里有什字川仓，又县北百九十里有积滩堡仓、一条城仓。

附见：

兰州卫。在州城内。洪武三年建，初置州治东北，后移置州东，辖千户所五。又甘州中护卫，亦在兰州治东北。旧在甘州，洪武三十二年，从肃藩移建于此，弘治十四年，改属固原卫。

○**河州**，府西南百八十里。南至洮州卫三百十里，西至生番界七十里，西北至西宁卫二百五十里，东北至兰州三百二十里。

古西羌地，秦属陇西郡，汉属金城、陇西二郡，后汉属陇西郡。汉末，为宋建所据，称河首平汉王，曹操遣夏侯渊讨平之。晋惠帝永宁中，张轨奏置晋兴郡。《晋志》：枹罕县，张轨分属晋兴郡。《十六国春秋》：晋咸康元年，张轨分兴晋郡属河州，自是枹罕为兴晋非晋兴也。**前秦苻坚始置河州，**《晋志》：张骏分晋兴、金城、武始、南安、永晋、大夏、武成、湟中等郡为河州。是河州张骏所置，杜佑以为始于苻秦。按《十六国春秋》：苻坚建元三年，克枹罕，以彭奚念为凉州刺史镇之；七年，以李辨为河州刺史，领兴晋太守，镇枹罕，徙凉州治金城。**后为西秦乞伏乾归所据。**乞伏氏尝置北河州，镇枹罕。《十六国春秋》：乾归太初二年，枹罕羌彭奚念来归，以为北河州刺史。九年，奚念入朝，以翟瑥为兴晋太守，镇枹罕。炽磐永康元年，迁于枹罕，暮末永弘二年，焚城邑东走，故地皆入吐谷浑。**后魏太平真君七年，置枹罕镇，寻改为河州**宋元嘉二年，枹罕为吐谷浑所据。二十年，魏主焘伐吐谷浑，别将封敕文等取枹罕，置镇于此。寻为河州治。**后周兼置枹罕郡。隋郡废，仍曰河州，炀帝又改为枹罕郡。唐复曰河州，**开元二十六年，置镇西军于城内。天宝初，曰安乡郡，乾元初，复为河州。寻没于吐蕃，宋熙宁六年，收复，仍置河州。金因之，亦曰平西军。元曰河州路。《元志》：吐蕃等处宣慰司亦置此。明洪武初，置河州卫，五年，设河州府，辖宁河一县。七年，建陕西行都司，十年，立河州左、右二卫。十二年，省行都司及河州府县，改置河州卫。以左卫调洮州，改右卫为河州卫军民指挥使司，领千户所六，守御千户所一，隶陕西都司。**景泰二年**按《会典》作成化九年，《通志》作七年，**复分置河州，**编户四十里。属临洮府。今因之。

州控扼番、戎，山川盘郁，自昔西垂多衅，枹罕尝为战地。盖犄角河西，肘腋陇右，州亦中外之要防矣。明初，置茶马司于此，以制番命资国用。其后渐弛。《一统志》：洪武七年，于河州治东南立茶马司，永乐九年，于洮州治西亦立茶马司。《四裔考》：洮、河二州茶马司，盖洪武二十五年所置。初，曹国公李景隆奉使市马，以茶五千余斤，得马一万三千五百余匹。正统十四年，遣行人四人视茶政，成化二十四年，以御史一人代之。又洪武二十六年，制金牌信符，颁给诸番，遇有差发，合符乃应。正统十四年，停金牌，成化十七年，给乌思藏诸番王及长河西鱼通宁远等宣慰司敕书勘合，令贡时四川、陕西验入。后因亦不剌之乱，金牌散失，嘉靖二十八年，兵部议金牌不可数给，宜给勘合，如成化故事。从之。乌思藏等详四川诸番。弘治末，都御史杨一清言：唐时回纥入贡，即以马易茶。宋熙宁间行之，所谓摘山之产，易厩之良，无害而有利者也。我朝纳马谓之差发，如田之有赋，身之有庸，非虐使于番，因纳马而酬茶，体尊名顺，非互市交易之比。且西番为中国藩篱，其人本非孝子顺孙，徒以资茶于我，绝之则死，故俯首服从。此制番之上策，前代略之而我朝独得之者也。顷自金牌制废，私贩盛行，失利垂六十年。岂徒边方乏骑乘之用，将来番夷无资于我，跳梁自肆，将生意外之忧，撤藩篱之固，甚非计也。请申明旧制，使番族各供差发。盖河、洮二州，实为西番之噤要。故茶、马二司特设于此，至今藉其利云。

枹罕废县，今州治。汉县，属金城郡。后汉属陇西郡。应劭曰：枹罕羌侯邑也，汉因以置县。建安十九年，曹操遣夏侯渊讨宋建于枹罕，破斩之。蜀汉延熙十八年，姜维伐魏，自枹罕趋狄道是也。晋废。永宁中，张寔复置，属晋兴郡。张骏时，为河州治，永和三年，石虎将麻秋等来攻，不能克。苻秦亦置河州于此。义熙三年，姚秦叛将彭奚念据枹罕，五年，西秦乞伏炽磐攻拔之。后魏太平真君四年，败吐谷浑，取枹罕城。七年，置枹罕镇，寻置州。隋、唐时，州郡皆治此。宋熙宁六年，置枹罕县，而州治宁河县。盖析枹罕增置也。九年,俱省入河州。崇宁四年,升宁河寨为县。金贞元二年,复置枹罕县,仍为州治。元复省。《通志》今州西七十里有枹罕废城,疑宋所置。今州城周九里有奇。

大夏城,在州东北八十里。汉县,属陇西郡,后汉因之。永元九年,烧当羌迷唐寇陇西,杀大夏长,即此。晋县废。惠帝时,张轨复置,属晋兴郡。张骏又置大夏郡治焉,取县西大夏水为名。永和二年,石虎将麻秋克金城,进取大夏,又攻枹罕不克,退保大夏。太和二年,凉张天锡击叛将李俨,克大夏、武始二郡,俨自陇西退屯枹罕。后魏皇兴三年,亦置大夏郡于此。寻复为县,属金城郡。隋初,郡废,县属河州。唐初因之,贞观初,县废,五年,复置,广德后,没于吐蕃。会昌三年,吐蕃乱,其将论恐热屯大夏,谋并鄯州。鄯州帅尚婢婢遣将庞结心等击之,至河州南,伏兵险阻,论恐热来战,大败。宋复河州,县废。《志》云:大夏城西南二十里有金剑山及金剑城,前凉张骏时,尝置金剑县于此。《水经注》:大夏故城在枹罕西南,北临洮水。似误。○叠兰城,旧《志》云:在大夏城西南。晋时,前凉张轨所置。义熙七年,乞伏乾归徙羌众于叠兰,以兄子阿柴为兴国太守镇之。八年,乞伏公府弑乾归走保大夏,炽磐使其弟智达讨之。公府奔叠兰城,就其弟阿柴,智达复攻拔之。后为吐谷浑所废。

白石城,在州西。汉县,属金城郡。阚骃曰:白石城,在狄道县西北二百八十里,有白石山在其东,因名。元帝永光二年,陇西羌乡姐旁种反,遣冯奉世率任立、韩昌到陇西,分屯三处:立为右军,屯白石;昌为前军,屯临洮。奉世为中军,屯首阳西极上。前军到降同阪,先遣校尉在前与羌争地利,又别遣校尉救民于广阳谷。兵少,皆为羌所败,乃益兵破走之。后汉白石县属陇西郡,永元十年,刘尚等讨叛羌迷唐等不克,征还。谒者王信、耿谭代领其兵,信屯枹罕,谭屯白石,叛羌以次降附。晋废。惠帝时,张轨复置,属晋兴郡,改为永固县。太和二年,张天锡攻叛将李俨于枹罕,俨求救于苻秦,王猛自略阳驰救,使别将姜衡屯白石,即此城也。后魏,县废。隋末，李轨复置永固县，属河州。唐贞观七年，废县，改置乌州。十一年，州废，置安乡县，仍属河州。天宝初，改为凤林县，后废于吐蕃。其地有凤林关。《唐书·吐蕃传》：咸通中，尚延心献略，高骈收凤林关。是也。乡姐，读曰兖紫。

治城，在州西北百十里。晋时，前凉张氏所置城也。宋元嘉六年，西秦南安太守翟伯承等据罕开谷以叛，西秦王暮末击破之，进至治城。既而西河王蒙逊至枹罕，遣子兴国攻定连。暮末逆击兴国于治城，擒之。八年，赫连定灭西秦，畏魏人之逼，拥秦民自治城济河，欲击河西王蒙逊而夺其地。吐谷浑王慕璝使其弟慕利延等乘其半济击之，执定以归。后魏时，分金城郡置建昌郡，治城县属焉。后又析置东泾郡于此。后周，郡县俱废。○谭郊城，在治城西北。晋义熙七年，西秦乞伏乾归克秦水洛城，徙民三千余户于谭郊，因城其地。八年，徙都之。宋元嘉六年，河西王蒙逊遣子兴国攻乞伏暮末于定连，暮末击擒之于治城，追击蒙逊至谭郊是也。

定连城，在州东南。或曰：晋时后凉吕光所筑。宋元嘉三年，西秦乞伏炽磐为夏主昌将呼卢古所攻，自枹罕迁保定连。呼卢古入枹罕南城，秦将赵寿生战却之。六年，河西王蒙逊伐秦，秦王暮末复自枹罕迁保定连。既而所署西安太守莫者幼眷据沔川以叛，暮末讨之，败还定连。七年，吐谷浑慕璝贵袭秦定连不克，寻没于吐谷浑。胡氏曰：沔川，亦枹罕左右地也。

列浑城，在州西南百八十里。宋永初二年，西秦乞伏炽磐遣乞伏孔子率骑击铁汗秃真于罗川，大破之。寻以乞伏是辰为西胡校尉，筑列浑城于汁罗以镇之。汁罗，即罗川矣。又武成故城，在州南。前凉所置武成郡也。西秦乞伏国仁亦置武城郡于此，后为吐谷浑所废。○赤水城，在今州南。晋义熙八年，西秦乞伏乾归击吐谷浑阿若干于赤水，降之。《水经注》：赤水城，亦曰临洮东城。魏收《志》：魏真君六年，改故临洮县为临洮郡，领赤水县，即此城矣。后周废。

临津城，在州西北百二十里，下临河津。晋时，前凉置临津县，属兴晋郡，后为吐谷浑所废。《水经注》：河水自浇河东流，经邯川城，又东径临津城北、白土城南，为缘河津渡之处是也。隋曰临津关，大业五年，自将伐吐谷浑，出临津关，渡黄河至西平，即故临津城矣。浇河、邯川，俱见西宁卫。〇石泉城，在州西北。晋义熙十二年，西秦乞伏炽磐攻秦洮阳公彭利和于漒川，沮渠蒙逊攻石泉以救之，炽磐闻之，引还，遣兵救石泉，是也。漒川，见洮州卫。

盐泉城，在州西百八十里。唐开元二十六年，陇右节度使杜希望将鄯州之众，夺吐蕃河桥，筑盐泉城于河左，置镇西军治焉。后没于吐蕃，亦置镇西军于此。会昌三年，吐蕃乱，其洛门守将论恐热举兵谋篡，忌鄯州镇将尚婢婢，引兵击之，至镇西，即此。〇天成城，在州西八十里。唐天宝十三载，于索恭川置天成城，又于州西百余里置雕窠城，为戍守处。至德初，陷于吐蕃。

宁河城，在州南六十里。吐蕃所置香子城也。宋熙宁六年，王厚攻拔香子城，遂平河州，因置宁河寨，崇宁四年，改置宁河县。金仍属河州。元因之，后废为镇。明初，复置县，寻废。又宋置宁河县，复于州东四十里置宁河寨。金废。元至元九年，复于吐蕃西界立宁河站云。〇安乡城，在州东北五十里。吐蕃所置城桥关也。宋熙宁中，收复。元符二年，赐名安乡关。金因之，亦曰安乡关城。元升为安乡县，属河州。元末，废。

定羌城，在州南九十里。本吐蕃所置阿诺城，宋熙宁六年，改曰定羌。八年，吐蕃木征复围河州，王韶自熙州驰救，诸将议趋河州，韶曰：贼围城，恃有外援耳。乃直趋定羌城，破西番结河川族，断夏国通路，进临宁河，分命偏将入南山。木征知援绝，拔栅去。金亦曰定羌城。元升为县，河州路尝治此，元末，废。〇木藏城，在州西南。吐蕃所置，宋熙宁中，王韶破吐蕃阿诺、木藏城，此即木藏城也。

讲朱城，在州西南百里。本番族所置，宋熙宁中收复。元祐二年，熙河将姚兕破鬼章于此。寻复为蕃族所据。元符二年，复取之，寻弃不守。崇宁二年，复修筑讲朱城。金废。又循化城，在州西南百三十五里。本名一公城，宋元符二年收复，寻废。崇宁二年，改曰循化城。又州南有当标城，亦番族所置。元符中收复，崇宁二年，改为安疆寨。金废。《宋志》：讲朱、错凿、一公、当标四城，俱在州南。○来羌城，在州西北三十里；俱又有怀羌城，在州西南九十里；俱宋崇宁二年王厚开边所取番地，因筑城戍守，寻俱废。

踏白城，在州北。亦吐蕃所置。宋熙宁七年，吐蕃首领鬼章诱知河州景思立、偏将王宁会于踏白城，伏发，二将俱没。八年，王韶解河州之围，复还熙州，以兵循西山，绕踏白城后，烧贼庐帐，木征穷蹙来降是也。

平夷城，州西南四十里。唐开元二年，置平夷守捉于此，后废。又渔海城，亦在州境。郭子仪破炮罕军十寨，取渔海等五县。盖吐蕃所置县也。○历精城，在州西，近西宁卫境。《宋史》：治平中，唃厮啰子瞎毡居龛谷，瞎毡子长木征居河州，少瞎吴叱居银川，而唃厮啰少子董毡与其母乔氏居历精城，即此。龛谷，见前金县。

积石山，州西北七十里。两山如削，黄河中流，俗所谓小积石也。附详名山积石。○凤凰山，在州东十二里。山形若凤，故州亦有凤林之名。又牛脊山，在州南二十里。又南四十里有惊聪岭，俱以形似名也。

雪山，州西南百五十里。接洮州蕃界。四时皆有积雪，一名雪岭。又山石如骨露，一名露骨山。宋熙宁六年，王韶复河州，会洮、岷降羌复叛，韶回军击之，吐蕃木征遂据河州。韶进破阿诺、木藏城，穿露骨山，南入洮州境，道狭隘，释马徒行，木征复自河州尾官军，韶击之而走，即此也。

万顷原，在州北二里。四望宽平，居民稠密。其上又有重台原。

《志》云：州东西百里，南北五十里，唐及五代俱名广大原，昔时番、汉所驻牧地也。

葵谷，在州东。晋太和二年，凉张天锡击叛将李俨于陇西，别将常据败俨兵于葵谷，即此。亦谓之奴葵谷。义熙八年，西羌彭利发袭据枹罕，乞伏乾归讨之，至奴葵谷，利发弃众南走，乾归遣将追击之于清水。清水，在今金县界。○罕开谷，在州西。宋元嘉六年，河西王蒙逊伐西秦，西秦南安太守翟承伯等据罕开谷以应河西。《水经注》：陇右白石县东有罕开渡，又东则枹罕故城也。

沙阜，在州东。晋永和三年，石赵将麻秋等据大夏，略凉河南地，张重华使谢艾等拒之。别将杨阜败赵将刘宁于沙阜，宁退屯金城。

黄河，在州北。《志》云：黄河下渡，直州北六十里之剌麻川，路通庄浪，谓之剌麻川渡；黄河上渡，直州西北百二十里之积石关，路通西宁，谓之积石渡。积石渡，亦谓之石城津，晋太元初，符秦将苟苌济自石城津，盖谓此。

大夏河，在州南三里，即漓水也。一名白水，其上源为白石川。《水经注》：白石川水，南经白石城西而注漓水。漓水又经白石城南，东至枹罕，下流入于河。是也。今有大夏桥，在州西三里，跨水上。《志》云：大夏川在故大夏县西，县以此名。唐会昌三年，吐蕃叛将论恐热屯大夏川，即此。○洪河，在州西南二里。又州南二十里有牛脊河，州东六十里有广通河，俱合大夏河，入于黄河。

湫池，在州西北积石关西。周回三十里。池岸万木森然，雅著灵异，土人号为显神池。《一统志》：州西北六十里有龙湫，即湫池矣。又州东三十里有浅湖桥，相传上古时州地皆湖，禹疏凿入于河，湖始为陆。今州东十里有榴桥，开凿之迹犹存。王象之曰：州东有地名河川，川东西二里，南北十五里，即旧湖地云。

积石关，州西北百二十里。明初，置茶马司于河州，此为市易之处，有官军戍守。东去积石山五十里。○土门关，在州西九十里。又州西北九十里有老鸦关。二关俱有官军防戍。

杀马关，州西南百二十里。《舆程记》：州西南六十里为宁河驿，又西六十里为杀马关。其林麓控扼足以守御，自此而西举足浸高。又行一日至岭西，其地益高，盖与西域相出入处。元遣都实访河源，路出于此。

鸡项关，在州西北。唐大中四年，吐蕃叛将论恐热遣兵于鸡项关南造桥，以击尚婢婢于鄯州。胡氏曰：关在河州界。又河蓝关，亦在州西北，近黄河岸。《唐志》：河州有河兰关。○通会关，在州东南五十里。《宋志》：熙宁七年置。《通略》云：绍圣五年置。金置寨于此，元废。又凤林关，在州西凤林废县。见上白石城。又安乡关，在州东北安乡废县。临津关，在州西北故临津城。俱见前。又州西有绥远关，亦宋崇宁三年置。金废。

曲柳戍，在州东北。前凉张氏置戍处。晋永和三年，石赵将麻秋等击凉，据大夏，攻枹罕，进军屯河南，别将刘宁、王擢略地晋兴、广武、武街至于曲柳。胡氏曰：曲柳在洪池岭北。似误。时赵军未渡河而北也。

赤岸戍，在州西北。《水经注》：河水自左南而东径赤岸北，亦谓之河夹岸。《秦州记》：枹罕有河夹岸。盖戍守要处也。晋永和三年，石赵将麻秋等克凉金城、大夏诸郡，张重华使谢艾拒之，进军临河，秋败退。既而重华使章琩屯于河夹，麻秋袭败之。河夹即赤岸戍也。

南川寨，州西南七十里。宋熙宁七年，置南川堡，寻改为南川寨，元符二年，羌帅鬼章城洮州以居，引兵攻宋之南川寨，即此。金仍为南川寨，元废。又回乐寨，在州南境。宋熙宁六年，吐蕃木征复入河州。王韶遣将度洮略定南山地，筑回乐寨结河、当川二堡，破诃讷城，又城香子，尽逐南山诸羌，遂取河州城之。诃讷即阿诺城之讹矣。

东谷堡，州东十五里。唐会昌四年，吐蕃叛将论恐热攻鄯州，为尚婢婢所拒，退保东谷。婢婢为木栅围之，绝其水源。恐热突围走保薄寒山，众皆降于婢婢，是也。宋熙宁七年，置东谷堡于此。薄寒山，见巩昌府。

通津堡，州西南百六十里。本番境之南达堡，宋熙宁中收复，崇宁三年，改名通津堡。其东四十里即安疆寨矣，西北至西宁卫境之大通故城亦四十里。○来同堡，在南川寨东九十里，番名甘扑堡，熙宁中收复，崇宁中，改筑，赐名来同。又临滩堡，在安乡关西四十里。堡北至黄河四十里。《宋志》：州西南又有阎津堡，亦宋崇宁中置。《通志》：今州北百八十里有大通河堡，州西北百二十里有弘化寺堡，俱为戍守处。堡各有仓。

银川驿。在州西六十里。旧《志》云：踏白城东有银川站，黄河所经，驿盖因旧名也。又西六十里曰长宁驿。又和政驿，在州南六十里。又南六十里有定羌城驿，与州治西南之凤林驿为五驿。

附见：

河州卫。在州治西。详见河州沿革。又河州茶马司，在卫治东南。详亦见前。

归德守御千户所。在卫城西七百里。永乐四年建，隶河州卫。

○**洮州卫军**，东至岷州卫一百五十里，南至废叠州生番界一百二十里，西至生番界九十里，北至河州三百十里，自卫治至京师四千二百二十里，至南京四千里，至布政司一千六百七十里。

《禹贡》雍州地，秦、汉以来皆诸戎所居。《括地志》：秦地西至临洮，即洮州也。后属吐谷浑，为沙州地。李延寿曰：吐谷浑部内有黄沙，周数百里，因号沙州。晋太元中，乞伏乾归以吐谷浑视罴来降，拜为沙州牧是也。后魏败吐谷浑，取其地置洪和郡，属河州。后复没于吐谷浑。后周武帝逐吐谷浑，以其地置洮阳郡，寻立洮州。隋初，郡废，而州如故，大业初，改州为临洮郡。唐复为洮州，开元十七年，并入岷州。旋复置临州，二十七年，又改为洮州，《通典》：仪凤二年，置漠门军于城内，属陇右节度。天宝初，亦曰临洮郡，乾元初，复曰洮州。后没于吐蕃，号临洮城。后唐长兴四年，内附，置保顺军。置军于洮州，兼领鄯州。寻复为西番所据。宋元符二年，收复，寻弃不守。大观二年，复得临洮城，仍置洮州。《宋史》：大观二年，收清臧川以为洮州。金、元因之。明洪武四年，置洮州卫军民指挥使司，领千户所六，皆在卫城内。隶陕西都司，弘治中，改属固原镇。今为洮州卫。

卫西控番、戎，东蔽湟、陇，据高临深，控扼要害。明太祖尝言：洮州西番门户，今卫西、南两境，皆接生番，而人性劲悍，善凭险阻，西偏保障，有攸赖矣。

临潭城，卫西南七十里，即古洮阳城也，亦谓之会城。《沙州记》：蟥城东北三百里有会城，城临洮水。汉章帝建和三年，羌攻南部都尉于临洮，帝遣马防、耿恭救之，诸羌退聚洮阳，即此城也。蜀汉景曜五年，姜维伐魏侵洮阳，即此。晋惠帝时，尝置洮阳县，属狄道郡，后为群羌所据。宋元嘉四年，洮阳羌叛，西秦乞伏炽磐使其将吉毗招慰之，为羌所败。既而吐谷浑据之。后魏太平真君中，败吐谷浑，置洪和郡，吐谷浑附属焉。太和十五年，吐谷浑王伏连筹辄修洮阳城，魏攻拔之，其后魏乱，遂有其地。后周初，贺兰祥伐吐谷浑，拔其洮阳、洪和二城，置洮阳郡，兼置洮州。隋废郡，州治美相县，以洮阳县并入。唐贞观四年，置临潭县，属旭州。八年，废旭州，以县属洮州，是年，徙州治焉。后没于吐蕃，曰临洮城。宋大观中，仍置洮州，开禧二年，金人以韩侂胄败盟，遣将分道入寇，完颜纲出临潭，即此城也。元移州于今治，故城遂废。宋白曰：唐临洮郡城本名洮阳城，前临洮水，甚险固，即吐谷浑故城云。今卫城，盖明初所修筑，周九里有奇。

美相城，在卫南。即侯和城也。《水经注》云：洮水经洮阳城，又东

经洪和山南,城在四山中。又东经迷和城北。蜀汉景曜末,姜维侵洮阳,魏
邓艾与战于侯和,维败绩。晋咸和中,凉张骏因前赵之乱,收河南之地至于
狄道,置武街、石门、侯和、漒川、甘松五屯护军,与后赵分境。侯和以下,
皆在今卫境。又太和二年,苻秦将王猛讨叛羌敛岐于略阳,岐奔白马,猛遣
将追之,使别将王抚守侯和。后魏太和十五年,吐谷浑王伏连筹辄修洮阳、
泥和二城,置戍。枹罕镇将长孙百年攻拔之,置洪和郡,领水池、蓝川、覃
川等县。后周改置美相县,属洮阳郡。按侯和、迷和、泥和、共和即一城
也,音转耳。隋为洮州治,唐贞观八年,移州治洮阳川。仍置美相县,属洮
州,天宝中,并入临潭。○水池城,在卫北百六十里。后魏真君四年,伐吐
谷浑,置水池郡,寻改为县,属洪和郡。神龟初,河州羌却铁忽反,自称水
池王,诏源子恭讨平之是也。西魏以覃川县省入,后周改县曰覃川,隋初,郡
废,县属河州。唐废。卫北又有覃川城,后魏延兴四年置,属洪和郡,西魏
废入水池县。

洮源城,在卫南。后周置金城县,并立旭州,又置通义郡治此。隋
开皇初,郡废。十八年,改县为美俗,大业初,州废,又改县曰洮源,属临洮
郡。唐初,亦置旭州,武德五年,吐谷浑寇洮、旭、叠三州,岷州总管李长卿
击破之是也。贞观八年,州废,县并入临潭。《后周书》:武帝置旭州于河州
之鸡鸣防,即此城矣。

广恩城,卫西百六十里。后周置广恩县,并置广恩郡。隋初,郡废,县
属洮州,仁寿初,改县曰洮河,大业初,又改洮阳。唐县废,置广恩镇。天宝
十三载,陇右节度哥舒翰奏于所开九曲地置洮阳、浇河二郡。洮阳郡盖置
于此。后没于吐蕃。又卫境有泛潭废县,后周置,隋开皇十一年,改曰临潭,
亦属洮州,唐初,废。浇河,见西宁卫。

叠州城,卫南百八十里。历代为羌、戎地。后周武成三年,逐诸羌,
始置恒香郡,寻又置叠州,治叠川县。隋开皇初,郡废。大业初,州废,以县

属临洮郡。唐复置叠州,治合川县,天宝初,曰合川郡。乾元初,复曰叠州。《志》云:以群山重叠而名也。后没于吐蕃。〇合川废县,唐叠州治也。后周置叠州,治叠川县,而于合川县置西疆郡,隋开皇初,郡废,唐为州治。又有乐川县,亦后周置,属叠州,隋属洮州,唐初,亦属叠州。贞观五年,又置安伏、和同二县,以处党项,寻俱省入合川县。刘昫云:合川县旧治吐谷浑马牧城,武德三年,移于交戍城云。

常芬城,在卫南。后周置,又立恒香郡治焉。隋初,郡废,以县属扶州,大业中,属同昌郡。唐武德元年,置芳州于此,兼领恒香、丹领二县。神龙初,废芳州,以常芬县隶叠州,又以恒香、丹领二县省入。后废。宋白曰:后周武成三年,逐吐谷浑,乃于三交筑城,置甘松防,又为三川县,隶常香郡。建德三年,始改三川为常芬县,置芳州,以地多芳草而名也。〇封德城,在卫境。西魏置,又置芳州及深泉郡治焉。隋初,郡废。大业初,州废,县属同昌郡。唐武德初,以县省入常芬。又理定废县,在封德故城西。西魏置,隋初,废入封德县。

甘松城,在卫西南。蜀汉景耀末,姜维败于侯和,退屯沓中,司马昭遣邓艾自狄道趋甘、松沓中以缀姜维。《志》云:甘松本生羌地,张骏置甘松护军于此。乞伏国仁时,置甘松郡。后魏以白水羌朝贡,亦尝置甘松县,以甘松岭为名。今四川松潘卫境之甘松山,是也。《新唐书》:甘松山在洮水之西。吐谷浑居山之阳。

漒川城,在卫南。晋义熙十一年,西秦炽磐攻姚秦洮阳公彭利和于漒川,元熙元年,复遣将攻之,利和奔仇池,因置益州镇漒川是也。亦谓之南漒,宋元嘉三年,西秦征南将军吉毗镇南漒。陇西人辛澹据城逐之,澹旋奔仇池,炽磐因移置梁州于南漒,亦即此城矣。七年,没于吐谷浑,城废。

西倾山,卫西南二百五十里。此即《禹贡》之西倾也。恒水、洮水皆源此,亦曰嵑台山。详见名山。

东陇山，在卫城东。番人于此耕种。明洪武十二年，洮州十八族番长汪舒朵儿等叛，沐英讨之，贼遁去，筑城于东陇山南川，留兵戍之。疏闻，上曰：洮州为西番门户，城之，是扼其喉矣。命置洮州卫于此。英进讨叛酋，悉破擒之。玉笋山，在卫北五里。《志》云：山高耸，登眺可见数百里外。

石岭山，在卫北十五里。山势峭拔，草木不生。上有关曰石岭关。又白石山，在卫西九十里。山多白石。《卫志》云：洮州形胜，白石峙其西，黑石距于东。是也。今卫东有黑石关。

素罗汗山，在州西。《唐书》：武后万岁登封初，王孝杰、娄师德与吐蕃战于此，败绩。○黑松岭，在卫东三十里。上多松树，松岭关在其上。

哥龙峪，在卫东北。宋元祐二年，种谊自洮东击鬼章，使岷州番将为前锋由哥龙峪宵济进至洮州，壁青藏峡，大败鬼章兵，遂克洮州。青藏峡，或云在卫城东。今卫城亦曰青藏城。○五牟峪，或云在卫北境。宋熙宁九年，吐蕃鬼章寇五牟峪，败去，即此。又冷地峪，在卫东五十里，与岷州卫分界处也。

洮河，卫南三十五里。源出西倾山，其上源亦曰漒川，东北入岷州卫境，下流合湟水入于大河。详见大川洮河。○南河，在卫城南。源出白石山，亦东北流入于洮河。

白水江，在卫西南五百里。源出香藏族，东流经废叠州，又东入岷州境。《纪胜》云：西倾山绵亘深远，接番族中。白水江出其阳，即《禹贡》之桓水云。

朵的河，卫西三百里。源出川撒儿朵的族，南流入洮河。又纳怜河，在卫西七百里。源出哈藏族，西北流入于黄河。○野庞河，在卫西。源出西倾山，经西番东境，北流五百余里入黄河。

莫何川，在西倾山北。晋义熙初，吐谷浑为乞伏乾归所败，其王大孩走死，树洛干嗣立，帅众奔莫何川，沙、溋诸戎悉附之。又宋元嘉三年，西秦乞伏炽磐为沮渠蒙逊及赫连昌所败，徙其境内老弱畜产于浇河及莫何、仍寒川是也。仍寒川，或曰在西倾西南。胡氏曰：州境又有莫何山，在西倾东北。

磨环川，在卫西。唐天宝十三载，陇右节度使哥舒翰破吐蕃于临洮西关磨环川，于其地置神策军。宋祁云：军置于洮州西磨环川也。《会要》云：时置洮阳郡于此，又于郡内置神策军，去临洮郡二百里。至德中，沦于吐蕃。沈括曰：宋熙宁五年，王厚平河州，又出马兰川，擒木征母弟结吴叱，破洮州。马兰，即磨环之讹矣。

度周川，旧《志》云：在临洮塞外龙涸之西。晋隆安二年，乞伏乾归弟益州败吐谷浑王视罴于此，视罴走保白兰山，遣子为质以请和。白兰山，见后西宁卫及西番。

长柳川，在卫西南。晋义熙九年，乞伏炽磐击吐谷浑支旁于长柳川，破之。又击破吐谷浑别统掘逵于渴浑川，其地亦在洮州西南。又乞伏乾归破鲜卑于渴浑川，应在今靖远卫界。

泣勤川，在卫南。晋义熙九年，西秦乞伏炽磐遣兵击吐谷浑别部句旁于泣勤川，大破之。又尧杆川，在州西南。晋义熙十三年，炽磐遣其子安乐将军木奕干击吐谷浑树洛干，破其弟阿子干于尧杆川，树洛干走保白兰山。或曰川盖洮水支流，随地易名也。

石岭关，在卫北石岭山上。又松岭关，在卫东黑松岭上。〇洮州关，在卫西南三十里。又旧桥关，在卫东南四十里。新桥关，在卫西南四十里。诸关俱有官军戍守。

黑石关，在卫东四十里。又卫东四十五里有三岔关，卫东五十里有高楼关。〇羊撒关，在卫北六十里。又卫北九十里有大岭关，卫北百四十里有八角关，亦俱有官军防守。

沓中戍，在卫西南。姜维与邓艾战于侯和，败绩，退住沓中。既而司马昭侵汉，遣邓艾自狄道趋甘松、沓中以缀姜维。艾奉命遣王颀等攻维于沓中。胡氏曰：沓中在诸羌中，即沙、漒之地。晋义熙十一年，乞伏炽磐攻后秦漒川，师次沓中，即此地也。

通岷寨，卫东南四十里。宋置。又卫南有甘沟寨。○定秦堡，在卫东北。吐蕃所筑。唐大历三年，凤翔帅李晟出大胜关，至临洮，破吐蕃定秦堡是也。又札龙沟堡，在卫东南百里。明成化十年，栗林等番族常攻此。栗林见岷州卫。《志》云：卫东六里有鹤城镇，吐谷浑所置。

纳怜站。在卫西。洪武十二年，洮州十八族番酋三副使汪舒朵儿、瘿嗦子、阿卜商等叛，据纳怜七站，命沐英讨擒之，即此。

○岷州卫军民指挥使司，东北至巩昌府二百四十里，南至阶州六百三十里，西至洮州卫百五十里，北至临洮府百五十里。自卫治至布政司一千五百五十里，至江南江宁府四十里，至京师四千一百里。

《禹贡》雍州地，后为西羌所居。秦属陇西郡，《一统志》云：为临洮县地。汉、晋因之，西魏始置岷州及同和郡。其地名渠株川。《北史》：大统十六年，宕昌国乱，羌酋傍乞铁忽据渠株川，史宁讨平之，因置岷州。隋初，郡废。大业初，州废，以其地属临洮郡，义宁二年，复置岷州。唐因之。天宝初，改曰和政郡，乾元初，复曰岷州，后陷于吐蕃。宋熙宁中，收复，仍置岷州。亦曰和政郡。绍兴初，没于金，置祐州。十二年收复，改置西和州。徙治长道县之白石镇。即今巩昌府西和县。元复置岷州于此。明洪武十一年，置岷州卫军民指挥使司，领千户所四，守御军民千户所一。隶陕西都司，弘治中，改属固原镇。嘉靖二十四年，增设岷州，四十年，复故。今仍为岷州卫。

卫东连秦、陇，西达河、湟，北阻临、巩，南控阶、文，虽僻在一隅，而道路四通。一纵一横未易当也。岂惟形援河、洮，为西偏之翼蔽而已哉？

溢乐城，今卫治。本秦临洮县地，西魏置溢乐县，为岷州及同和郡治。隋改为临洮县，大业初，属临洮郡，义宁二年，复改为溢乐县。唐为州治。宋省入祐川县，其城遂废。明初建卫，因旧基城二，东西相连，周九里有奇。《志》云：今卫城即秦时临洮故城。误。

祐川城，在卫东五十里。本西魏溢乐县地，后周置祐川郡，治基城县，隋郡县俱废。唐初，复置基城县，属岷州。又置祐川府，屯兵于此。先天二年，避玄宗讳，改曰祐川，后废。宋崇宁三年，复置祐川县，为岷州治。绍兴中，属西和州。元废。〇和政城，在卫东八十里。后周置洮城郡，郡寻省，保定初，置和政县。隋初，属岷州。大业初，属临洮郡。唐复属岷州，后没于吐蕃。

当夷城，在卫西。后周置县，又置洪和郡于此。郡寻废，以县属同和郡。隋改属岷州。炀帝初，改属临洮郡。唐仍属岷州，神龙初，并入溢乐县。又卫境有博陵城，后周置博陵郡，领博陵、宁人二县。隋初，俱省入当夷县。

宕州城，卫南百二十里。古西羌地，晋末，西羌别种保聚于此，曰宕昌国。宋元嘉初，宕昌王梁弥忽遣子弥黄入贡于魏。寻为仇池所并。九年，杨难当以兄子保宗为镇南将军，镇宕昌是也。既而羌复有其地。升明二年，宕昌王梁弥机初立，魏主宏遣使拜为征南大将军、梁益二州牧、河南王。齐永明初，亦拜弥机为河、梁二州刺史。三年，弥机死，国乱，魏拜弥机兄子弥承为宕昌王。六年，齐以弥承为河、凉二州刺史。梁天监四年，魏以宕昌世子梁弥博为宕昌王。既而梁亦以弥博为河、凉二州刺史、宕昌王。大同七年，宕昌王梁仚定为下所杀，弟弥定立。大宝初，国乱，西魏遣将宇文贵史宁讨定之。后周保定四年，梁弥定屡寇周边。周将田弘击灭弥定。天和初，置宕州，兼置宕昌郡。隋初，郡废。大业初，复改州为宕昌郡。唐复曰宕州。天宝初，曰怀道郡，郡治怀道县。旧《志》云：怀道县亦后周置，兼置甘松郡于此。隋初，废郡，以县属宕州。唐始移宕州治此，乾元以后，没于吐蕃。宋熙宁六年，王韶拔宕州，通洮山路，吐蕃木令征以岷州降，因置宕昌堡，属岷州。时运蜀茶市马于岷。及金人据洮州，遂并番市于此，岁市马数千。今卫南百二十里有宕昌驿。《一统志》云：宋纲马憩息之所也。

阳宕城，在卫东南百十三里。后周所置县，为宕昌郡治。隋开皇初，郡废，十八年，改为良恭县，大业初，仍为郡治。唐属宕州，后没于吐蕃，大中间，收复，废县为镇。宋建隆三年，以良恭镇并入大潭，熙宁中，复为良恭镇。元废。又和戎城，在卫东南。亦后周置，属宕昌郡，隋属宕州，唐因之，后废入良恭县。〇阶陵城，在卫东南二百八十里，近巩昌府成县界。《后魏志》：太平真君四年，置阶陵县，属仇池郡。后周并入仓泉县。仓泉，今成县之废上禄县也。

索西城，在卫东北九十里。后汉建初二年，金城、陇西羌反于临洮，车骑将军马防讨之。道险车不得方驾，防设奇破之。索西、迷吾等羌降，防乃筑索西城，徙陇西南部都尉戍之，悉复诸亭候。元和三年，迷吾乃退居河北之归义城。《水经注》：洮水自临洮县东北流过索西城，又北出门峡，又东北径桑城东。《通典》：索西城一名临洮东城，又名赤城。今桑城，见狄道县。

麹城，在卫东百里。其地名翹上，亦曰乌翹。盖翹讹为麹也。蜀汉延熙十二年，姜维出陇西伐魏。因麹山筑二城，使其将句安等守之。魏雍州刺史陈泰曰：麹城虽固，去蜀险远，当须运粮，虽维来救，山道险远，非行兵之地也。遂围麹城，断其运道及城外流水。维来救，不能达。麹城降于魏。因置戍守于此，为拒蜀要地。后废。

铁城。在卫东北。宋熙宁六年，收复岷州。明年，置铁城堡。元置铁州于此，与岷州并属脱思麻路。后废。明太祖命李文忠讨西番，从洮州铁城取道而出，是也。《一统志》：西和州东十八里有铁城。○梅川城，在卫东北三十里。今为梅川寨，兼置递运所于此。又酒店城，在卫东北四十里。今为酒店子寨，并置驿于此。又有颠角城，在卫南百三十五里。亦曰颠角寨。《一统志》：梅川、酒店与颠角为三古城。今俱有官军戍守。又下城，在卫北。宋嘉定十二年，四川帅安丙遣王仕信、宋质俊等伐金，发宕昌及下城，宋质俊自下城克来远镇是也。来远镇，见巩昌府宁远县。

岷山，在卫城北。山黑无树木，洮水径其下，州以此名。相传禹见长人受黑玉书于此。又城南里许有金通山，山势嵯峨，亦名金童山。○崆峒山，在卫西二十里。《通典》：秦蒙恬筑长城，起于崆峒山，自山傍洮水而东，今州境有古长城云。宋祁曰：汉武帝逾陇西，登崆峒盖在此。误矣。

冷落山，卫东五十里。盛夏阴晦即雨雪，因名。今有冷落山寨，为官军戍守处。又卫东百二十里有遮阳山，以日影为山所蔽也。又贵清山，在卫东百五十里。顶平衍，可耕种。

牛头山，在卫东南。魏收《志》：阶陵县有牛头山。《五代志》：牛头山在成州上禄县界，又东北即麹山也。姜维伐魏，依麹山筑城，使将守之。魏陈泰围麹城，维引兵救之，出牛头山，与泰相对。泰敕诸军各坚垒勿与战，使郭淮转趋牛头截维还路。淮进军洮水，维惧，退走，麹城遂降于魏。胡氏曰：牛头山在洮水南，以形似名。

普鲁岭，卫东七十五里，为岷、巩冲要处。或云，即左要岭也。宋熙河路总管关师古与刘豫兵战，败于此，遂以洮、岷地降。今有普鲁岭寨，官军屯戍于此。○分水岭。在卫南四十五里，下有分水岭河。又摩云岭，在卫东南百五十里，下临白水江。宋有临江寨，初属秦州，熙宁中，改属岷州，寨盖置于此。

望曲谷，在卫西。后汉建初二年，马防破诸羌于临洮。其众皆降，惟封养种豪布桥等屯望曲谷不下，防复击破之。《水经注》：望曲在临洮西南，去龙桑城二百里。龙桑或即桑城矣。见前临洮府狄道县。

洮河，在卫城北。自洮州东北流至此，又北流入临洮府界。详见大川。〇叠藏河，在卫城东门外。源出分水岭，下流入于洮河。

荔川河，卫东南九十里。旧有荔川寨，以此为名。东南合于间井河。〇间井河，在卫东南百四十里。源出秦州礼县之没遮拦山，流入马淳河。宋亦置间川寨于此。〇又马淳河，在卫东南百八十里，合诸川之水俱东北流入漳县境合于漳水。又卫东南二百八十里有良恭河，旧良恭县以此名。其下流入于白水江。

白水江，在卫南百五十里。自洮州流入境，又东北流入西和县境。邓艾屯白水，以拒姜维处也。《三国志》：姜维自牛头引去，邓艾料维且复还，郭淮因留邓艾屯白水北。又有洮城，去邓艾屯六十里。姜维使廖化军白水南，自引军渡白水袭洮城。艾觉之，潜军驰据其城，维引还。今洮州城去白水甚远，或卫境更有洮城欤？张舜民《画墁录》：自岷州趋宕州，沿水而行，稍下行大山中，入栈路，或百十步复出，略崖险岑，不可乘骑，必步至临江寨，得白江，至阶州复七八日。其所经皆使传所不能达也。

石关，在卫东百五十里。或以为前凉张骏所置石门护军，即此关云。〇茶埠峪寨，在卫东十五里；卫东六十里有永宁堡寨，又东十五里为弄松堡寨；又鸦山寨，在卫东南三十五里；俱官军戍守处也。

曹家堡，在卫西十五里。又西有中寨、野狐桥、冷地峪三寨。《志》云：野狐桥在卫西四十里。又十五里为冷地峪，卫与洮州接界处也。〇木昔寨，在卫西南十里。又西南有胡麻沟、鹿儿坝、柏树植、镇羌、三垒五寨，俱官军戍守处。

栗林寨，卫南十五里。又南为陵兀赤、分水岭、哈答川、赏家族、脚力、高楼铺、何家铺、颠角、宕昌、老鼠川凡十寨，卫军戍守于此。〇水磨沟寨，在卫北五十里；又北二十里有马崖子寨；向俱设官军防守。

床川寨，在卫南。《宋志》：元丰二年，岷州之床川、荔川、闾川寨及通远军寨，置牧养十监。是也。通远见巩昌府。

遮阳堡。卫东百二十里。宋熙宁五年置，属岷州。七年，改隶巩州。元丰初，复隶岷州，以遮阳山而名。又《宋志》：岷州北有穀藏堡，亦熙宁中置。《一统志》在西和县西十里。误。〇西津驿，在卫西四十里，又九十里而至洮州卫。《志》云：卫治西今有岷山驿。

〇西固城军民千户所，在卫南四百里。元置汉番军民上千户所，明初，改今名，隶岷州卫。城周三里有奇。今仍曰西固城。

沙川，在所西十里。有桥跨其上。又所城北有三眼泉，引流而北，与沙川俱北入于白水江。

化石关。所北九十里。又所西南三十里，有平定关，皆官军戍守处。

读史方舆纪要卷六十一

陕西十　榆林镇

〇榆林镇，东至山西偏头关百六十里，西至宁夏后卫七百二十里，南至延安府绥德州三百里，北至黄河千余里，自镇治至京师二千五百里，至南京三千一百里，至布政司一千一百二十里。

春秋时白翟地，战国属赵。秦始皇时，为上郡地，汉属西河郡，后汉因之，建安中，荒弃。《魏志》：汉建安二十年，省云中、定襄、五原、朔方郡。晋为并州徼外地，其后属于苻秦，寻为赫连夏所据。后魏仍为上郡地。后周置开光郡。隋废郡，以地属绥州，大业中，属雕阴郡。唐属银州，开元中，属银川郡。宋没于西夏。元属绥德州，明初，因之。正统间，河套多故，景泰中，乃设戍守于榆林旧堡。成化九年，陕抚余子俊改筑旧城，置榆林卫，统千户所五，俱在卫城内，弘治九年，又展筑焉。寻为重镇。今为榆林镇，亦设榆林卫。

镇截河套之冲，固延、绥之守，自镇以北，皆战国时云中、九原地也。《史记》：赵武灵王二十六年，复攻中山，攘北地至燕、代，西至云中、九原。二十七年，西北略胡地，欲从云中、九原直南袭秦。其后赵益衰,匈奴强,遂入居河南。秦始皇三十三年,使蒙恬斥逐匈奴,收河南地,为四十四县。筑长城,因地形用制险塞,起临洮,至辽东,延袤万余里。又渡河据阴山,逶迤而北,谓其地为新秦。薛瓒曰:秦逐匈奴,收河南地,徙民以实之,谓之新秦。汉亦曰新秦中,元狩二年,徙贫民于关以西及充朔方以南新秦中是也。又元鼎五年,北出萧关,从数万骑猎新秦中。楚、汉之际,匈奴复炽,乘间南渡河,冀复收蒙恬所夺地,大为边患。汉武元朔二年,斥逐匈奴,遣卫青等度西河,历高阙,收河南地。是时遣卫青、李息等出云中以西至陇西,击走匈奴楼烦、白羊王,遂取河南地。主父偃言:河南地肥饶,外阻河,蒙恬城之以逐匈奴,内省转输戍漕,广中国,备边之本也。乃筑朔方城,立朔方郡,缮故秦蒙恬所为塞,因河为固。自朔方筑而匈奴始衰,其后遂入朝于汉。及后汉顺帝永建初,陇西羌乱,西河、上郡、朔方皆残破。四年,虞诩上疏,谓三郡沃野千里,水草丰美,土宜产牧,宜复营城邑,事耕屯。从之。自魏、晋以降,中原多故,其地遂沦于异域。及刘卫辰据之,亦雄长河西。赫连勃勃复起于此,兼有关、陇。后魏之季,宇文泰亦以夏州发迹,遂并关中矣。唐贞观以后,声教讫于漠外,而边备未密,河西、朔方时有阑入之虑。景龙二年,张仁愿击突厥,夺取漠南地,于河北筑三受降城,首尾相应,以绝其南寇之路。大历二年,郭子仪言:朔方,国之北门,西御羌、犬戎,北虞猃狁。五城相去,五城,谓灵武、定远及三受降城也。凡三千里。盖自秦至唐,御戎上策,恒在大河以北也。唐末,拓跋恭据有夏州,延及宋世,强狡益甚,陕西六路皆为困弊，历祚三百余年，始为蒙古所并。岂非关中上游，恒在朔方之验欤？明初，李文忠定大同，西略丰州，遂即胜州城东胜以统套内之地。《九边考》：东胜州，统套内独乐、木禾、白土、奢延、皋狼、圆阴、鸿门、圆阳、朔方、窟浑、渠搜、临戎十二县。按诸县俱汉旧名，属上郡、朔方、西河三郡，后代久废，岂明初尝以置城堡欤？又圆阳或讹为罗阳。是时自东胜迤西路通宁夏皆有墩台墙堑，永乐初，见亡元远遁，始移治延、绥弃河不守。正统中，稍稍多事，乃筑榆林等城堡二十有三，于其北三十里沙漠平地，筑瞭望墩台，往南三十里硬土山沟则埋军民种田界石，列营积粮，以绝寇路。成化七年，抚臣余子俊言：延、庆边山崖高峻，乞役丁夫，依界石一带山势曲折铲削，令壁立如城，高可二丈五尺，山坳川口，连筑高垣，或掘深堑，相度地形，建立墩堠，添兵防守，此不战而屈人兵之计。九年，修筑始就，《五边考》：正统中，有宁夏副总兵黄鉴奏：于偏头关、东胜州黄河西岸，地名一颗树起，至榆沟、沙迷、都六镇、沙河、海子山、火石脑儿、碱石海子、回回墓、红盐池、百眼井、甜水井、黄沙沟，至宁夏黑山觜、马营等处，共立十三城堡、七十三墩台，东西七百余里，实与偏头、宁夏相接，惟隔一黄河。议者以地平漫难据，已之。继而延、绥镇守都督佥事王祯始奏筑榆林城，创沿边一带营堡墩台，累增至二十四所，列营积粮，以为固。景泰中，边臣徐亨奏祯擅弃原守寨堡移入腹里，恐边寇占据所弃寨堡以为巢穴，于是敕祯候春暖河开，仍往原寨守备，事不果行。盖榆林边堡，实自王祯始之也。又景泰中，总兵石亨议将延、绥一路营堡移从直道，以府谷堡移柴关故城等处，孤山、东村二堡移野芦川，神木堡移杨家城，柏林、高家二堡移石落涧，双山堡移直溪滩，榆林城移桦林白涧滩，响水、波罗二堡移白土窑，土门堡移白腊峰，大兔鹘堡移滥柴关，龙

州城移北城，塞门堡移古窑，清边营移蒯河，宁塞营移察罕脑儿等处，直与
安边、定边相对。时亦以徙置烦劳，不果。成化二年，兵部郎中杨琚条列边
事，谓如黄鉴之说，既省戍兵，且易侦望，而宁夏东路与偏头关河边营堡俱
在内地，与列堡数十而弃膏腴于境外者孰优？石亨移堡之说，犹未如鉴之
包括尽善也。议亦不行。是年，边臣王复言：延、绥境府谷等一十九堡，俱
极边要地，必须增置那移，庶为易守。宜将府谷堡移出芭州旧城，东村堡移
出高汉岭，响水堡移出黑河山，土门堡移出十顷坪，大兔鹘堡移出响铃塔，
白洛城堡移出砖营儿，塞门堡移出榆柳庄，不唯东西直捷，亦水草便利。
内高家堡至双山堡，双山堡至榆林城，宁塞营至安边营，安边营至定边营，
相去隔远，合于交界处地名崖寺子、三眼泉、柳树涧、瓦楂梁各添哨堡，以
相联络。从之。七年，余子俊复徙平夷、清平、镇靖三堡于旧城。以平夷水
脉顿涸，清平镇、靖又去水太远，因复徙旧城，而新堡亦拨兵戍守。九年以
后，营堡始鲜议徙者矣。**东起清水营紫城岩，西讫宁夏卫花马池边
界，创修安边营及置建安、常乐、把都河、永济、安边、新兴、
石涝池、三水、马跑泉八堡边墙，东西长一千七百七十余里，
而榆林渐为完固。**弘治中，抚臣文贵以屯田多在边外，于是修
筑大边，防护屯田，而以子俊所筑者为二边。正德初，制臣杨
一清言：河套之地，饶水草，宜五谷，本吾内地，初非寇巢。其
地有受降城，据大河三面之险，当千里之蔽。国初舍受降而卫
东胜，已失二面之险，又辍东胜以就延、绥，则以一面之地遮
千余里之冲，遂使套中六七千里之沃壤，为寇瓯脱，外险尽失，
宁夏屯卒反备南河，此陕西边患所以相寻而不可解也。宜因时
设策，一举而廓清之，复收东胜，因河为固，东接大同，西接宁
夏，耕屯牧放，亘千百里，以壮军实，以息内运，庶陕西可息肩

耳。时刘瑾专政,议遂寝。嘉靖十年,督臣王琼复议修榆林边,谓大边中间率多平地,筑墙高厚不过一丈,可坏而入,当先修之,务使崖堑深险,墙垣高厚。然功卒不成。二十五年,督臣曾铣又言:边墙岁久倾颓,不异平地,宜分地定工,次第修举。西自定边,东至龙川堡,计长四百四十余里,为西段;自龙川堡而东至双山堡,计长四百九十余里,为中段;自双山堡而东至黄甫川,计长五百九十余里,为东段。今镇分三道,以西段为靖边道,中段为榆林道,东段为神木道。岁修一段,期以三年竣事。又言:河套为我必守之地,自寇据套为穴,深山大川,势反在彼,彼得出没自由,东西侵掠,守御烦劳,三秦坐困,故套患不除,中国之祸未可量也。臣尝审度机宜,较量彼我,当秋高马肥,弓矢劲利,纠合丑类,长驱深入,彼聚而攻,我分而守,此彼利而我诎之时也。及冬深水枯,分帐散牧,马无宿藁,日渐羸瘠,比及春深,贼势益弱,我则淬励戈矛,多备火器,练兵秣马,乘便而出,此我利而彼诎之时也。今御边者不乘彼之诎,而用吾之利,常使得因其利而制吾之所诎,是以有败无胜。为今之计,宜益练士卒,多备矢石,每于春夏之交,携五十日之饷,水陆并进,乘其无备,直捣巢穴,材官驺发,砲火雷激,则寇不能支矣。岁岁为之,每出益厉,寇势必折,将遁而出套恐后矣。俟其远去,然后因祖宗之故疆,并河为塞,修筑墩台,建置卫所,处分戍卒,讲求屯政,以省全陕之转输,壮中国之形势,此中兴大烈也。夫臣方议筑边,又议复套者,盖筑边不过数十年计耳,复套则驱斥凶残,临河作障,乃国家万年之计也。未几,铣为严嵩、仇鸾所构，论死。自是无议及河套者。隆庆中，套寇吉能以俺答内附，亦愿款塞，朝廷因而羁縻之云。《九边考》：明初，设东胜卫于套北，又设延绥镇于套南，藉如带之河相为犄角，与云川、玉林卫所声势联络，以故关、陕、晋云之间晏无边警。套地长几二千里，横数百里，山川环列，原田沃饶。黄河自宁夏横城绕入北地，至山西老牛湾入中国。其中地与关中郊圻相接，若画地而守之，每年防御，唯在冬春四阅月，较易为力。今弃为异域，使寇雄长其中，南犯榆林则关、陕戒严，东犯偏关则晋、云惊扰。唐筑受降城能遏敌于河外，今守榆林乃养敌于套中，诚不知计所出也。又套以内地广田腴，亦有盐池、海子，初时敌少过河，军士多耕牧套内，益以樵采围猎之利，故诸堡皆称丰庶。自套内充斥，诸利尽失，镇城四望黄沙，不产五谷，不通货贿，一切资粮，皆仰给腹里。又以边邑凋敝多灾伤，西安、延、庆三府悉改本色为折色，于是军用益窘，镇城将士恒有枵腹之忧。说者谓榆林地险而防严，将士敢勇，战不贯胄，敌每惮之，呼为骆驼城人马。然迫于寇门，粮道险远，彼若以重兵压境，更以奇兵驻鱼河之地，即粮道阻绝，不三月而镇城坐困矣。今黄河自陕城而上至绥德近境，春初皆可舟行，若计沿河郡县，改征本色，水陆接运而上，榆林可以少苏。又添设仓场于延、宁、甘固适中之地，以户部官主之，每镇给与盐银十余万，令其籴买储蓄。一旦客兵应援，缓急不至无备，疆场无事，储蓄可以益广。又或谓葭州至府谷逆流，舟楫可通，宜建仓庾于濒河，征本色于近县，造舟转运，以济清水、木瓜、孤山等处。既以河流险峻，不果行，要皆非胜算矣。夫周命南仲城朔方而狝狁于襄，后世举关、河要地拱手畀敌，使横据其中，长驱突犯，形势日蹙，边害日剧，独何欤？万历中，宁夏游击金城者建造四艘，蓄健兵器械于其中，乘黄河泛涨时自横城顺流而东，月余至老牛湾始还，颇有斩获。两岸敌骑聚观，矢石莫敢近，内外共奇其功。夫复套、搜套，筹略之士有言之者，此亦出奇之一策欤？

榆林城，今镇城。故榆林庄寨也，属绥德州。亦曰榆林堡。成化中，始置卫于此，因旧城改筑。弘治九年，增拓旧城，建为雄镇。正德十三年，幸榆林，明年，始还。城周十四里有奇。西四门，东二门，南一门，凡七门。

夏州城，在镇西北二百里。东南至绥德州四百里。周之朔方，秦为上郡地，后没于匈奴。汉元朔二年，逐匈奴，始置朔方郡，后汉末，废。晋乱，石勒并朔方，兼置朔州。义熙九年，赫连勃勃于朔方水北、黑水之南筑城，曰统万，遂都焉。宋元嘉初，勃勃名其四门，东曰招魏，南曰朝宋，西曰服凉，北曰平朔。后魏主焘始光三年，袭统万，大掠而还。明年，复袭统万，克之，因置统万镇。太和十一年，改置夏州及化政郡。《魏史》：初，勃勃筑统万城，高十仞，基厚三十步，广十步，宫墙高五仞，其坚可以砺刀斧。太武克之，每言屈丐蒸土筑城，而朕灭之，守国岂在城也。永熙中，宇文泰为夏州刺史，因并贺拔岳之众。大统二年，东魏高欢袭取夏州，留兵镇守。既而西魏复取之，改郡曰弘化。隋废郡，复曰夏州。开皇六年，遣崔仲方于朔方以东缘边险要，筑数十城是也。大业三年，改为朔方郡。十三年，梁师都据朔方，寻称帝。唐武德五年，延州总管段德操攻之，克其东城。师都保西城，会突厥救至，德操乃还。贞观二年，柴绍引军攻取之，复置夏州。天宝初，亦曰朔方郡，乾元初，复故。贞元三年，尝置夏州节度。广明初，赐号定难军以授拓跋思恭，遂世据其地。宋淳化四年，李继捧镇定难军，以夏州合于继迁，遣李继隆入夏州执之。朝议夏州深在沙漠，奸雄因以窃据，乃毁其城，迁其民于绥、银。既而复为西夏所据，亦谓之平夏城。咸平中，李继迁徙绥州吏民之半置平夏，以为巢穴。又党项在夏州境者，亦曰平夏部也。元废。宋白曰：赫连勃勃于晋义熙九年蒸土筑城，其城土白而坚，南有兀敌峻险，非人力所攻，迄今堆堞虽久，崇墉若新。后唐长兴四年，遣安重进等攻李夷兴于夏州，州城坚如铁石，斸凿不能入。又为党项所抄掠，粮运不继，引还。夏人常恃为险云。○朔方废县，唐夏州治也。本汉县，属朔方郡，晋废。后魏置岩绿县为化政郡治，隋为夏州治，唐贞观二年，改为朔方县。《旧唐书》：岩绿亦作岩银。

宁朔城，在废夏州南。本朔方县地，后周析置宁朔县。隋因之，仍属夏州。唐武德二年，灵州总管郭子和袭梁师都宁朔城，克之。六年，置南夏州于此。贞观二年，州废，县仍属夏州。四年，突厥亡，分突厥所统地置顺、祐、长、化四州都督，又分颉利之地为六州，左置定襄都督府，右置云中都督府，以统其众。刘昫曰：时侨置定襄都督府治宁朔，云州都督府亦侨置于朔方之境。

长泽城，在废夏州东南。汉置三封县，为朔方郡治。后汉朔方郡迁治临戎，以三封县属焉。汉末废。后魏太和十三年，置阐熙郡，治山鹿县，西魏析置长泽县，又置大安郡及长州治焉。隋开皇初，郡废，大业初，州废，县仍属朔方郡。唐贞观七年，亦置长州于此，十三年，州废，还属夏州。宋没于西夏，县废。又新囯城，亦在夏州东。后魏置，属阐熙郡。隋开皇三年，与山鹿县俱废入长泽。囯、国同。

德静城，在废夏州北。本汉朔方县地，或谓之什贲城。《括地志》：夏州朔方县北什贲城，即汉武遣苏建所筑朔方城也。什贲之号盖出蕃语。隋义宁二年，置德静县，属朔方郡。唐贞观七年，属北开州，八年，改北开州为化州，十三年，废化州，县仍属夏州。宋白曰：什贲故城即德静县治。是也。

石堡城，在废夏州东南。隋末，梁师都所置。唐武德初，延州总管段德操击梁师都石堡城。三年，师都将石堡留守张举来降，既而其城复为师都所取。五年，段德操复自延州攻石堡城，师都自将救之，败去。师都平，城废。宋时夏人复置戍于此，元丰四年，种谔克米脂，进攻银、夏二州，破石堡城，遂进至夏州是也。

宥州城，在废夏州西二百二十里。南至宁夏后卫百四十里。《旧唐书》：调露初，以突厥降户置曾、丽、含、塞、依、契凡六州于灵夏南境，以唐人为刺史统之。长安四年，并六胡州为匡、长二州。神龙三年，置兰池都督府，仍置六州隶之。开元九年，兰池州康待宾反，诱诸降户攻陷六州地，进逼夏州。十年，复分置曾、丽、契、塞四州，十一年，克康待宾，迁其人于河南、江淮之地。十八年，又于此置匡、长二州。二十六年，自江、淮放回迁户，因于盐、夏间置宥州处之，治延恩县。天宝初，曰宁朔郡，至德二载，改为怀德郡，乾元初，复曰宥州，宝应后，废。元和九年，李吉甫请复宥州，以备回鹘、党项。从之，因复于经略军置宥州，十五年，移治长泽县，为吐蕃所破。长庆四年，夏州节度使李祐复于旧经略城置州。宋没于西夏。元丰中，吕惠卿出鄜、延复宥州，旋复为夏所陷。元废。○延恩废县，故宥州治也。唐开元二十六年，以废匡州置。《志》云：天宝中，王忠嗣奏置经略军于榆多勒城，去宥州故城东北三百里，寻移经略军于灵州城内，元和九年，以宥州寄治经略军，长庆中，始移治于故经略城，延恩县亦随州移治焉。宋白曰：六降州俱置于德静县北。

归仁城，在废宥州西南。唐初为兰池州之长泉县，开元二十六年，置归仁县，属宥州。又怀德城，亦在废宥州南，唐初为塞门县，旋废。开元二十六年，改置怀德县，属宥州。宋皆没于西夏，县废。○威戎城，在废宥州东南。宋绍圣四年，吕惠卿复宥州，筑威戎、威羌二城是也，旋废。

奢延城，在故夏州西南。汉县，属上郡，以在奢延水旁而名。后汉因之，汉末废。又白土城，亦在夏州南。汉县，属上郡。高七年，白土曼丘臣、王黄立故赵将赵利为王以叛,即此。后汉仍属上郡,后废。《汉志》注:圜水出白土县西。是也。

窳浑城,在故夏州西北。汉县,属朔方郡,西部都尉治此。《汉志》注:县有道,西北出鸡鹿塞。又有屠申泽在县东。《水经注》:屠申泽东西百二十里。阚骃以为浑泽也。后汉,县废。○临戎城,在废夏州西北。汉县,属朔方郡,后汉为朔方郡治,后废。县北即高阙塞也。又临河城,在临戎城东。汉初,属朔方郡,武帝封代恭王子贤为侯邑,后汉省。或曰唐西受降城即其地。

沃野城,在废夏州西。汉县,属朔方郡,后汉末,废。晋末,赫连勃勃复置城邑于此,后魏平赫连置沃野镇。《后魏纪》:延兴元年,统万、沃野二镇敕勒叛,源贺讨平之。正光四年,沃野镇民破六韩拔陵聚众反,杀魏将。孝昌初,拔陵为柔然所破,乃弃沃野南徙渡河。《魏志》沃野县属偏城郡,盖于镇城兼置县也。后周保定四年,杨忠约突厥伐齐,因引兵出沃野,寻引还。隋并县入丰林。《志》云:县地沃衍,水土尽黑,功省数倍,七月成熟,又有盐官,后魏置镇于此,又于沃野县盐泽北之黑池西,置凉城郡。今故城犹在焉。胡氏曰:魏平赫连,置统万、沃野二镇,不在六镇之列。《唐志》:魏沃野镇城在天德军北六十里。《风土记》:后魏改朔方故城为沃野镇,去统万八百里。似误。○渠搜城,亦在废夏州北。孔氏曰:即《禹贡》所云渠搜之戎也。汉为渠搜县,属朔方郡,中部都尉治此,后汉,废。后魏太和二年,亦置渠搜县,属代郡,盖是时,侨置郡于朔方境内。又广牧城,在废夏州东北。汉县,朔方东部都尉治此,有盐官。三国魏省朔方,以县属新兴郡,晋因之。魏收《志》:广牧县,属朔州附化郡。盖侨置于河东也。又魏末,斛斯椿为广牧富昌人,岂广牧尝别为一郡欤?

三交城,在废夏州西。晋义熙初,姚兴以三交五郡鲜卑及杂部二万余落配赫连勃勃,使镇朔方,勃勃因以叛。王氏曰:朔方西有三交城,以旁有三交谷而名。唐大中四年，以平夏党项未平，诏讨之，定远城使史元破党项九千余帐于三交谷，叛部悉定，即此地矣。盖与宁夏卫东北接界。

乌延城，在废夏州西南。唐长庆四年，李祐为朔方节度使，筑乌延、祐川、临塞、阴河、陶子等五城于芦子关北，以护塞外。亦谓之五城。《志》云：五城俱在朔方县境。或曰乌延城一名乌水城，亦曰乌城。唐武德八年，突厥屯河南，入塞围乌城，即此城矣。《唐志》：朔方有乌水城。王氏曰：乌城盖在盐州五原县乌盐池旁。

木城，在故夏州东。晋义熙四年，姚兴遣将齐难讨赫连勃勃于朔方，勃勃闻秦兵且至，退保河曲。齐难以勃勃远遁，纵兵野掠，勃勃潜师袭败之。难退走，勃勃追至木城，悉俘其众是也。又幹罗孩城，在废夏州东北。宋开禧三年，蒙古攻西夏，克其幹罗孩城。《唐志》：夏州北又有弥峩城。○察罕脑儿城，在临戎废县东。永乐中，宁夏总兵柳升请修之。景泰中，石亨请移宁塞营于此，皆不果。

胜州城，镇东北四百五十里。北至黄河五里，东至黄河五十里，古戎狄地。孔氏曰：战国时林胡所居。赵武灵王北破林胡，其后李牧降林胡，皆此处也。亦为赵之云中郡地，秦始皇伐赵取云中、及秦并天下，此为云中、九原二郡地。亦谓之榆溪塞。《史记》：秦却匈奴，树榆为塞是也。汉为云中、五原二郡地。后汉末，没于匈奴。隋开皇二十年，始置胜州。大业三年，改为榆林郡，是年，北巡至榆林，欲出塞耀兵，经突厥中指涿郡，突厥奉诏，发榆林北境至其牙东达蓟，长三千里，开为御道。时又筑长城，西距榆林，东至紫河。隋末，为梁师都所据，唐讨平之，复置胜州。天宝初，亦曰榆林郡，乾元初，复故。宋亦曰胜州，寻没于西夏。辽人置东胜州于河东，后皆因之，而胜州遂废。《通典》：胜州东渡河至马邑郡四百二十里，东南至合河关去楼烦郡二百五十里。马邑、楼烦，今山西朔州及岚县也。○榆林废县，故胜州治也。杜佑曰：榆林，汉沙南县地，属云中郡后汉末，废。隋开皇六年，置榆林县，寻为胜州治，唐因之。五代梁贞明二年，契丹阿保机破振武军，胜州之民皆趋河东。石晋初，以代北地割属契丹，因置东胜州，县亦迁治焉。

河滨城，在故胜州东南。古榆林县地，或曰古河滨戍也。晋大宁三年，刘曜遣刘岳击斩后赵将石陀于河滨，盖在此。唐贞观三年，置云州于河滨，因置河滨县。四年，改为威州，八年，州废，以县属胜州。《通典》：县东临河岸，因名。辽东胜州亦兼领河滨县，金废。

金河城，在故胜州黄河东岸。《隋志》：开皇三年，置阳寿县及油云县，又置榆关总管。五年，改置云州。十八年，改阳寿曰金河。二十年，突厥启民可汗来降，因移云州于河东之大利城，遣将赵仲卿为突厥启民可汗筑金河城，二县俱废。仁寿二年，又置金河县，带关，属胜州。唐县废。○富昌城，在胜州西南。汉县，属西河郡，后废。隋开皇十年，复置，属胜州。唐废。《汉志》注：富昌县有盐官。

五原城，在故胜州西。汉置五原县，属五原郡，后汉因之。永和五年，以南匈奴叛乱，徙朔方郡治五原。亦曰五原塞。《晋志》：自北地郡北行九百里得五原塞。《地志》：五原：龙游原、乞地干原、青岭原、岢岚正原、横槽原也。环绕县境，汉因以名县。晋县废。后魏亦置五原县，属朔方郡。魏主嗣泰常五年，如五原。魏主诩正光五年，元彧与破六韩拔陵战于五原，军败。明年，元深击拔陵，被围于五原，深乘间还朔州。西魏大统五年，宇文泰奉太子钦巡抚境内，自北长城东趋五原，还至蒲州。后周，县废。隋开皇十九年，使长孙晟筑大利城，以处突厥启民可汗。晟以染干部落归者益众，大利虽在长城内，犹被雍虞间抄掠，请移五原，以河为固，于夏、胜两州间，东西至河，南北四百里，掘为横堑，令处其内，使得任情蓄牧。从之。时隋立染干为启民可汗，使与雍虞间相攻杀也。魏收《志》：朔州附化郡有五原县。杜佑曰：汉五原县城，在榆林县西。大利，见山西朔州。○太安城，在故胜州东北。魏收《志》：魏延和二年，置太安郡于汉五原界，属朔州，即此。

曼柏城，在故胜州西。汉县，属五原郡，后汉因之，永平十八年，置度辽将军屯营于此，以防南、北匈奴交通也。永元六年，南单于安国欲诛其右谷蠡王师子，师子遁入曼柏城。又延光二年，鲜卑攻南匈奴于曼柏，即此。汉末废。

美稷城，在故胜州西南。汉县，属西河郡，属国都尉治焉。后汉建武中，诏南匈奴徙居美稷之虎泽，又令使匈奴中郎将亦屯焉。永初三年，南单于叛，围中郎将耿种于美稷。永和五年，南匈奴别部酋围美稷，杀朔方、代郡长吏。又永寿元年，南匈奴别部叛寇美稷。中平中，以南匈奴寇乱，寄治于隰城县界。今汾州府西北亦有美稷故城，是也。后汉末，废。

稒阳城，在废胜州西南。汉县，属五原郡，东部都尉治此，后汉因之。《汉志》：注稒阳北出石门障得光禄城，又西北得支就城，又西北得头曼城，又西北得虖河城，又西得宿虏城云。后汉末，废。后魏主焘畋于稒阳，即此。○临沃城，在稒阳县东。汉县，属五原郡。后汉末，废。《水经注》：怀朔镇城，在稒阳县光禄城东北云。

金肃城，在故胜州东北。宋庆历四年，契丹主宗真伐夏，出金肃城，又分兵出南路、北路，三路济河长驱入夏境四百里，不见敌，据德胜寺南壁以待。北路将萧惠败元昊兵于贺兰山。后元昊伪请和，契丹主进次河曲待之。元昊败其前锋，乘胜攻南壁，契丹主大败。又宣和五年之。主延禧为金人所败，夏人请辽主临其国，遂自云内渡河入夏境，次金肃军北。《辽志》：金肃州，契丹重熙十二年伐夏时置。

河清城，在金肃州东北。《辽志》：西夏归辽，开直路趋上京。重熙十二年因建城，号河清军。宋靖康元年，金人许以天德、云内、金肃、河清四军及武州等八馆地畀夏，约攻麟州，以牵河东之势。夏人遂由金肃、河清渡河，取天德、云内、武州、河东八馆之地。既复为金人所取。

丰州城，在镇西北七百里。《通典》云：北至黄河四十里，西至黄河百三十里。是也。自古为外国地，战国属赵，秦属九原郡。始皇三十五年，使蒙恬通道，自九原抵甘泉，堑山堙谷千八百里。又三十七年，东巡道死，行从井陉抵九原，从直道至咸阳是也。汉为九原县，五原郡治焉。元鼎五年，匈奴入五原，谓此。后汉仍为五原郡，汉末，没于匈奴。符秦得其地，亦置五原郡，后为赫连夏所据。后魏延和二年，置五原镇，寻改曰怀朔，为六镇之一。太和十八年，魏主如怀朔镇。正始初，柔然侵魏之沃野及怀朔镇，命源怀出行北边。怀至云中，柔然遁去。正光四年，沃野镇民破六韩拔陵叛，其党卫可孤，围武川镇，遂攻怀朔镇，镇将杨钧拒守经年，外援不至，继而武川陷，怀朔亦溃。孝昌中，改镇为朔州，其后荒弃，以朔州寄治并州境内。《水经注》：怀朔镇城，在汉光禄城东北。胡氏云：在汉五原郡稒阳塞外，其实即五原旧城矣。隋开皇五年，始置丰州于此，大业初，又改为五原郡，义宁初，太守张长逊奏改归顺郡。唐初，复曰丰州，武德五年，突厥遣其郁射设入居五原，云州总管略阳公道玄逐出之，斥地千余里。六年，州废。贞观四年，以突厥降附，复置丰州，二十一年，废。二十三年，复置。永淳二年，突厥畔部寇丰州，议者欲遂弃之，迁百姓于灵、夏。唐休璟言：丰州阻河为固，居贼冲要，秦、汉以来列为郡县，土宜耕牧。隋季丧乱，迁百姓于宁、庆二州，致外寇深侵，以灵、夏为边境。贞观之末，募人实之，西北始安。今废之，则河滨之地复为贼有，灵、夏等州人不安业，非国家之利也。乃不果弃。天宝初，亦曰九原郡，乾元初，复曰丰州。五代唐曰天德军。石晋初，为契丹所有，曰应天军，寻复为丰州，后入于宋，庆历初复为夏人所陷，绍兴中，又没于金。《金志》：皇统九年，升州为天德总管府，州守为天德尹，大定初，降为天德军节度。元仍曰丰州，明初，省。旧《志》：丰州东南去夏州五百里，去云中故城四百二十里。《一统志》云：废丰州在大同府西北四百二十里。误矣。〇九原废县，汉五原郡治也，后汉末，废，隋复置，大业末，又废。唐贞观中，丰州不领县，惟领蕃户，永徽四年，始复置县为州治。契丹得之，更置富民县。金因之，元省县入州。《志》云：丰州城前后有鸡延城及郎君城，汉、唐时屯戍处也。明洪武七年，败寇于丰州，置戍于此。后废。

永丰城，在故丰州东。后周保定三年，置永丰镇，隋开皇五年，置县。《唐志》：武德六年省，永徽元年，复置，属丰州。后为契丹所废。又安丰废县，亦在丰州东南。隋开皇十一年，置安化县，属丰州，后废。唐永徽中，改置安丰县，仍属丰州，唐末，废。〇蒲泽废县，亦在故丰州东。汉元朔中置，属国都尉治焉。后汉，废入九原县。

宜梁城，在故丰州东。汉县，属五原郡，后汉末，废。阚骃曰：宜梁城在五原西南六十里，世谓之石崖城。大河经宜梁、九原二县间，其津济之处，谓之金津。〇西安阳城，在故丰州东北。汉县，属五原郡，后汉末，省。

成宜城，在丰州界。汉县，属五原郡。《汉志》注：五原中部都尉治原高，西部都尉治田辟。颜师古曰：辟读壁。二都尉皆治县界。后汉建武二十六年，诏立南匈奴庭，去五原西部塞八十里，时南匈奴单于比属汉，与北匈奴分二国也。又县有盐官。后汉末，县废。〇河阴城，在丰州西南。汉县，属五原郡，后汉末，废。又有河目城，在废丰州东。亦汉县，属五原郡，后汉省。

中受降城，在废夏州北八百里。战国时，属赵。秦为九原郡地，汉属五原郡，后汉末，没于外。唐为丰、胜二州地，景龙二年，张仁愿于黄河北岸筑三受降城：以拂云堆为中城，南直朔方；西城，南直灵武；东城，南直榆林。三城各据津要，相距皆四百余里，地皆大碛，斥地三百里而远。开元二年，移安北大都护府治中受降城，置屯田。杜佑曰：安北府东至榆林三百五十里，西至九原三百五十里，北至回纥界七百里，南至朔方八百里，即中受降城也。二十一年，置朔方节度使于灵武，三受降城皆属焉。宋白曰：中城西行二百里至大同川，北行二百四十余里至步越多山。又东北三百余里，至帝割达城，又东北至诺真水云。又曰：中城西北至天德军三百里，南至麟州四百里，北至碛口五百里。

西受降城，在废丰州西北八十里。《志》云：本汉朔方郡临河县旧理所，唐景龙二年，张仁愿置城于此。开元初，为河所圮，总管张说于城东别置新城。元和七年，河溢，城南面多毁坏。八年，振武帅李光进请修受降城兼理河防，李吉甫请移治于天德故城，李绛、卢坦以为旧城当碛口，据敌要冲，得制匈奴上策。又丰水美草，边防所利。今避河患，退二三里可矣，奈何舍万代久安之策，为一时省费之谋？况天德故城僻处确瘠，去河绝远，烽候警急，不相应接，寇忽唐突，势无由知，是无故而蹙国二百里也。城使周怀义奏，利害与绛、坦同。上卒用吉甫策。于是西城遂废。《通典》：西城去灵武千余里。宋白曰：西城西南至定远城七百里，东北至碛口三百里。

东受降城，在废胜州东北二百里。本汉云中郡地，唐景龙二年，张仁愿置城于此，天宝初，王忠嗣并受降、振武为一城。元和七年，振武河溢，东城毁。宝历元年，振武节度使张惟清以东城滨河，徙置绥远烽南。其城在胜州东北八里，朔州西北四百里。会昌二年，回鹘为黠戛斯所败，屯天德、振武北境，李德裕请修东、中二受降城以壮天德形势是也。《通典》：故东城去灵武千六百余里。宋白曰：东受降城东北至单于都护府百二十里。振武城，在废胜州东北。唐天宝初，王忠嗣置振武军于东受降城东百余里，既而合东城、振武为一。贾耽曰：振武城，在朔州北三百五十里，本汉定襄郡之盛乐县。今详见山西大同府废盛乐县。

天德城，在中受降城西二百余里。古大同川地，隋大同城故墟也。宋白曰：大同城故墟在牟那山钳耳觜之地，东南至中受降城二百里，西南渡河至丰州百六十里，西至西受降城百八十里，北至碛口三百里，西北至横塞军二百里。天宝八载，朔方节度使张齐丘于中城西二百余里之木剌山筑城，号横塞军，以郭子仪为军使，译语谓之可敦城。十二载，安思顺奏废军，请于大同川西筑城，改名天安军。乾元中，复西南移四里，权居永清栅，号天德军。元和八年，河溢西受降城西南面多毁坏，李吉甫密陈便宜，请修天德城以安军镇，曰：西城是开元十年张说所筑，今河水毁其半，不堪重修。其子城犹坚，量留千人，足得居住。按天德旧城在西城正东微南百八十里，其处现有两城，永清栅，即隋大同城，去本城约三里，城甚牢小，今随事宜置，仍存天德军额。北城周回十二丈，天宝十二载安思顺所置。其城居大同川中，当北戎大路，属禄山，有事为贼将破毁，遂移永清栅。今别置理所于西城，力所不足，实非远图。若于天德旧城随事增饬，因有移换，仍取西城隶天德军，别置使名，自为雄镇，可以奢服殊邻。诏从之。于是移天德理旧城。旧城，即安思顺所筑也。《唐·回鹘传》：元和末，回鹘以三十骑至鸊鹈泉。诏天德城备御。会昌中，嗢没斯降，以天德为归义军，授嗢没斯为军使。乾符初，党项、回鹘寇天德军。唐末，属于李克用，既而契丹阿保机袭党项，破天德，尽掠吏民以归，城遂废。其后契丹置招讨司，渐成井邑，于是复置天德军治焉，属西京道。宋政和中，辽主延禧为女真所逼，亡走天德，即此。金废。《唐志》：中城西二百里大同川有天德军，大同西有天安军，皆天宝十二载置。又《会要》云：天宝八载，张齐丘于木剌山置横塞军，十三载，郭子仪为军使，以地偏不可耕，徙筑永清，号天德军。似俱未核也。

大同城， 在中受降城西二百二十里。古大同川也，东去木剌山二十里，西南去永清栅五里。有古大同城，隋析置也。开皇十九年，突厥谋攻大同城，遣汉王谅等分道击却之，即此。唐天宝三载，朔方节度使王忠嗣筑大同、静边二城，徙清塞、横野军实之。后改置天安军，寻复移永清栅。贞元中，浑瑊破阿布思，复与诸军城永清军及天安军，后复废。《旧书》：贞元十五年，置安乐戍，在河西堙。其东堙有古大同城。元和八年，李吉甫奏移西受降城于天德军云。永清栅，即隋大同城，其实非一城也。宋祁曰：自夏州北渡乌水，行五百三十余里过横水，又行百十九里至安乐戍。或曰横水在山西大同境祁说亦误也。

安北城，在黄河北岸。唐贞观二十一年，铁勒、回纥等十三部内附，永徽初，即古单于台置燕然都护府，分领羁縻府州。龙朔三年，改为翰海都护府，移置于碛北回纥部落。总章二年，又改为安北都护府，开元二年，王晙移治中受降城，十年，移置于丰、胜二州间。天宝四载，置阴山县为府治，至德初又改为镇北都护府，大历八年，又徙治天德军。《新志》：镇北都护兼领大同、长宁二县，盖大历后于天德境内置。《元和志》：单于台在今西受降城东北四十里，汉武北巡登单于台是也。刘昫曰：安北府北至阴山七十里，至回纥界七百里。

单于城，在安北府东，黄河北岸。唐永徽初，置翰海都护府，分领羁縻府州。龙朔三年，改燕然都护府为翰海，而徙翰海都护府于云中古城，号云中都护，碛以北番州悉隶瀚海，南隶云中。麟德元年，更为单于大都护府。垂拱二年，改镇守使，圣历元年，又改属安北都护。开元二年，复置单于都护，天宝四载，府置金河县，大历八年，徙置振武军。杜佑曰：单于都护府，南至榆林郡百二十里，东南至马邑郡三百五十里。胡氏曰：二都护所领羁縻府州，分合错杂，记载详略不同。当时贾耽、李吉甫或未殚究矣。

大成城，在镇东北。汉置县，属西河郡，后汉属朔方郡。亦曰大城。永元六年，邓鸿等击南匈奴逢侯于牧师城，追破之于大城塞，即此。晋义熙三年，柔然献马于姚秦，至大城，赫连勃勃掠取之，遂叛秦。五年，勃勃掠秦民置于大城，置幽州牧镇之。既又略后秦略阳，徙其民于大城。后魏废。牧师城，今见山西汾州府。

增山城，在镇东北。汉县，属西河郡，后汉废。《汉志》注：县有道，西出眩雷塞，为北部都尉治。又鸿门城，在镇东。亦汉县，属西河郡，后汉废。《汉志》注：县有天封苑，又有火井，火从地出云。○平定城，在镇东南境。汉县，属西河郡，后汉初，为西河郡治。《东观记》：平定县，南去离石五百九里，永和五年，以南匈奴别部败乱，乃徙治离石。

虎猛城，在镇东北。汉置县，属西河郡，西部都尉治焉。王莽天凤二年，匈奴遣使至虎猛制虏塞下。六年，莽遣使至制虏塞，诱胁匈奴大帅须卜当，即此。后汉省。

敬本故城，在中受降城北四十里。壕堑深峻，可以坚守。贾耽《古今述》：以地理求之，前代九原郡城也。赵武灵欲从云中、九原直南袭秦，即此地矣。又范夫人城，在黄河北岸。汉将所筑。应劭曰：范夫人，汉将妻也。常保此，因名。征和三年，李广利出五原塞，匈奴要击广利于夫羊勾山峡，广利击破之，乘胜追北至范夫人城。服虔曰：夫羊，地名，勾山，西山也；俱在五原塞外。

代来城，在镇北。亦谓之悦跋城。晋太元初，苻秦灭代，分代地自河以西属刘卫辰，以东属刘库仁。既而卫辰叛，刘库仁击破之，追至阴山西北千余里。坚寻以卫辰为西单于，屯代来城。太元十六年，拓跋珪破卫辰之子直力鞬于铁岐山南，乘胜追之，自五原金津南济河，径入卫辰国，直抵其所居悦跋城是也。又魏主焘神麚三年，徙敕勒降户于河西，敕勒谋西奔凉州，使刘絜屯五原河北，安原屯悦跋城以备之。胡氏曰：代来城，在北河西，金津当在五原郡宜梁、九原二县间。

黑城，在镇境黄河北。旧《志》云：在五原河北。是也。晋太元十二年，刘卫辰屯代来城，遣子直力鞬出稒阳塞，侵魏及黑城。二十六年，慕容垂遣子宝伐魏至五原，收稌田百余万斛置黑城，进军临河，时魏已灭刘卫辰居河南也。○龙州城，在镇西南二百五十里。或以为即西夏所置龙州也。元废。今为戍守要地。

屋窦城，在镇北。北魏主嗣泰常七年，自云中西巡，至屋窦城。

《志》云：城西有薛林山。又绥远城，在卫东北。《唐志》：古云中城西五十里有绥远城，灵、夏以北蕃落所居也。又西南六十里有定戎城。又落思城，在塞北。宋开禧初，蒙古铁木真攻西夏，破力吉里塞，经落思城，大掠而还。〇笔架城，在镇西北。嘉靖四十五年，套寇尝陷此。

红山，在镇北五里。山皆红石，地近沙阜，因筑红山墩于上龙峡。有水自沙漠来，从石穴流下，陡落数千仞，合于黑水。又马神山，在镇东北二里。秋祭马社于此，因名。

黑山，在镇南十里。水草甘美，正统中，朔骑内侵，率由此驻牧。成化中，始筑寨堡，并种柳万株，以防冲突，山下黑水出焉，合大川河流绕卫城。又有黑山，在中受降城正北稍东八十里，亦谓之杀胡山，亦谓之呼延谷。晋义熙十年，北燕冯跋遣其将万陵帅骑送柔然斛律还国，陵惮远役，至黑山杀斛律而还。后魏神麚二年，伐柔然，自将出东道黑山，师还至黑山，以所获班赐将士。唐调露初，裴行俭大破突厥余党阿史那泥孰匐于呼延谷。开元四年，突厥降户畔，郭知运以朔方兵邀击于黑山呼延谷，大破之。至德初，同罗、突厥诸部作乱，朔方帅郭子仪约回纥兵讨之。回纥至带汗谷，与子仪军合，大破叛部于榆林河。带汗谷，即呼延谷之讹矣。又元和初，回鹘以三千骑至鸊鹈泉，振武以兵屯黑山。会昌三年，麟州刺史石雄出振武，大破回鹘之众于杀胡山。胡氏曰：黑山在振武北塞外。五代周显德初，契丹主兀欲如云州，遂猎于黑山，或谓即此山。

跋那山，在镇东北。晋太元十九年，后魏将长孙肥追斩柔然曷多汗于上郡跋那山，时魏俘柔然族属置于云州，曷多汗帅众西走至此也。又义熙九年，魏将奚斤破越勤部于跋那山西，徙其二千余家于大宁。《通典》：胜州西北百二十里有纥那山，即跋那山矣。又有郁对原，亦在镇东北。后魏将于谨追破柔然于此。大宁见北直保安州。

铁岐山，在镇东北大河北岸。晋太元十六年，匈奴刘卫辰遣子直力

鞬攻魏南部，拓跋珪拒破之于铁岐山南，乘胜追之，自五原金津南济河是
也。又薛林山，在镇北。《魏记》云：在屋窦城西。晋元熙初，魏主嗣西巡至
云中，从君子津西渡河，大猎于薛林山，即此。〇马梁山，在镇西北。明嘉靖
二十五年，套寇由宁塞营入犯保安、庆阳、环县诸处，督臣曾铣帅兵驻塞门，
遣将李珍出塞捣其巢于马梁山后，即此。

　　木根山，在废夏州西北。晋兴宁三年，秦符坚使邓羌击匈奴左贤王
刘卫辰于木根山，擒之。太元十六年，魏拓跋珪讨刘卫辰，直抵其所居悦跋
城。卫辰与其子直力鞬出走，将军伊谓追擒直力鞬于木根山，卫辰为其下所
杀。西魏废帝二年，突厥击破柔然于沃野北木赖山，或曰即木根山矣。唐武
德七年，突厥寇原州，诏灵州都督杨师道趋大木根山，即此山也。胡氏曰：
木根山，在五原县西。又勿根山，在塞外阴山之北。晋太元十四年，拓跋珪
会后燕慕容德等兵讨贺兰部帅贺讷，德追奔至勿根山，讷穷迫请降。或以为
即木根山，误。

　　拔邻山，在废夏州东北。后魏主焘始光四年，袭夏主昌，济君子津至
拔邻山，筑城舍辎重，以轻军倍道袭统万。李延寿曰：山去君子津三百余里。
魏主谓拔邻山去平城二千余里，又隔大河，是也。〇契吴山，在废夏州北
七十里。赫连勃勃尝游此，叹曰：美哉斯阜，临广泽而带清流。吾行地多矣，
自马岭以南，大河以北，未有若斯之壮丽者！因筑城曰吴城。隋置白城镇于
此，旋废。

　　卢朐山，在废夏州塞北。汉武太初三年，遣光禄勋徐自为出五原塞
数百里，远者千余里，筑城障列亭，西北至卢朐山。晋灼云：自五原稒阳县北
出石门障，即得所筑城。杜佑曰：卢朐山，在麟州银城县北。误。

　　狼山，在废丰州塞外。唐调露元年，裴行俭讨破突厥于黑山，余党走
保狼山。《唐书》：突厥歌逻禄右厢部落所居，永徽初，置狼山州，属云中都
护府。是也。又萨河内山，亦在废丰州塞外。唐天宝三载，朔方节度王忠嗣

乘突厥乱，抵萨河内山，击其左厢阿波达干十一部，破之。○大娥山，在故五原塞外北，亦曰大娥谷。晋隆安三年，拓跋珪遣庾真等击库狄、宥连、侯莫陈三部，皆破之，追奔至大娥谷，置戍而还。又魏主焘神麚二年，伐柔然，自东道向黑山，使长孙翰自西道向大娥山，同会柔然之庭，即此。

铁山，在废丰州北。唐贞观四年，李靖破突厥，余众窜入铁山，靖复追败之于阴山。亦谓之铁建山。开元九年，张说督朔方军破兰池叛人康待宾，贼溃走，西入铁建山。或曰即阴山北麓也。○鸡秩山，在废胜州塞北。汉本始初，分道伐匈奴，田广明出西河塞千六百里，至鸡秩山，是也。

错子山，在西受降城北五百里。唐会昌元年，回鹘为黠戛斯所败，其十三部近牙帐者立乌希特勒为乌介可汗，南保错子山。新《志》：鸊鹈泉北十里入碛，经麚鹿山、鹿耳山至错甲山。错甲山或以为即错子山也。李德裕云：错子山东距释迦泊三百里。麚读葭。

牛头牟那山，在废中受降城西北。唐景龙中，张仁愿筑三受降城，又于牛头牟那山北置烽堠千八百所，自是突厥不敢度山畋牧，减镇兵数万人是也。或讹为牛头朝那山。永淳初，突厥入寇。丰州将崔智辨与战于朝那山，败绩，即此。朝，一音郏。○草心山，在中受降城北。唐景龙三年，论弓仁为朔方军前锋游奕使，时张仁愿筑三受降城，弓仁以兵出诺真水、草心山为逻卫是也。

阴山，在中受降城东北，去卫千余里。黄河径三受降城南者，汉人谓之北河。河之外阴山横亘，中外大限，常以此分。《史记》：赵筑长城，自代并阴山下。又始皇西北斥逐匈奴，自榆中傍河以东属之阴山，以为三十四县。或谓之阳山。《蒙恬传》：恬筑长城，渡河据阳山逶迤而北。是也。汉元帝竟宁初，呼韩邪愿保塞，因议罢边备塞，吏卒郎中侯应曰：北边塞至辽东，外有阴山，东西千余里，草木茂盛，多禽兽，本冒顿依阻其中，治作弓矢，来出为寇，是其苑囿也。孝武出师征伐，斥夺此地，攘之于幕北，建塞徼，起亭隧，筑外城，列屯戍以守之，然后边境得用少安。幕北地平，少草，多大沙，匈奴来寇，少所蔽隐；从塞以南，径深山谷，往来差难。边长老言：匈奴失阴山之后，过之未尝不哭也！《续汉志》：五原郡西安阳县北有阴山。徐广云：阴山在河南，阳山在河北。《水经注》：大河径高阙南，又自临河县东径阳山南。阳山即阴山矣。晋太元十一年，拓跋珪以国有内难，自盛乐北逾阴山，依贺兰部。魏主焘始光四年，伐木阴山，大造攻具，谋伐夏统万城。大延五年，魏将稽敬等大破柔然于阴山之北。太平真君四年，魏主如阴山。六年，复如阴山之北，谋击柔然。是时起殿于阴山北，殿成而仇池杨难当来朝，命曰广德宫。九年，如广德宫，既复如阴山，遂西击柔然，无所见而还。明年，复如阴山，分道伐柔然，大败之。十一年，复如阴山。盖魏都平城，去阴山近，自太武焘以后，其主皆数游畋于阴山，无岁不至，或一岁再至焉。孝文帝宏太和十八年，如阴山，明年，遂迁洛，自是阴山无复轮蹄之迹，而行宫别殿大都颓废矣。唐贞观四年，李靖破突厥颉利于阴山，军于碛口，遂斥地自阴山，北至大漠。景龙二年，张仁愿筑三受降城，阴山皆为塞内地。至德以后，回鹘盛强，阴山为所侵据。宋初，属于契丹，后属女真，不复为郡县也。《志》云：阴山，一名钟山，一名金山。元初，置宣尉司于和林，分置都元帅府于金山南，以为重镇，即阴山南也。《九边考》：自阴山而北皆大碛，碛东西数千里，南北亦数千里，无水草，不可驻牧。中国得阴山，则乘高一望，寇出没踪迹皆见，必逾大碛而居其北，去中国益远，故阴山为御边要地。阴山以南即为漠南，彼若得阴山则易以饱其力而内犯。此秦、汉、唐都关中，必逾河而北守阴山也，奈何使黄河以南寇得窟穴其中哉！

青岭，在废夏州西南。亦曰青岭门。旧《志》夏州有青岭门，即汉上郡桥山之长城门也。亦曰桥门，见前名山桥山。○紫城岩，在镇东清水营西。明成化中，余子俊筑榆林边墙，铲山削崖，筑垣掘堑，始于紫城岩，即此。

拂云堆，即中受降城也。《唐志》：朔方军与突厥以河为界，北崖有拂云祠，突厥入犯必先谒祷。景龙二年，时突厥悉兵西击突骑施，张仁愿请乘虚取漠南地，于河北筑三受降城，绝其南寇路，因以拂云为中城。元和九年，置关于此。十三年，高霞寓为振武节度使，吐蕃攻盐、丰二州，霞寓以兵五千屯拂云堆，寇引去是也。又牛心堆，在镇东北，旧为戍守处。大石崖在镇西北五百里。明洪武七年，李文忠败贼于大石崖，又败之于丰州是也。

　　索家平，在废夏州城南。宋元丰四年，种谔伐夏，破石堡城，进至夏州，驻军索家平，粮尽引还，即此。○美原，亦在废夏州南。唐天祐三年，静难节度使杨崇本将兵攻夏州，军于美原，夏州帅李思诚求救于朱全忠，全忠遣将刘知俊击败之，崇本引还。

　　满夷谷，在镇东北。胡氏曰：在美稷县西北。后汉永元初，遣窦宪与南匈奴会兵讨北匈奴，南单于出满夷谷。六年，南单于诸降人叛，立其日逐王逢侯为单于，遣邓鸿等讨之，兵至美稷，逢侯方围单于师子于牧师城，乃解围，乘冰度隘向满夷谷。鸿等追破之于大城塞，任尚要击之于满夷谷，复大败之。

　　高渠谷，在镇西北。《东观记》：在九原县界。一作高梁谷。后汉安帝永初三年，雁门乌桓、鲜卑与南匈奴叛，寇五原，太守与战于高渠谷，大败。又大石谷，在故丰州境。唐元和四年，丰州奏吐蕃骑至大石谷，是也。○带汗谷，或云在卫南黑山下。唐至德初，回纥入援，至带汗谷，与郭子仪合军处也。

　　赤坑，在镇东北境。后汉延熹初，张奂为北中郎将，屯美稷，时匈奴、乌桓烧度辽将军门，引兵屯赤坑，烟火相望，奂以次破降之。贤曰：时度辽将军盖屯五原，赤坑与五原相近也。

　　黄河，在镇北千余里。自宁夏镇灵州所横城堡西折而北，过平房城东百余里，又东北流，过古丰州西北，折而东径三受降城南，至废东胜州西又折而南，至黄甫川东九里，其中皆为河套地，周回数千里。《史记·晁错传》：秦时，逐匈奴，筑河上塞；汉二年，缮治河上塞；皆此地也。杜佑曰：

河经灵武郡西南便北流，凡千余里，过九原郡乃东流。自灵武以北汉人谓
之西河，自九原以东汉人谓之北河。然北河之名，已起于秦矣。《秦纪》：惠
文王后五年，游北河，昭襄王十八年，又之上郡北河。《汉书》：武帝元朔二
年，卫青绝梓岭，梁北河。又元封元年，行自云阳，北历上郡、西河、五原，
出长城北登单于台，至朔方临北河，遣使告单于是也。晋太元二十年，慕容
垂遣子宝伐魏，拓跋珪悉徙部落畜产西渡河千余里以避之。燕军至五原，
进军临河。珪亦治兵河南，进军临河。又使拓跋虔将五万骑屯河东，拓跋仪
将十万骑屯河北，拓跋遵将七万骑塞燕军南。相持久之，燕军夜遁。时河冰
未结，宝以魏兵必不能渡，不设斥堠。会暴风冰合，珪引兵济河，追败宝于
参合陂。西魏末，宇文泰北巡，渡北河乃还。后周保定四年，杨忠会突厥伐
齐，至北河而还。《水经注》：河水东经沃野故城南，又北屈而南河出焉。河
水又北迤西溢于窳浑县故城东，又屈而东流，为北河东径高阙南，即今镇
境大河矣。

奢延水，在镇西。亦曰朔方水，即无定河也，下流径米脂县入绥德
州境注于黄河。《水经注》：奢延水源出奢延县西南赤沙阜，东北流经
奢延县故城南，又径朔方城南，又东黑水流注焉。赫连勃勃筑统万城于
朔方水北、黑水之南，是也。宋元丰四年，内侍王中正出麟州，渡无定
河，循水北行，水皆沙湿，士马多陷没，糇粮不继，耻于无功，遂入宥州，
即此。

黑水，在镇西北。《水经注》：黑水出奢延县之黑涧，东南流历沙陵
注奢延水。赫连勃勃筑统万城于黑水南，是也。后魏主焘始光三年，袭统
万，军于黑水，去城三十余里，即此。一云：黑水出朔方县契吴山之麓。
今城南有黑山，出黑水，与红山之水合流为大川河，绕镇城又西流入于
奢延水。

诸次水，在镇东北。《水经注》：上郡诸次县有诸次山，诸次水出

焉。其水东径榆林塞为榆鱼谷水，即榆溪也。下流入于黄河。○宜水，亦在镇东北。宋宣和四年，金取辽东胜州，夏人遣李良辅将兵救辽。金斡罗等击败之于宜水，追至野谷涧，水暴至，夏人漂没者不可胜计。

令鲜水，在废夏州西。后汉灵帝建宁元年，段颎破羌于高平之逢义山，遂追之出上郡桥门，与战于奢延泽、落川、令鲜水上，连破之，又破之于灵武谷。杜佑曰：颎言桥门以西，落川以东，故宫县邑，更相通属，盖今金城、会宁、平凉郡地也。胡氏曰：奢延泽即奢延水。灵武谷，在宁夏废灵武县。洛川，在奢延水南。令鲜水，在奢延泽西南，灵武谷东北。逢义山，今见平凉府镇原县。○诺真水，在中受降城东北。《唐志》：张仁愿筑三受降城戍诺真水为逻卫，即此。

乌水，在废夏州境。或曰乌水上有乌城，唐武德九年，突厥郁射设屯河南，入塞围乌城，命元吉督诸将救之，即此。贞观七年，朔方县开延化渠，引乌水入库狄泽，溉田二百顷。又大历十年，回纥寇夏州，州将梁荣宗破之于乌水。

咸应渠，在废丰州界。《唐志》：丰州九原县有咸应渠，又有永清渠。贞元中，刺史李景略以丰州地瘠卤，乃开二渠，溉田数百顷。○陵阳渠，亦在废丰州界。《唐史》：建中洴，宰相杨炎奏开陵阳渠，屯田于丰州，京兆尹严郢以为不便，请复五城旧屯，不听，既而渠卒不成是也。又呼延渠，在中受降城境。《通典》：安北都护府有呼延渠。

肆卢川，在镇西北。晋永嘉四年，并州寇刘虎为刘琨所破，收余众西度河，居朔方肆卢川。或曰其地即战国时楼烦胡所居，是时刘聪以虎为宗室，封楼烦公。或以为山西忻州之肆卢川，误。又吐俱麟川，在卫东北。《唐志》：过金河经后魏沃野镇城，又傍金河，过古长城九十二里，至吐俱麟川。○三岔川，在镇南十里。或曰，即黑水上源也。黑山之水分流并导，会合于此，因有三岔之名。

虎泽，在镇东北。《汉志》注：西河郡穀罗县，武泽在其西北。胡三省曰：虎泽应在五原曼柏之北。后汉建武二十六年，诏南匈奴徙居西河美稷之虎泽，亦即此泽也，盖境相接矣。后汉永初三年，南单于反，围中郎将耿种于美稷。四年，梁瑾等击之于属国故城，南单于败还虎泽。汉复攻之，单于乞降。唐讳虎，谓之武泽。

地斤泽，在废夏州东北三百里。宋端拱二年，李继捧以夏州归宋，其族弟继迁走地斤泽以叛。又有安庆泽，亦在夏州北。宋淳化初，定难节度使赵保忠与李继迁战于安庆泽，继迁败走。保忠，即李继捧也。

释迦泊，在中受降城西北塞外。旧为蕃、戎驻牧之地，唐会昌二年，回鹘乌介掠横水，退屯释迦泊东，即此。横水，见山西大同府。

芹菜沟，在镇西。源自沙漠来，水际常产芹菜，因名。《志》云：卫西境有小芹河墩，隆庆初，寇尝由此入犯。又有扇马沟，在镇东南。

胡落池，在镇北境。《唐·食货志》：安北都护有胡落池，岁得盐万四千斛，给振武、天德两军。《郡县志》云：宥州长泽县，亦有胡落盐池。《辽志》丰州有大盐泺，盖缘河多卤地也。又盐泽，亦在镇北境。《汉志》朔方县南有金连盐泽及清盐泽。今湮废。

红盐池，镇西北三百五十里。成化中，套寇入宁夏，韦州总督王越知其屯于红盐池，乃从安边营北境红山儿出边，昼夜兼行百八十里，至白盐滩，又行百五十里至红盐池，寇大创，渡河北遁。红山儿，王复云：自花马池东走环庆之道也。〇石涝池，在镇西。正德初，督臣杨一清议于延绥定边营迤东石涝池至宁夏横城三百里内边墙增筑高厚处也。

野马涧，在镇西安边旧营东北。天顺中，寇犯安边，官军败之于野马涧。又东为柳树涧，景泰中，石彪御敌于安边营口，追至昌平墩，大败之于野马涧半坡，转战六十余里至柳树涧是也。

娘娘滩，在镇东黄甫川东九里。《五边考》：寇入套之路，多自黄甫川南焦家坪，以两岸夹山，冰先合后泮也。此外则娘娘滩、羊圈子渡口，冬月冰坚，随在可渡云。〇神水滩，在镇东。《五边考》：套寇每岁聚众处也。

鹧鸪泉，在西受降城北三百里。一作拂梯泉。唐贞观中，以回纥归附，诏于碛南鹧鸪泉之阳置过邮六十八所。元和四年，振武奏吐蕃骑至拂梯泉。八年，振武、天德军复奏回鹘数千骑至鹧鸪泉，边军戒严。《辽志》丰州有九十九泉，鹧鸪盖其最著者。〇奈王井，在宥州西。宋元丰四年，分道伐夏，内侍王中正引河东兵入宥州，自宥州行至奈王井，粮尽引还。

榆林关，在废胜州东。秦置榆中关。《隋志》：开皇三年，城榆关，置榆关总管。又仁寿二年置金河县，带关。《唐志》胜州榆林县东有榆林关，又有河滨关，俱贞观十三年置。孔氏曰：榆林关，在榆林县东四十里，东北临河。

云迦关，在天德军城北。《新唐书》单于府有云迦关，后废，太和四年，复置，时李泳为振武节度，以兵千人戍守。开成五年，回鹘溃乱，侵逼西城，诏振武节度使刘沔屯云迦关为之备。又会昌二年，回鹘乌介可汗寇横水栅，略天德、振武军，沔屯云迦关却之是也。

榆溪塞，在废胜州北。《战国策》：赵武灵王变服，率骑入荒，出于遗遗之门，逾九限之固，绝五径之险，至榆中，辟地千里。又苏厉为齐遗赵惠文王书：秦之上郡近扞关，至于榆中者千五百里。《史记》：秦始皇三十三年，蒙恬为秦将，北逐匈奴，开榆中地数千里。三十六年，徙民三万余家于北河榆中，置榆中关是也。汉为榆溪塞，亦曰广长榆塞。《汉书》：王恢议伐匈奴曰：蒙恬侵北，辟地数千里，以河为境，累石为城，树榆为塞，匈奴不敢饮马于河。武帝曰：卫青西定河南地，按榆溪塞，绝梓岭、梁北河。又淮南王臣伍被曰：广长榆，开朔方，匈奴绝翅伤翼。又枚乘曰：秦北备榆中之关。皆谓此也。宣帝甘露二年，呼韩邪款五原塞。《正义》：五原塞，即五原郡榆林塞，在胜州榆林县西四十里。其地亦谓之榆中，亦谓之长榆。《晋太康志》：自北地郡北行九百里得五原塞，或谓之榆林山。《水经注》：榆林山，汉之榆溪旧塞，自溪以西，悉榆柳之沙，缘历沙陵，届龟兹县西出，因谓之长榆。孔氏曰：榆溪塞，在北河北岸。《通典》谓在榆林郡南界，似误。扦关，《史记》作挺关，吕氏谓晋阳捍蔽之备，非关名也。

光禄塞，在废胜州西北。亦名光禄城。《汉志》注：稒阳县出石门障得光禄城。太初三年，光禄徐自为出五原塞，筑城障，西北至卢朐山，谓之光禄塞。宣帝甘露三年，单于入朝，归国，自请愿留居幕南光禄塞下，即此。

稒阳塞，在稒阳城北。稒，一作固。战国时，魏地。《史记》：魏惠王十九年，筑长城，塞固阳。又秦孝公十一年，卫鞅围魏固阳，降之。汉亦置稒阳塞，后汉永元初，窦宪出鸡鹿塞，邓鸿出稒阳塞，皆会涿邪山。后废。后魏主焘太延初，畋于稒阳。二年，复如稒阳，驱野马于云中，置野马苑。杜佑曰：稒阳塞在银城县北。盖唐自胜州南至麟州不过百五十里，地相近也。胡氏曰：稒阳有连山，东至河，西南接夏、会数州界。银城，今见神木县。

鸡鹿塞，在故夏州西北。《汉志》注：朔方窳浑县，有道，西北出鸡鹿塞。甘露三年，遣长乐卫尉董忠将骑发边郡士马，送呼韩邪单于出朔方鸡鹿塞。明年，北单于款塞，南匈奴请袭击之，因遣骑出鸡鹿塞围北单于，北单于仅免。又后汉永元初，窦宪出鸡鹿塞伐匈奴，是也。

高阙塞，在废丰州西黄河外。《史记》赵武灵王北逐林胡、楼烦，筑长城，自代傍阴山下至高阙为塞。《汉书》：元朔二年，卫青渡西河至高阙，破匈奴。五年，大将军青将六将军伐匈奴，出朔方高阙。后汉永平十六年，祭彤并将南单于兵，击北匈奴，出高阙塞九百余里，至小山，南匈奴左贤王信妄以为涿邪山也，遂还。后魏正光五年，六镇叛乱，元深奏言：高阙戍主御下失和，遂至为变，即此。《地志》：朔方郡临戎县北有连山，险于长城。其山中断，两岸双阙云举，望若阙焉，名曰高阙。《水经注》：河水自窳浑县东，屈而东流，径高阙南，自阙北出荒中，阙口有城，跨山结局，谓之高阙戍，自昔置重捍以防塞道。杜佑曰：高阙在丰州河西，黄河自丰州西折而东，《汉史》因谓之西河也。刘昫曰：高阙北距大碛口凡三百里云。

符离塞，在丰州河西北。汉元朔二年，匈奴入上谷、渔阳。遣将军卫青、李息出云中，至高阙，西至符离，收河南地，置朔方五原郡是也。又眩雷塞，在废增山县西北。汉初为匈奴中地，元封初，西置酒泉通月氏、大夏，结乌孙，分匈奴西方之援，又北益广田至眩雷塞是也。

翁龙埤，在废胜州北。《汉志》：元朔四年，置西河南部都尉，治塞外翁龙埤。又有匈归障，亦在胜州塞外。汉有匈归都尉，置于匈归障。○益寿塞，亦在废胜州东北。王莽始建国三年，匈奴入云中益寿塞，大杀吏民，即此。

北假戍，在废丰州西北。郦道元曰：自高阙以东，夹山带河，阳山以西，皆北假也。《史记》：秦始皇三十三年，使蒙恬渡河取高阙、阳山、北假，中筑亭障以逐匈奴。《汉书》：元帝初元五年，罢北假田官。《王莽传》：五原北假，膏壤殖谷，遣赵并屯田北假。是也。

永清栅，在中受降城西二百余里。唐开元中所置，天宝十一载，突厥叛酋阿布思入寇，围永清栅，栅使张元轨击却之。乾元中，天德城寄治于此。又归唐栅，在中受降城北八十里。《唐志》：呼延谷口有归唐栅，入回鹘使臣所经道也。○王亭镇，在废夏州南。宋将安守忠讨李继迁，败绩于王亭镇，即此。

清水营，在镇东三百九十五里。又东十五里为黄甫川，又东去黄河九里，渡娘娘滩，入山西偏头关界。明成化五年，立营屯兵，为镇境东路要口。《志》云：黄甫川堡，在镇东四百五里，北寇入犯之冲也。永乐初，山西奏寇犯灰沟村、黄甫川，嘉靖四十四年，寇袭陷黄甫川堡，守御最切。

安边营，镇西五百七十里。有二：旧营地名深井，成化中，移治迤南中山坡，曰新安边营。《五边考》：西路参将驻新安边营，分守一十二营堡。○宁塞营，在镇西四百六十里，又东六十里为靖边营。旧《志》：宁塞营在延安府保安县北百八十里，旧名兀剌城，正统三年，改筑宁塞城，设军备御。又靖边营，亦在保安县东北。正统十三年，修筑旧城。设靖边营，成化中，改属榆林卫，为西路要地。嘉靖二十五年，寇自宁塞营入犯延、庆诸城镇，督臣曾铣遣将击却之。

定边营，在镇西六百六十里。又西六十里即花马池，为西路之冲要。嘉靖中，总制刘天和言：定边、宁塞二营之间，套寇所由入也。议者请自定南八墩至宁朔墩十七里，创筑新墙，以杜乾沟深入之路。自宁朔墩至昌平墩九十里，增修旧墙，以卫旧安边孤悬之势，所宜及时修举。从之。《舆程记》：自旧安边营九十里至定边营，又西至花马池为外边，自新安边营以西至三山、饶阳等堡，为内边，与固原边形势相接云。

神木堡，镇东二百三十五里，即神木县城。旧置神木寨，属绥德州。成化中，改今属，东路参将驻守于此，分辖神木等九堡。○镇羌堡，在神木堡东四十里。《边略》云：自正统初，孛来入套，镇羌为最冲，寇东西突犯，恒取道于此。

孤山堡，神木堡东八十里。旧为孤山寨，属绥德州。成化三年，寇入榆林孤山，参将杨胤勋战死，寻改今属。又东四十里为木瓜园堡，又东四十里即清水营也。○大柏油堡，在神木堡西十五里。又西十五里为柏林堡，旧为柏林寨，属绥德州，成化九年，改今属。又西四十里曰高家堡，亦绥德州属寨也，后改今属。又西四十里曰建安堡。自神木堡以下所谓东路九堡也，皆置兵戍守。

长乐堡，镇东三十里。成化中置。《五边考》：中路参将驻榆林城，领长乐等十二堡。隆庆六年，寇攻康家寨，不能陷，转入榆科涧，官兵败之。又入长乐堡，败去。康家寨在堡东南，亦戍守处也。又双山堡，在长乐堡东四十里。旧为双山寨，属绥德州，后改今属。《边略》云：套寇入绥德，每由双山堡入，至为冲要。嘉靖三十五年，寇犯宁塞营，寻犯双山堡。堡东四十里即东路建安堡。又归德堡，在县南三十里，亦成化中置。

响水堡，镇西四十里。旧为绥德州属寨，成化二年，边臣王复议移黑河山，改名平夷堡。七年，余子俊以平夷水泉枯涸，复还故治。其南又有新添堡。成化中所置也。○波罗堡，在响水堡西四十里。旧为波罗寺寨，属绥德州，后改今属。《边略》云：景泰中，石亨议移寨于滥柴关，不果。成化二年，王复请移于堡北响铃塔，即今堡也。又西四十里为怀远堡，又西五十里为威武堡，俱成化九年置。

靖平堡，在威武堡西五十里。旧为白洛城，天顺中，守将房能请移于城北砖营儿，不果。成化二年，王复复奏移之，改今名。七年，余子俊以去水太远，复还旧治。嘉靖二十五年，寇入梁家塘，复犯靖平堡。隆庆初，寇犯小芹河墩，官兵却之。复攻靖平堡，不能陷。又东四十里为龙州城，城稍东曰龙州堡。

鱼河堡，在镇南百余里。旧为鱼儿河寨，属绥德州，成化中，改今属。《五边考》：鱼儿河，榆林转输之要道也。其西北有乱峰墩、野猪峡，乃直冲鱼河之径。寇入鱼河，则榆林、绥德断而为二矣，故防御最急。自长乐堡以下，榆林中路所守之十二营堡也。

永济堡，在新安边营东四十里。成化中，移置迤南上洪寺，属西路参将戍守。又把都河堡，在永济堡东四十里。亦名毕家梁。又东三十里，即宁塞营也。

镇靖堡，在靖边营东九十里。本名塞门堡，天顺中，房能请移于堡北榆柳庄，不果。成化二年，王复又请移于榆柳庄，改今名。既又移于迤北白塔涧口，就快滩河迤南之险。其河深二十丈，远百里。九年，余子俊复移还故城。又东四十里,即中路龙州城也。嘉靖四十四年,寇犯镇靖堡,参将鲁聪战死。

新兴堡,在新安边营西六十里。本治堡北。成化中,移就迤南海螺城,即今堡也。正德四年,套寇伏大队延绥塞内,遣轻骑攻新兴堡,即此。《五边考》:新安边营西二十里有砖井寨,亦成化中置。又石涝池堡,在新兴堡西百五十里。其东有乾沟、乾洞、定南、定北诸墩,俱戍守要地。

三山堡,在石涝池堡西五十里。又西三十五里为饶阳水堡,堡北即定边营也。又有瓦楂梁寨,在三山堡西。〇盐池堡,在定边营南。自永济堡至盐池堡,即西路参将所统十二营堡也。《五边考》:榆林三路,皆为寇冲,而西路为甚。自镇靖堡、瓦楂梁、安边、定边诸处,川原平旷,与花马池相接,迫近敌巢,此边一溃,则南之绥德、延安,西之环庆、平固,皆受其患矣。

白城子,在镇西怀远堡北。旧为寇垒,隆庆中,陕督王崇古自花马池长城关出边,与敌战于此,败之。〇者者口,在河套北,北敌人套之冲也。明初,置墩四十于黄河南,列障者者口以为守御。又有加塔、剌马、安赤步等口,俱为守御处云。

黑河墩。在镇西。其相近者有蒺藜川。嘉靖中,寇尝入此,败去。又乾沟墩,在龙州城西北。《五边考》:卫西乾沟、乾洞、定南、定北诸墩,俱延绥要害,为官军戍守之处。〇红山墩,在安边营北。隆庆五年,西戎吉能请开市,诏予市红山墩,即此。

读史方舆纪要卷六十二

陕西十一　宁夏镇

〇宁夏卫，东南至后卫三百六十里，南至庆阳府环县五百七十里，西南至中卫三百六十五里，西至贺兰山边界百里，北至西瓜山边界二百九十里，自镇治至布政司一千四百里，至江南江宁府三千八百四十里，至京师三千六百四十里。

春秋时羌、戎地，秦属北地郡，二汉因之。晋仍属北地郡，寻没于诸国，最后属赫连夏。后魏为薄骨律镇地，寻属灵州。后周为普乐郡。隋初，郡废，仍属灵州，大业初，属灵武郡。唐仍属灵州，天宝初，亦属灵武郡，乾元初，复故。宋仍属灵州。天禧中，为夏人所陷。乾兴二年，赵德明始城灵州之怀远镇，为兴州。后又升为兴庆府，复曰中兴府，都于此。至蒙古灭之，改为宁夏路。明初，曰宁夏府。洪武五年，废。九年，改置宁夏卫，寻又增置宁夏前卫及左右二屯卫，凡四卫。隶陕西都司。今为宁夏镇。

镇为关中之屏蔽，河、陇之噤喉。汉滨河置障，畿辅缓急，视北地之安危。晋边备不修，雄疆尽成戎薮，故泾、渭以北遂无宁宇。后魏既并赫连，缘边列镇，薄骨律与高平沃野相为形援，而后关、陇无祸患者几百年。西魏以迄周、隋，亦以灵州为关中藩捍。唐开元中，建朔方节度于此，用以捍御北方，士马盛强，甲于诸镇。及天宝之乱，朔方僚属崔漪等谋曰：灵武兵食完富，若北收诸城兵，西发河、陇，劲骑南向，以定中原，此万世一时也。因共奉笺迎太子，遂为中兴之本矣。广德初，仆固怀恩以朔方叛，与吐蕃、回纥共肆狓猖，戎马遂入于郊甸。郭子仪收复朔方，中外之防，藉以少固。迄于唐之末造，朔方犹列版图，窥伺者未敢争也。宋咸平四年，何亮言：灵州地方千里，表里山河，为中外必争之地。杨亿曰：灵州，朔方之故墟，僻介西鄙数百里间，无有水草，烽火亭障不相联属。是也。五年，灵州陷于赵保吉，自是西夏遂成强敌。天圣以后，泾原、环庆关门不启，而东至鄜、延，西至秦、凤亦皆残敝，盖灵州据诸路上游，纵横四出，关中且不知所备也。蒙古起于西北，数侵夏境，夏既困惫，遂猎取之。明初既逐扩，亦建为雄镇，议者谓：宁夏实关中之项背，一日无备，则胸腹四肢举不可保也。《九边考》：宁夏之境，贺兰山环于西北，黄河绕其东南，旧时边墙东起大盐池，抵延绥定边界，西至石空寺，抵固原芦塘界，凡千八百里。今兰、靖以北皆为固原边，自蒲塘接庄浪界长二百里。地险固，田肥美，屹为要会。然自正统以后，镇常为寇冲。盖明初寇遁漠北，间有侵轶，不过河西一带。自游牧套内，患乃更在河东。若其祸切而备急者，则尤在于花马池，必花马池之备密，而宁夏之肩背始可稍息。何也？河西所当备者若平罗、若洪广、若玉泉、若广武、若中卫，虽皆为窥伺之所，而犹山溪隔碍，有险可凭；花马池则川原平旷，朔骑驰突，于此

最易。由花马池而西则兴武营,兴武营而西北则为灵州。灵州
居宁夏之中,迫近大河,其南与固原边相接。灵州者,南北之
喉舌也。灵州失,则宁夏隔为外境而环、固危,环、固危,则陕
危,然则急灵州更不得不急花马池矣。《辑略》云:今镇城
南北不过百余里,东西不过二百余里,然号为雄边者,以地
利得也。夫由宁夏而言固原,则固原实为堂奥。固原边之
响石沟至靖远边之花儿垒,皆为庭除。而宁夏与榆林并为
藩篱,花马池正其门户也。若夫贺兰山盘峙镇西,套寇阑入
河西,往往取道于此。而徐斌水在卫境西南,又为固原西
路之险,河冻则守旧边,春融则守新边,此前人成算也。详
见固原州总论。夫恃河为险,实非远猷。明万历中,尝得松山
之地,说者谓:自索桥而上,直接镇番,增筑保障,广布耕
屯,则贺兰以西皆为内境,而黄河之险,敌不敢与我共,将
庄、凉、兰、靖以迄固原之间,皆可安枕而卧矣。噫!受降之
城不复,松山之障不固,而切切于花马池、徐斌水之间,国
势安得不日蹙哉!

○宁夏前卫,治镇城内。明洪武十七年置。

○宁夏左屯卫,同上。

○宁夏右屯卫,同上。又有宁夏中护卫,明建文三年为庆府置。

怀远废县,即今镇治。本汉北地郡富平县地,后周置怀远县,并
置怀远郡治焉。隋开皇三年,郡废,以县属灵州,唐因之。宋初为怀远镇,
天禧中,夏人升为兴州,又升为兴庆府,寻改为中兴府。元宁夏路治此,明
初,改置今镇。《志》云:镇城周十八里,东西倍于南北。元末,寇贼侵

扰，弃其西之半。正统间，生齿日繁，复修筑之，谓之新城。门六，东西各
一，南北各二。

灵武城，在镇南。汉置县，属北地郡。后汉省。灵帝建宁初，段颎大
破叛羌于灵武谷，即故县境也。后魏亦置灵武县于此，属灵州。后周改置建
安县，又置历城郡治焉。《括地志》：后魏永和初，平三齐，尝徙历下人居
此。周因置郡曰历城。隋开皇三年，郡废。十八年，改县为广闰县。仁寿初，
避太子讳，复曰灵武县，属灵州。唐因之。广德二年，河西将柏文达攻破仆
固怀恩摧沙堡、灵武县，以救京师，即此城也。宋没于西夏，县废。摧沙堡，
见平凉府镇原县。

安静城，在镇西南八十里黄河北岸。亦汉富平县地，隋开皇十一年，
置弘静县，属灵州。唐初因之，神龙初，改为安静县，至德初，又改为保静
县。五代唐天成四年，定远军使李匡宾据保静静作乱，朔方不安，既而灵州
帅康福讨定之。宋初，仍属灵州，后没于西夏。元废，明为屯军所居。

定远城，镇东北六十里。《唐志》云：城在灵州东北二百里。先天二
年，郭元振置，天宝中，属朔方节度，后升为县，属灵州，贞元八年，吐蕃寇
灵州，诏河、东振武救之，复遣神策军戍定远及怀远城，吐蕃乃退。景福二
年，灵武节度韩遵表为警州。宋初，置定州于此，西夏因之，亦曰定州城，
蒙古初，废。《元和志》：灵、盐接境，相距三百里，定远城置于黄河北岸。
盖盐州边戍也。○田州城，在镇北六十里。西夏所置，蒙古废。

清远城，在镇东。宋置清远军于此。咸平中，赵保吉陷清远军，复攻
定州怀远，又进掠辎重，至唐龙镇，曹璨以蕃兵击败之，乃却。《宋史》：真
宗以赵保吉作乱，出环、庆、清远军地图指示辅臣，又指灵州西榆木天涧
路，且议战守方略。唐龙镇，旧《志》云：在卫西南百七十里。本蕃族也。宋
大中祥符二年，麟府路言社庆族依唐龙镇为援，侵扰别部，即此。又榆木天
涧在灵州所西，宋时自灵州通原州之道也。

新昌城，在镇东北。《唐志》灵州黄河外有丰安、定远、新昌等军，丰宁、保宁等城。时谓之塞下五城。大历十一年，增朔方五城戍兵以备回纥，是也。盖五城皆属朔方节度。丰安，见灵州所。○羊马城，亦在镇东北。《唐志》：城幅员十四里，信安王祎所筑。

贺兰山，镇西六十里。山盘踞甚远，卫境倚以为固。《通典》安静县西有贺兰山、楼树山、空青山。盖贺兰山峰峦错峙，一山而有数名也。山麓为黄安峡、赤木峡等口，旧皆垒石置驿。嘉靖中，寇从赤木口折墙阑入，官军御却之，后设戍防守。详见前名山。

峡口山，镇西南百四十里。两山相夹，黄河经其中，《水经注》谓之上河峡，或谓之硖石。唐武德八年，安州都督李靖与突厥战于灵州之硖石是也。俗亦谓之青山，又名大石山。长庆初，灵武帅李进诚奏败吐蕃于大石山下，即此。《一统志》：峡口山，一名青铜峡，上有古塔一百八座。

省嵬山，在镇东北百四十里。有省嵬口，为防御要地。《一统志》云：黄河东岸旧有省嵬城，横枕河滨。又西瓜山，在镇东北二百八十里，以形似名。山外即敌界也。

断头山，镇东北三百里。明初，汤和北征，败绩于此。又景泰间，石亨言贼将犯大同，其巢穴在断头山，去宁夏不远，是也。○石嘴山，在镇东二百里，山岩突出如嘴。又东百里曰麦垛山，山势高耸，如麦垛然。

金积山，镇南二百里。山多赭土，日照则色如金。东麓有滚泉，清洁可爱。又三山，在镇东南三百六十里。有三峰列峙。其南为椁子山，溪洞险恶，豺虎所居，人迹罕到。山出椁子木，因名。

不老山，在镇北塞外，北人聚牧处也。明永乐初，宁夏镇臣何福言：谍报塔滩贼在不老山，将寇宁夏。上曰：此时贼不出枪杆、野狐二岭及云州之地，必向山西大同。已而山西奏寇犯灰沟村、黄甫川。《五边考》：卫西北境有宁罗山。又西南为龟山、松山、楷次山，与庄浪卫相接，皆有险塞可凭。

枪杆、野狐、云州，俱见直隶宣府。黄甫川，见榆林。○大青山，在贺兰山后。隆庆三年，宁夏官兵击套寇于大青山，败之。

宗高谷，在镇西北。唐天祐三年，灵武帅韩逊奏吐蕃营于宗高谷，将西击凉州。赵珣《聚米图经》：灵武自贺兰山路西至凉州九百里，谷盖在贺兰山后。

黄河，镇东南四十里。自宁夏中卫流入界，过峡口而东至灵州所北，又折而东北出卫界入废丰州境。《志》云：黄河尝为中国患，而卫独受其利，引渠灌溉凡数万顷，田者无旱涝之灾。司马迁《河渠书》：自武帝宣房塞，后用事者争言水利，朔方、西河、河西、酒泉皆引河及川谷以溉田。《后汉·西羌传》：顺帝从虞诩言，复朔方、西河、上郡，使激河浚渠为屯田，省内郡费岁一亿计，是也。

三岔河，在镇东南黄河西岸，即河流曲折处也。成化中，寇犯韦州还，总兵刘聚邀败之于三岔河。又黑水河，在卫东。番名哈喇兀速河，自榆林境西流注于黄河。

清水河，在镇南三百五十里。河流甚狭，自平凉府固原州流经此，经宁夏中卫鸣沙故城南，注于黄河。一名胡卢河。宋元丰四年，宦者李宪自兰州伐夏，至胡卢河而还，即此矣。

金波湖，在镇城北。又镇东北三十里有三塔湖，镇东南三十五里有巽湖。明万历二十年，哱拜作乱据平夏，官军攻之。卫城西北卑下，与金波、三塔诸湖相近，东南又近汉延、红花等渠，形如釜底，官军因绕城筑堤以灌之，城多崩坏，遂克之是也。○观音湖，在镇西九十里。贺兰山之水多聚于此。又有月湖，在卫北七十里。长湖，在卫西北百二十里。

汉延渠，在镇城东南。支引黄河水绕城溉田，可万余顷。又唐来渠，在卫城西南。亦引黄河水绕城而西，溉田亦万余顷。弘治十二年，抚臣王珣言：卫西山下更有汉、唐旧渠，首尾三百余里，两岸高峻，中广二十余丈。今大半淤塞，请疏凿成河，修筑东岸，积土削墙，山口要害，各设营堡，沿河按伏，以遏贼冲，且便军民耕种云。

　　红花渠，镇南五里。分唐来渠水东南溉田七百余顷，复引入城中，民汲甚便。又新渠，在镇城南，亦分唐来渠之水溉田数百顷。○秦家渠，在黄河东南，分河水溉田数百顷。又汉伯渠在黄河西南，亦分河流溉田二百余顷。

　　御史渠，在镇东北黄河外。《唐史》：郭子仪请开丰宁军御史渠，溉田二千顷。是也。又尚书渠在卫东，亦唐所开。《旧唐书》：大历十三年，马重英以四万骑寇灵州，塞御史、尚书、光禄三渠水口，以扰屯田，朔方留后常谦光逐出塞后李听为都督长史，复导三渠。光禄渠，今见灵州所。

　　千金渠，在镇南。《元和志》：渠在灵武县北四十二里，长五十二里，阔十里。又有汉渠在灵武县南五十里，从汉渠北流四十余里始为千金大陂。其左右又有胡渠、御史、百家等渠，共溉田五百余顷。○东坝，在卫境。天顺四年，宁夏总兵张太破敌于东坝，是也。

　　盐池，在镇界。唐《食货志》：灵州有温泉、两井、长尾、五原、红桃、回乐、弘静池。今五原池见后卫，回乐池旧在灵州所，余当在卫界。《通志》：今在卫北四十里曰大盐池，卫北百七十里者曰小盐池，卫城东南者红盐池，卫城西者曰长盐池，然皆湮废。

　　广武营，在镇西南百七十里；其东北为大坝堡，其西为枣园堡；又西为石空寺堡，与中卫接界；俱戍守要地也。《舆程志》：由广武营而南五里渡黄河，即宁夏中卫之鸣沙州。

　　玉泉营，镇西百三十里。其东北为平羌堡，其西即大坝堡也。《一统志》：大坝堡与中卫分界，西至中卫二百十里。又瓦窑墩，在平羌堡西北。嘉靖八年，寇由此入犯，官军御之于平羌堡，败绩。○灵武营，在镇北百里。正统十一年，建营于此，为北面之蔽。又河西寨，在黄河西岸。河东岸又有河东寨。

潘昶堡，镇东二十五里。自堡而东南又有金贵、李祥、魏敬、王信、王贵、任春、叶诚凡八堡，俱属宁夏卫。又王澄堡，在镇东北三十五里。自堡而东北又有张政、魏政二堡，俱属宁夏左屯卫。〇谢保堡，在镇北十五里。自堡而北又有张亮、李信、丁义、周澄凡四堡，俱属宁夏前卫。

杨显堡，镇西南三十五里。自堡而西北又有陶容、雷福、桂文、常信、洪广、高荣、姚福凡七堡，俱属宁夏右屯卫。〇王景堡，在镇西南四十里。自堡而西南，又有李俊、邵刚、瞿靖、林皋、蒋鼎、陈刚凡六堡，属宁夏左屯卫。

高台。在镇东十五里。地势崇高，登眺极山河之伟观，赵元昊尝建寺于此。

〇灵州守御千户所，镇南九十里。南至庆阳府环县五百里。汉置灵洲县，属北地郡。后汉因之，晋县废。其后赫连夏据其地，后魏主焘灭之。太延二年，置薄骨律镇，在河渚上。孝昌中，改置灵州。初在河北，后于果园所筑城为州治，兼置普乐郡。后周因之。隋初，郡废。炀帝又改曰灵武郡。唐仍曰灵州，开元九年，置朔方节度治于此，天宝初，复改州为灵武郡。安禄山之乱，太子至灵武，即位于郡城南楼是也。五代仍为朔方军治，宋初，改曰翔庆军，咸平五年，没于西夏，谓之西平府。元复曰灵州，明初，改为千户所，正德元年，升为守御千户所。今亦设灵州所。

回乐废县，在所西南。本汉灵洲、富平二县地，后魏置县，为普乐郡治。隋为灵州治，大业中，为灵武郡治，唐初因之。宋没于西夏，元省县入州。《志》云：所城旧在河东，明洪武十七年，圮于水，移筑于旧城北七里。宣德三年，又为河水所冲决，移筑于城东北五里。今所城周七里有奇，惟南北二门。

灵洲城，在所北。汉县旧城也。《汉志》注：惠帝二年，置县，有河奇苑、号非苑。颜师古曰：苑谓马牧。水中可居者，曰洲。此地在河之洲，随水高下，未尝沦没，故号灵洲，又曰河奇也。二苑皆在县北。后汉元初三年，邓遵大破叛羌于灵州，即此。西魏置临河县，又置临河郡治焉。隋开皇初，改郡曰新昌，三年，郡县俱废。

富平城，在所西南。汉置县，属北地郡。后汉因之。永初三年，任尚等大破先零叛羌狼莫于富平河上是也。中平中以羌乱，富平寄治安定郡彭阳县界，自晋以后益徙而南，故城遂废。《汉志》注：县有神泉障，为北部都尉治。又有浑怀障，在塞外，浑怀都尉治焉。〇昫卷城，在所西南二百里。汉安定郡属县也，读曰昫笘。后汉，废。《水经注》：河水东北径昫卷故城西，又东过富平县西。是也。

典农城，在富平故城西。城有三：其西南城，世谓之胡城；又东北有城曰上河城，世谓之汉城；又东北有城，世谓之吕城；河水皆经其东。薛瓒曰：上河在西河富平县，汉冯参为上河典农都尉，分屯以事农处也。

丰安城，所北百八十里。杜佑曰：在灵武西黄河外。隋开皇十年，置县，属灵州，大业末，废。唐武德四年，析回乐县，复置丰安县，兼置回州治。贞观十三年，州废，县并入回乐。万岁通天初，置丰安军，神龙初，突厥默啜寇鸣沙县，因移县治于丰安城。先天二年，郭元振复修筑焉，仍为丰安军，属朔方节度使。

丁奚城，在所南。后汉永初六年，汉阳贼杜季贡降于滇零羌，别居丁奚城。《东观记》：丁奚城在北地郡灵洲县。元初二年，司马钧等分道击叛羌，钧独进攻拔丁奚城。既而任尚复击破杜季贡于此。明年，尚复遣兵击破先零羌于丁奚城。太子贤曰：丁奚城，在庆州马岭县西北。

薄骨律镇城，在所北。《水经注》：河水北径薄骨律镇城，城在河渚上，赫连果城也。桑果余林，仍列洲上。相传赫连之世，有骏马死此，取马色为邑号，故目城为白口骝，后讹为薄骨律也。又雄州城，《志》云：在所西南百八十里。本名承天堡，唐中和间，徙雄州治此，因名。

燕然废州，《唐志》：州寄治回乐县界。贞观十二年，铁勒归附，于灵州界置皋兰、高丽、祁连三州，并属灵州都督府，永徽元年并废。调露元年，又置鲁、丽、塞、含、依、契等六州，总为羁縻州，开元初，废。既又复置东皋兰、燕然、燕山、鸡田、鸡鹿、烛龙等六州，仍寄灵州界，而燕然、鸡鹿、鸡田三州，俱在回乐县界，突厥九姓部落所处也，至德后，俱废。

平山，在所东北八十里。山顶平衍，因名。○欢喜岭，在所东。成化中，寇入所东永隆墩诸戍，官军追败之于此。又啰庞岭，在所西。宋乾道六年，夏相任得敬胁其主仁孝欲分夏国，仁孝分西南路及灵州之啰庞岭与之。上表于金，金人不许，得敬寻伏诛。

磨齐隘，在所南百余里。宋元丰四年，刘昌祚引泾原兵伐夏，次磨齐隘。夏人据险以拒，昌祚大破之，遂薄灵州。庆州兵亦至，共围之。夏人据黄河七级渠以灌昌祚营，复钞绝粮运，昌祚引还。

黄河，在所城北。自宁夏中卫流入界，又东北入卫境。《志》云：黄河经灵州西为河曲。河千里一曲，自浇河至故眗卷县，率东北流，至富平始曲而北流。《汉志》注：河水自眗卷别出为河沟，东至富平北入河。河水于此有上河之名，前汉冯参为上河典农都尉，后汉任尚破先零羌于富平上河是也。后魏永熙二年，雍、秦诸州都督贺拔岳击灵州帅曹泥，会秦州刺史侯莫陈悦于高平，使先行至河曲，岳为悦所害。西魏大统二年，宇文泰遣军围曹泥于灵州，引水灌其城，不没者四尺。高欢发阿至罗兵三万骑径渡灵州河，绕出魏师之后。魏师退，泥得脱归欢。唐贞元七年，吐蕃寇灵州，陷水口支渠，败营田。五代唐长兴中，朔方帅张希崇引河渠，兴屯田以省漕运，民便爱之。今所境田多沃饶，恒无暵涸之患，赖黄河之灌溉也。

浦洛河，在所南，北流入大河。宋至道元年，边将白守荣护刍粮赴灵州，李继迁邀击于浦洛河，尽夺之，即此。亦曰溥乐河，宋人议筑溥乐城，以河为名也。〇蒲草湖，在所东南十里。又所南三十五里有草场湖。

七级渠，在所城南。唐大历八年，吐蕃寇灵州，郭子仪败之于七级渠。宋元丰中，刘昌祚围灵州，夏人决七级渠灌之是也。〇特进渠，在所西。《志》云：回乐县有特进渠，唐长庆四年开，溉田六百顷。

光禄渠，在所东。《唐史》：灵盐部有光禄渠，久废。李听为夏绥银宥节度使，引渠溉塞下地千顷，以省转饷。《志》云：渠在灵州，本汉时导河溉田处也。

旱海，在所东南。宋张洎曰：自威州抵灵城有旱海七百里，斥卤枯泽，无溪涧川谷。张舜民曰：今旱江平即旱海，在清远军北。赵珣曰：盐、夏、清远军间并系沙碛，俗谓之旱海。自环州出青刚川，本灵州大路，自此过美利寨渐入平夏，径旱海中至耀德、清边镇入灵州。是也。威州，见庆阳府环县。

辉德镇，在所南。旧为灵州戍守处。石晋开运二年，朔方帅冯晖赴镇，过旱海，至辉德，党项扼要路据水泉拒晖，晖击败之，乃得入灵州。亦谓之耀德。宋咸平四年，赵保吉作乱，张齐贤等议弃灵州。何亮言：灵州不可舍，请筑溥乐、耀德二城以通河西粮道。盖灵武居绝域之外，不筑此二城为唇齿，与舍灵武无异也。溥乐，见上浦洛河。

清水营，在所东八十里。《志》云：在卫城东南百二十里黄河东南。正统七年建，弘治十八年，为套寇所陷。《五边考》：套寇犯灵州必由清水营入。清水营者，灵州之咽喉也，特设重兵戍守。隆庆五年，以西番顺命，设马市于此。

横城堡，在清水营西北八十里黄河东岸。《舆程志》：由清水营而西北四十里为红山堡，又四十里为横城堡，西三里即黄河渡，渡河处有关，亦曰镇远关，又西北四十里即宁夏镇也。○毛卜剌堡，在清水营东南三十五里。又东南三十里即兴武所，亦戍守要地。

萌城堡，在所东南二百二十里。《舆程记》：所南四十里有大沙井堡，亦曰大沙井驿。又东南四十里为石沟驿，又六十里为小盐池，亦曰盐池驿，又东南四十里为隰宁堡，又四十里曰萌城堡，亦曰萌城驿，与庆阳府环县接境，皆出入嗓喉，守御要地也。又盐池驿分道而西，凡一百二十里即中卫之废鸣沙州。○红寺堡，在所西百四十里。嘉靖十四年，陕西总制刘天和议筑新边，言红寺堡东南起徐斌水至鸣沙州河岸可二百二十里处也。详见固原州。

红城子。在所东北黄河东岸。成化九年，套寇犯韦州，制臣王越督军败贼于此。又弘治十三年，总兵朱晖从红城子出兵捣河套。又东北有三垒沟，亦成化九年官军邀败套寇处也。

○**兴武所，**在镇东南三百二十里。东至花马池百二十里，西至横城堡百四十里。其间沙漠平漫，向为寇径。正统九年，置兴武营。正德初，改置兴武守御千户所，所城周三里有奇。今设兴武营于此。

高桥儿寨。在所西南。正德初，总制杨一清言：宁夏花马池、兴武营直抵高桥三百余里，为寇入边门户，诸部多屯牧其处。又西接灵州之萌城驿。○磁窑寨，在所西。成化九年，抚臣马文升议筑堡于此，以接灵州边界。从之，因置寨屯守。

○**韦州所，**镇东南二百六十里。西夏置韦州于此，又为静塞军。元废。明弘治十年，以地当寇冲，增置韦州千户所。所城周二里有奇。今废。

打狼山，在所东南。套寇由韦州而南犯镇原、平凉之道也。《一统志》：宁夏卫东南二百九十里有狼山，即此山矣。○蠡山，在所西二十里。层峦苍翠，其峰如蠡，有泉名曰富泉。其东又有小蠡山，亦曰螺山，寇入尝驻牧于此。《志》云：蠡山，在宁夏卫南二百六十里。是也。

东湖。所东三十里。湖北三里又有鸳鸯湖，互相萦注，所境田畴多藉以灌溉。

○**平虏所**，在镇北百六十里。东至黄河十五里，西至贺兰山六十里。洪武中，置平虏千户所，城周四里有奇。今为平罗所。

老虎山，在所东北百八十里黄河岸上。《九边考》：自老虎山而西，为长流水、蒲草泉等险，距中卫境可数百里，皆可收为外险。

蒲草沟，在所西北二百里。弘治十一年，制臣王越讨贺兰山后叛郡，分兵击贼于花果园、蒲草沟，贼从沙窝遁去，乃合追至大把都，又追败之于柳沟儿。寇西遁花果园，《纪事》云：在所北二百里。

镇远关，所北六十里，为宁夏之冲要。嘉靖中，总制王琼筑花马池新边，弃关不守，自是山后之寇益恣，议者引为琼咎。《九边考》：平虏当北面之冲，而镇远关实为外险。旧自镇远关以至火沙沟皆有台堡相接，以断北寇西行之路，外险既失，平虏虽有扼塞可凭，而终虞单薄矣。

黑山营，所北八十里。永乐元年建，与镇远关相应援，嘉靖九年，废。议者谓河西营堡，惟平虏城三面受敌。河冻时，套寇踏冰入犯，非墩墙所能御也。冰泮后寇每用浑脱浮渡，扰我耕牧，则弃黑山营、镇远关而守平虏，殆非长算矣。

威振堡，所西北二十里。嘉靖九年，总制王琼言：平虏城北威振堡、五岔沟与沙湖、黄河相连，旧有沟渠，年久湮废，宜浚治之，西南接贺兰山大水口以为限蔽云。又新兴堡，在所西北五十里。嘉靖九年，王琼请自威振堡以西筑临山墩为堡，又沿沟尖、塔儿墩、新兴墩各筑一堡是也。今临山堡在新兴东，新兴以西则为镇朔堡。

洪广堡，所西八十里。又西为镇北堡。《九边考》：洪广、玉泉、广武、与宁夏中卫俱为河西之蔽，然中卫僻在西隅，堑山堙谷，有险足恃，而洪广、玉泉、广武皆在贺兰山南，寇入套后，患亦差少。

打硠口。所北四十里,在镇远关内,为山后贼冲。嘉靖十六年,寇由此入犯,官军御却之。议者谓欲复镇远关,必先固打硠之守是也。

○宁夏后卫,东北至榆林镇七百二十里,南至庆阳府五百里,西南至固原镇六百二十里,西北至宁夏镇三百六十里,自卫治至京师三千三百七十里,至南京三千四百八十里,至布政司一千一百二十里。

古羌、戎地,秦属北地郡,两汉因之。晋仍属北地郡,后为赫连夏所据。后魏置大兴郡,西魏改为五原郡,兼置西安州,寻改为盐州。隋初,郡废。大业初,又改州为盐川郡。唐初,为梁师都所据,贞观二年,复置盐州,《旧唐书》:武德初,盐州及五原县俱寄治夏州,贞观初,州县俱废。明年,平梁师都,复于旧城置盐州及五原县。天宝初,曰五原郡,乾元初,复故。贞元二年,陷于吐蕃,《唐史》:时吐蕃陷盐州及夏州。八年,收复。明年,置盐州节度,寻废。十七年,又陷于吐蕃,旋复得之。《唐志》:贞元十九年,置保塞军于此。五代时,亦曰盐州。宋初因之,咸平以后,为西夏所据。元以其地属环州。明初,属庆阳府。正统九年,置花马池营,成化中,为守御花马池千户所,正德元年,改置宁夏后卫,隶陕西都司。今为宁夏所。

卫控扼朔方,翼蔽内郡,北面之险也。赫连氏桀骜于统万,梁师都倔强于夏州,皆取途于此,以窥伺关中。唐失盐州而塞防无复保障,吐蕃往往由此阻绝灵武,侵迫鄜、坊。贞元八年,复城盐州,继又增立军府。由是灵武、银、夏、河西获安。五代梁乾化初,保塞节度使高万兴奏取盐州,先是开平三年,盐州属李茂贞,朔方帅韩逊附全忠攻取之,至是为高行存所据,自为刺史,万兴遣将攻降之。其略曰：盐州与吐蕃、党项犬牙相接，为二境咽喉，地又有乌池盐碛之利，戎、羌意未尝息。唐建中初，为吐蕃所陷，砥其堢而去，由是银、夏、宁、延暨于灵武，岁以河南、山东及江、淮诸道兵士分护其地，谓之防秋。贞元初，副元帅浑瑊复取其地，建百雉焉，自是边尘乃息，寇患遂止。今才动偏师，遽收襟要，国之右臂，疮疣其息哉？盖盐州与灵武诸州唇齿之势也。宋时为西夏所据，种谔等议复盐州以遏其冲，不果。终宋之世，卒不能得志于西夏。明自河套有事后，花马池为西陲肘腋之患，南扰则祸在庆、环，西掠则忧在平、固，西北则瞰灵州阻宁夏，故防维为最切。弘治中，制臣杨一清言：花马池东至延绥安边营，西至宁夏黄河边横城堡，横亘四百余里，黄沙野草，弥望无际，无高山巨堑为之阻限，非创筑边墙，不足以御腹心之患。从之。正德以后，屯戍日密，议者犹谓宜择便利之地，大建城堡，增设将领，分屯重兵于清水、兴武等营，令三百里间旗帜相望，刁斗相闻。又于铁柱泉水草大路尽建墩堡，断其出入之径，始为制驭良策耳。《九边考》曰：宁夏镇御敌之路有四：一曰中卫，险在枣园、柔远、旧安寨诸处；一曰平虏，险在盐山、新兴、灵武诸处；一曰镇城，险在赤水、宁化、玉泉、马跑泉诸处；一曰花马池，险在定边营、杨柳屯、清水营、兴武营、铁柱泉诸处。然四路情形，花马池最急。花马池者，宁、固、兰、靖诸边之门户也。

　　五原废县，今卫治。古朐衍戎地。汉置朐衍县，属北地郡。朐读煦，一读蚼。后汉废。后魏置大兴县，为大兴郡治。西魏曰五原县，后又改为大兴。隋亦曰五原县，为盐州治，大业末，为梁师都所据。唐初，与盐州俱寄治灵州，贞观初，废。二年，复于旧治置县，为盐州治。宋初因之，后没于西夏。元废。今卫城周七里有奇，有东西南三门。

白池城，在卫西。本兴宁县也，隋末，析五原县置，属盐川郡。唐初，亦寄治灵州，仍属盐州。贞观初废，龙朔三年，复置于旧治。后改为白池县，以近白盐池而名也。宋陷于西夏，县废。又《括地志》云：白池东北九十里有白土城，汉上郡属县。按《汉志》注：圜水出白土县西，盖在今废夏州南境，《括地志》误也。今见榆林镇。

龟兹城，在卫东北。汉县，属上郡。颜师古曰：龟兹读丘慈。时龟兹国人来降附者，处之于此，因名。亦为上郡属国都尉治，有盐官。后汉曰龟兹属国。永寿初，南匈奴别部叛，寇美稷，东羌复应之，安定属国都尉张奂勒兵出长城，遣将王卫招诱东羌，因据龟兹县，使南匈奴不得与东羌交通是也。又《西羌传》：雍州有龟兹盐池，为民利，即今大小两盐池矣。晋废。后魏主焘太延五年，伐姑臧，自云中济河至上郡属国城，即故龟兹城也。

铁角城，在卫境。或曰即三角城也，与盐池相近。初为官军屯戍处，近代贼常据为巢穴，耕牧其中。其相近者又有卢保岭，贼党分据于此，犯平凉、固原诸境。

方山，在卫东北百余里。正德九年，寇入花马池，掠官马而去。参将尹清追之，战于方山，败没。○鸑鷟山，在卫东北。后魏主嗣泰常五年，如鸑鷟山，遂至泻卤池。李延寿曰：山在五原东。胡氏曰：泻卤池即唐盐州之盐池。

花马池，在卫城西。旧属庆阳府，去府城五百里。池周回四十里，与马槽、莩罗、滥泥、锅底等池相近。其地平衍，无溪谷之阻。寇入套后往往由此阑入为边患。弘治十二年，火筛分道寇固原、宁夏诸边，从花马池入，西北大扰。十八年，复自花马池毁垣入，掠隆德、静宁、会宁诸处。正德四年，又入花马池。九年，复自花马池犯固原塞。嘉靖初，入花马池大掠，南至西安、凤翔。十三年，复入花马池，掠固原，残安定、会宁二县。盖防御虽密而突犯不免，地势然也。

盐池，在卫城西北。旧亦属庆阳府、去府城五百里，北至宁夏镇三百五十里。池周回八十里，谓之大盐池。《魏土地记》：大盐池盐色青白，名曰青盐，又名戎盐。晋太元十六年，魏主珪破刘卫辰军于盐池，自河以南诸部悉降。宋白曰：即唐盐州五原县青、白盐池也。《唐志》：盐州管四池，曰乌池、白池、瓦窑池、细项池。又云：青白盐出乌、白两池，亦曰清白盐池，在盐州北。唐元和十五年，吐蕃入寇盐州，营于乌白池。未几，复围乌白池。宋至道二年，夏州、延州行营言两路合势，破贼于乌白池。贼首李继迁遁去。既而西羌擅以为利。明时边储多取给于此。其地亦名三山儿。

小盐池，在卫西二百里。池周二十七里，自庆阳至宁夏此为中顿之地。《五边考》：小盐池与萌城驿为宁夏后卫、灵州所，及庆阳府环县三境之要会，套寇入犯，往往以此为捷径。弘治十三年，官军败寇于此。池西北去灵州所百二十里，去宁夏卫三百七十里，与大盐池皆不假人力自凝为盐。西魏置盐州，盖以边盐池而名也。

天池，在卫西。成化九年，抚臣马文升议筑堡于此，接兴武千户所界。又红柳池在卫东南，亦去庆阳府五百里，周回二十六里。又有石沟池在其西，莲花池在其东。相近者又有东小池与马槽等池，俱产盐硝。

青沙涧，在卫东北。《五边图》卫东北跨马梁、青沙涧，与榆林卫清平、定边相对，离花马池五百里。又东北有敖忽涧、五坐山诸险，皆可守之境云。

长城关，在卫东。或云正德初所置。隆庆三年，督臣王崇古发宁夏镇兵从花马池长城关出边，击套寇部落于白城子，败之。白城子，盖在卫东北边外。

　　洪门镇，在卫东南。《唐志》：贞元八年，邠宁节度张献甫请复盐州及洪门、洛源镇兵。洛源即庆阳府废洛源县。又石昌镇，在卫南。《宋史》：西羌地瘠，以池盐易谷于边。及李继迁为寇，陕西漕臣郑文宝禁青白盐，戎人乏食，寇石昌镇，屠小康堡。淳化三年，钱若水驰传抚定之。小康堡盖近石昌镇。

　　定边营，卫东六十里，即榆林边界也。○叱利寨，在卫东。唐会昌五年，党项叛众屯聚于此。《唐会要》：盐州有叱利寨。又清塞寨，在卫西，亦曰清塞堡。长庆元年，吐蕃寇清塞堡，盐州刺史李之说击却之，即此。

　　杨柳堡，在卫东北三十里。本杨柳墩，弘治七年，制臣秦纮增筑，其相近者有石白墩，俱寇径也。嘉靖初，寇从此入，官军败之。寇退走，伏兵又败之于青羊岭。岭在卫东北边墙外。

　　铁柱泉堡，卫西南六十里。有泉百步，寇入必饮马于此。嘉靖十五年，制臣刘天和改筑旧堡，包铁柱泉于堡中，设兵据守。十九年，寇犯固原，自铁柱泉引还，镇将任杰等迎击，败之。《五边考》：堡与小盐池俱套寇入犯之冲也。

　　井儿堡，在卫西。嘉靖初，套寇由此撤墙入，犯固原、平凉、泾州诸境，杀伤甚众。又高平堡，在卫西四十里，又西二十里为安定堡，俱设兵戍守。

　　沙湃口。在卫西北。万历中，哱拜作乱，结套寇为应援，遂入沙湃口，旋败去。○平山墩，在卫北。成化中，边臣言：宁夏东路，自花马池至黄河，东至平山墩，西至黑山营，中间相去二百里，虽有黄河可恃，而冬月冻合，实为可忧，应筑边墙戍守。从之。黑山营，见宁夏平罗所。

　　○**宁夏中卫**，东北至宁夏镇三百六十五里，南至固原镇西安所三百十里，西至庄浪卫二百六十里，北至观音山边界七十里，自卫治至京师三千九百里，至南京三千八百三十里，至布政司一千一百十里。

　　古羌、戎地，秦属北地郡，两汉因之。晋为雍州徼外地，后

魏属灵州，隋因之。唐亦为灵州地，宋没于西夏。元置应理州，属宁夏路，明初，废。洪武三十二年，移建宁夏中卫于此，领千户所五，俱在卫城内。隶陕西都司。今亦设宁夏中卫。

卫倚贺兰之险，阻洪河之阻，左联宁夏，右接庄浪，诚边陲要地也。说者曰：贺兰虽称天险，而通城隘口甚多，自镇关墩至胜金关之九十余里，俱朔骑出没处。若修观音口、镇关墩至黄河百八十里之边，则内而广武、玉泉、大坝亦得所捍御矣。夫诚能保有松山，为西藩外障，岂忧山后之寇哉？

温池废县，在卫治东南。汉北地郡富平县地，隋为弘静县地。《通典》：后魏薄骨律镇仓城在此。唐神龙初，置温池县，属灵州。广德后，没于吐蕃。大中间收复，改置威州。胡氏曰：温池县有盐池，唐大中四年，以温池盐利可赡边陲，委度支制置。是也。宋没于西夏，县废。今卫城周七里有奇。

鸣沙城，卫东南百五十里。后魏时戍守处也。其地北枕黄河，人马行沙上有声，因名。后周保定二年，移置会州于此，建德四年，改立鸣沙镇。隋开皇十九年，置环州及鸣沙县。《志》云：环州，以大河环曲而名也。大业三年，州废，县属灵武郡。唐武德四年，置西会州，鸣沙县属焉。贞观六年，州废，改置环州于此。九年，复废环州，县仍属灵州。咸亨二年，又置安乐州，以处吐谷浑部落。神龙二年，突厥嘿啜寇鸣沙，败唐兵，进寇原、会二州。是年，移鸣沙县治丰安城。大历四年，吐蕃寇鸣沙，寻为吐蕃所据。贞元三年，吐蕃尚结赞等入寇，陷盐、夏诸州，退屯鸣沙，寻置长乐州于此。元和十三年，灵武奏破吐蕃长乐州，克其外城是也。太中三年，收复，改置威州。五代晋徙州治方渠，以鸣沙为属县。宋没于西夏。元复于此，立鸣沙州，明初，废。《志》云：自城北渡河五里即宁夏卫之广武营也。方渠，见庆阳府环县。

燕山废州，在废温池县界。唐开元初，复置六胡州，寄治灵州境，以东皋兰州寄治鸣沙界，而燕山、烛龙二州寄治温池界，俱突厥九姓部落所处也。详见灵州千户所。

沙山，卫西五十里。因积沙而成。或云即万斛堆。晋泰始六年，鲜卑树机能作乱，秦州刺史胡烈讨之，至万斛堆，兵败被杀。《元志》：应理州，东阻大河，西据沙山，即此。○观音山，在卫北五十里。山有观音洞。又米钵山，在卫南七十里。卫东七十里又有石空寺山，又东十里为石空洞。又有羚羊洞，亦在卫东南百里。

黄河，在卫城南十五里。自靖远卫东北流入境，分流入城仍合于大河，东北流注宁夏卫。

温围水，在卫西南。其下流入于黄河。晋咸宁五年，马隆讨凉州鲜卑，度温围水，是也。胡氏曰：温围水东北即万斛堆，汉武威郡有媪围县，此水或因以名。媪讹为温也。义熙三年，赫连勃勃击僇檀，至枝阳，大获而还。僇檀追之，其臣焦朗曰：勃勃未可轻也。不如从温围北渡趋万斛堆，阻水结营，扼其咽喉，百战百胜之术也。不从，果为勃勃所败。宋元嘉十六年，魏主焘议伐凉州，李顺等谓自温围水以西至姑臧，即此也。枝阳，见靖远卫。

马槽湖，卫东北二十五里。以形似名，东南流入于大河。又蒲塘，在卫北四十里。塘中多产蒲草，因名。下流亦注于河。

中渠，卫南五里。引大河之流，溉田百余顷。又蜘蛛渠，在卫西二十里，东北流，溉田几二百顷。白渠，在卫东二十里，溉田九十顷。羚羊渠，在卫南四十里，溉田三百八十余顷。石空渠，在卫东七十里，溉田九十顷。枣园渠，在卫东九十里，溉田九十五顷，元于此置屯田。又七星渠，在卫东南一百二十里，溉田一百二十余顷。已上诸渠，皆引大河而成。

裴家川，在卫西南，接靖远卫北境。《五边考》：其地有腴田万顷，军民岁以寇患不得田作。隆庆五年，督臣王之诰请于宁夏扯木峡旧堡河口至五方寺、塔儿湾、白草川墩增筑边墙、墩台、大小堡寨，驻将领于此，以遏寇出入要路，并筑东西大小隘口。自是裴家川为内地，更置军营曰永安营，军民赖之。扯木峡即宁夏镇赤木硖也。

镇边营，卫东四十里，正统二年建。又石空寺营，在卫东八十里。永乐二十二年建。又枣园营，在卫东百二十里。永乐二年建。又广武营，在卫东百九十里。正统九年建。○五百户堡，在卫南三十里，永乐二十二年建。又羚羊堡，在卫南六十里。正统元年建。又回回墓堡，在卫南百二十里。宣德六年建。已上营堡，向俱设官军戍守。

黑山嘴。在卫北二十五里。又卫西有西沙嘴，成化十三年，镇臣请修宁夏西路永安墩至西沙嘴一带边墙是也。○黄沙口，在卫东北百二十里。又卫东北百四十里有观音口。又大佛寺口有二：一名大佛寺北里口，在卫东北百九十里；一名大佛寺北外口，在卫东北二百十里；俱卫境之冲要也。

○靖边卫，东南至固原镇四百五十里，西南至临洮府兰州三百五十里，西北由直路至庄浪卫三百里，东北至宁夏中卫二百十五里，南至巩昌府会宁县二百七十里，自卫治至京师三千六百三十里，至布政司一千二百二十里，至南京三千六百三十里。

古西羌地，秦属陇西郡。汉属金城、安定二郡，后汉属金城、武威二郡，晋为凉州徼外地。西魏置会州，后周废。隋为原州地。大业初，属平凉郡。唐初，复置会州，《旧唐书》：武德二年，以平凉郡会宁镇置西会州。九年，突厥寇西会州，是也。贞观中，改为粟州，以足食故也。寻又改为会州。天宝初，曰会宁郡，乾元初，复曰会州，广德后，没于吐蕃，大中间来归，寻复为番、戎所据。宋天圣以后，属于西夏，元符二年，收复，仍置会州。金坨于河，侨治会川城，号新会州。元又迁于巩昌北境。元迁会州治西宁，即今巩昌府会宁县也。明正统二年，复修废城，置靖虏卫，领千户所四，俱在卫城内。属陕西都司，弘治九年，改属固原镇。今为靖远卫。

卫面山背河，地势险阻。《九边考》云：靖远去敌最近，北面滨河，遇冬冻合，一望平地千里，寇若从贺兰山后踏冰驰踔，势如风雨，未易御也。沿河置戍，固不可缓，而徐斌水以西旧边一带，冬防可倚也。要之折冲无术，而从事于补苴，计斯末矣。

会宁废县，今卫治。汉金城郡枝阳县地，晋废。后魏置会宁县，属高平郡。西魏置会州。后周废州，寻并废县。隋开皇十六年，复置会宁县，属原州，大业三年，属平凉郡。七年，分置西突厥部落于此。十三年，西突厥阙度设据会宁川自称阙可汗，降于李轨，寻为轨所灭。唐武德二年，平李轨，置西会州治焉，寻为会州治。后陷于吐蕃。宋元符中，收复，仍置会州，崇宁三年，置敷文县为州治。金改为保川县，后徙州治于会川城，县遂废，明复建卫于此。今卫城周六里有奇。

枝阳城，在卫西南。汉县，属金城郡，后汉因之，晋废。前凉张寔复置，属广武郡。隆安二年，西秦乞伏乾归遣其弟益州攻凉枝阳、鹯武、允吾三城，克之。又义熙三年，赫连勃勃击南凉秃发傉檀，至枝阳，大获而还，即此。后魏县废。允吾，见兰州。

祖厉城，卫西南百三十里。汉县，属安定郡。后汉属武威郡，晋废。前凉张轨复置，仍属武威郡。后魏移县治于平凉县境，属陇东郡，故县久废。祖读葅，厉读赖。○乌兰城，在卫南百十里。汉祖厉县地，后周置乌兰关于此，唐武德末，置乌兰县，属会州，后没于吐蕃，县废。刘昫曰：乌兰,后周所置县也。初置于会宁关东南四里,唐天授二年,移于关东北七里。

勇士城,卫西南二百里。汉县,属天水郡,武帝元狩初,置天水属国治此。后汉属汉阳郡。元初二年,庞参等击叛羌,兵至勇士东,为杜季贡所败。晋县废。咸安初,秦符坚使王统攻陇西鲜卑乞伏司繁于度坚山,司繁降,因置勇士护军于勇士川,使乞伏吐雷抚其众,寻使司繁镇之。其子国仁因符坚之败遂叛秦,太元十年,国仁筑勇士城而都之是也。后魏废。亦曰健士城,颜师古曰:隋初避太子讳也。

苑川城,在卫西南。《水经注》:苑川水出勇士县之子城南山,北径牧师苑,故汉牧苑之地也。有东西二苑城。其城相去七里。晋咸和中,陇西鲜卑乞伏述延始居苑川,咸安初,乞伏司繁拒秦将王统于苑川,败降秦。其后,乞伏国仁据勇士城,符登封为苑川王。乞伏乾归复自金城迁于西城,即苑川西城也;既又迁都苑川,盖即苑川东城云。宋元嘉三年,西秦王炽磐侵河西王蒙逊,夏主昌遣将呼卢古乘虚攻其苑川及南安,炽磐引还。后魏神䴥鹿中,城废。

鹯阴城,在卫西。汉县,属安定郡,后汉属武威郡,晋废。宋白曰:会宁县本鹯阴县地。河水东过勇士县北,东流即鹯阴县。汉顺帝建康初,赵冲追击叛羌于建威鹯阴河,即此。贤曰:凉州姑臧县东南有鹯阴县故城,县因水为名。《续汉书》:建威本作武威。又曹魏黄初二年,凉州卢水部反。遣张既讨之,胡逆拒既于鹯阴口。胡氏曰:鹯阴河口也。或讹为鹯武城。晋隆安二年,西秦将乞伏益州攻凉,克鹯武,即鹯阴矣。后魏始移置县于平凉县境,旧城遂废。〇麦田城,在卫北。《水经注》:麦田山,在安定西北六百四十里。山东北有麦田城。又北有麦田泉,西南流注于河。晋咸和四年,乞伏述延见赵亡,惧,自苑川迁于麦田,即此城也。

会川城,卫西南七十里。宋元符二年进筑,赐名会川,属会州。金末，侨置会州于此，谓之新会州。元废。新泉城，在卫西北三百里。唐大足初，郭元振置新泉军，初属朔方，天宝中属河西节度使，后废。《宋志》会州城南四十里有新泉寨。宋元符初置，盖因旧城以名。金废。

德威城，在卫西。本名清水河，宋政和五年，童贯遣秦凤将刘仲武出会州，至清水河筑城屯守而还，赐名曰德威。城西去黄河四里。《宋志》：城南二十五里为远罗谷口，政和中，置正川堡于此，隶德威城。

乌兰山，卫南百二十里。上有关，唐置乌兰县，以此山名。或谓之南山，晋义熙三年，秃发傉檀为赫连勃勃所败，自阳武下峡奔南山。胡氏曰：枝阳之南山也，西连武威仓松之境。

度坚山，在卫西。晋时，陇西鲜卑乞伏氏先自漠北南出屯高平川，又自高平西南迁麦田山，乞伏司繁又自麦田迁度坚山。咸安初，苻秦使王统攻之，司繁拒统于苑川，统潜袭度坚山，克之。义熙五年，乞伏乾归自苑川徙都度坚山，七年，置秦兴郡治焉。胡氏云：度坚山在苑川之西。

大小松山，在卫北六百里。旧时寇驻牧于此，为庄、凉、兰、靖诸边之患。万历二十六年，抚臣田乐、镇臣达云收复其地，于是边患始少。〇雪山，在卫北百二十里。山势高峻，积雪不消，套寇入犯，往往驻牧于此。又三岔山，在卫北。又有猪肝岔，在卫东北大河南岸，成化十年，寇从此内犯。

阳武下峡，在卫东北。晋隆安初，后凉吕光攻乞伏乾归于西城，遣其将梁恭等出阳武下峡，与后秦秦州刺史没奕干攻其东，不克。义熙三年，赫连勃勃击南凉，入枝阳，驱掠而还。秃发傉檀引兵追之，勃勃于阳武下峡凿凌埋车以塞路，逆击傉檀，大破之。胡氏曰：阳武下峡在高平西，河水所经也。

黄河，在卫北五里。自兰州东北流至卫境，过祖厉故城西，又经卫北入宁夏中卫界。其间山峡险隘，垂流直下，高数十丈。又卫城北有黄河堰，唐刺史安敬忠筑此以捍河流。卫西南又有北卜渡。《元志》：自兰州而东过北卜渡至鸣沙河，过应理州正东行，至宁夏路。鸣沙河即宁夏卫鸣沙山南黄河也。

祖厉河，在城东，又北注于河。其水苦恶不可食。《水经注》：水出祖厉南山，北流经祖厉县，又北注于河。汉元鼎五年，幸雍，遂逾陇，登崆峒，西临祖厉河而还是也。《唐史》：祖厉城西有河池，因雨生盐。《卫志》：城中无清泉，祖厉水复咸苦，汲者必涉祖厉而后达于河取以供日用。遇雨潦，即涨溢不可渡。乃量工命役，截其上流，去卫五里地有江嘴，决而导之，使北入河，于是故道堙平，往来便易。又亥剌河，在卫北，西流注于河。明初，边将陈德败敌于此。

渴浑川，在废勇士县东北。晋太元十二年，乞伏国仁袭鲜卑三部于六泉，鲜卑没奕干等连兵来袭勇士，遇战于渴浑川，没奕干等大败，三部皆降于国仁。六泉，今见平凉府镇原县。

三不剌川，在卫北境。其西为五郎口，明初，孙兴祖战死于此。○裴家川，在卫北黄河外。其地便于屯营，为戍守之要，隆庆六年，设永安营于此，东接宁夏中卫界。今详见中卫。

大沙沟，在卫北黄河外。嘉靖中，边臣李承勋言：宁夏自镇远关至大沙沟，旧有台堡相接，以断北寇西行之路。是也。又芦塘，亦在卫东北黄河外。亦曰芦沟，宁夏、固原边接境处也。今有芦塘营。

会宁关，卫西南百三十里。旧名颠耳关，宋元符初进筑，赐名通会，寻改曰会宁关，金改为会安关。南至巩昌府安定县一百里。○乌兰关，在卫南乌兰山上。《唐志》乌兰县西南有乌兰关，是也。

永安营，在卫北裴家川。又芦塘营，在卫东北芦塘上，俱卫境要地，设官军戍守于此。○通安寨，在废会川县东六十里。宋崇宁五年置，属西安州。金仍曰通安寨，改属会州。元废。又有同安堡，在通安西三十里，亦宋置，金废。

怀戎堡，卫东六十里。宋崇宁二年置。《宋志》：堡北至柔狼山界堠四十里，与夏国西寿监军对境，由枯寨谷至柔狼山地皆险阻。又有水泉堡，在怀戎堡西二十里。○静胜堡，在卫西南百八十里。《宋志》：政和六年，赐清水河新城曰静胜堡，其城在黄河南石觜上，与河北夏国卓罗监军地分相对。又有通泉堡，在卫西南八十里黄河南岭上。亦宋置。金废。

迭烈孙堡，卫北九十里。西夏所置，元因之。明初，元将贺宗哲攻凤翔不克，自固原之六盘山遁去，明师追之，复由迭烈孙渡河遁。后设巡司于此，每岁冬增兵戍守。○打剌赤堡，卫东七十里。其地本名乱麻川，天顺中，满四据石城作乱，官军讨之，分道出此。又东五十里为乾盐川堡，接固原州西安所界为北骑入寇之径道，向皆设兵戍守。石城见固原州。又平滩堡，在卫西九十里。又西九十里，即兰州金县之一条城也，为往来之要道。《志》云：卫西四十里曰虎豹口，卫境要口也，向设官军戍守。

乌兰桥。在卫西南百里。《唐志》：在乌兰关外黄河上。其地亦名乌兰津。西魏大统初，渭州刺史可朱浑道元帅所部西北渡乌兰桥抵灵州，因灵州刺史曹泥资送至云州，降于高欢。唐贞元十六年，灵州兵破吐蕃于此。元和八年，吐蕃作乌兰桥，又筑月城守之。先是吐蕃欲作桥，每先贮材于河侧，朔方常潜遣人投之于河，终不能成。至是朔方帅王似贪，吐蕃先厚赂之，遂并力成桥，自是朔方御寇不暇。

读史方舆纪要卷六十三

陕西十二 甘肃行都司 羁縻卫附

○**甘肃镇**，东至临洮府兰州黄河一千一百七十五里，南至西宁镇黄河一千五百七十五里，西至肃州卫嘉峪关五百七十里，北至亦集乃地一千五百里，自镇治至京师五千四百里，至南京五千三百一十里，至布政司二千六百四十五里。

《禹贡》雍州地，自汉以前，为月氏国地，后为匈奴所据。《汉纪》：月支故居敦煌、祁连间，为强国。匈奴冒顿破月氏，使昆邪王居之。武帝太和元年，始开置张掖等郡，以断匈奴右臂。昭帝以后，与酒泉、武威、敦煌、金城，并称河西五郡。后汉因之。魏、晋仍为张掖等郡。永嘉以后，为张寔所据，称前凉。吕光继之，为后凉。沮渠蒙逊都张掖，称北凉。后魏以其地属凉州。西魏又置西凉州，寻改为甘州。后周复置张掖郡。隋初、郡废，炀帝又改甘州为张掖郡。唐初，为李轨所据，武德二年，复置甘州，天宝初，亦曰张掖郡，寻没于吐蕃。大中间，始复内属，寻又没于羌、戎。宋天圣以后，为西夏所据。蒙古得其地，仍置甘州，至元初，置甘肃路总管府，八年，改甘州路总管府，十八年，置甘肃等处行中书省治此，以控河西诸郡。明洪武二十四年，置甘肃等卫，二十六年，置陕西行都指挥使司，领卫十二，守御千户所三。今为甘肃镇。

镇河山襟带，扼束羌、戎。汉武开河西，遏绝羌与匈奴相通之路，使不能解仇合约为中国患。刘歆言：武帝西伐大宛，并三十六国，结乌孙，起敦煌、酒泉、张掖以隔婼羌，裂匈奴之右臂。歆又云：孝武表河曲，列四郡，开玉门，通西域，以断匈奴右臂，隔绝南羌、月氏，单于失援，由是远遁，而幕南无王庭。盖其地跨越边塞，保险阻，定畜牧，自古称凉州之畜，为天下饶也。《汉书志》：自武威以西，本匈奴浑邪、休屠王地，武帝时攘之，初置四郡，隔绝南羌、匈奴。地广民稀，水草宜蓄牧，故凉州之畜，为天下饶，保边塞，二千石治之，咸以兵马为辅。昭帝时，益置金城郡，所谓河西五郡也。天下多事，群雄恒睥睨于此。更始初，窦融私谓其兄弟曰：天下安危未可知。河西殷富，带河为固，张掖属国精兵万骑，一旦缓急，杜绝河津，足以自守，此遗种处也。乃求为张掖属国都尉，卒保有五郡，挈以归汉。晋永康二年，张轨以天下方乱，阴有保据河西之志，乃出为凉州刺史。盖祖窦融故智也，遂世有凉土，保境息民，复以兵威慑服西域，雄长一隅几七十年。太元初，苻秦并凉，使梁熙为刺史。十年，关中乱，熙亦图据凉州。会吕光平西域，引兵还至宜禾，时光未至敦煌之宜禾县，当是火州之伊吾谷。详见后。高昌太守杨翰言于熙曰：吕光新破西域，兵强气锐，闻中原丧乱，必有异图。河西地方万里，带甲十万，足以自保。若光出流沙，其势难敌。高梧谷口，见后火州。险阻之要，宜先守之，而夺其水，可以坐制；如以为远，伊吾关亦可拒也。见哈密卫。度此二厄，虽有子房之策，无所施矣。熙不从，光遂据凉州。后十余年，秃发、沮渠以及李暠之徒，后先角立，分裂其地，亦皆一再传而后亡，岂非以山川厄塞，负隅易固哉？北魏主焘平统万及秦、凉，以河西水草丰美，用为牧地，蓄甚蕃息，马至二百余万匹，橐驼半之，牛羊无数。隋之末也，李轨窃有其地，唐武德二年，克平之，渐有事于西域。昔人言：欲保秦、陇，必固河西；欲固河西，必斥西域。汉人由此，而羌、戎宾服者二百余年。光武以中土初定，未遑外略，闭玉门，谢贡献。明帝时复通西域，耿秉所谓破伊吾折匈奴左角者也。班氏父子，世修其职，厥功炳焉，于是憺敦煌以东，风尘无警。唐初，得河西地，贞观中，地益拓，置四镇。咸亨初，为吐蕃所陷，长寿元年，复收四镇，议者请废之，崔融曰：太宗践汉旧迹，并南山，抵葱岭，割裂府镇，烟火相望，吐蕃不敢内侮。高宗时，弃四镇不能有，而吐蕃遂张入焉耆之西。今若又弃之，使彼得四镇，必临西域，西域震则威憺南羌，南羌连衡，河西必危矣。乃复守四镇。《唐书·吐蕃传》：初，太宗平薛仁杲得陇上地，禽李轨得凉州，破吐谷浑、高昌开四镇，玄宗继收黄河、磧石、宛秀等军，中国无斥候警者几四十年。轮台、伊吾屯田，禾菽弥望。开远门，揭候暑曰：西极道九千九百里，示戍人无万里行也。自乾元以后，河西军镇多为吐蕃所陷，而安西、北庭犹为唐守，贞元中，始陷于吐蕃，自是陇坂以西皆为异境，畿辅震惊，烽火时至，盖河西强兵足食之本也。武后时，陈子昂言：凉州岁食六万斛，甘州所积四十万斛。观其山川，诚河西咽喉。地广粟多，户止三千，胜兵者少，屯田广野，仓庾丰衍，瓜、肃以西，皆仰其餫，一旬不往，士已枵饥，是河西之命系于甘州矣。且其四十余屯，《六典》：甘州十九屯，水泉良沃，不待天时，岁取二十万斛，但人力寡乏，未尽垦发。今甘州积粟万计，兵少不足以制贼，若吐蕃大入，则河西何以守？宜益屯兵，外得以防盗，内得以营农。其后吐蕃入寇，终后世为边患。又《徐邈传》：邈为凉州刺史，修武威、张掖、酒泉盐池，以收敌谷；又开广水田，以足边储。宋时，河西没于夏，夏以富强。元置行省于甘肃，而西域诸国悉为附庸。明初，冯胜出兰州，略甘肃，先破元兵于别力笃山，取西凉，至永昌，下甘州；又败元兵于虎剌罕口，进拔肃州；又进至扫林山，取亦集乃路，次别驾山，抵瓜、沙州，分布戍守，扼塞关隘而还。永乐二年，建哈密等卫，领袖诸番，藩篱内地。成化以后，哈密为土鲁番残破，嘉靖中，徙其部落于肃州近境，而弃其地于土鲁番，自是西域隔绝，嘉峪以西声教不至矣。又西海左右，复巢逋逃；甘凉之间，孔道侵多；庄浪以东，咽喉易梗。论者为羌戎异类，联络犹难。今者南北同种，声息易达，猖猖然伺我四郊，非吾利也。尝考河西水草丰饶，训兵足赋，于屯牧为宜。昔人云：屯修于甘，四郡半给；屯修于甘、凉，四郡粗给；屯修于四郡，则内地称苏矣。夫耕屯之政，同牧之设，旧章具在，明初，置行太仆寺于都司城内，后皆因之。可勿讲欤？

　　○甘州左卫，附郭。本匈奴昆邪王地，汉置张掖郡，取张国臂掖之意。后汉因之。晋仍为张掖郡。西魏置甘州，取州东甘浚山为名。隋、唐因之，亦曰张掖郡。宋时，西夏改为镇夷郡，寻曰宣化府。元初，仍曰甘州。至元初，改为甘肃路，八年，曰甘州路，寻置行中书省于此。明洪武二十四年，置甘肃卫，二十九年，分置甘州五卫，此为左卫。今卫城周十二里有奇，门四。

○**甘州右卫**，附郭。建置同上。今仍设左右二卫。

○**甘州中卫**，附郭。建置同上。

○**甘州前卫**，附郭。建置同上。

○**甘州后卫**，附郭。建置同上。

张掖废县，即今镇治。汉为觻得县，张掖郡治焉。应劭曰：觻得，匈奴王号也。觻，读禄。后汉仍为郡治。晋改曰永平县，后魏因之。后周为张掖郡治。隋大业初，改为张掖县，唐因之，州郡皆治此。元省。刘昫曰：后魏置张掖军，孝文改为张掖郡及县。又《通典》云：张掖县西北有汉张掖郡故城。

屋兰城，在镇东北。汉置县，属张掖郡。元凤三年，匈奴犯屋兰，败去。后汉仍属张掖郡，晋因之，后废。又昭武城，在镇西北。汉县，属张掖郡，后汉因之。晋讳昭，改曰临泽，仍属张掖郡，后废。

氐池城，在镇东。汉县，属张掖郡，后汉因之，晋省。隆安五年，沮渠蒙逊自西安举兵袭段业，至氐池，众逾一万，进逼候坞，业军皆溃，是也。旧《志》：候坞在氐池西，去张掖百里。○西安城，在镇东。后凉吕光置西安郡，晋隆安二年，段业取西安，因城其地。五年，沮渠蒙逊求为西安太守，因举兵击业而代之。又宋元嘉三年，乞伏炽磐遣太子暮末伐河西王蒙逊，攻西安不克，又攻番禾是也。后魏废。

侯官城，在镇北。《后汉志》：武帝置属国都尉以主蛮夷降者，后汉安帝时，张掖属国别领五城。五城，侯官、左骑、千人、司马官、千人官也。晋废。○祁连城，在镇西北百九十里。《晋志》：永兴中，前凉张祚置汉阳县以守牧地，张玄靓改为祁连郡，吕光因之，后废。唐开元十六年，吐蕃寇甘州，凉州将杜宾客破吐蕃于祁连城下，即故城也。胡氏曰：城在祁连山旁。

临松城，在镇东南。《晋志》：前凉张天锡别置临松郡，太元中，吕光置中田护军，镇临松。隆安五年，南凉秃发利鹿孤遣将袭沮渠蒙逊于张掖，至万岁、临松。义熙五年，秃发傉檀遣军伐蒙逊，掠临松千余户，蒙逊因掠南凉之显美以报之。宋元嘉二年，西秦乞伏炽磐遣兵袭破临松，徙其民五千余户于枹罕。十七年，魏拔姑臧，沮渠无讳起自晋昌，复拔酒泉，围张掖不克，退保临松。后魏亦为临松郡，领安平、和平二县。寻改郡为临松县，以二县并入。后周复省入张掖县。《五代志》：后魏临松县有临松山。显美，见凉州卫。

建康城，镇西二百里。前凉张骏置建康郡，属凉州。后梁因之，后魏废。唐嗣圣末，王孝杰置建康军，天宝初，属河西节度使，后废于吐蕃。《名胜志》：高台所西南四十里，有故建康城。

蓼泉城，在故建康城西百二十里。晋义熙十三年，沮渠蒙逊遣张掖太守沮渠广宗诈降，以诱西凉李歆，歆发兵应之。蒙逊将兵三万伏于蓼泉。歆觉之，引兵还。蒙逊追破之于鲜支涧，城建康，置戍而还。宋永初二年，歆东袭蒙逊，大败于怀城，勒兵复战于蓼泉，为蒙逊所杀。唐置守捉城于此。《新唐书》：祁连山北有建康军，军西百二十里有蓼泉守捉城。○弱水城，在镇西南三百里。西秦乞伏炽磐遣兵破吐谷浑觅地于弱水南，觅地降，置弱水护军是也。或云在西宁卫境。

居延城，在镇西北千二百里。汉县，属张掖郡，郡都尉治此。元狩初，又置属国都尉治焉。其东北有居延泽，亦曰居延海，古文以为流沙。太初三年，使路博德筑遮虏障于居延泽上是也。《汉书·武帝纪》：元狩二年夏，霍去病、公孙敖出北地二千余里，过居延。太和三年夏，路博德筑居延。天汉二年夏，诏李陵出遮虏障，陵将兵出居延北千余里。《后汉志》注：

郡都尉治居延。永平十六年，耿秉等出张掖居延塞击北匈奴。安帝时，改置张掖居延属国，别领居延一城。献帝兴平二年，武威太守张雅奏立为西海郡。晋因之，仍领居延一县，后废。后魏正光二年，柔然国乱，其王阿那瑰、婆罗门相继来降。凉州刺史袁翻请并存之，分统其民，修西海故城以处婆罗门。且曰：西海在酒泉北，去高车所居金山千余里，实北寇往来之冲要，土地沃衍，大宜耕稼，其北即邻大碛，野兽所聚也。魏主从之。所谓西海。即居延矣。《括地志》：汉居延故城，在今张掖县东北千五百三十里，有遮虏障。《通典》居延城亦曰居延塞。王应麟曰：颜师古谓居延盖匈奴中地名，张掖所置县，以安处所获居延之人而名。其说非也。河西之未入汉也。霍去病欲攻小月支，则先望居延而济，乃至天山。李陵欲涉单于庭，必先自居延北出，乃至浚稽。则知居延之出匈奴，乃其要路也。汉既全得月支之地，立为四郡，则居延又为酒泉要路，故筑塞其上，以扼其来，名以遮虏，可见其实也。《通典》既于张掖著居延塞，又于酒泉著遮虏障者，甘州之西即肃州之东，寇之来路，亘乎两州之间，故障塞之设亦亘两郡。李陵之军，自遮虏障北出，亦望遮虏障南入。可见寇路出入，无不由此也。居延塞即遮虏障。《元志》甘州北一千五百里有汉西海郡居延故城，夏人尝立威福军于此。元至元二十三年，立亦集乃路总管府。城东北有大泽，西北俱接沙碛。明初，冯胜拔肃州进至扫林山，取亦集乃路是也。

受降城，在居延东北，谓之汉受降城，其东近汉五原县界。汉武太初元年，遣因杅将军公孙敖筑塞外受降城。天汉二年，诏李陵出遮虏障，至东浚稽山南龙勒水上，徘徊观望，即无所见，还抵受降城休士。又昭帝元凤初，匈奴遣骑屯受降城，以备汉。二年，匈奴复遣骑屯受降城。宣帝甘露三年，呼韩邪单于入朝，既遣归，请留居幕南光禄塞，有急保受降城是也。后魏太平真君九年，伐柔然，至受降城无所见，因积粮于城内，置戍而还。因杅，匈奴中地名也。光禄塞，见榆林镇。

石城，在居延城北。明正统初，蒙古阿鲁台为脱欢所败，死。其部落阿台及朵儿只伯窜据亦集乃路，屡犯甘、凉。诏边帅任礼进剿，破之于石城，复追破之梧桐林，至黑泉而还。别将赵安等又破之于刀力沟，逐出塞千余里，寇众几尽。梧桐林诸处，俱在今塞外。

祁连山，在镇西南百里。山甚高广，为河西之镇，亦曰天山。今详见名山。

合黎山，在镇西北四十里。《禹贡》：导弱水至于合黎，即此山也。《括地志》：合黎山亦名兰门山。晋隆安五年，北凉沮渠蒙逊欲图段业，约其兄男成同祭兰门山。又名要涂山，一名羌谷。《广志》云：肃州废会川县东北有合黎山。○人祖山，在城东北四十里。其山不毛。又东北五里为人祖山谷口，戍守处也。

甘浚山，镇西南八十里。山绵亘甚远，距山丹卫三十里，中有泉，味甘冽，州以是名。一名绀峻山。○临松山，在镇南一百里。前凉于此置郡。山岩有神骥足迹，亦谓之马蹄山。《一统志》：马蹄山有临松、青松、丹霞三名。

三木楼山，在镇东北塞外。后汉永平十六年，分遣耿秉、秦彭出张掖居延塞北伐匈奴，绝幕六百里，击匈奴句林王于三木楼山。建初八年，北匈奴三木楼山部落款五原塞降。盖匈奴保聚处也。

川岩，在镇西南三百五十里。宋永初元年，北凉沮渠蒙逊欲伐西凉，引兵攻西秦浩亹，潜师还屯川岩。西凉李歆因东袭蒙逊，进入都渎涧，蒙逊击之于怀城，大败之。怀城盖在川岩之北，都渎涧之东。○大柳谷，在镇东南百里，与山丹卫接境。曹魏青龙三年，张掖柳谷水溢，宝石负图立于川西，时以为司马氏之谶也。又晋泰始二年，张掖太守焦胜言：氐池县大柳谷口水溢，有玄石之瑞。《隋志》张掖县有大柳谷。

弱水，在镇西。《禹贡》：导弱水，至于合黎。《淮南子》：弱水源出穷石山。曾氏曰：弱水出于穷谷。《通释》：弱水出吐谷浑界穷石山，自甘州删丹县西至合黎山，与张掖河合。其水力不胜芥，然可以皮船渡，环合黎

山东北入居延泽。居延泽，即古流沙云。晋元熙元年，西秦将乞伏孔子击
吐谷浑觅地于弱水南，大破之，觅地降，拜为弱水护军。其地盖在今西宁
镇之西塞外。《括地志》：穷石山在删丹西南七里。此盖兰门山。余详见川
渎异同。

张掖水，在镇西十里。经合黎山下，弱水入焉。《水经注》：张水历
绀峻山南与张掖河合，一名鲜水，亦谓之合黎水，又名羌谷水，自吐谷浑界
流入。《一统志》：张掖河源出摆通川，经祁连山西出合黎，北流入亦集乃
界。河西岸有泉数十处，俱生芦草，饲秣资焉。〇黑水，在镇西十三里。即张
掖河之别名。或曰即张掖河之支流也。从卫西南山谷间流经此，有黑河桥跨
其上，其下流仍合于张掖河。明正德九年，火鲁番部长之弟真帖木儿尝羁寓
甘州，谓甘州城南黑河可引灌城，因导叛寇满速儿谋犯边云。

沮渠川，在镇东南。或曰即卢水也。《北史》：沮渠蒙逊世居张掖临
松卢水即此川矣。后人因谓之沮渠川。唐武德八年，凉州将安修仁破叛人
睦伽陀于沮渠川，是也。〇蒲离侯水，在镇北塞外。汉本始元年，分道击匈
奴，范明友出张掖塞千二百余里，至蒲离侯水，即此。

居延海，在故居延城东北。亦曰居延泽。《志》云：渡张掖河，出合
黎峡口，傍河东墉，屈曲行千五百里至居延海。《唐书》：居延海，在宁寇军
东北。武后垂拱初，同罗、仆固等部叛，命刘敬同等出居延海讨之，同罗、仆
固皆败散。宁寇城，见山丹卫。

千金渠，在镇西。《汉志》注：千金渠西至乐涫入泽中，或谓之爨
得渠。乐涫见肃州卫。〇阳化渠，在镇南六十里。又南十里，有阳化西
渠。又有梨园堡渠，在镇南百里。旧《志》云：卫境之渠以数十计，俱有
溉田之利。

赤柳涧，在镇西南三百三十里，与肃州卫分界处。《通典》：赤柳涧
在肃州东南二百里。〇赤泉，在废氐池县北。晋义熙二年，秃发傉檀伐沮渠

蒙逊，蒙逊婴城固守，傉檀至赤泉而还。又穷泉，在卫东南。晋义熙六年，秃发傉檀伐沮渠蒙逊，战于穷泉，大败而还。

均石戍，在镇东。晋时为张掖、西郡分界处。义熙三年，南凉秃发傉檀自姑臧伐沮渠蒙逊，蒙逊与战于均石，大破之，遂克西郡，是也。

人祖山口，在镇东北四十五里。又镇西南七十里有大、小磁窑山，又西南有甘浚山口，俱戍守处。○通远山口，在镇南八十里。又南十里为顺化口，又十里为宣政、阳化、和宁诸口，又十里为大慕化、小慕化及洪水等山口，诸口皆通祁连山，设兵戍守。

沙河堡，在镇西八十里。又西有甘浚、高台二堡。又小满堡，在沙河堡南。又东南有黑城堡。已上五堡，属甘州左卫，有官军戍守。

长乐堡，在镇西北。又卫南有大满、顺化二堡，西北有平源堡，俱属右卫官军戍守。○镇平堡，在镇东南。又镇南有小慕化堡，西有抚彝堡，西北有平川、胭脂，共五堡，向俱属甘州中卫官兵戍守。

柳树堡，在镇西北。又镇东南有古城、洪水、东乐三堡，向俱属甘州前卫官兵戍守。《志》云：古城堡在镇东南四十里，又东四十里为东乐城，又东五十里即山丹卫云。

板桥堡，在镇西北二百里，向属甘州后卫官兵戍守。嘉靖末，寇尝犯此，督臣王崇古等议移兵于高台所以便声援是也。又张钦堡，在镇西南。嘉靖初，官军败土鲁番于此。

巩笔驿，在镇西南。唐开元十五年，回纥部人护输袭杀河西节度使王君㚟于此。○仁寿驿，在镇东南十里。又西城驿，在镇西四十里。又西四十里即沙河堡，又西四十里即抚夷驿，又西四十里则高台千户所也。

○**肃州卫**，镇西五百十里。西至废瓜州五百二十里，北至废亦集乃路五百里，西南至赤斤蒙古卫界五百里。

汉以前为月支国地，后为匈奴所据。武帝太初元年，开置酒泉郡，刘昫曰：城下有金泉，其味如酒，因以为名。后汉及魏、晋因之。西凉李暠迁都于此。后魏亦为酒泉郡。刘昫曰：后魏初，置酒泉军，太和中，改为郡。《通典》亦曰：后魏有酒泉郡，今魏收《志》不载也。隋初，郡废，始置肃州，炀帝初，州废，以其地属张掖郡。唐复置肃州，天宝初，亦曰酒泉郡。宋没于西夏。元为肃州路，明初，改为肃州卫。今因之。

卫迫临边徼，通道羌、戎，河山环带，称为要会。《边略》：甘肃边自金城至嘉峪，长一千六百余里，西控西域，南迫羌界，北当要冲，而肃州地居绝塞，孤悬天末，尤为控扼之要。明洪武五年，冯胜下河西，虽直抵玉门，而嘉峪以外皆为羁縻地。嘉靖中，割弃哈密，嘉峪益为极边矣。夫弃燉煌而事酒泉，则玉门以外声势遥隔，此蕃、戎所以生心，边备所以日棘也。有远驭之略者，其亦取鉴于汉、唐之成算哉？

酒泉废县，今卫治。汉福禄县地。《通典》曰：县有古长城，汉遮虏障也。隋初，废酒泉郡，置酒泉县为肃州治，炀帝初，州县俱省，义宁元年，复置酒泉县。唐武德二年，仍为肃州治，后没于吐蕃。今卫城周八里有奇，门三。

福禄城，卫东南五十里。汉县，为酒泉郡治，魏、晋因之。隋亦为福禄县，初属肃州，大业初，属张掖郡。唐改属酒泉郡。刘昫曰：唐福禄县、汉乐涫县地也。武德二年，于乐涫故城置福禄县。

乐涫城，在卫东二百五十里。汉县，属酒泉郡，后汉因之。晋仍属酒泉郡。前凉张氏分乐涫属建康郡。隆安初，沮渠蒙逊起兵临松，其从兄男成亦聚众数千屯乐涫，进攻建康，推太守段业为凉州牧是也。义熙初，西凉李暠以张体顺为建康太守，镇乐涫。后周废乐涫入福禄县。

玉门城，在卫西二百里。汉县，属酒泉郡，后汉因之。阚骃曰：汉罢玉门关屯，徙其人于此，因名。晋仍属酒泉郡，《五代志》：后魏尝置玉门郡于此。西魏大统十二年，凉州刺史宇文仲和据州叛，瓜州民张保据州城应之，晋昌民吕兴亦据郡应保。宇文泰遣史宁至凉州，保遣州主簿令狐整将兵救仲和。整行及玉门，还击保，先克晋昌，进击瓜州，保奔吐谷浑。所谓玉门，即此城也。《唐志》：河西节度使统玉门军，在酒泉郡西二百里，即汉故县城矣。宋白曰：县石门周匝山间，径二十里，众流北入延兴海。唐开元十五年，吐蕃陷瓜州，进攻玉门军。五代晋天福三年，高居诲使于阗记，自肃州西渡金河百里出天门关，又西百里出玉门关，亦即玉门城矣。

绥弥城，在卫西，汉县，属酒泉郡。后汉改曰安弥，魏、晋因之。晋太元十年，吕光自西域还，凉州刺史梁熙遣其子胤等拒之于酒泉，光遣将彭晃等与胤战于安弥，破擒之。或讹为安珍县。义熙二年，沮渠蒙逊袭李暠于酒泉，至安珍，即安弥也。后魏废。○延寿城，在卫西南。后汉置县，属酒泉郡。晋因之，后废。又骍马城，在卫西。晋置县，属酒泉郡，后废。

会水城，在卫东北。汉县，属酒泉郡。阚骃曰：众水所会，故曰会水。又县有偃水障，为北部都尉治。东部障，为东部都尉治。后汉因之，晋仍属酒泉郡，后废。

乾齐城，在卫西北。乾读干。汉县，属酒泉郡。有西部障，西部都尉治。后汉因之。晋改属敦煌郡，后废。○沙头城，在卫西二百五十里。汉县，属酒泉郡。后汉因之。晋惠帝分属晋昌郡。隆安四年，北凉酒泉太守王德叛，称沙州刺史。段业使沮渠蒙逊讨之，德奔晋昌，蒙逊追破之于沙头是也。

会稽城，在玉门故城西。汉沙头县地，晋惠帝元康五年，分置会稽县，属晋昌郡，西凉李暠因置会稽郡，后魏因之。《五代志》：会稽郡在汉玉门县界，后周废郡，并会稽、新乡、延兴三县地为会稽县。隋开皇中，改为玉门县，以汉玉门县并入焉，属瓜州。唐亦为玉门县，属肃州，贞观中，县废。《通典》：苻坚徙江、淮人万余户于敦煌，中州人有田畴不辟者亦徙七千余户，西凉武昭王遂以南人置会稽郡，中州人置广夏郡。广夏城，今见沙州卫。

凉宁城，在卫东北。后凉所置郡也，晋隆安五年，沮渠蒙逊所部酒泉、凉宁二郡，叛降于西凉。魏收《志》：凉宁郡，领园池、贡泽二县。西魏废。○威远城，在卫北。《唐志》：肃州有酒泉、威远二守捉城。又曲尤城，在卫西。卫北又有胭脂城，盖西夏时所置。

威虏城，在卫东北。又有天仓墩、毛目等城，皆近塞，接亦集乃城。《志》云：卫东北有白烟墩等城堡，俱嘉靖间筑。又白城子，在卫东北百二十里。《元志》：在黑水河西。《五边考》：嘉靖末，嘉峪关属部落曰羔刺等族，因哈密失守，徙居肃州之白城山，即白城子矣。

金塔寺城，卫东北六十里，亦曰金佛堡。嘉靖七年，迁哈密种于此。其相近者又有魏城及魏里城。又钵和寺，亦在卫北。嘉靖中，以钵和寺境外间地给哈密种人寄住是也。

崆峒山，在卫东南六十里。《括地志》：古西戎地。司马迁谓黄帝披山通道，西至崆峒，指此山也。《九州要记》：近崆峒山顶有魏太祖垧。魏太祖，拓跋珪也。○嘉峪山，在卫西六十里。山之西麓即嘉峪关，一名玉石山，一名璧玉山。《穆天子传》：天子巡黑水，至璧玉之山，即此。

昆仑山，在卫西南二百五十里，南与甘州山连。其巅峻极，经夏积雪不消，俗呼雪山。《志》云：山有昆仑之体，因以为名。或曰即《禹贡》之西戎昆仑也。周穆王西巡至仑丘，见西王母于此。汉平帝时，金城塞外羌献鱼盐之地，遂得西王母石室云。或谓之小昆仑。○九龙山，在卫南二百里。《通典》：酒泉县有九龙山，是也。又有独登山，《志》云：在废玉门县北，有盐出岩石上，美于海盐。其相近者又有神雨山。

西候山，在卫西北塞外。汉本始元年，分道伐匈奴。赵充国出酒泉塞千八百余里，至西候山是也。亦作候山。〇黑山，在卫北。屹立沙漠中，黑水经其下，为北面之形胜。

讨来河，在卫北百里。源出雪山，东流三百里入于镇夷所之黑河。〇沙河，在卫东四十里，源亦出雪山；又清水河，在卫北四十里；下流俱会于讨来河。

黑水，在卫西北十五里。自沙漠中南流，经黑山下，又南合于白水。《通典》：即《禹贡》之黑水也。出张掖郡西北境之鸡山，南流至敦煌郡，经三危山云。〇白水，在卫西南二十里。源出卫北山谷中，黑水流合焉。又有红水，在卫东南三十里。源亦出卫南山谷中，西流会于白水，入西宁镇之西海。

金河，在卫西。《高居诲使于阗记》：从甘州而西始涉沙碛，又西北行五百里至肃州，渡金河西百里出天门关云。唐人有金河戍。

呼蚕水，在卫东。亦名福禄水。《汉志》注：呼蚕水出南羌中，东北至会水入羌谷。羌谷水即张掖河也。《寰宇记》：呼蚕水一名潜水。〇榆树泉，在嘉峪关外。嘉靖中，边臣杨博请建墩台于榆树泉，以厚边防是也。

嘉峪关，在卫西嘉峪山下。山之西即关口。明初，收河西地，西抵玉门，北至沙漠，而仍以嘉峪为中外巨防。弘治七年，闭嘉峪关，绝西域贡。八年，甘肃巡抚许进等出嘉峪关入哈密，土鲁番遁走。正德十六年，土鲁番大掠嘉峪附近诸部。自嘉靖以后，土鲁番侵扰益甚，嘉峪之防日急，隆庆以后，势始衰息。石关儿口，在嘉峪东。又东有新山口，去卫北八、九十里。

文殊山口，卫西南三十里，又西南二十里有硫黄山口，东南有寒水石山口、红山口、观音山口，俱卫卒戍守。

土隗口，在卫北塞外。宋大中祥符二年，契丹伐回鹘，破肃州。先是，契丹将萧图玉伐回鹘入甘肃，至是复破肃州，尽俘其民，修土隗口故城以实之。

永宁堡，在卫东。又卫南有卫安、永清等堡，卫东南有永定、盐池等堡。《志》云：盐池堡，在卫东百三十里。亦曰盐池驿，接镇夷千户所。〇临水堡，在卫东四十里，亦曰临水驿。又东四十里为河清堡，亦曰河清驿，成化中，罕东番贼尝犯此。又老鹳窠堡，在卫西。嘉靖七年，土鲁番尝犯此。

土儿坝，在卫西境。又西为沙子坝，正德中，土鲁番入寇，官军败绩于此。又仙人坝，亦在卫西境，番族所居也。〇守乐烽，在卫西南三百四十里。宋白曰：唐肃州与瓜州分界处。

马庙。在卫东。晋义熙六年，沮渠蒙逊伐西凉，败其世子歆于马庙。盖祭马祖之处，因名。

〇山丹卫，镇东南百八十里。东至永昌卫百九十里，南至番界二百七十里。

汉张掖郡地，东汉末，属西郡，晋因之。后魏仍属西郡，西魏郡废，县属甘州。大业初，仍属张掖郡。唐属甘州。宋为西夏所据，置甘肃军于此。元为山丹州。明初，改置山丹卫。今亦设山丹卫。

卫密迩张掖，联属诸城，南隔番、戎，北控沙漠，甘肃有事，卫其肘腋地也。哽咽为虞，可无意外之防哉？

删丹废县，即今卫治。汉县，属张掖郡。后汉末，改属西郡，晋因之。后魏曰山丹县，仍属西郡，西魏属甘州。大业初，复曰删丹县，仍属张掖郡。唐属甘州。西夏亦为删丹县。元曰山丹州。明初，改州为卫。今卫城周七里有奇。

日勒城，在卫东南。汉县，属张掖郡。元凤三年，匈奴分三队入寇日勒、屋兰、番和，皆败去。《汉志》注：县有泽索谷，郡都尉治此。泽读铎。后汉因之，献帝分置西郡，治日勒县。晋亦为西郡治。《志》云：自姑臧西北出张掖，其间有大岭，度岭而西，西郡当其要。岭，谓删丹岭也。隆安二年，后凉段业据建康，使沮渠蒙逊攻克西郡，于是晋昌、敦煌诸郡皆降。后魏改置永宁县，为西郡治。西魏郡废，又改县曰弱水，后周复省县入山丹。〇金山废县，在卫东。后周置县，属甘州，寻省。

万岁城，在卫东南。晋置县，属西郡。南凉秃发利鹿孤遣将袭沮渠蒙逊，至万岁、临松，此即万岁城也。后废。宋白曰：隋炀帝始并万岁县入删丹。〇焉支城，亦在卫东南。后魏置县，属番和郡，因焉支山以名，隋并入番和县。番和，今见永昌卫。

宁寇城，在卫北。《唐志》：渡张掖河西北行，出合黎山峡口，傍河东畴，屈曲东北行千里，有宁寇军。初曰同城守捉，属删丹县。武后初，同罗、仆固等部叛，刘敬同讨破之于居延海，敕侨置安北都护府于同城以纳降者，即守捉城也。天宝二年，改为宁寇军。《通典》：张掖郡北界傍张掖河屈曲过同城镇至峡口烽，总三千七十八里。又宁寇军东北即居延海云。胡氏曰：宁寇军，在凉州东北千余里。

焉支山，卫东南百二十里。旧《志》云：在番禾县界。汉元狩二年，霍去病击匈奴，过燕支山千余里。匈奴既失此山，歌曰：失我燕支山，使我妇女无颜色。是也。隋大业五年，炀帝伐吐谷浑，还出张掖，至燕支山。高昌、伊吾及西域二十七国皆谒于道左。唐哥舒翰尝建神祠于山麓，《西河旧事》云：焉支山，东西百余里，南北二十里，上有松柏五木，水草茂美，宜畜牧，与祁连山同。一名删丹山，亦曰删丹岭，又名丹岭。余见凉州卫洪池岭。

甘浚山，卫西北三十里，连亘于甘州境内。中有三石洞，下有泉。又红寺山，在卫北二十里。其山土色多红。《志》云：卫城北三里有花门山。

葱谷，在卫东。晋隆安初，沮渠蒙逊据金山吕光遣子纂败之于葱谷。胡氏曰：葱谷在删丹县境内。是也。

南草湖，在卫城南。周回九里。又西草湖，在城西十里，周回九里，与南草湖水皆可灌田。

红盐池，在卫北五百里，池产红盐。又居延泽旁亦有池，产白盐，采之不竭。

红寺山口。卫北二十五里。《志》云：卫南百余里有静宁山、和宁山、无虞山、宁番山等四口。〇石峡口，在卫东八十里。两峰相对，下有石井。今石峡口堡及石峡口驿俱置于此。又东四十里即永昌卫之水泉儿驿。

新河堡，卫东四十里。正德中，边将张鹏等败寇于新河北山坡，即此。又东四十里，即石峡口堡也。〇永兴堡，在卫东南。又东南有暖泉、大黄山等堡，卫西南又有洪水山、洪水店等堡。

靖安堡，在卫西。成化中，寇尝犯此。官兵御却之。又宁远堡，在卫东二百里。本属永昌卫。隆庆中，改今属。卫境口堡，向俱设官军戍守。

赤亭。在卫西北。唐开元八年，突厥将暾欲破拔悉密于北庭，还出赤亭掠凉州羊马，唐兵邀之于删丹，为所败。《唐志》：删丹县有赤亭。

〇**永昌卫**，在镇东南三百十里。东至凉州卫百五十里，西至山丹卫一百九十里。

汉张掖、武威二郡地，后汉及魏、晋因之。后魏置番和郡，后周改置番和镇。隋属凉州，大业中，属张掖郡。唐仍属凉州。宋初，为西凉府地，时为西番所据，羁属于宋。景德中，没于西夏。元初，仍属西凉府，至元十五年，置永昌路。以永昌王宫殿所在而名。明初，改置永昌卫。卫城周七里有奇，门四。今因之。

卫唇齿姑臧，形援张掖，襟山带水，战守有资，河西一线，卫其东西孔道也。

番禾城，在卫西。汉置番禾县，属张掖郡，农都尉治此。番读曰盘。后汉曰番和县。晋仍曰番和，改属武威郡。后凉吕光置番禾郡。后魏因之，亦曰番和郡。西魏末，突厥假道番和袭吐谷浑。隋曰番和县，属凉州。唐复曰番禾，仍属凉州。天宝三载，以山出醴泉，改为天宝县，后废于吐蕃。○彰县城，亦在卫西。魏收《志》：番和郡，领彰县及焉支县。《隋志》：开皇中，并力乾、安宁、广城、彰、焉支五县入番和县。

鸾鸟城，在卫西南。汉置鸾鸟县，属武威郡，后汉因之。建光初，护羌校尉马贤自金城令居追叛羌于鸾鸟。又永康初，段颎击破西羌于鸾鸟是也。晋县废，唐以其地置神鸟、嘉麟二县，属凉州，后没于吐番，县废。刘昫曰：鸾鸟读曰鹳雀。唐置嘉麟县于此鸾鸟故城，其神鸟县则鸾鸟县地也。

金山，在卫北二里。晋隆安初，沮渠蒙逊攻后凉临松郡，拔之，屯据金山。又义熙十三年，沮渠蒙逊遣其将袭乌啼部，大破之。乌啼部盖在金山之西。旧《志》：山本属山丹。《魏氏春秋》云：删丹县金山玄川溢，《五代志》张掖郡删丹县有金山。山盖亘于番和、删丹两县间也。

青松山，卫南八十里。一名大黄山，一名瑞兽山。一山而连跨数处。又鸾鸟山，在卫西南。汉县以此名。群山连亘，与青松、白岭诸山皆相接。○白岭山，在卫西南。山顶冬夏积雪，望之皓然，寒气异于他处，鸟飞不下。其东与凉州南山相连，亦名雪山。

水磨川，卫西南二十里。一名云川。源出鸾鸟山之平羌脑儿都山口。水势汹激，能转水磨，因名。今城东有三岔河流合焉。又考水河，在卫西南六十里，东北流入于水磨川。○塞占口渠，在卫东二十里。源出雪山，经塞占山口下流合水磨川，分为九渠，卫境之田，藉以灌溉。

恩宿川，在卫西。晋太元初，苻秦将苟苌等伐凉至河西，遣别将马晖等西出恩宿，邀张天锡走路，期会姑臧，晖等行泽中，值水失期处也。○暖泉，在卫西南三十五里。二穴涌出，四时尝温，东北流入水磨川。《通志》卫东北有白盐池、青盐池。

水磨川关，在卫西二十里。又卫西有白石崖山，卫西南有平羌山、脑儿都山、鸢鸟山，卫南有一颗树山，卫东南有土鲁干山、长城山，凡七口，向俱设卫卒戍守。

乐善堡，在卫东。又真宁堡，在卫东二十里，真宁驿亦置于此。又东二十里即凉州卫之沙河堡。○水磨川堡，在卫西四十里。又西五十里为水泉儿堡，有水泉儿驿，接山丹卫界。又高古堡，在卫西八十里。天启中，设守备驻守于此。又有永宁堡，在卫西北六十里。其相近又有官家堡。卫境口堡，俱官军戍守处。

苕藋戍。在卫西。旧《志》云：在汉张掖郡番禾县界。晋隆安初，后凉三河太守沮渠麹粥以吕光猜忌，谓其兄罗仇曰：若勒兵向西平，出苕藋，奋臂一呼，凉州不足定也。义熙七年，南凉秃发傉檀自乐都伐北凉，五道俱进，至番和苕藋，掠五千余户而还。九年，沮渠蒙逊自姑臧西如苕藋，遣兵袭卑和等部是也。

○**凉州卫**，在镇东南五百里。东至靖远卫六百里，东南至临洮府兰州六百三十里，南至西宁镇三百六十里，北至镇番百九十里。

周时为狄地，汉初，为匈奴休屠王地。《通典》：秦兴，匈奴既失甘泉，使休屠、浑邪王居此。刘昫曰：秦时月支戎所据也。甘泉，见西安府泾阳县。**武帝太初四年，匈奴休屠王降，置武威郡**。后汉因之。**魏、晋时，凉州并理于此。前凉张轨、后凉吕光，皆据其地**。吕光改武威太守为凉都尹。北凉沮渠蒙逊亦尝迁都于此。后魏亦曰武威郡，兼置凉州。隋初，郡废州存。炀帝初，复改州为郡。唐初，为李轨所据，武德二年，复置凉州，景云初，置河西节度，治于此。开元中，又置赤水军于城内。天宝初，曰武威郡，广德初，没于吐蕃，咸通四年，收复，旋又荒弃。后唐长兴四年，复来属，置归义军于此。周显德中，凉州复绝于中国。宋初，为凉川府，西番所据也。寻没于西夏。元初，仍曰西凉府，寻改西凉州，属永昌路。明初，改置凉州卫。今因之。

卫山川险厄，土田沃饶，自汉开河西，姑臧常为都会。魏、晋建置州镇，张轨以后，恒以一隅之地，争逐于群雄间。魏太武焘灭北凉，敕太子晃曰：姑臧城东西二门外涌泉合于城北，其大如河，自余沟渠流入漠中，其间乃无燥地。《五代史》：唐之盛时，河西、陇右三十三州，凉州最大，土沃物繁，而人富乐。其地宜马，唐置八监，牧马三十万匹，汉班固所称凉州之畜，为天下饶是也。西夏复凉州，故能以其物力侵扰关中，大为宋患。然则凉州不特河西之根本，实秦、陇之襟要矣。

姑臧废县，今卫治。汉置县，为武威郡治。晋因之，又为凉州治。张轨、吕光并都于此。后魏武威郡治林中县，或曰即故姑臧也。西魏仍曰姑臧，隋、唐皆因之。宋没于西夏，元废。《西河旧事》：姑臧城，秦月氏戎所据，匈奴谓之盖臧城，语讹为姑臧也。王隐《晋书》：凉州城有龙形，一名卧龙城，南北七里，东西二里，本匈奴所筑，张氏居之又增筑四城箱，各千步，并旧城为五。《张骏传》：骏于姑臧城南筑五殿，四面各依方色，四时递居之。其中又起谦光殿。宫门南曰端门，东曰青角门。中城之门曰广夏门，北曰洪范门，南曰凉风门，东曰青阳门。又东城亦曰讲武城，北城亦曰玄武圃。太元初，苻秦灭凉，改谦光堂曰宣德。十年，吕光据有姑臧，复曰谦光。隆安初，郭麐作乱，以二苑之众。烧洪范门，不克，据东苑以叛。三年，吕纂作乱，帅壮士逾北城攻广夏门，其弟弘率东苑之众斧洪范门，吕绍将齐从守融明观拒之，不克。纂入自青角门，升谦光殿。绍登紫阁自杀。四年，弘复以东苑之兵作乱，败死。又是年，纂袭北凉，围张掖，南凉秃发傉檀闻之，乘虚袭姑臧，纂弟伟凭北城自固。傉檀置酒朱明门，大飨将士，耀兵青阳门，掠八千余户而去。五年，后秦将姚硕德伐凉，取姑臧。义熙二年，后秦主兴以姑臧授秃发傉檀。征凉州刺史王尚还长安。傉檀逼遣尚。尚出自青阳门。傉檀入自凉风门，大燕群臣于宣德堂。盖姚秦复改谦光曰宣德也。四年，姚兴遣子弼等袭姑臧，不克，弼退据西苑。兴复遣姚显等继进，显至，遣善射者孟钦等挑战于凉风门，傉檀遣将斩之乃还。六年，姑臧入于沮渠蒙逊。八年，蒙逊自张掖徙姑臧。宋元嘉十六年，北凉为后魏所灭。《敦煌杂录》：姑臧城内有沮渠蒙逊所造七级木浮图，因名七级城。又檀道鸾筑土为城，若盘龙状，四隅有头尾两翅，一名鸟城也。《新唐书》：武威大城之中，小城有七：旧城匈奴所筑，张氏增筑四城，余二城又后人所筑也。其东、西箱城亦曰东、西苑城。至德二载，河西兵马使盖庭伦与武威九姓商胡安门物等作乱，杀节度使周泌，武威七城破据其五，度支判官崔称等以二城坚守，讨平之。广德初，为吐蕃所陷。咸通四年，沙州防御使张义潮收复凉州，寻为西番所据。后唐长兴四年，凉州内附，周显德二年，复没于西番。宋初，亦为羁属地。至道二年，丁惟清知西凉府，言凉州周回二十里，东界源州，南界雪山、吐谷浑、兰州，西界甘州，北界吐蕃，州城周四十五里。又有融明观，亦前凉所建，在广夏门内是也。夏人仍为西凉府治。元为西凉州治。《志》云：今卫城周十一里有奇，门四。东北二里，又有姑臧旧城遗址。

武威城，在卫西北。汉县，属武威郡。后汉因之。晋省入姑臧。《续汉志》注：姑臧东南有汉鹯阴县故城。今见靖远卫。

休屠城，在卫东北。汉县，属武威郡，因故休屠王城以名。《汉志》注：县有熊水障，武威都尉治，又北部都尉治休屠城。太初三年，伐大宛，置居延、休屠屯兵以卫酒泉是也。后汉仍属武威郡，晋县废。隆安初，后凉张捷等招集戎夏三千人反于休屠以应郭黁，即此。《水经注》：姑臧城西有马城，东城即汉休屠故县。

显美城，在卫西北。汉县，属张掖郡，后汉改属武威。三国魏黄初二年，凉州刺史张既击卢水叛部于显美，破平之。晋仍属武威郡。隆安五年，南凉秃发傉檀攻后凉昌松太守孟祎于显美，即此。后周废入姑臧县。○宜盛城，在卫西。魏收《志》：凉州武安郡领宜盛一县。《隋志》注：后魏置武安郡，治襄武县，并西魏废。

武兴城，在卫西北。晋永宁中，张轨以秦、雍移人置武兴郡。魏收《志》：武兴郡领晏然、马城、休屠三县。王莽时，改休屠为晏然，张轨盖析休屠置晏然、马城二县也。晋隆安三年，后秦姚硕德攻后凉吕隆于姑臧，以降将姜纪为武威太守，屯据晏然，即武兴矣。西魏时，郡县俱废。唐武德八年，凉州叛寇睦伽伦寇武兴，即故城也。

石头城，在卫东。晋大宁初，刘曜军河上，声言攻凉州，张茂屯石头以拒之。胡氏曰：石头在姑臧城东。《志》云：卫西南八十五里有石头山。○清塞城，在卫东南。晋太元初，苻秦将梁熙、苟苌等伐凉，凉将马建退屯清塞。既而苌等败凉常据兵于洪池，遂入清塞。清塞盖与洪池岭相近。又金昌城，在卫南。晋太元初，秦将苟苌等入清塞，败凉兵于赤岸，张天锡自金昌城出战，败还姑臧。胡氏曰：金昌城在赤岸西北。

白亭城，在卫西北五百里。唐白亭军也。武后长安初，以郭元振为凉州都督、陇右诸军大使。先是州境广轮不过四百余里，突厥、吐蕃频岁奄至城下，元振始于南境硖口置和戎城，北境碛中置白亭军控其冲要，拓境千五百里，自是寇不复至城下。开元中，亦曰白亭守捉城。和戎城，今甘州东南古浪所也。

大斗城，在卫西二百里。《新唐书》：本赤水守捉城也，亦曰赤水军，本名赤乌镇，有赤乌泉。西魏时，置戍于此。废帝钦二年，吐谷浑叛魏，通使于齐，凉州刺史史宁觇知其还，袭执其使者于赤泉。唐因置赤水军，幅员五千一百八十里，军之最大者。开元十六年，改为大斗军，因大斗拔谷为名，属河西节度使。天宝六载，河西、陇右节度使王忠嗣以部将哥舒翰为大斗军副使是也。《通典》：赤水军在凉州城内。盖改赤水为大斗，因移军于城内，仍存旧名也。

交城，在卫西二百里，亦曰交城守捉；又卫南二百里有乌城守捉；俱唐开元中置，属河西节度使。或谓之张掖守捉城。《一统志》：卫东北三十里有永昌城，元永昌路本治于此。

天梯山，卫南八十里。山路崎岖，层折而上，因名。晋大兴二年，京兆人刘弘客居凉州天梯山，以妖术惑众处也。宋元嘉十六年，魏主焘议伐凉州，李顺等言：姑臧城南天梯山上冬有积雪深至丈余，春夏消释，下流成川，居民引以灌溉，后以虚妄获罪是也。○臧南山，在卫西南百二十里。上多积雪，亦名雪山。《一统志》：姑臧界有第五山，清泉茂林，悬崖石室，自昔为隐士所居。又西山，在卫西二十里。中有莲花峰，甚高耸。

大斗拔谷山，卫西二百里，山甚高险。隋大业五年，伐吐谷浑，自张掖东还，经大斗拔谷山，路隘险，鱼贯而出，风雪晦冥，士多冻馁死者。唐武德初，西突厥阙度设为李轨所败，窜于达斗拔谷，寻为轨所灭。贞观八年，李靖讨吐谷浑还，上遣使劳军于大斗拔谷。又开元十四年，吐蕃自大斗谷攻甘州，焚掠而去是也。亦作达斗拔谷云。

石驴山，在卫西南。《志》云：在姑臧西南长宁川之西北。张寔讨曹袪于晋昌，自姑臧西逾石驴。又秃发傉檀为沮渠蒙逊所败，其将折掘奇镇据石驴以叛是也。长宁川，见西宁镇长宁谷。

洪池岭，在卫东南。凉州之大山也。晋太元初，符秦梁熙等伐凉张天锡，遣将常据军于洪池，为秦所败。隆安二年，羌酋梁饥攻后凉西平，秃发乌孤欲救之，左司马赵振曰：吕氏尚强，洪池以北未可冀也，岭南五郡庶几可取。乌孤击饥，大破之，遂取岭南五郡。岭即洪池岭；五郡：广武、西平、乐都、湟河、浇河，皆在洪池岭南也。《唐志》：凉州有洪池府。又姑臧有二岭，南曰洪池岭，西曰删丹岭。后凉杨颖谏吕纂曰：今疆宇日蹙，崎岖二岭间。是也。自删丹岭以西峻，谓之岭西，张氏以后，西郡、张掖、酒泉、建康、晋昌，皆谓之岭西地云。

可落峻，在卫东南。隋开皇二年，突厥寇兰州，凉州总管贺楼子幹败之于可落峻。《志》云：山无草木，曰峻。○高越原，在卫西北塞外。隋开皇三年，秦州总管窦荣定等出凉州，与突厥相拒于高越原，却之。

白亭海，在卫东北。卫西南有五涧谷水流入，以水色洁白，故名。一名小阔端海子。《高居诲使于阗记》：自灵州过黄河三十里，始涉沙入党项界，曰细腰沙、神树沙，至三公沙，宿月支都督牙帐。自此沙行四百余里至黑堡沙，沙尤广，遂登沙岭。沙岭，党项牙也。渡白亭海乃至凉州。盖自灵州西出凉州，白亭海为必经之道。

潴野泽，在卫东北三百里。一名都野泽，亦曰休屠泽，又名凉泽，《禹贡》：原隰底绩，至于猪野是也。《汉志》注：休屠泽在武威县东北，古文以为猪野。其上承武始泽。晋元兴初，秃发傉檀攻后凉，至昌松，徙凉泽、段冢民五百余户而还。段冢，其地与凉泽盖相近。○武始泽，在卫西。亦曰武始大泽。晋永和十一年，凉张祚之乱，宋琨起兵武始大泽以攻姑臧是也。

五涧，在卫东。《水经注》：五涧水出姑臧城东，西北流注马城河。晋义熙二年，姚兴以姑臧授秃发傉檀。傉檀军于五涧，遂入姑臧是也。又有五涧在洪池岭南。宋永初二年，沮渠蒙逊遣沮渠郜善伐西秦，败于五涧，既又遣沮渠成都耀兵岭南，遂屯五涧，为西秦将出连虔所败。○赤弥干川，在卫西五十里，与卫东南百五十里之黄羊川，俱分流灌田，民资其利。

三岔沟，在卫东南。成化中，土达满四作乱，四本名俊，明初，徙降部于边地，俊居凉州三岔沟，谓之满家营，至是据石城作乱，官军讨平之。石城，见固原州。〇灵泉池，在卫治南。后凉吕光尝宴群臣于此。又有红泉，《一统志》：在卫东五十里，水色微红。

甘泉关，在卫西。《唐志》：凉州有甘泉关。又杂木口关，在卫东三十里。卫西南又有俺公山，卫南有倘哥儿山、东山、乾沟山，卫东南有黄羊川、下古城等口，向设卫卒戍守。〇白雅孤口，在卫北。明正统中，王骥讨叛卜，使赵安由凉州逾白雅孤口，北抵赤林、铁门诸关为犄角，盖其地皆近塞外。

赤岸戍，在卫南。晋太元初，秦苟苌等败凉兵于洪池，入清塞，张天锡使其将赵充哲拒战于赤岸，败死。天锡出金昌城自战，城内又叛，天锡奔还姑臧。胡氏曰：赤岸在枹罕。按自清塞至姑臧，皆在百里内外，枹罕去姑臧远矣。〇胡阬戍，在卫西。晋隆安五年，秃发傉檀攻后凉，耀兵姑臧，壁于胡阬，即此。义熙六年，沮渠蒙逊围姑臧。傉檀遣司隶校尉敬归及子佗为质于蒙逊以请和，归至胡阬逃还。

姚家寨，在卫东北。正德中，边将苏泰等败敌于此。又暖泉寨，在卫东。卫东北又有红水寨。〇扒里寨，在卫东北，与卫东之暖泉寨及庄浪卫之扒沙城俱为甘肃寇门。又有苦水墩，在卫西。嘉靖初，官军大破西海寇于此。

怀安堡，在卫西五十里，有怀安驿；又西四十里有柔远堡，有柔远驿；皆戍守要地也。又武威堡，亦在卫西。卫西四十里又有怀远堡。又西五十里为沙河堡，接永昌卫界。

大河堡，在卫东三十里。正德中，边将苏泰等败寇于大河滩，即此堡也。今大河驿置于此。又静边堡，在卫东八十里。有静边驿。又东三十里为双塔堡。又东三十里即古浪千户所也。《志》云：卫东有杂木口堡，卫北又有永昌旧堡，俱为官军戍守处。

杨坞。在卫西五十余里。晋太元十一年，前凉张大豫攻吕光，进逼姑臧，保据杨坞是也。○刘林台，在县治西北五里。相传汉窦融所筑，本名窦融台，明初，百户刘林与寇战死其下，因易今名。又有灵钧台，在卫治北，晋明帝太宁初，张茂所筑，遗址尚存。

○镇番卫，在镇东五百五十里。南至凉州卫一百九十里，东南至庄浪卫四百二十里。

汉武威郡地，后汉因之，晋仍属武威郡。隋、唐时，为凉州地，宋没于西夏。元置小河滩城，明初，改置镇番卫。卫城周六里有奇，东西南三门。今因之。

卫南蔽姑臧，西援张掖，翼带河、陇，控临绝塞，地形陡绝，戎马之场也。

来伏山，卫西北八十里。其山脊高首俯，如拜伏然，因名。又苏武山，在卫东南三十里。俗传苏武尝牧羝于此，盖传讹也。

小河，卫南十五里。自凉州五涧谷来。又有黑河，在卫西四里。《志》云：即张掖河也，自甘州卫东北流经卫境云。

新中沙白盐池，在卫东五十里。《志》云：卫东四十里有小池，卫南三十里有三坝白盐池，卫西二百二十里有鸳鸯白盐池，又有小盐池，俱产盐。

黑山关，卫西南六十里。黑山驿置于此。《志》云：黑山关西南十里有红崖子，土色皆赤，亦戍守处也。重兴铺关，卫西南九十里。沙嘴儿关，卫北九十里。屯于卫境芦沟、鞍子山、鱼海迤北诸处，皆北寇必由之道。

蔡旗堡，卫东六十里。又南六十里为三坌堡、有三坌驿，南达凉州之道也。《舆程记》：凉州卫西北四十里即三坌堡。○东安堡，在卫东。又卫东南有土门堡,万历中设守备驻于此。

西乐堡。在卫西。又有护卫堡二,俱在卫城西南,旧属甘州中护卫。又永宁堡,亦在卫西南。万历中,设守备驻守于此。

○庄浪卫,镇东南九百四十里。东南至临洮府兰州二百七十里,西至凉州卫三百七十里,西南至西宁镇四百十里。

汉武威郡地,后汉因之,晋仍为武威郡地。隋属凉州,唐亦为凉州地,宋没于西夏。或曰夏人置洪州于此,以其地有洪源谷云。元置庄浪卫,属永昌路,明初,改今属。卫城周八里有奇。今设庄浪所。

卫黄河南绕,松山东峙,河西之肘腋也。《五边考》:卫东百二十里有大小二松山,东扼黄河,南缀兰、靖,北阻贺兰,延袤千余里,号为沃壤。隆、万间,番部宾兔盘踞其中,时肆侵掠,内地削弃,仅存一线,万历二十六年,抚臣田乐克复其地,建堡筑城,屯戍相望,乃割芦塘等处属固原,芦塘,见靖远卫。红水河、三眼井等处属临洮,阿坝岭、大靖城、土门儿等处属甘肃,自靖远卫界黄河索桥起,至土门山共长四百里,而兰、靖、庄浪千四百里之冲边始安。第芦塘、三眼井等处土疏易圮,时费修茸,若按初年旧址,自镇蕃直接宁夏中卫通树长边,则外钥尤壮矣,盖弃地犹六七百里云。

苍松废县,在卫西。汉县,属武威郡。后汉作仓松,晋因之。太和二年,凉张天锡击李俨于陇西,分遣前军向金城、左南、白土诸郡,自将屯仓松是也。《志》云:张氏置昌松郡,后凉吕光因郭黁之谶改为东张掖郡。后魏复置昌松郡,后周郡废为昌松县。隋开皇初,改县曰永世,后复曰昌松,属凉州。大业三年,李轨据河西,薛举遣将常仲兴击之,战于昌松,仲兴败没。唐亦曰昌松县,仍属凉州,乾元以后,陷于吐蕃。宋时,夏人置洪州于此,元废。左南、白土,见西宁镇。○漠口城,在卫西南。晋义熙四年,后秦姚兴遣其子弼等袭秃发傉檀于姑臧,自金城济河进至漠口。《地形志》:漠口县属昌松郡,谓之昌松漠口,并为险要。

允街城,在卫东南。汉神爵二年,置允街县,属金城郡。允读曰铅。后汉因之。明帝初,滇吾羌寇陇西,败太守刘盱于允街。又延熹四年,勒姐零五羌围允街,护羌校尉段颎击破之。晋仍属金城郡,前、后凉因之,后魏废。《周地图》:允街城地势极险阻,沮渠蒙逊增筑以为防守之所。杜佑曰:允街城临丽水,亦名丽水城。○街亭城,在卫南,后凉所置城也。晋隆安初,秃发乌孤自广武取后凉金城,吕光遣窦苟伐之,战于街亭,大败。《水经注》:逆水出允吾县参街谷,东南流,经街亭城南。《通典》:街亭城,沮渠蒙逊所筑,地势险隘。胡三省曰:金城北有街亭城。允吾,今见兰州。

揾次城,在卫西北。汉县,属武威郡。揾,读胥,次读咨。后汉因之。三国魏黄初二年,凉州卢水胡反,遣张既讨之。贼逆拒既于鹯阴口,既扬声军从鹯阴,乃潜由且次出武威,胡以为神,引还显美,既击平之。且次,即揾次也。《晋志》谓之揾次,仍属武威郡。太元十一年,魏安人焦松等迎故凉张天锡之子大豫于揾次,攻拔后凉昌松郡。又元兴初,后凉焦朗据魏安,秃发利鹿孤遣其弟傉檀击灭之。《晋书》以揾次为魏安,盖据后魏所置郡也。魏收《志》:揾次县属昌松郡,后又析置魏安郡。胡氏曰:后魏置魏安郡,盖治于揾次。后周郡废,寻并揾次县入昌松。又白山县,后周改魏安郡置,寻废。

长最城,在卫东南金城河北。晋永和三年,石虎将麻秋等济河击张重华,遂城长最。凉将谢艾军神乌,败后赵兵,进击麻秋,秋遁归金城。隆安初，后凉吕光击乞伏乾归军于长最，遣其子纂攻金城，拔之。神乌，盖亦在卫东南。或以为今永昌卫废鸾鸟县地，误矣。〇缠缩城，亦在卫东南。晋太元初，符秦将苟苌、梁熙伐凉，会攻缠缩城，拔之。或云与兰州故广武城相近。

振武城，在卫东南。晋咸和二年，赵刘曜遣子胤败张骏将韩璞之兵于沃干岭，追奔济河至令居，进据振武，河西大骇。永和二年，石赵将麻秋等攻凉金城，金城降赵，凉将谢艾引兵出振武击麻秋破之是也。胡氏曰：振武在姑臧城南广武西北。沃干岭，见兰州。〇扒沙城，在卫西北一百里，又西北去凉州二百五十里。正统中，以其地为控御之要，议建城，调靖边中所于此。又有速罕秃地，在卫东南黄河北岸，亦为要害，议筑城于此，以遏寇冲。

大松山，卫东百二十里，山多大松。又有小松山，在卫东北百二十里。近代议边事者，谓二山控御边陲，为卫境之要地。〇蒲萄山，《志》云：在卫西北百三十里，与雪山相拒，大通河所经也。又东山，在卫东一里。又东北三十里有石沸山。

南山，在卫南。《汉志》：武威郡苍松县有南山、松峡，起自羌中，连延西平、金城之界。东出秦、雍，至于终南，皆曰南山。

分水岭，卫西百五十里。岭峤有泉分流，南为庄浪河，北为古浪河。其北又有平岭。嘉靖中，总兵姜奭御敌于分水岭，败之，遂北至平岭。敌大集，奭乃伏兵于岭南岔口，佯退以诱之，敌大败。

洪源谷，在卫西北。唐武后圣历二年，吐蕃将论赞婆来降，使将其众守洪源谷。又久视元年，吐番将麹莽布反，寇凉州昌松县，入洪源谷，陇右诸军大使唐休璟击败之。又洪池谷，亦在昌松界。唐贞观十七年，有瑞石产于此。

大通河，在卫南百二十里。北流过卫城西，有大通桥跨其上，又北入于沙漠。又庄浪河, 亦在卫南, 下流合于大通河。

瓦窑渠, 在卫西二里。又卫南五十里有青寺河渠, 又南四十里有野狐渠, 俱引大通河之水, 资以灌溉。

裴家川, 在卫东。东北流, 绵亘于靖远卫及宁夏中卫之境, 为戍守要地。万历间设官兵驻守于此。○嘉泉, 在废揟次县界。晋太宁三年黄龙见凉州之嘉泉, 凉臣氾祎等劝张骏改年以章休祥, 骏不许, 即此泉也。

南大通山口堡, 卫东四十里。又东南四十里为红城子堡, 又东南六十里为苦水堡, 苦水堡, 一作苦水湾堡。又南三十里为安宁堡, 又东三十里即兰州之金城关也。○西大通河口堡, 在卫西南百六十里。又西八十里为西宁镇之老鸦城堡。

武胜堡, 卫西北三十里。又西北四十里为垒口堡, 又西北五十里为镇羌堡, 皆卫境之冲要也。又西四十里为古浪所之打班堡。

野狐堡, 在卫东南。其西北有青寺、通远二堡, 俱戍守要地。《一统志》: 卫东有应理州堡, 又东有泗水堡云。○沙井儿驿, 在卫南百九十里。驿, 亦作堡。《志》云: 卫境诸堡多置馆驿于此, 以地当往来冲要云。

杨非亭。在卫东南。《水经注》: 逆水东南流经街亭城南, 又东经杨非亭北, 又东南经广武城西。今逆水源不可复辨也。《载记》: 杨非在支阳西北三百余里。晋太元初符秦伐凉张天锡, 使马建等拒秦军于杨非, 秦兵济河攻缠缩城, 建惧, 自杨非退屯青塞。或讹为阳妃谷。五代时有阳妃谷首领, 即此地矣。清塞, 见凉州卫。

○**镇夷守御千户所**, 镇西北三百里。故张掖县地, 明洪武二十九年置镇夷守御千户所于黑河之北。后为河水冲决, 天顺间始移今治。《志》云: 所东抵高台, 西接酒泉, 南距番夷, 北邻蒙古, 广袤二三百里, 为戍守之要。城周四里有奇, 有南面二门。今改设镇夷卫。

狼心山, 在所北。明正统中王骥出镇夷讨叛胡, 与总兵蒋贵等约, 至狼心山举火为应。贵败敌于石城儿泉，又败之于九鲁乃地。其地去镇夷三百余里。又追败之于梧桐林，至肃州亦集乃地。又追至野狐山、青华山，至黑泉而还。转战二千余里，敌众大衄。

黑河，在城南四里，有黑水渡。即古张掖河也，流经碛口入居延海。《志》云：所境有永丰等渠二十，分流溉田。又有盐池，在所西四十里，产白盐。

马营堡。在所东。向为官军戍守处。

○古浪守御千户所，在镇东南六百四十里。汉武威郡地，唐亦为凉州地，于此筑和戎城。元为古浪城，立巡简司，属永昌路。正统间置古浪守御千户所。《志》云：所境东至扒沙，西连武威，南界湟河，北抵暖泉，广袤四五百里。所城周二里有奇，有东南二门。今亦设古浪所。

古浪水，在所南。流绕关城，所以此名。《志》云：所境有暖泉等渠，分引溉田。

黑松堡。所东南三十里，亦曰黑松驿；又东南三十里为打班堡，即安远驿也；亦作安远站堡。又东四十里为庄浪卫之镇羌堡；皆往来冲要处。

○高台守御千户所，镇西北百六十里。汉张掖郡地，唐为建康军地。明正统中始置高台守御千户所。曰高台者，以其地稍高，控扼戎、番之要冲也。所城周四里，惟南面一门。今亦设高台所。

白城山，所西北百余里，为甘、肃二境接界处。成化以后哈密遗种多迁于此。

红城渠，所西北三十五里。又所东南三十五里有丰稔渠。《志》云：所境之渠十有二，分溉境内之田。

黑泉堡，所西五十里。又西五十里为深沟堡。又西五十里即镇夷所也。○红崖堡，在所西南百馀里。又所北有八坝、九坝等堡。

读史方舆纪要卷六十四

陕西十三 西宁镇

○西宁镇，甘州卫东南一千三百五十里，东北至临洮府兰州六百三十里，东南至临洮府河州二百五十里，北至庄浪卫四百十里，西至生蕃界百五十里，自卫治至布政司二千一百里，至江南江宁府四千六百八十里，至京师四千九百里。

古西羌所居，谓之湟中。汉属金城郡，后汉因之，建安中。分置西平郡。晋因之。东晋末为秃发乌孤所据，称西平王。其弟利鹿孤复都西平，是为南凉也。后魏置鄯州，后周又置乐都郡。隋初，郡废，仍曰鄯州，炀帝改州为西平郡。唐初复曰鄯州，开元二年，置陇右节度治此，寻又置临洮军于城内。天宝初亦曰西平郡，乾元初复为鄯州。上元二年没于吐蕃，大中间收复，寻又为蕃戎所据，号青唐城。宋元符二年收复，仍置鄯州，亦置陇右节度使。明年复没于吐蕃，崇宁三年复收其地，改为西宁州，仍建陇右节度，亦曰西平郡，又改军号曰宾德。南渡后荒弃。元得其地，仍置西宁州。明初改为西宁卫，属陕西行都指挥使司。今为西宁镇，亦设西宁卫。

镇河、湟环带，山峡纡回，《志》云：西宁万山环抱，三峡重围，红崖峙左，青海潴右。扼束羌、戎，屹为襟要。汉武使霍去病破匈奴，因斥逐诸羌，不使居湟中。宣帝时赵充国留屯金城，尽平诸羌，关、陇宁谧。后汉建武十一年，马援等击破先零诸种羌，时议者以金城破羌之西，途远多寇，欲弃之，马援因上言：破羌以西，城多坚牢，易可依固，其田土肥壤，灌溉流通；如令羌在湟中，则为害不休，不可弃也。从之。其后马贤、庞参，往往树绩于此。晋室多故，张氏据有河西，亦能绥辑群羌，保其险阻。吕光继之，河、湟渐尔多事。晋隆安二年，时秃发乌孤屯据廉川，羌酋梁饥攻后凉西平，乌孤欲救之，议者多以饥兵强为疑。赵振曰：使羌得西平，华夷震动，非吾利也。乌孤亦曰：饥若得西平，保据河山，不可复制矣。遂进击饥，破之，于是据有岭南之地岭。谓洪池岭，见凉州卫。又杨统言于乌孤曰：吕光衰耄，诸子乖离。若使浩、廉川乘虚叠出，不过二年，姑臧可图也。乌孤从之。后凉益困。其后北凉、西秦互相争逐于河、湟间。西秦之亡，其地没于吐谷浑。后周皆规取之，以藩蔽秦、陇。隋大业中勤兵远略，地亦益斥。唐贞观中平吐谷浑，开元中又建雄镇于鄯州，其时兵威震叠，薄于西海。天宝以后，吐蕃乘中国之乱，蚕食河、湟，东及秦、陇。于是唐之边备近在邠、岐、泾、原之境。西平诚西面之保障矣。宋关中戍守不越秦、凤，熙宁以后始务远略，图复河、湟以制西夏。议者谓河、湟复而宋祚倾，夫岂探本之论乎？元人控驭西番，恒以西平为要地。明初置卫屯兵，兼设茶马司于此，用以驯制番部云。《考略》：卫居万山之中，汉、土、番、彝、杂处耕牧。附近有巴海、临番、巴哇等一十三番族，各授官领印，中纳金牌茶马。正德以后，遣寇盘据，青海番族多为所戕灭，亦有叛附之者，洮、岷间势且益急，然则西宁为内外之防，不可不慎也。

湟水废县，今镇治。汉为破羌县地，属金城郡。后汉建安中，置西都县，为西平郡治。晋因之。晋乱，张轨、吕光等相继有其地。隆安二年秃发乌孤败羌酋梁饥于西平。明年使其弟傉檀镇焉，后又为西秦所据。宋元嘉三年夏主昌遣将呼卢古等伐西秦，进攻西平，大掠而还。寻没于吐谷浑。大明四年魏人侵吐谷浑，军至西平，济河而返。寻置鄯州，仍治西都县。后周又为乐都郡治。隋初郡废。开皇十八年改县曰湟水，仍为鄯州治。唐因之。刘昫曰：武德二年平薛举置鄯州，治故乐都城。盖以后周乐都郡治而名也。后没于吐蕃，谓之青唐城。宋元符二年洮西安抚使王赡收复其地，仍置湟水县，为鄯州治。靖康以后荒弃。元仍置西宁州治焉。《一统志》：卫城西南有西宁废州，宋置州于此，元移今治。今卫城周八里有奇。

令居城，在镇东北。《西羌传》：武帝北却匈奴，西逐诸羌，乃渡河湟，筑令居塞。元鼎五年先零羌攻零居。六年李息讨平之是也。昭帝时置县，属金城郡。令读零。赵充国谓西羌反时尝攻令居是也。宣帝置护羌校尉治此。后汉元初二年，时诸羌相率叛乱，护羌校尉庞参以次招降之，还治令居，通河西道，盖先是徙治张掖也。又延光初校尉马贤击叛羌麻奴于牧苑，不利，麻奴等又败武威、张掖郡兵于令居。牧苑即令居之闲牧地矣。晋省入西都县。胡氏曰：汉创筑三城，光禄、居延、令居是也。

浩亹城，在镇东。旧《志》云：在兰州广武县西南百余里。汉县，属金城郡。孟康曰：浩亹读合门。颜师古曰：浩读诰，水名也。亹者，水流峡中，岸深若门也。杜佑曰：浩读若閤。汉神爵初先零诸羌犯塞，遣义渠安国备羌，至浩亹，为羌所败，还令居。后汉亦为浩亹县。或谓之浩亹隘。建武十一年先零羌与诸种羌寇金城、陇西，据浩亹隘。陇西太守马援深入讨击，大败之。又中元二年西羌寇陇右，马武将兵讨之，战金城浩亹，复追击到东、西邯，大败之。刘昭曰：浩亹有雒都谷，马武破羌处也。晋仍属金城郡。永宁中张轨置晋兴郡，盖治浩亹。张骏时郡属凉州，即此。隆和三年秃发乌孤使从叔吐若留镇浩亹。义熙十年西秦乞伏炽磐灭南凉，以王基为晋兴太守，镇浩亹是也。《隋志》：浩亹县，后周并入湟水县。

临羌城，在卫西二百八十里。汉县，属金城郡，在浩亹河西。神爵中赵充国击西羌，西至西部都尉府，或曰即临羌也。又充国奏：临羌东至浩亹，羌人故田及公田，民所未垦可二千顷以上。又云：循河、湟漕谷至临羌，以示羌人。是也。后汉亦为临羌县。《地记》：汉地自临羌以西，即为塞外。胡氏曰：汉宣帝置护羌校尉治金城令居，东汉初治安夷，章帝建初二年，徙临羌，安帝永初二年徙狄道。四年又徙治张掖，元初二年徙令居。晋仍为临羌县，属西平郡，后魏废。隋大业四年，吐谷浑为铁勒所破，走入西平境内，遣使求救，诏安德王雄出浇河，宇文述出西平迎之。述至临羌，吐谷浑畏述兵盛，帅众西遁，即汉临羌故城矣。《水经注》：羌水出湟中西南山下，经护羌城东，故护羌校尉治也。又东径临羌城西。是护羌校尉常治临羌西界也。沈括曰：吐蕃有临江砦，至安乡城东西千馀里。临江即临羌之讹矣。

安夷城，在镇东北。汉金城郡属县。后汉因之，建初二年以西羌叛，诏护羌校尉自安夷徙屯临羌。晋仍为安夷县，属西平郡。隆和三年南凉秃发乌孤以其弟利鹿孤镇安夷，是也。后废。《水经注》：湟水东合安夷川水，又东径安夷县故城，在汉西平亭东七十里。○破羌城，在镇西北。汉宣帝神爵二年置县，属金城郡。后汉因之，永和三年叛羌攻没破羌县是也。晋省。

乐都城，在镇西北二百三十里。《水经注》：湟水径乐都城南，又东径破羌故城南。是乐都在破羌西也。前凉置城于此，后凉吕光因置乐都郡，晋隆安三年秃发乌孤自西平徙治乐都。又义熙六年秃发傉檀自姑臧还乐都。十年西秦乞伏炽磐袭乐都，傉檀世子虎台拒守。其臣梁肃以外城广大难守，请聚国人守内城。虎台不听，城溃。炽磐入乐都，置凉州刺史镇焉。宋元嘉五年河西王蒙逊攻乐都，克其外城，绝城中水道，乞伏元基击却之。其后没于吐谷浑，城废。

龙支城，镇东南八十里。城西有龙支堆，因名。汉为金城郡允吾县地，后汉时置城于此。和帝使曹凤为金城西部都尉，屯龙耆，即此城也。晋隆安二年，南凉秃发乌孤击羌酋梁饥于西平，饥退屯龙支保，乌孤攻拔之。后魏时置北金城县，西魏又改为龙支县。后周属凉州，隋因之。唐改属鄯州，仪凤三年鄯州都督李敬玄奏败吐蕃于龙支是也。后没于吐蕃，号为宗哥城。宋大中祥符中，吐蕃唃厮罗徙居邈川。其相李立遵居宗哥，请命于宋，宋命为堡顺军节度使。元符二年，王赡取其地，旋复陷于吐蕃。崇宁三年王厚收复，后废。又卫南有龙居废县，《隋志》：西魏时置龙居、路仓二县，后周废入西都县。

归义城，在镇西南。汉筑城以招徕诸羌，因名归义。后汉元和三年烧当迷吾顺命，因退居河北归义城是也。章怀太子贤曰：河北者，逢留大河之北。黄河至大、小榆谷北则有逢留之名。后汉永元中金城长史上官鸿开置归义、建威屯田二十七部，侯霸复置东、西邯屯田五部，又增置逢、留二部，列屯夹河，合三十四部，永初中羌叛而废。归义城，盖屯戍处。

白土城，在镇南。晋置白土县，属金城郡。或曰县本曹魏所置。《十三州志》：左南津西六十里有白土城，城在大河之北，为缘河津济处。其西北有白土川，因名。晋太和二年凉张天锡讨叛将李俨于陇西，使常据自左南，张统向白土，即此。后凉吕光置三河郡，治白土县。三河，谓金城河、赐支河、湟河也。时光自称三河王，因置三河郡。义熙八年西秦乞伏炽磐攻南凉三河太守吴阴于白土，克之。后魏郡县俱废。《水经注》：河水经邯川城南，又东经临津城北、白土城南。是也。

左南城，在镇东南。旧《志》云：在白土城东六十里。前凉置晋兴郡，左南县属焉。县亦张氏所置也。《十三州志》：石城西百四十里有左南城。河水经其南曰左南津。又东接枹罕界。晋太和二年凉张天锡讨李俨，使常据自左南进，败俨兵于葵谷，天锡自仓松进屯左南。又义熙十年南凉王傉檀西讨乙弗部。西秦王炽磐入其乐都。傉檀诣炽磐降，至左南，炽磐因赐傉檀爵左南公，即此。后魏县废。葵谷，今见河州。仓松，见庄浪卫。

长宁城，在镇西。汉临羌县地，晋析置长宁县，属西平郡，后魏废。《水经注》：西平城西北四十里有长宁亭，晋置长宁县。又鄯城废县，在镇西南。唐仪凤三年析湟水县置，属鄯州，上元中没于吐蕃。刘昫曰：汉西平故城在县西。○废兴城，在故龙支城东，前凉所置城也。晋太元十年，后凉吕光将尉佑以允吾叛，败奔兴城。隆安二年后凉将李鸾以兴城降于秃发乌孤。胡氏曰：兴城在允吾之西南、白土之东。允吾，今见兰州。

廉川城，在镇西南百二十里。汉破羌县地，晋太元二十年秃发乌孤击降乙弗折掘等部，筑廉川堡而都之。隆安二年后凉杨轨等举兵攻姑臧不克，寻败屯廉川，收集彝、夏，众至万馀，既而降于乌孤。三年乌孤使从弟洛回镇廉川，其后为北凉所取。宋元嘉三年西秦王炽磐伐河西王蒙逊至廉川，即此。后魏废。胡氏曰：廉川在湟中。是也。

湟中城，在镇西北。胡氏曰：湟水两岸之地通谓之湟中。湟中城置于西平、张掖间，本小月支之地，因谓之小湟中。东汉永元初，邓训击迷唐羌，发湟中卒，缝革为船，置于箅上以渡河，掩击迷唐，大破之是也。永初末羌豪麻奴等复叛据湟中，屡侵金城、武威诸边郡。延光初校尉马贤讨破之。建安十九年夏侯渊自兴国讨宋建于枹罕，别遣张郃等渡河入小湟中，河西诸羌皆降是也。《水经注》：湟水经湟中城，又东经临羌、破羌、允街、枝阳、金城而合于大河。〇广武城，在镇东北。前凉张氏置广武郡，属凉州，盖分西平置郡也。后废。或讹作须武，云在卫西南。恐误。又临谷城，在镇西百里。《宋史》：仁宗宝元初，吐蕃唃厮啰居鄯州，西有临谷城，通青海，服属于宋云。

廓州城，镇南百八十里。古西羌所居浇河地。后汉延熹中诸羌烧当与浇河大豪寇张掖，段颎斩浇河大帅于其地，遂定西羌是也。汉末属西平郡。前凉以其地置湟河郡。晋隆安二年秃发乌孤败梁饥于西平，湟河太守张稠以郡降。明年乌孤使其叔素渥镇湟河，即此。义熙十一年西秦乞伏傉檀袭北凉湟河郡，克之。宋元嘉三年夏主昌遣将伐西秦，攻其沙州刺史出连虔于湟河，不克。后魏亦为湟河郡，属鄯州，寻没于吐谷浑。后周逐吐谷浑，得其地，改置浇河郡，兼置廓州。隋初郡废，而州如故。开皇三年突厥寇廓州，州兵击走之。炀帝又改州为浇河郡。唐复为廓州。开元二十六年置宁塞军于城内，天宝初曰宁塞郡、乾元初复故，上元初没于吐蕃。宋元符中收复，置宁塞城，寻复为廓州，明年复弃不守。崇宁三年王厚复取之，后废。《志》云：州城旧治河北，后尝移河南。今废州城南去黄河不及一里。〇广威废县，唐廓州治也。本后魏之石城县，西魏废帝以县有化隆谷，因改为化隆县。后周曰广威县。《隋志》：西魏置浇河郡于此，后周废，仁寿初复改为化隆县，属鄯州。唐改为廓州治，先天元年改为化成县，天宝初复曰广威，后没于吐蕃。宋亦为廓州治，崇宁五年县废。《九域志》：廓州东南至河州凤林县二百八十里。

河津城，在废廓州西。《隋志》后周浇河郡领浇河、广威、安戎三县。隋初改置河津县，为廓州治。唐廓州改治广威县，河津城遂废。又达化城，在废廓州西南。后周置达化郡及县。隋开皇初郡废，以县属廓州。唐因之。开元二十九年吐蕃屠达化县，即此。上元以后没于吐蕃。又绥远城，在废廓州境。后周所置县也。隋初并入达化县。

浇河城，在达化废县西百二十里。《通典》曰：晋时吐谷浑阿豺所筑。水回洑曰浇，城盖置于浇河回曲处。或曰后凉所置浇河郡也。晋隆安二年秃发乌孤拔龙支堡，梁饥单骑奔浇河。既而浇河太守王稚，以郡降于乌孤，明年乌孤使其叔若留镇浇河。宋元嘉三年西秦乞伏炽磐为夏所侵，徙其境内老弱畜产于浇河。后魏亦为浇河郡。魏主宏延兴三年吐谷浑王拾寅寇魏浇河，魏遣长孙观击降之，寻废。又唐天宝十三载陇右节度使哥舒翰奏于所开九曲地置浇河、洮阳二郡。杜佑曰：浇河城在廓州达化县贺兰山下。宋祁曰：浇河郡置于积石军西，当即故浇河城也。洮阳郡，见洮州卫。

邯川城，在废廓州东南，秃发傉檀时所置邯川护军也。《水经注》：河水自西平郡东流径浇河郡故城北，又东径石城南，又东径邯川城南。杜佑曰：后汉和帝时侯霸置东、西邯屯田五部。邯，水名也，分流左右，在宁塞郡东。刘昫曰：廓州化隆县东即古邯川地。〇米川城，在废廓州东南。本汉枹罕县地，唐贞观五年置米州及米川县，十年州废，以县属廓州。后没于吐蕃。宋崇宁三年收复，置米川县。王厚云：米川城沿河西至廓州约六十里，过河取正路至结罗城约九十里。又肤公城在废廓州北二十里，吐蕃结罗城也，宋崇宁中收复，赐今名。《志》云：城北三十里有绥平堡，本名保敦谷，宋崇宁三年兴筑，赐名绥平，寻废。

积石城，在廓州西百八十里。本吐谷浑地，唐贞观八年平吐谷浑，十三年，置靖边镇于此，仪凤二年，改为积石军。开元十四年吐蕃寇甘州还，自积石而西，王君㚟引军蹑其后，是也。天宝中哥舒翰败吐蕃于积石城，寻为吐蕃所陷。宋时番名溪哥城。元符二年吐番瞎征之族杓拶据溪哥城，瞎征攻杀之。大观二年收复，仍置积石军。《宋志》：军西至青海百里，南至盖龙崄八十里。其城西临大涧，北枕黄河。或曰，即隋之河津县治也。金人亦置积石州于此，元因之。明初废。〇废贵德州，在积石西南。元置州于此，隶土番等处宣慰司。至元十七年都实穷河源，自昆仑还至贵德州约半月程，地名必赤里，始有州治官府，又四五日至积石城是也。

河源城，在镇西南。隋大业四年伐吐谷浑置河源郡，治于赤水城。唐仪凤二年复置河源军，盖与积石山相近。永隆初军使黑齿常之败吐蕃赞婆于良非川，常之以河源冲要，欲加兵戍之，而转输险远。乃广置烽戍七十余所，屯田五千余顷，繇是战守有备。乾元初没于吐蕃。大中三年吐蕃叛将论恐热谋并鄯州，引兵军于河州。鄯州将尚婢婢军河源以拒之。诸将欲进战，婢婢不可。诸将不从，乃据河桥以待之。诸将果败。婢婢收余众焚桥奔归鄯州。城盖与河州接界。《通典》：河源军在鄯州西百二十里。

赤水城，在镇西南。吐谷浑所筑。隋大业四年宇文述出西平，至临羌城，进拔吐谷浑曼头、赤水二城，因于赤水城置河源郡，兼领远化、赤水二县，寻废。唐贞观八年讨吐谷浑，分军出赤水道。天宝六载，河西、陇右节度使以李光弼充赤水军使是也。《隋志》赤水管下有曼头城。曼读万，以曼头山而名。

临番城，在镇南。《唐志》：河源军西六十里有临番军，盖开元中所置，后没于吐蕃。大中四年吐蕃鄯州刺史尚婢婢遣兵据临番城，拒叛将论恐热于白土岭，不利复遣将据犛牛峡以拒之，为恐热所败。犛牛峡，在临番西北。○白水城，在临番西六十里。唐开元五年置。二十七年吐蕃寇白水军。《通典》：军在鄯州西北二百五十里。

洪济城，在镇西南。旧《志》：在达化县西一百七十里。后周武帝逐吐谷浑置洪济镇，其后吐蕃亦置洪济城于此。唐天宝二载皇甫维明攻洪济城，克之。《唐志》云：廓州西南百四十里为洪济桥，其相近有金天军，天宝十三载所置。又有渔海、游奕等军，在洪济桥东，亦吐蕃所置。天宝初河西节度使王倕攻破吐蕃渔海及游奕等军，是也。至德后，俱没于吐蕃。渔海，今亦见河州。

  大漠门，城在镇西二百余里，近故榆谷中。唐景龙初吐蕃得河西九曲地，因置洪、济大漠门等城以守之。开元十五年，河西节度使萧嵩等破吐蕃于渴波谷。又追拔其大漠门城，焚其骆驼桥是也。骆驼桥，在大漠门西，滨河。

  宛秀城，在镇西南。《唐志》宁塞郡西有宁边军。又西八十里为宛秀城，有威胜军，其地即所谓河西九曲也。景龙元年吐蕃赞普请其地，诏与之。九曲者，水甘草凉，宜畜牧，自是蕃益雄张。开元六年郭知运败吐蕃兵于九曲。天宝十三载哥舒翰破吐蕃洪济、大漠门等城，收黄河九曲，置洮阳郡，筑神策、宛秀二军，寻又没于吐蕃。

  绥和城，在镇西南二百五十里，唐开元二年置绥和守捉于此。又合川城，在卫南百八十里，唐贞观中所置合川守捉城也；俱至德后废。〇百谷城，《唐志》云：在廓州东南八十里，有武宁军；又有耀武军，在廓州南二百里黑峡川；俱天宝十三载置，至德后陷于吐蕃。

  定戎城，在镇西南。《唐志》：定戎军，天宝十三载置。自鄯州至河源军西行百二十里至白水军，又西南六十里至定戎城，又南隔涧七里，即石堡城矣。

  石堡城，在镇西南三百里。本吐蕃铁仞城，亦曰石堡城。唐咸亨中，取其地，后复没于吐蕃。开元十七年，朔方节度使信安王祎出陇西，拔石堡城。初吐蕃陷石堡，因侵扰河、陇。至是拔之，据守要害，河、陇诸军游奕拓境千余里，因更名石堡城曰振武军。二十九年吐蕃攻承风堡，又袭攻振武军，盖嘉运不能守。天宝四载陇右节度皇甫惟明攻石堡，不克。六载诏河西、陇右节度使王忠嗣攻之，忠嗣言石堡险固，吐蕃举国守之，今顿兵其下，非杀数万人不能克，请俟其有衅然后取之。不听，遣将军董延光将兵攻取，命忠嗣分兵助之，果不克。八载陇右节度哥舒翰复攻石堡，其城三面险绝，惟一径可上，吐蕃以数百人守之，唐兵死者数万，仅而克之。翰遂以赤岭为西塞，开屯田，备军实，诏以石堡城为神武军，又谓之天威军。至德初复没于吐蕃。长庆二年吐蕃请定疆候，遣大理卿刘元鼎往就盟。元鼎逾成纪武川，至龙支城，过石堡城，崖壁峭立，道回屈，译曰：此铁刃城也。《续通典》：石堡城在龙支县西。四面悬崖数十仞，石路盘曲长三四里，西至赤岭三十里。

神威城，在青海上。唐天宝七载哥舒翰筑神威军于青海上，又筑城于青海中龙驹岛。时有白龙见，因名应龙城。及明年冰合，吐蕃大至，戍龙驹岛者悉没。至德初城陷于吐蕃。○威戎城，在卫西北三百十里。唐开元二十六年鄯州将杜希望拔吐蕃新城，以其地为威戎军是也。《志》云：城在鄯州星宿川西北三百五十里。又有制胜城，在卫西。天宝十三载置。至德初与威戎城俱没于吐蕃。

大岭城，在镇西境。旁有大岭谷，吐蕃置城于此。武后长寿末，武威道总管王孝杰破吐蕃于大岭谷。又天宝初陇右节度使皇甫惟明奏破吐蕃大岭谷，及破其青海营屯是也。○安人城，亦在卫西。《通典》云：在星宿川西。开元七年置安人军，属陇右节度使。二十七年，吐蕃寇安人军。二十九年吐蕃复寇安人军浑崖峰，骑将臧希液破却之。至德后，俱陷于吐蕃。

乐州城，镇东南二百余里。本汉金城郡地。唐属鄯州，后没于吐蕃为邈川城，宋大中祥符中，吐蕃唃厮啰自宗哥城徙居邈川是也。元符二年洮西安抚使王赡自河州引兵趣邈川，降之，因置湟州。建中靖国初荒弃。崇宁二年收复，仍置湟州及邈川县为倚郭。五年县废，大观三年又升为向德军，宣和初改为乐州，后没于金，州废。○来宾城，在废乐州西南百四十里，南去黄河不过十里。崇宁三年置。《志》云：城西三十里有青丹谷。

宣威城，镇北五十里。唐天宝十三载置宣威军。后没于吐蕃，谓之氂牛城，又误为猫牛城。宋元祐二年，赵元昊攻吐蕃唃厮啰猫牛城，又攻青

唐、宗哥等城是也。元符二年收复。崇宁三年复置宣威城。四年夏人合羌酋
逼宣威城，知鄯州高永年出御之，行三十里为羌人所执。既而羌众复焚大
通河桥以叛，寻讨平之。后废。又仁多泉城，在镇北百七十里。宋政和五年
童贯使刘法、刘仲武合熙、秦之师攻夏仁多泉城，屠之，即此。

震武城，在镇东北。本名古骨龙城，政和五年，童贯遣将刘法出湟
州。法败夏人于古骨龙城，因建为震武军。其北即统安城也。宣和元年夏主
弟察哥败刘法于统安城，乘胜攻震武。其城在山峡中，熙、河两路不能饷，
屡为夏人所困，至是又将陷，察哥曰：勿破此城，留作南朝病块。遂引去。
靖康末复为夏境。又统安城，在震武北，宋与西夏接境处。宣和初，童贯使
刘法攻夏统安城，兵败，走至盖朱峗为夏守塞兵所杀。《志》云：其地在湟、
鄯间。又德通城，亦在震武城北。吐蕃所置，曰瞎令古城，宋政和七年收
复，改为德通城。

大通城，在镇东南。本吐蕃所置达南城也，形势险要，控扼夏境，宋
崇宁间收复湟、鄯，于此筑寨把守。《志》云：大通城属乐州，其西六十里有
菊花河，东四十里接河州境之通津堡。〇绥边城，在镇东北三十里。宋置。
番名宗谷城，崇宁三年进筑，赐名绥边，亦曰绥边砦。其北有乳洛河。又宁
西城，在镇西四十里，亦宋置。

伏俟城，在青海西十五里。本吐谷浑国都也。梁大同六年吐谷浑王
夸吕始称可汗，居伏俟城。后周主邕建德五年遣太子赟伐吐谷浑，至伏俟城
而还。隋大业五年伐吐谷浑。别将刘权出伊吾道至青海，乘胜追奔至伏俟
城，因置西海郡，统县二：曰宣德、曰威定，皆在青海之西。隋乱废。唐贞观
八年李靖帅诸军讨吐谷浑，次伏俟城。吐谷浑退保大非川，靖击平之。亦谓
之伏延城。后为吐蕃所据。

西海城，在青海上。王莽讽卑禾羌献西海地，置西海郡，东汉初
废。永元中护羌校尉侯霸击灭叛羌，西海及大、小榆谷无复羌寇，从隃糜

相曹凤言，缮修故西海郡，徙金城西部都尉治之。后复废。晋时为吐谷浑所据，唐永徽以后吐蕃击吐谷浑而有其地，置青海节度于此。后废。○腊城，在青海西南。唐至德后吐蕃所置，有腊城节度使屯戍于此。贞元中韦皋帅蜀，遣将王有道帅精卒与东蛮自故巂州台登北谷，进击吐蕃，破其青海、腊城二节度而还。盖深入掩击也。台登，见四川建昌卫。

　　树敦城，在卫西曼头山北，吐谷浑旧都也。《志》云：周穆王时犬戎树惇居此，因名。西魏末突厥假道于凉州以袭吐谷浑，宇文泰使凉州刺史史宁随之，至番禾，吐谷浑觉之，奔南山。史宁曰：树敦、贺真二城，吐谷浑之巢穴也，拔其本根，余众自散。遂与突厥分道趋之。突厥从北道，宁从南道，大破之，与突厥会于青海。唐天宝九载关西将王难得击吐蕃，克五桥，拔树敦城，即此。番禾见永昌卫，贺真城、五桥俱与树敦城相近。○宁头城，在镇西塞外白兰东北。宋元嘉二十二年后魏主焘遣拓跋那击吐谷浑于白兰，至宁头城，吐谷浑王慕利延拥其部众西渡流沙是也。白兰，见后西番。

　　积石山，在卫西南百七十里。旧《志》：在龙支县西南九十里。即《禹贡》所云导河自积石者也。今详见名山积石。

　　峡口山，在卫东南。地极险阻，为湟、鄯往来咽喉地。汉时谓之湟峡，赵充国屯田，奏治湟峡以西道桥七十所，令可至鲜水左右，是也。唐人尝修阁道，宋筑省章城控制要害。亦名绥远关。

　　四望山，在卫东百里，湟水经其阳。亦曰四望峡。颜师古曰：山峭夹水曰峡也。汉神爵元年赵充国击西羌至金城度河，遣骑侯四望峡中，无人，夜引兵上至洛都，喜曰：吾知羌不能为军矣！使发数千人守杜四望峡中，兵岂得入哉！《隋志》湟水县有土楼山，即四望山也。洛都，即破羌故城之雒都谷。

　　拔延山，在卫南二百余里。隋大业五年大猎于拔延山，长围亘二十余里。《隋志》西平郡化隆县有拔延山。《通典》在廓州广威县，炀帝征吐谷浑时经此。广威，即隋化隆也。又连云山，亦在州西南二百余里。《隋志》达化县有连云山。

浊浑山，在卫西北。旧《志》云：在赤海之西。唐贞观九年李大亮破吐谷浑于浊浑山，即此。又热水山，在卫西南五百里。《志》云：山南出暖水，流入青海。山北有冷泉，即西宁河源。

丰利山，在卫西青海东。隋开皇初吐谷浑寇凉州，遣将元谐击破之于丰利山，又败之于青海。又尔汗山，在卫西。隋开皇三年行军总管梁远破吐谷浑于此。○库山，亦在卫西。唐贞观八年李靖等讨吐谷浑，任城王道宗败之于库山，靖因与道宗等分道穷追。是也。

曼头山，在卫西北。宋泰始六年北魏主宏遣其将长孙观西击吐谷浑王拾寅，败之于曼头山。唐贞观八年李靖等伐吐谷浑，自库山分二道，靖趣北道，其部将薛孤儿败吐谷浑于曼头山。《志》云：隋置河源郡，有曼头城，城盖因山得名也。○车我真山，在卫西六百余里。隋大业五年炀帝追吐谷浑可汗伏允于覆袁川，分命元寿南屯金山，段文振北屯雪山，杨义臣东屯琵琶峡，张寿西屯泥岭，四面围之，伏允潜遁，遣其名王诈称伏允保车我真山，是也。金山，亦在卫西界。

赤岭，卫西三百二十里。《续通典》：石堡城西三十里有山土石皆赤，北接大山，南连小雪山，号曰赤岭，去长安三千五百里。自鄯州鄯城县西行二百里即赤岭也。北魏主诩时，宋云等奉使西域，自洛阳行四千里，至赤岭乃出魏境，又西行再期，至乾罗国，得佛经一百七十部而还。唐仪凤三年娄师德使吐蕃，吐蕃迎之于赤岭。开元十九年吐蕃请交马于赤岭，互市于甘松岭，宰相裴光庭曰：甘松中国之阻，不如许赤岭。乃听以赤岭为界，表石刻约。二十二年又立碑于赤岭，分唐与吐蕃之境。二十六年命河西节度萧景、陇右节度杜希望，分道经略吐蕃，碎赤岭碑。天宝八载哥舒翰克吐蕃石堡城，复以赤岭为西塞。长庆二年吐蕃复请定疆候，大理卿刘元鼎过石堡城，西行数十里土石皆赤，名曰赤岭。盖陇右故地，距长安三千里，即开元中与吐蕃分界处也。甘松岭，见四川松潘卫。

承风岭，卫西二百九十五里。唐仪凤三年，李敬玄与吐蕃战于青海，兵败还顿承风岭，阻泥沟自固。贼屯兵高冈以压之，别将黑齿常之引军袭击其营。贼败遁去。杜佑曰：岭在广威县西南，东北去鄯州三百十三里。〇白草岭，在卫西北近甘州界。《水经注》：西平鲜谷塞东南有白草岭。刘宋元嘉初，西秦乞伏炽磐遣太子暮末等出貂渠谷，攻北凉白草岭、临松郡，皆破之。

勒姐岭，在卫东。阚骃曰：金城安夷县东有勒姐河，与金城河合。勒姐岭，勒姐河所出也。汉时勒姐羌居之。晋义熙十一年沮渠蒙逊攻拔西秦广武郡，又败西秦兵于浩亹。西秦王炽磐遣将折斐等据勒姐岭邀其还路，蒙逊击擒之，即此。姐读子。又白土岭，在卫东南，岭盖与白土故城相近。唐大中四年吐蕃叛将论恐热遣兵击鄯州帅尚婢婢于白土岭。胡氏曰：岭在河州凤林县西。〇星岭，在故龙支城西北。隋大业四年征吐谷浑，度星岭而北是也。吐蕃置城于此，曰带星岭城。宋元祐二年赵元昊攻吐蕃唃厮罗宗哥城及带星岭城，即此。

榆谷，在卫西。《水经注》：河水经西海郡南，又东径允川，西历大、小榆谷北。二榆土地肥美，本先零羌所依阻，后汉建武中烧当羌滇良集诸种击破先零，夺居大、小榆谷地，繇是始强。章和末，烧当豪迷唐据大小榆谷，侵扰河、湟间，护羌校尉邓训发兵掩击迷唐于写谷：羌乃去大、小榆居颇岩谷，众悉离散。永元四年聂尚代邓训为校尉，招迷唐等复居大、小榆谷，迷唐遂叛寇金城塞。五年校尉贯友攻迷唐于大、小榆谷，破走之，因作河桥于逢留大河以度兵。十一年迷唐降，入居金城。诏将其种人还大、小榆谷。迷唐以汉作河桥，兵来无常，故地不可复居，辞不肯徙，校尉吴祉等促使出塞，遂复版还赐支河曲。十四年，时迷唐衰息，西海及大、小榆谷左右无复羌寇。隃麋相曹凤上言：西羌为寇，常居大、小榆谷，土地肥美，有西海鱼盐之利，阻大河以为固，缘山滨水，可广田畜故强大常雄诸种。请及时规固二榆，屯田积谷，隔塞羌胡交关之路。从之，永初中以羌乱复罢。自晋以后，皆为羌胡所据。后周击逐吐谷浑，复收其地。隋大业四年筑长城，自榆谷而东，以御吐谷浑也。胡氏曰：大、小榆谷即唐之九曲也，去积石军三百里，水甘草良，宜畜牧。景云初，吐蕃请河西九曲地，鄯州都督杨矩奏与之。吐蕃置洪济、大漠门等城，又置独山、九曲两军以守其地。地肥饶，吐蕃就之畜牧，因以入寇。矩悔惧自杀。开元二年吐蕃寇临洮至渭源。宰相姚崇等奏吐蕃旧以河为境。神龙中尚公主，遂逾河筑城，置独山、积石两军，去积石三百里，又于河上造桥。今吐蕃既叛，宜毁桥拔城。从之。五年，陇右节度郭知运大破吐蕃于九曲。天宝十二载陇右节度哥舒翰击吐蕃，拔洪济、大漠等城，悉收九曲部落。盖即汉大、小榆谷地矣。杜佑曰：榆谷在兰州五泉县。误也。颇岩谷又在榆谷西。

洛都谷，在卫东北。刘昭曰：浩亹县有雒都谷，即洛都也。赵充国夜引兵自四望狭上至落都，即此谷矣。后汉永平初马武击烧当羌，败于落都谷，羌引出塞，武追破之于东、西邯，羌皆降散。东、西邯，见上归义城及邯川城注。〇写谷，在卫西。后汉章和二年护羌校尉邓训发湟中秦、胡、羌兵四千人出塞，掩击叛羌迷唐于写谷，迷唐远徙是也。《东观记》写谷作雁谷。

长宁谷，在卫西。《水经注》：湟水径临羌故城南。又东长宁川水注之。长宁水东南流径晋昌川，又有长宁亭，亭北有养女岭，即浩亹西平之北山。隋炀帝自拔延山入长宁谷，度星岭，然后至浩亹川，是也。

大允谷，在卫西青海旁。汉时湟中羌烧当种世居河北大允谷，后汉建武中烧当玄孙滇良击夺先零卑湳羌地，居大榆中始强盛，所云允谷盐池，即此谷也。〇渴波谷，在卫境青海西。唐开元十五年，河西节度使萧嵩、陇右节度使张忠亮大破吐蕃于此。

三兜谷，在卫西南。东汉章和末，护羌校尉傅育击烧当羌迷吾，穷追不设备，至三兜谷，迷吾袭杀之。胡氏曰：三兜在建威县。或曰在临羌西南。〇木乘谷，在卫西。后汉章和初张纾为护羌校尉，屯临羌，迷吾犯金城塞，纾遣从事司马防与战于木乘谷，败之。谷盖在临羌西境。又龙泉谷，亦在卫西。唐长庆二年刘元鼎使吐蕃，逾湟水至龙泉谷，西北望杀胡川，哥舒翰故壁多在焉。杀胡川盖近青海。

破逻真谷，在卫西南。唐贞观八年，侯君集与任城王道宗，自库山分兵出南道，引兵行无人之境二千余里，经破逻真谷，追及吐谷浑王伏允于乌海，大败之。既而还军至破逻真谷，伏允之子顺出降，诏以顺为西平郡王。〇黄谷，在故浩亹县东。刘宋永初元年沮渠蒙逊欲伐西凉，引兵攻西秦浩亹，潜还，乃露布西境云，已克浩亹，将进攻黄谷，谓此。或云西秦置城，戍守于此。

牛心堆，在卫西北。唐贞观九年李靖败吐谷浑曼头山，进败之于牛心堆。《水经注》：湟水自临羌县东流合龙驹川，又东合晋昌川，又东合长宁川，又东合牛心川。川水出西南远山，东北流径牛心堆，又东径西平亭西，东北入于湟水。〇三堆，在故浩亹县南。晋隆安四年，后凉吕纂击秃发利鹿孤，利鹿孤使其弟傉檀拒之，败后凉兵于三堆。胡氏曰：三堆，在浩亹河南。

西海，在卫西三百余里。一名青海，亦曰鲜水，又为允谷盐池，周围数百里，中有龙驹岛。今详见大川西海。〇曲海，在卫西。《北史》云：在吐谷浑北乙弗勿敌国境内，海周围千余里，其种万落，风俗与吐谷浑同。或云曲海即西海也。

赤海，在卫西北，即赤水也。西汉末赤水羌与去胡来王相攻，即此。唐贞观九年李靖败吐谷浑于牛心堆，又败之于赤水源，别将薛万均等又败之于赤海。麟德二年吐蕃攻夺吐谷浑地，遣使入见，求赤水地畜牧。胡氏曰：赤海，赤水深广处。唐时有黑党项居赤水西，是也。去胡来王，婼羌国王名也，见后安定卫。○乌海，在卫西塞外。《隋志》云：乌海在河源郡汉哭山西。李靖等伐吐谷浑，自库山分两道，任城王出南道，历破逻真谷，追及其王伏允于乌海，大破之。咸亨元年薛仁贵击吐蕃，自大非川进屯乌海。杜佑曰：吐蕃国出鄯城五百里过乌海，莫春之月，山有积雪，地有冷瘴，令人气急，不甚为害。《新唐书》：破逻真谷去乌海二千余里。误。

黄河，在卫南。自西域流入中国，经积石山，又东北入河州界。《后汉志》注：大河经大小二榆谷北，有逢留之名。和帝永元中护羌校尉贯友攻破迷唐于大、小榆谷，遂夹逢留大河筑城坞，作大航，造河桥欲度兵击迷唐。既而迷唐衰灭，曹凤为金城西部都尉，屯龙耆，增广屯田，列屯夹河合三十四部，会永初羌乱，功垂成而罢。

湟水，在卫北。《汉志》：临羌西北塞外，有西王母石室、仙海、盐池，则湟水所出。《括地志》：湟水一名乐都水，来自牛心堆，经四望山阳，东至允吾入河。湟水左右地皆肥美。汉武开河西四郡，隔绝羌与匈奴相通之路，斥逐诸羌，不使居湟中地是也。其后元康四年，先零豪言：愿时渡湟水北，逐民所不田处畜牧。是后遂抵冒渡湟水，欲结匈奴绝汉道。赵充国击平之。《元图经》：湟水出祁连山下，东流千余里合浩亹河。又东入兰州西境，合洮水入黄河。《一统志》：湟水今不经见，卫城北北山之阴有苏木连河，疑即湟水云。

赐支河，在卫西南塞外。应劭曰：在河关之西，东去河关千余里，即《禹贡》所云析支也。亦曰析支河，羌人居此。谓之河曲羌。后汉永元五年护羌校尉贯友造河桥于逢留大河，欲渡河击迷唐，迷唐率部落远徙依赐支河曲。既而迷唐内附，十三年复叛还赐支河曲，犯金城塞，败于允川，遂远逾赐支河首。永建五年护羌校尉韩皓展湟中屯田，置两河间以逼群羌，羌惧而图变，乃移还湟中。两河间，胡氏曰：逢留大河及赐支河间也。

西宁河，在卫城北百步。源出热水山，北流五里经伯颜川，又合那孩川，流五百里入黄河。又邋水，在卫南。源出西境宿军谷，东流五百里入于黄河。

浩亹川，在卫西北。一名阁门水。浩亹读曰阁门也。《水经注》：浩亹河出西塞外，经西平之鲜谷塞，又东径养女北山东，南流经浩亹故城南，又东注于湟水。《汉志》注：浩亹水出塞外，东至允吾入湟水。是也。隋大业五年伐吐谷浑，至浩亹川，以桥未成，斩都水使者黄亘等，数日桥成，乃行。唐咸亨二年吐谷浑为吐蕃所败，诏徙之于浩亹水南。寻复徙灵州，其故地悉入于吐蕃。朱思本云：浩亹水出删丹州南删丹山下，东南流七百余里合湟水而注于黄河。

宗哥川，在卫西南九十里。源出塞外，经故龙支城东，又东北入于湟河。宋景祐二年，赵元昊攻吐蕃唃厮啰宗哥城及带星岭诸城，渡宗哥河，部兵溺死者甚众。崇宁三年王厚复湟、鄯，进军宗哥川。羌置阵临宗水，倚北山。厚麾游骑登山攻其北，而亲帅强弩迎射。羌走，分军逾水击之，遂降其城，进下青唐入廓州是也。《宋志》：宗水来自青海，下流入湟水。水南有宗谷口，讹曰宗哥，吐蕃因以名其城。

大非川，在卫西。《唐十道图》大非川在青海南，乌海、星宿海、柏海并在其西，互相灌注。唐贞观八年，李靖败吐谷浑于大非川。后为吐蕃所据。咸亨初薛仁贵讨之，至大非川，将趣乌海，以乌海险远，议留辎重于大非岭，上为两栅以守之。别将郭待封不从，仁贵前行，破吐蕃于河口，进屯乌海以俟待封。待封将辎重徐进，为吐蕃所败，仁贵还屯大非川，吐蕃就击之，死伤略尽。又开元十四年王君㚟追击吐蕃于大非川，因进至青海西，乘冰而渡，破之。《唐志》：川在积石军西。胡氏曰：河口，积石河口也。自唐鄯州鄯城县西行三百余里即大非川矣。

允川，在卫西。《后汉志》注：允川去赐支河曲数十里，在大、小榆谷之西，金城塞外地也，为羌豪依阻处。永元十三年烧当羌迷唐叛还赐支河曲，将兵向塞，校尉周鲔等击破之于允川。即此。○良非川，在卫西南，近河源军城。唐仪凤中吐蕃寇河源军，屯兵于良非川。河源道经略大使黑齿常之击破之。永隆二年常之复破吐蕃论赞婆于良非川，收其粮畜而还。

安夷川，在卫东北，安夷故城以此名。《水经注》：湟水东合安夷川，又东合勒姐溪水。又有晋昌川，《水经注》：在湟中浩亹县西南，合长宁川而注于湟水。长宁川，见长宁谷。○勒姐溪，在卫东北。源出勒姐岭，后汉章帝时勒姐羌作乱，马防讨平之。《水经注》：湟水东径安夷县，又东合勒姐溪。

昂川，在卫西南。宋元嘉三年，吐谷浑别部握逵等帅部落叛西秦，奔昂川，附于吐谷浑王慕璝，是也。又居茹川，亦在卫西南。唐贞观九年李靖等伐吐谷浑，别将执失思力破之于居茹川。

覆袁川，在卫西塞外。隋大业四年，伐吐谷浑，渡浩亹川。吐谷浑可汗伏允走保覆袁川，因分军四面围之，即此。又突伦川，亦在卫西塞外。唐贞观八年李靖讨吐谷浑，督诸军经积石山河源至且末穷其西境，闻伏允在突伦川将奔于阗，别将契苾何力追之，碛中乏水，刺马血饮之，袭破其牙帐。侯君集进逾星宿川至柏海，还与靖军合。星宿川，亦曰星宿海柏海，又在其西。突伦川，《唐书·薛万均传》作图伦碛，盖语转也。

伏罗川，在卫西南。宋元嘉二十二年，北魏主焘遣拓跋那击吐谷浑于白兰，破之。二十九年吐谷浑王拾寅始居伏罗川，川盖与白兰山相近。白兰，见后朵甘思。○逻娑川，在西塞外。《唐志》：吐蕃赞普牙在此，有罗些城。咸亨初以薛仁贵为逻娑道行军总管，进讨吐蕃是也。

阔水，在卫西南境。《唐十道图》：在党项羁縻州界。贞观八年李靖伐吐谷浑，赤水道行军总管李道彦出党项中，行至阔水，乘其无备袭之。

群羌怒，邀击道彦，败之。○白水涧，在卫西北二百三十里。唐永淳初吐蕃寇河源，军使娄师德败吐蕃于白水涧是也。开元中置白水军，盖因涧以名。

那孩川渠，卫南五十里。又卫北八十里有广牧川渠。《志》云：卫境之渠约二十有余，分流灌田，民资其利。

盐池，在卫西三百里。《汉志》金城临羌县有盐池。《十三州志》：卑禾羌海北有盐池。唐贞观八年分道讨吐谷浑，使高甑生出盐泽道，谓盐池也。

绥远关，在卫东南。《宋志》：绥远关本名洒金平，东至湟州二十里，西至胜宗谷口三十里，南至麻宗山五十五里，北至丁星原四十里。崇宁二年置关于此，属湟州，寻废。

石峡口，卫东七十里。其在卫西者又有乱铁沟山口、伯颜川山口、西番沟山口。在卫南者有那海川山口，可可打班山口。在卫北者，又有军卜鲁川山口、黑松林山口、彻儿山口。皆有卫卒戍守。又置石峡堡、伯颜川堡、军卜鲁川等堡，共为防御云。○平戎堡在卫东七十里，卫东南二百三十里有巴川堡，巴川马驿置此；又东五十里有古鄯堡，亦为古鄯马驿；俱戍守要地也。

悬水镇，在青海南。唐贞观八年遣李靖等击吐谷浑，李君别将精骑击贼于青海南悬水镇，大胜而还。

承风堡，在卫西南。开元二十九年吐蕃攻承风堡，又袭破振武城。胡氏曰：堡在振武西，或云在承风岭上。○安川堡，在废乐州西南百余里巴金岭上。宋元符二年收复。明年置堡于此。《宋志》云：堡南至河州安乡关三十里。又宁川堡，在安川堡北四十里，亦宋元符三年置。

顺通堡，在故积石城东十八里。宋大观中置，属积石军。其东南三十五里为临松堡，北二十里曰怀和砦，俱宋置。○石门堡，在故振武军北。

宋政和七年筑。又震武城旁有浮桥，宋政和六年赐名通济，兼置堡曰善治。其相近者又有大同堡。

清平砦，卫西南百里，宋崇宁三年置。又保塞砦，在河东南六十馀里，旧名安化城；又怀和砦，在卫西百七十里，旧名丁令谷；俱宋崇宁中改置，属西宁州。○宁塞砦，在废廓州东十七里。宋崇宁中置。又有同波堡，在废廓州西十七里，南至大河不及一里。亦宋置。

通湟砦，在废乐州东三十五里。《宋志》：旧名罗叭抺通城。元符二年收复，三年改置通湟砦。其东四十里接兰州境之通川砦。又有宁洮砦，在通湟砦西四十五里，亦元符中置。○安陇砦，在废乐州南四十五里。本名陇朱黑城，宋元符中置寨。《宋志》：寨东三十里为赤沙岭，南三十五里为巩藏岭，西二十五里为麻宗山。又有德固砦，在废乐州西北九十里。番名胜铎谷，宋崇宁中修筑，赐名德固砦。寨南一里为渴驴岭，北二十里为清江山，又西三十余里即龙支城矣。又临宗砦，在废乐州北七十里。亦宋崇宁中置。《宋志》：寨南十五里即乳洛河砦，东十五里为三诺巩哥岭。又有南宗堡，在通湟砦北。又东有峡口堡，《宋志》：崇宁二年王厚收复，置堡于此。

若厚坞，在卫北。晋义熙九年沮渠蒙逊败南凉王秃发傉檀于若厚坞。又败之于若凉，遂进围乐都。若凉盖亦坞名也。○罗亭，在卫西南。后汉延熹二年西羌烧当、烧何、当煎等八种羌叛，寇陇西、金城塞，护羌校尉段颎出湟谷击破之，追至罗亭。《东观记》：至积石山即与罗亭相近。

盘夷戍。在卫西南。宋元嘉五年河西王蒙逊伐秦至盘夷，秦乞伏元基将兵拒之，蒙逊还攻西平克之是也。○大毋桥，亦在卫西南。宋元嘉二十一年魏王焘遣拓跋伏罗击吐谷浑，至乐都，引兵从间道袭之，至大毋桥，吐谷浑王慕利延大惊，逃奔白兰，即此。

○碾伯所，在西宁镇北百二十里。旧湟水县地，明置碾伯守御千户所。《志》云：西宁卫在湟水南，碾伯所在湟水北，互为形援。议者谓庄浪兵宜防碾伯，而西宁游兵宜驻古浪以防尘口镇羌，盖西宁与庄浪相唇齿也。所城周三里有奇。今亦设碾伯营城守。

迭烈孙堡。所南六十里。又南至西宁镇六十里。○老鸦城堡，在所东五十里。又东四十里为水沟堡。《里道记》云：西宁东百七十里为老鸦城驿。又有嘉顺驿，在卫东百三十里。又东九十里为水沟驿，盖皆在所境也。

附考：

○沙州卫，在肃州卫西八百有六里。至布政司三千七百五十里。古三危地，舜流共工于此，其后子孙为羌、戎，代有其地。春秋时谓之瓜州。《左传》襄十四年：晋范宣子数戎子驹支曰：秦人迫逐乃祖吾离于瓜州。又昭九年，周詹桓伯曰：允姓之奸居于瓜州。是也。秦及汉初为月支、匈奴地，武帝逐匈奴属酒泉郡，后元年分置敦煌郡，后汉西域副校尉居敦煌。魏、晋时仍为敦煌郡。《十六国春秋》：晋咸康元年张骏分敦煌等郡为沙州。永和十年张骏置肃州，仍治敦煌郡。西凉李暠都于此。北凉得其地，亦置沙州。后魏改为瓜州，并治敦煌郡。后周因之。隋初废郡，仍曰瓜州，炀帝复改州为敦煌郡。唐武德二年改曰沙州，五年又改为西沙州。贞观七年复曰沙州，天宝初曰敦煌郡，乾元初复故。后没于吐蕃，大中三年张义潮以州归朝，置归义军授之。其后曹义金、曹元德等相继有其地终五代之季，瓜、沙二州皆附于中国。宋初亦羁属焉，祥符六年沙州曹贤顺入贡，授归义节度使。寻亦附于契丹，天禧三年契丹册贤顺为敦煌郡王。景祐初没于西夏。元初置沙州，寻为沙州路。明洪武二十四年元裔阿鲁哥失里遣使朝贡，永乐三年置卫以授其首领困即来。宣德七年上言诸夷侵掠，愿徙居察罕旧城，不许。正统十一年，其首领喃哥以困于瓦剌，率部属来归，因徙置内地，卫废。

敦煌废县，今卫治。汉县，为敦煌郡治，赵充国谓自敦煌至辽东万一千五百余里是也。杜林曰：敦煌古瓜州地，生美瓜。杜佑曰：至今犹出大瓜，长者狐入其中，首尾不出。又汉有步广候官，为中部都尉治。魏、晋仍为敦煌县，后为前、后凉及西凉所据。宋永初元年沮渠蒙逊围李歆于敦煌，筑堤壅水以灌其城，遂克之。后魏亦为瓜州治。宋元徽二年柔然寇魏敦煌，尚书奏敦煌僻远，介居南北强寇之间，恐不能自固，请内徙就凉州。韩秀以为：敦煌隔阂西北二番，使不得相通。今徙就凉州，不惟有蹙国之名，且姑臧去敦煌千有馀里，防逻甚难，二番必有交通窥窬之志。若骚动凉州，则关中不得安枕矣。乃止。后周改县为鸣沙县，隋大业中复曰敦煌。《隋书》：大业三年裴矩造西域地图，从西倾以去纵横所亘将二万里。发自敦煌，至于西海，凡为三道，北道从伊吾，中道从高昌，南道从鄯善，总凑敦煌是也。唐亦为沙州治，兼置豆卢军于城内。其后没于吐蕃，大中以后迄于宋世羁属而已。西夏仍为沙州治。元初置沙州，以敦煌县并入。

寿昌城，在卫西百五十里。汉龙勒县地。后魏置寿昌县，属敦煌郡。西魏时亦曰寿昌县，后周省。〇平康废县，在卫西南。又有东乡等县。《五代志》：俱后魏置，后周并入敦煌。

效穀城，在卫东北。汉县，属敦煌郡。桑钦曰：本鱼泽障也。汉武元丰六年，济南崔不意为渔泽尉，教民力田，以勤效得穀，因立为县。魏、晋因之。隆安中北凉李暠为效穀令，为众所推，据有敦煌是也。西魏时尝置效穀郡，后周并入敦煌县。〇渊泉城，在卫东北。汉县，属敦煌郡。阚骃曰：地多泉水，故以为名。后汉及晋因之，后周废。

龙勒城，在沙州西。汉县，属敦煌郡，后汉因之。《汉志》注：县有玉门关及阳关，郡都尉治焉。晋仍属敦煌郡，前后凉皆因之。后魏亦曰龙勒县，后周并入敦煌县。〇阳关城，在故龙勒县西。晋所置阳关县，因故阳关为名，属敦煌郡。后魏废。又昌蒲城，亦在卫西。晋置昌蒲县，属敦煌郡，后废。按昌蒲应作蒲昌，以蒲昌海名也。

瓜州城，卫东二百八十里。东至肃州卫五百二十六里。汉敦煌郡地，魏、晋因之。晋惠帝元康五年分置晋昌郡。西凉时又为会稽、常乐二郡地，西魏亦置晋昌郡。隋初，郡废属瓜州，大业初属敦煌郡。唐武德五年，置瓜州，治晋昌县。天宝初曰晋昌郡，乾元初复故。后没于吐蕃。大中间，复内附。宋没于西夏。元徙瓜州民于肃州，其城遂废。〇晋昌废县，唐瓜州治也。本汉敦煌郡冥安县地，隋为常乐县地，唐武德四年改置晋昌县于此，寻为州治，至德以后没于吐蕃。宋时西夏亦置晋昌县，元废。

常乐城，在废瓜州西百里。汉冥安县地。应劭曰：冥，水名也。出县北。又有南藉端水，出南羌中，西北入冥安泽，溉民田。后汉亦为冥安县，晋因之，仍属敦煌郡。《志》俱作宜安，误也。西凉于此置常乐郡，后魏因之。后周并凉兴、广至、冥安、渊泉四县为凉兴县，仍为常乐郡治。隋开皇初郡废，因改县为常乐。唐武德四年改置晋昌县，五年又于汉广至县地改置常乐县，属瓜州。开元十五年吐蕃陷瓜州，悉兵攻常乐，县令贾师顺拒却之。后没于吐蕃。

广至城，在废瓜州西北。汉县，属敦煌郡，后汉及魏晋因之、西凉置广夏郡于此，后魏郡废，县仍属敦煌郡，后周省县入凉兴。《通典》：唐改置常乐县，在故广至县西。〇凉兴城，在废瓜州西百七十里。汉冥安县地，前凉析置凉兴县，属敦煌郡。晋太元十二年，吕光攻索嘏于敦煌，自酒泉进攻凉兴。隆安二年，北凉段业分敦煌之凉兴、乌泽及晋昌之宜禾为凉兴郡。宋永初元年沮渠蒙逊灭西凉，以索元绪为敦煌太守，郡人共招其故太守李恂复入敦煌，元绪奔凉兴。后魏亦曰凉兴郡。西魏郡废，仍为凉兴县。后周又改置凉兴县为常乐郡治。

宜禾城，在废瓜州东北百二十里。汉广至县有昆仑障，为宜禾都尉治，后汉因之。三国魏析置宜禾县，属敦煌郡。晋因之，惠帝元康五年改置晋昌郡。《通典》：后魏正光中尝于宜禾城置会稽郡，后周废入会稽县。〇伊吾城，在废瓜州北。晋置县，属敦煌郡，元康中改属晋昌郡后废。《通典》：晋昌县北有伊吾城。是也。又新乡城，在废瓜州南百八十里。晋置新乡县，属敦煌郡，西凉尝置新城郡于此。后魏郡废，县仍属敦煌郡。西魏废县，唐为新乡镇。

大同城，在沙州西南。唐景云中吐蕃所置。开元十七年瓜州刺史张守珪等击吐蕃大同军，大破之，是也。又墨离军，杜氏曰：在瓜州西北千里。本月氏地，唐置墨离军，属河西节度。天宝五载王忠嗣讨吐蕃于墨离军，获其全部而还。又豹门城，在废瓜州北四百五十里。唐置豹门守捉于此，后俱没于吐蕃。

苦峪城，在废瓜州东。东至肃州四百里。明正统七年沙州卫酋困即来言诸夷屡见侵掠，请边将发戍卒助修苦峪旧城，从之。成化九年，哈密为土鲁番所残破，其酋罕慎窜居苦峪城。马文升曰：土鲁番至哈密十数程，中经黑风川，哈密至苦峪又数程，皆绝水草，贡使往返，必驮水然后行也。正德以后土鲁番益张，苦峪诸城皆为所残破。

鸣沙山，在沙州城南七里。一名沙角山，又名神沙山。峰峦险峻，天气晴明，沙鸣闻于城内。其沙或随人足而堕，经宿辄还山上。高居诲云：瓜州南十里有鸣沙山，冬夏殷殷有声如雷，即《禹贡》之流沙。又东南十里即三危山云。○羊膊山，《志》云：在沙州南，多岩石，无草木，山北有一岩似羊膊，因名。

三危山，沙州东南二十里。其山三峰峭绝。舜窜三苗于三危。《禹贡》：导黑水至于三危。宋元嘉二十二年魏主焘遣军击吐谷浑，别将杜丰引军追击，度三危至雪山，擒慕利延兄子被囊等，即此。孔氏曰：三危山俗亦名卑羽山。宋白曰：西凉武昭王于三危山东置长乐镇。

龙勒山，《括地志》：山在汉龙勒县南百六十五里，县以此名。《一统志》：在废沙州东百二十里。山有玄泉。汉李广利伐大宛还至此山，众渴甚，广利引刀刺山，有泉涌出，即此。○此塞山，《志》云：在沙州西。汉武时天马朝发京师，夕至此塞山下，谓此。又观音山，在沙州西。弘治中土鲁番尝聚掠于此。

白龙堆，在寿昌废县西。《汉志》注：敦煌正西关外有白龙堆沙。《西域传》：元始中，车师后王国有新道，出五船北，通玉门关，往来差近，戊己校尉徐普欲开以省道里半，避白龙堆之险。不果。班固曰：近有龙堆，远则葱岭，殆天地所以界别区域、绝外内也。

流沙，在卫西。旧《志》：自玉门出度流沙，西行至鄯善，北行至车师。一云且末国在鄯善西。其国之西北有流沙数百里，夏日有热风为行旅之患。风所至，唯老驼预知之，即喷而聚立，埋口鼻于沙中，人以为候，亦即将毡拥蔽鼻口，风迅驶，斯须过尽，若不防者，必至危毙。桑钦云：流沙在张掖居延西北。杜佑曰：在敦煌郡西八十里。《志》云：玉关外有二断石，极大，世谓之三陇山，乃流沙碛也。晋太元八年符秦遣吕光伐西域，行越流沙三百馀里。焉耆诸国皆降。宋元嘉十三年魏主焘遣使者王恩生使西域，渡流沙，为柔然所获，遂不能达。其后遣使者诣西域，常诏河西王牧犍发导护送出流沙。十八年沮渠无讳据敦煌，畏魏兵之逼，谋西度流沙，遣其弟安周击鄯善。既而无讳西就安周，士卒经流沙渴死者大半。二十二年魏主焘遣将万度归伐鄯善，至敦煌，以轻骑度流沙，袭鄯善下之。盖道出西域，流沙为险道也。

蒲昌海，在玉门、阳关以西三百里。一名盐泽。广袤三四百里，则葱岭、于阗两河之所注。汉大初中自敦煌西至盐泽，往往起亭鄣。汉张骞言：于阗之西水皆西流注西海，其东水东流注盐泽。《西域传》：盐泽一名蒲昌海，其水停居，冬夏不增减。《括地志》：盐泽亦名泑泽，亦名辅日海，亦名穿兰，亦名临海，在沙州西南。《唐志》：蒲昌海在蒲类海东。是也。亦谓之蒲类海。后汉初平初，北匈奴呼衍王寇伊吾，敦煌太守马达赴救，至蒲类海，寇引去，谓此。

龙勒水，在废龙勒县。出南羌中，东北流，汇为大泽，溉民田。其下流出塞外，经浚稽山南。《志》云：沙州境有渥洼水，汉元鼎四年天马生渥洼水中，即此水也。○蒲奴水，在塞北龙勒水南。汉武遣商丘成出西河击匈奴，匈奴追至蒲奴水，战不利引去是也。

玉门关，在故寿昌县西北。《汉志》注：龙勒县有玉门关，故都尉治。《舆地广记》：关在寿昌县西北百十八里。汉武使霍去病破走月氏，开玉门关通西域。太初初李广利伐宛不克，使使遮玉门曰：军有敢入者辄斩之。又遣军正任文屯玉门关是也。后汉建武中闭玉门关，谢西域之质。《后·西域传》：自敦煌西出玉门、阳关，涉鄯善，北通伊吾千馀里。班超在西域上书，愿生入玉门关。隋大业四年遣将薛世雄等出玉门击伊吾，七年遣裴矩驰至玉门关晓谕西突厥处罗入朝，即汉玉门故关矣。

阳关，在故寿昌县西。《汉志》注：都尉治也。杜佑曰：阳关在玉门之南。《高居诲使于阗记》：从沙州西渡都乡河曰阳关。欧阳忞曰：关在寿昌县西六里，为西域之要隘。

昆仑塞。即汉广至县之昆仑障，为宜禾都尉治。后汉永平十七年窦固等出敦煌昆仑塞击西域，破白山寇于蒲类海上。又延光二年张珰议以酒泉属国吏士二千馀人集昆仑塞，先击北匈奴呼衍王。《后汉志》注：昆仑即昆仑障也。白山，见赤斤蒙古卫。蒲类，见西域火州。○王子庄，在沙州东。正德十年土鲁番由此内犯。《志》云：瓜州北有白城子，亦昔时戍守处。

○**赤斤蒙古卫**，东至肃州界四百三十里，西至沙州界百八十里。古西戎地，战国时月氏居之。后为匈奴所据。汉武逐匈奴，此为酒泉、敦煌二郡地。晋属晋昌郡。隋初属瓜州。大业中属敦煌郡。唐初亦属瓜州。广德后没于吐蕃。宋为西夏所据。元为瓜州地，属沙州路。明永乐二年故鞑靼丞相苦术子塔力尼等率所部来归。诏建赤斤蒙古十户所，以塔力尼为千户，寻升为卫，自是朝贡不绝。

白山。在卫北二十里。多草木禽兽，土人呼为析罗漫山。

○罕东卫，在故沙州东南，亦西戎部落。明洪武二十五年侵塞。凉国公蓝玉讨之，土酋哈昝等遁去。三十年其长锁南吉剌思遣使入贡，立罕东卫授之。成化中罕东酋奄章与诸族仇杀，逃居沙州。朝廷许其耕牧输贡。子曰班麻思结，孙曰只克。时诸部皆为土鲁番所困。正统四年只克以沙州卫既废，请立罕东左卫治其地。从之，遂以只克领卫事。弘治八年土鲁番复掠沙州。自是土鲁番入寇，每假道罕东令给食，而亦不剌安定又数掠其资，罕东益微。嘉靖初其酋日羔剌率部属来归，边臣分处其众于肃州塞内，罕东遂墟。

阿真川，在卫西南。明初蓝玉讨叛部哈昝等，深入至阿真川是也。

毕力术江。在卫西。宣德九年罕东别部剳儿加邀劫使者，命刘广等讨之。广使指挥祁贤先以百骑往觇敌，行月余，渡毕力术江。剳儿加惧，诣贤自归，诏宥之。《志》云：江与安定、曲先等卫接界，或讹为必出江。

○安定卫，在罕东卫西、沙州卫南。本蒙古别部。其地广袤千里，无城郭庐舍。明洪武七年撒里畏兀儿及安定王卜烟帖木儿遣使入贡，命其酋长立为四部：曰阿端，曰阿真，曰若先，曰帖里。明年改立安定、阿端二卫。永乐二年安定王为曲先所杀，部落溃散。十一年其孙亦攀丹来朝，复故封，归安定，成化中为土鲁番所破，苗裔散失。弘治初其长干奔请嗣，许之。正德七年亦卜剌破安定据其地，馀众内徙。嘉靖间复命酋领其众，然安定王后无传，而阿端久没，莫知其处。

婼羌城，在卫西北。《汉书·西域传》：婼羌国王号去胡来王。去阳关千八百里，去长安六千三百里，僻在西南，不当孔道，西北至鄯善乃当道云。元始二年去胡来王唐兜与赤水羌相寇，不胜，亡降匈奴，遂为匈奴所并。

必出江。在安定卫东。明永乐二十一年中使乔来喜使西域，行至必出江，死于贼。甘肃都指挥朱英率兵击安定，斩获甚众，安定王诣阙谢，宥归，即此。

○曲先卫，在安定卫西。古西戎部落，宋淳祐三年蒙古主使忽必烈将兵击大理，自曲先脑儿而南。即此。寻置曲先答林元帅府。明洪武四年置曲先卫，授其长散西思，后为朵儿只把所攻，并入安定居阿真地。永乐四年，指挥哈三、散即思、三即等表言：西番侵暴，乞仍立卫，徙治药王滩。报可，以三即领卫事，并徙安定卫所于昔儿汀。宣德以后屡入朝贡。成化中为土鲁番所扰，请率部属内徙，从之，遂失故地。

且末国，在卫西南。《汉·西域传》：鄯善西通且末七百二十里，北接尉犁，南至小宛，可三日行。宋元嘉十九年沮渠无讳夺鄯善，鄯善王比龙奔且末。《北史》：且末在鄯善西，去代八千三百二十里。隋大业五年初，平吐谷浑，于古且末城置且末郡，统肃宁、伏戎二县。《新唐书》：自于阗东关东行入大流沙，行千里至故折摩驮那，古且末也。又千里至故纳缚波，古楼兰也。○小宛国，在且末国南。《西域传》：治扜零城，东与婼羌接，僻南不当道。

昆仑山，在卫东北。或云肃州卫境有昆仑山，绵延至此。《一统志》：卫北拒肃州。是也。明永乐二十二年部长三即思及安定部劫杀中使，洪熙元年命朱英讨破安定，追逾昆仑西数百里，至雅令阔地，曲先远遁，即此。

西番江，在卫西。明宣德四年，指挥那那汉表言：为安定所侵掠，率馀众溃居西番江，不敢归。诏安定酋遣还所掠。仍谕居西番江者，使复业是也。

且末河。在卫西。《隋志》：且末郡有且末水、萨毗泽。《唐志》：度且末河五百里至播仙镇，古且末城也。

读史方舆纪要卷六十五

陕西十四 哈密等地附

〇哈密卫，在肃州卫西北一千五百十里。至京师七千四百里。南抵沙州，西距火州，北连瓦喇，古伊吾庐地。《通典》：伊吾在敦煌北大碛外，自昔为域外地，不在九州之限。后汉明帝始取其地为屯田镇戍之所，未置郡县。后魏始置伊吾郡，后又为戎胡所据，唐贞观四年内附，置西伊州，六年改为伊州，天宝初曰伊吾郡。五代时号胡卢碛，小月氏遗种居之。宋时土人陈氏据其地。元族属忽纳失里封威武王居此，寻改封肃王。卒，弟安克帖木儿嗣。明永乐元年遣使入贡，明年设哈密卫，改封安克帖木儿为忠顺王。其部落有回回、畏兀儿、哈剌灰三种，皆领以都督，统于王。哈密居诸卫最西，为西域襟喉，中华拱卫，凡诸番入贡，必哈密译其文乃发，以故特重。安克帖木儿立一年卒，无子，兄子脱脱嗣王。九年卒，封脱脱从弟兔力帖木儿为忠义王。宣德元年卒，以脱脱子卜答失里嗣王，仍称忠顺。以幼故，仍立忠义王子脱欢帖木儿为忠义王，共守其国。正统四年忠顺王卒，子哈力速鲁坛嗣，别名倒瓦答失里。无何，瓦剌攻哈密，劫王及王母去，哈密自是畏瓦剌，稍贰于中国。天顺元年卒，弟卜列革嗣。八年卒，世绝，王母努温答失里署国事。诏以故忠义王脱欢帖木儿外孙把塔木儿为右都督，守哈密。死，子罕慎嗣。成化九年土鲁番强，控弦可五万，其酋速坛阿力尤勇黠。速坛，华言王也。攻破哈密，执王母去，罕慎窜若谷城。诏都督同知李文讨之，至则调赤斤、罕东兵数千驻苦峪,旋罢还,阿力益横。十四年阿力死,子阿黑麻嗣。
十八年罕慎入哈密。宏治元年阿黑麻亦壮,诈杀罕慎,请代领西域,不许,
求忠顺近属安定王裔孙陕巴为嗣。四年土鲁番以哈密来归。明年封陕巴为
忠顺王,入哈密,又以头目奄克孛木剌、阿木郎辅之。阿黑麻复乘间攻杀
阿木郎,执陕巴去。诏以部酋写亦虎仙为都督,辖三种部落,奄克孛木剌为
之长,如罕慎故事。阿黑麻遂称可汗,略罕东诸卫,声言攻肃州,躁甘州。
七年闭嘉峪关,绝西域贡,令怨阿黑麻。时阿黑麻已西还,留四百骑据哈
密。八年肃州抚夷指挥杨翥言:罕东有径路达哈密不旬日至,袭之必克。
宜以罕东为先锋,我兵继之。枢臣马文升以为然,于是抚臣许进奉诏使河
西,别将彭清以三千骑往结罕东。既而师至肃州,迟罕东兵不至,乃循大
路行,乏水草,骑不得逞。番将牙兰觇知,遁去,遂入哈密。时哈密之人,
久苦兵,困甚不能支,尽焚其庐舍内徙肃州。先是奄克孛木剌并种人亦寄
居赤斤,守臣并为之请居苦峪,给牛种耕牧。九年,土鲁番复据哈密。十年
阿黑麻以绝贡失互市窘,乞归,陕巴贡如旧。十二年陕巴还哈密,阿黑麻寻
死,子满速儿嗣。十七年,哈密人逐陕巴,以真帖木儿守哈密。是年,陕巴
复还,真帖木儿入居甘州。正德元年陕巴卒,子拜牙即嗣。满速儿逐之,
使其将火只他丁守其地,寻复还哈密,拜牙即仍守之。七年真帖木儿还土
鲁番。八年拜牙即弃哈密走降土鲁番。十年土鲁番复归哈密。十一年仍夺
据之,大入为寇,逼肃州城下败去。诸将又追败之于瓜州,满速儿复诈请
和。嘉靖三年入犯甘州,抚臣陈九畴败却之,又败之于肃州。时哈密已残
破,馀众千馀人走入塞。守臣抚存之,岁给耕种。四年,曲先叛人牙木兰
附土鲁番。土鲁番仍据哈密,犯肃州又入沙州。七年牙木兰来降。八年土
鲁番复犯肃州,击走之,旋又请归哈密。廷议言哈密难守,不宜复。詹事霍
韬力言:置哈密者,所以离戎狄之交,外领西域,内蔽边郡,不可失也。枢臣
胡世宁力主弃之。时满速儿入贡,遂以哈密来归,然吾竟不能有也。二十五
年复为土鲁番马黑麻所据。哈密诸部乩吉孛剌等皆耕牧河西,仍袭故爵。盖

边备不修,自杨煮议袭以后,数十年中,无能以一骑逾关而西者,使土鲁番纵横坐大,残灭与国,为可愤也。

伊吾废县,今卫治。本匈奴中地,后汉明帝时取伊吾庐地置宜禾都尉以屯田。《东观记》:永平十六年窦固破匈奴呼延王于天山,留兵屯伊吾庐是也。建初二年罢伊吾庐屯兵,匈奴复遣兵守其地。永元二年窦宪遣副校尉阎盘击北匈奴之守伊吾者,复取其地。四年,中郎将任尚屯伊吾。永初元年复罢伊吾庐屯田吏士。元初六年以西域附北匈奴共为边患,敦煌太守曹宗奏遣行长史索班复屯伊吾。既而为北匈奴及车师后王所攻没。永建四年以伊吾膏腴地,旁近西域,匈奴资之为钞暴,乃复开设屯田,置伊吾司马。和平初北匈奴呼衍王攻伊吾屯城,诏敦煌太守马达将兵救之,至蒲类海,寇引去。其后复为匈奴及西域所据。晋太元十年苻秦将吕光击西域,自龟兹还至宜禾,或以为即伊吾,非也。时光自龟兹至宜禾始进至高昌,又进至玉门,是宜禾在高昌西,所谓宜禾当是庭州之伊和谷,传讹耳。时杨翰言于凉州刺史梁熙伊吾关亦可拒者,正谓此。盖其地尝置关也。宋景平初沮渠蒙逊所署晋昌太守唐契奔伊吾,臣于柔然。柔然以契为伊吾王。元嘉十九年自伊吾拥众西趣高昌,柔然追击杀之。后魏主濬兴光二年,遣尉眷击伊吾,克其外城,大获而还。太和十二年柔然伊吾戍主高羔子以城附魏因置伊吾郡。二十一年魏议割伊吾地五百里居高昌王马儒之众,既而高昌国乱,不果。其后为鄯善所据。隋开皇初遣元晖出伊吾道通使于突厥西部达头可汗。大业四年遣薛世雄出玉门击伊吾。世雄引军度碛,伊吾大惧,请降。世雄筑城于汉故伊吾城东,留守戍之而还。五年伊吾吐屯设献西域地数千里,因置西海等郡。时伊吾属于突厥,吐屯设其所置以守伊吾者也。隋末复为突厥所据。唐贞观四年突厥亡,伊吾城主入朝,举其属七城来降,因置西伊州。六年改曰伊州。十二年为高昌及西突厥所侵,乃发兵击灭高昌。开元中置天山军于州城内,属北庭节度使,天宝中改曰伊吾郡,乾元初复曰伊州,其后没于吐蕃。高居诲曰:伊吾庐,土名胡卢碛。地无水,常寒多雪。刘昫曰：伊吾南去玉门关八百里，东去阳关二千七百三十里。后汉明帝取其地，置宜禾都尉以屯田。窦固、班超大破西域，始筑城于此。班勇为西域长史，居此地也。后魏、后周，没于鄯善国。隋大业中内属，置伊吾郡，后又为戎所据。唐贞观中，归化，因置西伊州。土良沃，人骁悍，为控扼西番之要地。王氏曰：赵珣《聚米图经》：沙州西至伊州四百里。杜佑亦曰伊吾至敦煌界百四十里。刘昫谓东至阳关二千七百馀里，何软？又隋未尝置伊吾郡，宋祁亦踵刘氏之说而不知其误，何也？今哈密城在平川，约三四里，有东北二门。

纳职城，在卫西南。汉宜禾都尉地也。杜佑曰：汉伊吾故城，在此县界。唐贞观四年置纳职县，属西伊州，刘昫曰：本鄯善所筑城也。唐因置县于此。开元中省。《宋史》：城在大患鬼魅碛之东，南望玉门关甚近。○柔远城，在卫东。刘昫曰：贞观四年置，取县东柔远故城为名，神功初省入伊吾县。

剌木城，在卫西。哈密旧恃此城为固。弘治九年土鲁番酋阿黑麻袭破哈密，使其党撒他儿守剌木城，哈喇头目奄克孛剌结瓦剌酋小秃列袭杀之，还守哈密是也。《四裔考》：剌木城为哈密要地。自土鲁番入哈密，其往来未有不经剌木者，卒弃而不守，安得不至于覆败乎？又有哈剌帖卩等城，亦在卫西。马文升曰：哈密大小城凡十有一。是也。

鄯善国城，在卫东南。《汉·西域传》：本名楼兰，治扜泥城。去阳关千六百里，去长安六千一百里，西北去车师千八百九十里。地沙卤，少田，寄田仰谷他国。武帝元封三年欲通西域，遣将军赵破奴击车师，先至楼兰擒其王，遂破车师，因举兵威以困乌孙、大宛之属，于是酒泉列亭障至玉门。《西域传》：楼兰国最在东垂，近汉，当白龙堆，乏水草，常主发导，苦汉，屡为匈奴反间。元凤四年大将军霍光遣傅介子刺杀其王安归，更立尉屠耆为王，改国名鄯善。元康四年使卫司马郑吉护鄯善以西南道。后汉建武二十一年，西域鄯善等八国俱遣子入侍。二十二年莎车击破鄯善。永平十六年班超使西域，击杀其使处也。元初末北单于与车师后部叛，攻没伊吾屯者，击走车师前王，略有北道。班勇议：遣西域长史将五百人屯楼兰，西当焉耆、龟兹径路，南强鄯善、于阗心胆，北捍匈奴，东近敦煌。从之。延光二年班勇至楼兰，发兵到车师前王庭击匈奴是也。元嘉以后，渐与中国绝。三国魏黄初三年复与龟兹、于阗俱遣使贡献。魏主丕以西域通，置戊巳校尉，寻罢。晋咸康初，凉州张骏遣兵伐龟兹，鄯善遂与西域诸国皆朝贡姑臧。太元七鄯善王休密驮与车师前部王共朝苻秦，请为乡导以伐西域之不服者。苻坚因使吕光等将兵伐破西域。宋元嘉十二年入贡于后魏。十九年沮渠无讳自敦煌西逼鄯善，鄯善王比龙奔且末，无讳遂据其地。十九年，无讳西徙高昌，其王复还。二十二年魏主焘以鄯善闭断魏道，使西域不通者数年，遣将万度归击之。万度归以轻骑度流沙，袭鄯善，鄯善王真达降，西域复通。二十四年魏以其臣韩达为鄯善王镇其地，赋役其民，比之郡县。魏乱，没于吐谷浑。隋大业五年取其地，置鄯善郡，统显武、济远二县，旋废。唐为纳缚波之地，属北庭节度使。

伊循城，在鄯善境内。《汉书》：元凤四年改立鄯善王尉屠耆，王言：国中有伊循城，地肥美，愿汉遣一将屯田积谷，令臣得依其威重。于是置屯田军吏以镇抚之。元康初冯奉世奉使送大宛诸国客至伊循城是也。

天山，在卫北百二十里。《志》云：哈密北有大山，其三面皆平旷是也。亦谓之伊吾北山。后魏主恪永平初，柔然佗汗可汗与高车战，军于伊吾北山。会高昌王麹嘉求内徙于魏，魏将孟威将凉州兵迎之，至伊吾，佗汗惊遁，为高车所袭杀是也。亦谓之折罗漫山。隋大业七年，西突厥处罗可汗为部长射匮所袭败，弃妻子东走，寓于高昌，东保折罗漫山，因入朝于隋。《通典》：伊川西北至折罗漫山百四十六里，东北至折罗漫山二百四十里。本名天山，番名折罗漫山，匈奴至此必下马拜。一名雪山。其南二里有盐池。

马骏山，在卫东南。相近有望乡岭。《志》云：岭上石龛有李陵题字处。○柳谷，在卫北二百里。唐贞观中侯君集伐高昌，自碛口进至柳谷，又进至田城。元和八年回鹘发兵度碛南，自柳谷西击吐蕃是也。

畏吾儿河，卫东百三十余里。沿河沙柳弥望。○合露川，在卫东南。唐回鹘公主尝居此，城址尚存。相近有汤泉也。

甘露川。卫西北三百里。刘昫曰：唐景龙四年于此置伊吾军，西北去北庭府七百里。○娘子泉，在畏吾儿河东。土人呼为可敦卜剌。

○右哈密

土鲁番，在哈密西八百里。至肃州一千八百五十里，至京师八千五百里。汉车师前王庭地，谓之交河城。唐平高昌置交河县，属西州。后没于吐蕃。明初为土鲁番城，属火州。永乐六年番僧清来率其徒法泉等来朝，命清来为国师，法泉等为土鲁番僧纲司，遣归。九年其长古麻剌失里遣使贡。十一年万户赛因帖木儿遣使贡，十三年又贡。后遂授其部长为都督、都指挥等官。宣德五年番酋尹吉儿察等率其孥来朝，请留京师，从之。死，子卜烟川嗣。正统、天顺间皆恭顺。成化初阿力始强，自称速檀。速檀，华言王也。累引兵劫掠，哈密诸部地几尽。九年入哈密，据其城。阿力死，子阿黑麻嗣。死，子满速儿嗣。相继扰哈密。满速儿死，子沙速檀嗣。次子马黑麻复据哈密，耕种沙州，遣使求贡，并求给地以居。不许。嘉靖二十六年马黑麻赴阙纳款，土鲁番使者阿克力等八百馀人因而叩关。总兵仇鸾、巡抚傅凤翔尽延入关，居之甘州。《故事》：土鲁番五年一贡，贡使半留肃州，半留甘州。至是贡不如期，且请毋析居，凤翔等依回许可。嘉靖末沙速坛潜掠北部，中流矢死。弟马速嗣，隆庆中死，马黑麻嗣。其弟琐非速坛、虎来失速坛、阿卜撒亦并遣使求贡。议者以一姓四使，非礼，令各附一使于马黑麻使中，以示羁縻。诏可。自是朝贡不绝。夫土鲁番小番别部，地不过当中国之一县，而坐视其猖狯，自嘉峪以西尽为残破。论者至谓阿力以来皆挟哈密以邀利。至隆庆后不复言哈密，而土鲁番亦辑，然则持危继绝之道，可以不讲也，弱肉强食，羁縻诸国，何恃以无恐哉?《四裔考》：土鲁番一名土尔番，本交河县之安乐城。城方三里，地平，四面皆山，气候多暖。其西二十里有崖儿城，城仅二里。相传此为故交河县治。

交河废县，即今土鲁番城。《汉书·西域传》：车师前王治交河城，去长安八千一百里。《汉纪》：汉出西域有两道：南道从楼兰，北道从车师，二国当汉使空道，攻劫汉使尤甚。征和三年遣马通等击匈奴于天山，恐车师遮汉军，使别将成娩将楼兰、尉犁、危须等六国兵围车师，尽得其王及民众而还。其北有石城。地节三年车师叛汉时，郑吉等田渠犁，攻车师，破交河城，其王走石城，复攻破之，车师降。既而车师王畏匈奴奔乌孙，匈奴立其昆弟兜莫为王，收余民东徙，不敢居故地，郑吉等因发吏卒往田车师以实之。元康二年匈奴以车师地肥美，近匈奴，数遣兵击田者，郑吉等自渠犁驰救，为所围。上言：车师去渠犁千馀里，兵少不能相救。诏常惠将张掖、酒泉骑迎吉等还渠犁，而召车师故太子军宿于焉耆立为王，尽徙国民令居渠犁，以车师故地与匈奴。神爵二年，匈奴乖乱，汉因复田车师。初元二年始置戊己校尉，屯田车师故地。其后车师复居其地。后汉建武二十一年遣子入侍。永平十七年窦固等击破白山贼于蒲类海上，遂进击车师。车师前王，后王之子也。其庭相去五百馀里。固以后王道远，山谷深，士卒寒苦，欲攻前王。耿秉以先赴后王，并力根本，则前王自服，遂引兵北入，后王震怖迎降，前王亦归命，遂定车师。十八年车师复叛。建初元年酒泉太守段彭等会兵柳中，击车师交河城，破之。永元二年窦宪遣兵复取伊吾庐地。车师震警，于是前、后王各遣子入侍。元初末北匈奴率车师后王击走前王，以其属于汉也。延光二年班勇击匈奴于前王庭，破走之。其后渐与中国绝。晋太元七年车师前王弥寘朝于苻秦。后魏太延初入朝于魏。魏寻以大帅车伊洛为前部王。真君九年与魏军共击焉耆，留其子歇守城。十一年沮渠安周自高昌袭克其城，歇走就伊洛，共保焉耆，自是车师属于高昌。唐贞观十四年平高昌，置交河县,属西州。后没于吐蕃。

蒲昌城,在土鲁番西,高昌所置始昌城也。唐贞观中置县于此,属西州。其东南有蒲类海,因名。○天山城,在土鲁番西。唐贞观十四年置县,属西州,以近天山而名。又有天山军,杜佑曰:唐置于西州城内。宋白曰:西州西南有南平、安昌两城,又百二十里至天山军。唐贞观十二年西州刺史郭孝恪以西突厥寇伊州,自乌骨邀击败之。西突厥复围天山,孝恪击走之,乘胜进拔其处月部城,追奔至遏索山,降处密之众而归。乌骨部亦属西州。遏索山,在天山西北。宋白所云天山军,当即天山县,杜说是也。

天山,在土鲁番西北三百馀里。亘天山、蒲泽两县界,交河水源出于此。亦名祁连山,亦谓之白山。《西河旧事》:白山冬夏有雪,匈奴谓之天山。汉天汉三年,遣李广利出酒泉,击匈奴右贤王于天山。征和二年遣马通分道出酒泉,至天山。后汉永平十五年议伐北匈奴,耿秉请先击白山,得伊吾,破车师,通使乌孙诸国,以断匈奴右臂。明年遣窦固等分道出酒泉塞,破匈奴呼衍王于天山,追至蒲类海,留吏士屯伊吾庐城。明年复出玉门击西域遂破北山,降车师。唐龙朔二年薛仁贵破铁勒之众于此,所云将军三箭定天山者也。天山盖西北之大山,与哈密相接。《唐志》:天山在伊吾北,去蒲类海百里。

灵山,在土鲁番西百里。山穹窿绵亘,石皆黑纹如毛发。又有白石堆,如聚骨然,土人言十万罗汉削发涅槃处。○贪汗山,在土鲁番西北百馀里。夏有积雪。此山之北旧为铁勒界。或作贪于山。今亦见山西塞外。又赤石山,在贪汗山西七十里。峰峦秀美,石多赤色,因名。

高梧谷,在土鲁番西北。晋太元十年吕光自西域还。高昌太守杨翰言于凉州刺史梁熙曰:高梧谷口,险阻之要,宜先守之,而夺其水,可以坐制。或曰高梧,交河之讹也。○柳谷,在土鲁番北二百三十里,自碛而南,为往来要口。《唐志》交河县有柳谷。

交河，在土鲁番西二十里。源出天山。河水交流绕断岩下，土人名交河城为崖儿城也。

蒲泽海。在土鲁番西南。一名婆悉海。周四百里。蒲昌、蒲类两县皆以此名。《通典》曰：本名蒲类海。后汉永和六年，窦固等破匈奴呼延王于天山，进至蒲类海。十七年复出昆仑塞击西域，破白山戎于蒲类海上。永元三年北单于衰弱，将众数千至蒲类海款塞。又后魏永平初高车王弥俄突与柔然战于蒲类海，不胜，西走三百馀里。既而还击柔然，杀其可汗伦汗于蒲类海北，是也。

○右土鲁番

火州，在哈密西七百里。至肃州一千七百五十里，至京师八千四百里。西连亦力把力，南距于阗，北接瓦剌。汉车师前王庭之地也，元帝初元元年，始置戊己校尉，屯田车师故地。相传武帝时兴师西讨，车中羸惫者留居此，故曰车师。又以地形高敞，名高昌壁。始元二年车师后王姑句驰突出高昌壁降匈奴。亦名高昌垒，垒有八城，其人皆中国苗裔。后汉时仍为车师地，其后与中国绝。晋建兴中河西张氏有其地，张骏置高昌郡于此。符秦因之。后凉吕光以其子覆统玉门以西诸军事、西域都护，镇高昌。其后西凉、北凉相继有其地。宋元嘉十六年北凉亡，凉州人阚爽据高昌，自称太守。十九年沮渠无讳袭据高昌，奉表降宋，宋封为河西王。大明四年柔然攻沮渠安国于高昌，灭之，立阚伯周为高昌王，高昌称王自此始。久之伯周卒，子义成立。齐建元三年其族兄首归杀义成自立为高昌王，高昌豪阿至罗复杀首归兄弟，推敦煌张明为王，国人复杀明立马儒为王。建武四年儒求迎于魏。魏欲割伊吾地居儒众，高昌旧人不乐东迁，相与杀儒，立其右长史金城麹嘉为王，复臣柔然。自是麹氏世有其地。隋大业三年高昌入贡。五年伐吐谷浑，驾至张掖，高昌王麹伯雅及伊吾诸国皆来朝。唐武德二年麹伯雅遣使入贡，六年卒。子文泰立。贞观四年入朝。

十二年以文泰屡遏绝西域朝贡，命侯君集等讨之。文泰闻唐兵起，谓其国人曰：唐去我七千里，沙碛居其二千里，地无水草，安能致大军。及兵临碛口，忧惧而卒。十四年，平高昌，得其二十二城。地东西八百里，南北五百里。以其地为西州，寻置安西都护府。显庆三年，移安西都护府于龟兹，以旧安西复为西州都督府，镇高昌故地。开元中，改为金山都护府。天宝初，曰交河郡。乾元初，复曰西州。贞元六年，时北庭、安西俱陷吐蕃，惟西州为唐守。久之，乃陷。咸通七年来归。寻复为番戎所据。宋建隆三年，西州入贡。太平兴国中，遣王延德使高昌。雍熙初，还。景德初，又遣使来贡。后又号畏吾儿国。嘉定二年，降于蒙古。蒙古置达鲁花赤监治之。明初，改曰火州。永乐七年，入贡。宣德五年，复遣使入贡。自是入贡不绝。成化以后，土鲁番强，而火州之后无闻。

高昌废县，今火州城也。本名田地城。《舆地志》：晋咸和二年张氏置高昌郡，立田地县。李延寿曰：高昌国有四十六镇，田地城其一也。麴嘉王高昌，置田地太守，其地即汉戊己校尉所治。亦曰田城。唐侯君集伐高昌，自柳谷进至田城，拔之，趣其都城。寻改置高昌县为西州治。后没于吐蕃。咸通中复得其地，改曰前庭，以其地本故车师前王庭也。后复荒弃。《通典》：高昌城东至伊州七百五十里，西至焉耆七百十里，北至北庭都护府四百十里，东南至沙州千一百里，有垦田九百余顷。

柳中城，在火州城东七十里。相传后汉时所筑。明帝永平十七年置戊己校尉于此，十八年北匈奴围校尉关宠于柳中城。建初元年酒泉太守段彭等兵会柳中，匈奴遁去，自是罢戊己校尉。和帝永元三年复置。安帝永初元年复罢。延光二年敦煌太守张珰以北狄专制西域，寇钞河西，议遣军司马出据柳中以备之，因使班勇为西域长史，屯田柳中。明年勇发龟兹兵列车师前王庭，击走匈奴，还屯柳中是也。其后荒弃。晋乱，属于前、后凉。后魏末为高昌所据。唐平高昌置柳中县，属西州。后没于吐蕃。胡氏曰：柳中在车师中最为膏腴，宜桑麻五谷，故汉常与匈奴争车师、伊吾以制西域，唐复因旧城置县。自宋以后，讹为柳陈城，元为畏兀儿地。明属于火州。宣德五年柳陈城万户瓦赤剌与火州王哈散俱遣使入贡，自是入贡不绝，后亦并于土鲁番。

白棘城，在高昌东。亦汉时屯戍处。后魏太和二十八年高昌王马儒求内附，魏遣将军韩安保迎之。安保至伊吾不进。儒遣其子义舒迎安保至白棘城，去高昌百六十里。高昌旧人不乐东徙，杀儒而立其右长史麴嘉为王云。○横截城，在高昌西南。宋元嘉十九年北凉亡，沮渠无讳西据鄯善，其弟安周屯横截城。会西凉故将唐契之弟和自伊吾奔车师前部，因袭攻横截城，拔之，又拔高宁、白力二城，遣使请降于魏，寻复为无讳所败。白力，一作白刃。李氏曰：高宁、白刃、横截等城，即高昌四十六镇中诸城也。

庭州城，在火州北四百里。《通典》云：东至伊州界六百八十里，西南至焉耆镇守军八百七十里。其地在流沙之西北。前汉乌孙之旧壤，后汉为车师后王庭，历代皆戎狄所据。贞观十四年平高昌，二十年西突厥以其地来降，因置庭州，长安二年改为北庭都护府，开元九年兼置北庭节度使，又置瀚海军于州城内。上元以后吐蕃侵扰，河西、陇右多为所据，而安西、北庭犹为唐守。兴元初发吐蕃讨朱泚，许功成酬以伊西、北庭之地。吐蕃至邠州阴持两端，寻会浑瑊军破武功，大掠而去。驾还长安，吐蕃以前约求地，上欲与之，李泌曰：安西、北庭，控制西域五十七国及十姓突厥，又分吐蕃之势，使不得并力东侵，奈何拱手与之？且两镇之人势孤地远，为国家守边二十年，一旦弃之以与他人，彼必深怨中国，他日从吐蕃入寇，如报私仇矣。吐蕃本无功，何前约之有？乃止。贞元六年陷于吐蕃，咸通七年复归唐，寻复荒弃。其地多回鹘杂居，亦曰回鹘，宋建隆间遣使来贡。元亦为畏吾儿地。《元史》：自上都西北六千里至回鹘五城，即唐北庭都护也。又西北四五千里至阿力麻里。至元五年诸王海都畔，举兵南来。世祖逆败之于北庭，追至阿力麻里，海都远遁。明属火州，后亦并于土鲁番。○金蒲城，故庭州治，后汉车师后王部所置城也。《西域传》：自敦煌西出玉门、阳关，涉鄯善，北通伊吾千余里，自伊吾北通车师前部高昌壁千二百里，自高昌通后部金蒲城五百里，此西域之门户，故戊己校尉更互屯焉。范晔曰：后汉永平十一年，窦固等破车师后王。固以耿恭为戊己校尉，屯后王部金蒲城；又以关宠为戊己校尉，屯前王部柳中城，是也。十八年匈奴破杀车师后王，攻耿恭于金蒲城，恭拒却之。其后叛附不一。延光四年班勇击后部王军就，破斩之。永建初勇改立其故王子加特奴为王，于是车师六国悉平。六国谓卑陆、蒲类、东且弥、渠犁、车师前、后王也。刘昫曰：故庭有五城，俗号五城之地。唐贞观二十年置金蒲县，为庭州治。后没于吐蕃。

浮图城，在废庭州东南。亦曰可汗浮图城，旧曰务涂谷。班固曰：汉车师后王治务涂谷。是也。后讹务涂曰浮图。唐贞观十四年侯君集伐高昌。西突厥遣其弃护阿史那贺鲁屯兵于浮图城，与高昌相影响。及高昌平，西突厥惧，二十年率众内附，乃置庭州于浮图城，置蒲类县属西州，后改属庭州。贞元中陷于吐蕃，咸通七年内属，改曰后庭县，寻复荒弃。《五代志》：自交河城至可汗浮图城三百七十里。○疏勒城，在废庭州南。后汉永平十七年，耿恭以疏勒城傍有涧水可固，因自金蒲城引兵据之。未几匈奴来攻，拥绝涧水，恭于城中穿井得泉，竟不能陷。十八年车师复叛，与匈奴共攻耿恭于疏勒城，不能下。建初元年恭军吏范羌自前部交河城从山北至疏勒，迎恭还，即此城也。胡氏曰：疏勒国去西域长史所居五千里，后部去长史所居五百里，此车师后部之疏勒城也。又金岭城，在浮图城西。《唐志》：西州交河县北行八十里入谷，又百三十里经柳谷，度金沙岭，又百六十里至庭州。唐永徽二年西突厥贺鲁寇庭州，攻陷金岭城及蒲类县。即此。

蒲类城，在废庭州东南。唐贞观中置县，属西州，寻属庭州，后又改为庭县。永徽二年西突厥沙钵罗陷蒲类县，即此。

轮台城，在废庭州西北百三十里。汉西域小国也。太初中李广利伐宛，至轮台，不下，攻屠之，自是而西平行至宛。又轮台、渠犁皆有汉田卒，武帝轮台之悔，谓轮台西于车师千馀里是也。唐因置轮台县，属庭州。后没于吐蕃。咸通七年北庭回鹘仆固俊收西州，又取轮台城归唐。后荒弃。〇废金满州，在故轮台城西。唐永徽三年梁建方等大破处月朱邪孤注于牢山，擒之。五年以处月部置金满州，属北庭都护府，寻废。胡氏曰：其地与轮台相近也。

莫贺城，在废庭州西五百馀里。《志》云：庭州西有西延城，又西六十里有莫贺城。唐初西突厥别部阿史那贺鲁居多罗斯水南，至西州千五百里，贞观二十二年内附，授瑶池都督，处之庭州莫贺城。后改为沙钵城守捉，以贺鲁叛走，自立为沙钵罗可汗故也。

兜訾城，在废庭州境。汉地节三年，郑吉击破车师兜訾城，是也。又清海城，《唐志》：在北庭都护府西七百里。有清海镇。咸通七年，归义节度使张义潮奏克西州北庭、轮台、清海等城，即此。

渠犁城，在废庭州西南轮台东。《汉·西域传》：渠犁国东北与尉犁、东南与且末、南与精绝接。西有河，去龟兹五百八十里。武帝通西域，置校尉屯田渠犁。太初中以伐宛不克，则乌孙、轮台易苦汉使，为外国笑，乃益兵伐宛。大宛破后，西域震慑，轮台渠犁皆有田卒。征和中桑弘羊言：故轮台以东捷枝、渠犁皆故国，地广，饶水草，有溉田五千顷以上。处温和，田美，可益通灌渠，种五谷，与中国同时熟。《水经注》：龟兹川东南流径轮台之东。武帝以轮台西于车师千馀里，罢之。昭帝天凤四年复田轮台，轮台与渠犁，地皆相连也。宣帝地节二年，郑吉等田渠犁，发兵击车师，破交河城。既又攻车师王于石城，车师降。吉田车师，匈奴来攻，吉上言：车师去渠犁千馀里，间以河山，北近匈奴，汉兵在渠犁者势不能相救，愿益田卒。朝议罢车师田者，尽徙车师国民居渠犁，以车师故地与匈奴。元帝时始复置戊己校尉，屯田车师。杜佑曰：轮台、渠犁，今皆在交河北庭界内。

乌垒城，在渠犁北三百三十里。汉神爵三年始置西域都护治此。去阳关二千七百三十八里，与渠犁田官相近，土地肥饶于西域，为中故都护治焉。《郑吉传》：吉破车师，降日逐，威震西域，遂并护车师以西北道，于是中西域而立幕府，治乌垒城。匈奴益弱，不敢争西域。吉督察乌孙、康居等三十六国，都护之设，自吉始也。日逐，匈奴王号。

可敦城，在废庭州东北。宋宣和六年耶律大石自云中夹山西走，至可敦城，驻于北庭都护府，会西鄙七州十八部，谕以兴复，又假道回鹘，西行万里至寻思干，败西域诸国兵，回回国王来降，又西行至起儿漫称帝。靖康二年大石引兵东还，行二十日得善地，遂都之，号虎思斡耳朵。遣军东征，无所得而还。寻思干以下皆在庭州西南。〇曷董城，亦在废庭州东北。金人闻耶律大石在和州之域，恐与夏人合，遣使索之。夏国报以不知大石所在，粘没喝使耶律余睹攻之于漠北曷董城。和州，辽时所置州也。曷董城，东去云中三千馀里。

东西且弥国，在火州西北。《汉·西域传》：东且弥国治天山东兑虚谷，西且弥国治天山东于大谷。后汉永建初班勇更立东且弥种人为王是也。又北魏主焘时东且弥国常入贡。又有卑陵国，治天山东乾当谷；劫国，治天山东丹渠谷；狐胡国，治车师柳谷；皆汉西域小国也。〇卑陆后国，在废庭州西北。《汉·西域传》：治蒲渠类谷，北与匈奴、西与劫国、南与车师接。又东为郁立师国，治内咄谷。又有乌贪訾离国，在东西二且弥国之北《汉·西域传》：治于娄谷。其东又有单桓国，与乌孙接。《西域传》：卑陆、蒲类、东且弥、移支、车师前后王，是为车师六国。

小蒲类国，在废庭州西。《汉·西域传》：蒲类国治天山西疏榆谷。又有蒲类后国，地节三年西域都护郑吉攻车师石城。车师恐，击匈奴边国小蒲类以降吉，或谓之东蒲类国。元帝时匈奴东蒲类王兹力支降，都护分车师后王西乌贪訾离地处之是也。又车师傍有小金附国，常随汉军后盗车师，地节三年车师王自请击破之。匈奴发兵攻车师，车师王轻骑奔乌孙云。

滑国，在废庭州西北。本车师别种，后汉永建元年，八滑从班勇击北寇有功，勇上八滑为后部亲汉侯。梁天监中滑国遣使入贡。又白题国，与滑国相近。梁武帝时西北远边有白题、滑国遣使縣岷山道入贡。胡氏曰：白题，番名。汉颍阴侯斩胡白题将一人，是其种也。

火焰山，在柳陈城东，连亘火州。《宋史》：北庭北山中出硇砂。山中尝有烟气涌起，无云雾至夕，光焰若炬火，照见禽鼠皆赤。或即此山也。○丁谷山，在柳陈城北。中有唐时古寺及诸碑刻。

金山，在庭州东南、西州西北。此西域之金山也。山形如兜鍪，俗谓兜鍪为突厥。突厥之先兴于金山之阳，盖以山形为号。亦谓之金沙岭，一名金岭。隋开皇五年突厥西部阿波浸强，东距都斤，西越金山、龟兹、铁勒、伊吾及西域诸戎悉附之。唐贞观中尝置城为戍守处，曰金岭城。永徽二年西突厥寇庭州，陷金岭城。显庆二年苏定方讨西突厥，至金山北，先击破其处木昆部是也。又开元中改西州曰金山都督府，亦以山名。又谓之金娑山。西突厥别部处月种居金娑山之阳，蒲类海之东，有大碛名沙陀，因自号沙陀。开元中沙陀金山入贡，即李克用之先也。贞元五年时，沙陀六十馀帐与北庭相依附于回鹘。既而苦回鹘侵掠，六年朱邪尽忠降于吐蕃。元和三年复避吐蕃之逼，自金山转战而东，诣灵州归朝。《唐书》：自交河县北行八十里入谷。又百三十里经柳谷，度金沙岭，又百六十里至庭州。《宋史》：历交河西凡六日至金岭口，又两日至汉家寨，又五日上金岭，过岭即多雨雪，亦曰小雪山。胡氏曰：《汉书》称西域南北有大山，北山即柳谷、金沙岭诸山矣。都斤，今见山西塞外。

牢山，在废庭州北。《新唐书》：牢山亦曰赌蒲，东北距乌头健山度马行十五日。永徽三年梁建方等大破西突厥处月部于牢山是也。

伊和谷，在废庭州南。后汉延光二年，班勇为西域长史，屯田柳中。明年发龟兹兵到车师前王庭，击走匈奴伊蠡王于伊和谷，还屯柳中。晋太元十年苻秦吕光击西域，自龟兹还至宜禾，进至高昌。宜禾，或以为即伊和之讹也。○金且谷，在伊和谷之北。后汉永建初班勇平车师后部，击走匈奴呼延王，北单于自将万余骑入后部，至金且谷，勇遣兵击却之，呼衍王远徙枯梧河上。且，于含翻。枯梧河，在庭州西北境。

榆幕谷，在废庭州北。一作榆慕谷。唐显庆初程知节败西突厥于此。○阗吾陆谷，在庭州西北。后汉阳嘉三年车师后部司马率后王加特奴兵掩击北匈奴于阗吾陆谷，大破之是也。

匈奴河，在火州西。汉元封元年，赵破奴击西域楼兰、车师至匈奴河水是也。《汉书》：赵破奴为匈奴河将军，出令居塞数千里，至匈奴河水而还。

业叶水，在废庭州轮台县西三百里。唐显庆四年铁勒酋思结俟斤都曼帅疏勒、朱俱波、竭槃陀三国反，击破于阗。苏定方讨之，至业叶水。思结保马头川，定方袭败之。马头川当在于阗界内。○陷河，在火州西南。《高居诲使于阗记》：涉盐碛而西渡陷河乃入于阗界，必伐柽置水中乃渡，不然则陷，因曰陷河。今于阗西北有娑裟水，《志》以为即弱水。陷河岂其支流欤？

盐水，在火州东有道，从水中行。裴矩《西域记》：盐水在西州高昌县东。东南去瓜州一千三百里，并沙碛地，道路不可准，惟以人畜骸骨及驼马粪为标验。颜师古曰：敦煌西北有恶碛砂，碛中不生草木，水又咸苦，谓之盐水。汉太初二年使使取宛善马。宛王谓汉去我远，而盐水中数败是也。既而李广利伐大宛，过盐水而西。高居诲云：自伊吾庐而西至大屯城，又西始涉盐碛，无水，掘地得湿沙，人贮之胸以止渴，又西乃度陷河云。

瀚海，在柳陈城东北。皆沙碛，若大风则行者人马相失。《宋史》：

沙深三丈，不育五谷，沙中生草名登相，收之以食。

摩那渡。在废庭州北。隋开皇三年行军总管李晃破突厥于摩那渡口是也。

○右火州

亦力把力，在哈密西一千六百七十里。至肃州二千五百三十里，至京师九千三百里。其地东抵火州，西至撒马儿罕，南接于阗，北连瓦剌。古焉耆、龟兹二国地，居沙漠间，东西凡三千馀里，南北二千馀里。元初地名别失八里，宪宗蒙哥分建诸王合丹于此，世祖忽必烈时立宣慰司，后又置元帅府，以领屯田。明洪武二十四年国王黑的儿火者遣使入贡，自是屡遣使贡献。永乐十六年其王纳黑失只罕为从弟丕思所弑，自王其地，徙其国于西境，更号亦力把力，正统以后皆入贡不绝。

龟兹国城，在亦力把力东南。《汉·西域传》：龟兹治延城，去长安七千四百八十里，东至都护治乌垒城三百五十里。或曰丘慈，亦曰屈兹。武帝时内附。王莽天凤三年戊己校尉李崇为焉耆所败，收馀士还保龟兹。后汉建武二十一年莎车攻龟兹，杀其王。匈奴复立龟兹质子建为王。建恃其威，据有北道，攻掠疏勒诸国，永平、建初间与焉耆皆不附汉，永元三年始与姑墨、温宿诸国皆降班超，乃改立侍子白霸为龟兹王，超屯它乾城以镇抚之。延平以后龟兹复乖叛。延光三年班勇为西域长史，龟兹乃率姑墨、温宿诣勇降。自后中国多事，西域与中国隔远。三国魏黄初三年，龟兹遣使贡献。晋咸康初凉州张骏遣兵伐之，遂朝贡于姑臧。太元七年苻秦将吕光伐西域，焉耆诸国皆降，惟龟兹不下。九年龟兹窘急，重赂猃胡求救，猃胡王引温、宿尉头诸国兵赴救，光大破之于城西，王侯降者三十馀国，光入龟兹城，城如长安，市邑宫室甚盛。光抚宁西域，前世所不能服者悉来归附，改立故王帛纯之弟震为龟兹王而还。后魏主焘太延初，龟兹、疏勒、乌孙、悦般、渴槃陀、鄯善、焉耆、车师、粟特九国入贡于魏，魏主遣使者王恩生等使西域，不能达而罢。唐贞观六年入贡。二十年以龟兹王布失毕违命，擅侵邻国，因使阿史那社尔讨破之，擒其王，尽平其地。永徽初复遣龟兹故王布失毕还国。显庆三年龟兹内乱。复遣将杨胄讨平之，以其地为龟兹都督府，仍立其种为王，兼为都督。既而徙安西都护府治焉。咸亨初，龟兹等四镇没于吐蕃。长寿初西州都督唐休璟等复取四镇，仍置都护于此。开元九年又置安西节度使治焉。上元以后河西军镇多为吐蕃所陷，惟北庭、安西为唐守，以沙陀、回鹘为应援。吐蕃急攻二部，二部益衰。贞元三年安西陷于吐蕃，自是不复入于中国。《唐志》：龟兹东接焉耆，西连疏勒，南邻吐蕃，北拒突厥，为四镇之一。东北到北庭府二千里，西南到于阗亦二千里，李泌谓：安西、北庭，控制西域五十七国及十姓突厥。《五代史》：安西都护卫西域，羁縻三十六国。是也。

多褐城，在龟兹东。唐贞观二十一年，阿史那社尔将兵讨龟兹，入自焉耆，进屯碛口，去其王城三百里，前锋至多褐城，败之，遂进拔其都城。《新唐书》龟兹所都曰伊逻卢城，北倚白山为险云。又有泥师城，亦在龟兹国东。唐显庆三年遣郎将雷文成送龟兹王布失毕归国，至泥师城，龟兹大将羯猎颠发众拒之，布失毕不敢进，寻讨诛也。○它乾城，在龟兹东北。汉永元三年班超为西域都护，居龟兹它乾城是也。又延平元年都护段禧等守它乾城，既而与副校尉梁瑾等移守龟兹王城，击败温宿、姑墨等叛戎，旋弃西域而还。

焉耆国城，在亦力把力东。西去龟兹八百里，东去火州七百里。《汉书》：焉耆国治员渠城，西南至都护治乌垒城四百里，南至尉犁百里，北与乌孙接，至长安七千三百里。武帝时内附。王莽始建国五年焉耆以莽积失恩信，先叛，西域遂瓦解。天凤三年遣王骏等出西域，至焉耆，骏败没。后汉建武二十一年遣子入侍，既而附于匈奴及龟兹。永元二年西域都护班超讨诛焉耆及尉犁王，更立王以抚之，于是西域五十馀国悉内属。其后复乖叛，永建二年敦煌太守张朗等击降之。永和以后，复与中国绝。晋咸康初

朝贡于姑臧。宋元嘉十二年入朝于魏主焘。二十五年魏将万度归击破焉
耆，其王鸠尸卑那奔龟兹，万度归复西击龟兹，留别将唐和镇焉耆。二十七
年车师前部城为沮渠安周所拔，其王车伊洛先从魏军击焉耆，遂与其子歇
共留保之。魏乱，复与中国绝。唐贞观六年焉耆王突骑支遣使入贡。初，焉
耆入中国，縣碛路，隋末闭塞，道縣高昌，突骑支请复闭碛路，许之。高昌怨
恨，遂遣兵击焉耆，大掠而去。十二年，西突厥部处月、处密与高昌共拔焉耆
五城，大肆焚掠。十八年焉耆附西突厥，安西都护郭孝恪讨之。焉耆都城周
三十里，四面大山，海水缭其外，恃险不为虞。孝恪倍道绝水，遂克其城，改
立其王而还。二十二年分遣阿史那射尔讨龟兹，出焉耆西趋龟兹北境，时焉
耆仍附西突厥，因并击平之。显庆中置焉耆都督府，为四镇之一。后没于吐
蕃。宋祁曰：焉耆、东高昌、西龟兹、南尉犁、北乌孙，汉旧国也。直京师西
七千里而赢，横八百里，纵四百里。

危须国城，在焉耆东百里。《汉·西域传》：危须国治危须城，去长
安七千二百九十里。又有尉犁城，在焉耆南百里。《汉书》：尉犁国去长安
六千七百五十里，南接鄯善、且末二国。

碎叶城，在焉耆西北，近西突厥之境。唐贞观十二年西突厥中分其
国为十部，五部居碎叶以东，五部居碎叶以西，通谓之十姓。十八年唐灭焉
耆，寻置焉耆都督府，治碎叶城。自北庭都护府渡伊丽河至碎叶界，又西行
千里至碎叶城，水皆北流入碛。《会要》：调露初安西都护王方翼筑碎叶
城，四面十二门，为屈曲隐伏出没之状，五旬而毕，又置保大军屯碎叶城内。
未几西突厥部酋阿史那都支诱蕃落，动安西，裴行俭袭擒之，送碎叶城。开
元二年十姓酋长都担叛，碛西节度使阿史那献克碎叶等镇，擒斩之。十七
年十姓可汗请筑碎叶城。二十六年突骑施国乱，其酋骨啜称土火仙可汗，与
其臣郝摩度据碎叶城，别部黑姓可汗尔微特勒据怛罗斯城，共拒唐，明年
碛西节度使盖嘉运俱破擒之。天宝七年北庭节度使王正见移镇安西，毁碎

叶城是也。突骑施，见山西塞外。

姑墨国城，在龟兹西六百七十里。《汉·西域传》：姑墨国治南城，去长安八千一百五十里，北接乌孙，南至于阗，马行十五日。后汉建初三年班超率疏勒、康居、于阗、拘弥兵攻姑墨石城，破之是也。其后衰绝不通中国。○温宿国，在姑墨东二百七十里。《汉·西域传》：温宿国东至都护治所二千三百八十里，西至尉头三百里，北至乌孙赤谷城六百十里。后汉永平、建初间，龟兹强盛，改置其种人为姑墨、温宿王，建初五年皆附于汉。

赤谷城，在龟兹西北。《汉·西域传》：乌孙国治赤谷城，去长安八千九百里，西至康居蕃地五千里。乌孙，汉时西域大国也。武帝通西域，乌孙常附汉共击匈奴。宣帝甘露初分其国为大小二昆弥，赤谷即大昆弥所治城也。常惠常屯此以镇抚之。成帝元延二年段会宗将戊已校尉及诸国兵诛小昆弥叛者，留兵垫娄地。选精兵三十弩，径至其国，击杀之。垫娄，盖地之垫隘处也。昆弥即乌孙王号。后汉建初五年复招慰乌孙。宋元嘉十六年乌孙入贡于魏。十四年魏遣使董琬如乌孙。其后并于突厥。○呼揭国城，在乌孙西北。文帝六年匈奴遗汉书：楼兰、乌孙、呼揭及其旁二十六国皆已为匈奴。又宣帝时匈奴乖乱，其西方呼揭王自立为呼揭单于。胡氏曰：呼揭在乌孙之东、匈奴西北，一曰乌揭。汉黄龙元年郅支单于击破乌孙，北并乌揭、坚昆、丁令三国。乌揭，即呼揭矣。

悦般国城，在龟兹北。《北史》：悦般国在乌孙西北，去代一万九百三十里。其先北匈奴部落为窦宪所破，北单于度金微山，西走康居，其羸弱不能去者，往龟兹北地，为悦般国，凉州人犹谓之单于王。魏主焘太延初入贡。真君九年遣使诣魏，请东西合击柔然。唐初亦名石汗那国，龙朔元年于其国所治艳城置悦般国都护府。般读钵。

拨换城，在龟兹国西。唐贞观二十二年阿史那社尔败龟兹兵，拔其都城。其王布失毕西走，遣将追之，行六百里，布失毕窘急，保拔换城，社尔攻拔之，并下五大城，降者七十余城。又咸亨元年，吐蕃袭陷龟兹拔换城。景龙二年突骑施婆葛入寇，分道出安西、拔换、焉耆、疏勒，袭败唐兵于计舒河口。开元六年突骑施酋长苏禄谋取四镇，围拔换城。十年高仙芝讨小勃律，自安西过拔换城，入握瑟德是也。一名威戎城。《唐书》：安西府西出拓厥关，渡白马河四百馀里即至拔换城。

火烧城，在龟兹西北。唐景龙二年突骑施败唐兵于此，遂陷安西，断四镇路，时安西治龟兹城也。又播仙城，在龟兹北。唐安西都护府界有播仙城及计舒河口、僻城等处，皆突骑施出没处。《会要》：僻城在播仙城东北数百里，当四镇往来之道。又曲子城，在龟兹西。唐开元十六年安西副都护赵颐贞败吐蕃于曲子城，即此。

山国城，在焉耆东南百六十里。《汉书·西域传》：山国西至危须二百六十里，东南与鄯善、且末接界。〇俱阑城，在碎叶西南。唐开元二十六年突骑施酋长莫贺达干作乱，既而来归，天宝初复叛，杀十姓可汗阿史那昕于俱阑城，安西节度使夫蒙灵詧讨斩之。

弓月城，在焉耆西北。《唐志》：在庭州西千馀里。永徽二年以契苾何力为弓月道行军总管，讨西突厥。城盖西突厥别部所居也。龙朔二年，西突厥弓月部叛，屡侵疏勒及于阗，发兵讨之。咸亨四年弓月来降。永淳初西突厥阿史那车薄帅十姓反，犯弓月城，安西副都护王方翼击却之于伊丽河。胡氏曰：自弓月城过思浑川度伊丽河，方至碎叶界。〇柳驴城，在焉耆西。后魏太平真君九年遣将万度归等击焉耆。别将唐和等说降柳驴等六城，又与车师前部王共击拔波俱罗城。既而万度归西击龟兹，柳驴戍主乙直伽谋叛，和击斩之。

处月城，在焉耆南，亦西突厥别部所居也。其相近者又有处密部。唐贞观九年处月初遣使入贡。十六年西突厥乙毗咄陆可汗遣处月、处密二部围天山，伊州刺史郭孝恪击走之，乘胜进拔处月俟斤所居城，追奔至遏索山降处密之众而归。二十二年遣阿史那社尔讨龟兹，因击破处月处密部，馀众悉降，乃进向焉耆是也。

银山，在焉耆城北。其山连亘绵远，与龟兹接境。唐贞观十八年安西都护郭孝恪讨焉耆，出银山道，焉耆城四面皆水，恃险而不设备，孝恪夜至城下，浮水而渡，比晓登城，遂执其王突骑支。既而西突厥大臣屈利啜以孝恪还，引兵追之，孝恪还击，又破之于银山是也。二十一年阿史那社尔奉诏讨龟兹，自焉耆西出进屯碛口。去其都城三百里，即银山碛口也，亦曰白山。山中尝有火烟，盖出硇砂之处。采硇砂者着木底鞋取之，皮者即焦。下有穴生青泥，出穴外即变为砂石，土人取以治皮。《唐志》：龟兹都城北倚白山，亦曰阿羯田山。

黑山，在焉耆西。唐开元末夫蒙灵詧为四镇节度使，会达奚诸部叛诸黑山，西趣碎叶，灵詧遣高仙芝追殪之。〇三弥山，在龟兹北。隋末西突厥射匮可汗建牙于此。

葱岭，在龟兹西七百里。西域之大山也，与于阗接界。今详见于阗。〇贺逻岭，在碎叶城东北。唐开元二十八年突骑施可汗吐火仙据碎叶城，碛西节度使盖嘉运攻之。吐火仙败走，擒之于贺逻岭是也。

碎叶川，在碎叶城北。川长千馀里，亦曰细叶川。《唐·西域传》：碎叶川出安西西北千里，由勃达岭北行赢千里得细叶川是也。显庆二年遣苏定方击西突厥阿史那贺鲁擒之，悉平其地，于是分突厥地置濛池、昆陵二都护府。濛池居碎叶川西，昆陵居碎叶川东是也。又《唐志》：碎叶川口至裴罗将军城，又西二千里至碎叶。

伊丽水，在焉耆西。《唐志》：自弓月城过思浑川蛰失密城，渡伊丽河至碎叶界。亦曰伊列水。贞观十二年西突厥乱，中分二国：一在伊列水以西；一在伊列水以东。显庆中苏定方为伊丽道行军总管，追西突厥阿史那贺鲁于伊丽河，又追至碎叶水，尽降其众。永淳初西突厥车薄啜围弓月城，安西都护王方翼败之于伊丽河。胡氏曰：伊列，汉西域故国也，近康居北。陈汤与甘延寿谋诛郅支，曰北击伊列，西取安息，盖伊列水流至其境矣。又唐时西突厥分两国，以伊列水为境。盖亦西域之大川也。一名帝帝河。

虽合水，在焉耆西北。唐贞观十三年西突厥东部可汗沙钵罗建庭于虽合水北，谓之南庭，自龟兹、鄯善、且末、吐火罗、焉耆、石、史、何、穆、康等国皆附之。《唐史》：自焉耆西北七日行至沙钵罗南庭，又正北行八日至其北庭镞曷山是也。镞曷山，见山西塞外。

曳咥河，在焉耆西。唐显庆二年苏定方击西突厥阿史那贺鲁于曳咥河西，大破之。胡氏曰：曳咥河在伊丽河之东。又白马河，在龟兹西。《唐史》：自安西府西出拓厥关，渡白马河四百馀里，即至拨换城是也。○寅识迦河，在弓月城西南。唐武后永昌初，韦待价与吐蕃战于此，败绩。又有葛水，在弓月城北，唐永淳初王方翼败西突厥处也。

热海，在碎叶城东。虽寒不冻。唐永淳初王方翼败西突厥叛部于伊丽河。既而三姓咽面与西突厥合兵拒方翼，方翼又败之于热海是也。杜佑曰：碎叶川长千里，东头有热海，西头有怛罗城。又有雪海，亦在碎叶城北数百里，春夏常雨雪。○得嶷海，在弓月部西。唐贞观中铁勒种咽面部居此，北近疏勒云。铁勒，见山西塞外。

冷泉，在焉耆东南。唐武后长寿末，武威道总管王孝杰破吐蕃及西突厥于冷泉，又破之于大岭谷。或曰破西突厥于冷泉也。大岭谷，见西宁镇大岭镇。

爵离关，在焉耆东北。后汉永建二年班勇屯柳中，请攻焉耆。诏敦煌太守张朗发河西兵配勇。勇从南道，朗从北道，约期俱至焉耆。朗先期至爵离关，遣司马将兵前战，破焉耆兵，其王遂降。释氏《西域记》：龟兹国北四十里山上，有雀离大清净寺。或以为即爵离关。胡氏亦曰：爵离在龟兹北。恐误。○铁门关，《唐志》：在焉耆西五十里。又龟兹西出有拓厥关。

苇桥。在故焉耆东南。后汉永元六年班超发龟兹、鄯善等八国兵讨焉耆，兵到尉犁，焉耆国有苇桥之险，焉耆王广乃扼桥以拒汉。超更从他道厉渡，去城二十里，营大泽中，广骇惧来降。

○右亦力把力

于阗，在哈密西南四千八百里。至肃州六千三百里，至京师一万一千八百三十里，东抵曲先，北连亦力把力。《汉·西域传》：于阗国治西城，去长安九千六百七十里，南与婼羌接，北与姑墨接。武帝时内附，后汉永平中于阗击破莎车雄张南道。十六年班超至其国，杀匈奴使者而降。建和以后西域长史治此。元嘉以后始贰于汉。曹魏黄初三年遣使贡献。晋咸康初服属于前凉。宋元嘉二十二年吐谷浑王慕利延为魏所击，西度流沙入于阗，杀其王，据其地。二十三年吐谷浑还故地，于阗复定。泰始六年柔然攻于阗，于阗遣使求救于魏。魏人以于阗去代都几万里，遣师势不能及，乃谢却之。既而于阗复定。唐贞观中，于阗强，兼有汉、戎庐、扜弥、渠勒、皮山五国故地，服属西突厥。二十三年入朝。显庆二年以于阗为毗沙都督府，寻又分其境内为十州。咸亨初没于吐蕃。长寿初复取其地为安西四镇之一。自是服属中国，最为恭顺。《唐志》：于阗东北去龟兹二千里。是也。《五代史》：于阗西南近葱岭，与婆罗门为邻国，而相去犹三千馀里。南接吐蕃，西北至疏勒二千馀里。晋天福中其王李圣天自称唐宗属，遣使入贡，册为大宝于阗国王。宋建隆初圣天复遣使入贡。自是迄于宣和，入贡不绝。明永乐六年头目打鲁哇亦不剌金遣使来贡，仍称于阗国。

扜罙城，在于阗东三百九十里。《汉书》作扜弥，读曰乌弥，元封中入献。后汉曰宁弥，一名拘弥。建武九年康居王贤攻杀拘弥西夜王而夺其地。又永建四年于阗复攻夺洵弥王地，自是往往与于阗相仇杀。熹平四年，于阗复攻破拘弥杀其王。戊己校尉、西域长史各发兵扶立拘弥侍子定兴为王，众裁千口。后魏时，附于柔然，隋时附于突厥。《唐史》：扜罙去柳中城四千九百里。后讹为罕弥。五代时于阗尝置州于此。高居诲云：渡陷河又西至绀州，于阗所置州也。又行二日至安军州，遂至于阗。其东南曰银州、卢州、湄州。其南千三百里有玉州，所谓安军，即故罕罙城矣。又东四百四十里有精绝城，汉西域精绝国也。○辕都城，在扜罙国南。《汉·西域传》：渠勒国，治辕都城东，与戎庐国接。其戎庐国治毕品城。唐时与扜弥、渠勒、戎庐、皮山皆并入于阗。

皮山国城，在于阗西三百八十里，治皮山城。《汉·西域传》：皮山国去长安万五十里，西南至乌秅国千三百四十里。道绝险，自皮山以南诸国多不属汉。汉成帝时，遣使报送罽宾使，杜钦请至皮山而还是也。○乌秅国，在皮山国西南。亦汉西域国。又西有县度，县度者石山也。溪谷不通，以绳索相引而度。成帝时杜钦言：起皮山南更不属汉之国四五又历大头痛、小头痛之山，赤土，身热之坂，又有三池、盘石陂坂。道狭者尺六七寸，长者径三十里，临峥嵘不测之深，行者骑步相持，绳索相引，二千馀里乃到县度，险阻危害，不可胜言。颜师古曰：乌，一加翻。秅，直加翻。急言之声如鹊拏。县与悬同。

莎车城，在于阗西北。《汉·西域传》：莎车国去长安九千九百五十里，西北去疏勒国五百六十里，西南至蒲犁国五百四十里。武帝时内附。元康初叛附匈奴，冯奉世发诸国兵击之，拔其城，莎车王自杀，更立他昆弟子为王。王莽之乱，匈奴略有西域，莎车独不附。后汉建武中莎车、鄯善皆遣使奉献，既而稍贰于汉。二十一年击破鄯善，攻杀龟兹王。永平三年又以兵威逼夺于阗、大宛、妫塞诸国，使其将守之。寻为于阗所败。其后降于龟兹。建初五年班超言莎车、疏勒，田地肥广，草木饶衍，不比敦煌、鄯善间，兵可不费中国，而粮食自足。章和元年班超击降之，永和以后与中国隔远，其后灭于匈奴。

朱俱波国,在莎车国南。汉子合国也。《汉·西域传》:西夜国号子合,王居呼犍谷,东与皮山、西南与乌秅、西与蒲犁接。蒲犁及依耐、无雷国,皆西夜种也。又《后汉书》:西夜国去雒阳万四千四百里,建武中莎车王贤攻杀扞罙、西夜王,而以其兄康两子王之。盖二国皆近莎车。《唐志》:朱俱波国去疏勒八九百里,去瓜州二千八百里,亦曰朱俱盘,或曰朱驹半,贞观十年入贡。

蒲犁国,在莎车西。《汉·西域传》:蒲犁东至莎车五百四十里,北至疏勒五百五十里,西至无雷五百四十里,寄田莎车。又无雷国,在蒲犁西。《汉·西域传》:其国治卢城,南与乌秅、北与捐毒、西与大月氏接。又依耐国,在无雷国东南五百四十里,东北至莎车五百四十里,北至疏勒六百五十里,寄田疏勒。莎车与蒲犁国皆南接西夜国云。○难兜国,在无雷国东三百四十里。《汉·西域传》:难兜西南至罽宾三百三十里,南与婼羌、北与休循、西与大月氏接境云。

疏勒国城,在故莎车西北。《汉·西域传》:疏勒去长安九千三百五十里,西当大月氏、大宛、康居之道。后汉永平中龟兹攻杀疏勒王而立其臣兜题为王。班超至疏勒,复立其故王兄子忠为王,超因留镇疏勒。元和二年忠叛,超复改立其王成大。永元二年超居龟兹它乾城,使长史徐幹屯疏勒,是也。灵帝建宁以后始与中国隔远。后魏时属于柔然。唐初附于西突厥,亦曰疏勒。贞观末内附,显庆中置都督府。龙朔二年与西突厥弓月部叛,攻于阗,发兵讨之,复降。咸亨四年,疏勒来朝,寻为安西四镇之一。景龙二年突骑施葛娑入犯,分遣其骑出疏勒、金山道行军总管郭元振在疏勒,栅于河口,不敢出。上元以后没于吐蕃。《唐志》:疏勒在龟兹西南二千里白山之南,去瓜州四千六百里。○槃橐城,在疏勒国中。或曰疏勒都城也。后汉永平十七年班超入疏勒,去槃橐城九十里,遣吏田虑入执龟兹所立疏勒王兜题是也。

乌即城，在疏勒西南。后汉元和初，疏勒王忠叛汉，西保乌即城，班超击之，乌即城降。又有桢中城，在疏勒南境。后汉元和中班超以疏勒王忠叛汉，改立其府丞成大为王。既而忠从康居借兵还据桢中，诣超伪降，超斩之。又灵帝建宁三年凉州刺史孟佗遣兵合西域兵讨疏勒，攻桢中城，不能下是也。桢或作损，误。

尉头国，在疏勒北。《汉·西域传》：尉头国治尉头谷，去长安八千六百五十里。后汉建初元年诏征班超还。超去疏勒，尉头遂与疏勒连兵，超更还疏勒击破尉头是也。○渴盘陀国，在疏勒国西南。《北史》云：在葱岭东朱俱波国之西。后魏主焘太延二年入贡于魏。显庆二年思结俟斤都曼率疏勒、朱俱波、渴般陀三国反。攻于阗破之。《唐书》亦作喝盘陀。或曰汉陀，或曰渴馆檀，亦曰渴维陀。繇疏勒西南入剑末谷不忍岭六百里则其国也，距瓜州四千五百里，亦直朱俱波西南。

胎哒国，在于阗西境。读如压答。其先大月氏之种类，本居塞北，寻自金山而南，国于于阗之西。《汉·西域传》：胎哒去长安一万一百里。都拔舍城，盖王舍城也。亦曰高车别种，元魏永平初胎哒杀高车侯倍穷奇。唐龙朔初，于胎哒部落所治活路城置大汗都督府，仍分其部落置十五州。或讹为恒怛国。

休循国，在葱岭西。《汉·西域传》：国治鸟飞谷，去长安万二百十里。又有桃槐国，亦在葱岭西，去长安万一千八十里。○捐毒国，在休循东二百六十里。《汉·西域传》：治衍敦谷，西上葱岭即休循国。皆汉西域属国也。

勃律国，在葱岭西南。有大小二国，小勃律在大勃律西北三百里。《唐书》：其国去京师九千里，王居孽多城，临婆夷水。开元十年为吐蕃所攻，北庭节度使张孝嵩遣兵救之。吐蕃败却，册为小勃律王。开元末，附于吐蕃，其西北二十馀国亦皆叛去，屡讨无功。天宝六载诏安西副都护高仙芝讨败之，擒其王，于是拂菻、大食诸番七十二国皆降附。诏改其国号归仁，置归仁军。盖小勃律为诸国捍蔽。唐开元中，吐蕃每来攻，辄曰：吾非利若国，欲假道以攻四镇云。刘昫曰：小勃律东少南三千里，距吐蕃赞普牙。

绥远城，在小勃律国东。其国置城以捍吐蕃。唐开元十年吐蕃攻小勃律。其王没谨忙贻北庭节度使张孝嵩书曰：勃律唐西门，失之则西方诸国皆堕吐蕃矣。孝嵩遣兵与之夹击，败吐蕃，复九城，复置绥远军。其后与小勃律诸国皆没于吐蕃。○阿弩越城，在小勃律国东北。唐高仙芝等破吐蕃连云堡，又进三日至坦驹岭，下峻阪四十馀里。行四日前至阿那越城，城主迎降，遂入小勃律都城是也。又菩萨劳城，在大勃律东。《唐书》作贺菩劳城。天宝十二载安西节度封常清击大勃律，至菩萨劳城，大败之。

五识匿国，在小勃律东北。所居曰特勒满川。唐天宝六载高仙芝讨小勃律，自安西过拨换城入握瑟德，经疏勒，登葱岭，涉播密川，共八百馀里，乃顿特勒满川，即五识匿国云。握瑟德，或曰亦西域小国名。○护密勒城，在小勃律国都城北五百里。唐开元中西域护密初附吐蕃，天宝初其王颉吉里匐遣使请降。六载高仙芝伐小勃律顿特勒满川，分军为三，使疏勒、赵崇玭自北谷道，拨换、贾崇瓘自赤佛道仙芝自护密道，约会于连云堡。护密道即是城也。

羯师国，与吐火罗邻，接大勃律。一名羯师，胡族也，或曰布露，直吐蕃西，其北即小勃律。天宝九载河西节度使高仙芝击破之，改立其王。○箇失密国，《唐志》：北去勃律五百里。亦曰迦湿弥罗国。又判汗国，治葱岭中都城，亦曰葱岭国。唐贞观中属于西突厥。

钦察国，在葱岭西。宋嘉定十六年蒙古将速不台灭钦察，大掠西番边部而还，置钦察都指挥使治其地。《诸裔考》：钦察去中国三万馀里，产良马。《元史》：蒙古窝阔台五年，命诸王拔都征西域钦察、阿速、斡罗思等国。明年命蒙哥往焉，至宽田吉思海旁，钦察酋长八赤蛮逃避海岛中。适大风吹海水遂，遂生擒八赤蛮等。进征斡罗思，至乜列赞城破之。○乃蛮国，亦在葱岭西南。宋嘉定中蒙古铁木真击灭乃蛮诸部是也。其后复立其种类为乃蛮王。《宋史》：景定元年乃蛮王屈出律袭西辽王直鲁古，辽祀始绝。

南山，在于阗南。东出金城，与汉南山相接。《汉书·西域传》：西域三十六国，南北有大山，中央有河。所谓南山，指此山也。北山即天山、金山诸大山矣。

葱岭，在于阗西南。《志》云：于阗地居葱岭北二百里是也。西域诸国，东接汉玉门、阳关，西则限以葱岭。自玉门、阳关出西域有两道：从鄯善傍南山西行至莎车为南道，南道西逾葱岭则出大月氏、安息；自车师前王庭随北山循河西行至疏勒为北道，北道西逾葱岭则出大宛、康居、奄蔡。葱岭盖西域诸国之望也。唐武德二年以杨恭仁为凉州总管，恭仁习边事，于是葱岭以东并入朝贡。《宋史》：高昌西距西天竺，路陟雪山、葱岭，皆数千里，高数百丈。上多连蔓葱，土人名为塔儿塔石打班。

白玉河，在于阗城东。国人夜视月光，盛处必得美玉。又国城西有绿玉河，又南有乌玉河。《志》云：三河皆源出昆冈山，去国城西一千三百里。每岁秋国人取玉于河，谓之捞玉。高居诲云：河源出至于阗，分为绿玉、白玉、乌玉三河。误矣。

娑夷河，即弱水，在小勃律国境内。其北又有娑勒川。高仙芝伐小勃律，攻连云堡，涉娑勒川，登山挑战，破之，拔其城，遂引师过坦驹岭，渡娑夷河，进至阿越笯城是也。其水至弱，不能胜草芥。高居诲云：陷河在于阗东南界，或以为娑夷河别出者也。

播密川，在葱岭西、唐高仙芝伐小勃律，登葱岭，涉播密川，既而还至播密川,遣使奏状,乃至河西。胡氏曰:河西,白马河西也。见亦力把力国。

八鲁湾川, 在葱岭北。宋嘉定十六年蒙古铁木真避夏于八鲁湾川,分兵攻诸部落之近者悉下之,至可温寨与诸将会。以西域渐定,置官于各城监治之。

宽田吉思海, 在葱岭西。宋嘉定中蒙古伐钦察,至宽田吉思海,会大风,海水涸,遂进师屠其城。又进围斡罗思蔑怯思城,皆降之。

连云堡, 在小勃律国东北。本吐蕃所筑。唐天宝六载高仙芝讨小勃律,分军三道,约会吐蕃连云堡下,攻堡拔之,寻入小勃律,系其王自赤佛道还连云堡班师。《唐志》:连云堡南依山,北据娑勒川以为固云。

娑夷桥。 在小勃律国都城南娑夷水上。有藤桥,路通吐蕃。桥去城犹六十里。唐高仙芝入小勃律,急遣将席元庆斫之,甫毕而吐蕃兵大至,已无及矣。藤桥阔尽一矢,力修之,期年乃成。

○右于阗

撒马儿罕, 在哈密西七千二百里。至肃州九千里,至京师一万四千六百二十里。东连亦力把力,西抵哈烈。相传汉罽宾国地。东西相拒三千馀里,地势宽衍,土田膏腴。元使驸马帖木儿主其国。明初洪武二十年,帖木儿遣使入贡,自是入贡不绝。

养夷城, 在国东。《志》云:撒马儿罕东有养夷城及沙鹿海牙城、塞蓝城,又有达失干城。国西又有渴石城及迭里迷诸城,皆隶于撒马儿罕。

罽宾国城, 在撒马儿罕东。《汉·西域传》:罽宾治循鲜城,去长安万二千二百里,东至乌秅国二千二百五十里。武帝始通罽宾。后恃险远,数背叛。成帝时,杜钦言县度之厄,非罽宾所能越,是也。《唐书》:罽宾在葱岭南。隋为漕国。龙朔初,于罽宾所治遏纥城置循鲜都督府云。

安息国, 在罽宾东北。《汉·西域传》:安息治番兜城,临妫水,去长安万一千六百里，北与康居、东与乌弋山离、西与条支接。武帝始遣使至其国，其属小大数百城，地方数千里，最大国也。后汉永元九年班超遣椽甘英穷西海及安息西界。范晔曰：自条支转北而东，马行六十四日至安息，是也。唐曰安国。贞观二十二年讨平龟兹，安国来献，即此。〇乌弋山离国，在安息东南，又西与犁轩、条支接。《汉·西域传》：自玉门、阳关出南道，历鄯善而南行，至乌弋山离，南道极矣，转北而东得安息云。

吐火罗国，在安息东北。汉为大月氏国。《西域传》：大月氏治监氏城，去长安万一千六百里，南与罽宾接。其初本行国也，随畜迁徙，居敦煌、祁连间，后为冒顿所破，乃远去，过大宛，西击大夏而臣之，都妫水北为王庭。其余小众不能去者，保南山羌，号小月氏。有五翎侯：一曰休密翎侯，治和墨城；二曰双靡翎侯，治双靡城；三曰贵霜翎侯，治护澡城；四曰肸顿翎侯，治薄茅城；五曰高附翎侯，治高附城。五翎侯皆属大月氏。其后为吐火罗国，或曰吐豁罗，或曰睹货罗，元魏谓之吐呼罗，居葱岭乌墅河之南。《魏史》：古大夏国也。本在大宛西南，居妫水之南，大月氏分其地居妫水北，地肥饶少寇后并为吐火罗国，太武时入贡。杜佑曰：一名土壑宜，都葱岭西五百里，在乌墅河南。乌墅河，即妫水也。唐贞观十五年，西突厥击吐火罗，灭之。龙朔二年于吐火罗国所治遏换城置月氏都督府云。翎、翕同。

护密多国，在吐火罗东。《唐志》：本吐火罗故地，东北直京师九千里而赢，亦曰达摩悉铁帝，亦曰镬侃。元魏谓之钵和，临乌浒河，当四镇入吐火罗之道。龙朔初于护密多国所治摸拜城置乌飞州。开元十八年其王罗真护檀入朝，留宿卫。〇俱密国，在吐火罗东北，治山中，南临黑河。其王突厥延陀种。唐开元七年俱密王那罗延上言为大食所侵，乞兵救援是也。

妫塞国，在吐火罗南。塞，西戎别种也。临妫水而居，因名。汉永平三年莎车王贤以兵威逼夺于阗、大宛、妫塞王国，即此。○谢颸国，在吐火罗西南。或曰漕矩吒，或曰漕矩，唐显庆中曰诃达摩支。龙朔初于其国治伏宝瑟颠城置条支都督府，武后时改曰谢颸国，东距罽宾四百里，南连天竺，西接波斯。开元十二年遣使入贡。

史国，在吐火罗北四百里，或曰佉沙，或曰羯霜那。居独莫水南，汉康居小王苏䰄故城也。䰄，下戒反。《汉书》：康居小王居苏䰄城，去阳关凡八千二十五里，元封末朝献。隋大业中复通中国。唐贞观中入贡，谓之史国，天宝中改曰来威国。○俱兰国，在吐火罗北。其都城亦曰俱兰城，或曰俱罗弩，或曰居浪弩。唐天宝初发兵纳十姓可汗阿史那昕于突骑施，至俱兰城，为突骑部酋长莫贺达干所败。

铁门峡，在渴石城之西。悬崖绝壁，高数十仞，径路崎岖，深二三里。番人守此。亦名铁门关。

哈剌卜兰河，在撒马儿罕城东。河浅阔而北流。○火站河，在沙鹿海牙城西。城东又有哈卜连河。又阿术河，在迭里迷城东。水西流，多鱼。

妫水。在吐火罗北。源出葱岭，西南流入于西海。其水深广，长千馀里，远近诸水汇入焉。亦名乌墅河。

○右撒马儿罕

哈烈，在哈密西五千一百里。至肃州万一千里，至京师一万五千七百六十里。古大、宛康居地，地居平川，四面皆大山，东北去撒马儿罕一千四百里。元驸马帖木儿之子沙哈鲁居此。国人称之为速鲁檀，犹华言君王也。明永乐三十五年遣使诏谕其部长。永乐七年头目廖赉等朝贡，正统二年指挥哈只等复来贡，自是入贡不绝。

俺都淮城，在哈烈东。又有淮八剌墨水等城皆隶焉。

康居国，在哈烈东北。汉西域国，元朔中张骞至大宛，为发导驿抵康居，传致大月氏是也。《汉·西域传》：国治乐越匿地，利卑阗城，去长安万二千三百里。一名萨末键，亦曰飒末犍。元魏谓之悉万斤，又谓之者舌国。《北史》：者舌，汉康居也。去代一万五千四百五十里。北魏主焘太延三年入贡。《唐志》：康国本月氏种。其王姓温。始居祁连北昭武城，为突厥所破，稍南依葱岭，即有其地。以昭武为姓，示不忘本也。杜佑曰：康国在米国西南三百馀里。本曰康居。唐时谓之康国。贞观五年康国求内附。不受。开元七年其王乌勒伽为大食所侵，与俱密及安国皆上表乞援云。

米国，在故康居之南。或曰弥末，或曰弭抹贺。《汉书》：米国北距康国百里，治末息德城。唐贞观十六年，西突厥击米国，破之。〇大安国，在康居旁。或曰布豁，或曰捕喝，元魏谓之纽密，西濒乌浒河，治河谥城，即康居小君长罽王故地也。又有小安国，或曰东安，或曰渴汗，在那密水之阳，东距河二百里许，治渴汗城。《唐书》：大安东北至小安四百里，开元七年安国王笃萨波提为大食所侵，上表求救。

何国，在康居旁。或曰屈霜弥加，或曰贵霜匿，汉时康居小王附墨城故地也。《西域传》：康居有五小王，一曰苏，二曰附墨，三曰窳匿，四曰罽，五曰奥鞬，俱属康居。此即附墨国矣。唐时为何国。〇火燖国，在故康居西。或曰货利习弥，或曰过利。居乌浒水之阳，唐时西番国也。西南与波斯接，西北抵突厥。《新唐书》：唐康国即汉之康居，支庶分王，曰安、曰曹、曰石、曰米、曰何、曰火燖、曰戊地、曰史，世谓之九姓。又有穆国，或云亦康居支庶云。

石国城，在康居东北。或曰拓支，亦曰拓析，亦曰赭时。汉大宛北鄙也。《唐志》：石国去京师九千里，东北距西突厥，王姓石，治拓析城，即故康居小王之窳匿城。武德、贞观间入贡。显庆三年以国治瞰羯城为大宛都督府，授其王都督，开元初封石国王。五年突骑施酋长谋取四镇，围拨换及大石城，大石即石国也。天宝十载高仙芝袭石国，擒其王。又苏咄城，在石国西北。唐显庆二年苏定方袭败西突厥阿史那贺鲁于斜罗斯川，贺鲁脱走，至石国西北苏咄城，城主诱执之归于定方，于是遂平西突厥之地。苏咄，盖石国属城也。

大宛国，在石国南四百里，当轮台之西。《汉·西域传》：大宛治贵山城，去长安一万二千里，西南至大月氏所居六百九十里，北至康居卑阗城千五百一十里，有别邑七十馀城，多善马，武帝求之弗得。汉使言宛有善马，在贰师城。太初九年以李广利为贰师将军伐宛，不克。三年复伐之。宛城中无井，汲城外流水，于是遣水工徙其城下水，宛大困，遂降之。其后为曹国。《唐志》：曹国西至康国、东北至宁远国各四百里，有东、西、中三国。东曹居波悉山之阴，即故贰师城地；西曹者，隋时曹国也，南接史国及波览瑟国，治瑟底痕城；中曹治迦底真城。后合为一国。《括地志》：大宛国，今名率都沙郍国亦名苏对沙郍国。○骥潜国，在大宛西。其相近又有大益国。汉元封六年安息及诸小国骥潜、大益之属皆随汉使献见。又郁成国，大宛东边小国也。汉太初元年李广利伐大宛，攻郁成不克。既而复引兵伐宛，攻败郁成，即此。

宁远国，在故曹国东北。本名破落那。汉大宛别部也。晋咸康中，代王什翼犍之地，东自秽貊，西及破落那。宋元嘉十四破落那入贡于魏。《北史》：破落那即汉大宛，去代万四千四百五十里。《唐史》：显庆中，拔汗那内附。自是屡来贡献。拔汗那者，亦曰镈汗。后魏曰破落那，居西鞬城，在真珠河之北，去京师八千里。开元三年吐蕃与大食别立其党阿了达为王，发兵攻之。拔汗那王败奔安西，御史张孝嵩时奉使安西，以便宜帅戎落兵出龟兹西数千里，下数百城，攻阿了达于连城，破之，屠其三城，阿了达遁走山谷。孝嵩传檄诸国，威振西域，大食、康居、大宛、罽宾等国，皆遣使请降。开元末以拔汗那助唐平突骑施吐火仙可汗，改其国曰宁远，册其王为奉化王。其后分为二，一治呼闷城，一治遏塞城。杜环《征行记》：拔汗那国在恒逻斯南千里，隔山东去疏勒二千馀里，西去石国千馀里。

怛逻斯城，在故石国东北。杜佑曰：碎叶川长千馀里，东头有热海，西头有怛逻斯城。开元二十七年，碛西节度使盖嘉运遣疏勒镇守使夫蒙灵詧与拔汗那王阿悉烂达干潜袭怛逻斯城，擒突骑施别部黑姓可汗尔微。天宝十载高仙芝自安西讨大食，大败于怛逻斯城是也。胡氏曰：城初属石国，常分兵镇之。碎叶川，见前亦力把力。

曳建城，在怛逻斯城西北。唐开元二十七年，碛西节度使盖嘉运遣别将破怛逻斯城，擒突骑施别部黑姓可汗，遂入曳建城，取交河公主，于是西域诸国俱降。

郅支城，在康居东。汉初元中康居为乌孙所困，乃迎郅支单于于坚昆，欲与合兵击乌孙。郅支遂西至康居叛汉，侵击乌孙，发康居民筑城居之。建昭二年西域副校尉陈汤与都护甘延寿谋曰：郅支侵凌乌孙、大宛，常为康居画计，欲降伏之。如得此二国，北击伊列、西取安息、南排月氏，乌弋山离，数年之间，城郭诸国危矣。遂矫发车师戊己校尉屯田吏士及西域诸国兵，分六校。三校从南道逾葱岭经大宛，三校都护自将，发温宿国，从北道入赤谷，过乌孙，涉康居界，至阗池西，前至郅支城都濑水上，离城三里止营傅陈，进攻城，破斩之。

丁灵国，在康居国北境。汉时西域小国也，去匈奴庭接习水七千里。匈奴封卫律为丁灵王，盖以其地为名耳。灵亦作令。宣帝时丁令往往钞盗匈奴，匈奴发骑击之，无所得。黄龙元年，为郅支所并。王莽始建国二年遣将分道出塞，议穷追匈奴，纳之丁令，即此。

粟持国，在康居西北。汉奄蔡国也。胡广《记》：奄蔡，一名阖苏。郅支遣使责阖苏、大宛诸国岁遗，阖苏即奄蔡也。《西域传》：康居西北二千馀里有奄蔡国，临大泽，无涯，盖北海云。《北史》：魏主焘太延初粟持国入贡。《隋书》作粟特。其国在葱岭西，去代万六千里。

哈剌鲁部，在哈烈东。宋嘉定四年，部主阿昔降于蒙古，蒙古置哈剌霍州于此。

金牙山，在石国东北。唐有金牙道行军总管，盖因以名。唐永徽二年西突厥阿史那贺鲁建牙帐于此，自称沙钵罗可汗。显庆二年苏定方追贺鲁过双河径至其牙帐是也。又永隆中突厥余党伏念保金牙山，裴行俭袭执之。胡氏曰：金牙山在双河西南二百里，千泉又在其西南。

双河，在石国东北。唐永徽二年西突厥部酋阿史那贺鲁叛，自庭州莫贺城拥众西走，建牙于双河及千泉。显庆二年苏定方追西突厥贺鲁至双河，去其所居斜罗斯川二百里，定方掩其不备，贺鲁脱走石国。四年，西突厥昆陵都护阿史那弥射及珍珠叶护战于双河，败之是也。

斜罗斯川，在石国东北。唐显庆中西突厥阿史那贺鲁居斜罗斯川，苏定方分遣将萧思业追击，趣斜罗斯川败之。或以为即多罗斯川，今见山西塞外。

都赖水，旧在郅支城东。汉建昭中郅支单于暴虐，支解康居贵人、人民，投都赖水中。陈汤等击郅支，前至郅支城都赖水上，离城三里止营是也。

千泉。在石国北。唐初西突厥射匮可汗之子统叶护，自龟兹北三弥山移庭于石国之千泉。又永徽二年西突厥阿史那贺鲁建牙于此。《新唐书》：碎叶城西四百里至千泉地，赢二百里，南有雪山，三垂平陆多泉，地因以名。

○右哈烈

拂菻，在哈密西南三万馀里。东南至灭力沙，北至海，皆四十程。西至海三十程，东自大石及于阗、回纥乃抵中国。古犁轩国也，亦曰黎靬。东汉为大秦国。延熹八年其王安敦遣使来献。唐为拂菻国。杜佑曰：居西海上，亦名海西国。去京师四万里北直突厥可萨部，西濒海，东南接波斯。唐龙朔三年为大石所破。宋白曰：其地在安息、乌弋之西，隔大海。宋元丰四

年其王遣使来贡。元祐中复至。明洪武四年诏遣其国故民捏古伦赍诏谕之，
寻遣使来朝，并贡方物。

波斯国，在拂菻之东。汉西域条支国也。《西域传》：自皮山西南经
乌秅，涉县度、罽宾，六十余日行至乌弋山离国，复西南马行百余日至条支。
条支临西海，水回环其南及东、北三面，惟西北隅通陆道，班超遣椽甘英
使大秦、条支，穷西海，是也。后为波斯国。《北史》：波斯国都宿和城，在
忸密西，古条支也。魏主焘时入贡。子攸建义初献狮子于魏，秦贼万俟丑奴
留之，因改元神兽。《魏志》：波斯国去代都三万四千二百二十八里。《唐
志》：波斯国在达曷水之西，距京师万五千里而赢。东与吐火罗、康国接，北
邻突厥可萨部，西、南皆濒海。杜佑曰：波斯应即条支故地，有波斯匿王，
大月氏别裔，因以为号。唐永徽五年，大食发兵击波斯，杀其王，王子卑路
斯奔吐火罗，大食兵去，吐火罗送之还国。显庆三年，唐平西突厥，西尽波
斯，并隶安西都护府。龙朔元年，于其国所治疾陵城置波斯都督府。

大食国，旧在波斯之西，本波斯地也。隋大业中有波斯国人牧于俱
纷摩地山，有兽言曰：山西三穴有利兵，黑质而白文，得之者王。走视，如
言。石文言当反，乃诡众衷亡命于恒曷水，劫商旅，保西鄙自王，移黑石宝
之。国人往讨，皆大败而还。唐永徽二年其王缬密莫末腻始遣使朝贡。五年
大食发兵击波斯，杀其王而去。龙朔三年又破波斯、拂菻，南侵婆罗门，吞
灭诸戎，胜兵四十余万。天宝十载安西节度高仙芝击大食，为所败。贞元中
大食在西域为最强，尽有波斯、突骑施之地，东尽葱岭，西南际海，方万馀
里。

乞石迷国，在拂菻北。宋宝祐六年蒙古遣其宗王旭烈伐西域，平乞
石迷等千馀国，转战万里，西渡海，收富浪国，遣使献捷，旭烈留镇西域。
○骨咄国，在拂菻西北。或曰阿咄，罗治思助建城。其西又有镬沙国。《旧唐
书》：龙朔元年于骨咄施国所治妖沙城置高附都督府。

乌苌国，《唐书》：在大食西。自吐火罗逾五种，至婆罗觊罗，北逾山，行六百里得乌苌国。高宗麟德中来朝，从封泰山。一名乌荼国。直天竺南，东距勃律六百里，亦曰乌长。〇俱位国，《唐志》云：在大石西。或曰商弥，治阿赊飓思多城，在大雪山、勃律河北。地寒，冬窟室以居。又韦昭曰：大秦国北有僬侥氏。孔子云僬侥氏三尺，短之至也，盖亦西南裔种。唐开元八年遣使册命乌苌、骨咄、俱位三王，以其不附大食叛唐云。

西海，在拂菻国境。汉永元六年班超抚定西域，至于海滨。四万里外皆重译贡献。九年班超遣掾甘英使大秦、条支，穷西海及安息西界，临大海欲渡，船人谓英：海水广大，往来者逢善风三月乃得渡，若遇迟风亦有二岁者，故入海人皆赍三岁粮。英乃止。亦谓之秦海，以与大秦国近也。《水经注》：昆仑西有新头河，经中天竺国，又西径安息南注于雷翥海。雷翥海即西海也，在安息之西，犁靬干之东。西海之水，东南会于交州涨海。胡氏曰：西海之滨古有条支、大秦、蒙奇、兜勒诸国。安帝延光二年张珰言北匈奴常辗转蒲类、秦海之间，专制西域。时匈奴未尝至秦海，珰盖约言之。

弱水。在拂菻国境。《西域传》：溺水在条支，自长安西行万二千里，又百馀日方至其地。盖非《禹贡》所称之弱水云。

〇右拂菻

天方国，在西域之西。古筠冲之地，旧名天堂，亦名西域，明宣德中其王遣使入贡。

讹答剌城。在天方境内。宋嘉定十一年蒙古主铁木真侵西域，取讹答剌城，继又分遣军攻斡脱罗儿、玉龙杰赤等城，自将攻迭里密、班勒讫城，皆克之是也。

〇右天方国

默德那国，即回回祖国，与天方国接界。其初，有谟罕蓦德者，生而神灵，西域诸国尊之，号为别谙拔尔，犹华言天使也。其教有阴阳星历医药音乐之类，隋开皇中国人撒哈八撒阿的斡葛思始传其教入中国，明宣德中，其国使臣随天方国使臣来朝贡。

塔里塞寨。在回回国境内。宋嘉定十四年蒙古铁木真侵西域拔塔里塞砦，进薄回回国城。其王委国而去，逃匿海屿。

○右默德那

印度国，在西域西南。即汉之身毒。张骞曰：身毒在大食东南可数千里。或谓之乾笃，或曰摩伽陀，或曰婆罗门，亦曰浮屠，至唐时谓之天竺。去京师九千六百里，居葱岭南，幅员三万里。分东、西、南、北、中五天竺。南天竺濒海；北天竺距雪山；东天竺际海，与扶南、林邑接；西天竺与罽宾、波斯接；中天竺为四天竺之会，都城为茶镈和罗城，最强，四天竺皆臣之。贞观二十二年王玄策奉使至其国，皆请遣使入贡。会中天竺王尸罗逸多死，国乱，其臣阿罗那顺自立，遂拒命，玄策发吐蕃诸国兵击破之。宋时谓之忻都，后讹为印度，仍分东、西、南、北、中五印度。而东印度亦曰榜葛剌国，北印度亦曰伐剌拏国，中印度亦曰诏纳朴儿国。明永乐六年榜葛剌国王霭牙思丁遣使朝贡。十二年又遣使入贡，寻遣使赍诏谕诏纳朴儿国王一不剌金，馀未尝通中国。

茶镈和罗城，旧为中天竺都城之名。唐贞观二十二年，王玄策击天竺，破其都城，即此。又怀德城，即唐南天竺也。开元中南天竺请名其国，赐名怀德军。

迦毗黎国，《志》云：天竺旁国也。宋元嘉五年其王月爱遣使入贡。又有苏摩黎国、斤陀利国、婆黎国，皆事佛道，与天竺风俗相近。

师子国，亦天竺旁国，居西南海中。宋元嘉五年其王刹利摩诃入贡。唐开元中复入贡。《南史》：师子国地和适，无冬夏之异，五谷随人种，不须时节云。○竺乾国，亦天竺旁国也，居西南海中。蒙古取其地。或曰，即乾笃之讹。又有牙济、班卜二国，元英宗至治初遣使从二国取佛经云。

五岭，在东印度国。山高林茂，民居聚焉。

乾陀卫江，在中印度国。唐贞观二十二年王玄策破天竺之茶镈和罗城，其馀众阻乾陀卫江，玄策复进击之，众溃。《水经注》：昆仑山西有大水出焉，曰新头河，西南流径乌苌国，又屈而东南流径中天竺国，亦曰恒河。又西径四大塔北，又西径陀卫国北。所谓乾陀卫江，疑即此。

铁门关。在东印度国。宋嘉定十五年蒙古铁木真侵西域，至忻都国铁门关，大掠而还是也。

○右印度

○西番朵甘卫都指挥使司，在河州卫西南。本西羌种，隋、唐之间始为土蕃，最称盛强。唐末复衰，种类分散，凡内属者谓之熟户，馀谓之生户。宋时入贡不绝，其首领唃厮罗始居鄯州，后徙青唐。神、哲、高宗朝皆授以官。元宪宗始于河州置吐蕃等处宣慰司都元帅府，又于四川徼外置碉门鱼通黎雅长河西宁远等处宣抚司。至元中复郡县其地，以番僧领之。明初洪武二年，遣使持诏招谕之，不从。来寇临洮，守将韦正御却之，乘冰渡河，捣其营，惧而请降，自是诸部相继来归。六年置乌思藏、朵甘二指挥使司及宣慰招讨等司万户府千户所。明年升乌思藏、朵甘为都指挥使司，置西安行都指挥使于河州，统二番司，复封番僧为阐化等王，俾导其众，以时朝贡。二十五年立茶马司于洮、河二州，听番人以马易茶。永乐元年番族来朝，五年，遣指挥刘昭等往西番设驿通使，正统、景泰间番族多来朝贡。天顺五年番寇凉州，边帅卫颖败却之。八年西宁番族把沙作乱，颖复讨破之。自天顺以后番僧数入贡，渐逾旧制。成化九年岷州番复入寇。又是时茶政不修，番族息玩，弘治末都御史杨一清请申明旧制，使番族各供差发。正德初番僧复肆。既而西海遗寇亦卜剌暴掠西番，久之乃归故巢，西番复定。嘉靖元年西番反。八年洮岷番贼数入巩昌，陇右骚动。兵部议：西番为患皆因

茶禁弛废。且闻番众为亦卜剌侵苦，因而役属之。番胡交通，益肆猖獗。何以善后乞以制驭方略，悉听督臣王琼。从之。琼征集大众招谕诸番，番各听抚，惟若笼、板尔及剌唧等族不服，乃分兵攻之，破若笼、板尔二族，荡其居，剌唧等族震慑，诸番复戢。十二年乌都勃鸽番为乱，四川抚臣杨守礼讨破之。自王琼定诸番，亦卜剌亦为北部所收复，西陲稍宁，隆庆中复修贡如制。既而北部俺答以迎佛为名，驻牧西海，蚕食西番，番人大困。万历以后西番复定。大抵在陕西境者为朵甘诸番，在四川境者为乌思藏诸番。今三十三种番裔，俱见四川乌思藏都指挥使司。

吐蕃，即今西番。《唐志》：其地直京师八千里。本西羌属，凡百馀种，散处河、湟、江、岷间。汉时谓之发羌，后汉永元十三年迷唐羌逾赐支河首依发羌以居是也。亦曰发羌唐旄，世居析支河西，其后为秃发樊尼所据。樊尼者，南凉秃发乌孤之子。初，乌孤卒，樊尼尚幼，弟傉檀嗣位，以樊尼为安西将军。元魏神瑞初傉檀为西秦乞伏炽磐所灭。樊尼集馀众归沮渠蒙逊，为临松郡丞。及蒙逊灭，樊尼率众西奔，济黄河，逾积石，居谕布川及逻婆川，于羌中建国，开地千里，改姓为宰勃野，以秃发为国号，语讹为吐蕃。其国都城号为逻些城。隋开皇中，有论赞索者，居宰柯西。唐贞观八年始通中国。龙朔二年灭吐谷浑，尽有其地。天宝以后，吐蕃尽取羊同、党项及诸羌地，东与凉、松、茂、巂等州相接，南至婆罗门，西陷龟兹、疏勒等四镇，北抵突厥，地方万馀里。广德初复陷陇右、河西诸州镇。建中三年凤翔陇右节度张镒与吐蕃盟于清水。其文曰：今国家所守界，泾州西至弹筝峡西口，陇州西至清水县，凤州西至同谷县，暨剑南西山、大渡河东为汉界。蕃国守备在兰、渭、原、会，西至临洮，又东至成州，抵剑南西界麽些诸蛮、大渡水西南为蕃界，盖自汉魏以来，西戎之盛未尝有也。大中间吐蕃国乱。咸通中吐蕃益衰，其部族皆离散。宋青唐羌唃厮啰者，其苗裔也。沈括曰：唃厮，华言佛；啰，华言男。称佛男，犹中国称天子。唃厮啰据宗哥邈川，有汉陇西、南安二郡地，东西二千馀里。天圣中徙居青唐，会赵元昊叛，以兵遮唃厮啰，遂与中国绝。寻复内附。死，少子董毡嗣，其国遂乖贰。熙宁五年王厚攻吐蕃，尽得河南熙、河、洮、岷、叠、宕六州之地。自是叛服不一，然种类愈微，其雄杰者为西番酋长云。

吐谷浑，在陕西塞外。古析支之地，鲜卑种也。晋永嘉中慕容廆庶兄吐谷浑始度陇而西，居洮水之西，极于白兰，地方数千里，称河南王。其孙叶延，以为礼，公孙之子得以王父字为氏，乃自号其国曰吐谷浑，保于白兰。太和六年叶延子辟奚附于苻坚，苻秦封为漒川侯。太元十五年碎奚子视连附于乞伏乾归，乾归拜为沙州牧、白兰王。旋卒，子视罴嗣立。乾归以父爵授之，不受。隆安二年，为乾归所败，走保白兰。是年卒。弟乌纥堤立。寻卒，视罴之子树洛干立。义熙十二年为西秦将木奕干所败，走保白兰山。卒，弟阿柴嗣立，以兵力侵并其旁小种，地方数千里，遂为强国。宋元嘉初卒，乌纥堤之子慕璝贵立。元嘉六年西秦王暮末徙南安，其金城、枹罕、陇西之地皆为慕璝贵所据。十三年，卒，弟慕利延立。三十一年慕利延兄阿柴之子纬世谋降魏，慕利延杀之。纬世弟叱力延奔魏，请兵攻吐谷浑。魏主焘使拓跋伏罗督诸军讨之，慕利延奔白兰。二十二年复遣拓跋那击之，慕利延拥其部落西度流沙入于阗，杀其王，据其地。明年复还保白兰。二十九年卒，树洛干之子拾寅立，始居伏罗川。齐建元三年卒，子度易侯立，请命于齐。齐主授以西秦、河二州刺史，河南王。永明八年卒子伏连筹立，仍授秦、河二州刺史。十年魏以伏连筹为都督西垂诸军事，西海公、吐谷浑王。梁天监三年魏又以伏连筹为西秦、河二州刺史、河南王。中大通二年梁以吐谷浑佛辅为西秦、河二州刺史，时魏乱，佛辅以别部南附梁也。大同六年伏连筹卒，子夸吕立，始称可汗，居伏俟城。其地东西三千里，南北千馀里。隋开皇初，寇凉州。遣将元谐等击败之于丰利山，又败其太子可博汗于青海，吐谷浑震骇，夸吕远遁，部落多降于隋。隋以其高宁王移兹哀为河南王，使统降众。十一年夸吕卒，其子世伏立。十七年国乱，国人杀世伏立弟伏允，朝贡于隋。大业四年伏允为铁勒所破。请降，求救于隋。隋遣宇文述将兵迎之。伏允惧而西走,述追获其众。伏允南奔西山,其故地尽为隋有。明年亲将兵伐吐谷浑,虏获其众,伏允败走,无以自资,客于党项。会隋乱,伏允乃还收故地。贞观中,屡犯鄯、兰、廓诸州。八年遣李靖等分道讨之。伏允走死,尽平其地,改立伏允子顺为可汗。寻为国人所杀,改立其子诺曷钵。自是吐谷浑益衰,龙朔三年为吐蕃所灭。

西羌,旧在陕西、四川塞外。《四夷传》:西羌本自三苗,舜徙之三危,今河关西南羌地是也。滨于赐支,至于河首,绵地千里。赐支,析支也。夏、商、周之际或从侯伯征伐有功,天子爵之以为蕃服。羌爱剑者,秦厉公时为秦所执,以为奴隶。羌人谓奴为无弋,故号为无弋爱剑。后得亡归,将其种人南出赐支河曲西数千里。其后子孙各自为种,或为牦牛种,越巂羌是也;或为白马种,广汉羌是也;或为参狼种,武都羌是也。至爱剑曾孙忍及弟舞独留湟中,忍生子研,故羌中号其后为研种。汉景帝时研种留何求守陇西塞,于是徙留何等于狄道,安故。及武帝西逐诸羌,乃渡河、湟筑令居塞,始置护羌校尉。从爱剑种五世至研,研最豪健。十三世至烧当复豪。其子孙更以烧当为种号。滇良者,烧当之玄孙。时王莽篡位,四夷内侵,及莽败,众羌还据西海。光武之世,以牛邯为护羌校尉。自烧当至滇良,世居河北大允谷,种小人贫。而先零、卑湳皆强富,数侵犯之。滇良父子积怒,从大榆中入,掩击先零、卑湳,大破之,掠财畜,居大榆中,由是始强。滇良死,子滇吾立,部落转盛,常雄诸羌。晋时内附,以其地属浚山郡。宋、齐亦得之。后为西魏所有。《魏书》:白水羌像舒治者,常为羌豪,自称邓至王。其子舒彭遣子内附,为小藩。关中乱乃绝。西魏末,平邓至番,有其地。后周保定五年置龙涸防。今四川松潘卫是其地也。

党项,旧在陕西之南塞外。古析支之地。汉西羌别种也。《隋书》云:古三苗之后,其种有宕昌、白狼。东接临洮、西平,西拒叶护,南杂春桑、迷桑等羌,北连吐谷浑,周回数千里。自魏、晋以后,西羌微弱。周灭宕昌、邓至之后，党项始强。其种散处山谷间，每姓别为部落，一姓之中复分为小部落。大者万馀，小者数千骑，不相统一。有细封氏、费听氏、往利氏、颇超氏、野辞氏、房当氏、米禽氏、拓跋氏最为强大。唐贞观三年党项酋长细封步赖来降，以其地为轨州，各以其酋长为刺史。党项之地亘三千里，步赖一部既为唐所礼，馀部相继来降，以其地为崌、奉、岩、远四州。五年太仆寺丞李世南开党项河曲地为十六州，四十七县，内附者三十万口。有羌曰拓跋赤词者附于吐谷浑王伏允，后亦归款，列其地为懿、嵯、麟、可等三十二州，属松州都督，赐拓跋赤词姓李氏。自是从河首积石以东，并为中国之境。后吐蕃强盛，拓跋氏渐为所逼，遂请内徙，移部落于庆州，谓之东山部，此即夏州拓跋之始矣。其别部移银、夏以北居川泽者谓之平夏党项，在安、盐以西居山谷者谓之南山党项，不去者皆服属于吐蕃。又有黑党项，在赤水之西。李靖击吐谷浑，伏允奔于黑党项。及吐谷浑内附，其首领号熟善王者亦入贡焉。又雪山党项姓破丑氏，居雪山之下，贞观初亦尝朝贡。又春桑、白兰等羌，龙朔以后与白狗羌俱服属于吐蕃。雪山，今见四川成都府威州。又有白狗岭，皆党项旧地也。

乙弗勿敌国，旧在吐谷浑北。《北史》：乙弗世为吐谷浑渠帅，居青海，号青海王，种有万落，风俗与吐谷浑同。胡氏云：乙弗亦鲜卑族，居西海北，其西有契翰一部，风俗亦同。晋义熙十年吐契翰、乙弗等部皆叛南凉。南凉王傉檀击乙弗，大破之。吐契翰即契翰矣。○泥婆罗国，旧在吐蕃西境乐陵川，臣于吐蕃，亦曰泥婆国。唐贞观二十二年王玄策击天竺，泥婆国遣兵赴玄策是也。

大羊同国，西戎国也。《唐会要》：大羊同国东接吐蕃，西接小羊同，北直于阗，东西千里，仪凤末属于吐蕃。又甘棠国，在西海之南。《唐志》云：昆仑地也。贞观十年遣使入贡。○萨斯迦，蒙古时西番部落也。又有撒思部，亦西番别种。元至正七年放其太师马札儿台于撒思之地，即此。

昆仑山，在西番朵甘卫东北。黄河经其南。《广雅》：昆仑墟有三山：阆风、板桐、玄圃。《楚辞》：昆仑县圃，其尻安在？增城九重，其高几里？《淮南子》：县圃、凉风、樊桐在昆仑阊阖之中，山上有层城九重。《水经注》：昆仑之山三级：下曰樊桐，一名板松；二曰玄圃，一名阆风；三曰增城，一名帝庭，高万一千里。《唐志》：龙泉谷西三百里曰紫山，直大羊同国，东距长安万五千里，河源出其间，即世所谓昆仑者，番谓之闷摩黎山，释氏谓之阿耨达山。《元志》：朵甘思东北有大雪山，番名亦耳麻不剌，即昆仑也。高峻非常，山麓绵亘五百馀里。山腹至顶皆雪，冬夏不消，黄河随山足而东流云。明洪武八年西番川藏族杀我使巩哥琐南等。命邓愈为征西将军，沐英副之，讨川藏，师分三道，进覆其巢，穷追至昆仑山而还。

白兰山，在吐谷浑西南。慕容廆庶兄吐谷浑国于洮水之西，南极白兰，其后每被侵伐，辄保白兰以自固。又西南即白罗川，刘宋元嘉二十九年吐谷浑王拾寅始居伏罗川，盖未离白兰之险也。《志》云：白兰山在羌中，其地险远，唐时丁零羌居之，左属党项，右接多弥。杜佑曰：白兰，羌之别种，东北接吐谷浑，西北至叱利模徒，南界那鄂。风俗物产与宕昌同。

黄河，在朵甘卫西鄙。河源出于此。朱思本曰：河源从地涌出，如井百馀。东北流百馀里，汇为大泽，即星宿海也。又东北流二三千里，乃经昆仑山云。今详见川渎异同。

也里术河，在昆仑西南。朱思本曰：吐蕃西南大山峻岭，绵亘千里，忽兰河出焉，流五百馀里，注也里术河。也里术河亦出自南山，西北流五百馀里。又西有亦里出河，俱北流，与赤宾河合。赤宾河，即黄河上源也。

哈剌河，在昆仑东北。出西番白狗岭，岭近四川威州界，其水西北流，凡五百馀里入黄河。一名细黄河。哈剌河之西又有亦思八思今河，源出四川茂州境铁豹岭，北流五百馀里入于黄河。○鹏桫河，《志》云：出西番中鹏桫山，西流七百馀里入黄河。

乞里河，在昆仑东北千馀里。朱思本曰：哈剌河与黄河合，正北流二百馀里。过阿以伯站，有乞里、马出二水出岷山之北，经古当州境几千里，与黄河合。

可跋海。在西番境。周七十馀里。其水东南流至云南合西洱河者号漾备水，又东南出四川会川卫者为泸水。

〇右西番

四川方舆纪要序

　　四川非坐守之地也。以四川而争衡天下，上之足以王，次之足以霸；恃其险而坐守之，则必至于亡。昔者汉高尝用之矣。汉高王巴、蜀，都南郑，出陈仓，定三秦，战于荥阳、成皋之间，而天下遂归于汉。诸葛武侯亦用之矣。武侯之言曰：王业不偏安也。又曰：虽不讨贼，王业亦亡。唯坐而待亡，孰与伐之？是以六出祁山而不遑安也。往者纷纭之际，桀黠者窥巴、蜀之险，则从而窃据之。当其始也，气盛力强，智勇交奋，勃然有并吞四方之势，故足以创起一隅。其后处堂自足，意计衰歇，妄思闭境息民，乃叩关而至者已在户外矣。公孙述之有蜀也，完富实倍于群雄，其下荆邯说之曰：宜发国内精兵，令田戎据江陵，临江南之会，倚巫山之固，筑垒坚守，传檄吴、楚，长沙以南，望风而靡；令延岑上汉中定三辅，天水、陇西，拱手自服。假令述能出此，则汉高之业可复见矣，而述不为。呜呼！如邯者可谓明于用蜀者也，子阳井底蛙耳，安知天下大计？荆邯之言不用，而岑彭、吴汉之师直指成都矣。此非坐守之前鉴哉。是故从来有取天下之略者，莫不切切于用蜀。秦欲兼诸侯则先并蜀，并蜀而秦益强，富厚轻诸侯。晋欲灭吴则先举蜀，举蜀而王濬楼船自益州下矣。桓温、刘裕有问中原之志，则先从事于蜀。苻坚有图晋之心，亦兼梁、益矣。宇文泰先取蜀，遂灭梁。隋人席巴蜀之资，为平陈之本，杨素以黄龙平乘出于永安，而沿江镇戍望风奔溃。唐平萧铣，军下信州。后唐庄宗灭梁之后，则先吞蜀，未可谓非削平南服之雄心也。宋先灭蜀，然后并江南，收交、广。南渡以后，赵鼎谓欲图关中，当自蜀始。张浚虑金人据陕窥蜀，而东南不可保也，于是守蜀之谋甚备。终宋之世，恒视蜀之安危为盛衰。刘整之叛降于蒙古也，献计曰，欲取江南宜先取蜀，取蜀而江南可平。盖蜀者，秦、陇之肘腋也，吴、楚之喉吭也，是诚攻取之先资也。自张华以蜀为穷险极峻坐守之国，祖其说者谓巴、蜀自守则有馀，用以攻人则必至于败。呜呼，是岂知蜀者哉？谯周以姜维数战而咎之者，是未足以服姜维也。孔明有汉高之略，而无汉高之时；姜维有孔明之志，而无孔明之才。姜维用蜀而不能善用之者也，谓其不知战可也，谓其不当战则非也。维以残弊之蜀，屡与魏人交逐于秦川，而魏人无如何也。及外有洮阳之败，内畏黄皓之谗，解甲释兵，屯田沓中，而敌师已压其境，此亦足以明坐守之非策矣。且夫李势恣睢于少城则亡，谯纵局蹐于内水则亡，王衍衍于国中则亡，孟昶逸游于境内则又亡，岂皆以数战之故哉？然则蜀之为蜀可知矣。席势乘便，奋发有为，此王者之资也。四方多故，砺兵秣马，踦角于群雄间，此霸者之规也。否则苟延岁月而已。未有强邻压境、大敌在前，而保其险塞，可幸无虞者也。是故出栈道以攻之而亡蜀者有之矣，出江道以攻之而亡蜀者有之矣，出一道以攻之而亡蜀者有之矣，出两道以攻之而亡蜀者有之矣。司马错之于蜀侯，钟会、邓艾之于后主，尉迟迥之于萧纪，郭崇韬之于王衍，王全斌之于孟昶，此以栈道亡蜀者也。岑彭、吴汉之于公孙述，桓温之于李势，朱龄石之于谯纵，汤和之于明升，此以江道亡蜀者也。桓温卒止万人而疾战于青衣之间，龄石军分三水而捷出于彭模之上，苻坚使杨安偕诸将叩剑阁而下涪城，尉迟迥统偏师越二剑而逾涪水，郭从韬督诸军渡桔柏而入鹿头，此以一道亡蜀者也。来歙以锐师临陇道，而岑彭以水军指江关；钟会以重兵攻剑阁，而邓艾以奇兵下阴平；王全斌以步骑趋剑阁，而刘光进以舟师上夔峡；汤和将水军击瞿塘，而傅友德以间道越白水；此以分道亡蜀者也。且不惟缒兵阴平为千古之创事也，王弘贽出白卫岭而倒攻剑阁矣，康延泽从青缰店则夹击剑门矣，是剑门不为固矣。汤和伐木而出白盐山，廖永忠舁舟而上黑叶渡，则瞿塘亦不能守矣。然则有不攻则已，攻则蜀未有不亡者也。其或有不亡者，刘敬宣之阻黄虎，以白帝之缄未发也；王足之释涪城，以邢峦之言不用也；王弘贽之弃剑州，以石敬瑭之师不继也。然而破军杀将、举国震恐，幸而不亡，以攻者不力耳。夫攻者不力而守者得全，岂必蜀之险而后能之哉？夫蜀之所以易亡者何也？譬之御盗者御盗于垣墙之内垣墙一坏，而举家之人心胆堕地，何能复与敌战哉？然则守剑阁者不以剑阁，守瞿塘者不以瞿唐可知也。夫剑阁、瞿唐三尺童子皆知其为险也，知其为险则攻者必有之死而生之志，守者必有以逸待劳之情，用心一分，而成败判焉。此魏武侯中流而喜、吴起所为瞿然者也。然则欲蜀之不亡必以战乎？曰：余非谓恃战以存蜀也。弃守以为战者不可谓善战者也。故曰以战为守，守必固，以守为战，战必强，战守不相离也，如形影然。姜维不知守，所以不知战也。使维识阃外得专之义，分遣一军先绝阴平以防未然，遵武侯之成法固守诸围，拒敌于险，而亲率一军出骆谷与敌相持于横门、沈岭之交，虽百会、艾亦何能为哉？后之事战而不事守者，萧纪是也。纪悉甲以争江陵，而空国以待魏师之入，地亡于西，身死于东，是战而失其所以战者也。夫战而失其所以战者，亦未或不亡也。或曰蜀不可守，三代之时蜀何以传国至数百年乎？曰：是时势之异也。三代之时，世敦人朴，为帝王者未有穷兵邀利之心也。苟其不侵不畔，斯置之矣。自秦灭蜀而富强益著，后之兼天下者，其能一日忘蜀哉？光武之并蜀也，独在削平僭伪之后，盖虑其地险力强，尽拔其党，使之孤立，而后图之。以天下之大仅存一蜀，蜀其不能逃于釜中矣。明初平蜀，亦在扫清中原之后，盖知其以一女子奉一弱主，仅保险阻之不暇，不能为我上流患也，故迟之也。此又时势之变，事同而情异者也。有运筹天下之志者，不能取镜于汉高之伟略武侯之成算，而曰蜀不足以攻人也，是岂智出古人上哉？吾见其不知量也。夫恃其险而坐守之以至于亡，又岂惟蜀为然哉？

读史方舆纪要卷六十六

四川一 封域 山川险要

《禹贡》华阳黑水惟梁州。应劭曰：梁州者，言西方金刚，其气强梁也。夏、殷之间梁州为蛮夷国，所谓巴、宾、彭、濮之人也。史记：昌意娶蜀山氏女，生帝高阳。后封其支庶于蜀，历夏、商至周衰称王，长曰蚕丛，次曰柏灌，次曰鱼凫。《周·职方》无梁州，盖并入于雍州。周末秦惠王使司马错伐蜀，有其地。于天文与秦同分野，亦兼参之宿。秦并天下，此为巴、蜀二郡。汉武置十三州，此为益州。《风俗通》：益之为言隘也，言其地隘险，亦曰疆壤益大，自汉灭越而蜀西南夷皆震恐，请吏入朝。今土境皆自汉以后历代开拓氐羌戎夷之地也。王莽末公孙述据有其地，莽改益州为庸部。后汉建武十二年平之，仍置益州治雒，今汉州也。中平五年，刘焉为牧益州，徙治绵竹，继又徙治于成都。汉末，先主有其地，炎兴初为魏所并，亦曰益州。晋因之，惠帝以后李特据此。永和三年收复。宁康初没于苻坚，太元中坚败，复取其地。义熙初为谯纵所据，九年讨平之。自宋以后多因前代。萧梁末属于西魏。隋氏因之。唐贞观中置剑南道治益州。及山南道，治荆州，而境内之保宁、顺庆、重庆、夔州等府，唐初皆属山南道。今详州域形势，下仿此。开元中又分属剑南及山南西、治汉中，今保宁东境及顺庆、重庆之地属焉。山南东治襄阳，今夔州之境属焉。等道。唐末王建据此，后唐同光三年平之。旋为孟知祥所据。宋乾德三年平蜀，置西川治益州、峡西路治兴元，今保宁、顺庆、重庆、夔州、龙安等府，时悉为峡西路。咸平四年。又分西川为东西两路，东路治梓州，西路治成都。峡西为利、夔两路。利州路仍治兴元，夔州路治夔州。亦曰益、梓、利、夔四路。元置四川等处行中书省。治成都。元末明玉珍据此，前朝洪武四年平之。九年置四川等处承宣布政使司。领府九、直隶州六、属州十五、属县一百十二、长官司九，卫所长官司不与焉。总为里一千二百五十有奇，夏秋二税大约一百二万八千五百五十石有奇。而卫所诸司参列其中。今仍为四川布政使司。

○成都府，属州六，县二十五。

成都县，附郭。　华阳县，附郭，今省。　双流县，今省　郫县，　温江县，　新繁县，　新都县，　彭县，今省。　崇宁县，今省。　灌县，　金堂县，　仁寿县，　井研县，　资县，　内江县，　安县。

简州，属县一。

资阳县。

崇庆州，属县一。

新津县。

汉州，属县三。

什邡县，　绵竹县，　德阳县。

绵州，属县二。

罗江县， 彰明县。

茂州，属县一。

汶川县。静州等长官司附见。

威州，属县一。

保县。

○保宁府，属州二，县八。

阆中县，附郭。 苍溪县， 南部县， 广元县， 昭化县。

剑州，属县一。

梓潼县。

巴州，属县二。

通江县， 南江县。

○顺庆府，属州二，县八。

南充县，附郭。 西充县。

蓬州，属县二。

营山县， 仪陇县。

广安州，属县四。

岳池县，今省。 渠县， 邻水县， 大竹县。

○夔州府，属州一，县十二。

奉节县，附郭。 巫山县， 大昌县，今省。 大宁县，今省。 云阳县， 万县， 开县， 梁山县， 新宁县，今省。建始县。

达州，属县二。

东乡县， 太平县。

○重庆府，属州三，县十七。

巴县，附郭。 江津县， 璧山县，今省。 永川县，
荣昌县， 大足县，今省。 安居县，今省。 綦江县， 南川
县， 长寿县， 黔江县。

合州，属县二。

铜梁县， 定远县。

忠州，属县二。

酆都县， 垫江县。

涪州，属县二。

武隆县，今省。 彭水县。

○遵义府，属州一，县四。

遵义县，附郭。 桐梓县。

真安州，属县二。

绥阳县， 仁怀县。

○叙州府，属县十。

宜宾县，附郭。 南溪县， 庆符县， 富顺县， 长宁
县， 高县， 筠连县， 珙县， 兴文县， 隆昌县，建武
千户所附见。

○直隶潼川州，属县七。

射洪县， 中江县， 盐亭县， 遂宁县， 蓬溪县，
安岳县，今省。 乐至县。

○直隶眉州，属县三，

彭山县，今省。　丹棱县，　青神县。今省。

○直隶邛州，属县二。

大邑县，　蒲江县。

○直隶嘉定州，属县六。

峨眉县，　夹江县，　洪雅县，　犍为县，　荣县，
威远县。今省。

○直隶泸州，属县三。

纳溪县，　江安县，　合江县。泸州卫附见。

○直隶雅州，属县三。

名山县，　荣经县，　芦山县。

○龙安府，属县三。

平武县，附郭。　江油县，　石泉县。青川千户所附见。

○马湖府，属县一。　长官司三。

屏山县，附郭。　平夷，　蛮夷，　沐川。凡不称县者，即长
官司。下仿此。

○镇雄军民府，属长官司四。

怀德，　威信，　归化，　安静。

○乌蒙军民府。

○乌撒军民府。

○东川军民府。

○永宁宣抚司，属长官司二。

九姓，　太平，　黎州千户所。

○天全六番招讨司。

○松潘卫。所属小河所及长官、安抚诸司俱附见。

叠溪所。所属长官司附见。

○酉阳宣抚司。

石耶， 平茶， 邑梅。

○石砫宣抚司。

○四川行都指挥使司。属卫六，所八，长官司五。

建昌卫，附郭。又有建昌前卫，亦在郭内。

礼州后所， 礼州中所， 打冲河中前所， 德昌所，
昌州威龙， 普济。

宁番卫，

冕山桥所。

越巂卫，

邛部， 镇西。

盐井卫，

打冲河中左所， 马剌。

会川卫。

迷易。

东据夔门，

夔门，即夔州府。其东有瞿唐、巫峡之险，与荆楚接界。

西连番族，

威、茂、黎、雅诸州以西，皆番族也。

南阻蛮部,

永宁、镇雄、乌撒、东川,皆为蛮部。又南即云南境内诸蛮矣。

北控褒斜。

褒斜在陕西汉中府。《史记》:巴、蜀四塞,栈道千里,唯褒斜绾毂其口。又蔡泽谓范雎:君相秦,栈道千里,通于蜀、汉。《通释》:褒斜道一名石牛道。今由汉中府凤县连云栈西南过金牛峡,亦曰石牛道,至川口凡九百馀里。

其大山则有峨眉,

峨眉山在嘉定州峨眉县西百里,眉州南二百里,张华以为牙门山也。亦曰峨眉山,以其两山相对如蛾眉然。自岷山而来,连冈叠嶂,延袤三百余里,至此空起三峰,一为大峨山,一为中峨山,一为小峨山。大峨山岩洞重复,㟽谷幽阻,周围千里,莫测远近。登山者自麓而上,及山之半,又历八十四盘,山径如线者六十里,而后至于峰顶。山中有石㟽百十二,大洞十二,小洞二十八。若伏羲、女娲、鬼谷诸洞,其最著者也。又有雷洞七十三,时出云雨,俗以为雷神所居。中峨山在峨眉县南二十里,一名覆蓬山,一名绥山。小峨山在峨眉县南三十里,一名铧刃山。三山相连,名曰三峨。左思所云抗峨眉之重阻是也。《唐十道志》:剑南道名山曰峨眉。陆深云:山周回千里,高八十里。

岷山,

岷山在成都府茂州西北五百里,地名列鹅村。一名铁豹岭,一名沃焦山。其附曰羊膊,江水所出。《禹贡》:岷山之阳,至于衡山。衡山，见湖广名山。又曰：岷山导江。荀卿曰：江出于岷山，其源可以滥觞。太史公西瞻蜀之岷山。又《封禅书》：自华以西名山曰渎山。渎山者汶山也。汶与岷通。《汉书》作崏山，亦作峧峧文山，《河图括地象》：岷山之精，上为井络。古蜀谣云，汶阜之山，江出其腹。杨雄《反离骚》：自岷山投诸江流，以吊屈原。是也。汉元延三年岷山崩，壅江水，三日不流，今其山直上六十里，岭最高者，遇大雪开泮俯见成都。郭璞《岷山赞》曰，岷山之精，上络东井，始出一勺，终至森溟。王羲之曰，岷山夏含霜雪，殆昆仑之伯仲也。《水经注》：岷山即渎山，水曰渎水，又谓之汶阜，即陇山之南首也，故称陇、蜀。《唐十道志》：剑南道名山曰岷山。杜光庭曰：岷山连峰接岫，千里不绝，灌县青城山乃其第一峰。刘昫曰：岷山连岭而西，不知纪极，北望陇山，积雪如玉，南望成都若在井底。陆游曰：尝登岷山，欲穷江源而不可得，盖自蜀境之西，大山广谷，谿岈起复，西南走蛮箐中，皆岷山也，则江所从来远矣。薛氏曰：蜀西之山，皆岷山也。今自岷、洮、松、叠以南，其大山峻岭班班可考者，皆岷山之随地易名者耳。

青城，

青城山在成都府灌县西南五十里。《名山记》：山当益州之西南，蜀郡今崇庆州。之西北，是也。一名青城都，山形如城，北接岷岭，南连峨眉。《唐六典》为剑南道名山之一《道书》以为第五洞天。一名丈人山，晋王弼云：山为五岳之长，因名。《郡志》以丈人、青城分为二山，误，一名赤城山。杜光庭《记》：山高三千六百丈，周匝一百五十里，蜀山之望也，山有七十二小洞，应七十二候；八大洞，应八节。晋元康以后蜀乱，处士范长生率众数千家保青城山。太安中李流围成都，屯郫城，士众饥乏，长生自青城山资给之，军复振。其案山曰成都山，前临麻姑洞，深不可测，与诸洞相连。县西南七十里为高台山，上有天池，晋时所立上清宫在焉。又西南十里曰天仓山，连崖隐轸，凡三十六峰，前十八峰为阳，后十八峰为阴，相传为神仙帑库。又有天国山，亦作天谷。在县西南九十里。祝穆曰：青城山左连大面，右接鹤鸣，鹤鸣山，见崇庆州，亦蜀之名山也。前临狮子，后枕大隋。大隋山见彭县。又有圣母山，一名慈母山，高二千余丈，周三十馀里，高下与青城相接。《志》云：山亦在灌县西南五十里。又西南为便傍山，在灌县西南百三十里。当吐蕃之界，溪谷深邃，夏积冰雪，天所以限中外也。大面山在三谿之北，青城山前号青城，后曰大面，实一山耳。溪水黑，亦名黑水谿。丈人观在青城山北二十里，后唐同光三年蜀王衍游青城山，历丈人观上清宫是也。丈人观西北又有鬼城山。诸山前后络绎，不一其名，要皆青城山之支峰矣。

剑门，

剑门山，亦曰大剑山，在保宁府剑州北二十五里，一名梁山《山海经》：高梁之山，西接岷、嶓，东引荆、衡。嶓，嶓峡山也，见眉州彭山县。郭璞以嶓峡为二山。又《寻江源记》：梁山首跨剑门，尾入江。其东北三十里为小剑山，两山相连。《水经注》：小剑戍西去大剑山三十里，连山绝险，飞阁通衢，谓之剑阁。《华阳国志》：武侯相蜀，凿石架空，始为飞阁以通行道是也。《舆地广记》：孔明以大剑至小剑当临束之路，乃立剑门县。以阁道三十里尤险，复置尉守之。又云：

小剑山有小石门，穿山通道，长六丈馀，即俗所称石牛道，亦名金牛道，秦
司马错由此以伐蜀，汉永平中司隶杨厥凿而广之。今关口。乱石错立，乃其
故址。按《水经注》《十三州志》《汉中志》皆云石门在汉中，《广记》似误。
三国汉末，魏钟会入汉中，下关城，此谓汉中之阳平关城。今见陕西
宁羌州。姜维退屯剑阁以拒会，列营守险，会不能克。今大剑山
犹有姜维故垒。晋元康八年李特帅关中流民就食巴、蜀过剑
阁，太息曰：刘禅有如此地，面缚于人，岂非庸才耶？升平三年
梁州刺史司马勋叛，率兵入剑阁攻涪，今绵州，进围益州。桓温
遣朱序等讨平之。宁康初秦苻坚使毛当等出剑门，别将徐成攻
剑阁克之。王氏曰：自苻坚使杨安寇蜀，其将徐成陷二剑，于是始有二剑
之称。齐建元二年，晋寿民李乌奴引氐寇梁州，豫章王嶷遣中
兵参军王图南将益州兵从剑阁掩击之，梁、南秦二州刺史崔慧
景发梁州兵屯白马，即阳平关。与图南覆背击乌奴，乌奴败保武
兴。武兴，见陕西略阳县。梁天监四年魏邢峦取汉中诸城戍，遣统
军王足入剑阁，围涪城。峦表言：蜀之所恃，惟在剑阁。今既克
重阻，瞻望涪、益旦夕可图。剑阁天险，得而弃之，良可惜矣。
请遂乘胜取蜀，不听。十三年魏复谋取蜀，分遣其将甄琛出剑
阁。十五年巴西、梓潼二郡太守张齐与魏争葭萌败还，小剑、
大剑诸戍皆弃城走。普通六年益州刺史萧渊猷遣其将樊文炽
等围魏益州长史和安于小剑，魏将淳于诞引兵救小剑，文炽败
遁。大同初剑阁复入于梁。大宝初氐酋杨法琛入利州，今广元
县。据州附魏。益州刺史武陵王纪遣杨乾运等讨之，法琛发兵
据剑阁，乾运攻拔之，法琛遁走。承圣二年纪东侵荆州，西魏

将尉迟迥乘虚南寇潼川，今绵州，刺史杨乾运等密以剑阁送款于魏，迥入剑阁，蜀遂瓦解。后周大象初益州总管王谦举兵应相州，时相州总管尉迟迥举兵讨杨坚也。杨坚使梁睿讨之，自剑阁进逼成都，谦败死。唐置剑门关及大剑、小剑二戍。元和初刘辟作乱，山南西道严砺遣将先夺剑门，入剑州，而辟以丧败。盖剑门足以制两川之命也。咸通、乾符中南诏犯成都，师出剑门而敌引却。乾宁四年王建攻东川，岐帅李茂贞遣将李继昭救之，留偏将守剑门以防归路，西川将王宗播击擒之。后唐同光四年灭蜀师还，至利州，李绍琛自剑州拥军而西，称西川节度，李继岌遣任圜追击之。圜先遣别将下剑门关守之，遂进败绍琛于汉州。长兴初董璋、孟知祥谋据两川，璋遣兵筑七寨于剑门，又于剑门北置永定关，布列烽火。时唐主亦议发兵讨璋，知祥闻之疑惧，谋于其属赵季良，季良请以东川兵先取遂、阆，时唐主增兵，置帅于阆、遂二镇，与利州为三镇，然后并兵守剑门，则大军虽来，吾无内顾之忧矣。既而璋克阆州，引兵趣利州，遇雨粮尽还阆州。知祥惊曰：比破阆州，正欲径取利州，其帅不武，必望风自遁，我获其仓廪，据漫天之险，漫天岭，见广元县，北军终不得西救武信，时两川合军攻遂州也。今僻处阆州，远弃剑阁，非计也。欲遣兵助守剑门，璋固辞乃止。既而唐军来伐，石敬瑭入散关，见陕西重险，前锋王弘贽等引兵出入头山后，今见昭花县，过剑门南，还袭剑门，克之。进破剑州，而大军不继，乃还保剑门。知祥闻之大惧，急遣兵赴剑州屯守，唐兵来攻败还。周显德二年遣军伐蜀，取秦、阶诸州，蜀人惧，聚兵粮于剑门、白帝, 为守御之备。宋乾德三年王全斌伐蜀, 发利州, 至益光, 即益昌, 今昭化县, 得降卒牟进, 言: 益光江东越大山数重, 有狭径名来苏, 蜀人于江西置栅守之, 对岸有渡, 路出剑门南二十里至青缰店与官道合, 由此进兵, 则剑门之险不足恃也。康延泽曰: 蜀人并力守剑门, 若令诸师协力攻取, 而命别将取来苏达青缰, 北击剑阁, 与大兵夹攻, 破之必矣。全斌从之, 剑门遂下。盖剑门控扼险阻, 不容恃力以取也。晋张载《剑阁铭》曰: 岩岩梁山, 积石峨峨。远属荆、衡, 近缀岷、嶓。南通邛、僰, 北达褒斜。狭过彭、碣, 高逾嵩、华。惟蜀之门, 作固作镇。是曰剑阁, 壁立千仞。穷地之险, 极路之峻。唐李德裕《铭》曰: 群山西来, 波积云屯, 地险所会, 斯为蜀门。层岑峻壁, 森若戈戟, 万壑奔东, 双飞高阙。翠岭中横, 黯然黛色, 树若雄屏, 以卫王国。德裕自注云: 剑门当中有一岑, 峻岭横峙, 望若巨屏, 此一峰最奇, 而说者未之及也。王氏曰: 大剑山两崖相对, 剑门关在其上, 北去陕西栈道六百馀里, 西南去成都八百馀里, 自古推为天下之险。三国时邓芝曰: 蜀有重险之固, 吴有三江之阻。重险者, 谓外有褒斜、子午之险, 内有剑阁之隘也。三江, 见南直大川。左思《赋》云: 阻以剑阁。殷仲堪曰: 剑阁之隘, 蜀之关键。唐刘凤云: 梁山之险, 蜀恃为外户。其山峭壁中断, 两崖相嵌, 如门之辟, 如剑之植, 故名剑门。《益州图经》云: 小剑山截野横天, 奔峰倒地, 挟楚包汉, 呀秦拥蜀。大剑虽号天险, 有扼塞可守, 崇墉之间, 径路颇坦。小剑则凿石架梁, 飞阁成道, 峥峭不容飞越, 李白所云一夫当关, 万夫莫开者也。虽然, 刘禅、萧纪之徒，其如地利何哉？

巫山。

巫山亦曰巫峡，在夔州府巫山县东三十里，为三峡之一，三峡，详湖广重险西陵。长一百六十里，所谓巴东三峡巫峡长也。《战国策》：苏秦说楚威王曰：西有黔中、巫郡。盖郡据巫山之险，因以山名。后汉初荆邯说公孙述，亦云倚巫山之固。山在楚、蜀间为巨障矣。《江行记》：自巫峡东至西陵峡，皆连山无断处，非亭午夜分，不见日月，风无南北，惟有上下。《水经注》谓杜宇所凿以通江者。《图经》：巫山抗峰岷、峨，偕岭衡岳，其群峰凝结翼附，并出青云，世传巫山十二峰，曰望霞、曰翠屏、曰朝云、曰松峦、曰集仙、曰聚鹤、曰净坛、曰上升、曰起云、曰飞凤，亦作栖凤、曰登龙、曰圣泉是也。下有神女庙。范成大《吴船录》云：下巫山峡三十五里至神女庙，庙前滩尤汹怒，十二峰俱在北岸，前后映带，不能足其数。十二峰各有名，俱不甚切。陆游《入蜀记》神女祠正对巫山，峰峦上入霄汉，山脚直插江中，说者谓太华、衡、庐皆无此奇。然十二峰不可悉见，所见八九峰苏辙《巫山赋》亦云：峰连蜀以十二，其九可见而三不知，惟神女峰最为鲜丽。巫峡之名，盖因山以名峡也。蜀人以其在蜀东境，亦谓之东峡云。

其大川则有岷江，

岷江出岷山北，旧《志》云：江源出羊膊岭，一云出木塔山。今详考二山，诸《志》俱未审也。或云松潘卫北大分水岭，即羊膊岭大抵皆岷山以北之支阜矣。经松潘卫西，又南经叠溪所西，复南流历茂州及威州西，折而东南至灌县，导流益多，包络于成都府境而南入眉州界，经州东，又南历嘉定州东，复东南流，历叙州府城北，又东北经泸州城东，又东北历重庆府南，又东经涪州北，复东北出经忠州城南，又东经夔州府城南，出巫峡而入湖广界。《志》云：岷江亦曰汶江，亦曰都江，亦曰外水。其在州郡城邑间者，往往随地立名，而都江、外水则岷江之通称也。岑彭之攻公孙述也，溯都江而上，拔武阳。见眉州彭山县。先主取益州，诸葛武侯自荆州来会，克巴东，今夔州府，至江州破巴郡，今重庆府。遣赵云从外水定江阳、犍为。今叙、泸以西。晋桓温伐李势，取道外水。义熙初毛璩自益州东讨桓振于江陵，使其弟瑾等将兵出外水。四年刘裕使刘敬宣讨谯纵，敬宣遣别将温雅出外水。八年复使朱龄石讨之，径从外水取成都是也。自夔州上下亦谓之峡江。《唐史》：中和二年贼帅韩秀昇等断峡江路，西川帅陈敬瑄遣兵讨之，不克。时车驾幸成都，断峡江则荆、蜀路绝，王命不复行于东南，于是江、淮贡赋及云安、淯井盐运皆不至，公私窘迫。三年高仁厚讨平之。《舆程记》：自江源至成都九百九十里，水不甚急。自泸州以东，长川巨浸悉委于岷江，而波流益以浩衍，百石大船，止于泸州。自泸以西江水渐狭也由瞿唐而下，谓之峡江。郭仲产云：峡江两岸，重岩叠嶂，蔽日隐天，至于夏水襄陵，沿溯阻绝。王命急宣，有时朝发白帝，暮到江陵。其间千二百里，虽乘奔御风，不能及也。馀详见川渎异同。

雒江，

雒江出成都府汉州什邡县西北六十里之章山，径州城北，为雁水又东南有湔水来会焉。湔水出大江，自灌县西湔堰分流，经崇宁、彭县、新繁、新都至汉州南而会于雒。雒水南入新都县界，有绵水来会焉。绵水出汉州绵竹县紫岩山，径德阳县东，又南至汉州东，又南至新都东北而合于雒水。三水合流亦谓之郫江。又南历金堂县东南之金堂峡而为金堂河。又东南历简州城东而为雁水，亦云牛鞞水。又东经资县治南而为珠江，亦曰资江。又东南经内江县西而为中江。又经重庆府荣昌县之西界及叙州府富顺县之东而曰中水，亦曰金川。又东南流经隆昌县南至泸州城东而合于大江。雒江之名，亦随境而更，而中水亦为雒江之通称矣。朱龄石之讨谯纵也，分遣臧熹从中水取广汉。沈约曰：资江为中水。今由泸州以北直抵汉州，固出奇之所矣。

涪江，

涪江出松潘卫北九十里之小分水岭，东南流过小河所北，又东南径龙安府东及江油县北，又东南经剑州西南入成都府境，经彰明县东，又历绵州城东南，亦谓之绵水。又历罗江县治东北，亦谓之罗江水。又东南入潼川州境，过州城东，历射洪县东及遂宁县城南，又东南入重庆府境，经铜梁县北，定远县西南，至合州城东南而与嘉陵江合。又东南至府城北而东入于岷江。《汉志》注：涪水过郡二，谓广汉、巴郡也，行千六十九里。后汉建武十一年岑彭讨公孙述，使臧宫从涪水上平曲。见合州定远县。宫破延岑之兵，进拔绵竹，破涪城，拔繁、郫，与吴汉会于成都。建安十六年先主入蜀，至巴郡，由垫江水诣涪。

垫江今之合州。盖从垫江溯涪水径上涪城也。十八年先主自葭萌进据涪城,益州从事郑度谓刘璋:莫若尽驱巴西、梓潼民内涪水以西,其仓廪野谷一皆烧除,高垒深沟,静以待之。璋不听。晋义熙初益州刺史毛璩将东讨桓振于江陵,分遣参军谯纵等出涪水,纵等至五城水口见潼川州中江县。遂作乱。四年,刘裕使刘敬宣讨之。敬宣既入峡,遣巴东太守温祚等出外水,自帅大军繇垫江转战而前,至黄虎,去成都五百里,谯纵悉众守险,敬宣不能克。九年,又遣朱龄石伐之,密敕龄石从外水取成都,而以别将从中水取广汉,以疑兵从内水向黄虎。谯纵果重兵守涪城以备内道,龄石出其不意,而纵败亡。沈约曰:涪江为内水。庾仲雍云:巴州江州县对二水口,右则涪内水,左则蜀外水,是涪江为内水也。由内水入涪城则已夺成都之险。故昔人重兵戍涪城,所以保涪之上游也。重兵戍垫江,所以保涪之下流也。涪江实中分益州之地,而可忽乎哉?

嘉陵江,

嘉陵江出陕西宝鸡县大散关东之嘉陵谷,西流经汉中府凤县北,又西入巩昌府徽州境,历两当县及州之南境,又西南入汉中府宁羌州界,经略阳县城南,又西南至州东而西汉水合焉。西汉水,详陕西大川汉水。又南入保宁府境,经广元县西,又西南历昭化县东北而白水流合焉。白水,详见陕西文县。过县界至剑州东境,又东南流经苍溪县南,历府城西,又东南经南部县东而入顺庆府界,过蓬州西经府治东,又南经岳池县西境入重庆府界,经定远县北境至合州城东北而渠江合焉。又经州城东南而涪江合焉。并流至府城北，又东南而入于岷江。亦曰汉水，以上流合西汉水也。亦曰阆水，以流注阆中也。亦曰巴水，以水流曲折也。亦曰渝水，以历渝州而名也。即今重庆府。盖嘉陵为巴中之大川矣。

巴江，

巴江源出陕西南郑县南境之大巴岭，入保宁府界，经南江县南及巴州东南而入顺庆府界，经蓬州仪陇县东，又经州东北而东南历营山县，至广安州渠县北，又东合于渠江。渠江出夔州府达州太平县东北之万顷池，经州南而入渠县界合于巴江。并流而南，经广安州东曰篆水，亦曰洄水。又南历邻水县西，至重庆府合州城东北而入于嘉陵江。又东南会于涪江，至府城北，又东而入于大江也。《通释》云：自蜀而言，大江之外，其水有七，曰绵水、曰雒水、曰湔水、曰涪水、曰嘉陵水、曰巴水、曰渠水。七水合于江，而江始大。今按绵水、湔水入雒，而巴渠合为一水，则大江之外为巨川者四而已矣。其出于徼外入中国而附于江者又不与焉近说以岷、泸、雒、巴为四大川，故有四川之名。于义未安。

泸水，

泸水出黎州所西徼外。其源曰若水《山海经》：黑水之间有木名若，若水出焉。《水经注》：若水南经云南之遂久县，又东流合绳水、孙水、淹水、泸水注于马湖。昔黄帝长子昌意降居斯水为诸侯，娶蜀山氏，生颛顼于若木之野，即此处也。《汉志》注：旄牛有鲜水，南入若水。若水亦出徼外，南至大筰入绳，下流曰泸水，一云西蕃境内有可跋海，周七十馀里，东南流出云南者为漾备水，出会川者为泸水。流经建昌行都司南，又南经会川卫西而入金沙江。其水深广多瘴疠，夏月尤甚，故诸葛武侯以五月渡泸为艰也。汉元光五年司马相如使西南夷，除边关，西至沫、若水，沫、若水即泸水也。後汉建武十九年益州蛮相率叛乱，遣武威将军刘尚发广汉、犍为、蜀郡人及朱提夷讨之，尚渡泸水入益州，大破栋蚕等羌。栋蚕，见云南姚安府境内。蜀汉建兴三年武侯讨南中蛮，渡泸水，《出师表》所云五月渡泸，身入不毛者也。晋大宁初成李骧等寇宁州，刺史王逊遣将姚岳败骧于堂琅，追至泸水，成兵争济，溺死者千馀人。唐贞元四年吐蕃寇西川，发云南兵数万屯泸北，西川帅韦皋以计却之，云南兵遂引去。太和中李德裕帅西川，亦经营于此以拒南诏。其金沙江亦出吐蕃界，经云南西北境今详云南大川。至会川卫界而合于泸水。又东北流经东川府曰纳夷江，亦曰黑水。又东北入乌蒙府亦名金沙江。又东北入马湖府境，至府南曰马湖江。又东入叙州府界，至府城东南而北注于岷江。《通释》曰：泸水，蜀西南境之大川也。

大渡河。

大渡河出雅州西北生羌界，一名沫水。《史记》：司马相如除边关，关益斥，西至沫、若水。此即沫水也。沫音妹。《水经》沫水出广柔徼外，东合青衣水入江。《通释》云：大度河一名羊山江，出铁豹岭。羊一作阳。铁豹岭即岷山之异名也。流经雅州芦山县北，又西南流经黎州所西，折而东南经建昌行都司越巂卫北境，东流入嘉定州界，历峨眉县南，至州城东南而入于大江。自昔设险于此以御蛮夷。萧齐永明二年大度獠恃险骄恣，益州刺史陈显达袭破之。唐长寿元年吐蕃酋长曷苏率部落请内附，遣张玄遇将兵迎之。军至大度水西，曷苏事泄，为国人所擒。大历末，吐蕃、南诏寇西川，李晟追破之于大渡河。贞元十七年韦皋使黎州经略使王有道将兵过大渡河，深入吐蕃界。太和三年南诏将嵯颠入寇，陷邛州径抵成都，陷外郭，节度使杜元颖保牙城拒之。寻大掠而去，自大渡水南还。明年，李德裕为帅，筑仗义城，以制大渡河、青溪关之阻。关见下。咸通二年南诏陷安南，复陷巂州以牵制西南，西川帅萧邺率属蛮鬼主邀败之于大渡河。十年南诏陷巂州，攻清溪关，官军退屯大渡河北。蛮乘船筏争渡，官军溃还，蛮遂陷雅、黎。十三年路岩帅西川，亦扼大渡河治故关。邛崃关也。乾符初复入寇，絙舟大渡河以济，黎州刺史黄景复俟其半济击之，蛮败遁，断其浮梁。蛮以中军旗帜当其前，而分兵潜出上下流各二十里，夜作浮梁，诘朝俱济，袭破诸城栅。景复还黎州，设伏以待，蛮至败却，追至大渡河南。会蛮归至之罗谷，在越巂卫南。遇国中发兵继至，遂复寇大渡河，与唐夹水而军。又自上下流潜济，与景复战连日，西川援军不至，蛮众日益，景复不能支，军溃。南诏乘胜陷黎州。乾符二年高骈为西川帅至成都时，南诏方入犯至新津而还，骈遣骑追至大渡河，杀获甚众，修复邛崃关、大渡河诸城栅。五代梁乾化四年南诏寇黎州，王建遣王宗范等追败之于大渡河，蛮走渡河，桥绝溺死者数万人。宗范将作浮桥济大渡河攻之，蜀主召还，自是蛮寇益少。宋乾德中以为边界，祝穆曰：大渡河，唐西川要害也。大渡之戍一不守,则黎、雅、邛、嘉、成都皆扰。宋初乾德三年王全斌平蜀,以图来上,议者欲因兵威服越巂,艺祖以玉斧画此河曰:外此吾不有也。于是为黎之极边。昔时河道平广,可通漕船,自玉斧画后河之中流忽陷下五六十丈,水至此澎湃如瀑,从空而落,舂撞号怒,波涛汹涌,船筏不通,名为喳口。殆天设险以限中外。父老云,旧有寨将欲载杉木板縣阳山入嘉定贸易,以数片试之,板至喳口为水所舂没。须臾,片片自沫水浮出。蛮人闻之益不敢窥伺。政和末大理通贡,有上书乞于大渡河外置城邑以便互市。诏问得失,知黎州宇文常言:太祖观地图画大渡河为境,历百五十年无恙。今若于河外建城邑开边隙,非中国之福也。议遂寝。宝祐初蒙古忽必烈侵大理,出大渡河至金沙江。元至顺初罗罗斯土官撒加伯以兵撤毁栈道,潜结西番,聚兵大渡河,进寇建昌以应云南诸王秃坚等,寻击平之。明初傅友德平西南夷设大渡河千户所,造舟以达建昌。曹震言:建昌驿道经大渡河多死瘴疠,请置驿于峨眉。盖大渡河之为险要也尚矣。

青衣水。

青衣水出雅州芦山县东九里之卢山《水经注》云:出于蒙山,由雅州西境东北流经名山县南,而入洪雅县界,县属嘉定州,历眉州之丹棱县,东南流历青神县东南而入嘉定州夹江县界,又东至州西而合于阳江,即大渡河也,又东而入于大江。《志》云:沫水亦出卢山,合于青衣,故青衣兼有沫水之称。而大渡河下流曰阳江,亦名沫水,则沫水又青衣、大渡之通称矣。《通释》曰:水出蛮中而附于江者,青衣也,羊山也,马湖也。其出于

郡邑之山泽者，则自岷、峨而下，沿流以至于夔，不胜其众。此
数水者，蜀水接连荆、楚，源流之大略也。

其重险，则有鹿头关，

鹿头关在成都府汉州德阳县北三十里鹿头山上，南距成
都百五十里，东西两川之要道也。唐建中四年剑南西山兵马使
张朏作乱，入成都，鹿头戍将叱干遂讨平之。元和元年刘辟以
西川畔，诏高崇文讨之。辟城鹿头关，连八栅屯兵拒守，崇文击
败之。辟又置栅于关东万胜堆。或谓之范胜山。崇文遣将高霞寓
攻夺之，下瞰关城，八战皆捷。大将阿跌光颜引兵深入，军于
鹿头关西，断辟粮道，于是鹿头、绵江诸将皆降，遂趣成都。中
和元年黄巢乱关中，帝自兴元幸蜀，西川节度使陈敬瑄迎谒于
鹿头关。四年杨师立以东川叛，高仁厚自西川进讨屯德阳，师
立遣将郑君雄据鹿头关拒之。仁厚曰：攻之则彼利我伤。因列
十二寨围之。既而悉众陈于鹿头关城下，君雄出战，败，遂弃关
走，仁厚进围梓州。光启三年王建自阆州应田令孜之召诣西川，
陈敬瑄复拒之。建怒，破鹿头关，败西川兵于绵竹，拔汉州。
后唐同光三年李绍琛将前锋伐蜀，至绵州，绵江浮梁为蜀人所
断，绍琛谓李严曰：吾悬军深入，利在速战，但得百骑过鹿头
关，彼且迎降不暇。遂乘马浮渡，袭入鹿头关，进据汉州，蜀人
迎降。杜甫《鹿头关》诗曰：连山西南断，俯见千里豁。又云及
兹险阻尽，始喜源野阔，盖自关以西道皆坦平，故西川恒恃此
为巨防也。

瞿唐关，

瞿唐关在夔州府城东八里，以瞿唐峡而名。峡在城东三里，或谓之广溪峡，三峡之一也。瞿唐之名著而广溪之称隐矣。《乐府解题》曰：瞿，盛也；唐，陂池也。言盛水其中可以行舟。又云：夏则为瞿，冬则为唐。瞿唐峡为三峡之门，两崖对峙，中贯一江，滟滪堆正当其口，于江心突兀而出。《水经注》：白帝城西有孤石，冬出水二十馀丈，夏即没，秋时方出。谚云：滟滪大如象，瞿唐不可上，滟滪大如马，瞿唐不可下，盖舟人以此为水候也。《江行记》：滟滪堆，亦谓之淫豫堆《南史》有云：淫豫大如襆，瞿唐不可触。《类要》云：淫豫大如鳖，瞿唐行舟绝；淫豫大如龟，瞿唐不可窥。皆言必俟水盛而后可进也。亦谓之犹豫堆《益州记》：滟滪亦曰犹豫，言舟子取途不能决水脉也。宋淳熙中有成镛者，遣人垂绳坠石以约之，凡八十四丈，当夏时江涨，滟滪上水犹三十馀丈也。范成大《吴船录》曰：天下至险之处，瞿唐、滟滪是也。每一舟入峡数里，后舟方续发，水势怒急，恐猝相遇，不可解析也。峡中两岸高岩峻壁，斧凿之痕皴皴然，而黑石滩最号险恶，两山束，江骤起水势，不能平也。陆游入蜀记：瞿唐关，即故夔州，与白帝城相连，关西门正对滟滪堆，堆，碎石积成，出水数十丈。土人云岁旱时石露大半，有三足如鼎状。关城下旧有锁水二铁柱。唐天祐初，时忠义节度赵匡凝并荆南地，因遣水军上峡袭王建夔州，败去。万州刺史张武因请于王建，于夔东作铁絙，绝江中流，立栅于两端，谓之锁峡。从之。又宋景定五年守将徐宗武于白帝城下岩穴设拦江锁七条，长二百七十七丈五尺，五千一十五股。此其故址矣。《志》云：瞿唐关即故江关，巴、楚相攻时置, 汉有江关都尉治鱼复。《华阳国志》: 江关旧在赤甲城, 后移在江南岸, 对白帝城故基, 即今瞿唐关之江南岸矣。后汉建武四年岑彭破田戎于彝陵, 遂谋伐蜀, 留冯骏军江关。既而公孙述复使田戎出江关, 招其故众, 欲取荆州, 不克。九年公孙述复遣田戎等下江关击破冯骏等军, 遂拔巫及夷道彝陵, 因据荆门、虎牙。详见湖广重险荆门。十一年岑彭等大破田戎于荆门, 遂帅诸军长驱入江关。或谓之捍关, 捍关见湖广长阳县。然后《志》曰鱼复有捍关, 盖即以江关为扞关也。法孝直言, 鱼复捍关, 临江据水, 实益州祸福之门。是也。《三国志》: 法正与刘璋笺曰: 鱼复与关头, 实为益州祸福之门, 今二门悉开, 坚城皆下。宋泰始三年以三峡险隘多寇贼, 乃立三巴校尉镇江关。又大江自瞿唐关而下谓之峡江, 亦谓之锁江。唐天复三年王建取夔、忠、万、施四州, 议者以瞿唐蜀之险要, 乃弃归峡, 屯军夔州。天祐元年山南东道赵匡凝遣水军上峡攻王建, 蜀夔州守将击却之。五代梁乾化四年高季昌攻夔州, 纵火船焚蜀浮桥, 蜀将张武举铁鏪拒之, 船不得进, 会风反, 焚溺甚众, 铁鏪即武所作也。先是峡上有堰, 或劝蜀主乘夏秋江涨决之以灌江陵, 毛文锡曰: 高季昌不服, 其民何罪? 乃止。后唐同光三年伐蜀, 命荆南高季兴分道前进, 自取夔、忠、万三州。季兴尝欲取三峡, 畏蜀峡路招讨使张武威名, 不敢进, 乘唐兵势, 自将上峡取施州, 进至锁江, 复为张武所败, 遁走。宋乾德二年遣刘光义等伐蜀, 以地图指锁江曰: 我军溯流至此, 慎勿以舟师争胜。明初伐蜀, 命汤和等由瞿唐趋重庆。时夏人守瞿唐, 以铁索横断关口, 又于铁索外北倚羊角山，南倚南城寨，凿两岸壁引绳为飞桥，严为守备。和克归州而进，至夔州大溪口，分遣别将一出赤甲山逼夔州，一出白盐山下逼夔州南岸，攻其南城山寨，而自引军攻其飞桥，皆不利，引还。旋自白盐山伐木开道，由纸牌坊溪在府东十里趋夔州。廖永忠帅所部兵先至旧夔州，即白帝城。败蜀兵，乃进兵瞿唐关，密遣奇兵舁小舟逾山渡关，出上流，乃率精锐出黑叶渡，以一军攻其陆寨，一军攻其水寨，陆寨先破，上流兵适至，下流舟师合进，瞿唐之险遂下。入其夔州，汤和亦至，于是和帅步骑，永忠帅舟师，乘胜抵重庆，沿江州县望风奔附，而明昇出降矣。瞿唐为蜀之东户，不亦信哉？

临关，邛崃关附。

临关在雅州芦山县西北六十里汉灵关道，属越嶲郡。亦曰零关。《史记》：司马相如通零关道，桥孙水以通邛都。其书有曰镂零山，张揖云：汉凿开灵山道，是也。后汉延光二年，旄牛夷入畔，攻零关，益州刺史张乔击破之。《华阳国志》：蜀王开明以灵关为前门。《蜀都赋》云：辟灵关以为门。即此也。唐贞元中韦皋攻吐蕃，分兵出西山灵关，关盖控扼之要地矣。《蜀志》云：蜀以剑阁为前门，灵关为后户。《寰宇记》：县北二十里有灵关山，峰岭嵯峨，旁夹大路。下有三峡口，阔三丈，长二百步，通蛮貊之乡，入白狼夷界。《一统志》：今关甚险，一人守之，可以御百。正统初以其外临董卜韩胡界，因改灵关曰临关。自关而西南又有邛崃关，相距百四十里，并为西面之险。《志》云：邛崃关在雅州荣经县西八十里，以邛崃坂而名。《图经》：

坂在县东四十里，本名邛莋故邛人、莋人分界处也，亦曰邛筰山，山岩阻峻，萦纡百有馀里，关当西麓垂尽，处凭高瞰远，实为中外之防。汉文帝六年废淮南王长，徙之岩道邛邮，盖于邛崃置驿矣。山有九折坂，路艰险，登者回曲九折乃得上。汉王阳为刺史，行部至此，言念先人而叹息，后王尊至此，愿为忠臣而慷慨，今坂下有叱驭桥，亦名忠孝桥，以是矣。隋大业十年始置关，唐中叶以降西南多事，关遂为重地。贞元初南诏异牟寻与吐蕃合兵入寇，一趣茂州逾汶川扰灌口；一趋扶、文掠方维、白坝；一侵黎、雅寇邛崃关，寻败还。大和三年南诏晟丰祐入寇，蜀将尹椻保邛崃关，率众出关迎战，遇伏败死，蛮遂犯成都。五年李德裕帅西川，修邛崃关，以扼蛮险。咸通二年，南诏寇嶲州，攻邛崃关。十年南诏攻清溪关，逾大渡河，陷黎州，遂入邛崃关，围雅州，寇邛州。乾符初，复破黎州，入邛崃关，进掠成都。明年高骈帅西川，蛮出大渡河，收邛崃关，复取黎州。五代梁乾化四年南诏寇黎州，蜀主王建遣王宗播等出邛崃关，大破之。李心传曰：关南去黎州六十里，祝穆云：关南去嶲州九百里。自大渡河而北，关实当其冲要云。

清谿关。

清谿关，在黎州所南百三十五里，大渡河南。《洪源志》：关在黎州西南界，又南七百二十里至嶲州。其地连山带谷，夹涧临溪，倚险结关，恃为控御，西南夷入犯此其必经之道也。唐至德初南诏阁罗凤乘乱陷越嶲会同军，见会川卫。据清谿关。贞元四年吐蕃合云南兵入寇，继而云南兵至泸北引去，吐蕃攻两林、骠旁及东蛮, 又分兵寇清溪关及铜山, 韦皋遣黎州刺史韦晋与东蛮连兵破蕃于清溪关外。未几, 吐蕃复寇清溪关, 又分兵攻东蛮, 韦皋命晋镇要冲城督诸军御之, 复遣巂州将刘朝彩出关连战, 大破之。《新唐书》: 韦皋凿清溪关以通好南诏, 自此出邛部经姚州而入云南, 谓之南路, 为唐重镇, 盖清溪关已没于南诏, 皋收复之也。大和四年李德裕为西川帅, 上命修塞清溪关以断南诏入寇之路。德裕言: 通蛮细路最多, 不可塞, 惟重兵镇守可保无虞。德裕谓: 黎、雅得万人, 成都得二万人, 则蛮不敢动。又言: 议者闻一夫当关之说, 谓清溪可塞, 臣访蜀老将, 清溪之旁大路有三, 自馀小径无数皆东蛮临时为之开通。若言可塞, 则是欺罔朝廷, 须于大渡水北更筑一城, 迤逦接黎州, 以大兵守之方可。既而德裕徙关于中城, 近越巂卫东北境。西南有昆明军, 西有宁远军, 筑九城, 自清溪关南径大定城, 又三百五十里而至台登, 于是关不果塞。咸通十年, 南诏寇巂州, 定边镇将时分西川置定边节度于邛州。安再荣守清溪关。蛮攻之, 再荣退屯大渡河北, 与蛮隔水相射。蛮密分军伐木开道逾雪坡至沐源川, 雪坡, 在峨嵋县界。沐源川, 今马湖府沐川长官司。寻渡青衣江, 陷犍为, 焚掠陵、荣二州境。《唐史》: 时南诏酋世隆自将侵巂州, 攻清溪关。戍将绝大渡河走, 诸屯皆退保北涯, 蛮遂攻黎州。乾符二年高骈帅西川, 复戍清溪等关。五代时关没于蛮。祝穆曰: 唐长庆二年韦齐休从使云南还, 谓云南所以能为唐患者, 以开道越巂耳。若自黎州之南、清溪关外尽斥弃之, 疆场可以无虞。不然忧未艾也。及唐之亡, 祸果由此。宋弃巂州不守, 而蜀遂无边患。《土夷考》：今越嶲卫东北二百二十五里有古隘堡，其南隘广不盈丈，两岸壁立千仞，峡内溪流淙淙，即古清溪关也.旧《志》：关去台登五百五十里。或云去建昌卫五百里。德裕所置琉璃、仗义二城亦在其处云。

按四川介在西偏，重山叠岭，深溪大川，环织境内，自相藩篱，且渝、夔东出则据吴楚之上游，利、阆北顾则连褒斜之要道，威、茂、黎、雅足控西番，马湖、叙、泸以扼南僰，自昔称险塞焉。秦人并巴、蜀，益以富强。汉开西南夷，边壤益斥。天下有事，奸雄辄睥睨于此焉。岂非以山川襟束，足以固守欤。诸葛武侯言：益州险塞，沃野千里，天府之土。张华言，蜀汉之土，与秦同域，南跨邛筰，北阻褒斜，西即碊碍，隔以剑阁，穷险极峻，独守之国也。晋元康以后，其地入于巴氏。咸康七年慕容皝使刘翔至建康，翔曰：今王师纵未能澄清北方，且当从事巴、蜀，一旦石虎先人举事，并李寿而有之，据形便之地以临东南，虽有智者不能善其后矣。太元三年苻坚遣兵寇襄阳，既而欲自将攻之，梁熙谏曰：晋江山险固，易守难攻，必欲廓清江表，宜引关东之兵南临淮、泗，下梁、益之卒东出巴峡。盖东南噤领，尝在巴、蜀矣。后唐同光初，荆南帅高季兴入朝，唐主问季兴用兵于吴、蜀二国何先？季兴曰：宜先伐蜀，克蜀之后，顺流而下，取吴如反掌耳。宋牟子才言：重庆为保蜀之根本，此就江道言之。嘉定为镇西之根本，夔门为蔽吴之根本。然而巴、蜀之根本实在汉中、详陕西汉中府总论。未有汉中不守而巴、蜀可无患者也。故昔人谓东南之重在巴、蜀，而巴、蜀之重在汉中。宋人保东南, 备先巴、蜀。及巴、蜀残破, 而东南之大势去矣。《志》称蜀川土沃民殷, 货贝充溢, 自秦、汉以来迄于南宋赋税皆为天下最。又地多盐井, 朱提出银, 严道、邛都出铜, 武阳、南安、临邛、江阳皆出铁。汉置盐铁官。邓艾破蜀, 议煮盐兴冶为军农要用, 并作舟船为顺流伐吴之计, 盖功虽成于王濬, 而规模实自艾创之也。后唐天成三年孟知祥与董璋争盐利。胡氏曰: 唐之盛时邛、眉、嘉有盐井十五, 属西川; 梓、遂、绵、合、昌、渝、泸、资、荣、陵、简有井四百六十, 属东川。东川盐利多于西川者数倍, 故知祥争之也。今土地比于唐宋之旧岂少杀欤? 盐井之迹岂尽堙欤? 铜铁之饶岂衰歇欤? 向之供亿几半天下者, 今境内之资储乃虞不给, 何欤? 或者曰风气变迁, 吾未敢信也。

读史方舆纪要卷六十七

四川二　成都府

〇成都府，东至潼川州三百六十五里，东南至重庆府九百五十里，南至眉州百八十里，西南至邛州三百十里，西至杂谷安抚司七百里，北至龙安府四百八十里。自府治至江南江宁府七千二百六十里，至京师一万四百五十里。

《禹贡》梁州之域。夏商以后，为蜀国。秦灭蜀，置蜀郡。汉因之，武帝兼置益州。王莽改益州曰庸部，蜀郡曰导江，治临邛。以公孙述为导江卒正，述据蜀，都成都。又改益州为司隶，蜀郡为成都尹。后汉仍曰蜀郡。三国汉都于此。于益州置牧，蜀郡置守，并治成都。晋武帝改蜀郡为成都国，寻复旧。宋、齐以后，益州及蜀郡并治此。隋郡废州存，《隋志》：后周置益州总管府。开皇二年，改为西南道行台。明年，复置总管府。大业初，府废。炀帝复改益州为蜀郡。唐又为益州。《旧唐书》：武德初，置总管府。三年，改为西南道行台。九年，又改为都督府。龙朔二年，升大都督府。天宝初，复为蜀郡。至德二载，升成都府，并建南京。改成都守为尹，以上皇幸蜀也。时又分剑南为东西两川，此为西川节度使治，后分合不一。详见州域形势。又《新唐书》：成都城内有天威军，乾元二年置，元和三年，改曰天征军。上元初，罢京，而府不改。五代因之。前、后蜀皆都此。宋太平兴国六年，降为益州。端拱初，复曰成都府。亦为西川节度，又成都府路治于此。淳化五年，仍降为州。嘉祐五年，复故。元曰成都路。至正中，明玉珍伪改曰成都刺史府。前朝曰成都府，领州一、县二十五。今仍为成都府。

　　府山川重阻，地大而要。战国时，司马错说秦惠王伐蜀曰：取其地，足以广国也；得其财，足以富民缮兵。诸葛武侯亦云：益州险塞，沃野千里，天府之土，是也。自秦取蜀，因蜀攻楚，楚由以亡。汉高资巴蜀之力，战胜荥阳、成皋间，卒有天下。故取天下之规，常在巴蜀。公孙述之据蜀也，北连秦陇，东逼荆州，号为盛强。诸葛武侯用巴蜀，北出秦川，魏人骚动。晋李雄窃成都，亦能北收汉中，东取夔峡，南并宁州。是故蜀之险，弱则足以自固，强则足以伐人。晋人藉之以并吴，隋人资之以亡陈。唐亦由此以平萧铣，其与秦之攻楚同一揆也。王建之据蜀，号为完固，孟氏因其辙，亦足以自守。元末，明玉珍有蜀，擅威命者且数年。说者谓自公孙述以下，未闻有以蜀兴者，意者地僻而险，与中原悬隔，不足以出奇制胜欤？然吾观汉高以后，未见有雄才大略足以相絜者，惟武侯能以汉用蜀，而时不吾与，天不假年，卒困于一隅耳。公孙述、李雄之徒，上之不过攘窃之雄，下之不过窥觎之智，故幸则易世而亡，不幸则及身而败。故曰，险可恃也而不可恃也。嗟乎！剑门失守，则夕树降旗；阴平已逾，则朝缪白组；瞿唐不闭，则楼船飙集；清溪无阻，则蛮弩星驰。成都之险，不在近郊，而在四境之外也。虽然, 刘禅而闭城清野, 邓艾何必非坐缚之师? 罗尚而抚士恤民, 李氏岂遂为益州之主? 成败之机, 存乎其人, 又安可一律论哉!

《水利考》曰: 府大江萦流, 民殷土沃。《史记·河渠书》: 于蜀, 蜀守李冰凿离堆, 避沫水之害, 沫者, 水石相冲激之名。穿二江成都之中。今大江自松潘叠溪而入茂州界, 西南历威州, 转而东, 经汶川县南, 又东南经灌县西北, 又东南流, 出灌口, 过崇庆州新津县而入眉州境者, 此汶江之正流也。成都人名之曰南江。其自灌县西北离堆, 薄灌城而东北注, 历新繁西南, 郫县南及府城南, 而会于新津之大江者, 此秦李冰所凿石犀渠也。成都人谓之北江。亦曰郫江。北江又分为两, 出灌县东北宝瓶口, 又穿三泊洞而北注, 经崇宁、彭县、新繁、新都而入汉州雒水, 东南流为金堂河者, 所谓湔水也。成都人名之曰外江。其自宝瓶口直东入五斗口, 东北经崇宁、温江、郫县、新繁、新都界内, 过府城北折而南, 会府城前江, 前江, 府城南之北江也。经双流入眉州, 合于大江者, 成都人谓之内江。亦曰流江。此成都府境之内江、外江也。《宋史》: 秦李冰于离堆都江口置大堰, 疏北流为三: 东曰外应口, 即北江也; 东北曰三石洞口, 即外江也; 东南曰马骑口, 谓石洞口之东南。即内江也。自三流而下, 派别支分为渠堰, 不可悉数。《都江考》: 都江口置大堰, 疏北流为三, 曰外应, 溉永康之导江, 成都之新繁, 而达于怀安之金堂。东北曰三石洞, 溉导江与彭之九陇、崇宁、濛阳, 而达于汉之雒。东南曰马骑, 溉导江与彭之崇宁, 成都之郫、温江、新都、新繁及成都、华阳。又云: 都江口分三流而下, 派别支分, 不可悉纪。其大者十有四, 自外应而分, 曰保堂、曰仓门。自三石洞而分，曰将军桥、曰灌田、曰雒源。自马骑而分，曰石址、曰豉龛、曰道溪、曰东穴、曰投龙、曰北、曰樽下、曰玉徙，而石渠之水，则自离堆别而东，与上下马骑乾溪合。凡为堰九，曰李光、曰膺村、曰百丈、曰石门、曰广济、曰颜上、曰弱水、曰济、曰导，皆以堤摄北流，注之东而防其决。离堆之南，实支流故道，以竹笼石为大堤，凡七至。《古今集记》：李冰凿离堆山，以避沫水之害，穿三十六江，灌溉川西南十数州县稻田。《堤堰志》：自神禹导江，正源至石纽，出汶川而南，其北无水。秦昭襄王时，蜀守李冰凿离堆、虎头，于江中设象鼻七十馀丈，首阔一丈，中阔十五丈，后阔十三丈。指水十二座，如象鼻状。大小钓鱼护岸一百八十余丈，横潴洪流，故曰都江。以分岷江之水，北折而东，灌溉田畴，以亿万计。蜀用富饶，离堆之址，旧铲石为水则，则盈一尺至十而止，水及六则流始足用。过则从侍郎堰、减水河，泄而归诸江。侍郎堰见灌县。自北引而南，准水则第四，以为高下之度。故《益州记》曰：水旱从人，不知饥馑，沃野千里，世号陆海，谓之天府也。江道既分，水复湍暴，砂石填委，多成滩碛，岁暮水落，筑堤壅水上流。春正月役工浚治，凡诸堤堰，历代皆岁修之，以为民利，其塘堰多民自修，独离堆设立都江堰，在岷江中流，官费岁至巨万。元人用铁石立堰为石门，以时启闭，公私赖之。《元志》：秦时蜀守李冰凿离堆，分江以灌川蜀，民用富饶。至元时冲薄荡啮，大为民患，有司以故事，岁治堤防，凡百三十有三所，役费无已。元统二年，佥四川肃政廉访司事吉普当巡行周视，得要害之处三十二，余悉罢之。乃征工发徒，甃之以石。至元元年，肇事于都江堰，堰即分水之源也。盐井关限其西北，水西关据其西南，江南北皆东行。北旧无江，冰始凿以避沫水。中为都江堰，少东为大小钓鱼，又东跨二江为石门，以节北江之水，又东为利民台，台之东南为侍郎、杨柳二堰。其水自离堆分流入南江，南江东至鹿角，又东至金马口，又东过大安桥，入于成都，俗称大皂江。此江之正源也。北江少东，为虎头山，为斗鸡台，台有水则，并记治之法，皆冰所为也。又东过凌虚、步云二桥，又东至三石洞，洒为二渠，其一自上马骑东流过郫，入于成都，古谓之内江，今府江是也。其一自三石洞北流过将军桥，又北过四石洞，折而东流，过新繁，入于成都，古谓之外江。此冰所穿二江也。南江自利民台，有支流东南出万工堰，又东为骆驼口，又东为碓口，绕青城而东，鹿角之北涯，有渠曰马坝，东流至成都，入于南江。渠东行二十余里，水决其南涯四十有九，每岁役民以塞之，乃自其北涯凿二渠，与杨柳渠合。东行数十里，复与马坝渠会，而渠成安流。自金马口之西，凿二渠合金马渠，东南入于新津江，罢蓝淀、黄水、千金、白水、新兴至三利十二堰，北江三石洞之东，为外应、颜上、五斗诸堰，外应、颜上之水皆东北流入外江，五斗之水，南入马坝渠，皆内江支流也。外江东至崇宁，亦为万工堰。堰之支流，自北而东，为三十六洞，过清白堰，东入于彭汉之间，而清白堰水溃其南涯，延袤三里余。有司因溃为堰，堰辄坏，乃疏其北涯旧渠，直流而东，罢其堰及三十六洞。至于嘉定之青神有鸿化堰，成都又有九里堤及崇宁之万工堰，彭之堋口、丰润、千江、石洞、济民、罗江、马脚诸堰，皆授之长吏，以时奏工。诸堰之役，都江及利民台最大，侍郎、杨柳、外应、颜上、五斗次之，鹿角、万工、骆驼、碓口、三利又次之，而都江居大江中流，尤难即工。其间或疏旧渠以导流，或凿新渠以杀势，遇水之会，则为石门，其启闭以时。凡智力所及，无不为也。凡五越月而告成，所溉十二县之民，咸歌舞焉。**明复为之缮理**，成化九年、弘治九年，皆以次增修。嘉靖三十年，复铸铁牛壅砌都江堰址。万历三年，堰坏，复置铁柱修复。是后，以时浚治。卢翊曰：元人肆力于堰，无复李冰深淘滩之意，假令砂石壅积，水不得东，虽熔金连障无益也。翊所谓铁龟铁柱者，曾未几何，辄震荡堙没，茫无可赖哉。余谓宜事滩碛，以导其流，堰则一仍民便而已。**其治之**

之法，无逾李冰所题深淘滩、浅作堰两言而已。

○**成都县**，附郭。在府治西北。春秋时，蜀侯所理。秦惠王二十七年，始置成都县。汉末，益州治此。晋以后因之。自唐以来，俱为州郡治。编户二十四里。

○**华阳县**，附郭。在府治东南。本成都县地。唐贞观十七年，分置蜀县，并治郭下。乾元初，改曰华阳。编户十七里。县今省。

成都城，府城旧有太城、有少城、有子城，又有罗城。太城，府南城也，秦张仪、司马错所筑，一名龟城。俗传仪筑城未立，有大龟出于江，周行旋走，随而筑之，城因以立也。少城，府西城也。唯西南北三壁，东即大城之西墉。昔张仪既筑太城，后一年，又筑少城，《蜀都赋》：亚以少城，接于其西。谓此也。晋时两城犹存，益州刺史治太城，成都内史治少城。元康元年，诏征刺史赵廞为大长秋，以成都内史耿滕代之，廞谋作乱，据太城未去，滕入州，廞遣兵逆之，战于西门，滕败死。太安二年，李特攻罗尚于成都，取少城，既而尚袭杀之，特子雄寻复入少城，尚退保太城。永和三年，桓温平李势，平少城。张咏《创设记》：张仪筑蜀郡城，方广七里，从周制也，分筑南北二少城，以处商贾。少城之迹今湮。隋开皇初，封子秀为蜀王，因附张仪旧址，增筑南西二隅，通广十里，亦曰少城。时因谓太城曰子城。其后少城复毁。《唐史》：咸通十一年，南诏寇西川，西川民争走入成都。时成都但有子城而无濠，湫隘填溢，公私困惫。乾符三年，高骈帅西川，展筑罗城，周二十五里，蜀土疏恶，以甓甃之，环城十里内取土，皆划丘垤平之，毋得为坎陷以害耕种，役者不过十日而代，众乐其均。城成，名曰太玄，城南门楼曰太玄楼。后唐天成二年，孟知祥于罗城外增筑羊马城，周四十二里。宋皇祐五年，程戡知成都，增修罗城。建炎初，守臣卢法原复修筑。绍兴中，王刚中帅蜀，亦增修之。乾道中，范成大帅蜀，亦复营葺。明初，因旧址增修。《华阳国志》：张仪、张若，城成都，周回十二里，更于夷里

桥南立锦官。锦官者,犹合浦之珠官也。今城南名锦官城,城西名车官城,盖
旧时城四面皆有军营垒舍也。又芙蓉城,或曰孟蜀官院城,后主昶尽种芙
蓉于城上,谓左右曰,此诚锦城矣。又《周地图记》:汉元鼎二年,太城立
九门,少城立九门,故有十八郭门之称。后汉初,讨公孙述,臧宫军咸门,又
入小雉郭门,咸门北面东头门也。其北面西头门曰朔门,或以为即小雉门,
皆秦时旧门,汉列于十八门者也。其东有阳城门,左思《赋》云:结阳城之
延阁,飞观樹乎云中。又西有宣明门,《益州记》:宣明门楼,即故张仪楼,
重冈复道,跨阳城门,是也。南曰江桥门,大江水所经也。稍西曰市桥门,
汉旧州市在桥南,桥下即石犀所潜渊,亦曰石牛门也。其北曰咸阳门,谓道
出咸阳,或曰阳城诸门,蜀汉时更名也。唐高骈筑罗城,开十门,上皆有楼。
西南曰小市桥门,东南曰小东郭门,又有东闉、西闉等门。大顺初,王建攻
陈敬瑄,营于东闉门外,是也。又有义兴门,相传王建时官南门也。明初,为
五门:东曰迎晖、南曰中和、西曰清远、北曰大安、其小西门曰延秋。洪武
二十五年,塞小西门。今存四门,俗止呼东、西、南、北门。宣德以后,屡经修
筑。今城周二十里有奇。

西平城,在府南。晋安帝时,以秦雍流民立怀宁郡,寄治成都,初属
南秦州。宋元嘉十六年,改属益州。其属有西平县,亦寄治成都城外,遂为
实土,萧齐因之。梁天监初,邓元起为益州刺史,刘季连先在益州,不受
代,治兵相攻,元起进屯西平,又进屯蒋桥,距成都二十里,是也。后周郡
县俱废。又始康废郡,亦晋安帝时以关龙流民置,领始康等县四。又晋熙废
郡,亦晋安帝时,以秦州流民置。领晋熙等县二。又宋兴废郡,宋元嘉十一
年免建平营置,领南汉等县三。又宋宁废郡,亦元嘉十一年免吴营侨置,领
欣平等县三,齐梁因之,后周俱废。

广都城,府南四十五里。唐所置也,今入双流县界。其东北十五里有
汉广都城。汉元朔二年,置县,属蜀郡。《蜀本纪》:蜀王本治广都之樊乡,
又蜀号三都者,成都、新都、广都也。王莽置就都大尹于此。后汉建武十一

年，岑彭讨公孙述，拔武阳，使精骑驰击广都，去成都数十里。十二年，光武敕吴汉曰，直取广都，据其心腹。吴汉遂拔广都据之，与述战于广都、成都之间，八战八克，遂军成都郭中，寻亦为广都县，晋移治于今之双流县，故城遂废。武阳，见眉州彭山县。《郡志》广都县北十五里又有晋广城，建置未详。

犀浦废县，府西五里。唐垂拱二年，析成都县置，属益州。大顺初，王建攻成都，陈敬瑄分兵布寨于犀浦、郫、导江等县以拒建，是也。宋熙宁中，废为犀浦镇，属郫县。《宋志》：犀浦镇有废始兴郡城及晋兴县城，或南北朝时所侨置，又灵泉废县，在府东五十里。唐久视初，置东阳县，属益州。天宝初，改曰灵池。宋天圣四年，又改为灵泉县。元废。《成都记》：府治北三里有赤涂城，相传李特所筑云。

武担山，府治北。广仅数亩，高七丈许，上有立石莹洁，号曰石镜。《蜀纪》：武都女子为蜀王开明妃，不习水土而死。王遣五丁于武都山担土为冢处也。一名武都山，汉昭烈即位于武担之南，即此。明蜀府建于其阳，有砖城周五里。○星宿山，在城北，唐咸通十一年，南诏寇成都，分兵拒援兵于新都，将军宋威大破之，蛮退保星宿山。五代梁开平二年，蜀王建讲武于星宿山，步骑三十万。即城北之昇山矣。《志》云：城西有西山，一名雪岭。

学射山，府北八里。蜀汉后主尝习射于此，因名。唐光启三年，王建攻陈敬瑄，拔汉州，进军学射山，又败西川将勾惟立于蚕此。《志》云：山一名威凤山，一名石斛山，山东南有蚕此镇，《九域志》：成都县有蚕此镇，是也。○天回山，在府北二十里。《蜀纪》云：以杜宇自天而降，号曰天隳。及玄宗幸蜀，返跸时经此，土人呼曰天回山，下有天回镇。又六对山，在府南五十里。五代末，蜀后主昶自新津县修觉山回至广都，见十二峰，有三峰六对之语，因名。又龙华山，在府西南四十五里，滨江特峙，前有石崖。

鸡鸣原，在城南。宋咸平三年，知蜀州杨怀忠攻益州贼王均，败之。乘胜逐贼，至城南十五里，寨于鸡鸣原以待王师，即此。

郫江，府城南十里。大江之支流也，亦曰汶江。自灌县分流，经郫县，历府城西折而南，又东合于流江，亦谓之内江。杜预《益州记》：郫江为内江，流江为外江。是也。又名石犀渠，相传李冰导江穿渠，作石犀五以厌水，因名。后汉建武中，吴汉乘利逼成都，去城十余里，阻江北营，作浮桥，使别将刘尚屯江南为营，相去二十余里。公孙述遣将谢丰等攻汉，而别遣兵劫尚，使不得相救。汉潜师就尚于江南，大战，斩丰等。江即石犀渠也。晋永宁元年，李特据广汉，进攻益州刺史罗尚于成都，尚屡败，乃阻长围，缘郫水作营，连延七百里，《载记》尚缘水作营，自都安至犍为七百里。盖自郫江南达大江，缘水为险也。既而特潜渡江击尚，水上军皆散走，蜀郡太守徐俭遂以少城降，特入据之。或据《水经注》以绵水为尚所阻之郫江，误矣。《括地志》：郫江一名永平江，又唐置犀浦县，盖以渠名也。今成都人或谓之北江。《郡志》：府治西四里有都江，宜造粉，亦名粉江。盖亦郫江之异名矣。

流江，在府城北。亦自大江分流，由灌县东北经新繁县，又东过府城北，折而南，至府东南十余里，合于郫江。一名外江，又名清远江。宋咸平三年，王均据益州，雷有终讨之，败贼于昇仙桥东。官军进至清远江，为浮桥而渡，筑垒于城北门外，收羊马城，进逼罗城。别将秦翰又于城北鱼桥列筑土山，贼败走。俗亦名走马江，亦合于郫江，通谓之二江。《汉志》：李冰穿二江成都中。《风俗通》：冰为蜀守，开成都两江，溉田万顷，皆可行舟。《括地志》：二江合于城之东南，岸曲有合江亭。《元丰志》：二江旧皆从城西入，唐高骈筑罗城，遂从西北作縻枣堰，塞故渎，更凿新渠，导外江绕城西而北，内江绕城西而南，下流仍合于旧渚。旧渚者，合江亭也。《寰宇记》：二江合流，亦名锦江。蜀人以此水濯锦鲜明也。《山堂杂论》曰：外江、内江之名，前后凡三见。大江为外水，涪为内水，此不易者也。湔水入雒为外江，流江入江为内江，此自成都府言之也。郫江对大江而言，则大江为南江，郫为北江。对流江而言，则流江又为外江，郫为内江。此自成都一城言之也。流江实兼内外之称，各因所指立名，似相杂而实不相涵也。又二江之源，皆自西来，地势高，时有水患。五代唐广顺二年，蜀大水，溢入成都，漂没千余家。宋元以来，皆增筑堤堰，以时节宣，然后二江顺规，经双流而南，下流仍合于大江。

金水河，在府城内。《志》云：唐白敏中所开，环络街市，谓之禁河。其后相继开浚。吴师孟《导水记》云：唐高骈筑罗城，堰糜枣，分江为二道。环城而东，惟余一脉，于西北隅城下之铁窗潜流入城，岁久遂绝。宋天禧中，王巩知成都，博访父老，于城西北隅得铁窗石渠故基，循渠而上十里许，至曹波堰，接上游溉余之弃水，于是导之自西门循大逵而东，注于众小渠。又西南隅至窑务前闸，南流之水，自南铁窗入城，于是二渠既酾，股引而东，派别为四大沟，脉散于居民夹街之渠，而辐辏于米市桥之渎。又东汇于东门而入江，民以为便。久之，复塞。大观初，席旦复疏导之。宣和末，旦子益以旧渠堙废，旱潦皆为患，复修筑城西外堤，引江水入城如故，作三斗门节之，并议岁加修治。盖即禁河也。明初，建蜀府于河阳，改名金水。《志》云：内江之水，分流入城，为金水河。是也。

摩诃池，在府城内。隋开皇中，欲伐陈，凿大池以教水战。《成都记》：池在张仪子城内，隋蜀王秀取土筑广子城，因为池。有胡僧见之，曰：摩诃宫毗罗。胡语谓摩诃为大，宫毗罗为龙。言此池广大有龙也。唐咸通十一年，南诏入寇西川，民争入成都，时成都但有子城而无濠，又乏水，取摩诃池泥汁，澄而饮之。蜀王建武成元年，改为龙跃池。永平三年，太子元膺作乱，败奔龙跃池。后主衍建宣华苑于池上，又改为宣华池，《渭南集》云：摩诃池入王蜀宫中，泛舟入池，曲折十余里。至宋世，蜀宫后门已为平陆，然犹呼为水门也。明以其地填为蜀藩正殿，西南尚有一曲水光涟漪云。

胡氏曰: 池在今成都县东南十二里。《郡志》又云在东南二十里, 似误。

万岁池,《志》云: 在府治北十里。张仪筑城, 取土于此, 因以成池。广袤数十里。唐天宝中, 刺史章仇兼琼筑堤, 积水溉田, 岁久淀淤。宋绍兴中, 制置使王刚中复疏之, 民赖其利。池南百步有官源渠堤百余里, 唐天宝二载, 成都令独孤戒盈所筑也。又千秋池, 在华阳县治东五里。相传亦张仪所凿。谚曰: 东千秋, 北万岁。谓此。〇浣花溪, 在华阳县治西南, 一名百花潭。相近有诸葛井, 相传武侯所凿。又九里堤,《郡志》云: 在府城西北隅, 其地洼下, 诸葛武侯筑堤九里, 以防冲啮, 宋乾德中圮, 守臣刘熙古修筑, 一号刘公堤。又有长堤, 唐高骈筑罗城, 缭以长堤二十六里。或因江为堑, 或凿地成濠。后废。

笮桥, 府西四里。本名彝里桥。以竹索为之, 因名笮桥。《水经注》: 万里桥西上曰彝夷桥, 亦曰笮桥。是也。晋永和四年, 桓温讨李势, 军于成都十里陌, 败势众于笮桥, 遂入少城。又万里桥, 在府南中和门外,《寰宇记》: 本名七星桥。昔费祎聘吴, 武侯送之至此, 曰: 万里之行, 始于此矣, 桥因以名。唐玄宗狩蜀过此, 问桥名, 左右对以万里。帝叹曰: 开元末, 僧一行谓更二十年, 国有难, 朕当远游万里之外, 此是也。遂驻跸成都。五代梁贞明六年, 蜀王衍作原庙于万里桥, 以事其父。或云: 桥南有笃泉, 亦名笃泉桥。

昇仙桥, 府北七里。相传秦李冰所建, 即汉司马相如题柱处。唐咸通十一年, 南蛮攻成都, 官军赴援, 至城下, 与蛮战, 夺其昇仙桥。后唐同光三年, 唐师入蜀, 蜀王衍迎降于昇仙桥。宋咸平三年, 雷有终讨王均, 自汉州进壁昇仙桥。贼来攻, 击败之。既而贼由昇仙桥分路袭王师, 复为有终所败, 遂进屯城北。是也。亦名升迁桥。又三井桥, 在府治北。宋王均作乱, 知蜀州杨怀忠讨之, 入益州, 焚城北门。至三井桥与贼战, 不利而退。

清远桥, 在府北清远江上。唐光启三年, 王建攻成都, 田令孜登楼慰谕, 建与诸将于清远桥上髡发罗拜处也。胡氏曰: 桥在府南太玄楼前。似误。又毁金桥,在府东北。刘宋元嘉十年,蜀贼程道养攻成都,于毁金桥登坛郊天。裴方明自成都出击,大败之。道养退保广汉。即此。

市桥, 府西南六里。七桥之一也。七桥者,曰冲治桥,直西门郫江上,从冲治桥西折北出,曰长升桥,城南门曰江桥,又南曰万里桥,桥西曰夷里桥,又西曰笮桥,或以夷里桥即笮桥,西南则曰市桥。《华阳国志》:西南两江有七桥,皆李冰所作,上应七星。光武谓吴汉曰,安军宜在七桥连星间。汉拔广都,遣轻骑烧成都市桥,既而汉进军成都,郭中述遣延岑伪于市桥挑战,而潜遣奇兵出汉后,袭汉军处也。李膺《益州记》:冲星桥,旧市桥也,在成都县西南四里。《水经注》:成都中两江有七桥,西南石牛门外曰市桥。《图经》:江桥,刘宋孝武改名安乐桥。今曰南虹桥,在城南,又有唐桥,在城东南,此为七桥之一。唐大顺初,韦昭度讨陈敬瑄,与王建合军,昭度营唐桥,建营东閟门外。今圮。或以为即城东五里之观音桥。〇濯锦桥,在府城东门外。《志》云:二江之水,合于濯锦桥南,是也。

马军寨。 府东南三十里。今置巡司于此。《志》云:府城东有锦官驿,城北有旱馆驿。又广都水驿,在府东南三十里。又三十里,曰牧马水驿。〇石笋街,在城西门外。《寰宇记》:蜀之五丁,每一王死,辄为立大石,长三丈,重千钧,以为墓志。今石笋是也。宋嘉熙三年,蒙古塔海入蜀时,制置使丁黼复保成都,塔海自新井入,诈竖宋将旗以绐之。黼夜出城迎战,至石笋街败死。又金沙寺,在南门外江洲中,俗名七星滩。

〇双流县, 府西南四十里。南至眉州彭山县九十里。汉蜀郡广都县地。晋移县治此,兼置宁蜀郡。宋、齐及梁因之。后周郡废,县属蜀郡。隋仁寿元年,改广都曰双流,属益州。唐、宋因之。今土城周二里有奇,编户五里。县今省。

广都废县, 县东南七里。此唐所置之广都县也。《旧唐书》:隋改广都曰双流。唐龙朔二年,复析双流置广都县,仍属益州。龙纪初,王建败西

川将山行章等于广都，即此。宋仍曰广都县，元复省入双流。《一统志》：广
都废县，在府城南四十五里，唐所置即此城也。又有汉广都城，在废县东北
十五里。晋广都城在废县北十二里。似广都有三故城矣。

贵平废县，县东南六十里。汉广都县之东南界。西魏置贵平县，并
置和仁郡治焉，兼领平井、可昙二县。后周废二县入贵平。隋初郡废，县属
陵州。唐仍旧，开元十四年，徙县治禄川，东北去旧城十七里。宋熙宁六年，
废县为贵平镇，属广都县。乾道六年，复置。元废。《郡志》：贵平废县在仁
寿县东北六十里。今简州亦有贵平镇，与县接界云。○瞿上城，在县东十八
里。相传蚕丛氏所都。亦曰商瞿里，以孔子弟子商瞿所居也。今为瞿上乡。
《志》云：县东南十八里有古蚕丛城。又有宜城，在县东南十里。相传汉任
安所筑。县南十里宜城山上又有武阳故城，或以为汉武阳县治，恐误。

应天山，县南八里。唐僖宗幸蜀时赐名。又南二里有宜城山，冈阜相
对，上有宜城，今名紫草山，以山尝出紫芝也。又县东南四十里有圣灯山，一
名普贤山。

牧马川，县东南八里，即二江下流也。蜀先主于此置籍田，牧马江
滨，因名。左思《蜀都赋》：带二江之双流。隋取以名县。《志》云：二江入
境，居民资以灌溉，为堰凡四十有八。其最著者曰檀木、黄水口二堰，灌新
津、双流二县之田。○清水，在县北十里，一名牛饮水。《志》云：昔程郑家
此，群牛饮江处也。

望川源，在县西。《志》云：后汉时凿石二十里，引取郫江水，灌广都
田处也。《华阳国志》：广都有渔田、盐井之饶，江有鱼漕，梁山有铁矿，江西
有安稻田，穿山崖过水二十里，即望川源矣。又县西有龙爪滩。晋义熙三年，
谯纵请桓谦于姚秦，谦至，纵疑之，置于龙格，使人守之。胡氏曰：即广都
龙爪滩也。

野桥箐。在县西南。唐中和二年，阡能作乱，高仁厚讨之。贼立五寨

于双流西，伏兵于野桥箐以邀官军。仁厚谕降之。即此。

○**郫县**，府西二十五里。西至灌县九十里。古卑邑。蜀王杜宇都此。秦置郫县，属蜀郡。汉以后因之。今土城周十里，编户八里。

郫城，在县城北，汉县治此。后汉建武十二年，臧宫自涪城攻拔繁、郫，与吴汉会于成都。郫即此城也。又晋太安二年，李雄攻取郫城，寻自称益州牧，治郫。刘宋元嘉十年，益州贼赵广等攻成都，不克，退保广汉。旋自广汉至郫，连营数百。巴东太守周籍之等进军攻郫，克之。追败之于广汉。梁天监初，邓元起攻刘季连于成都，留辎重于郫，季连将李奉伯间道袭郫，陷之。元起舍郫径围州城，寻下之。皆此郫城也。《志》云：郫城即古杜鹃城。又有冯城，在县北二十里。未详所始。

内江。在县治南。东流入成都县界，亦曰郫江，亦曰沱江。《志》云：县西十里有九曲江，源出灌县，流合郫江，俗呼清白江。○双清河，在县西北十里，自灌县东流，经合江浦，分为二。至县东北，复合为一。又油子河，在县北六里，亦自灌县流经此，俱东南入于郫江。又县南一里有闹市河，源出温江县之鹿角堰。县南五里又有酸枣河，俗呼为坝河，自温江县流入境，下流亦俱合于郫江。

○**温江县**，府西南五十里。南至崇庆州六十里。本郫县地。西魏分置温江县。隋开皇初，省入郫县。仁寿初，复置万春县。大业初，又省。唐武德三年，复置万春县，属益州。贞观初，更名温江，以江水温润为名也。后因之。今土城周三里有奇，编户六里。

鱼凫城，县北十里。相传古鱼凫所都。又北五里有方便城。《志》云：汉朱遵所筑。县西二十五里又有废郭城。

皂江水，县治西南。自灌县流入境，即郫江上源也，亦谓之大皂江。又县有新源水，唐开元二十三年，长史章仇兼琼因隋蜀王秀故渠开导，漕西山竹木处也。

鹿角堰。在县西。《志》云：县境有鹿角、蓝靛口等，凡三十六堰。

○**新繁县**，府西北五十六里。东至新都县二十五里。汉置繁县，属蜀郡，以繁江为名。后汉因之。蜀汉改曰新繁。晋仍为繁县。宋齐以后因之。后周复改曰新繁。隋省入成都。唐初，复置，属益州。今城周六里有奇，编户四里。

繁城，县东北三十里。汉县治此。后汉初，臧宫击公孙述，拔樊、郫，即此繁也。《蜀志》：延熙十年，凉州胡章卜降，姜维徙居之于繁，而迁繁民居新县，故曰新繁。晋永宁二年，李特攻成都，罗尚遣督护张龟军繁城，为特所败。唐文德初，王建攻彭州，西川帅陈敬瑄遣兵壁新繁以救之。明年，建大破敬瑄将山行章于新繁，即今县也。

沱江，县西北十五里。即李冰所凿大江别出处，非《禹贡》江沱也。自彭县流经县界，入华阳县境，即流江之上源，成都人谓之外江也。《志》云：县北十里又有清白江，源出灌口，下流入沱江。宋赵忭过此，曰：吾志如此江清白，因名。又有九井河，在县南五里。相传亦李冰所凿。今湮。

湔泄口，在县西。《水经注》：成都江北则左对繁田，汉文翁又穿湔泄以溉灌之，凡一千七百顷。《志》云：湔水自灌县东北流经县界，入新都县。即此水矣。又县有火烧、长乐、杨柳等二十三堰，皆节沱江之水。

沱江驿。在县南。唐置驿于此，以沱江为名。咸通十一年，将军宋威援成都，败南诏于新都，进军沱江驿，距成都三十里。既而蛮战毗桥，不胜，趣沱江，为伏兵所败，即此。今废。

○**新都县**，府北六十五里。东北至汉州六十里。汉县，属广汉郡。后汉因之。蜀汉尝置新都郡。晋初，移置新都郡于雒县，以县属焉。太康中，郡废，还属广汉。宋、齐因之。梁置始康郡。西魏郡废。隋开皇十八年，改新都曰兴乐。大业初，省入成都。唐武德二年，复置新都县，属益州。今城周五里有奇，编户五里。

新都旧城，县治东二里。汉县治此，法正依刘璋为新都令，即此城也。唐咸通十一年，南诏围成都，东川帅颜庆复驰救，次新都，别将曾元裕击败蛮兵。文德元年，王建攻陈敬瑄于成都，军新都以逼之。大顺二年，敬瑄党杨晟欲自彭州饷成都，建据新都，彭州道绝，即今县也。

金水废县，县东南七十里。本新都县地，唐置金水县。宋曰怀安军。今详见金堂县。《志》云：县治南一里有始康城。晋末，置始康郡，寄治成都，始康县属焉。宋、齐因之。西魏废。即此城矣。

繁阳山，县南十五里。众山连接，孤峰特起，上有麻姑洞。又赤岸山，在县南十七里，山赭色，岸边若有火光，顶有涌泉，周回数丈，一名宋兴成山。《志》云：山高百四十丈，周三十余里。○龙门山，在县南十里，山有龙洞。县北八里又有丽元山，高三丈许，群山余脉也。

雒水，县东六十里。自汉州界流经此，有湔水自新繁县东北流，过县北，入汉州境，与雒水合。复南流过县东，入金堂县界。又有绵水，亦自汉州界来，至县东北而合雒水。《水经注》：绵水与湔水合，亦谓郫江也。或曰：晋永宁初，罗尚缘郫水作营，以拒李特，盖即此处。恐误。湔水即府境之外江矣。余详大川。

毗桥河，县南八里。源出灌县，下流入金堂河。或云，湔水之支流也。旧《志》：怀安军有中江，从汉州弥牟水、雒水、毗桥水，会为一江，盖即雒江矣。又龙门、千工等堰，皆在县界，节毗桥河之水。

弥牟镇，县北三十里，接汉州界。亦名八阵乡，有武侯庙。《益州记》：弥牟镇有八阵图，其图土城四门，中起六十四魁，八八行。魁方一丈，高三尺。《纬略》曰：八阵图在新都者，峙土为魁，植以江石，四门二首，六十四魁，八八成行，两陈并峙，周凡四百七十二步，魁百二十有八。《成都图经》：八阵凡三：在夔者六十有四，方陈法也；在弥牟者一百二十有八，当头阵法也；在棋盘市者二百五十有六，下营法也。棋盘市亦曰南市，在废广都县，有武侯陈营基。万历中，奢崇明作乱，自重庆蔓延而西，入新都，官军败之于牛头镇，遂复新都。或曰，牛头即弥牟镇，音讹也。

毗桥。县南十里。毗桥河以此名。晋永宁初，李特攻罗尚于成都，遣其弟骧军于毗桥。唐咸通十一年，南诏攻成都，成都将王昼以援兵军毗桥，遇蛮前锋，与战不利，退保汉州。既而将军宋威败蛮军于毗桥，即此。○鸡踪桥，在县北三十五里。旧《志》云，弥牟镇北有鸡踪桥。后唐长兴三年，孟知祥以董璋克汉州，将兵赴援，至弥牟镇，赵廷隐陈于镇北。明日，陈于鸡踪桥，别将张公铎陈于其后，董璋陈于武侯庙下。知祥登高冢督战，大败东川兵，即此桥也。今湮。

○**彭县**，府西北九十里。北至龙安府石泉县百十里。周为彭国。秦为蜀郡繁县地。汉晋因之。刘宋元嘉十二年，侨置晋寿县，并置南晋寿郡治焉。齐又改县曰南晋寿。梁仍曰晋寿县，兼置东益州。后周州废，改郡曰九陇郡，又改县为九陇县。隋初，郡废，县属益州。仁寿初，复置濛州。大业初，州废，县属蜀郡。唐初，复置濛州。贞观初，废。垂拱二年，改置彭州。天宝初，曰濛阳郡。乾元初，复曰彭州，又置威戎军。宋仍曰彭州，亦曰濛阳郡。元因之。元末，以州治九陇县并入。明初，改州为县。今城周三里有奇，编户七里。县今省。

九陇故城，县北三十里。《志》云：隋县治此，唐移今治，并置彭州治焉，后皆因之。今县有土城，唐宋以来故址也。前朝成化初，修城浚濠，复筑堤环城，以防水患。又晋寿城，在县西北三里，刘宋时置县于此。《寰宇记》：西魏改晋寿郡曰天水郡，寻又改曰九陇郡，以九曲山名也。今亦曰天水故城。或曰：非也。唐彭州有天水、唐兴二府兵，城盖因天水名。

濛阳废县，县东二十一里。唐仪凤二年，分九陇、雒、什方三县地置，属彭州，在濛江之北，因名。龙纪初，王建攻西川帅陈敬瑄，敬瑄将山行章自新繁败屯濛阳，即此。宋初，仍属彭州。元因之。明初省入彭县。今为濛阳镇。又堋口废县，在县西北二十五里。宋熙宁二年，置堋口县。四年，省入彭县。今为堋口镇。《郡志》：县东十五里有蛮子城。唐咸通中，南诏蛮寇成都，尝筑城于此以拒官军，因名。

九陇山，县北四十一里。自崇宁县连冈起伏入县界，曲折凡九。祝穆曰：九陇者，古彭州之西山，一伏陇、二豆陇、三秋陇、四龙奔陇、五走马陇、六骆驼陇、七千秋陇、八较车陇、九横檐陇，故有九陇之名。〇葛仙山，在县北四十里。《云笈七签》云：山有二十四峰，八十一洞，亦曰葛璝山。道家谓之阳平化，蜀王衍游乐于此。又有漓沅山，在县北六十里。

彭门山，县北三十里。两峰对立，其高若阙，名天彭门，亦曰天彭阙。《水经注》：江水自羊膊岭东南下百余里，至白马岭西，历天彭阙，亦谓之天谷，山之后曰丹景山，蜀王衍游乐处也。《明史》：嘉靖十九年，大水自丹景山溢，历崇宁、新繁、新都、金堂，漂没庐舍，沉溺甚众。又至德山在县西三十里，蜀王衍游是山，患其高峻，别开一径以登。一名茶笼山。〇大隋山，在县北三十五里，泉石殊胜。又北有中隋山，山高三十里，三四月间，积雪始消，下视白鹿、葛仙诸山，真培塿也。山之后又有九峰山，山高大，北连茂州境。《志》云：白鹿山，在县西北二十里，亦高秀。

沱江，在县南，李冰所导之支流也。自崇宁县流入界，又东径新繁县北。唐武后时，彭州长史刘易从决唐昌沱江，凿川派流合堋口垠岐水，溉九陇、唐昌田。宋乾道三年，彭州守臣梁介修复三县一十余堰。灌溉之利，及于邻邦。三县，九陇、永昌、濛阳也。时彭州领县三。〇濛江，在县东，亦曰弥濛水，源出九陇山，至濛阳故县南，合于沱江。

王邨河，县北三十里。源出九峰山，经堋口镇，又南至竹鸡河，合白水、黑水、中隋、乾溪、大隋、白鹿七河，注于沱江。常有戍兵哨守，以防茂、绵之寇。〇鹿耳溪，在县北四十五里，源出县西北曲尺山，东流入新繁县之清白江。又白石沟泉，出县北七十里之小峡山，流入汉州，注金堂峡。今有白石沟巡司，在县北六十里。《志》云：县境有马鸣、麻柳、罗江、济民、石洞、上下舟江，凡十四堰。

静塞关，在县西北。《唐志》彭州有静塞关。○三交镇，在县西，唐龙纪初，王建破西川兵于新繁。时陈敬瑄党杨晟军于彭州，惧，徙屯三交，即此。

威戎戍。在县西北。《唐志》彭州有威戎军，盖置于此。又有朋笮守捉城，或曰即今堋口废县也。又有安远、龙溪二城及当风戍，《新唐书》俱在彭州界。

○崇宁县，府西北八十里。西南至灌县九十里。本郫、导江、九陇三县地。唐仪凤二年，置唐昌县，属益州，寻属彭州。长寿二年，改为周昌县。神龙初，复曰唐昌。《五代会要》：梁开平八年，改唐昌曰归化县。后唐同光初，复曰唐昌。晋时，为彭山县。汉复曰唐昌。时蜀未尝奉中朝正朔，盖皆遥改也。宋初，为永昌县。崇宁初，改今名，仍属彭州。元因之。明初，州废，改今属。城周四里，编户三里。县今省。

金马山，县北二十里。相传山似云南之金马，因名。又铁砧山，在县西六里。《志》云：武侯铸铁砧于此，以造军器。○三面山，在县北六十里，上有龙湫，径不盈尺，而水常不绝。

沱江。在县南。自灌县流入，又东入彭县界。《志》云：县境有万工、龙口、七星、平乐等十六堰。

○灌县，府西百二十里。东至郫县九十里。本汉郫、绵虒、江原三县地。蜀汉置都安县，属汶山郡。晋徙都安于灌口。宋、齐仍属汶山郡。后周省入汶县。唐武德初，置盘龙县，旋改曰导江，初属益州，寻属濛州。贞观二年，州废，仍属益州，又改县曰灌宁。垂拱中，属彭州。开元中，复曰导江县。五代时，孟蜀置灌州。宋仍曰导江县，属永康军。熙宁五年，军废，县属彭州。元祐初，复故。元复曰灌州，以导江县省入。明初，改州为县。今城周八里，编户六里。

　　导江废县，在县东二十里。蜀汉置都安县，又在故县东。晋移县于灌口。后周县废。唐初，复于灌口置盘龙县，又改曰导江。咸通十年，南诏寇邛州，定边节度使窦滂弃州走导江。宋仍为导江县，属永康军。元至元十三年，省入灌州。今为导江铺。《志》云：今县治，故导江县之灌口镇也。唐开元中，置镇静军于此。贞元初，南诏吐蕃合兵入寇，分道趋茂州，逾汶川，侵灌口，或谓军即是时所置。宋乾德四年，改为永安军，寻曰永宁军。太平兴国三年，又改为永康军。熙宁五年，废为灌口寨。九年，复即导江县带永康军使，隶彭州。嘉定二年，知军虞刚简言，本军近接威、茂，并青城一带山，不五七十里，即是夷界。唐吐蕃入寇自此途出，距成都百二十里而近，其为紧切，甚于黎、雅。是也。元改军为灌州，以导江县省入。《郡志》云宋永康军治导江县，误。今县有石城，明弘治中筑。

　　青城废县，县南四十里。汉江原县地，萧齐置齐基县，属汶山郡。梁因之，并置齐基郡。后周，郡废，改县曰清城。隋初，属益州。大业初，属蜀郡。唐仍属益州，垂拱中，改属蜀州。开元十八年，又改清城曰青城。宋乾德四年，改属永安军。熙宁三年，军废，还属蜀州。元祐中，复置，属永康军。元至元十三年，省入灌州。《志》云：县西南又有赤城，在青城山下。

　　青城山，县西南五十里。连峰接岫，奇胜不一，为郡境之巨镇。自是而西南有成都、高台、天仓、天国诸山，又有圣母山及便傍诸山。便傍山外即为番境，盖天所以界华夷也。俱详见名山青城。

　　灌口山，县西北二十六里。汉文翁穿湔江溉灌平陆处也，亦曰金灌口，以春耕时需水如金而名。李膺曰：湔水路西七里灌口山，古谓之天彭门。李吉甫云：后魏于此置灌口镇，自此迄千顷山五百里间，两崖壁立，瀑布飞流，十里而九，昔人以为井陉之地。《郡志》云：县北三十里有汶山，李冰谓之天彭门，李膺谓之天彭关，以两山对峙如关也。盖即灌口山矣。又离堆山，

《志》云：在县西一里，即李冰凿涸崖以避沫水之害者。或曰：离堆亦即灌口山，《志》误也。

玉垒山，县西北三十里。左思赋：包玉垒以为宇。郭璞《江赋》：玉垒作东别之标。是也。有玉垒关在其下。又灵岩山，在县西北五里，岩常出云，旁有泉出石穴中。又有风洞，风出如吼。《志》云：县西三十五里有韫玉山，山石似玉，一名永康石。

观坂，在县西。蜀汉建兴十四年幸湔，登观坂，观汶水之流，是也。晋泰始八年，皇甫晏为益州刺史，讨汶山白马叛胡，至观坂，为牙门将张弘所杀。或云，坂在湔堰之上，亦曰观江陂。〇牡丹坪，在县西南八十里。《胜览》：自青城之长平山扪萝而上，由鸟道三十里至此，有平阜数十亩，高树蔽天，异花香艳，如牡丹然，因名。

湔江，县西北三十三里。亦曰都江，亦曰湔堋江。《汉志》注：玉垒山，湔水所出。郦道元以为蜀相开明所凿，又即古离堆也。岷江南流至此，秦李冰凿离堆，分江东北流，曰石渠水口，自此正流引而南，入崇庆州界，支流分三道，环绕成都之境，资以灌溉，为利甚溥。《郡志》：县西南七十里有沫江，盖即大江别名也。江中石高数丈者，名大坎，次者，名小坎。疑即所谓离堆矣。其水南流入崇庆州界，东北出为湔江也。又有沱江，在县南十五里。或曰，此即郫江上源，灌人谓之沱江。〇石定江，在县西南十五里，源出丈人山，下流入于都江。丈人山，《志》云：在县西南五十五里，盖即青城山矣。又白沙江，在县西十一里，源出茂州山中。又县西十里有尤溪水，亦自茂州流入境，俱合于都江。

乾溪，在县东北。湔江所经也。《志》曰：石渠之水，自离堆别而东，与上下马骑乾溪合，又东北至彭县界，会于王邨河。

湔堰，在县西。即离堆口也，亦曰都安堰，又谓之金堤。左思《赋》西逾金堤，谓此。诸葛武侯北征，以农为国所资，调征丁千二百人，主护此堰。

《水经注》：都安县有桃关，李冰作大堰于此，谓之湔堋，亦曰湔堰。今为犍尾堰。元至元初，因故址兴修，分江道水，因势潴堰，以铁石为堤防，然后潴泄尽利，至今犹以时修治。○百丈堰，在湔堰之东，亦李冰所造。《志》云：百丈堰灌田数千顷，蜀以富饶。其东又为石门、广济诸堰，凡数十处。其著者，曰金鸡、颜上、石牛、五斗、将军、布袋、大小宝瓶、上下马骑等堰。又侍郎堰，在百丈堰之西，《唐志》云：侍郎、百丈诸堰，皆龙朔中筑，引江水以溉彭益之田。又有小堰，长安初筑。

玉垒关，在县西玉垒山下。唐贞观初建，乃番夷往来之冲也，亦曰七盘关。又蚕崖关，在县西四十里。《志》云：当岷江之北、松茂驿路之冲。后周天和二年，创立石路，巉棱如簇蚕，因名。熙宁五年重建，元末毁于兵火。今置巡司，关外有宋时所置蚕崖市，夏夷互易之地，盖置关以绝西羌窥伺之端也。

盐井关，在县西白沙河北。又有水西关，在白沙河南。元人修都江堰，谓盐井关限其西北，水西关据其西南，即此。○獠泽关，在县西南百里，董卜韩胡通华捷径也。

羊灌田戍，在县西。唐置羊灌田守捉城于此。元和初，高崇文将高霞寓追叛帅刘辟，及之于羊灌田，辟赴江不死，擒之。即此。又有白沙守捉城，唐开元中置，以白沙江名。又绳桥守捉城，亦在县西，唐置。《志》云：今县西四十里有金绳渡，即绳桥故址云。○三奇戍，在县西。《新唐书》导江县有木瓜戍，又有三奇戍。贞元中，韦皋使镇静军使陈泊统兵出三奇路，伐吐蕃，是也。

虚阁栈道，县西十里。《古今集记》：县西十余里有虚阁栈道，二十五里有石笋阁道，三十里有龙洞阁道。又有飞赴渡在县东南二十里，筒槽渡在县东南四十里。盖县当水陆之险也。《志》云：今县治东南有永康驿。

珠浦桥。县西二里。索桥也，亦谓之绳桥。长百二十丈，阔一丈。或云：即今县治西南一里之凌虚桥。又有溜筒桥，在县西四十里，两岸石柱以竹绳横牵，斫木为筒，状似瓦，覆系绳上。渡者以麻绳缚系筒下，仰面缘绳而过，南通滋茂乡，与汶川界。今易为绳桥。

○金堂县，府东七十里。东南至简州亦七十里。本新都县地。唐咸亨二年，析置金堂县，属汉州，以金堂峡名。宋乾德五年，改属怀安军。元初，属怀州。至元二十年，并州入金堂县，改今属。明因之，县城周五里有奇，编户八里。

怀安城，县东南五十里。本牛鞞县地。西魏置金渊县，并置金渊郡治焉。后周郡废。隋属益州。唐武德初，改曰金水。三年，以县属简州。宋乾德五年，置怀安军治焉。元初，升为怀州，寻并县入州。至元二十年，又并州入金堂县。旧《志》：怀安城有石城在其左，白塔在其右。台山西峙，峡水东流。今遗址尚存。又白牟废县，在县东，亦西魏时置。后周废入金渊县。

三学山，县东北十里。唐景福元年，王建攻杨晟于彭州，兴元帅杨守亮遣将符昭救之，径趋成都，营三学山，建将华洪拒却之。王衍尝游畋于此。《志》云：山下有隘口，壁立千仞，惟一路可通人骑，谓之三学隘。

云顶山，县南五十里。本名石城山，状如城，顶平可十亩许，有神泉。唐天宝六载，改为云顶。宋淳祐三年，余玠帅蜀，城云顶以备外水，为利州治所。宝祐六年，蒙古将纽璘侵蜀，入成都。蜀帅蒲泽之命其将杨大渊等守剑门及灵泉山，自将兵取成都。纽璘大破大渊等兵于灵泉山，进围云顶山，扼其归路，城降于蒙古。由是成都彭、汉诸州悉陷。灵泉山，见潼川州遂宁县。○盘龙山，亦在县南五十里。山势盘旋，起伏如龙。又九头山，在县东南五十里。有九峰并峙。其相近者又有金台山，以高耸如台而名。

昌利山，县东北十二里。上有石室三门，可容数十人，俗呼三龙门。又万安山，在县北十六里，山分三脊。相传洪水时，栖于其上者万人，俱得免，因名。

金堂峡，县东二十里。两山拱峙，河流其中。相传望帝相鳖灵所凿。宋转运使韩璩复修之以通舟楫。亦曰峡口。《图经》：旧金堂县治峡口，今县治为古城镇云。

金堂河，在县东。以金堂峡而名，即湔水、绵水、雒水会流处也。自新都入县界，至县东南五十里出金堂峡，而入简州资阳县界。《胜览》：县治南有大江、中江、北江，世谓之三江。误。○古城河，在县南。《志》云：旧自二江分流，由灌子滩径县东南之斜滩，会于金堂河。又柳溪，在县东北七十里，下流亦入于金堂河。《志》云：县境有马朋、仿车、后江、白水、石龙等堰，共五十六处，皆分流溉田。

通海镇。县东五十里，有盐课司。《志》云：县西北有黄连隘，县东南有焦山、斜滩二渡，县境津要处也。○白芳镇，在县东南。《九域志》金水县有白芳镇。唐同光二年，唐兵伐蜀，前锋至利州。蜀将王宗勋等西走，追及主帅王宗弼等于白芳，合谋送款于唐，即此。

○**仁寿县**，府东南二百里。西至眉州八十里，东北至简州七十里。汉犍为郡武阳县之东境。刘昫曰：晋置西城戍。宋白曰：太元中，益州刺史毛璩置西城戍，即其地也。梁置怀仁县，并置怀仁郡治焉。西魏改县曰普宁，并置陵州于此。隋开皇初，郡废。十八年，改县曰仁寿，仍为陵州治。大业初，改州为隆山郡。唐初复曰陵州。天宝初，曰仁寿郡。乾元初，复曰陵州。俱治此。宋初因之。熙宁五年，废为陵井监。宣和四年，改曰仙井监。隆兴初，又改为隆州。元至元二十年，并州入仁寿县。明朝因之。县旧有石城，不及二里。今无城，编户十三里。

废籍县，县北百十里，接华阳县界。《隋志》云：西魏置籍县，属陵州。大业初，省。刘昫曰：梁置席郡，后改为县，西魏讹席为籍也。一名汉阳戍。唐永徽四年，复置籍县，属陵州。宋因之。熙宁五年，废入广都县。乾道六年，复置。元初，废。又贵平废县，在县东北六十里，今详见双流县。○

蒲亭废县，在县南十五里。西魏置蒲亭县，隋改曰井研。唐武德四年，自拥思范水南徙，即今井研县也。又唐福废县，《志》云，在县北四十五里。建置未详。

三隅山，在县城外，东西南三隅相对，而治居其中。治南有陵井，三隅去井各一里。西隅曰跨鳌，南隅曰繄斯，东隅曰飞泉。《图经》：隋仁寿元年，獠反。百姓城于山顶避难，有飞泉涌出，獠平泉涸，因呼为飞泉山。又治西南有隆山，隋以名郡，今曰鼎鼻山。治东北又有印山，以山形方整而名。

石矩山，县东北八里。亦名石城山。有石壁如城，绝顶望见峨眉。西魏末，江州刺史腾骄讨陵州叛獠，獠因山为城，攻之难拔。腾陈伎乐于城下一面，獠弃兵携妻子临城观之。腾潜师三面俱上，叛獠遂平。○唱车山，在县东北六十里，《志》云：在旧贵平县南八里，自巴郡至蜀之通道也。山近盐井，闻推车歌唱之声，因名。

玉屏山，县西二十里。群山环聚，玉屏为之冠。又金华山，在县北百十里。山下有池，广数十亩。左有卧龙山，右有仙牛山。○丽甘山，在县东南二十里。山下有盐井，产盐甚甘。相传山神十二玉女所开，因名，今井灶犹存。

蟠溪，在县东飞泉山下，又县北百里有兰溪，下流俱入简州界，为赤水之上源。○禄水，在县北八十里。水多鱼虾，因名。自双流县流入境，下流合于兰溪。唐开元中，移贵平县治禄川，即此水也。

盐井，在治南少西。有艳阳洞，亦曰焰阳，即咸泉之源也。亦曰陵井，亦曰仙井。宋置监于此。《志》曰：府境有盐井，大小不一。惟仁寿及简州所出至多，民资其利，有仙泉井盐课司，在县治南半里。

汉阳堰，在废籍县东五里。唐武德初，引汉水溉田二百顷，后废。文明元年，县令陈充复置，后又废。汉水盖即雒水云。又县有方家坝、草狭沟、鸳鸯池、太平桥等十三堰。

龙爪驿。县北百二十里，水道所经也。

〇井研县，府东南百五十里。东北至仁寿县六十里。汉武阳县地。西魏置蒲亭县，隋改置井研县，属陵州，在今仁寿县境。唐武德四年，移县治此，仍属陵州。宋属陵井监。元初属隆州，寻与州俱省。至正末，伪夏复置井研县，属成都府。明洪武十年，废，寻复置。今城周三里有奇，编户三里。

始建废县，县东四十里。隋开皇十一年，析井研县地置始建县，属陵州。隋末，废。刘昫曰：唐武德四年，置始建镇，明年改置始建县，旧治拥思水。圣历二年，移治荣祉山，即是县也。宋初，仍属陵州。咸平四年，废入井研县，为始建镇。《郡志》：始建废县在仁寿东南三十里，盖境相接也。又晋末侨置江阳郡，寄治武阳，齐、梁因之。刘昫曰：井研县，东晋置江阳郡，魏改置浦亭。是也。

铁山，县东北六十里。出铁刚利，诸葛武侯取为兵器。宇文周保定二年，铁山獠叛，抄断内江路，使驿不通。总管陆腾进军讨之，一日下其三城，招纳降附者三万户，即此山之獠也。〇磨王山，在县南三十里。旧《志》云：山绵亘广远，接嘉、眉、荣、隆四州之境。又井镬山，在县北二里。山俯临镬井，因名。

宴嘉池。县北五里。井镬诸山之水汇流于此，分为二支，萦带县北，邑人多游宴其上，因名。《志》云：县无长川巨浸，有堰百余，池塘四百余，皆储诸山溪之水以溉田。又研井，在县南七里，县因以名。其相近又有思陵井。

〇资县，府东南三百里。东至内江县百二十里，西北至资阳县百里。汉置资中县，属犍为郡。后汉建武十一年，岑彭等伐公孙述，述使其党悉兵拒广汉及资中，即此。晋仍属犍为郡，宋齐因之。梁亦为资中县。后周改置盘石县，并置资中郡，又自阳安县移资州治焉。隋开皇初，郡废。大业初，改州为资阳郡，唐复改郡为资州。天宝初，亦曰资阳郡。乾元二年，复故。寻又置安定军于城内。宋亦曰资州，仍治盘石县。元州县俱废，明玉珍复置资州。明初降州为县。县无城，今编户十三里。

盘石废县，县治北三里，即后周所改置县也。隋、唐以来，皆为州郡治，元省。《北史》：周保定二年，资州盘石人反，杀郡守，据险自守，州军不能制。总管陆腾率军讨击，破斩之。而蛮子复反，所在蜂起，山路险阻，难得掩袭。遂量山川形势，随便开导，蛮獠畏威，承风请服。所开之路，多得古铭，并是诸葛亮、桓温旧道云。《宋志》：盘石县有盐井一，铁冶八。

月山废县，在县西。刘昫曰：本资中县地。隋义宁二年，置月山县。唐属资州。宋乾德五年，废。又丹山废县，在县西北二十里。唐贞观四年置，属资州。六年，省入内江。明年，复置。宋乾德中，与月山同废。又银山废县，在县东四十里，亦义宁二年置，属资州。宋乾德中，废为银山镇。今有银山巡司。〇龙水废县，在县西南八十里。隋义宁二年，析盘石县地置，属资州，有溪水屈曲蟠拥犹龙。又有龟山，依山陇为城。《志》云：隋置县于龟龙溪。是也。宋宣和二年，改龙水为资川，寻复旧。淳祐二年，县废。今为龙水乡。又《唐志》资州城内有安夷军。贞元二年，西川帅韦皋奏置军于此，维制诸蛮，是也。

重龙山，县治北二里。嵱嵷盘屈，隐若龙转。上有天池，大旱不竭，乃资中之胜也。一名四岩山。东岩在城东三里，西岩在城西六里，皆奇胜。其北岩又有泉曰君子泉。又盘石山，在县西北一里，后周以此名县。又西北五里曰丹神山，丹山县以此名。旧《志》：县北二里又有醮坛山，《盘石迁治记》云珠江流前，丹神拥后，灵岩蟠其右，醮坛据其左者也。醮坛，盖重龙之支阜矣。

玉京山，县西南五十里。峭险壁立，插天连云。上有观曰太霄，一名玉清山。又灵岩在故龙水县西三里，即《迁治记》所云灵岩蟠左者也。

珠江，在县治南，即雒江所经也。自简州东南流入境，又东四十里为资江，水深百尺，为群川总会之所，流入内江县界。《志》云：县境有蒙溪、鸳鸯、石桥等堰六十一处，皆分引珠江，下流以溉田。〇罗泉井，在县西百二十里，产盐，有盐课司。

龙泉隘。在银山镇，镇北为杜家沟，有龙泉洞。万历中，奢崇明作乱，据重庆，西犯成都，泸、叙，诸郡邑望风瓦解。内江之桟木镇、资县之龙泉诸隘口俱失。贼遂向成都，败官军于资阳之九泉山。〇珠江驿，在县治东一里，水道所经也。

〇**内江县**，府东南四百三十里。西至资县百二十里，北至潼川州安岳县九十里。汉资中县地。后汉置汉安县，属犍为郡，后废。后周置汉安戍，寻改置中江县。隋曰内江，属资州。唐、宋因之。元省，后复置。明初改今属。城周九里，编户一十六里。

清溪废县，县东北八十里。汉资中县地。后周为盘石县地。隋末，分置牛鞞县。唐初，属资州。天宝初，改名清溪。宋乾德五年，废入内江县。《志》云：县治西二里，有内江旧县。又宋绍兴末，尝置安夷军于内江云。

将军山，县北八十里。唐初夷獠扰掠，将军薛万彻讨之，屯兵于此，因名。又铧影山，在县西二十九里，有二泉，更流迭止，与晦朔相为盈缩。

三堆山，县西二十里。尖峰插汉，中江所经。又县东南七十里，有石笋山。下圆上锐，耸峙云表。形家以三堆为邑之天阙，石笋为地轴云。〇化龙山，《志》云：在县西二里，山极幽胜，一名翔龙山。又县南二十里，有高峰山，滨江有洞，曰会真。

中江，县城西北。自资县流入，即雒江也。径资县为资江，至此为中江。《志》云：中江历资江而东，径三堆山下，西折而东，至县复东折而南，至桟木镇又南折而西，至黄市。市距三堆十五里，一水周环九十余里，县当其中，故曰内江。江去城不百武，城内西北街有桂湖，与江相通，盈缩清浊皆同也。中江又东南经富顺县，至泸州，会于岷江。

玉带溪，县西南二里。下流合于中江。又长堰池，在县南三十里，有灌溉之利。池北为天生堰，亦引水灌田处也。〇黄市井，在县西南二十里。产盐。《宋志》云：内江有六十六盐井，此其一也。今有黄市井盐课司。

梓木镇。县南三十里，亦曰梓木关。接重庆府荣昌县界，有巡司戍守。又有安仁马驿，在县南十里。

〇安县，府北二百八十里。东北至龙安府百九十里。汉涪县地，属广汉郡。唐为龙安县地，属绵州。宋初仍属绵州，后属石泉军。宝祐后，为军治所。元中统初，置安县。五年，升为安州。明初，改州为县。城周不及三里，编户七里。

神泉城，县南五十里。汉为涪县地。梁侨置西充国县，属巴西郡。西魏因之。隋初，属潼州。开皇六年，改曰神泉县，属绵州。刘昫曰：以县西有神泉，能愈疾也。唐初，仍属绵州。元和初，西川帅刘辟叛，山南西道严砺遣将严秦败刘辟兵于神泉，是也。宋初，仍属绵州。政和七年，改属石泉军。《九域志》：神泉县，在绵州西北八十五里。元中统初，省入安州。《志》云：今神泉坝即其地。

龙安废县，县东北九十里。《隋志》云：旧置益昌、晋兴二县于此。西魏省晋兴入益昌。后周别置金山县。开皇四年，省益昌入金山，属潼州，寻属绵州。唐武德三年，改县曰龙安县，仍属绵州。宋因之。政和七年，改属石泉军。宣和初，改县曰安昌，寻复故。宝祐中，移石泉军治此。元省入安州。又西昌城，在县东三十里。齐、梁时，益昌县治此。隋废。唐永淳元年，改置西昌县，属绵州。李吉甫曰：利州有益昌，故此名西昌也。宋初，仍曰西昌，寻废。今名花家镇，为市集贸易之所。

龙安山，县北十里。林泉殊胜。《志》云：隋开皇中，蜀王秀尝立亭馆于此，唐以此名县。又北二里曰九顶山，亦高耸。〇浮山，在县南二十里，有十二峰，峭拔如屏，突出平野。又西昌山，在县南二十五里。本名马鞍山，唐天宝六载，改曰西昌。又透山洞，在县东三里，南入北出，可容千人。

龙安水，在县北。一名安昌水，自石泉县流入境，又东入绵州界，合于涪水。《志》云：县南七十里有黑水，南流入罗江县界。○神泉，在县南五十里。其泉涌出平地，旧传冬温夏沸，能愈人疾。今否。《元和志》：神泉县西三里有泉十四穴，甘香异常，痼疾饮之，即差，名曰神泉。

折脚堰，在废神泉县北二十里。唐贞观元年置，引水溉田，大为民利。○云门堰，在废龙安县东南二十三里。唐贞观元年筑，引县东茶川水以溉田。《志》云：县自云门而下，有白马、黄土、芭蕉等堰，凡十二处。

睢水关，县西四十里，南去汉州绵竹县四十五里。《志》云：关面山负水，平衍饶沃。其西三十里名绵堰堡，绵水发源处也。关东三十里为叠溪堡，乃白草番后路，形势孤悬，安、绵倚为保障，故睢水关之戍守切焉。《志》曰：安县东至涪城，西极绵竹，南通罗江，北达石泉，境内虽无番族，然而迫邻睢水、曲山、叠溪诸关堡，则天池、大坝、白草、青片诸寨，亦其接壤矣。

曲山关，县北六十里。当平武、石泉及县境三路之要，亦曰曲山寨。成化十四年，抚臣张瓒自松潘移师叠溪、茂州，以曲山三寨负固不服，击破之，即此。又有小坝关，在县东。《志》云：县境之关三，睢水、曲山、小坝是也。又县北有三盘寨。《宋志》隆安有三盘寨及茶场。又有石关寨，在县南废神泉县境。○擂鼓坪堡，在县境。《志》云：县境之堡十一，曰擂鼓、后庄、香溪、叠溪、曲溪、三江、灵鹫、枧槽、马尾、白水、龙蟠是也。

高观。县南三十里。有一峰突起，其上坦平，登临四望，远见百里之上，因名。又县东五里曰云梯，以石径萦纡也。县北十里曰石门，两旁皆山，路由中过，因名。

附见：

宁川卫。府治东四里。洪武十二年建。又成都左护卫，在府治南六里，洪武中，为蜀府建。又有成都中、前、后及右四卫，俱在府城内，各领千户所五。

灌县守御千户所。在县城内。洪武七年置，属成都右卫。

〇简州，府东南百五十里，东北至潼川州安岳县百八十里，东南至资县二百里，西南至眉州百八十里。

秦蜀郡地，汉犍为郡地。晋永和中，改属蜀郡。宋、齐因之。西魏于此置资州及武康郡。后周因之。《隋志》：后周徙资州治资中，而郡如故。资中，即今资县。隋开皇初，郡废。仁寿初，置简州。大业初，州废，仍属蜀郡。唐武德初，复置简州。天宝初，改阳安郡。乾元初，复故。《志》云：贞元中，置清化军于城内。宋仍置简州亦曰阳安郡。元因之。至元二十年，以州治阳安县省入。明洪武六年，改州为县。正德十年，又升为州。编户十一里，领县一。今亦曰简州。

州密迩成都，江山殊胜，处于高卬，鱼稻常饶。西川盐利，简州为最，沃饶之称，良有以也。

阳安废县，今州治。本汉牛鞞县，属犍为郡。后汉因之。东晋时曰鞞县，属蜀郡。义熙九年，刘裕使朱龄石伐谯纵，纵遣其党谯抚之屯牛鞞，龄石使别将臧熹自中水向广汉击斩之。宋亦曰鞞县，萧齐复曰牛鞞，梁因之，俱属蜀郡。西魏改曰阳安县，为武康郡治。隋、唐为简州治，宋因之，元省。《志》云：今州治西一里有古牛鞞戍，即故县也。州治东二里为废阳安县。自元以前，县盖治此。又州有石城，东抵江，西抵绛水溪。成化中，因故址修筑。正德十二年以后，复增修之，周四里有奇，门三。

平泉废县，州西南五十里。本牛鞞县地，西魏置婆闰县，属资州。隋开皇十八年，改曰平泉县，属益州，寻属简州。刘昫曰：婆闰故县，在今县南九十里。隋移县治于赖黎池，因改曰平泉县，旁有池涌泉也。唐仍属简州。元至元二十三年，省入简州。

石鼓山，州东北十里。《志》云：昔蜀将许都军平定羌戎，回登山击石鼓犒将校，因名。又州城四面有四岩山。东西两岩去城五里，南岩去城一里，北岩去城二里，为附郭之胜。○玉女山，在州东北二十里。山东北有泉，西北有悬崖，腹有石乳房十七眼，土人呼为玉华池。又赖山，在州东北五十里。下有赖简池，州以此名。州东北八十里，又有柏茂山，峰峦卓立，为群山之首。

长松山，州西七十里。与华阳接界，为州西之夆厹，界内诸山，皆发脉于此。稍南曰分栋山。《益州记》：蜀人谓岭为栋也。《寰宇记》：分栋山，北连秦、陇，南入资、泸，东北入静戎军。刘泾云：自成都趋陵、简，必过分栋山。山周数百里，高大阻险，以石次第为步。巅有亭曰少休，与分栋相接者又有大塔山。○逍遥山，在州西三十里。上有悬崖，崖有东西两室，称为幽胜。又盘龙山，在县北八十里。相传先主尝立寨于此，其下有普济泉。又天台山，《志》云：在县南八十里，上有三峰，如三台然。

雁水，在州城东，即雒水之别名也。其上流为金堂河，流经州界谓之雁水。相传水中尝出金雁，亦曰金雁水。又东南经资县而为资江之上源。《志》云：州境有阳明镇、花鹿沟、官斗沟、平太镇、虎头、长沟等堰六十五处，皆节雁、绛诸水以溉田。

赤水，在州治南。一名绛水。自仁寿县流入界，经故平泉县流至此。又东与雁水合，亦谓之牛鞞水。晋太安二年，罗尚守成都，为李特所攻，尚军无食，夜出牛鞞水东走。五代唐长兴三年，董璋侵孟知祥，至汉州，西川将潘仁嗣拒之，战于赤水，为璋所擒，璋遂克汉州。既而西川将赵廷隐等败璋于鸡踪桥，追至汉州，又进至赤水，降其余众。知祥夜宿雒县，将会廷隐于赤水，遂西还，命廷隐进攻梓州。胡氏曰，赤水在汉州东南，当即雁水之别名。似误。

上流井，州北十里。产盐，有盐课司。又牛鞞井，在州城内，亦产盐。又平泉井，在废平泉县，市民日汲于此，给五百余家。○小桃源，在州北三十里。地多桃花，天水相接，一望无际，称为绝景。

龙泉镇。州西七十里。有巡司。又西十里，有龙泉驿，亦曰隆泉，一名灵泉。又阳安马驿，在州治西一里。○贵平镇，在州南，即废贵平县也。与仁寿、双流二县接界，今详见双流县。又白芳镇，在州西北百里，近新都废金水县界。《唐志》简州金水县有白芳镇，是也。今亦见金堂县。

○**资阳县**，州东六十里。东南至资县百里，西北至府城百六十里。汉资中县地。后周改资中为盘石，别置资阳县，属资州。隋以后因之。元废。明成化中，复置资阳县。正德中，改今属。土城周不及六里，编户七里。

资山，县西南三里。迥然秀拔，一名独秀山。又威峰山，在县东北七十里，高出云表，为一方之镇。○九泉山，在县东北。万历中，奢崇明作乱，自泸、叙而西，败官军于此，遂薄成都。或云，山与资县接界。

雁江，县东一里。东南流入资县界。《志》云：雁江经资阳、资县之间，亦曰中水。萧齐永元初，益州刺史刘季连遣兵袭中水蛮，不克。其地盖在县界。胡氏曰：中水在资阳县西。似误。○资溪，在县西二里。萦纡九曲，流入雁江。又孔子溪，在县南二十里。溪旁有乡校，祠孔子，因名。亦东流合于雁江。《志》云：县有栗木镇、丹山镇、水溪沟等堰，凡二十八处。

资阳镇，县东六十里。《志》云：县东三十里有南津驿，镇与驿相连。正德十三年，徙镇于今所，有巡司戍守。嘉靖中，移资阳巡司于濛溪河地方。又昆仑渡，在县北十五里，雁江津渡处也。

○**崇庆州**，府西南百十里。西南至邛州百十里，东南至眉州二百里，西北至灌县四十五里。

秦蜀郡地。汉、晋因之。李雄据蜀，置汉原郡。永和中，改为晋原郡治江原县。刘宋因之。萧齐改晋康郡。梁曰江原郡。后周并入犍为郡。隋属益州。大业初，属蜀郡。唐初仍属益州。垂拱二年，分置蜀州。天宝初，改为唐安郡。乾元初，复故。《新唐书》：州城内有镇静军。乾符二年，节度使高骈置。宋因之。绍兴十年，升崇庆军以高宗潜邸也。淳熙四年，又升为府。元至元二十年，降为州。明初因之，以州治江原县省入。编户十二里，领县一。今亦曰崇庆州。

州崇山重阻，江山环流，土沃田良，蜀之奥区也。

晋原废县，今州治。汉置江原县，属蜀郡。后汉因之。晋永嘉中，李雄立汉原郡治此。永和三年，桓温灭汉，改郡曰晋原，又改县曰多融，以县界多融山而名。寻复为江原县。宋因之。齐为晋康郡治。梁为江原郡治。后周废郡，改县曰晋原。隋属益州。唐为蜀州治。宋因之。明初省。今州城，成化中土筑，周八里有奇，门四。

江原废县，州东南三十里。本江原县地，后周置犍道县，属犍为郡。隋大业初，县废。唐武德初，置唐隆县，属益州。长寿二年，改曰武隆。神龙元年，复曰唐隆。先天元年，又改曰唐安，属蜀州。宋开宝四年，改曰江原。元至元二十年，并入崇庆州。今为江源镇。

永康废县，州西五十里。本青城县地，五代时孟蜀分置永康县，属蜀州。宋因之。元省。旧《志》：县在州北二十里。今名四界镇。又有废汉原县，在州西北五十里。相传李雄尝置县于此。今名横原镇。又州西南三十里，有晋康废县。或曰，本晋乐县之讹也。晋末置，属沈黎郡。刘宋属晋原郡。齐属晋康郡。西魏废。又有蛮城子，在县西北四十里。昔蛮人所居。

鹤鸣山，州西八十里。绝壁千寻，与邛州接界。《唐十道志》：剑南道名山之一也。又蟆颐山，在州西五十六里。山心如蟆颐，因名。上有平地数百步，诸山之鹿，日聚于此，号曰鹿市。《志》云：州西南有多融山，一名晋原山。

汶江，州西北五十里。自灌县流入界，经州北三十里，谓之味江。相传蜀王投醪江中，三军皆醉处也。又东南经州东北十里谓之白马江。又东南入新津县界。《丹铅录》：江水自湔堰至犍为有五津：曰白华津、皂里津、江首津、涉头津、江南津也。唐人皆指蜀州为五津云。○郫江，在州北五十里。自废青城县东流径州境，又东入温江县界，合于皂江水。《汉志》：江原有郫水，首受江，南至武阳入江。是也。近《志》作郫江，误。又文井江，在州治北，东流合于味江。《志》云：州境有黑石、石头、沙河、普济、普润、百丈、娑罗、石鱼、杨柳等堰七十四处。

东湖，在州治东南。又治西有西湖，治北为罨画池。旧时导江水入城，环绕州治，潴为湖池，称佳胜云。

清溪关，州西八十里。或云，宋置关于此，以清溪故关为名也。亦曰清溪口。其旁两山峙立，上合下开，名曰百家门。门内二里曰天生桥，以两山相接如桥也。今有清溪口巡司。

乾溪镇，州西二十里。《志》云：后周于此置晋原县，今为乾溪镇。唐中和二年，西川叛将阡能等作乱，陈敬瑄遣将杨行迁等击之，战于乾溪，官军大败，即此处也。又唐安驿，在州治西南。

○**新津县**，州东南二十里，北至双流县八十里。汉犍为郡武阳县地。后周始于新津市置新津县，移犍为郡治此。隋初，郡废，县属益州。唐属蜀州。咸通十一年，南诏陷邛州，进攻成都，犯眉州，进犯新津，寻自双流而进。十四年，蛮复入寇，至新津而还，即此。宋属崇庆府。元属崇庆州。今城周五里有奇，编户七里。

公孙述城，县西三十里。相传公孙述所筑。又有故县城，在县治东三里。《周地图记》：县城故皂里江津之所，所谓新津市也。

修觉山，县东南五里。有修觉寺，唐玄宗尝幸此。蜀王衍亦尝游焉。下有渡曰三江渡，以岷江、皂江、白马三江并列而名。其上为雪峰，亦名宝华山。〇天社山，在县治南三里，枕大江。兵燹时，蜀人多避难于此。其南二里曰平冈山。又稠粳山，在县南八里。稠粳，草名也。相传服之可以长生。

三江，县东三里，有三江上渡。又东二里，曰三江下渡。《志》云：大江之水，自崇庆州流经县北十里，曰白马江，绕流县南一里。又东与二江下流合，故曰三江。或云，县东北二十里，有北江，即二江也。又云，县城南有皂江，即大江也。又南入眉州彭山县界。

新穿水，县东北四十里。与双流县接界，即二江所经也。唐咸通十一年，南诏攻成都，不能陷，遁还。至双流，阻新穿水，造桥未成，狼狈失度。乃伪请和，三日梁成。既济，即断桥按队缓驱。又中和二年，西川将高仁厚讨阡能，降双流西诸寨兵。语之曰：籍汝曹为我前行，过穿口、新津砦下告谕之。比至延贡，可归矣。寻至穿口降其众。进至新津，复降其十二寨。穿口即新穿水口。《九域志》新津县有新穿镇。延贡，见邛州大邑县。

铁溪河，县西十里。其上源即邛水也。自邛州流入境，注于皂江。相传诸葛武侯曾烹铁于此。《志》云：铁溪河，一流入白木水。又夜郎溪，在县东南二里。自县南夜郎坝而来，亦合于白木水。白木水，或曰即白马江也。《郡志》又讹为白米江。

远济堰。县西南二里。分为四筒，溉眉山，通义、彭山之田。开元二十八年，采访使章仇兼琼所开。《志》云：今县境有黄土、平昌、羊马、石马、通济、小史、大小高等三十二堰。

〇**汉州**，府东北百二十里。东至潼川州二百二十里，西至彭县七十三里，东北至绵州二百四十里。

秦蜀郡地。汉为广汉郡。后汉因之，兼置益州于此。晋改为新都郡。宋齐以后，皆为广汉郡。隋开皇初，郡废，属益州。大业中，属蜀郡。唐初，仍属益州。垂拱二年，置汉州。天宝初，改德阳郡。乾元初，复为汉州。《唐志》：州城内有威胜军。宋因之。亦曰德阳郡。元仍曰汉州，以州治雒县省入。明仍旧。编户九里。领县三。今亦曰汉州。

州控成都之上游，为益州之内险。自昔争蜀者，必争广汉。先主之入蜀也，破雒城，遂进围成都。及魏人并蜀，邓艾破诸葛瞻于绵竹见德阳县，入雒城，长驱至成都矣。晋李毅曰，广汉之地，为益州衿领。唐杜佑曰：益州有三蜀，广汉、梓潼、成都也。盖山川襟带，形势险阻，略相等矣。五代唐同光中，郭崇韬伐蜀，前锋入汉州，王衍出降。又董璋据东川，与孟知祥争汉州。知祥复取汉州，遂并东川。明初，傅友德入蜀，自绵州趋汉，阻汉江即雒江，造战舰以济，遂拔汉州。汉州拔，而成都不可守矣。州于成都，其唇齿之势欤。

废雒县，今州治。本汉之雒县，属广汉郡。后汉为郡治。建安十八年，先主围雒。明年，雒城溃遂，进围成都。寻亦为广汉郡治。魏景元四年，邓艾入蜀至雒，后主遣张绍迎降。晋泰始二年，广汉郡治广汉县，而分置新都郡治雒。太康六年，新都郡废。宋齐以后，广汉郡皆治此。隋开皇初，郡废，县属益州。十八年，改曰绵竹县。大业初，复故。唐仍为雒县，汉州治焉。后皆因之。元省。《郡志》云：故雒县在州治北二里。是也。明天顺中，始筑土城。正德六年，甃以石，周六八里有奇，门四。

湔阳城，州西南二十里。《志》云：南北朝时置，以近湔水之阳而名。又有葭萌城，在州东五十里。或以为汉县治此，恐误。○怀中废县，在州北。《隋志》：齐梁间置西遂宁郡。后周废郡，改曰怀中县。隋废入雒县。

铜官山，州东二十里。前代铸钱处也。又东五里，有连山。又五里，曰东觉山，上有古井。

雒水，州治东二里。源出什邡县之章山。东南流，经州治北。亦曰雁江。亦曰雁水。又折而南流，至州南，湔水流合焉。入新都县界，而绵水流合焉。下流入金堂县界。唐贞元中，刺史卢士理立堤堰雒水，溉田四百余顷。《图经》：雒水亦名沉犀水，水性刚，可淬刀剑。今详见大川雒水。

绵水，州东十里。源出绵竹县紫岩山。东北流，复折而南入州界。又南经新都县北，入雒水。《华阳国志》：蜀之渊府，浸以绵、洛。是也。又石亭水，在州东北二十二里。源亦出什邡县之章山，下流经此，合于绵水。

湔水，州西二十五里。亦曰湔江。自灌县湔堰分流，经崇庆、彭县、新繁，至新都弥牟镇北，而入州界，合于雒水，故亦兼弥牟河之称。张知古云，此邦膏腴，利在江津，谓湔水矣。又五侯津，在州西。或曰即弥牟河津济处也。五代唐长兴三年，孟知祥败董璋于鸡踪桥，追至五侯津，即此。

房公湖，在州治南。唐房琯所凿，亦谓之西湖。凡数百亩，称为佳胜。宋熙宁间，奏垦为田。今废塞。又涌泉，在州东三十五里。周广三百余丈，有灌溉之利。○绵江堰，在州东。《志》云：州境有西水、龙井、天生、粟米、坤江等六十七堰。

三水关，州东十里。关下有渡，即绵水渡口也。亦曰三水关。渡有巡司戍守。○白杨林镇，在州东。后唐长兴三年，董璋谋袭孟知祥，入西川境，破白杨林镇，即此。又广汉驿，今在州治东。

雁桥。州治北一里。亦曰金雁桥，以跨雁水上也。后汉建安十八年，刘璋将张任自绵竹退守雒城，刘备进军围之。任勒兵出战于雁桥，败死。后唐同光四年，李绍琛叛，据汉州，州无城堑，树木为栅。唐将任圜击之，绍琛出战于金雁桥，败奔绵竹，圜追擒之。即此桥也。

○什邡县，州西二十里。东南至新都县五十里。汉县，属广汉郡。高祖封雍齿为侯邑。后汉仍属广汉郡。晋属新都郡。宋、齐仍属广汉郡。后周改方亭县，寻废入雒县。唐武德二年，复置什邡县，属益州，寻属汉州。宋因之。今城周三里有奇，编户四里。

南阳城，县西二十三里。李膺《记》云：李雄之乱，蜀遣李寿掠汉中，五千余家寓于此。蜀平后，尝置南阳郡。沈约《宋志》：南阳县属北阴平郡。本南阳民流寓立。齐梁因之。西魏废。○雍齿城，在县城南，相传齿所邑也。《括地志》曰：县旧治雍齿城。今于城北四十步立县，今城南有雍齿山。

章山，县西北六十里。一名洛通山，雒水出于此。又名章洛山，亦曰杨村山。上有风、火二洞。《志》云：县北六十里，有高境关，关外即章洛山也。○大蓬山，在县西五十二里。高崖矗天，瀑布飞泻。《志》云：山高逾百里，六月积雪不消。或谓之蓥华山。其相接者，又有龙居山。悬瀑飞桥，岩壑甚胜。又有宝连山，在龙居、章山之间，脉皆相接。

雒水，在县北。自章山内合五溪而出，至高境关前，流益盛，分为十支，总名曰雒江。又东南流入汉州界。○石亭水，在县北三十五里。亦出章山中，流入汉州界。

濯缨泉，县北三十里。唐任愿云：什邡之西，行十许里，有古佛寺，曰南阳。宋大明中所建。寺之左有泉，汇为陂。浮于方亭，达于雒源。流百许里，溉田数十万顷。虽大旱，民不告病，即濯缨泉也。○青竹堰，在县境。《志》云：县有上下雒口、跑马、杨村等堰，凡二十处，皆引雒水以溉田。

○绵竹县，州西北八十五里。汉县，属广汉郡。地宜竹，因名。后汉仍曰绵竹县。晋属新都郡。宋属南阴平郡。齐梁因之。西魏时，改置阳泉县，属晋熙郡。隋开皇初，郡废，县属益州。十八年，改县曰孝水。大业二年，又改曰绵竹县。唐属汉州。宋因之。元至元十三年，并入州，寻复置。今城周不及四里，编户七里。

阳泉废县，在县北。三国汉分绵竹，立阳泉县，属广汉郡。晋废，后复置。刘宋亦属广汉郡。元嘉九年，流民许穆之伪称司马飞龙作乱，州兵击斩之。既而五城人赵广等复作乱，诈言飞龙在阳泉山中，聚众向广汉，攻陷涪城。又率众诣阳泉，诈迎飞龙，因推道人程道养为蜀王。是也。萧齐仍属广汉郡。梁因之。西魏徙今治，属晋熙郡。隋改曰绵竹。唐因之。光启三年，王建攻西川帅陈敬瑄，败汉州刺史张顼于绵竹，遂拔汉州。即今县也。○南武都废县，在县西北。或云，梁置，西魏因之，属晋熙郡。后周并苌杨、南武都二县为晋熙县。后又废晋熙入阳泉县。今县有武都山，南武都盖以山名。

紫岩山，县西北三十里。绵水出于此。《志》云：紫岩山极高大，亦谓之绵竹山。相接者曰武都山。《蜀记》：武都山精化为女子，为蜀王开明妃，谓此山也。山之别岭为鹿堂山，上有神泉。

小蓬山，县北四十五里。与什邡县大蓬山相匹。峰峦奇胜，比于蓬岛，因名。又县北二十里有龙角山，县北十里有秦中山，皆与紫岩冈阜相属。○庚除山，在县东四十里。上有石洞三，甚幽邃，县境之胜也。

绵水，在县北。自紫岩山流出，谓之绵堰口。经庚除山下，又东入德阳县境，而达汉州界。○石亭水，在县东南。自什邡县流径县境，而入汉州界。晋永康二年，赵廞据蜀叛，李特、李流军绵竹。廞使其党费远等督兵断北道，屯绵竹之石亭。特等袭击远，大败之，遂攻成都。是也。

三溪河，在县东北。源出紫岩山下，亦名射水河。下流入绵州罗江县界。又县西北有马尾河，流入射水河。○军屯堰，在县境。又有黄土、马坝、火烧、叠溪、马头等堰，共十六处。

赤祖镇。在县东北。晋太安二年，李特据少城，益州刺史罗尚袭斩之。李荡等收余众，还保赤祖。胡氏曰，赤祖地，在绵竹东。又石碑镇，在县北。唐元和初，刘辟以西川叛。诏高崇文讨之，山南西道严砺遣其将严秦共讨辟，破辟众于绵竹。石碑谷即石碑镇也。○马尾河堡，在县西北，以马尾河而名。其南为龙蟠槽堡，俱接安民界。

○**德阳县**，州东北六十里。东至绵州罗江县九十里。汉绵竹县地，晋因之。隋为雒县地。唐武德三年，析置德阳县，属益州。垂拱中，改属汉州。元和初，高崇文破刘辟于德阳，进拔汉州。光启三年，王建攻陈敬瑄，败之于德阳，即此。宋仍为德阳县。元至元八年，升为德州。十三年，复为县，隶成都路。十八年，还属汉州。今城周不及六里，编户七里。

绵竹城，县北三十五里。汉县治此。更始二年，遣李宝等徇蜀，公孙述遣其弟恢逆击于绵竹，大破走之。述因自立为蜀王。后汉中平五年，益州贼马相等起兵绵竹，残掠巴郡、犍为、广汉三郡，州从事贾龙讨破之。刘焉因徙州治绵竹。兴平初，州复迁治成都。建安十八年，先主规取成都，进屯涪。刘璋遣其将刘璝等拒之，皆败保绵竹，寻降于先主。三国汉炎兴初，邓艾入蜀，后主使诸葛瞻拒之，瞻止屯涪，为艾所败，退住绵竹。晋永康元年，巴氐李特等屯绵竹，攻赵廞于成都。宁康二年，时苻秦取益州，州人张育等起兵拒秦。秦将邓羌击斩育于绵竹。梁天监十三年，魏复谋取蜀，分遣其将奚康生出绵竹，皆此城也。西魏县废。隋改阳泉为孝水，又为绵竹，即今绵竹县云。杜佑曰：德阳县有古京观，即邓艾破诸葛瞻处。

苌杨城，在县西北。东晋末，分绵竹地置苌杨县，属晋熙郡。沈约曰：晋末以阴平民流入益州者，侨置南阴平郡及阴平县，寄治苌杨。是也。宋元嘉中，流民许穆之作乱，攻杀巴兴令，逐阴平太守，即此。齐梁亦为苌阳县。后周并入晋熙县。巴兴，今见潼川州蓬溪县。又南阴平废县，在县西南。或云，西魏废南阴平郡，改置南阴平县。隋废入雒县。○晋熙废县，在县西。沈约曰，东晋安帝以秦州流民置晋熙县，并置晋熙郡治焉。后因之。后周改置晋熙县，寻又废晋熙入阳泉。隋初，郡废。阳泉，见上绵竹县。

鹿头山，县北三十余里。《寰宇记》：山自绵州罗江县来，迤逦入县界。相传昔有张鹿头者于此造关，因名。今山有鹿头关。又龟胜山，在县北二十里。唐元和初，高崇文讨刘辟，攻鹿头关，于此对垒。有神龟现牙旗下，及战大胜，因名。一名万胜堆。俱详见重险鹿头关。○浮中山，亦在县北三十里。山有岩壑之胜，游览者多至此。一名迎春冈。

绵阳河，县治东一里，即绵水也。自绵竹县流入境，绕流而南，至汉州，会于石亭河。○石亭水，在县西南。自什邡县流经绵竹县界，与县接境，即晋永康中李特破赵廞党费远处。

孝泉，在县西北四十里姜诗镇。东汉姜诗孝感跃鲤，即此泉也。宋治平中，诏名曰孝感泉，镇亦曰孝泉镇。其泉至今不绝，资以灌溉。《志》云：县境有安乐、黄胶、柳梢、石板、龙泉河等二十三堰，皆引水灌田。

鹿头关。在县北鹿头山上。旧为戍守要地，乃蜀境之内险也，详见重险鹿头关。

○绵州，府东北三百六十里。东北至保宁府剑州二百九十四里，南至潼川州百三十里，西南至汉州二百四十里，西北至龙安府三百五十里。

秦蜀郡地。汉属广汉郡。后汉因之。蜀汉属梓潼郡。晋为梓潼、巴西二郡。宋因之。齐、梁皆为梓潼郡。梁末，为巴西郡，兼置潼州。西魏因之。隋开皇初，郡废。五年，改州曰绵州。大业初，又改为金山郡。唐武德初，又为绵州。天宝初，曰巴西郡。乾元初，复曰绵州。宋因之亦曰巴西郡。元仍曰绵州，隶成都路。至元二十年，属潼川路，以州治巴西县省入。明复改今属。编户六里。领县二。今仍曰绵州。

州水陆四冲，为蜀重地。后汉初讨公孙述，吴汉进据广都，而臧宫破延岑于广汉，见潼川州射洪县。进拔绵竹，破涪城，绵竹，见上德阳县。斩公孙恢，复攻拔繁、郫，与吴汉会于成都。先主入蜀，自江州北由垫江径指涪城。既而北屯葭萌，葭萌，见保宁府广元县。还取蜀，复屯涪城。后主延熙四年，蒋琬请自汉中徙屯涪。时琬欲以姜维为凉州刺史，御制河右，而自徙屯涪。曰：涪水陆四通，惟亟是应。若东西有虞，赴之不难。及邓艾侵蜀，至阴平，言于司马昭曰：若从阴平由邪径经汉德阳亭趋涪，德阳亭，见龙安府平武县。出剑阁西百里，去成都三百余里耳。又梁天监四年，魏梁、秦二州刺史邢峦遣其统军王足入剑阁，破梓潼，进逼涪城。峦表言，建康、成都相去万里，陆行既绝，惟资水路。胡氏曰：自襄阳西行遵陆，可以至蜀。梁州既入魏，则陆路绝矣。水军西上，非周年不达。今自南安向涪南安即剑州，方轨无碍，脱得涪，则益州乃成擒之物。臣之意算，正欲先取涪城，以渐而进。若得涪城，则中分益州之地，断水陆之冲，彼外无援军，孤城自守，何能复持久哉！盖魏得剑阁，进取成都，涪当其冲。梁兵由内水而上救成都，内水即涪水。涪亦当其冲矣。承圣二年，西魏宇文泰遣尉迟迥取蜀，入剑阁，至涪水，潼州刺史杨乾运以城降。迥分军守之，进袭成都。唐中和四年，杨师立据东川，进屯涪城以逼成都，为高仁厚所败。宋乾德三年，王全斌伐蜀，兵至魏城，孟昶出降。今自剑门、阴平两道入蜀，必以绵为会军之所，控扼西川，推为要害，不虚矣。

巴西废县，在州治东五里。汉涪县也，属广汉郡，以城临涪水而名。后汉亦曰涪县。建武十二年，吴汉入蜀，别将臧官拔绵竹，破涪城，斩公孙恢。《华阳国志》：元初二年，广汉自绳乡移治涪，后移治雒。建安十六年，先主自江州北由垫江水诣涪。蜀汉炎兴元年，诸葛瞻拒邓艾于涪，为艾所败。继而钟会亦至涪，姜维等诣会降。晋曰涪城县，属梓潼郡。时亦谓之涪陵。太安二年，李特败没于少城。其党任臧自德阳退屯涪陵，是也。永嘉二年，谯登举兵攻李雄，进据涪城，雄攻之不能克。五年，李骧拔涪城，登死之。自是，终李氏之世，恒以涪为重地。咸康四年，李寿自涪袭成都，克之。遂僭称帝，改国号曰汉。永和三年，萧敬文据涪城以叛。八年讨斩之，寻移置西夷校尉于此。兴宁三年，梁州刺史司马勋谋据蜀，引兵入剑阁攻涪。西夷校尉毋丘暐弃城遁，遂围益州，寻讨平之。既而为梓潼郡治。宁康初，没于苻秦。太元九年，复入于晋。义熙初，谯纵等作乱，袭杀西夷校尉毛瑾于涪城，遂陷成都。九年，刘裕遣朱龄石伐谯纵，纵使谯道福将重兵镇涪城，以备内水。宋复曰涪县，亦为梓潼郡治。元嘉九年，益州贼赵广等作乱，陷涪城，以其党程道助镇之。明年，裴方明等克涪城，贼党奔散。梁天监四年，魏将王足破梓潼，进逼涪城。蜀人震恐，既而引去。十三年，魏复遣将窥蜀，分命梁州刺史羊祉出涪城，不克，寻改置巴西郡，又为潼州治。承圣二年，杨乾运为潼州刺史，密降于西魏。魏将尉迟迥至涪水，遣将据其城，进袭成都。西魏皆因梁旧，又改涪县为巴西县。《寰宇记》：西魏分涪县，别置巴中县。隋改涪县曰巴西，而以巴中县省入。今正史不载也。隋开皇中，为绵州治。唐亦曰巴西县。自是州郡皆治此。元省。《城邑考》：州城宋筑。明成化初，因故址甃以石。弘治以后，屡经修葺。今城周九里有奇，门四。

魏城废县，州东北六十五里。本涪县地。西魏析置魏城县，属巴西郡。隋郡废，县属绵州。唐因之。后唐同光四年，李继岌灭蜀，还至武连，李绍琛将后军至魏城，遂谋为变。宋仍属绵州。元至元二十年省。李膺《益州记》：肆溪东五十里有东西井，井西为涪县界，井东为魏城县界。今有魏城镇巡司。武连，见剑州。

盐泉废县，州东百十里。本魏城县地。唐武德三年，析置盐泉县，属绵州。宋因之。元省。《寰宇记》：盐泉县有盐井，居民得采漉，四方贾贸者走集焉。○涪城废县，在州东南四十里，今详见潼川州。

富乐山，州东五里。山高广，为众山之秀。相传先主入蜀，刘璋延之此山，望见蜀全盛，饮酒乐甚，因名。《元和志》：州有东、西门，东门久塞，富乐山气所冲，门开则丧乱。宋元嘉初，太守王怀素开之，果致丧败，自尔复塞。《益州记》：州东五里有金山，东临涧水，即富乐山矣。隋因以名郡，又绵山，在州治北二里，州以此名。

猿门山，州北二十五里。上多猿，二峰竖立如门，旧有猿门戍。又圣水山，在治北六十里，上有龙湫，其相接者曰埠山，上有九龙洞。〇天池山，在州北五里，又州东三十里亦有此山，皆高耸。《志》云：州北一里有走马岭，端直平坦，约长十里，其隘处仅容一车，为州之主山。

涪水，在州治东。自剑州界流经彰明县西。又南流经州城西，绕流于城东南，而入罗江县界，亦谓之绵江，因州以名江也。《志》云：绵州亦谓之左绵，以绵水经州左云。五代唐同光三年伐蜀，前锋李绍琛至绵州，蜀人断绵江浮梁，水深无舟楫可渡。绍琛以悬军深入，利在速战，乃乘马浮渡，从兵得济者仅千人，溺死者亦千人，遂入鹿头关。《图经》：州治西一里有饮马渡，又西里许有巴西渡，皆涪江渡口也。余详见大川涪江。

安昌水，州西五里。一名龙安水。源自石泉县东，流经安县北入州界，经州西北三十里，有横山渡。又东南入于涪水。《州志》云：巴字水在城西四里。涪水自北经城西，折而东南。安昌水自州西迤逦绕城东南，汇于州南之芙蓉溪，成一巴字，每江涨，登山望之，天然甚肖。〇潺水，在州东五里，源出剑州梓潼县界之潺山，流经州东三十里，有石盘滩渡。又西南入于涪水，《寰宇记》：潺水源有金、银、铁，民得采以为业。又芙蓉溪，在州治东南二里。《志》云：源自江油县来，又南入于涪水。

广济陂，州南六里。唐垂拱四年，长史樊思孝令夏侯奭因故渠开引渠溉田，凡百余顷。又雒水堰，在废魏城北五里。《新唐书》：贞观六年，引安西水入县，民赖其利。安西水或以为即潺水。《志》云：今州境有边堆、泉水、野茅、石草、永通等十三堰。

钟阳镇。在州东北。唐景福初，洋州帅杨守忠侵东川，不果，将趋绵州，西川将李简邀败之于钟阳。又破其党绵州刺史杨守厚于铜鉾。铜鉾镇亦在州东境。○金山驿，在州治北，陆道所经也。

○罗江县，州南九十里，西至汉州德阳县九十里，东至潼川州七十里。汉涪县之犀亭也。晋末置万安县，属梓潼郡。宋、齐因之。梁末移治潺亭，改曰潺亭县。西魏复曰万安，置万安郡。隋郡废，县属绵州。唐因之。天宝初改曰罗江县。宋、元迄今仍旧，城周不及四里有奇，编户三里。

万安城，在县西南。晋置县于此，后移今治。《志》云：县西一里有故万安驿，即旧县治也。

大霍山，县西南十里。亦名罗嶷山，上有龙洞。又龙池山，在县西南三里，以池上有石如蟠龙也。又潺山，在县北三里，或以为潺水所出，似误。

罗江，在县治东。县之右水自安县来，即安昌水也。左水自绵州来，即涪水也。合流南经此，縠成罗纹，县因以为名，亦谓之纹江。《志》云：县北二里有芙蓉溪，一名蚌溪，一名三柴水，亦即罗江异名也。安昌水、涪水与芙蓉溪汇流而入县界，因名。

黑水，在县西北。自安县界南流入境，下流会于汉州之绵水。五代时，董璋破西川兵于黑水，遂克汉州，是也。《通鉴》作赤水。胡氏曰：在汉州东南。今见简州赤水。○茫江堰，在县北五里。唐永徽五年，县令白大信置堰，引绵竹县之射水，溉田入城。县北十四里又有杨树堰。唐贞元二十一年，县令韦德筑堰，引安县之折脚堰水溉田。《志》云：今县境有茫江、泉水、玉女、马山、回龙、云龙等十九堰。

白马关。县西十五里。与德阳县鹿头关相对。山至险峻，有小径仅容车马，三国时营垒也。其下名落凤坡，相传庞士元侍昭烈至此，卒于流矢下。《新唐书》罗江县有白马关。明初置巡司，今废。

○**彰明县**，州北九十里，东北至龙安府江油县九十里。汉涪县地。晋移益昌县于此，属巴西郡。宋、齐因之。西魏改曰昌隆县。隋属绵州。唐因之，先天初改曰昌明县。五代唐讳昌，改曰彰明县。宋因之。今土城不及二里，编户三里。

兴圣废县，在县西南。刘昫曰：唐武德三年，分昌隆置显武县。神龙元年，改曰兴圣。开元二年，并入昌明。未几，仍分巴西、涪城、万安三县地置兴圣县。二十七年复废之。

大华山，县东北三十里，与龙安府江油县接界。又县北二十里有灵台山，山高秀，亦名天柱山。又兽目山，在县北五里，有百汇龙潭，上下凡三潭，其水常流，产茶，曰兽目茶。又县西北四十里有附子山，产附子。

大匡山，县北五十里。一名大康山，声相近也，又名戴天山。县北三十里曰小匡山，亦曰小康山，又名翰林山，相传李白读书处。其西相接者曰石磬山。○窦圌山，在县北六十里，山幽胜。唐天宝中，窦圌隐于此。《寰宇记》：县东南一里有孟津山，西魏自让水乡移县于孟津里。是也。又天仓洞，在县北五十里，洞有三，极险，架石为桥以渡。

涪水，在县东三里。自剑州流入界，又南入绵州境。○廉水，在县北一里，源出平地，或云，出龙安府境，流经此合涪水。又让水，在县西五里，亦自龙安府流入境，东流合涪水。范柏年对宋明帝曰：梁益间有廉泉让水，谓此也。杜佑曰：昌明县有廉山让水。宋白曰：县有清廉、让水二乡云。

香溪。在县西。唐贞观七年，醴泉出绵州之香溪，是也。今有香溪堡，入安县界。○龙备堰，在县东。又县境有湖中、永安、永丰、罗村、野坝等十堰。

○**茂州**，府西北四百五十里，东至绵州四百里，南至彭县三百七十里，西南至威州二百二十里，北至叠溪所一百二十里。

古冉，駹国地，《后汉书》：冉駹有六夷、七羌、九氐，各有部落。

汉武开置汶山郡，宣帝时废。《汉纪》：地节三年，省汶山入蜀郡，为北部都尉。后汉灵帝时，复置。《华阳国志》：孝安延光三年，复立郡，领汶江、蚕陵、广柔三县。《晋太康地志》云：蜀汉时复置。晋亦曰汶山郡。刘宋废为汶山郡地。齐因之。梁复置北部郡，兼置绳州。后周改曰汶州。治文山县。隋开皇初郡废，改州为蜀州，寻曰会州。大业初，复为汶山郡。《隋志》：开皇中，置总管府。大业初，府废。唐武德初，仍曰会州。四年，改为南会州。《旧唐书》：武德三年，置总管府。七年，改为都督府。其后常为都督府治。贞观七年，又改为茂州。天宝初，曰通化郡。乾元初，复为茂州。《新唐书》：州城内有威戎军。宋因之。亦曰通化郡。元仍曰茂州。明初，以州治汶山县省入。编户四里。领县一。今仍曰茂州。。

　　州逼近羌戎，环带山险，成都肩背之地也。汉攘夷置郡，而边关益斥。其后皆置戍守于此，为蜀西保障。唐增置安戎城，以拒吐蕃。宋亦设鸡宗关，以防番寇。说者谓蜀之险在西山，西山之险，州其要领也。《边略》：州之四境，皆群蛮盘踞，所恃为形援者，松潘、叠溪、威州其最也。大抵松、茂、威、叠，如一身，然松潘首也，叠溪喉嗌也，茂州胸腹也。东之土门，西之威与汶、保，其州之手足欤。

　　汶山废县。今州治。汉置汶江道，县属蜀郡。后汉因之，寻为汶江郡治。蜀汉因之。晋仍曰汶山县，亦为汶山郡治。宋移郡治都安，以县并入焉。齐因之。梁初置广阳县，寻改置北部都尉，又为北部郡治。后周因之。隋初废北部郡。仁寿初，复改县曰汶山，为会州治。唐为茂州治。刘昫曰：汶山旧县在今县北二里。宋曰广阳县，后周曰汶山。似误。宋亦曰汶山县。熙宁九年，即县置威戎军。元军废。明初省县入州。《城邑考》：州旧无城，惟植鹿角为限。宋熙宁九年，始筑城。明成化十四年，因旧址修筑，周不及四里，门三。

湔氐废县，在州西北。汉为湔氐道，属蜀郡。惠帝三年，湔氐反，讨平之，即此。后汉仍为湔氐道。蜀汉属汶山郡。晋废。《汉志》：岷山在湔氐西徼外。是也。○广阳城，在州西北五十里。晋置广阳县，属汶山郡。宋废入汶山县。梁复置。宋白曰：晋置广阳县于汶江县西北五十里。后周移治石镜山，西去旧城六十里，置汶州治焉。隋改曰汶山。疑即今州治也。

安戎城，在州西南徼外。其地险阻。唐仪凤二年，益州长史李孝逸筑，绝吐蕃通蛮之道。永隆元年，吐蕃陷其城，以兵据之。由是西洱河诸蛮皆降于吐蕃。《唐史》：李孝逸筑安戎城，以迮吐蕃南鄙，既而生羌导吐蕃取之，遂并西洱河诸蛮，东与松、茂、巂接。开元二十六年，剑南节度王昱攻之，为所败。二十八年，节度使章仇兼琼克而守之，未几，吐蕃围安戎城，不能陷，寻复寇安戎城及维州。至德初，改曰平戎城。《会要》：平戎城凭藉高深，玄宗以为其地险阻，非力所制。是也。大历中，复分剑南为两节度，面西山三城列戍。高适上言：东西川实一道，自邛关、黎、雅抵南蛮，由茂而西，经羌中平戎等城，界吐蕃瀕边，皆仰给剑南。平戎以西数城，皆穷山之巅，蹊隧险绝，运粮束马之路，坐甲无人之乡。谓此也。《唐志》恭州西南有平戎军。

威武城，在州西北。唐开元二十六年，陇右节度留后杜希望攻吐蕃新城，拔之，以为威武军。《志》亦作威戎军。又七盘城在州西。贞元初，蛮寇剑南曲环，以邠陇兵五千驰救，收七盘城、威武军、维、茂等州，蛮破走，即此。○栖鸡老翁城，亦在州西北。唐贞元十九年，韦皋讨吐蕃，分遣兵攻其维、保、松州及栖鸡老翁城，亦谓之鸡栖城，盖吐蕃所筑。胡氏曰：翼州有栖鸡城。城盖与叠溪所接界。

蓬州城，在州西北。唐永徽二年，特浪、辟惠等羌酋内附，以其地置蓬鲁等三十二州，属茂州都督府。唐《茂州壁记》：贞观初置，羁縻州九，曰维、翼、笮、涂、炎、彻、向、冉、穹。《会要》：武德元年，临涂羌归附，置涂州，领临涂、端源、婆览三县。贞观二年废。五年，复分茂州之端源戍置。又炎州，贞观五年置，本名西封州，八年改，领大封、慕仙、义川三县。又向州、彻州，俱生羌地。贞观五年，置向州，领贝左、向贰二县，彻州领文彻、俄耳、文进三县。冉州本徼外敛才羌地，贞观五年置西冉州，九年，止曰冉州，领冉山、磨山、玉溪、金水四县。穹州亦贞观五年置，本曰西博州，八年，改领小川、彻当、壁川、当博、恭耳五县。笮州，贞观七年以白狗羌归附置，本曰西恭州，八年改，领逢都、亭劝、比思三县，皆属茂州都督府。永徽初，又析九州为三十二州也。《宋志》：茂州领羁縻州十，曰当、真、时、涂、远、飞、乾、可、向、居。又云，涂、静、当、真、时、飞、宕恭等羁縻州，环茂州而居，州不过数十里。盖诸州皆在唐永徽中三十二州之内，或名号偶岐耳。今维、翼、静、当、真、恭等州，俱见后，余皆为生番境矣。○春祺城，在州西南。《宋志》：本羁縻保州也。政和四年，建为祺州，县曰春祺。宣和三年州废，仍为戍守处，属于茂州。

坝底城，在州东，与龙安府石泉县接界，即坝底堡也。正德中，羌蛮围坝底城，州将何乡破之。《经略志》：正德十三年，抚臣宋沧克平坝底、白草诸寨，诸蛮献侵地二千余顷。是也。○土门城，亦在州东，即土门堡也。正德中，州将何乡破叛蛮于此。《志》云：土门为州东之要塞。又东四十里即坝底城。

岷山，在州西北徼外。山高六十里，绵延千里，江水导源于此。蜀境西山之险，岷山其首也。详见名山岷山。

茂湿山，州北十二里。林木茂密，常有岚气。《益州记》：江至湿坂而稍大，即此也。唐贞观中，因山以名州。贞元中，韦皋出湿山，破吐蕃。是也。

今山北三里有相公岭,亦曰茂湿岭。又州北二十里有鹰门山,山高险,上多栖鹰。○巨人山,在州南二十里,顶有石如人立,下有九龙池。

鸡宗山,州西南四十二里。宋熙宁九年置鸡踪关及镇羌寨于此,扼羌人出入之路。《宋史》:是年,静州番酋杨文绪导番董阿丹作乱,声援俱绝,诏内使王中正将兵旁出鸡宗山击斩之,因置关于此。○乞习山,在州西南徼外。唐贞观十九年裴行方讨茂州叛羌黄郎弄,擒其余党,西至乞习山,临弱水而归。《志》曰:蜀之西山有弱水。

蓬婆岭,在州西南,近安戎故城。唐开元二十六年,剑南节度王昱谋取安戎城,因于安戎左右筑两城,为攻拒之所,顿兵蓬婆岭下,运剑南资粮以逼之,为吐蕃所陷。杜甫诗:次取蓬坡雪外城。盖其地在雪山外云。○虎头崖,在州北。嘉靖中,何乡征茂州五寨,夺虎头崖等险,克平十一寨,是也。

汶江,在州治西。自叠溪所流经州城下,又西南达威州境。王咨曰:汶江自徼外来,绕汶川郡西北而南出,极目可百里许。详见川渎异同。○龙溪水,在州南十里,流合于汶江。

五福泉,在州治南。《图经》:自城西三溪口引水入城,至州治,贮以两井,号五福泉,资民汲饮。又新井,亦在州城中。《志》云:茂旧无井,仰汲于江,蛮寇围城,辄断汲路,居民窘迫。正德中,巡抚马昊凿地数十丈方,得泉,居民赖之,号曰新井。○滋茂池,在州之牛溪镇。池周四十里,四时无竭溢,居民资以灌溉。

鸡宗关,在州南鸡宗山上。《宋史》:茂州南鸡宗关通永康军,北有陇东道通绵州。熙宁九年,群蛮犯州,两道皆为蛮所据,州守范百常募人间道诣成都,又书木牌数百投江中告急。蜀绵兵驰救,蛮始解围去。今亦为戍守处。又魏磨关,在州北二十里,亦宋置。○七星关,在州南四十五里,与鸡宗相近,或曰,即唐所置望星关也。乾符二年,高骈帅西川,复戍清溪、望星等关，即此。《志》云：关东有石鼓堡，关南有雁门堡，其相近又有青坡堡，俱为戍守处。《志》云：茂州南路有迁桥墩、黎菌头、白水墩、盐盆头、独脚门楼、瞰远墩、四顾墩、羊毛坪、五星墩、文镇抚村、大宗渠、石鼓村、七星关、雁门堡、青坡堡，而达于威州。是也。又积水关，在州东九十里。《宋志》：州西有敷文关。宣和三年，废为堡，寻复。后废。

桃坪关，在州东北。亦为桃坪堡，即古桃关也。萧梁普通初，置绳州，取桃关之路，关北当风穴，一二里间，昼夜沙石飞扬不息，去白草、青厅诸番，不过四五十里。《土彝考》云：茂州东路诸番，白草最强大，白草又与松潘黄毛鞑相通，桃江、青片、板舍次之，白苦、水磨、岐山又次之。今关属陇木长官司戍守。

长宁堡，州北六十里。明初历日寨首归附，置长宁安抚司，在州西北，辖凿溪、章贡等寨，后虚其职，置长宁堡于此。《边略》：嘉靖十四年，抚臣宋沧克平茂州鸡公寨。十五年，长宁等处深浅诸蛮声言复仇，备兵使者朱纨督官兵剿平之。又穆肃堡在州北七十里。又西北十里有实大关，俱设兵置仓于此，控御西番。又北接叠溪所之新堡。《志》云：实大关附近巴猪五族及大、小历日俱强悍。

神溪堡，州东北四十里。《志》云：州城东北有土地岭堡，又东有镇彝、关子、神溪、夹山、土门等堡，达于桃关，共为七关堡，州境东路之险也。○镇戎堡，在州东十里，附近有后沟、乌都及河东之法虎、插兵等寨，俱静州长官司属羌也。

椒园堡，州北二十里。稍西曰长安堡。《志》云：长安堡附近有恰利寺寨，番僧也，三年一入贡。又有韩胡、碉水、磨沟、鸡公等寨，正德十三年，抚臣宋沧讨叛蛮，克平鸡公等寨，即此。○韩胡堡，在州北四十里。又北十里为松溪堡。《边略》：松溪附近为黑苦七族，有番众二千，最称强悍。

寿宁砦，在州西南。《宋志》：本羁縻直州。政和六年，蛮酋归附，建寿宁军，在皂江外，距茂州五里。八年，废为寨。宣和三年，又废寨为堡。其南又有延宁砦，本名威戎军，熙宁间所建。政和六年，汤延俊等纳土，重筑军城，改名延宁。宣和三年，废为寨，隶茂州。四年，与寿宁堡俱废。○刁农砦，在州境。又有窄溪寨，万历二年降附。

长宁驿。州北十五里。又州城南有护城驿，州南四十里有安远驿。○绳桥，旧在州北汶江上。《寰宇记》：梁置绳州，州以绳为桥也。又有度索寻橦之桥，江水峻急如箭，两山之胁，系索为桥，中刳木为橦，系行人于上，以手自缘索，到彼岸，则旁有人为解其系。盖皆绝险处。今桃坪关有绳桥。

○汶川县，州南二百里。南至灌县百八十里。汉绵虒县，属蜀郡。后汉曰绵虒道。蜀汉尝分置汶山县，移汶山郡治此。晋因之，后废。萧梁改置汶川县。后周于县置汶川郡。隋初郡废，县属蜀州。大业初，属汶山郡。唐属茂州。宋因之。熙宁九年，以县置威戎军。绍兴中，复曰汶川县，属茂州。今城周一里有奇，编户五里。

广柔废县，在县西。汉县，属蜀郡。后汉因之。晋属汶山郡。刘宋废。杨雄《蜀王世纪》：广柔县有石纽村，神禹生于此。《华阳国志》：石纽地方百里，夷人不敢居牧云。《括地志》：石纽山，在汶川县西七十二里。

七盘山，县北三十里。上有七盘坡路，或曰唐时吐蕃尝筑七盘城于此。大历十四年，吐蕃与南诏分道入寇，吐蕃出茂州及扶、文，南诏出黎、雅，连陷郡县，既而官军败吐蕃、南诏于白坝，又追败之于七盘，遂克维、茂二州，即此七盘也。又玉垒山，刘昫曰：在县东北四里。《寰宇记》云：在县南三里，下有玉轮阪，汶江经此，谓之玉轮江。或曰七盘山，一名玉垒。

龙泉山，县南四十八里，下有龙池。又县南百五十里有慈母山，中有池，亦曰滋茂池。田况《龙祠记》：池能兴云雨，救旱暵，楙养百谷，故名。又石纽山，《括地志》：在县西七十二里。《江源记》：岷江南入溢村，至石纽，过汶川，盖即石纽村矣。

玉轮江，县治西三里，即汶江也。自保县流经此，又南入灌县界。《江源记》：岷江至汶川转银岭，合草坡河，至蚕崖入灌口，分道而下。又由威至玉垒山为玉轮江，至汶为皂江，至灌为沫江，实一江而名屡迁也。

苏村寨。县西北四十里。旧置寒水驿于此，并设寒水巡司，世其职，以防守河西。正统七年，为草坡蛮所攻。隆庆中，复被残掠，因移寨于河东，亦为寒水驿。由驿而南八十里为太平驿，道出灌县。由驿而北七十里即茂州安远驿矣。《旧志》云，寒水、太平二驿俱在县东四十里。似误。《经略志》：汶路生番，惟草坡鸷黠，有三寨，在河西山外，一径通董卜宣慰，一径通孟董、梁黄，向以假道骚动，万历十八年讨平之。

附见：

茂州卫。在茂州治东。洪武十一年建，领千户等所。

静州长官司，州东一里。唐大历五年徙置静州，此或其故址也。宋时，蛮据其地，叛服不常，曰静州蛮。洪武七年，酋长归附，置长官司。正德间，与岳希蓬为乱，攻茂城，断水道，城中大困，既而克平之。所辖法虎、桃沟等八寨，州南北定门至关子堡皆属其戍守。

岳希蓬长官司，州北二里。洪武七年置。

陇木头长官司。州东四十里。洪武七年，以降蛮置，所辖有玉亭、神溪等十二寨。

○**威州**，府西北五百五十里。东北至茂州二百二十里，南至雅州五百六十里。

古冉駹国地。汉武时，为汶山郡地，后属蜀郡。后汉因之。蜀汉亦属汶山郡。晋因之，后没于羌。隋初置戍，后又没于羌。唐武德七年，白狗羌归附，始置维州。贞观元年，羌叛州废。明年，复来归，降为羁縻州。隶茂州都督府。麟德二年，复为正州。
比于中华诸州也。仪凤二年，以羌叛，复降为羁縻州。垂拱二年，又为正州，
寻没于吐蕃。开元末，收复。天宝初，曰维川郡。乾元元年，复为维
州。广德初，陷于吐蕃。大和五年收复，寻弃其地。大中三年，
复内附。五代蜀时，亦曰维州。宋景德三年，改曰威州。亦曰维
川郡。元因之，以州治保宁县省入。明仍曰威州。编户九里，领县
一。

　　州凭恃险阻，控扼要冲。《唐史》：神龙中，州没于吐蕃，
吐蕃号曰无忧城。开元二十八年，复取之。李林甫等表贺，言维
州正当冲要，吐蕃凭险自固，恃以窥蜀，积年以来，蚁聚为患，
纵有百万之众，难以施功。是也。自广德陷没，贞元中韦皋屡攻
维州，不能下。大和五年，李德裕帅西川，吐蕃将悉怛谋以维州
来降。诏却之。时吐蕃维州刺史悉怛谋以城降，德裕遣兵据其城。上言
欲遣生羌三千烧十三桥，捣西戎腹心，可洗大耻。时相牛僧儒沮其议，以维
州还吐蕃。会昌三年，德裕为相，追论其事云：维州据高山绝顶，
三面临江，在戎虏平川之冲，是汉地入兵之路。初，河陇尽没，
此州独存，吐蕃更欲图蜀，以计陷之。《旧唐书》：吐蕃急攻维州不
下，乃以妇人嫁维州门者，二十年中生二子。及蕃兵攻城，二子内应，城遂
陷。号曰无忧。因并力于西边谓关陇以西，遂无虞于南路。冯陵畿
甸，宵旰累朝。贞元中，韦皋欲经略河湟，须此城为始，万旅尽
锐，急攻累年，卒不能克。若受其降，则南蛮震慑，山西八国，
不至隔远，其蕃界合水、栖鸡等城，合水即合江守捉，在叠溪所，没
于吐蕃。鸡栖城，见茂州。既失险扼，自须抽归，可减八处镇兵，坐

收千里旧地，莫大之利也。大中三年，杜悰镇蜀，维州首领复内附。五代时，王建以州内徙，《志》云：王建徙治中州城，即今州治。地利稍异于曩时矣。《边略》：维州者，诸蛮之噤喉，中原之要塞也。今自州以西，接董卜韩胡界，且有草坡，一道可抵汶川泄里坝；一道可抵灌县清溪口；一道可抵崇庆州。故当时谋国者，尝视董卜为门庭显祸云。

薛城废县，旧维州治也。在今州北三十里高碉山上，盖汉广柔县地，亦谓之姜维城。刘昫曰：汉以前皆为徼外羌冉駹之地。蜀后主时，遣姜维、马忠讨汶山叛羌，因筑城屯兵于此，谓之姜维城。隋置薛城戍，大业末，没于羌。唐武德七年，白狗羌酋邓贤佐内附，因于姜维城置维州，领金川等县。贞观初，贤佐叛，郡县俱废。三年，左上封生羌酋董屈占等举族内附，复置维州，并置薛城县为州治，后复屡陷于羌及吐蕃。开元中，收复。其地南届江，北则岷山连岭而西，不知其极。北望陇山，积雪如玉，东望成都，若在井底，地接石纽山，夏禹所生也。其城一面孤峰，三面临江，距成都四五百里。广德初，复陷于吐蕃。贞元八年，韦皋攻之，不克。十七年，皋复攻维州，明年，大破吐蕃援兵于维州城下，竟不能克。大和中来降，诏弃之。大中三年，复内附。宋白曰：维州城因山为固，东北由索丛岭而下，三百里地无险，走长川不三十里，直吐蕃之界。异时戍之以制寇入者也。王建永平二年，移州治中州城，仍置薛城县为附郭。孟知祥明德初，改县曰保宁，宋因之。其城皆在平川，非复昔时襟束之要矣。元至元十九年，并保宁县入州。明初因之。杜佑曰：维州在当州北三百六十里，谓故州城也。近《志》云：州西北二百五十里为姜维城，即无忧城。又云故薛城，在今治西南二百步。《一统志》云：姜维城在州南十里。或又云：州西三十里为古维州城。《边略》云：由保县堡过汉索桥，至古维州城，三面临江，殊陡险，盖董卜韩胡宣慰司、杂谷安抚司交界处。皆误也。《城邑考》：州城，明弘治中因故址修筑，寻被水患。正德初增修，皆甃以石。周十一里，门四。

通化废县，州东百三十里。本汉广柔县地。后周置石门镇。隋初，置金川县。仁寿初，改曰通化。唐因之，县属茂州。宋改属威州。天圣初，又改县曰金川。景祐四年，复故。元仍属维州。明初废。○小封废县，在州南六十里。唐初，置金川县于此，属维州，寻废。咸亨二年，维州刺史董弄招慰生羌，于故金川地置小封县，后亦更名通化，并置通化军。宋县废而军如故。《宋志》：军在保、霸二州间。治平三年，并入通化县。熙宁九年，复置军。政和三年，夷酋董舜咨纳土，仍旧名，重筑军城。宣和三年，省军使为盐押使，后废。《寰宇记》：隋开皇六年，以石门镇近白狗羌，置金川县。唐武德七年，属维州。贞观初，废。三年，复置，旋废。盖误以唐之金川为隋之金川也。今有金川寺，其禅师管十五寨，东至八棱碉，西至保县，南至棱城百五十里，后为杂谷安抚司所并，迁其族于董卜界上。

定广城，州南四十里。唐置。《通典》：维州所领有定广城。广德初，没于吐蕃。贞元九年，韦皋分兵出西山，破定广城。是也。或曰：大中间收复，改为归化城。《新唐书》维州所领有归化县，是也。宋废。○嘉会废县，在州西南。《宋志》：政和四年置亨州，并置嘉会县为州治。宣和三年，改曰霸州，寻废，以县为嘉会砦，寻复废。《会要》：祺、亨二州，政和二年，成都守庞恭孙建言开拓边地置。祺州，古保州地；亨州，古霸州地。皆附会之说也。唐霸州，见松潘卫。

定廉城，州西北百三十里。唐武德七年置定廉县，属维州，后废置不一。开元二十八年，置奉州治焉。天宝初，曰云山郡。杜佑曰：云山郡东至维州风流岭四十里，西至天保军百三十里。天宝八年，徙州治天保军，更名天保郡。是年没于吐蕃。乾元初，蛮酋董嘉俊以郡来归，更名保州。广德初，吐蕃陷松、维、保三州及云山之新筑二城。于是剑南西山之州，多属于吐蕃。贞元九年，韦皋破吐蕃，焚定廉故城。时定廉县亦随郡西迁，因有故城之名。寻复内属，更为古州，未几复曰保州。宋为羁縻地。又云山废县，在故保州西。《新唐书》保州所属有归顺、云山二县，俱天宝八载析定廉县置。又安居废县，贞元以后所置也。后皆没于蛮。

恭州城，州西北三百余里。《唐纪》：武德六年，白兰、白狗羌遣使入贡。七年，以白狗等羌地置维、恭二州。贞元初，仍没于羌。开元二十四年，分静州广平县置恭州，治和集县，即故广平县也。天宝初更名。大历十四年，吐蕃率南蛮入寇，一入恭州，过汶川及灌口；一入扶、文，过方维、白坝；一入黎、雅，过邛崃关，连陷郡邑，发兵拒却之。《通典》：恭州东至拓州百里。拓州，今见松潘卫。静州，见叠溪所。扶、文二州，见陕西文县。○博恭废县，在恭州东南。《唐志》：开元二十四年，析广平县置博恭及烈山县，后没于蛮，与州俱废。又平戎城在恭州南八十里，唐开元二十年，章仇兼琼置。又于平戎城东八十里置天保军。皆置兵戍守，属剑门节度。杜佑曰：平戎城，在恭州西南百十里。或以为即故安戎城，恐误。

当狗城，在州西。城当白羌之路，故名。其西北有盐川城。唐广德二年，剑南节度严武破吐蕃，拔当狗城，又拔其盐川城。《唐志》：维州旧有盐溪县，贞观中置，产盐，永徽初，省入定廉县。疑即盐川矣。○望汉城，在州西徼外，唐时吐蕃筑此城于西山，以望蜀。大历十二年，西川节度崔宁奏破吐蕃于望汉城，是也。又州境有末恭城，贞元十年，韦皋攻吐蕃，克其末恭城，即此。

笼山城，在州北。唐置戍于此。广德元年，吐蕃陷维州笼山城是也。今有笼山寨，为吐蕃所据，诸番之中，此为最强。又龙溪城，在州西北八十里。唐贞元初，韦皋帅蜀，城龙溪，筑西山堡以纳降羌。七年，皋使威戎军使崔尧臣出龙溪、石门两路伐吐蕃是也。今有龙溪番寨。○桑远城，在州南。

唐大和中李德裕所筑，以扼西山吐蕃，寻废。《郡志》：州治南有故安远城，
宋置，今为安远仓。

高碉山，州北三十里。三面悬崖，大江经其南。刘昫曰：维州治岷山
孤峰，即此。上有姜维故城，即唐维州治。○玉垒山，在州治后。又治西五里
有峨嵋山，一名古城山。《志》云：州城包玉垒、古城二山。是也。又州治东
有龙洞，两崖如削，高千余仞，深五丈许，洞水清彻，四时不竭。

定廉山，州东南四十五里。有盐溪出其阳，流至盐溪村，民得采漉之
利。唐盐溪县以此名。○雪山，在州西南百里，与乳川、白狗岭相连。山有九
峰，上有积雪，春夏不消。隋大业四年，吐谷浑伏允可汗为铁勒及隋兵所败，
南奔雪山，或以为即此山也。亦曰西山。杜佑曰：维州西南至白狗岭六十二
里，西山八国诸蛮皆以散居山旁而名。又鹿危山，亦在州西。唐贞元十七年，
韦皋败吐蕃于此。

的博岭，在州西北。唐韦皋分兵出西山，逾的博岭，围维州。杜佑曰：
的博岭在奉州北七十里，一作滴博岭。又有风流岭，亦在州北，旧有风流部
蛮居其下。○黄崖，在州南。唐韦皋分兵出黄崖以扰吐蕃，是也。今没于蛮。

汶江，州北三十里。自茂州西南流经州界，又西经保县境，复东南流
入汶川县界。○赤水，在州西北四十里。《志》云：源出赤水砦。又有桃溪，
在州西北三十五里。源出龙溪寨，流合赤水，注于大江。又磨刀溪，在州西
十五里。溪旁有石，利于磨刀，因名。下流亦入于汶江。《志》云：州治东有
蒲溪，有桥跨其上，亦曰蒲溪桥，下流亦达于江。

平谷水，在州北，与后谷水及溪谷水俱流合于大江。又白浪河，在州
境。宋元丰二年，知维州杨采开白浪河，引江水溉民田是也。○洞口瀑泉，
《志》云：在州治西南五里。其源极远，自半空直下，喷流数千尺，居民资以
灌溉。

保子关，州西北百里。又州西北百三十里有彻底关，州西南百二十里

有镇彝关。俱旧置此以隔阂番戎，有兵戍守。

乾溪堡，州西北五十里，即唐时乾溪守捉城也。《新唐书》：维州有通化军，有乾溪、白望、暗桶、赤鼓溪、石梯、达节、鸦口、质台、骆驼九守捉城，西山南路有通耳、瓜平、乾溪、侏儒、箭上、谷口六守捉城。又有苻坚城及宁塞、姜维二镇兵。今多湮废，而乾溪犹设堡置仓，为戍守处。

坝州堡，州西北二十五里，因唐宋霸州旧名也。今设仓置戍于此。自堡而北有龙溪、卜南、木上诸寨，与北路番族黑苦、三姐相通。又坡底堡，在州西南，西北去坝州堡五十里。附近有龙山、竹打、大寺、小寺、蒲窊、太子愤等寨，皆番族驻牧。又新安堡，《志》云：由州西至新安堡，即抵保县。○黄土铺，在州东北百里。宣德二年，松潘蛮族攻围城堡，官军讨之，至黄土铺失利，松、威之道遂绝，即此。

铧绳桥。州东十五里。辟竹为绳，上施木板，长三十丈，通蕃汉路，盖设险要地。又州西北有永镇桥。

保县，州西四十里。本薛城县地。宋保宁县地。元威州地。明洪武六年，分置今县。十一年，环以石城。正德以后，屡经修治，周一里有奇。编户四里。

通鹤城，在县西，唐之通鹤军也。垂拱二年，没于吐蕃。贞元九年，韦皋攻吐蕃，破通鹤军，即此。○废鹅州，在县西。《宋史》：威州西南边地有鹅州，与保州接境。嘉祐中，尝遣人贡马。或曰，州盖唐末吐蕃所置。

笔架山，县北三里，一名九子龙窝，或谓之玉山。又箭岭，在县城东一里，有冈陉直如箭，曰箭上里。唐置箭上守捉城，盖以岭名也。○蛇浴岭，在县西北。宋乾道四年，风流部蛮作乱，保宁令张文礼闭绝蛇浴岭路，番从岭后斫生路入境攘劫，寻讨降之。

汶江，在县东。《志》曰：蜀之西塞威、茂、汶川，皆在江内，惟保县独在江外。是也。○沱水，在县西，出县西北花岩山，下流至威州，入于汶江。

镇安关。《郡志》：在威州西南。《纪胜》云：关今在县西北五十里，关外即生蕃界矣。《四夷考》：维州路生番最多，可考者，曰孟董、梁黄、梭城、月上、星上、龙山、龙溪、大寺、小寺等寨，设一关六堡以戍之，关曰镇彝，堡曰保县、曰新安、曰乾溪、曰西平、曰坝州、曰坡底。又《保县志》：县北熟番二股，一路为水田等寨，向背不常；一路为近县玉山十二寨，稍稍易驯，正北野番有梁黄等五十余寨，直连松州黑水番云。

附见：

威州守御千户所。在威州城内。洪武初建，属茂州卫。